中国农垦农场志丛

江　苏
白马湖农场志

中国农垦农场志丛编纂委员会　组编

江苏省白马湖农场志编纂委员会　主编

中国农业出版社
北 京

图书在版编目（CIP）数据

江苏白马湖农场志 / 中国农垦农场志丛编纂委员会
组编 ；江苏省白马湖农场志编纂委员会主编． -- 北京 ：
中国农业出版社，2024. 8. -- （中国农垦农场志丛）.
ISBN 978-7-109-32288-2

Ⅰ. F324.1

中国国家版本馆 CIP 数据核字第 2024N2J016 号

出 版 人：刘天金
出版策划：苑 荣
丛书统筹：王庆宁 赵世元
审 稿 组：干锦春 薛 波
编 辑 组：杨金妹 王庆宁 周 珊 刘昊阳 黄 曦 李 梅 吕 睿 赵世元 刘佳玫
　　　　　李海锋 王玉水 李兴旺 蔡雪青 刘金华 张潇逸 耿韶磊 徐志平
工 艺 组：毛志强 王 宏 吴丽婷
设 计 组：姜 欣 关晓迪 王 晨 杨 婧
发行宣传：王贺春 蔡 鸣 李 晶 雷云钊 曹建丽
技术支持：王芳芳 赵晓红 张 瑶

江苏白马湖农场志

Jiangsu Baimahu Nongchang Zhi

中国农业出版社出版
地址：北京市朝阳区麦子店街 18 号楼
邮编：100125
责任编辑：王庆宁　　文字编辑：刘金华
版式设计：王 晨　　责任校对：吴丽婷
印刷：北京通州皇家印刷厂
版次：2024 年 8 月第 1 版
印次：2024 年 8 月北京第 1 次印刷
发行：新华书店北京发行所
开本：889mm×1194mm 1/16
印张：32.25　　插页：2
字数：623 千字
定价：198.00 元

淮城街道

石塘镇

平桥镇

漕运镇

范集镇

第一管理区

第二管理区

第三管理区

第四管理区

第五管理区

城镇居委会 聚镇居委会 林木公司

马镇居委会

畜水公司（种鸡场）

第六管理区

第七管理区

第九管理区

第八管理区

第十管理区

N

江苏白马湖农场卫星地图

▲许志友　　　　▲沈万立　　　　▲石守云　　　　▲何俊松　　　　▲张宝元

▲魏学田　　　　▲杨在国　　　　▲孙步云　　　　▲黄华祥　　　　▲李超

▲许维超　　　　▲魏根顺　　　　▲胡兆辉　　　　▲王玉强　　　　▲许怀林

▲滕金平　　　　▲姚春华　　　　▲韩正光

江苏白马湖农场历任党政主要负责人照（1959—2022年）■

— 4 —

中国农垦农场志丛编纂委员会

主 任

张兴旺

副主任

左常升　李尚兰　刘天金　彭剑良　程景民　王润雷

成 员（按垦区排序）

肖辉利　毕国生　苗冰松　茹栋梅　赵永华　杜　鑫
陈　亮　王守聪　许如庆　姜建友　唐冬寿　王良贵
郭宋玉　兰永清　马常春　张金龙　李胜强　马艳青
黄文沐　张安明　王明魁　徐　斌　田李文　张元鑫
余　繁　林　木　王　韬　张懿笃　杨毅青　段志强
武洪斌　熊　斌　冯天华　朱云生　常　芳

中国农垦农场志丛编纂委员会办公室

主 任

王润雷

副主任

王　生　刘爱芳　武新宇　明　星

成 员

胡从九　刘琢琬　干锦春　王庆宁

— 1 —

中国农垦农场志

江苏省白马湖农场志编纂委员会

名誉主任

胡兆辉

主　任

韩正光

副主任

韩树明　邵正林　冼永帅　衡爱军　时奎敬　张志成

委　员　（姓氏笔画为序）

王家安　吕治顺　吕奎生　朱　斌　朱立荣

伏　进　汤伏领　李　军　陈云祥　陈文军

陈永华　周海龙　莫　逸　唐　洋　韩振宇

解　军　滕为建

顾　问

祝　胜　魏根顺　谢学铨　于加法　范孟怀

江苏省白马湖农场志编纂人员

主　任

衡爱军

副主任

张志成

编写人员　（姓氏笔画为序）

王家安　朱　洁　朱　斌　伏　进　花国明

李佳婧　杨跃东　张　妍　陈　丹　陈　双

陈　军　陈玉巧　陈永华　范洪春　周步新

胡婷婷　徐　海　葛荣好　韩正彰　韩学艳

韩振宇

总　序

中国农垦农场志丛自 2017 年开始酝酿，历经几度春秋寒暑，终于在建党 100 周年之际，陆续面世。在此，谨向所有为修此志作出贡献、付出心血的同志表示诚挚的敬意和由衷的感谢！

中国共产党领导开创的农垦事业，为中华人民共和国的诞生和发展立下汗马功劳。八十余年来，农垦事业的发展与共和国的命运紧密相连，在使命履行中，农场成长为国有农业经济的骨干和代表，成为国家在关键时刻抓得住、用得上的重要力量。

如果将农垦比作大厦，那么农场就是砖瓦，是基本单位。在全国 31 个省（自治区、直辖市，港澳台除外），分布着 1800 多个农垦农场。这些星罗棋布的农场如一颗颗玉珠，明暗随农垦的历史进程而起伏；当其融汇在一起，则又映射出农垦事业波澜壮阔的历史画卷，绽放着"艰苦奋斗、勇于开拓"的精神光芒。

（一）

"农垦"概念源于历史悠久的"屯田"。早在秦汉时期就有了移民垦荒，至汉武帝时创立军屯，用于保障军粮供应。之后，历代沿袭屯田这一做法，充实国库，供养军队。

中国共产党借鉴历代屯田经验，发动群众垦荒造田。1933年2月，中华苏维埃共和国临时中央政府颁布《开垦荒地荒田办法》，规定"县区土地部、乡政府要马上调查统计本地所有荒田荒地，切实计划、发动群众去开荒"。到抗日战争时期，中国共产党大规模地发动军人进行农垦实践，肩负起支援抗战的特殊使命，农垦事业正式登上了历史舞台。

20世纪30年代末至40年代初，抗日战争进入相持阶段，在日军扫荡和国民党军事包围、经济封锁等多重压力下，陕甘宁边区生活日益困难。"我们曾经弄到几乎没有衣穿，没有油吃，没有纸、没有菜，战士没有鞋袜，工作人员在冬天没有被盖。"毛泽东同志曾这样讲道。

面对艰难处境，中共中央决定开展"自己动手，丰衣足食"的生产自救。1939年2月2日，毛泽东同志在延安生产动员大会上发出"自己动手"的号召。1940年2月10日，中共中央、中央军委发出《关于开展生产运动的指示》，要求各部队"一面战斗、一面生产、一面学习"。于是，陕甘宁边区掀起了一场轰轰烈烈的大生产运动。

这个时期，抗日根据地的第一个农场——光华农场诞生了。1939年冬，根据中共中央的决定，光华农场在延安筹办，生产牛奶、蔬菜等食物。同时，进行农业科学实验、技术推广，示范带动周边群众。这不同于古代屯田，开创了农垦示范带动的历史先河。

在大生产运动中，还有一面"旗帜"高高飘扬，让人肃然起敬，它就是举世闻名的南泥湾大生产运动。

1940年6—7月，为了解陕甘宁边区自然状况、促进边区建设事业发展，在中共中央财政经济部的支持下，边区政府建设厅的农林科学家乐天宇等一行6人，历时47天，全面考察了边区的森林自然状况，并完成了《陕甘宁边区森林考察团报告书》，报告建议垦殖南泥洼（即南泥湾）。之后，朱德总司令亲自前往南泥洼考察，谋划南泥洼的开发建设。

1941年春天，受中共中央的委托，王震将军率领三五九旅进驻南泥湾。那时，南泥湾俗称"烂泥湾""方圆百里山连山",战士们"只见梢林不见天",身边做伴的是满山窜的狼豹黄羊。在这种艰苦处境中,战士们攻坚克难,一手拿枪,一手拿镐,练兵开荒两不误,把"烂泥湾"变成了陕北的"好江南"。从1941年到1944年,仅仅几年时间,三五九旅的粮食产量由0.12万石猛增到3.7万石,上缴公粮1万石,达到了耕一余一。与此同时,工业、商业、运输业、畜牧业和建筑业也得到了迅速发展。

南泥湾大生产运动,作为中国共产党第一次大规模的军垦,被视为农垦事业的开端,南泥湾也成为农垦事业和农垦精神的发祥地。

进入解放战争时期,建立巩固的东北根据地成为中共中央全方位战略的重要组成部分。毛泽东同志在1945年12月28日为中共中央起草的《建立巩固的东北根据地》中,明确指出"我党现时在东北的任务,是建立根据地,是在东满、北满、西满建立巩固的军事政治的根据地",要求"除集中行动负有重大作战任务的野战兵团外,一切部队和机关,必须在战斗和工作之暇从事生产"。

紧接着,1947年,公营农场兴起的大幕拉开了。

这一年春天,中共中央东北局财经委员会召开会议,主持财经工作的陈云、李富春同志在分析时势后指出:东北行政委员会和各省都要"试办公营农场,进行机械化农业实验,以迎接解放后的农村建设"。

这一年夏天,在松江省政府的指导下,松江省省营第一农场(今宁安农场)创建。省政府主任秘书李在人为场长,他带领着一支18人的队伍,在今尚志市一面坡太平沟开犁生产,一身泥、一身汗地拉开了"北大荒第一犁"。

这一年冬天,原辽北军区司令部作训科科长周亚光带领人马,冒着严寒风雪,到通北县赵光区实地踏查,以日伪开拓团训练学校旧址为基础,建成了我国第一个公营机械化农场——通北机械农场。

之后,花园、永安、平阳等一批公营农场纷纷在战火的硝烟中诞生。与此同时,一部分身残志坚的荣誉军人和被解放的国民党军人,向东北荒原宣战,艰苦拓荒、艰辛创业,创建了一批荣军农场和解放团农场。

再将视线转向华北。这一时期，在河北省衡水湖的前身"千顷洼"所在地，华北人民政府农业部利用一批来自联合国善后救济总署的农业机械，建成了华北解放区第一个机械化公营农场——冀衡农场。

除了机械化农场，在那个主要靠人力耕种的年代，一些拖拉机站和机务人员培训班诞生在东北、华北大地上，推广农业机械化技术，成为新中国农机事业人才培养的"摇篮"。新中国的第一位女拖拉机手梁军正是优秀代表之一。

（二）

中华人民共和国成立后农垦事业步入了发展的"快车道"。

1949 年 10 月 1 日，新中国成立了，百废待兴。新的历史阶段提出了新课题、新任务：恢复和发展生产，医治战争创伤，安置转业官兵，巩固国防，稳定新生的人民政权。

这没有硝烟的"新战场"，更需要垦荒生产的支持。

1949 年 12 月 5 日，中央人民政府人民革命军事委员会发布《关于 1950 年军队参加生产建设工作的指示》，号召全军"除继续作战和服勤务者而外，应当负担一部分生产任务，使我人民解放军不仅是一支国防军，而且是一支生产军"。

1952 年 2 月 1 日，毛泽东主席发布《人民革命军事委员会命令》："你们现在可以把战斗的武器保存起来，拿起生产建设的武器。"批准中国人民解放军 31 个师转为建设师，其中有 15 个师参加农业生产建设。

垦荒战鼓已擂响，刚跨进和平年代的解放军官兵们，又背起行囊，扑向荒原，将"作战地图变成生产地图"，把"炮兵的瞄准仪变成建设者的水平仪"，让"战马变成耕马"，在戈壁荒漠、三江平原、南国边疆安营扎寨，攻坚克难，辛苦耕耘，创造了农垦事业的一个又一个奇迹。

1. 将戈壁荒漠变成绿洲

1950 年 1 月，王震将军向驻疆部队发布开展大生产运动的命令，动员 11 万余名官兵就地屯垦，创建军垦农场。

垦荒之战有多难，这些有着南泥湾精神的农垦战士就有多拼。

没有房子住，就搭草棚子、住地窝子；粮食不够吃，就用盐水煮麦粒；没有拖拉机和畜力，就多人拉犁开荒种地……

然而，戈壁滩缺水，缺"农业的命根子"，这是痛中之痛！

没有水，战士们就自己修渠，自伐木料，自制筐担，自搓绳索，自开块石。修渠中涌现了很多动人故事，据原新疆兵团农二师师长王德昌回忆，1951 年冬天，一名来自湖南的女战士，面对磨断的绳子，情急之下，割下心爱的辫子，接上绳子背起了石头。

在战士们全力以赴的努力下，十八团渠、红星渠、和平渠、八一胜利渠等一条条大地的"新动脉"，奔涌在戈壁滩上。

1954 年 10 月，经中共中央批准，新疆生产建设兵团成立，陶峙岳被任命为司令员，新疆维吾尔自治区党委书记王恩茂兼任第一政委，张仲瀚任第二政委。努力开荒生产的驻疆屯垦官兵终于有了正式的新身份，工作中心由武装斗争转为经济建设，新疆地区的屯垦进入了新的阶段。

之后，新疆生产建设兵团重点开发了北疆的准噶尔盆地、南疆的塔里木河流域及伊犁、博乐、塔城等边远地区。战士们鼓足干劲，兴修水利、垦荒造田、种粮种棉、修路架桥，一座座城市拔地而起，荒漠变绿洲。

2. 将荒原沼泽变成粮仓

在新疆屯垦热火朝天之时，北大荒也进入了波澜壮阔的开发阶段，三江平原成为"主战场"。

1954 年 8 月，中共中央农村工作部同意并批转了农业部党组《关于开发东北荒地的农建二师移垦东北问题的报告》，同时上报中央军委批准。9 月，第一批集体转业的"移民大军"——农建二师由山东开赴北大荒。这支 8000 多人的齐鲁官兵队伍以荒原为家，创建了二九〇、二九一和十一农场。

同年，王震将军视察黑龙江汤原后，萌发了开发北大荒的设想。领命的是第五师副师长余友清，他打头阵，率一支先遣队到密山、虎林一带踏查荒原，于 1955 年元旦，在虎林县（今虎林市）西岗创建了铁道兵第一个农场，以部队番号命名为"八五〇部农场"。

1955 年，经中共中央同意，铁道兵 9 个师近两万人挺进北大荒，在密山、虎林、饶河一带开荒建场，拉开了向三江平原发起总攻的序幕，在八五〇部农场周围建起了一批八字头的农场。

1958 年 1 月，中央军委发出《关于动员十万干部转业复员参加生产建设的指示》，要求全军复员转业官兵去开发北大荒。命令一下，十万转业官兵及家属，浩浩荡荡进军三江平原，支边青年、知识青年也前赴后继地进攻这片古老的荒原。

垦荒大军不惧苦、不畏难，鏖战多年，荒原变良田。1964 年盛夏，国家副主席董必武来到北大荒视察，面对麦香千里即兴赋诗："斩棘披荆忆老兵，大荒已变大粮屯。"

3. 将荒郊野岭变成胶园

如果说农垦大军在戈壁滩、北大荒打赢了漂亮的要粮要棉战役，那么，在南国边疆，则打赢了一场在世界看来不可能胜利的翻身仗。

1950 年，朝鲜战争爆发后，帝国主义对我国实行经济封锁，重要战略物资天然橡胶被禁运，我国国防和经济建设面临严重威胁。

当时世界公认天然橡胶的种植地域不能超过北纬 17°，我国被国际上许多专家划为"植胶禁区"。

但命运应该掌握在自己手中，中共中央作出"一定要建立自己的橡胶基地"的战略决策。1951 年 8 月，政务院通过《关于扩大培植橡胶树的决定》，由副总理兼财政经济委员会主任陈云亲自主持这项工作。同年 11 月，华南垦殖局成立，中共中央华南分局第一书记叶剑英兼任局长，开始探索橡胶种植。

1952 年 3 月，两万名中国人民解放军临危受命，组建成林业工程第一师、第二师和一个独立团，开赴海南、湛江、合浦等地，住茅棚、战台风、斗猛兽，白手起家垦殖橡胶。

大规模垦殖橡胶，急需胶籽。"一粒胶籽，一两黄金"成为战斗口号，战士们不惜一切代价收集胶籽。有一位叫陈金照的小战士，运送胶籽时遇到山洪，被战友们找到时已没有了呼吸，而背上箩筐里的胶籽却一粒没丢……

正是有了千千万万个把橡胶看得重于生命的陈金照们，1957年春天，华南垦殖局种植的第一批橡胶树，流出了第一滴胶乳。

1960年以后，大批转业官兵加入海南岛植胶队伍，建成第一个橡胶生产基地，还大面积种植了剑麻、香茅、咖啡等多种热带作物。同时，又有数万名转业官兵和湖南移民汇聚云南边疆，用血汗浇灌出了我国第二个橡胶生产基地。

在新疆、东北和华南三大军垦战役打响之时，其他省份也开始试办农场。1952年，在政务院关于"各县在可能范围内尽量地办起和办好一两个国营农场"的要求下，全国各地农场如雨后春笋般发展起来。1956年，农垦部成立，王震将军被任命为部长，统一管理全国的军垦农场和地方农场。

随着农垦管理走向规范化，农垦事业也蓬勃发展起来。江西建成多个综合垦殖场，发展茶、果、桑、林等多种生产；北京市郊、天津市郊、上海崇明岛等地建起了主要为城市提供副食品的国营农场；陕西、安徽、河南、西藏等省区建立发展了农牧场群……

到1966年，全国建成国营农场1958个，拥有职工292.77万人，拥有耕地面积345457公顷，农垦成为我国农业战线一支引人瞩目的生力军。

（三）

前进的道路并不总是平坦的。"文化大革命"持续十年，使党、国家和各族人民遭到新中国成立以来时间最长、范围最广、损失最大的挫折，农垦系统也不能幸免。农场平均主义盛行，从1967年至1978年，农垦系统连续亏损12年。

"没有一个冬天不可逾越，没有一个春天不会来临。"1978年，党的十一届三中全会召开，如同一声春雷，唤醒了沉睡的中华大地。手握改革开放这一法宝，全党全社会朝着社会主义现代化建设方向大步前进。

在这种大形势下，农垦人深知，国营农场作为社会主义全民所有制企业，应当而且有条件走在农业现代化的前列，继续发挥带头和示范作用。

于是，农垦人自觉承担起推进实现农业现代化的重大使命，乘着改革开放的春风，开始进行一系列的上下求索。

1978年9月，国务院召开了人民公社、国营农场试办农工商联合企业座谈会，决定在我国试办农工商联合企业，农垦系统积极响应。作为现代化大农业的尝试，机械化水平较高且具有一定工商业经验的农垦企业，在农工商综合经营改革中如鱼得水，打破了单一种粮的局面，开启了农垦一二三产业全面发展的大门。

农工商综合经营只是农垦改革的一部分，农垦改革的关键在于打破平均主义，调动生产积极性。

为调动企业积极性，1979年2月，国务院批转了财政部、国家农垦总局《关于农垦企业实行财务包干的暂行规定》。自此，农垦开始实行财务大包干，突破了"千家花钱，一家（中央）平衡"的统收统支方式，解决了农垦企业吃国家"大锅饭"的问题。

为调动企业职工的积极性，从1979年根据财务包干的要求恢复"包、定、奖"生产责任制，到1980年后一些农场实行以"大包干"到户为主要形式的家庭联产承包责任制，再到1983年借鉴农村改革经验，全面兴办家庭农场，逐渐建立大农场套小农场的双层经营体制，形成"家家有场长，户户搞核算"的蓬勃发展气象。

为调动企业经营者的积极性，1984年下半年，农垦系统在全国选择100多个企业试点推行场（厂）长、经理负责制，1988年全国农垦有60%以上的企业实行了这项改革，继而又借鉴城市国有企业改革经验，全面推行多种形式承包经营责任制，进一步明确主管部门与企业的权责利关系。

以上这些改革主要是在企业层面，以单项改革为主，虽然触及了国家、企业和职工的最直接、最根本的利益关系，但还没有完全解决传统体制下影响农垦经济发展的深层次矛盾和困难。

"历史总是在不断解决问题中前进的。"1992年，继邓小平南方谈话之后，党的十四大明确提出，要建立社会主义市场经济体制。市场经济为农垦改革进一步指明了方向，但农垦如何改革才能步入这个轨道，真正成为现代化农业的引领者？

关于国营大中型企业如何走向市场，早在1991年9月中共中央就召开工作会议，强调要转换企业经营机制。1992年7月，国务院发布《全民所有制工业企业转换经营机制条例》，明确提出企业转换经营机制的目标是："使企业适应市场的要求，成为依法自主经营、自负盈亏、自我发展、自我约束的商品生产和经营单位，成为独立享有民事权利和承担民事义务的企业法人。"

为转换农垦企业的经营机制，针对在干部制度上的"铁交椅"、用工制度上的"铁饭碗"和分配制度上的"大锅饭"问题，农垦实施了干部聘任制、全员劳动合同制以及劳动报酬与工效挂钩的三项制度改革，为农垦企业建立在用人、用工和收入分配上的竞争机制起到了重要促进作用。

1993年，十四届三中全会再次擂响战鼓，指出要进一步转换国有企业经营机制，建立适应市场经济要求，产权清晰、权责明确、政企分开、管理科学的现代企业制度。

农业部积极响应，1994年决定实施"三百工程"，即在全国农垦选择百家国有农场进行现代企业制度试点、组建发展百家企业集团、建设和做强百家良种企业，标志着农垦企业的改革开始深入到企业制度本身。

同年，针对有些农场仍为职工家庭农场，承包户垫付生产、生活费用这一问题，根据当年1月召开的全国农业工作会议要求，全国农垦系统开始实行"四到户"和"两自理"，即土地、核算、盈亏、风险到户，生产费、生活费由职工自理。这一举措彻底打破了"大锅饭"，开启了国有农场农业双层经营体制改革的新发展阶段。

然而，在推进市场经济进程中，以行政管理手段为主的垦区传统管理体制，逐渐成为束缚企业改革的桎梏。

垦区管理体制改革迫在眉睫。1995年，农业部在湖北省武汉市召开全国农垦经济体制改革工作会议，在总结各垦区实践的基础上，确立了农垦管理体制的改革思路：逐步弱化行政职能，加快实体化进程，积极向集团化、公司化过渡。以此会议为标志，垦区管理体制改革全面启动。北京、天津、黑龙江等 17 个垦区按照集团化方向推进。此时，出于实际需要，大部分垦区在推进集团化改革中仍保留了农垦管理部门牌子和部分行政管理职能。

"前途是光明的，道路是曲折的。"由于农垦自身存在的政企不分、产权不清、社会负担过重等深层次矛盾逐渐暴露，加之农产品价格低迷、激烈的市场竞争等外部因素叠加，从 1997 年开始，农垦企业开始步入长达 5 年的亏损徘徊期。

然而，农垦人不放弃、不妥协，终于在 2002 年"守得云开见月明"。这一年，中共十六大召开，农垦也在不断调整和改革中，告别"五连亏"，盈利 13 亿。

2002 年后，集团化垦区按照"产业化、集团化、股份化"的要求，加快了对集团母公司、产业化专业公司的公司制改造和资源整合，逐步将国有优质资产集中到主导产业，进一步建立健全现代企业制度，形成了一批大公司、大集团，提升了农垦企业的核心竞争力。

与此同时，国有农场也在企业化、公司化改造方面进行了积极探索，综合考虑是否具备企业经营条件、能否剥离办社会职能等因素，因地制宜、分类指导。一是办社会职能可以移交的农场，按公司制等企业组织形式进行改革；办社会职能剥离需要过渡期的农场，逐步向公司制企业过渡。如广东、云南、上海、宁夏等集团化垦区，结合农场体制改革，打破传统农场界限，组建产业化专业公司，并以此为纽带，进一步将垦区内产业关联农场由子公司改为产业公司的生产基地（或基地分公司），建立了集团与加工企业、农场生产基地间新的运行体制。二是不具备企业经营条件的农场，改为乡、镇或行政区，向政权组织过渡。如 2003 年前后，一些垦区的部分农场连年严重亏损，有的甚至濒临破产。湖南、湖北、河北等垦区经省委、省政府批准，对农场管理体制进行革新，把农场管理权下放到市县，实行属地管理，一些农场建立农场管理区，赋予必要的政府职能，给予财税优惠政策。

这些改革离不开农垦职工的默默支持，农垦的改革也不会忽视职工的生活保障。1986 年，根据《中共中央、国务院批转农牧渔业部〈关于农垦经济体制改革问题的报告〉的通知》要求，农垦系统突破职工住房由国家分配的制度，实行住房商品化，调动职工自己动手、改善住房的积极性。1992 年，农垦系统根据国务院关于企业职工养老保险制度改革的精神，开始改变职工养老保险金由企业独自承担的局面，此后逐步建立并完善国家、企业、职工三方共同承担的社会保障制度，减轻农场养老负担的同时，也减少了农场职工的后顾之忧，保障了农场改革的顺利推进。

从 1986 年至十八大前夕，从努力打破传统高度集中封闭管理的计划经济体制，到坚定社会主义市场经济体制方向；从在企业层面改革，以单项改革和放权让利为主，到深入管理体制，以制度建设为核心、多项改革综合配套协调推进为主：农垦企业一步一个脚印，走上符合自身实际的改革道路，管理体制更加适应市场经济，企业经营机制更加灵活高效。

这一阶段，农垦系统一手抓改革，一手抓开放，积极跳出"封闭"死胡同，走向开放的康庄大道。从利用外资在经营等领域涉足并深入合作，大力发展"三资"企业和"三来一补"项目；到注重"引进来"，引进资金、技术设备和管理理念等；再到积极实施"走出去"战略，与中东、东盟、日本等地区和国家进行经贸合作出口商品，甚至扎根境外建基地、办企业、搞加工、拓市场：农垦改革开放风生水起逐浪高，逐步形成"两个市场、两种资源"的对外开放格局。

（四）

党的十八大以来，以习近平同志为核心的党中央迎难而上，作出全面深化改革的决定，农垦改革也进入全面深化和进一步完善阶段。

2015 年 11 月，中共中央、国务院印发《关于进一步推进农垦改革发展的意见》（简称《意见》），吹响了新一轮农垦改革发展的号角。《意见》明确要求，新时期农垦改革发展要以推进垦区集团化、农场企业化改革为主线，努力把农垦建设成为保障国家粮食安全和重要农产品有效供给的国家队、中国特色新型农业现代化的示范区、农业对外合作的排头兵、安边固疆的稳定器。

2016 年 5 月 25 日，习近平总书记在黑龙江省考察时指出，要深化国有农垦体制改革，以垦区集团化、农场企业化为主线，推动资源资产整合、产业优化升级，建设现代农业大基地、大企业、大产业，努力形成农业领域的航母。

2018 年 9 月 25 日，习近平总书记再次来到黑龙江省进行考察，他强调，要深化农垦体制改革，全面增强农垦内生动力、发展活力、整体实力，更好发挥农垦在现代农业建设中的骨干作用。

农垦从来没有像今天这样更接近中华民族伟大复兴的梦想！农垦人更加振奋了，以壮士断腕的勇气、背水一战的决心继续农垦改革发展攻坚战。

1. 取得了累累硕果

——坚持集团化改革主导方向，形成和壮大了一批具有较强竞争力的现代农业企业集团。黑龙江北大荒去行政化改革、江苏农垦农业板块上市、北京首农食品资源整合……农垦深化体制机制改革多点开花、逐步深入。以资本为纽带的母子公司管理体制不断完善，现代公司治理体系进一步健全。市县管理农场的省份区域集团化改革稳步推进，已组建区域集团和产业公司超过 300 家，一大批农场注册成为公司制企业，成为真正的市场主体。

——创新和完善农垦农业双层经营体制，强化大农场的统一经营服务能力，提高适度规模经营水平。截至 2020 年，据不完全统计，全国农垦规模化经营土地面积 5500 多万亩，约占农垦耕地面积的 70.5％，现代农业之路越走越宽。

——改革国有农场办社会职能，让农垦企业政企分开、社企分开，彻底甩掉历史包袱。截至 2020 年，全国农垦有改革任务的 1500 多个农场完成办社会职能改革，松绑后的步伐更加矫健有力。

——推动农垦国有土地使用权确权登记发证，唤醒沉睡已久的农垦土地资源。截至 2020 年，土地确权登记发证率达到 96.3％，使土地也能变成金子注入农垦企业，为推进农垦土地资源资产化、资本化打下坚实基础。

——积极推进对外开放，农垦农业对外合作先行者和排头兵的地位更加突出。合作领域从粮食、天然橡胶行业扩展到油料、糖业、果菜等多种产业，从单个环节向全产业链延伸，对外合作范围不断拓展。截至 2020 年，全国共有 15 个垦区在 45 个国家和地区投资设立了 84 家农业企业，累计投资超过 370 亿元。

2. 在发展中改革，在改革中发展

农垦企业不仅有改革的硕果，更以改革创新为动力，在扶贫开发、产业发展、打造农业领域航母方面交出了漂亮的成绩单。

——聚力农垦扶贫开发，打赢农垦脱贫攻坚战。从 20 世纪 90 年代起，农垦系统开始扶贫开发。"十三五"时期，农垦系统针对 304 个重点贫困农场，绘制扶贫作战图，逐个建立扶贫档案，坚持"一场一卡一评价"。坚持产业扶贫，组织开展技术培训、现场观摩、产销对接，增强贫困农场自我"造血"能力。甘肃农垦永昌农场建成高原夏菜示范园区，江西宜丰黄冈山垦殖场大力发展旅游产业，广东农垦新华农场打造绿色生态茶园……贫困农场产业发展蒸蒸日上，全部如期脱贫摘帽，相对落后农场、边境农场和生态脆弱区农场等农垦"三场"踏上全面振兴之路。

——推动产业高质量发展，现代农业产业体系、生产体系、经营体系不断完善。初步建成一批稳定可靠的大型生产基地，保障粮食、天然橡胶、牛奶、肉类等重要农产品的供给；推广一批环境友好型种养新技术、种养循环新模式，提升产品质量的同时促进节本增效；制定发布一系列生鲜乳、稻米等农产品的团体标准，守护"舌尖上的安全"；相继成立种业、乳业、节水农业等产业技术联盟，形成共商共建共享的合力；逐渐形成"以中国农垦公共品牌为核心、农垦系统品牌联合舰队为依托"的品牌矩阵，品牌美誉度、影响力进一步扩大。

——打造形成农业领域航母，向培育具有国际竞争力的现代农业企业集团迈出坚实步伐。黑龙江北大荒、北京首农、上海光明三个集团资产和营收双超千亿元，在发展中乘风破浪：黑龙江北大荒农垦集团实现机械化全覆盖，连续多年粮食产量稳定在 400 亿斤以上，推动产业高端化、智能化、绿色化，全力打造"北大荒绿色智慧厨房"；北京首农集团坚持科技和品牌双轮驱动，不断提升完善"从田间到餐桌"的全产业链条；上海光明食品集团坚持品牌化经营、国际化发展道路，加快农业

"走出去"步伐，进行国际化供应链、产业链建设，海外营收占集团总营收 20% 左右，极大地增强了对全世界优质资源的获取能力和配置能力。

千淘万漉虽辛苦，吹尽狂沙始到金。迈入"十四五"，农垦改革目标基本完成，正式开启了高质量发展的新篇章，正在加快建设现代农业的大基地、大企业、大产业，全力打造农业领域航母。

(五)

八十多年来，从人畜拉犁到无人机械作业，从一产独大到三产融合，从单项经营到全产业链，从垦区"小社会"到农业"集团军"，农垦发生了翻天覆地的变化。然而，无论农垦怎样变，变中都有不变。

——不变的是一路始终听党话、跟党走的绝对忠诚。从抗战和解放战争时期垦荒供应军粮，到新中国成立初期发展生产、巩固国防，再到改革开放后逐步成为现代农业建设的"排头兵"，农垦始终坚持全面贯彻党的领导。而农垦从孕育诞生到发展壮大，更离不开党的坚强领导。毫不动摇地坚持贯彻党对农垦的领导，是农垦人奋力前行的坚强保障。

——不变的是服务国家核心利益的初心和使命。肩负历史赋予的保障供给、屯垦戍边、示范引领的使命，农垦系统始终站在讲政治的高度，把完成国家战略任务放在首位。在三年困难时期、"非典"肆虐、汶川大地震、新冠肺炎疫情突发等关键时刻，农垦系统都能"调得动、顶得上、应得急"，为国家大局稳定作出突出贡献。

——不变的是"艰苦奋斗、勇于开拓"的农垦精神。从抗日战争时一手拿枪、一手拿镐的南泥湾大生产，到新中国成立后新疆、东北和华南的三大军垦战役，再到改革开放后艰难但从未退缩的改革创新、坚定且铿锵有力的发展步伐，"艰苦奋斗、勇于开拓"始终是农垦人不变的本色，始终是农垦人攻坚克难的"传家宝"。

农垦精神和文化生于农垦沃土，在红色文化、军旅文化、知青文化等文化中孕育，也在一代代人的传承下，不断被注入新的时代内涵，成为农垦事业发展的不竭动力。

"大力弘扬'艰苦奋斗、勇于开拓'的农垦精神，推进农垦文化建设，汇聚起推动农垦改革发展的强大精神力量。"中央农垦改革发展文件这样要求。在新时代、新征程中，记录、传承农垦精神，弘扬农垦文化是农垦人的职责所在。

（六）

随着垦区集团化、农场企业化改革的深入，农垦的企业属性越来越突出，加之有些农场的历史资料、文献文物不同程度遗失和损坏，不少老一辈农垦人也已年至期颐，农垦历史、人文、社会、文化等方面的保护传承需求也越来越迫切。

传承农垦历史文化，志书是十分重要的载体。然而，目前只有少数农场编写出版过农场史志类书籍。因此，为弘扬农垦精神和文化，完整记录展示农场发展改革历程，保存农垦系统重要历史资料，在农业农村部党组的坚强领导下，农垦局主动作为，牵头组织开展中国农垦农场志丛编纂工作。

工欲善其事，必先利其器。2019 年，借全国第二轮修志工作结束、第三轮修志工作启动的契机，农业农村部启动中国农垦农场志丛编纂工作，广泛收集地方志相关文献资料，实地走访调研、拜访专家、咨询座谈、征求意见等。在充足的前期准备工作基础上，制定了中国农垦农场志丛编纂工作方案，拟按照前期探索、总结经验、逐步推进的整体安排，统筹推进中国农垦农场志丛编纂工作，这一方案得到了农业农村部领导的高度认可和充分肯定。

编纂工作启动后，层层落实责任。农业农村部专门成立了中国农垦农场志丛编纂委员会，研究解决农场志编纂、出版工作中的重大事项；编纂委员会下设办公室，负责志书编纂的具体组织协调工作；各省级农垦管理部门成立农场志编纂工作机构，负责协调本区域农场志的组织编纂、质量审查等工作；参与编纂的农场成立了农场志编纂工作小组，明确专职人员，落实工作经费，建立配套机制，保证了编纂工作的顺利进行。

质量是志书的生命和价值所在。为保证志书质量，我们组织专家编写了《农场志编纂技术手册》，举办农场志编纂工作培训班，召开农场志编纂工作推进会和研讨会，到农场实地调研督导，尽全力把好志书编纂的史实关、政治关、体例关、文字关和出版关。我们本着"时间服从质量"的原则，将精品意识贯穿编纂工作始终。坚持分步实施、稳步推进，成熟一本出版一本，成熟一批出版一批。

中国农垦农场志丛是我国第一次较为系统地记录展示农场形成发展脉络、改革发展历程的志书。它是一扇窗口，让读者了解农场，理解农垦；它是一条纽带，让农垦人牢记历史，让农垦精神代代传承；它是一本教科书，为今后农垦继续深化改革开放、引领现代农业建设、服务乡村振兴战略指引道路。

修志为用。希望此志能够"尽其用"，对读者有所裨益。希望广大农垦人能够从此志汲取营养，不忘初心、牢记使命，一茬接着一茬干、一棒接着一棒跑，在新时代继续发挥农垦精神，续写农垦改革发展新辉煌，为实现中华民族伟大复兴的中国梦不懈努力！

中国农垦农场志丛编纂委员会

2021 年 7 月

白马湖

江苏白马湖农场志
JIANGSU BAIMAHU NONGCHANG ZHI

序言

　　《江苏白马湖农场志》在农业农村部相关部门具体指导和编纂者不懈努力下，终于出版面世，这是一万七千名白马湖农场人的幸事和喜事。

　　60余年来，白马湖农场人艰苦奋斗，靠顽强的意志和拼搏的精神，风雨兼程，创新创业，逐梦前行。

　　60余年来，白马湖农场人与时俱进，在新征程的道路上，顺应潮流、砥砺奋进、群策群力、担当作为。

　　60余年来，白马湖农场人历经沧桑巨变，在一穷二白中起步，在不断探索中发展，在推动改革中奋进，从无到有、从小到大、由弱变强。

　　一卷在握，可以明场史、知兴衰。我们今天续编《江苏白马湖农场志》，意在总结经验、汲取教训、认识规律、促进发展，"前有所记、后有所鉴、得益当代、惠及子孙"。我们深感修志责任重大、意义深远。

　　由于体制变更和人员调整频繁，加之年代久远，农场很多重要的历史资料散失殆尽，这给编纂和考证带来极大难度，好在经过大家的共同努力，最终成书，将农场的自然、地理、经济、政治、风土人情、风俗习惯等逐一做了较为详尽的记述，为我们了解前人经历和教育后代提供了难能可贵的史实资料。

让我们珍惜历史、珍惜事业、尊重历史、尊重前人。衷心希望今天和明天的人们都能了解白马湖、热爱白马湖、奉献白马湖,为建设宜居宜业现代化的美丽农场做出应有贡献。

最后,向所有关心支持白马湖农场发展和为场志编纂提供帮助的各界人士表示衷心感谢!

江苏省白马湖农场志编纂委员会

2023 年 6 月

前言

江苏省白马湖农场创建于1959年10月，是江苏省农垦集团有限公司所属的国有中型农业企业。现为国家级种子生产基地、全国农垦无公害农产品示范基地、省级农业产业化龙头企业、省级科技型企业和江苏省林业放心苗生产基地。

多年来，农场始终立足自身实际，坚持"以农为本、以种突破"的发展思路，瞄准建设现代农业和建成生态农场的发展方向，积极实施科技强场、产业富场、人才兴场战略，大力整合各类生产资源和要素，较好地实现了经济和社会事业的健康、协调、可持续发展，初步形成了贸工农、产加销一体化经营。近年来，农场不断加大农业生产基础设施建设，大力推动花卉苗木、水产养殖等一批传统产业转型升级。在加快经济发展的同时，加大城镇化建设力度，努力完善城镇功能配套，农场教育、卫生、文化等社会事业也得到了较快发展。今天的白马湖田绿水清，道路四通八达，呈现出生机勃勃的景象。一些老领导和当年的知青重返时啧啧赞叹，称赞白马湖的变化真是"翻天覆地"！

《江苏白马湖农场志》旨在追寻拓荒者的足迹，反映建场以来的人文、地理、社会、生活变化，真实记录自建场60余年来白马湖人艰苦创业、辛勤耕耘、振兴经济的历史，为农场"资治、教化、存史"留下书证。我们相信，已经谱写农场 60 余年历史的白马湖人，一定会以勤劳和智慧，创造出更加美好的明天！

编者

2023 年 6 月

江苏白马湖农场志
JIANGSU BAIMAHU NONGCHANG ZHI

凡例

一、为发挥"政治、教育、存史、借鉴"的功能，使之成为储存史料和信息的总库，本志坚持实事求是的原则，以经济建设为重点，融方志、企业志为一体，客观地反映农场历史。

二、本志上限起始于 1959 年 11 月建场，下限截至 2022 年 12 月。

三、本志行政区划、机构、职官、地名均依当时名称记述。

四、本志以语体文行文，以序、述、记、表、志、图为体裁，按章、节层次记述。

五、本着"宜粗不宜细"的原则，历次政治运动中所发生的重大事件，择其主要内容记入《大事记》和有关章节内。

六、本志书之首为概述，主要篇首设概况，以统贯全篇。

七、本志数据以本场统计上报数据为准，缺少部门采访当事者环节，核实后补充。

八、本志资料绝大多数来自农场现存档案，少数来自口头资料，一般资料不注明来源。

目 录

中国农垦农场志

概　　述

江苏省白马湖农场地处里下河地区北部，位于敬爱的周恩来总理故乡、历史文化名城淮安市淮安区西南郊。东临京杭大运河及京沪高速、南傍白马湖、西靠宁淮高速、北依苏北灌溉总渠。距淮安城区5公里，348、350省道及宿淮盐高速公路穿场而过。场内水陆交通极为便利，素有"鱼米之乡"之称。

农场地处东经119°06′，北纬33°22′，属于北亚热带海洋性季风气候，全年光照充足、热量丰富、雨水充沛、无霜期长、四季分明，适宜农作物生长。优越的地理环境、丰富的自然资源为农场的发展提供了有利的条件。

全场土地总面积为98728.71亩*，其中：湿地501.35亩，耕地55514.75亩，种植园地105.63亩，林地1718.6亩，草地110.86亩，城镇村及工矿用地7144.79亩，交通运输用地826.88亩，水工建筑用地2172.82亩，水域及水利设施用地28922.95亩，其他用地1710.08亩。现有总人口15088人，其中：在职职工1310人，离退休人员5276人。

农场古称"七坊半"，新中国成立前，区内芦苇丛生、沟塘密布、四周环水、水灾严重，农业产量一直很低，时常种不保收。民间曾流传这样的童谣"湖水波浪似海涛，六月汛期忙排涝，种不保收平常事，三年有灾两年逃"。因而邻近乡民皆有"有女不嫁七坊半"之说，此境况直至建场后才逐步改变。新中国成立后，农场境内分属盐南区和林集区。1959年11月，三堡、林集、南闸、范集四公社划拨9个大队，在原淮安县畜牧场的基础上扩建成农场，距今已60周年。农场境内地势较为平坦，海拔一般在6～7.2米（以废黄河入海口为零点），东西间相差甚小，由西向东缓缓倾斜，在同一排沟区内地面高差为60～90厘米，中部高两头稍低，南北间略有差别；全场地势高差多在1米左右，但其中亦有微小起伏。初时场部设在原张徐大队小吕庄（现张徐居委会）。1960年，场部搬至原杨家荡南面，1979年，迁至东场部。2004年，场部办公楼建成，场领导和主要科室搬至新办公楼办公。

建场初期，农场的种植以适应秋涝为主，作物种类单一，熟制简单。随着科学技术的

---

* 亩为非法定计量单位，1亩＝1/15公顷。

迅速发展和产业结构的不断调整，农场确立以农为本、兼顾工业和副业、重视科学管理、发展农业经济的方针。针对农场的实际情况，重点加强农田基本建设和水利配套措施建设。改良土壤，改进耕作方法，垦荒治水，不断扩大耕地面积，增加科技含量，实行科学种田，完善机械、电力设施，增强抗御渍涝、干旱等自然灾害的能力。在不断深化改革的过程中，充分发挥资源优势，面向市场求发展，积极调整品种结构，实行一系列改革。在耕作制度上，由一年一熟制改为一年二熟制，推广立体种植；由单一种植改为水旱轮作；在改良土壤上，实行稻麦茬少免耕，全面推行秸秆还田技术，施用配方肥和有机肥，增加土壤有机质含量；在作物布局和产业结构上，由单一抓粮食生产改为以种植粮食为主，因地制宜稳步发展经济作物；在品种改良上，由生产队（职工）自引、自留、自育改为农场统一引进，统一种植区域，统一管理，确保品种纯度。

改革开放以来，在党的十一届三中全会精神的指引下，农场及时把工作重点转到经济建设上来，农场经济得到了迅速发展，一、二、三产业齐头并进。1979年，农场由地方管理转为农垦管理后，由于体制的变化，1980年，农场实现了建场后的第一次盈余。进入21世纪，由于企业改制等原因，农场一度出现了亏损，1995年后又开始连续盈利。2000年、2003年农场进行了两次全场机构改革，2005年又对农业进行了改制，财务制度由原来的农场、分场、大队三级管理，以及农场、大队二级核算，改为农场、管理区二级管理、一级核算的财务管理体制。目前农场下辖8个农业生产区、1个社区管理委员会、2个城镇居委会、1个敬老院以及畜禽水产中心、林业站等二三产业单位，辖区有楚州酒业、恒达建材等民营企业，农场由单一经营农业逐步发展成为以种植业为基础、种子加工为龙头、抓二三产业结构调整升级、加大招商引资和二次创业力度、大力发展民营经济的新型现代化企业。

进入20世纪90年代，农场进一步调整产业结构，加快了农业基础生产条件的改善，特别是中低产田的改造步伐，积极利用国家黄淮海一、二、三期开发资金及粮棉大县项目资金、国家农业综合开发项目资金、淮安区城乡挂钩项目资金不断改善农业生产条件，形成了沟、渠、田、林、路、桥、涵、闸配套的农业网络，有效地增强了农作物防涝抗旱的能力。与此同时，农场依据自身的资源优势，坚持"以农为本、以种突破"，把建设现代化种子农场作为自己的奋斗目标，在加快农田标准化的基础上，积极调整种植结构，大力发展"三高"农业，走有农场特色的种子发展之路，从而使农场种子作为一项产业迅速崛起，并取得令人瞩目的成绩。种子产业成为农场经济发展的支柱企业，甜菜种还出口哈萨克斯坦共和国。1995年，农场被农业部确定为"国家级种子基地"和全国最大的"甜菜籽种良繁基地"。2012—2022年，累计用于农业生产基础设施改造建设的项目资金达1.27

亿元，极大地促进了农业生产水平的提高，取得了显著的效果。2004年11月，农场被农业部确定为首批无公害农产品示范基地。近几年农场一直是江苏省淮南、淮北片小麦、油菜等新品种展示、示范基地，承担着国家和省数百个水稻、小麦油菜等新品种、品系的区试任务。2019年，农场被农业农村部确定为"国家区域性良种繁育基地"。2022年，实现考核利润1912.64万元，小麦单产532公斤/亩，水稻单产519公斤/亩，全年共向大华种业提供优质种子8840万斤*，种子转化率达90%以上。

场办工业从无到有、从小到大，在改革中求发展，在竞争中求生存，在强化管理中增效益。先后建起了农机修造厂、粮食加工厂、棉纺厂、砖瓦厂、酒厂、玩具厂、地毯厂等场办企业。进入20世纪90年代，场办工业企业不断扩大自身规模，提高产品档次和市场竞争力，为农场的经济做出了一定的贡献。1996年，粮食加工厂生产的"苏王"牌大米通过国家绿色食品认证，10多年来一直是AA级绿色食品，2005年被授予江苏省名牌产品称号。1998—2001年，农场为了场办工业经济提质增效，全面落实农垦集团公司的改制任务，对农场13个企业相继进行了改制。

迈进21世纪，白马湖人大力弘扬"包容求实、创新致远"的新时期企业精神，以加快发展现代农业为根本，以深化改革为重点，以培植新兴主导产业为目标，不断优化调整产业结构，与时俱进完善体制机制，探索适合农场发展特点的创新创业之路。全面推行农场经营管理体制改革，大力发展民营经济和招商引资工作，主动顺应集团公司资源整合发展大势，落实中央和省委推进农垦改革发展的要求，争取地方政府的关心和支持，统筹谋划和制定"扩量、提质、挖潜、增效"各项措施。从"社会事业职能内部模拟分离"到"完成移交"，从农垦资源整合到农场公司化改制，从重视产出和效益到重视生态和民生，从相对封闭运行到对外寻求支持与合作，农场进入了崭新的发展时期。

二三产业加快发展。全场形成了以生产、科技服务为中心的物资、机电、电子等服务体系，民营企业发展迅猛，农场镇区主干道两侧分布许多从事商业服务、机械修理、餐饮服务和数字经济网点，随着"两新"组织的发展壮大，农场境内成立了农机、畜禽养殖、植保、畜禽防疫、肉鸡养殖、蛋鸡养殖等经济协会组织。2003年"神湖"牌中华绒鳌蟹通过了国家无公害农产品认证。近年来，充分利用现有资源禀赋，加强与南京林业大学和江苏省林业科学院以及江苏省海洋局水产研究所合作，依托其技术支持和项目支撑，加快培植特色林苗产业和特色水产养殖业，推动林业"1315"目标、水产"一场一品"规划落地见效。加强惠民政策争取，加快完善创业激励举措，重视生态环境保护，推动民营经济

---

* 斤为非法定计量单位，1斤=0.5公斤。——编者注

环保健康发展。

社会管理与社会事业改革初见成效。"三供一业"按时移交地方，积极争取城镇低保、居民医保、残疾补贴、垃圾转运、计生奖扶等各项政策资金；依法治场、平安建设、信访化解等工作稳步推进，企业文化与社区文化建设显著增强；经淮安区人民政府批复成立的王庄等12个居民委员会，居民自治工作扎实有效；社会福利事业日趋完善，2022年有5280名居民参加了淮安区城乡居民医疗保险，有6586名在职职工和退休职工参加了淮安区职工医疗保险，形成了"老有所养、病有所医"的社会保障体系。

文教卫生事业蓬勃发展。全场共有各类专业技术人员334人，1所初级中学、1所完小，儿童入学率达100%，初中普及率达100%。医疗保健工作得到充分落实，形成了较为健全的卫生保健网络，儿童计划免疫工作得到进一步加强。计划生育工作成绩显著，在国家二孩政策放宽前，农场连续23年被淮安市（淮安区）授予计划生育工作先进单位。

城镇建设步伐加快。场内等级和等级以下水泥路总里程达185公里，基本形成四通八达、进村入户的公路网，有线电视和自来水管网覆盖全场，燃气管道覆盖两个城镇居委会，百户家庭电脑拥有量已达到80%。相继建成馨康花苑小区、富康花苑小区、建安小区、农业科学院科研楼、农场办公楼以及裕源大道、健康路两侧的办公、商住楼等，镇区内的城镇建设已初具规模。近几年，农场多方争取城镇环境、基础设施改造提升项目建设，对内挖掘资源潜力，稳步推进补充耕地、增减挂钩项目；对外争取资金政策支持，不断加大基础设施建设力度，完成建场路柏油铺设、农贸市场建设、十排沟改造提升、裕源大道等道路亮化绿化等工程，农场小城镇建设进入了新的发展时期。

2022年，农场公司实现国内生产总值5.56亿元，国有及国有控股企业实现营业收入1.58亿元，实现利润2438.93万元，职工平均收入为5.75万元。

回首农场60余年的奋斗历程，白马湖人为发展农场、建设农场积累了丰富的物质财富和宝贵的精神财富，经过几代白马湖人的艰苦奋斗、辛勤耕耘，昔日的水涝地变成了今日的米粮仓，无人问津的"七坊半"终于旧貌换新颜。

奋进新时代，白马湖人将在场党委的正确领导下，在经济社会建设中高举中国特色社会主义伟大旗帜，以习近平新时代中国特色社会主义思想为引领，围绕建设"生态、宜居、美丽、幸福的农场"总目标，稳中求进、包容求实、创新发展，为建设现代化和美丽农场不懈奋斗。

大 事 记

● **1959 年**   11 月 18 日   经淮安县委批准，在原畜牧场基础上建立淮安县白马湖农场。

● **1960 年**   1 月   购买第一辆跃进牌汽车，载重 2.5 吨。

3 月   农场召开第一届党员代表大会，许志友在会上做报告。

首次购进东方红拖拉机 3 台。

4 月   东方红拖拉机在邵集大队试耕成功。

8 月   接受分配来农场的农校毕业生 5 人。

12 月   江苏省农林厅勘察队朱栋生、万寿先、黄鹏、王玉来来场勘察、规划。

● **1961 年**   3 月   农场开展整风、三反运动。

4 月   召开第二届党员代表大会，石守云在会上做报告。

5 月   架设引河大桥。从国外引进联合收割机两台，总动力为 180 马力[*]。

11 月   淮安县人民委员会同意划拨鱼种场给农场，固定资产为 84403.60 元。

农场召开干部职工代表大会，干部代表 396 人，职工代表 261 人。

中国人民解放军 6445、6446、6448 部队进驻农场，农场划给部队荒地 3891 亩。

江苏省投资 13300 元建砖瓦木结构烟房 192 平方米。

● **1962 年**   2 月   农场成立科学技术协会，会员 11 人，正副主任 1 人。

建立气象站，由淮安气象站王武臣兼任站长。

9 月   遭受 14 号台风袭击。

10 月   中国人民解放军 6446 部队战士章樟元为抢救农场落水职工而壮

---

* 马力为非法定计量单位，1 马力≈735 瓦特。——编者注

烈牺牲，部队党委追记他一等功，农场党委号召全场向烈士学习。

11月　农场畜牧技术员吴景昌对难产耕牛进行剖宫产试验，获得成功，为淮阴地区首例。

12月　水灾严重，受涝面积达耕地的80％。

● **1963年**　在新河沿岸，建立排涝机站5处，配备抽水机35台套，总动力2100马力，安装14~16寸抽水机16台。

安装30门电话交换机，对外经淮安县与各地联系，大部分大队通上电话。

8月　接受镇江、南京、常州、扬州等城市下放知识青年1300多人。

● **1964年**　1月　建立解港、杨荡分场。

2月　开展社会主义教育运动，历时50天。

3月　召开三级干部会议，会期14天，参加人数830人。

5月　在邵集大队进行计划生育试点工作。

7月　开始第二次人口普查，普查结果全场总人口12830人，其中男6691人，女6112人。

● **1965年**　农场被农业部授予国家级种子生产基地。

7月　驻场部队参加农场水利会战，完成土方3000方。

7月22日　降水达127.0毫米，7月降水日达25天，此年大涝。

12月　淮安共青团委员会发给农场"中国共产主义青年团委员会"公章1枚。

● **1966年**　2月　召开农场中国共产主义青年团第三次代表大会，会议代表117名，列席代表15名。

春　建成20台套柴油机排水站——南总站。

3月　购16毫米放映机1部。

6月　农场设立邮电所。同时张勤耘出席北京高产经验交流会。

● **1967年**　3月　淮安县人武部发给农场人民武装部公章1枚，上半年各种造反组织成立。

6月上旬　雨涝成灾。

● **1968年**　3月　农场成立革命委员会。

4月　搞清理阶级队伍运动。政工组、行政组、生产组、财务基建队、文革组产生并开展工作。

9月　农场创办中学，建校舍6间，有教师4名。

1969年　1月　整党工作开始。

4月　农场贫下中农代表委员会建立，并召开代表大会。

10月　知识青年代表朱勤赴北京参加农民积极分子代表会和国庆观礼。

1970年　5月　成立贫下中农合作医疗管理委员会。

11月　恢复中国共产党白马湖农场委员会。

1971年　3月　根据上级指示精神，划给淮安县淮城镇荒地2190亩，解决城市人口口粮问题。

1972年　成立电影放映队。

驻场部队调防，农场成立机械化大队。

11月5日　二大队民兵营长韩秀花带领民兵进行投掷手榴弹训练，不幸被弹片击中头部，经抢救无效牺牲。

1973年　4月　开展"农业学大寨"。

9月　农场成立妇女联合会，该会由7人组成。

8月2日　为排除机器故障，韩永举不幸献出了年轻的生命，淮安县团委追认韩永举为"模范共青团员"，并号召全县团员青年向韩永举学习。

1974年　3月　农场成立知识青年上山下乡办公室。

建立农场中心幼儿园，各小学附设幼儿班。

1975年　3月　大力开展节育宣传活动。

冬　白马湖砖瓦厂建成投产。

1976年　1月　农场选派代表赴淮参加悼念周恩来总理活动。

5月　美国养猪（饲料考察团）大豆协会美国驻华大使馆农业参赞佩尔捷克带人员参观青年猪场。

11月　省台来农场摄制新闻纪录片《白马湖畔女管天》，该片主要介绍农场气象员俞传丽。

1978年　白马湖棉纺织厂建成投产。

春旱严重，夏秋连旱。此年大旱。

下放知识青年大批返城。

12月　华东六省一市在农场召开"新淮猪育种现场会"，全国有28个省（自治区、直辖市）均派代表参加。

省委通报农场知识青年龚××遭受打击迫害案件。

1979 年 3 月　农场划归江苏省农垦总公司管理。

《新华日报》发表社论《加强社会主义法治保障人民民主权利》，评论农场知识青年受迫害事件。

5 月　人民日报发表文章《江苏省严肃处理白马湖农场迫害知识青年事件》。

9 月　农场编写的《新淮猪培育工作总结》送北京农林厅作为 30 周年成果展。

农场三渔场被农业部授予"先进单位"称号。翌年接受人民政府嘉奖。

1980 年 8 月　农垦总公司同意农场将部分公房折价给个人，至此，新的住房政策开始实施。

1981 年 1 月　农场露天电影院建成并使用。

5 月　农场实行农场、分场、大队三级管理体制。

12 月　农场第一幢大楼——招待所竣工。

1982 年 大包干生产责任制开始实行。

6 月　开展打击经济领域犯罪分子活动。

7 月　进行第三次人口普查，普查结果：农场总人口 16693 人，其中男 8441 人，女 8252 人。

1983 年 4 月　省、市、县及邻县水产部门负责人代表来农场参加渔业生产管理会议。

5 月　农场中学教师郑焱被选为淮阴市政协一届委员会委员。

农场一渔场被江苏省政府授予"两个文明建设先进单位"称号。

1984 年 2 月　农场召开第一届第一次职工代表大会，孙步云场长做工作报告，到会代表 837 人。

1985 年 由粮食征购改为粮食合同订购。

2 月　王秀兰出席淮阴市第一次妇女代表大会。

8 月　开展整党工作，历时 8 个月。

9 月　农场召开庆祝第一个教师节大会。

10 月　江苏省农业科学院组织地方考察团来农场对"10175"水稻进行考察。

11 月　江苏省农垦总公司在农场召开学校管理现场会。

江苏省人民政府授予解玉家同志"劳动模范"光荣称号。

1986 年 6月 罗马尼亚两名专家来农场对"罗康 C-12"收割机进行考察。

1987 年 3月 农场成立体制改革领导小组，李超任组长，农场实行场长负责制。

7月 购买淮安市 35 千伏专线及 35 千伏变电所 1 座。

经江苏省农垦局批准将一渔场更名为"江苏省农垦第一水产良种场"。

1988 年 10月 江苏省钓鱼协会举办的"楚州杯"钓鱼比赛在农场举行。原江苏省委老领导、淮阴市委老领导包厚仓、周一峰、刘和庚、王学成等参加了活动。

11月 成立白马湖农场种子公司。

1989 年 6月 经淮阴市农垦公司批准农场成立科学技术委员会。

12月 召开建场三十周年庆祝大会。

1990 年 农场整顿共青团组织，选举产生新一届中国共产主义青年团组织及领导机构。

第四次全国人口普查，普查结果：全场总人口 16396 人，其中男 8325 人，女 8071 人。

砖瓦三厂挖土导致场地塌方，原砖瓦三厂副场长王伏如为抢救职工而英勇献身，淮阴军分区党委追记其为一等功。

1991 年 第四次全国人口普查获得江苏省人民政府表彰。

遭受涝灾，全场上下团结一致，死保白马湖大堤。

农场在"丰收杯"竞赛中获南片三麦"百亩丰产方三等奖"，受到江苏省农林厅表彰。

1992 年 农场全面开展水利建设会战，完成土方 43014 万立方米。

1993 年 粮食市场放开，农场取消凭证供应。

农场邮电大楼开业，全场开通程控电话。

1994 年 砖瓦一厂承租的林集砖瓦厂，因点火不当引发火灾，烧伤 13 人。

农场在"吨粮田"竞赛中，获水稻"单季高产奖"，受到江苏省农林厅表彰。

1995 年 实行机构改革，组建"十大公司"，精简机关工作人员。

总面积达 1340 平方米的种子大楼动工。

农场部分地区遭受龙卷风袭击，200 多间房屋倒塌，部分设施受损。

农场被农业部授予"国家级种子生产基地"。

农场在"吨粮田"竞赛中，荣获麦、棉全年高产一等奖，受到江苏省农林厅表彰。

农场在江苏省农垦成建制"吨粮田"工程建设研究项目中，荣获江苏省农垦科学技术进步一等奖。

农场农业技术服务中心在"吨粮田"竞赛中，获麦、棉全年高产一等奖，受到省农林厅表彰。

● **1996年** 裕源宾馆动工兴建，建筑面积1230平方米。

农场在江苏省农垦"丰收杯"竞赛中，获大、小麦"千亩片优胜奖"，大、小麦"百亩方优胜奖"，水稻"千亩片一等奖"。

● **1997年** 全国农垦采种甜菜育、繁、推一体化经验交流会在农场召开，与会代表50余人。

裕源宾馆、中学教学楼、医院门诊楼相继竣工并交付使用，建筑面积分别达1230平方米、2240平方米、1500平方米。

原插场镇江知青100余人重返农场。

南北中心砂石路建成，总长18.3公里。

成立资金回收办公室，抽调8人专职办公。

世行官员吉萨德·古尔来农场考察种子项目。

农场获得江苏省农林厅、江苏省农业领导工程水稻丰产方一等奖。

● **1998年** 农场召开三届五次职代会，到会代表429人，胡兆辉场长做工作报告。

由农场贷款，职工融资购进"新疆2号"收割机19台。

幼儿园教学楼动工兴建。

根据上级有关文件精神，压掉棉纺织厂7440枚纱锭。

成立场志编写办公室。

农场敬老院建成，建筑面积800平方米。物资大楼竣工，建筑面积1300平方米。

农场在农业领导工程丰产方建设竞赛中获二等奖，受到江苏省农林厅表彰。

农场在"丰产杯"竞赛中，在"吨粮田"竞赛中获"百亩优胜奖"，受到集团公司表彰。

农场出台了"党政干部廉洁自律21条"和"严禁婚丧喜庆大操大办"等一系列规章制度。

● **1999年** 1月 全场调整结构工资。

1月　农场出台《党政干部廉洁自律二十条》。

2月　农场召开三届六次职代会，胡兆辉场长做《肩负跨世纪发展使命，为建设富裕文明的新农场而奋斗》的工作报告。

4月　农场组建敬老院。

12月　农场举行庆祝建场四十周年大会，千人参加长跑。

农场下发了《白马湖农场农机作业暂行规定》。

江苏省原副省长林启鸿来农场就水稻和机插秧工作指导授课。

农场制定了场徽、场歌，出版了40年《场志》。

农场出台领导干部扶贫帮困制度。

镇江、扬州两地知青和农场广大干部职工共同举办了一台主题为"亲吻白马湖"的联欢晚会。

农场幼儿园教学楼落成。

农场提高现役军人优待金标准。

农场检察室撤销。

● **2000年**　农场成立广播电视新闻中心。

农场敬老院建成使用。

农场召开三届七次职代会，王玉强场长做《认清形势，深化改革，调优结构，强化管理，为实现兴场富民的宏伟目标而努力奋斗》的工作报告，职代会代表440人参会。

农场非农企业开始全面改制。

农场出台了《关于机关人员考勤考绩制度》。

江苏省原副省长林启鸿再次来农场就水稻机插秧工作指导授课。

国家农业综合开发项目在农场实施。

农场建安公司改制。

预制厂撤销。

"江苏省农垦大华种子集团有限公司"成立，白马湖种子公司更名为"江苏省农垦大华种子有限集团公司白马湖分公司"。

江苏农垦酵素菌厂注册为"江苏省国营白马湖农场酵素菌厂"。

楚州酒厂改为民营股份制企业并更名为"淮安市楚州酒业有限公司"。

白马湖派出所由企业性质变更为行政派出所。

农场在干部队伍建设中进行了"富而思源，富而思进"和"五我"的主题教育。

农场人事机构改革。

轧花厂撤销。

民营企业"淮安市巨能布业有限公司"成立。

开展了第五次全国人口普查工作，并获得江苏省人民政府表彰。

● **2001 年** 根据江苏省农垦意见，农场教育划归地方管理，农场公办、民办教师 67 人划归区教育局管理。

农场召开三届八次职代会，王玉强场长做《抢抓机遇，迎接挑战，全面开创新世纪农场经济和社会发展的新局面》的工作报告，到会代表 440 名。

农场撤销南北机耕队，保留农机科建制。

农场"生活服务公司"撤销。

农场开展《工会法》宣传教育活动。

农场成立社会治安综合治理委员会。

因淮安市改为楚州区，"江苏省国营白马湖农场酵素菌厂"改名为"淮安市大华生物制品厂"。

农场制定出台了《关于党风廉政建设责任制的实施办法》，修订完善了《关于严禁领导干部奢侈浪费行为的规定》，广泛开展三讲教育活动。

● **2002 年** 农场召开四届一次职代会，王玉强场长做《抢抓机遇，加快调整，为实现农场新的振兴而努力奋斗》的报告，到会代表 312 名。

农场出台了《白马湖农场机关管理十项制度》。

粮油公司改制。

"宿淮盐"高速公路从农场第一管理区经过，共征地 915.63 亩。

恒盛米业公司参与 ISO 9001—2000 国际质量体系认证。

"苏王"商标被评为"淮安市知名商标"。

玩具厂改制为民营企业。

江苏省电力公司投资 1240 万元，分 2 年对农场原电网进行改造，2003 年底改造结束。

大华生物制品厂"酵素菌速腐剂"产品获农业部微生物肥临时登记证。

农场新建医院手术楼一栋。

农场成立法律服务所。

因种鸡场改制，饲料加工厂从种鸡场分离。

● **2003年** 农场召开四届二次职代会，王玉强场长做《振奋精神，开拓创新，为实现农场经济扭亏增盈目标而努力奋斗》的工作报告。

为方便城镇居民生活，安排下岗分流人员就业，农场兴办白马湖市场，农历初一、初四、初七、十一、十四、十七逢集。

农场召开第四次共青团代表大会。

农场为抗击"非典"专门成立领导机构和组织网络。

农场向国家商标总局申报注册了无公害"神湖牌"中华绒螯蟹。

农机科改名为农机监理所。

因国家南水北调淮安四站输水河道工程，农场被征地667.08亩，其中耕地441.66亩。

"苏王"牌大米在中国稻米博览会上获得优质奖。

"苏王"商标被江苏省评为著名商标。

民营企业"淮安市神龙纺织有限公司"成立。

农场物资公司改制为股份制企业。

"酵素菌速腐剂"被农业部正式登记为微生物肥料。

供电站改制，更名为"白马湖供电管理服务中心"。

农业科学研究所（以下简称农科所）被农业部确定为水稻小麦"油菜新品种示范展示基地"。

农场出台"关于干部管理人员廉洁从政十条禁令"，开展以"两个务必"为主题的教育活动。

农场职工会堂建成并投入使用。

农场被楚州区评为"文明单位"。

农场开展了"两争一树、文明职工、文明岗位、文明班组、十星级文明户"的创建活动。

农场在5家私营企业组建工会，率先实行工会主席公推直选。

农场召开共青团第四次代表大会。

农场推行二级管理，一级核算体制，撤销4个农业分场、13个农业大队，组并为10个农业管理区。机关重组为5个科室，其他部门实行市场化运作。

● **2004年** 农场召开四届三次职代会，王玉强场长做《凝心聚力，开拓创新，为加快白马湖经济早日步入良性轨道而拼搏》的报告，到会代表 284 名。

农场为搞好场内水泥道路建设，召开四届四次职代会，讨论决定场内道路建设规划和融资方案。

农场出台了"审计监察工作意见"。

农场被江苏省林业局授予"淮安市楚州区林木基地""江苏省质量信得过林木种苗基地"称号。

农场印发了《关于严禁党员干部参与赌博的通知》文件。

农场举办以党的基础知识、"两个条例"为主要内容的专题抢答竞赛活动。

农场被淮安市评为"文明单位"。

农场组织共青团员参加江苏省造血干细胞捐献活动。

农场投资 1530 万元建成农村四级水泥路面 48 公里。

● **2005 年** 农场召开四届五次职代会，王玉强场长做《坚持科学发展观，加快发展不动摇，为实现全面建成小康社会和富民强场宏伟目标而努力奋斗》的工作报告。

农场响应国家号召实施"南水北调"工程。

农场出台了"关于创建学习型机关实施意见"。

原淮范公路扩建为"328"省道，征用农场土地 160 亩。

"苏王"牌大米被认定为"AA 级绿色食品和有机食品"，"楚州"牌大米被江苏省农林厅认证为无公害大米。

农场出台"关于严禁收送礼金的规定"。

农场开展以实践"三个代表"重要思想为主题的保持共产党员先进性教育活动。

农场整理编印了党委中心组理论学习成果汇编《学思集》。

组织干部职工参加了"文明单位、文明职工、文明班组、文明岗位"等精神文明创建活动。

农场被淮安市评为"文明单位"。

● **2006 年** 农场召开四届六次职代会，王玉强场长做《立足富民强场，构建和谐社会，全面推进农场产业化、城镇化、工业化进程》的工作报告。

农场审计科单列。

"南大荒"开发项目开工建设。

农场引进"中华"红叶杨，建立并形成了淮安市最大的红叶杨苗木基地。

恒晟米业有限公司被江苏省经贸委认定为"江苏省农业产业化龙头企业"。

民营企业"淮安市广诚塑料制品厂"成立。

农业科学研究所参与开展的水稻"小穗头"成因及其控制技术的应用研究成果获江苏省政府颁发的科学技术进步奖。

农场出台了《白马湖农场干部管理人员廉洁从政十项规定》。

农场在广大党员、干部中深入开展争创"四好领导班子""五好党支部"，以及争当"三强"党支部书记创建活动。

农场广泛开展"争先创优"劳动竞赛，制定出台了"精神文明建设工作意见"。

● **2007 年** 农场召开五届一次职代会，王玉强场长做《加快二次创业步伐，推进富民强场进程，为农场经济发展实现新跨越而努力奋斗》的工作报告。

在全场党员干部中开展"弘扬新风正气，建设廉洁农场"主题教育。

农业综合开发项目在农场实施总投资 471.86 万元。

农场进一步掀起了"二次创业潮"。

农场成立"白马湖农场产业发展办公室"。

农场对物资公司实行二次改制，由农场控股。

白马湖邮政支局获江苏省邮政系统"百优班组称号"。

农场老干部支部组织成立了"白马湖夕阳红文艺宣传队"。

农场深入开展以"解放思想、加快发展"服务为主题的"二次创业"多种形式劳动竞赛活动。

农场成立政法委员会，并与综合治理办公室合署办公。

农场成立"淮安市华萃农业科技有限公司"。

农场开始筹建冷藏保鲜库。

● **2008 年** 农场召开五届二次职代会，王玉强场长做《凝心聚力，奋发图强，为农场经济社会又好又快发展而奋斗》的工作报告。

农场出台了"机关管理五项制度"及"干部管理人员廉洁从政十项规定"。

农场和美国亨氏集团签订订单，生产 1.1 万亩杂交水稻。

农业综合开发项目在农场实施，总投资 542.05 万元，其中农场自筹

142.05 万元。

农场开展粮食高产增效创建"万亩示范区"活动。

农场将位于三站南（原运西交通管理所东侧）的土地租赁给楚州区交管局，租期 30 年（2008.8.31—2038.7.31）。

农场投资 120 万元，新建 1000 平方米的标准化住院楼 1 栋。

农场开展"当好主力军、建功'十一五'、和谐奔小康"立功竞赛活动。

农场开展"解放思想、加快发展"大讨论。

农场在第六农业管理区、第九农业管理区实行农业模拟股份制试点。

农场成立社区管理委员会，下设社会行政科、社会事业科和社会服务科。

● **2009 年** 农场召开五届三次职代会，王玉强场长做《发展现代农业，创新企业管理，为农场经济社会实现跨越发展而奋斗》的工作报告。

在全场党员干部中开展"深入实习实践科学发展观"活动。

农场土地实行城乡挂钩、多拆多借项目在农场实施，改制后的砖瓦一厂、砖瓦二厂被拆除，相应的两单位撤销。

农场举办建场 50 周年大型庆祝活动。

● **2010 年** 3 月　农场召开五届四次职工代表大会，滕金平同志做《发展现代农业，夯实农业基础，为农场经济社会发展实现新跨越而奋斗》的工作报告。

3 月　开展"工人先锋号"创建活动。

6 月　完成基层党组织换届选举工作。

7 月　开展第六次全国人口普查工作。

9 月　试行了集体联合承包制。

9 月　社会事业与社区管理工作实现了职能整合集中统一规范化管理。

在基层党组织和全体党员中开展争创"四强党组织"和"四优"共产党员活动。

分别于"五一""十一"举办了"大地飞歌""十月颂"文艺演出。

完成城镇经三路建设工程。

● **2011 年** 1 月　成立项目管理办公室。

3 月　召开五届五次职工代表大会，滕金平同志做《夯实农业发展基础，扎实推进现代农业，全力谱写农场经济社会跨越发展新篇章》的工作报告。

3 月　开展"创先争优"专题教育。

3 月　农场在原城镇居民委员会的基础上，依据城镇居委会辖区总户数与总人口的实际情况，按照"居民委员会组织法"，以原"328"省道为界，以南为裕源居委会、以北为创健康居委会对其实施管理。

4 月　出台《农场财务预算管理与控制考核办法》。

4 月　针对农场场情制定了"十二五"经济社会发展规划。

5 月　制定了"六五"普法规划。

5 月　农场被授予省级"第六次全国人口普查先进集体"荣誉称号。

6 月　召开庆祝建党 90 周年庆祝大会。

11 月　经淮安区人民政府批复，区民政局备案，农场共设立王庄、于庄等 12 个社区居民委员会。

12 月　召开五届六次职工大会，滕金平同志做《全力推进农业资源整合，努力开创跨越式发展的新局面》的工作报告。

12 月　按集团公司要求，挂牌成立了"江苏省农垦农业发展股份有限公司白马湖分公司"。原农业管理区改为农业生产区。

在社会管理领域贯彻了"生产经营市场化、企业组织集团化、社会管理属地化、公共服务均等化"和"党委领导、行政负责、社会协同、公众参与"的工作方针。

开展"四好班子、五好支部、三强党支部书记"联创活动。

开展"建功'十二五'，创新促发展"主题活动。

2012 年　3 月　农场召开六届一次职工代表大会，滕金平同志做《扎实推进现代农业发展，加快农场经济转型升级，努力开创经济社会跨越式发展新局面》的工作报告。

5 月　召开六届二次职工代表大会，贯彻落实了农垦集团公司《关于全面落实垦区农业企业职工社会保险和住房公积金制度的实施方案》精神。企业职工的生育保险、工伤保险、失业保险及住房公积金全部纳入属地缴纳。

开展"四好班子"和"喜迎十八大，争创新业绩"为主题的活动。

2013 年　3 月　农场召开六届三次职工代表大会，滕金平同志做《发展现代农业，推进转型跨越，为建设富裕美丽和谐新农场而努力奋斗》的工作报告。

3 月　在全场干部职工中开展以"弘扬农垦精神，推动转型跨越"为主题的教育活动。

5 月　成功举办了白马湖农场第三届"职工读书月"活动。

9 月　召开六届四次职工代表大会，会上表决通过了《关于白马湖农场保障住房销售操作办法调整方案的决议》文件。

开展"党的群众路线教育实践活动"。

调整林业发展思路，明确提出"1315"奋斗目标，并对原私人承包的林业产权收归集体所有。

对贯穿南北中干河开展了疏浚工程。

结合"美丽乡村"建设，农场完成对大港小区居民点改造升级工作。

● 2014 年　3 月　农场召开六届五次职工代表大会，滕金平同志做《推进现代农业，加快转型升级，努力开创农场经济社会跨越发展新局面》的工作报告。

5 月　召开了二届一次居民代表大会，完善了居民自治网络，推行"一事一议"和"居民集体议事"民主管理形式。

5 月　建成社区行政一站式服务大厅，并投入使用。

7 月　因工作需要，淮安区检察院在农场设立了淮安区检察院白马湖检察室。

8 月　建成《白马湖农场历史陈列室》及社区文化活动中心。

完成裕源南路改造升级工作。

农业"镇江基地"投入使用。

开展"建功'十二五'，创新促发展"劳动竞赛活动。

针对白马湖生态旅游区规划与建设，将"退圩还湖"工作全面推进到位。

在水产养殖上，成功引进饲养加州鲈鱼。

● 2015 年　1 月　将该年度确定为"作风转变年"与"内控制度"执行年。

3 月　召开六届六次职工代表大会，姚春华同志做《凝聚正能量，激发新活力，全力推进农场经济社会平稳健康发展》的工作报告。

8 月　在原敬老院基础上，为适应社区服务需要进行了重新改造升级，更名为"白马湖社区颐养园"。

建成骏逸文化广场（居民文化广场）。

开展"三严三实"专题教育。

对英才路及健康路东西段进行了拓宽与改造。

建成二渔场与新河两处公益墓地。

组建"馨康"与"富康"两居民小区的物业管理。

对王庄社区卫生服务站进行改造升级。

对存量土地及零散资源进行了全面清查。

对企业精神进行了提炼与升华，将"包容求实，创新致远"确定为新时期农场精神。

协助淮安区对农场境内上引河进行了疏浚。

完成裕源北路改造升级工作。

2016 年　1 月　将该年度确定为"责任担当年"。

2 月　召开六届七次职工代表大会，姚春华同志做《坚定信心，图强奋进，全力推进农场"十三五"经济社会良好开局》的工作报告。

3 月　健全完善了社会管理网格化网络。

4 月　制定"十三五"经济社会发展规划。

6 月　召开庆祝建党九十五周年大会。

12 月　召开三届一次居民代表大会。

全面完成第三次全国农业普查工作。

完成六支居民小区"美丽乡村"建设任务。

完成文化广场二期工程、六支卫生服务站、违二路、英才路拓宽、王庄至何庄段道路建设。

职工养老保险征缴和退休人员养老金发放，全部纳入江苏省社会保险基金管理中心管理。

开展"两学一做"学习教育。

制定"七五"普法规划。

2017 年　1 月　将该年度确定为"形象提升年"。

1 月　农业普查工作被江苏省政府表彰为"先进单位"。

2 月　农场召开七届一次职工代表大会，姚春华同志做《解放思想，务实苦干，努力推进农场改革发展行稳致远》的工作报告。工会完成了换届选举工作。

5 月　坚持"内部分开、管办分离、授权委托、购买服务"的原则，协助淮安区委政府初步形成了《关于进一步推进白马湖农场改革发展实施意见》稿。

8 月　在环境整治中，建立健全了"河长制"组织网络。

9 月　召开第六次党代会，举行并通过了党委、纪委换届选举。

12月 12个居委会创建省级"民主法治示范社区"6家,市级12家。

成功举办了庆"五一"垦歌、场歌、红歌演唱赛活动。

将"两学一做"学习教育列入常态化教育。

● **2018年** 1月 在贯彻党的十九大和集团公司首次党代会精神的同时,全面掀起学习贯彻习近平新时代中国特色社会主义思想热潮。

1月 集体承包制全面推进到位。

1月 原畜牧水产公司改制为"畜水管理服务中心"。

2月 农场召开七届二次职代会,通过了《江苏省国营白马湖农场公司制改革方案》文件。

2月 原电力管理中心改制为"淮安市白马湖农场电力服务有限责任公司"。

2月 展开国有土地确权发证工作。

3月 召开七届三次职工代表大会,姚春华同志做《坚定信心,砥砺奋进,全面开创新时代农场改革发展新局面》的工作报告。

3月 农场将现有的医疗卫生资源、基础教育、"三供一业"(供电、供水、供热、物业)资源移交地方政府。

4月 原江苏省国营白马湖农场改制为江苏省白马湖农场有限公司。

4月 召开三届二次居民代表大会。

5月 开展了解放思想大讨论活动。

5月 垃圾中转站投入使用。

7月 按《党章》规定,完成党总支及支部换届选举工作。

8月 淮安区委、区政府出台了《关于印发推进白马湖农场改革发展工作实施意见的通知》文件。

9月 淮安市新安小学白马湖分校建校挂牌。

12月 按农垦社会事业改革文件精神,职工医院、幼儿教育移交地方。

12月 完成了建场北路改造、中干河北片道路拓宽、英才路延伸等工程。

● **2019年** 1月 区卫健委在农场职工医院召开农场职工医院改革移交工作会议,农场职工医院改革移交地方工作全面完成。

1月 废止职工"三年期"林地周期管护的基础上,试行"工厂化"生产管理。

2月　农场召开七届四次职工代表大会，姚春华同志做《抢抓机遇，攻坚克难，全力推动农场高质量发展取得新突破》的工作报告。

2月　出台以"1315"为目标，"一区一品"为布局及"三纵三横"为框架的林业产业发展规划。

3月　与淮安区纪委共同签订《淮安区纪委与白马湖农场有限公司纪委垦地廉洁共建实施方案》。

4月　为拓宽林业发展渠道开始探索华莘大棚培育季节性草花。

4月　召开三届三次居民代表大会，王林同志做《坚定信心，攻坚克难，全力推动农场社区管理工作再上新台阶》的工作报告。

4月　举办"庆国庆、迎场庆"千人长跑活动。

5月　完成国有土地确权发证工作。

6月　农场中心幼儿园移交给地方进行属地管理，人员社保进行转接。

6月　全国优秀共产党员、劳动模范、敬业奉献道德模范赵亚夫莅临白马湖考察指导工作。

6月　江苏省国营白马湖农场成功被农业农村部认定为第二批国家区域性良种繁育基地。

7月　淮安区授予林业站全区先进基层党组织称号。

7月　与南京林业大学合作开展省级"不飘絮杨树人工林高产、高效、复合栽培技术研究"以及配套杨树苗培育项目。

9月　庆祝中华人民共和国成立70周年暨白马湖农场建场60周年。

9月　供水改造新建工程正式开工，彻底解决白马湖居民用水问题。

2020年　3月　淮安市委书记蔡丽新，市委常委、秘书长李森，市政府副市长肖进方一行到白马湖农场调研指导疫情防控和春耕备种工作。

4月　农场召开七届五次职工代表大会，王林同志做《咬定新目标　谋求新突破　持续谱写农场公司高质量发展新篇章》的工作报告。

5月　集团公司工会授予林业站"江苏农垦工人先锋号"称号。

7月　农场党委与漕运镇党委在漕运镇举行"共驻共建"签约仪式。

7月　农场与淮安区农村供水公司签订供水分离移交协议书，农场"三供一业"供水改革移交地方工作全面完成。

7月　全面启动第七次全国人口普查工作。

9月　举行2020年江苏省中熟中粳水稻新品种展示会暨佳源粳1号绿色

高质高效现场观摩培训会。

10 月　国有企业退休人员社会化管理服务成功移交地方管理。

11 月　江苏省绿色食品管理办公室来场检查验收白马湖绿色食品原材料标准化生产基地创建工作。

12 月　江苏省电力公司调研组到农场公司现场考察了解、实地查看验证"两改"移交工作的进展和成效。

12 月　农场会同漕运镇举办"白马湖·漕运镇'放歌新时代　携手新征程'迎新年文艺演出"。

● **2021 年**　1 月　农场被江苏省精神文明建设指导委员会授予江苏省文明单位。

2 月　江苏省白马湖农场社区管理委员会喜获"2020 年度垦区农场社区工作先进单位"荣誉称号。

3 月　农场召开七届六次职工代表大会，韩树明同志做《凝心聚力　创新创业　全面推动农场公司高质量发展迈向新征程》的工作报告。

3 月　农场首次成功争取地方专项资金，实施水产养殖尾水治理项目。

3 月　农场社保进入江苏省社保一体化平台进行网报结算和退休待遇审批。

4 月　农业农村部副部长张桃林一行来场调研并指导工作。

5 月　完成第四届居民委员会换届选举。

5 月　完成十排沟提升改造 1 期工程。

5 月　举办党史学习教育专题读书班。

6 月　召开四届一次居民代表大会，韩树明同志做《锐意进取　争先实干　全力服务农场公司高质量发展》的工作报告。

6 月　农场隆重举行庆祝中国共产党成立 100 周年大会。

11 月　国资委三级调研员蓝宏斌来场指导文明创建工作。

11 月　农场被江苏省第七次全国人口普查领导小组办公室、江苏省统计局评为"第七次全国人口普查工作成绩显著集体"。

12 月　完成区级人大代表换届选举。

12 月　出台《关于林管站"三单一书"监督工作方案》。

● **2022 年**　1 月　农场召开党史学习教育民主生活会。

2 月　集团公司工会再次授予林业站"江苏农垦工人先锋号"称号。

3 月　与安徽易木源有限公司合作，建成苏北最大光叶榉储备基地。

3月　召开八届一次职工代表大会，韩树明同志做《抢抓机遇谋发展 奋楫笃行谱新篇　全力推动农场公司高质量发展再上新台阶》的工作报告。

3月　开展全员核酸检测。

5月　召开四届第二次居民代表大会，韩树明同志做《干在实处　走在前列　奋力推进农场社区现代化建设再上台阶》的工作报告。

5月　完成十排沟提升改造二期工程。

7月　江苏省国资委主任谢正义来场调研考察。

8月　江苏农垦成功获批省级现代农业产业高质量发展示范园项目，落户白马湖农场。

8月　与南京林业大学合作开展的杨树雄株高效复合经营项目通过省级验收并入选国家级项目库。

9月　设立党委组织部。

10月　畜水中心顺利完成农田股份制改革，进行集体种植。

10月　农场公司组织集中收看党的二十大开幕会直播。

第一章　自然环境

第一节　概　况

白马湖农场地处里下河地区北部，位于淮安市淮安区西南郊，距城区约 5 公里，地理坐标为东经 119°06′，北纬 33°22′。东西宽 4.5 公里，南北长 20 公里，呈狭长地形，总面积为 65.5 平方公里。农场北界为苏北灌溉总渠南堤，南抵白马湖滨，东以新河为界与漕运镇（原三堡、林集、南闸镇）接壤，西与淮安市苏淮高新技术产业园区为邻。全场四面环水，地势属于平原圩区类型，土壤属于湖相沉积物，地势西高东低（北部除朱洼、南部除韩家洼地势较低外），中部稍高，南北较洼，地面真高一般在 6.5～7 米，地势基本平坦，适于耕作。场内沟河纵横交错，呈网格状分布。西干渠北首与苏北灌溉总渠相通，为场内主要灌渠。全场排水主要依靠场内南北中干河和东西向的 25 条大沟连接东界河——新河，把水引向淮安抽水站。场区南部与白马湖相依，水面较宽，适宜水产养殖。20 世纪 90 年代起，场部小城镇建设迅猛发展，至 90 年代末，已基本形成以 350 省道（原淮范路场部段）为主要街道的商贸服务中心，街道总长 700 余米。进入 21 世纪，农场把小城镇建设作为带动发展的重要载体狠抓不放，先后完成裕源（南北路）、建场（南北路）、纬二路、英才路、酒厂门面房、种子烘干线和检测楼、农业科学院（以下简称农科院）、馨康花苑小区、富康花苑小区、建安小区、骏逸广场、农贸市场等商业、住房、办公及配套设施的建设，至 2022 年底，共建成交通公路网 185 公里，其中包括县道 18.98 公里、3.5 米水泥路 91 公里、便民路（水泥路）75 公里。

第二节　河　湖

一、河流

建场前，场区内已有南北、东西走向的河渠。其中，南北走向的有东界河——新河、西界河——永济河（渔栏河）、西干河，以及场南部的庙塘沟、北部的波汪河等；东西走向的有白马湖上游引河（过境排涝河）、陈堆河和大港河等。其余沟渠均不连贯，河道较短，多数河沟由于长期淤积未及时清理而淤塞，且河床较高。

1959 年建场以后，农场为扩大种植面积，提高作物产量，加大了对农田水利改造资金的投入，狠抓水利建设，疏浚整理原有河沟、干渠，开挖支、斗、农渠。将场内南部的庙塘沟和北部波汪河连接，拓展成今天的中干河。开挖东西向的排沟，使之和场内原有河道呈网格状排列，纵横交错，易灌易排，确保了农场农业生产的排灌需要。

现在，农场主要灌河有南北走向的西干渠和中干渠（原一、二分场境内）；主要排涝河有南北走向的中干河和东西走向的 25 条大沟，自西向东排入新河，相通之处均建有涵闸，在外河水位较高或较低时，场内排灌自成系统，可保证汛涝大水的排出和抗旱用水的灌溉。

建场初期（20 世纪 60—70 年代），场内交通以水路运输为主，大多数河道均可行船。随着陆路交通的发展和交通工具的革新，农场现以陆路交通为主，绝大多数河道已不再通航。

2000 年以来，农场积极争取国家资金，争取农业综合治理、河道疏浚等农业项目工程在白马湖农场的实施，以改善农田基础设施为目标，着重解决沟渠严重淤塞、排灌不畅、汛期容易受淹区域的沟渠疏浚问题，对影响大局、涉及全局和群众反映强烈的水利设施问题，切实加以重点解决。通过人机并举的方法，每年疏浚和整治内部灌排渠 400 余条，并有计划地对农场的大中沟、河道等进行疏浚整治，改善农场的水利面貌与农田种植环境，更好地服务于农业生产和人民生活的需要。

二、白马湖

白马湖位于农场南部，此湖古称马濑，东汉时为邗沟干道。南宋绍熙五年（1194年），黄河南徙后逐渐成湖。清咸丰五年（1855 年），黄河北移，淮河来水不再下注白马湖分道入海，后白马湖水位渐趋稳定。1957 年，挑筑白马湖隔堤，使白马湖与宝应湖分而治之。今湖底高程为 5.0～5.5 米，湖面积为 110 平方公里，其中属白马湖农场的湖泊面积为 4214.3 亩（含弃土区 1017.4 亩）。

第三节　气　候

一、气候特点

场区位于北亚热带的江北湿润区与南温带的鲁淮亚湿润区间的过渡地带，属于季风副热带江淮气候区，大陆性季风气候显著，气候温和，年平均气温为 14.7℃，降水集中，年平均降水为 1009.7 毫米，春秋干燥，冬冷夏热，季节变化明显。该区冬季受北方高原南下的冷空气侵袭，天气寒冷干燥，持续时间较长，夏季次之，春秋较短。3月30日迎春，春长62天；5月31日入夏，夏长106天；9月14日进秋，秋长57天；11月10日入冬，冬长140天。

二、主要气候要素

（一）云量和日照

场区年平均总云量6.2成，平均低云量2.7成，属于中等云量区域。6—7月为全年云量最多月份，月均云量多在7～8成，低云量在3～4成；10月到翌年1月，云量较少，月均总云量在5～6成，低云量在1～2成，其余6个月，月均总云量在6～7成，低云量在2～3成。

1960—2022年各月云量及日照时数见表1-1。

表 1-1　各月云量及日照时数（1960—2022 年）

月份	平均总云量（成）	平均低云量（成）	平均日照时数（小时）	最多日照时数（小时）	最少日照时数（小时）	可日照时数（小时）	平均日照百分率（%）
1	5.0	2.1	157.4	238.2	90.7	310.0	51
2	6.3	2.0	147.5	254.2	60.0	318.2	46
3	6.2	2.1	169.7	239.6	44.5	357.6	47
4	6.2	2.4	188.0	258.5	118.7	388.4	48
5	6.8	3.0	203.8	290.0	68.3	422.7	48
6	6.8	2.8	179.0	299.3	78.0	397.2	45
7	7.9	4.5	182.5	322.2	85.4	419.1	44
8	6.8	4.1	202.6	314.1	77.4	401.8	50
9	6.6	3.1	175.1	266.6	89.8	362.8	48
10	5.8	2.1	182.6	277.3	57.5	347.3	53
11	5.2	2.2	160.2	254.9	76.1	302.2	53
12	4.7	1.9	164.3	251.3	94.6	303.3	54

（二）气温和地温

场区年平均气温为14.7℃，最冷月1月平均气温为1.3℃，最热月7月平均气温为27.1℃，极端最低气温为−20.4℃（1969年2月6日），极端最高气温为38.8℃（2017年7月22日）。

地面温度年平均为16.1℃，月际变化与气温相似，但极端温度变幅地温比气温大得多。最热月7月、8月平均地温为29.5℃，极端最高地温高达67.7℃（1959年8月23

日）；最冷月1月平均地温为1.4℃，极端最低地温达－22.1℃（1990年2月1日）。

农场全年地气温差都为正值，年平均为2.6℃。5—8月，地气温差较大；11月至翌年3月，地气温差较小。1960—2022年各月气温统计见表1-2，1960—2022年各界限温度和初、终日及积温见表1-3，1960—2022年各月地温及地气温差见表1-4。

表1-2　各月气温统计（1960—2022年）

单位：℃

月份	极端最高温度	极端最低温度	平均温度
1	20.7	－12.6	1.3
2	26.4	－20.4	3.5
3	30.8	－8.3	8.1
4	32.4	－4.3	14.3
5	36.8	2.6	19.8
6	38.0	11.7	24.2
7	38.8	15.5	27.1
8	38.0	14.7	26.5
9	35.4	7.6	21.9
10	36.7	－0.5	16.3
11	30.5	－7.1	9.8
12	25.2	－15.5	3.3
全年平均	38.8	－20.4	14.7

表1-3　各界限温度和初、终日及积温（1960—2022年）

界限温度	初日（日/月）	终日（日/月）	期间天数（天）	积温（℃）
≥0℃	8/2	19/12	316.1	5170.1
≥3℃	29/12	1/12	213.9	5028.6
≥10℃	6/4	7/11	216.1	4551.2
≥15℃	2/5	16/10	168.9	3895.8

表1-4　各月地温及地气温差（1960—2022年）

单位：℃

月份	平均地面温度	极端最高地面温度	极端最低地面温度	地气温差
1	2.1	30.6	－18.6	1.2
2	4.7	40.3	－22.1	1.8
3	10.7	52.1	－11.5	3.0
4	17.8	56.2	－5.3	3.8
5	24.0	64.9	1.3	4.4
6	27.5	63.1	1.7	3.5

（续）

月份	平均地面温度	极端最高地面温度	极端最低地面温度	地气温差
7	30.6	64.7	15.5	3.5
8	30.6	67.7	14.1	4.1
9	25.0	53.2	6.6	3.2
10	18.3	51.0	−4.7	2.2
11	9.9	39.3	−8.8	0.4
12	3.4	27.5	−17.7	0.3
全年平均	17.1	67.7	−22.1	2.6

（三）降水与蒸发

场内年均降水量为 1009.7 毫米。一年中以 5—9 月降水较为集中，在此期间，降水量最高为 1187 毫米，最低也在 286.3 毫米，是主汛期，降水量占全年的 73.1%，其中 6—8 月占全年的 51.2%，12 月至翌年 2 月降水量仅占全年的 7.9%。降水与高温同期，但由于地处于北亚热带，受季风影响，降水年际变化幅度较大，年降水相对变率为 17%；年降水量最大达 1553.3 毫米（1991 年），最少仅 529.8 毫米（2004 年）。月降水相对变率比年降水变率明显增大，表明月降水量极不稳定，尤其是秋季、冬季变率较大，达 60%～70%；夏季 7—8 月降水变率极小，在 40% 上下；春季 4—5 月降水变率则在 50% 上下。

全年日降水量在 0.1 毫米以上降水日数平均为 101.2 天，最多为 126 天（1972 年），最少为 70 天（1995 年）。最长连续降水日数为 17 天，总降水量为 357.4 毫米（1965 年 7 月 6—22 日）；最长连续无降水日数为 69 天（1973 年 11 月 6 日—1974 年 1 月 13 日）。一日最大降水量为 200.6 毫米（2006 年 7 月 1 日）。

年蒸发量平均为 1358 毫米，最大为 1750.2 毫米（1962 年），最小为 1169.6 毫米（2003 年）。蒸发量的变化主要取决于气温的年变化。全年中，5—8 月蒸发量较大，占全年的 49%，月平均值都在 157 毫米以上；11 月至翌年 2 月蒸发量较小，仅占全年的 16%，月平均值都在 76 毫米以下。以上资料为气象站用 20 厘米直径蒸发皿测得的，要比自然蒸发量稍大。据间接推算，本区所在流域实际蒸发量约为 745 毫米，因此，本区年降水量大于实际蒸发量，雨量较充沛。但由于受季风的影响，降水的年际变化较大，因而会造成水资源的丰乏。

1960—2022 年逐月平均雨量及雨日见表 1-5，1960—2022 年逐年最大日降水量见表 1-6。

表 1-5　逐月平均雨量及雨日（1960—2022 年）

月份	项目	
1	雨量（毫米）	25.0
	雨日（天）	5.8
2	雨量（毫米）	29.8
	雨日（天）	6.9
3	雨量（毫米）	49.1
	雨日（天）	8.0
4	雨量（毫米）	52.7
	雨日（天）	8.4
5	雨量（毫米）	73.9
	雨日（天）	8.8
6	雨量（毫米）	121.0
	雨日（天）	9.6
7	雨量（毫米）	233.6
	雨日（天）	13.7
8	雨量（毫米）	161.5
	雨日（天）	11.9
9	雨量（毫米）	102.2
	雨日（天）	8.8
10	雨量（毫米）	49.8
	雨日（天）	7.1
11	雨量（毫米）	43.2
	雨日（天）	6.8
12	雨量（毫米）	20.2
	雨日（天）	2.1
全年	雨量（毫米）	962.0
	雨日（天）	97.9

表 1-6　逐年最大日降水量（1960—2022 年）

年份	雨量（毫米）	出现日期（日/月）
1960	125.5	25/9
1961	93.0	9/5
1962	101.0	6/9
1963	121.4	29/5
1964	60.5	19/8
1965	127.0	22/7
1966	44.0	2/10
1967	157.9	26/6

（续）

年份	雨量（毫米）	出现日期（日/月）
1968	115.0	14/7
1969	107.0	29/9
1970	130.2	27/7
1971	174.6	24/9
1972	160.2	1/9
1973	57.1	2/8
1974	106.9	17/5
1975	71.1	24/7
1976	166.6	30/6
1977	58.3	15/8
1978	58.0	11/7
1979	86.8	22/7
1980	141.9	24/6
1981	117.7	26/6
1982	64.2	18/8
1983	94.7	18/10
1984	135.6	31/8
1985	76.2	10/10
1986	143.5	16/7
1987	64.0	5/7
1988	115.4	26/8
1989	90.4	8/6
1990	116.1	19/7
1991	178.4	6/7
1992	70.3	23/8
1993	58.4	13/8
1994	79.3	27/8
1995	74.6	22/4
1996	101.5	17/6
1997	81.5	18/7
1998	102.0	1/6
1999	67.2	10/8
2000	125.2	3/6
2001	69.0	15/8

（续）

年份	雨量（毫米）	出现日期（日/月）
2002	60.7	4/5
2003	100.2	30/6
2004	43.0	1/7
2005	82.3	3/8
2006	200.6	1/7
2007	134.0	1/7
2008	114.1	30/7
2009	131.7	23/7
2010	92.6	8/9
2011	105.6	10/8
2012	73.7	4/7
2013	98.2	5/7
2014	115.2	24/8
2015	136.4	25/6
2016	125.2	21/6
2017	111.3	1/10
2018	118.9	5/7
2019	131.5	27/8
2020	90.2	29/6
2021	182.4	28/7
2022	33.1	28/6
日最大值平均数	104.3	
最大值	200.6	2006.7.1

（四）湿度

本区各月平均相对湿度、最小相对湿度（％）和平均水汽压、最大水汽压（百帕）、最小水汽压情况详见表1-7。

表1-7 各月湿度情况（1960—2022年）

月份	1	2	3	4	5	6	7	8	9	10	11	12	全年
平均相对湿度（％）	75	74	74	75	77	79	86	87	84	79	77	74	78
最小相对湿度（％）	9	7	3	7	14	10	29	29	11	17	8	9	3
平均水汽压（百帕）	4.8	5.4	7.5	11.8	16.8	23.1	30.7	30.1	21.6	14.3	9.4	5.6	15.1
最大水汽压（百帕）	14.4	15.5	25.6	31.5	32.8	37.6	43.9	41.7	38.9	28.8	20.4	17.2	43.9
最小水汽压（百帕）	0.5	0.8	0.8	1.6	4.0	5.4	17.7	16.5	5.4	3.5	0.8	0.8	0.5

（五）风

本场1960—2022年各月平均风速、最大10分钟平均风速（米/秒）及风向、最多风向及频率（％）和 8 级以上大风日数详见表 1-8。

表 1-8　各月风情况统计（1960—2022 年）

月份	平均风速（米/秒）	最大 10 分钟平均风速（米/秒）	最大 10 分钟平均风向	最多风向	频率（％）	平均 8 级以上大风日数（天）
1	3.1	12.8	NE	NE	11.0	4
2	3.4	14.7	ENE	NE	13.0	4
3	4.0	14.0	ENE	E	10.0	9
4	3.9	17.3	SSW	SSE	11.0	10
5	3.7	16.3	SW	SE	11.0	7
6	3.4	18.0	NE	SE	14.0	5
7	3.1	25.0	NNE	S	12.0	5
8	2.9	15.8	SSW	SE	12.0	3
9	2.7	15.5	NNE	NE	14.0	4
10	2.7	12.0	WNW	NE	10.0	3
11	3.1	13.0	NNE	NNE	9.0	6
12	3.0	12.7	NE	NNE	9.0	3
全年	3.3	18.0	NE	NE	9.0	5.3

（六）霜和降雪

本场年无霜期平均为 203 天，其中最长的为 236 天（1962—1963 年），最短的仅有 172 天（1973—1974 年）。一般初霜期始于 10 月 27 日左右，终霜日止于 4 月中旬。初霜期出现最早的是在 2001 年 10 月 2 日，终霜日最迟在 1974 年 5 月 2 日。

年均有雪期为 84 天，其中最长的为 131 天（1987—2008 年），最短的仅为 30 天（1992—1993 年）。一般始雪日为 12 月 15 日，终雪日为 3 月中旬。始雪日出现最早的是 2000 年 11 月 11 日，终雪日最迟在 2006 年 4 月 13 日。年最大积雪 340 毫米（1989 年 2 月 23 日）。

三、灾害性天气

本场受季风环流的影响，加之地处北亚热带与南温带间的过渡地带，因此气候变异性大，自然灾害较为频繁。对本场工农业生产危害较大的灾害性天气主要有旱、涝、寒潮、梅雨、低温连阴雨、冰雹、龙卷风等。

旱：干旱是危害本场的主要灾害性天气之一。自 1959 年以来的 50 年中，有 5 年出现严重干旱，8 年大旱。1966 年的大旱，场内 5—8 月降雨 213.4 毫米，仅及同期雨量的 38.3％。入秋以后，旱情越来越严重，干旱持续发展，9—11 月降雨 160.9 毫米，仅及同期雨量的 80％。1978 年的大旱，场内 1—5 月降雨 93.3 毫米，为同期平均雨量的 40％。6 月插秧时节，降雨仅 57.8 毫米，为同期平均雨量的 51.5％。7—9 月共降雨 333.5 毫米，为同期平均雨量的 69%。1994 年夏旱连秋，全年降水仅 585.1 毫米，5—8 月降水 275.7 毫米，9—11 月也只有 127.6 毫米。1995 年同样夏旱连秋，全年降水仅有 572.6 毫米，6—8 月降水 275.9 毫米，9—11 月只有 46.2 毫米，大用水的 6 月仅有 17.3 毫米。同时，洪泽湖、白马湖等上游水位较低，水源枯竭，加重了旱情，给农业生产造成了重大影响。

涝：场内地势属于湖荡平原圩区类型，四周环水，尤其是洪泽湖的洪水向白马湖的排泄以及受里下河地区兴化水位的影响，白马湖水位一直居高不下，始终对本场构成威胁。白马湖隔堤修建以后，虽缓解了洪泽湖对白马湖的压力，使白马湖水位最高位由 1957 年的 10.2 米降至 6.79~8.32 米（平均为 7.36 米），但仍高于场内田面。因此，涝灾是灾害性天气中危害本场最频繁、最严重的灾害。建场以来，场内遭受水灾达 17 次，其中大涝 7 次，偏涝 10 次。1962 年 9—11 月的降水是常年的 2 倍，受涝耕地 31772 亩，占耕地总面积的 80%，其中绝收 15912 亩，少收粮食 266 万公斤。1965 年 7—8 月降水达 886.5 毫米，接近于全年平均降水量，致使本场 4 万多亩耕地受淹，房屋倒塌 500 多间，直接损失达 30 多万元。1991 年，江淮流域出现异常梅雨天气。场内 6 月 29 日—7 月 17 日总水量为 580.1 毫米，造成内圩河水和白马湖水位暴涨，大片农田被淹没，各内河水位超历史最高水位 0.3~0.8 米。这次降水造成大片农田歉收，损失粮食 30 万公斤。砖瓦厂大批土坯由于水浸时间过长而损坏，直接损失达 30 多万元，200 多亩精养鱼池遭淹。

寒潮：影响本场的寒潮是指北方强冷空气突发南下，使本场 24 小时内气温骤降 10℃以上，最低气温降到 5℃以下，并伴有 5 级以上偏北大风的天气。1959 年建场以来，本场受寒潮影响百次，平均每年达 3 次以上，最多年份达 7 次（1962 年、1966 年）。寒潮一般出现在 10 月至翌年 4 月，出现较多的是冬春交替的 3—4 月，此时的寒潮往往会形成倒春寒，致使三麦受冻害，水稻烂种、烂秧。其次是秋冬 11—12 月，这时的寒潮会使秋播作物遭受冻害，有时还会使河湖封冻。

梅雨：场区内平均 6 月 24 日入梅，7 月 12 日出梅，梅雨期 19 天，梅雨量 252 毫米左右。其间阴雨连绵，空气湿度大，日照极少，物品易生霉。正常出现的梅雨是水稻栽插和返青所需水分的重要来源，当然也有极少年份出梅时间提前或推迟，表现为空梅（没有梅雨），从而导致干旱（1978 年、2005 年等）。梅雨期过长会给农业生产造成重大损失。1971 年 6 月 9 日入梅，直到 7 月 11 日出梅，降水量为 436.7 毫米，持续日数 33 天，使当年夏粮遭受损害，麦子、蚕豆在田间发芽，霉烂严重，损失粮食达 65% 以上。

冰雹：冰雹是局部性灾害天气，主要出现在春末夏初和夏末秋初，冰雹直径通常超过 5 毫米，有的达 5~10 毫米，甚至更大。一般在下午至傍晚，持续时间虽短，但危害比较严重，常伴有大雨、大风，轻者庄稼倒伏、折茎、掉粒，重者植株被毁，人畜受到威胁。

1960—2008 年，本场共出现 13 次，其中危害程度较重的 1 次是 1974 年 5 月 31 日在一分场（于庄）附近，持续时间 7 分钟左右，部分棉花、小麦、玉米受损严重。1983 年 5 月 20 日，一分场八、九队受到冰雹侵袭，受损面积达 2175 亩，60％以上棉田受到侵害，部分田块受害严重。经抽查，60 株棉花无 1 株有完整叶片。本场内，北部受冰雹袭击多于南部。

龙卷风和大风：龙卷风影响本场的次数较少。1962 年 9 月 6—7 日，农场受 14 号台风袭击，掀屋倒墙 1650 多间（全部倒塌的有 260 间）。1995 年 8 月 22 日 13 时左右，龙卷风斜扫农场东北部，所经之处房屋被掀，树木倒伏，5 间看守棚被掀塌，30 余棵大树被刮倒；8 月下旬，15 号台风袭击农场，有 458 间房屋出现险情，3000 亩水稻出现倒伏，水稻产量比估产减产 40％，直接损失达 100 多万元。

表 1-9　旱涝年份统计（1960—2022 年）

旱情	年份	涝情	年份
大旱 （降雨≤660 毫米）	1966 年、1978 年、1994 年、1995 年、2004 年、2022 年	大涝 （降雨≥1200 毫米）	1962 年、1965 年、1991 年、1998 年、2000 年、2003 年、2007 年、2008 年、2015 年、2021 年
偏旱 （降雨为 660～850 毫米）	1964 年、1968 年、1973 年、1976 年、1977 年、1982 年、1988 年、1992 年、1997 年、1999 年、2001 年、2010 年、2013 年	偏涝 （降雨为 1050～1200 毫米）	1960 年、1963 年、1969 年、1970 年、1971 年、1972 年、1974 年、1987 年、1990 年、1996 年、2005 年、2011 年、2014 年、2016 年

第四节　气　象　站

白马湖农场气象站于 1961 年初组建，时称气象哨，韦向群、黄鹏珍任气象观测员，主要负责气候的基本观测、记录，包括温度、降水、天气现象等，但仅存一年多。1962 年春，农场又重新组建气象哨，由原淮安县气象站王武臣站长亲自率人来场选址、规划，最终定址于原棉纺厂老厂房后面，并由县气象站提供部分气象仪器。农场抽调俞传丽、田瑶璋和许寿林等人负责观测记录，并正式定名为“白马湖农场气象哨”，业务属县气象站，行政属农场生产股，由俞传丽主持日常工作。气象哨主要工作为观察气象、做好记录、统计资料及天气的预报等。此后，气象哨一方面进行基本的气象观测、记载；另一方面收听县级以上气象台站的天气预报，为农场提供天气预报，指导农业生产。由于气象服务成效显著，该气象哨多次受到上级表扬。1976 年省台以气象服务工作为题材，摄制了新闻纪录片《白马湖畔女管天》，重点介绍了农场气象哨气象员俞传丽。到了 20 世纪 70 年代末，由于大批知青返城，气象哨原有工作人员也相继离场返城，气象哨就此解散。

1979 年春，农场又重新组建气象站，由胡春光观测、预报，在原有基础上重新添置部分仪器，县气象局也支援了部分仪器，并将观测地迁至种子公司大楼南侧。此时气象站业务、行政均属场农业中心管理，但仍和县气象局保持一定的业务联系。随着观测项目的增多，工作量增大，农场于 1996 年 2 月又增派谢峰任气象员，负责观测、记载工作。2012 年 12 月，胡春光退休，由谢峰全面负责预测预报、资料整理等工作，此时气象站业务、行政均属农发分公司农业中心。

2014 年，白马湖气象站迎来全新时刻，白马湖区域自动站经过近 1 年的施工建设，于 12 月正式建成并投入使用。白马湖区域自动站是全省乡镇自动站系统中为数不多的七要素全部具备的自动站之一，覆盖所有基本观测项目。设备全部是先进的、自动化的，无须人工操作，所有数据均无线传输，从而实现无纸化办公。由于工作成绩突出，2015 年白马湖气象站被淮安区气象局评选为"气象工作先进单位"，白马湖农场被评为"服务示范点"，谢峰同志被授予"淮安区优秀气象员"称号。

2016 年 7 月，白马湖气象站气象内网专线正式开通，从此实现气象信息、预报资料省内共享，为预报工作提供更强有力的资料支持。

2018—2019 年，气象站在农业气象精细化服务和农业丰产气象指导上发挥了重要的作用。其"从看天吃饭到知天管理""听着气象预报干农活"的典型事迹先后在 2018 年 12 月 10 日、2019 年 7 月 9 日《中国气象报》第二版被报道。

第二章　土地资源

第一节　土壤属性及土壤质地变化

一、土壤属性

农场区域内地势较为平坦，海拔一般在6~7.2米（以废黄河入海口为零点）。东西间相差甚小，由西向东缓缓倾斜，在同一排沟区内地面高差为60~90厘米，中部高两头稍低，南北间略有差别。全场地势高差大多在1米内，但其中亦有微小起伏。

成土母质是黄淮冲击，土壤为湖相沉积。由于地势低洼，地下水位高和洪涝积水缘故，历史上形成湖泊沼泽之地，水草茂密。动植物遗体大量积聚，形成了深厚的黑色腐质层。同时由于碳酸钙受到了大量的淋溶和淀积，因而在土壤下层常见有深浅不一、大小和厚度不等的砂姜层，石灰性反应由上而下逐渐增强，pH 为7~7.8，质地为轻黏土到重黏土。

场内土壤可分为两大类：水稻土和潮土，土属分别是勤泥土和沙土，具体土种分别是勤泥土、腰黑勤泥土、砂姜底勤泥土和沙土。其中以勤泥土和砂姜底勤泥土为主，成片分布，分别占土地总面积的47.4%与41.8%，腰黑勤泥土占土地总面积的8.9%，沙土占土地总面积的1.9%。

二、土壤普查

2000年，江苏农垦组织对垦区农场的土壤进行了一次普查。与1980年、1989年调查结果相比，除部分少数土壤类型外，全场大部分土壤理化性状有所改善。由于种植制度的不断调整，产量水平以及复种指数的不断提高，农作物对土壤肥料的消耗较大，土壤质地有所变化，主要表现为以下几个方面：

（一）土壤有机质呈下降趋势

土壤有机质含量的高低是表现土壤肥力的一项重要标志。目前根据3个年代测定结果分析，土壤有机质总体上呈明显下降趋势。1980年的有机质为20.9克/公斤，1989年为17.6克/公斤到2000年仅为18.9克/公斤。1980年到1989年绝对值下降了3.3克/公斤，下降幅度为 15.8％，而 1989—2000 年，土壤有机质又逐渐稳定下来，土壤有机质又略有上升，1989—2000 年，土壤有机质绝对值上升 1.3 克/公斤，上升幅度为 7.4％，这与 20 世纪 90 年代的培肥改土有关。

（二）土壤氮素变化情况

土壤氮素作为土壤肥力的重要参数之一，与土壤有机质存在着正比例的关系，有机质丰富的土壤，氮素水平相对较高。据测定结果分析的氮素水平在 1980 年到 2000 年变化不大，处于相对平衡状态，少部分略有上升，3 次测定量分别为 1.1 克/公斤、1.04 克/公斤和 1.15 克/公斤，碱解氮略有上升，3 次测定量分别为 70.9 毫克/公斤、79.9 毫克/公斤和 86.6 毫克/公斤，增幅不大，分别为 12.7％和 8.4％。

（三）土壤磷素变化情况

土壤磷素作为农作物生长的三大要素之一，在土壤中有不可替代的作用，据测定，土壤中含磷有了大幅度的提高，全磷和速效磷分别由 1980 年和 1989 年的 0.23 克/公斤、0.35 克/公斤，4.2 毫克/公斤、8.6 毫克/公斤，上升到 2000 年的 0.83 克/公斤和 11.4 毫克/公斤，上升幅度较大，上升比例依次是全磷为 52.2％和 137.1％，速效磷为 104.8％和 32.6％。

（四）土壤速效钾变化情况

农场的土壤速效钾的变化趋势为：从低到中等再到高，呈良好的势头。1980 年测定的方法为四苯硼钠，测定结果为 11.4 毫克/公斤，属低含量范围（低含量为 20 毫克/公斤以下，中等为 20～50 毫克/公斤，丰富为大于 50 毫克/公斤）；1989 年、2000 年测定的方法为火焰光度计法，测定结果为 113.8 毫克/公斤和 140 毫克/公斤，属中等和高的两个范围（极低为小于 30 毫克/公斤，低为 30～70 毫克/公斤，中等为 70～125 毫克/公斤，高为 125～170 毫克/公斤，极高为大于 170 毫克/公斤）。

（五）土壤物理性状变化情况

土壤容重呈逐次下降。以主坡面为例，1980 年、1989 年、2000 年土壤容重平均分别为：1.49 克/厘米^3、1.49 克/厘米^3、1.21 克/厘米^3；土壤总孔隙度随着土壤容重的下降也相应地呈负相关变化，1980 年、1989 年、2000 年总孔隙度分别为：43.8％、51.7％、54.4％。

（六）造成土壤养分变化的原因分析

1. 土壤有机质下降的原因

①单位面积产量的增加，导致土壤有机物质的大量消耗；②复种指数提高，使土壤在较短的周期内完成更多的作业，增加了作物对有机物质的消耗速度；③水的淋洗作用，场区内雨水较多，土壤有机质经过水洗淋，易被微生物分解；④缺少培肥改土。

1989 年后农场推行秸秆还田技术，使土壤有机质有了一定的补充，目前土壤有机质才逐渐稳定。

2. 土壤氮素持平的原因

①农场重视氮化肥的投入，平均每年每亩土地投入纯氮 32.5 公斤，不仅可以供给农作物生长需要，而且保证了氮素不受损失；②土壤质地性质及栽培措施得力不利氮的挥发，由于农场的土质黏重，腐殖质含量多，地下水位较高，土壤中性，钙离子等碱性物质含量少，再配上对氮肥采取深施盖土，有效地抑制了氮的挥发。

3. 土壤速效磷、速效钾的上升原因

土壤速效磷、速效钾是指能被作物直接吸收利用的速效性磷钾肥料。土壤速效磷、速效钾的上升原因：一是主要靠其外部的投入，1989—1999 年，平均每年每亩土地投入五氧化二磷 15 公斤，氧化钾 12 公斤；二是靠轮作制度的改善，采用水旱轮作的耕作方式，减少土壤溶液中碱性离子磷酸根离子的固定，促进土壤中含钾矿物质的氧化分解，有利于磷钾的释放。

4. 土壤物理性状的变化原因

土壤物理性状的变化能从直观上反映农作物的生长环境，也可作为土壤综合条件的一个重要途径。其主要原因有：耕作制度的变化、轮作方式的改善、有机肥料的投入、秸秆还田技术的采用等。

三、土壤抽查监测

2021 年，农场农发分公司抽查土壤监测点土样 22 个，分别进行了全氮、有机质、碱解氮、有效磷、速效钾、pH、水溶性盐总量和电导率共 8 项常规养分项目的检测，又进行了锌、铜、镍、铬、镉、铅、铁、锰、汞、砷和硒 11 项土壤矿质元素的检测。参照了全国第二次土壤普查养分分级标准、GB 15618—2018《土壤环境质量　农用地土壤污染风险管控标准（试行）》和《江苏农垦三十年土壤肥力演变及测土配方施肥技术（1980—2010）》。抽查的 22 个土样，相当于全场 48867 亩耕地土壤各项指标，以为农业生产提供技术支持。

（一）土壤养分

1. 全氮

耕层（0～20 厘米）全氮含量范围在 1.58～2.64 克/公斤，按国家分级标准主要为 1 级和 2 级，分别占 40.91％和 59.09％。平均值为 1.93 克/公斤，较往年全氮水平差异不大（表 2-1）。

表 2-1　白马湖农场 2016—2021 年土壤全氮含量统计

全氮范围（克/公斤）			所占百分比（%）	等级	
>2			40.91	1 级	
1.5～2			59.09	2 级	
年份	2016	2017	2018	2019	2020	2021
平均含量（克/公斤）	2.01	—	1.82	1.91	2.03	1.93

2. 有机质

耕层（0～20 厘米）有机质含量范围在 28.3～46.8 克/公斤，按国家分级标准主要为 2 级，占 77.27％。平均值为 34.3 克/公斤，较 2020 年有机质水平差异不大（表 2-2）。

表 2-2　白马湖农场 2016—2021 年土壤有机质含量统计

有机质范围（克/公斤）			所占百分比（%）	等级	
>40			4.55	1 级	
30～40			77.27	2 级	
20～30			18.18	3 级	
年份	2016	2017	2018	2019	2020	2021
平均含量（克/公斤）	24.0	—	27.4	27.7	36.0	34.3

3. 碱解氮

耕层（0～20 厘米）碱解氮含量范围在 144～236 毫克/公斤，按国家分级标准主要为 1 级，占 95.45％。平均值为 177 毫克/公斤，较 2020 年碱解氮水平有所降低（表 2-3）。

表 2-3　白马湖农场 2016—2021 年土壤碱解氮含量统计

碱解氮范围（毫克/公斤）			所占百分比（%）	等级	
>150			95.45	1 级	
120～150			4.55	2 级	
年份	2016	2017	2018	2019	2020	2021
平均含量（毫克/公斤）	—	—	150	146	193	177

4. 有效磷

耕层（0～20 厘米）有效磷含量范围在 5.6～53.9 毫克/公斤，按国家分级标准主要为 3 级，占 54.55％。平均值为 20.8 毫克/公斤，较 2020 年有效磷水平有所降低（表 2-4）。

表 2-4　白马湖农场 2016—2021 年土壤有效磷含量统计

有效磷范围（毫克/公斤）		所占百分比（%）		等级	
>40		9.09		1 级	
20～40		27.27		2 级	
10～20		54.55		3 级	
5～10		9.09		4 级	
年份	2016	2017	2018	2019	2020	2021
平均含量（毫克/公斤）	19.1	—	20.9	18.4	22.9	20.8

5. 速效钾

耕层（0～20 厘米）速效钾含量范围在 115～295 毫克/公斤，按国家分级标准主要为 3 级，占 54.55%。平均值为 153 毫克/公斤，较 2020 年速效钾水平有所降低（表 2-5）。

表 2-5　白马湖农场 2016—2021 年土壤速效钾含量统计

速效钾范围（毫克/公斤）		所占百分比（%）		等级	
>200		9.09		1 级（很高）	
150～200		36.36		2 级（高）	
100～150		54.55		3 级（中上）	
年份	2016	2017	2018	2019	2020	2021
平均含量（毫克/公斤）	170	—	178	151	183	153

6. pH

耕层（0～20 厘米）pH 范围在 5.53～8.06，平均值为 6.62（表 2-6）。

表 2-6　白马湖农场 2016—2021 年土壤 pH 统计

pH 范围		所占百分比（%）		等级	
5.5～6.5		45.45		酸性	
6.5～7.5		50.00		中性	
7.5～8.5		4.55		碱性	
年份	2016	2017	2018	2019	2020	2021
平均值	7.43	—	7.22	6.87	6.15	6.62

7. 总盐及电导率

耕层（0～20 厘米）总盐范围在 0.2～0.4 克/公斤，平均值为 0.3 克/公斤。电导率范围在 8.6～16.9mS/m，平均值为 11.7mS/m。

（二）土壤重金属

为保障农业生产安全，保证农产品质量，维护人体健康，相关国家标准对耕地土壤环境中重金属及类金属污染物的含量制定了明确要求，根据 GB 15618—2018《土壤环境质

量 农用地土壤污染风险管控标准（试行）》，划分出不同酸碱度条件下污染物含量限制值，具体见表 2-7 至表 2-9。

表 2-7　白马湖农场 5.5＜pH≤6.5 条件下土壤污染物含量

单位：毫克/公斤

项目	镉（Cd）	铜（Cu）	铬（Cr）	铅（Pb）	锌（Zn）	镍（Ni）	砷（As）	汞（Hg）
风险筛选值（GB 15618—2018）	≤0.30	≤50	≤150	≤90	≤200	≤70	≤30	≤0.5
最高值	0.1166	29.43	63.73	34.36	78.58	35.14	9.66	0.035
平均值	0.0905	23.11	58.72	31.09	58.61	31.67	8.25	0.027

白马湖农场在 5.5＜pH≤6.5 范围有 10 个样品，8 项指标均未超出国家标准，土壤重金属污染风险基本可以忽略。

表 2-8　白马湖农场 6.5＜pH≤7.5 条件下土壤污染物含量

单位：毫克/公斤

项目	镉（Cd）	铜（Cu）	铬（Cr）	铅（Pb）	锌（Zn）	镍（Ni）	砷（As）	汞（Hg）
风险筛选值（GB 15618—2018）	≤0.30	≤100	≤200	≤120	≤250	≤100	≤25	≤0.6
最高值	0.1675	24.98	65.25	41.43	69.36	35.30	10.88	0.065
平均值	0.1162	22.85	59.77	31.05	58.87	31.59	9.01	0.026

白马湖农场在 6.5＜pH≤7.5 范围有 11 个样品，8 项指标均未超出国家标准，土壤重金属污染风险基本可以忽略。

表 2-9　白马湖农场 pH＞7.5 条件下土壤污染物含量

单位：毫克/公斤

项目	镉（Cd）	铜（Cu）	铬（Cr）	铅（Pb）	锌（Zn）	镍（Ni）	砷（As）	汞（Hg）
风险筛选值（GB 15618—2018）	≤0.60	≤100	≤250	≤170	≤300	≤190	≤20	≤1.0
BMH2021003	0.1790	32.01	77.18	27.05	97.24	43.29	13.72	0.042

白马湖分公司在 pH＞7.5 范围的样品为 BMH2021003，该样品 8 项指标均未超出国家标准，土壤重金属污染风险基本可以忽略。

综上，白马湖分公司土壤养分和重金属含量符合种植业环境要求。耕地土壤有机质含量偏低，需继续通过秸秆还田、施入有机肥等方式进行培肥，提高有机质含量；土壤养分整体略有降低，且田块间养分含量差异较大，应针对性调节肥料用量，适当增施磷钾肥。

第二节　土地的开垦与利用

农场始建于 1959 年 11 月，由原淮安县的三堡、林集、范集和南闸 4 个公社的 9 个大队合并而成，划拨土地总面积近 10 万亩，其中耕地 34000 亩。建场前，场区内由于地势低洼，常受水涝侵袭，大片土地未能合理开发利用。部分耕地也因劳力、畜力不足等原因形成种而复荒、荒而复种、春秋不保的局面。

一、农场开垦土地

建场后，农场不断加大资金投入，动用大批人力、畜力和机械对部分荒地进行开垦，1960—1965 年，共开垦荒地 1.41 万亩，年均复垦开发 0.28 万亩。这些土地有的是湖荡地，也有的是耕地因种种原因抛荒而形成的荒地，地势较为平坦，相对集中，适宜耕作和管理。但因农场水利建设跟不上，内涝频繁，从而造成耕地潜力下降。20 世纪 60 年代末受财力、物力等因素的影响，土地整理工作进展较为缓慢。

20 世纪 70 年代初，在江苏省农林厅的大力支持下，农场加大了人力、物力、财力的投入，加快了水利建设的步伐，对原有的荒地、耕地进行了复垦和整理，至 70 年代末全场农田基本实行了条田化，耕地总量保持在 3.9 万亩左右。沟、渠、路等建设用地量逐渐增加，土地复垦量年均增加 50 亩左右，1987—1991 年累计复垦土地 2715 亩，其中仅平整废沟、废塘、圩及废弃宅基地新增土地 809 亩，投入资金 70 余万元。

二、农场优惠土地整治

1995 年，农场出台了土地复垦优惠政策后，复垦开荒的积极性空前高涨，全场有 83 名职工承包复垦土地或低产田改造。仅 1995 年冬至 1996 年春，农场组织复垦土地 997.7 亩，新增耕地 54.5 亩。至 2001 年共复垦或改造土地 1261.38 亩，用于种植水稻、小麦、棉花、甜菜和药材等作物。主要复垦整治地段包括鸭州北侧三角洲、大王庄部分老庄台、于庄老庄台、大董庄老庄台、孙庄老庄台、陈堆老庄台、西韩部分老庄台、前韩老庄台、后韩部分老庄台、房庄老庄台、姚庄老庄台、小韩庄部分老庄台、前朱老庄台，以及一些高原子、庄台前后尾子和旱地沟塘等。

三、农业综合开发

农业资源综合开发基础设施建设项目，至 2018 年底建泵站共计 88 处、109 座，电机总功率 5683 千瓦，泵站总流量 78.2 米^3/秒，总体分布在农场中干河及 18 条大沟沿线，主要功能为农业灌溉、汛期排涝，确保农业生产灌溉、排涝及居民生活安全的需要。其中灌站 69 处共 73 座，电机功率为 3287 千瓦，灌站流量为 43 米^3/秒；排涝站 19 处，共 41 座，电机功率为 2211 千瓦，排涝站流量为 32.6 米^3/秒；灌排结合站 2 处，共 3 座，电机功率为 185 千瓦，灌排结合站流量为 2.7 米³/秒。

（一） 黄淮海一期工程开发

一期工程项目建于 1990 年 5 月，总体任务是改造四分场境内 21 队 3000 亩中低产田，建设年限从 1990 年 7 月至 1991 年 6 月。

总投资为 27.5 万元，其中省拨款 13.5 万元，农场自筹 14.0 万元，项目工程于 1991 年底全部完成，平整土地 300 亩，完成土方 8.57 万立方米，建设斗农门渠 37 座，各项技术指标均达到设计要求。当年形成效益相当于总投资额。

（二） 黄淮海二期工程开发

1990 年 7 月，本场一、二分场中干河以东、淮范路以西的 7 个大队中低产田的综合治理改造被列为国家二期黄淮海资源开发投资项目。

二期工程批准总投资 131.5 万元，其中省拨款 86 万元，农场自筹 45.5 万元，主要建设内容是改建和新建灌排站 8 座，新建机桥 5 座，涵、闸及渡槽 25 座，农田小沟级建筑物 258 座。409 平方米种子仓库 1 幢及 1016 平方米的种子晒场购置仪器设备 4 台（套），投资 11 万元用于河蟹特种水产养殖。

二期工程建设自 1991 年 7 月开始至 1993 年 12 月结束，完成了 1.08 万亩中低产田的综合治理及改造任务。三年中，新建改造灌排站 10 座，新建机桥、涵、闸、渡槽 43 座，比计划增建 13 座，完成 258 座小沟级建筑物的建设任务。建设种子仓库 819.3 平方米，水泥晒场 3000 平方米。营造防护林 0.027 万亩，购置种子检测仪器设备 6 台（套）。特种水产种苗投资 12.69 万元。累计投入劳动力 8.76 万个，完成水利土方 25.34 万立方米，投入资金 192.72 万元。

随着项目区内生产条件的改善，土壤有机质含量得以提高，同时土壤的理化性状也得到改善，增强了渗透性和保肥能力，此外，植树造林面积增加，既提高了林木覆盖率，又改善了农田小气候。

（三） 黄淮海三期工程开发

1994 年，本场三、四分场中干河以西的 15、16、17、22、23、24、25 等 7 个大队以及畜水公司和第二水产养殖场的中低产田被列为第三期综合开发工程项目。

项目总投资 165.2 万元（省拨款 80.1 万元），农场配套（含职工自筹）85.1 万元，主要建设内容：改造和新建灌排站 4 座，新建机桥 12 座、涵 26 座、闸 19 座、渡槽 3 座及小沟级建筑物 430 座，架设农田输变电线路 0.8 千米。

三期工程自 1994 年 7 月开始至 1996 年 12 月结束，完成了 1.2 万亩中低产田综合改造任务。三年中共新建、改造灌排站 4 座，新建机桥、涵、闸、渡槽 61 座，完成配套小沟级建筑物 430 座，营造防护林 0.061 万亩，累计完成水利土方 18.9 万立方米。

项目完成后，改善灌溉面积 0.77 万亩，增加排灌面积 0.35 万亩，改善排涝面积 0.58 万亩。新增农业产值 150.36 万元，人均纯收入达 871.81 万元，比 1993 年增加 352.68 万元。

（四）五期农业综合开发

2000—2002 年，随着国家农业综合开发第五期项目在农场实施，共计完成投资 782.58 万元，其中农场自筹资金 230.58 万元共新建电站 4 座，改造电站 2 座，新建机桥 3 座、路涵 8 座、闸 23 座、配套小沟级建筑物 40 座，开挖疏浚沟渠 16.3 公里、土方 44.08 万立方米，改良土壤 2000 亩、土方 25 万立方米，铺设沙石路 2 公里，营造防护林 620 亩，经济林 100 亩，架设输变电线路 5.5 公里，添置设备 23 台套，新建仓库 863 平方米，平整改良土地 2000 亩。

（五）2008 年度的农业综合开发

2008 年度的农业综合开发项目区安排在农场的四、五管理区及农业科学研究所（简称农科所）良繁场。新建排灌站 7 座，配套输变电线路 2.6 公里，开挖疏浚渠道 109.44 公里，防渗渠 4.13 公里，节制闸、渡槽、过路涵、桥等渠系建筑物 196 座；改良土壤 0.54 万亩，新修机耕路 0.67 公里，新增灌溉面积 0.21 万亩，改善灌溉面积 0.76 万亩，新增除涝面积 0.35 万亩，改善除涝面积 0.44 万亩，增加农田林网防护林面积 0.4 万亩，改良土壤 0.54 万亩，新增节水灌溉面积 0.6 万亩。

四、申报补充耕地和城乡建设用地增减挂钩项目

2006 年起，农场开始从农垦集团或淮安区两个途径申报省投、自筹或政府拨款 3 种资金来源的土地资源综合整治（占补、挂钩类）项目。截至 2022 年 12 月，全场共申报实施 14 个土地整治项目。

（1）2006 年，原四分场"韩家洼"等洼地经农场立项申请由集团公司上报被列为全省第一批土地开发及易地补充耕地单位，根据省财政厅〔2006〕84 号和〔2007〕2 号的文件精神，农场南大荒土地开发项目于 2006 年 10 月正式投工建设。项目建设总面积为 2642.5 亩，计划新增耕地 1818 亩，新增耕地比例为 68.77%。项目实施结束后，经江苏省土地规划勘测设计院实地测绘，实测耕地面积为 1827.3 亩，比规划另增耕地 9.45 亩，比计划增加了 0.5%。

（2）2007 年，农场实施了"白马湖农场土地开发项目工程"（全省第一批土地开发及易地补充耕地项目），对农场第十管理区、第九管理区、第八管理区范围内部分初步开垦

的荒草地、坑塘和小周庄部分庄台等进行开发复垦，共平整土地 2567.6 亩，净增耕地 1817.85 亩。

（3）2009 年 4 月，农场实施了"楚州区 2009 年度城乡挂钩项目"拆除砖瓦一、二厂，拆除农户 102 户，对两个厂的存量建设用地 593.9 亩进行复垦还田，新增耕地 541.1 亩，复垦地达到了种植标准。其中，区政府分配农场挂钩用地指标 162.3 亩。

（4）2010 年实施的省以上耕地开垦费投资土地开发整理项目（苏财建〔2010〕361 号、苏国土资发〔2010〕356 号），位于第一、第二、第六、第七、第九管理区和二渔场境内，共分两个片区，总建设规模 14481.9 亩，总投资 3318 万元，新增耕地 2792.4 亩。主要是对农场前期已经初步复垦的大王庄老庄台、于庄老庄台、西韩老庄台、陈堆老庄台、大吕庄北侧老庄台、前韩老庄台和未复垦的小王庄老庄台及坑塘、废弃沟渠路、土晒场、初步开垦的荒草地等土地资源进行挖掘申报项目实施，利用项目资金共完成新建防渗渠 17.52 千米，新建灌排泵站 8 座、水闸 10 座、涵洞 116 座、渡槽 1 座，新建改建桥梁 44 座、水泥路 7894 米、水泥晒谷场 92.7 亩。

（5）2014 年实施的第二批省以上投资（耕地开垦费）土地整治项目（苏财建〔2014〕283 号），位于第八和第十管理区境内，总建设规模 14895 亩，总投资 3748 万元，新增耕地 691 亩。主要是对后胡老庄、丁庄老庄以及环湖公路征迁后的前谢老庄台、新河西堆水工建筑用地、坑塘、沟渠路等废弃土地资源进行复垦开发，完成土地平整、灌溉与排水、田间道路、农田防护与生态保持等系列项目设计工程，改善安置拆除房屋住户 37 户。

（6）2016 年实施的江苏省白马湖农场土地开发（补充耕地）项目（苏国土资函 587 号、苏垦集资〔2016〕137 号）是集团自筹资金项目。项目区位于第一、第三、第四、第五、第九等管理区内共 16 个地块和 1 个片区，总建设规模 1856.2 亩，总投资 829.26 万元，新增耕地 914.5 亩。主要是对项目区内的废弃土晒场、小沈庄部分老庄台、坑塘、废弃沟渠路、土晒场、荒草地等进行复垦开发改造还田，共完成新建防渗渠 869 米、新建灌排泵站 1 座、各类涵闸 56 座、新建改建桥梁 5 座、水泥路 3108 米。项目共涉及实物拆除 29 户，其中房屋住户 16 户。

（7）2017 年实施的江苏省白马湖农场土地整治（补充耕地）项目（苏垦集资〔2017〕110 号）是集团自筹资金项目。项目区位于第一、第四、第五、第七、第九等管理区内共 30 个地块，总建设规模 655 亩，总投资 1566.74 万元，新增耕地约 556 亩。主要是对项目片区内的废弃土晒场、毕庄北侧老庄台、六支南侧老庄台以及西堆槽等坑塘渠进行复垦开发改造还田，防渗渠 3751 米，灌排泵站 1 座，各类涵闸 61 座，水泥路 6902 米。项目共涉及实物拆除 105 户，其中房屋住户 19 户。

（8）2018 年实施的江苏省白马湖农场土地整治（补充耕地）项目（苏自然资函〔2018〕164 号）是集团自筹资金项目。项目区位于第一和第三管理区境内，设计总建设规模 10620 亩，总投资 4088 万元，新增耕地 790 亩。农场同时与河海大学合作，利用项目区 1000 亩区域作为节地节水新技术示范区推广应用。该项目主要是对部分废弃的土晒场、一渔场南端和东侧及西干渠边的养殖坑塘、废弃沟渠以及东何老庄台、西何老庄台进行复垦开发改造，完成整治区域内的房屋、树木等实物清障工作，按项目设计完成防渗渠、灌排泵站、涵闸、桥梁、田间道、防护林等农业生产配套。

（9）2019 年，农垦（白马湖）与淮安区合作实施的增减挂钩项目，上报淮安区自然资源规划分局入库新增耕地约 515.79 亩。该项目是因为全国第三次土地详查上图图斑细化导致资源浪费的原因，利用庄台边角地进行整治形成。

（10）2020 年，农垦（白马湖）与淮安区合作实施的增减挂钩项目，上报淮安区自然资源规划分局入库新增耕地约 486.13 亩。该项目是因为全国第三次土地详查上图图斑细化导致资源浪费的原因，利用庄台边角地进行整治形成。

（11）2020 年，农场从淮安区申报占补项目，该项目是利用全国第三次调查时已形成耕地而未立项的坑塘等地块申报补充耕地项目，共上报新增耕地 128 亩。

（12）2021 年，经江苏省自然资源函〔2021〕1562 号文件批准，集团同意在白马湖农场城镇居委会、第二管理区和第四管理区境内自筹资金实施补充耕地项目。该项目类型为高标准基本农田建设项目，建设规模约 9714 亩，规划新增耕地面积约 525 亩。目前，项目正在建设之中。

（13）2022 年，经江苏省自然资源函〔2022〕1369 号文件批准，集团同意在白马湖农场三庄居委会、前进居委会和林业站境内自筹资金实施补充耕地土地综合治理项目。项目建设规模约 7960 亩，规划新增耕地约 263 亩，投资建设内容主要包括土地平整与土地修复，泵站、沟渠、涵闸及防渗等灌排工程，农路与生态林建设等工程。项目规划涉及 100 多户的地面房屋等实物补偿清除。目前，项目正在规划实施中。

（14）白马湖农场 2022 年规划编制上报城乡挂钩项目面积约 60 亩。主要是利用 348 省道与宁淮高铁两个工程征地后的边角宅基地进行复垦还田，目前，两个道路工程仍在施工中，城乡挂钩项目施工整治期限顺延。

五、其他土地开发

为推进白马湖保护与建设开发，改善白马湖生态环境，增强蓄水能力，建设水源地工程，2012 年，淮安市与江苏农垦集团公司政府签订了《退围还湖包干补偿协议》，农场服从大局，响应号召，按时完成总面积为 4214.3 亩的湖泊退围还湖工作，涉及养殖户数 67 户，退围后的湖面分为安置养殖 1175 亩和退养区 3039.3 亩。2014—2015 年，主管湖区开发的市白马湖规划建设管理办公室未经农场和集团公司同意，在农场退养湖泊区内清淤堆土约 1017.4 亩，为维护土地权属，农场畜水公司于 2016 年 6 月开始开垦耕种近 300 亩。受白马湖湿地保护禁止稻麦种植等限制，2022 年，湖区弃土区全部初步开发完成，均用于水产养殖和植树。

六、新增耕地指标

（一）省投项目

（1）2008 年验收的 2006 年易地补充耕地项目（三渔场、九区、八区），新增耕地指标 1827.3 亩。

（2）2014 年验收的 2010 年省投土地整理项目（周庄片、渔场片），新增耕地指标 2792.4 亩。

（3）2020 年验收的 2014 年省投土地整理项目（八区、十区），新增耕地指标 691.2 亩。

（二）与地方合作项目

（1）2009 年，农场与淮安区政府合作的砖瓦一厂、二厂城乡挂钩项目，新增耕地指标 541 亩，其中：30% 指标自用，70% 指标由政府使用。

（2）2020 年，因全国第三次国土调查的原因，农场实施补充耕地项目约 129.75 亩新增耕地，上报淮安区自然资源规划分局入库。

（3）2019 年，农垦（白马湖）与淮安区合作实施的增减挂钩项目上报淮安区自然资源规划分局入库新增耕地约 515.79 亩，指标交易另按协议分成。

（4）2020 年，农垦（白马湖）与淮安区合作实施的增减挂钩项目上报淮安区自然资源规划分局入库新增耕地约 486.13 亩，指标交易另按协议分成。

（5）2020 年，农场向淮安区申报占补项目，上报淮安区自然资源规划分局入库新增耕地 128 亩。

（三）集团自筹项目

（1）2017 年验收的（九区小沈庄）2016 年土地开发、土地整理项目，新增耕地 914.5 亩。

（2）2018 年验收的（九区毕庄）2017 年补充耕地占补项目，新增耕地约 556.29 亩。

（3）2020 年验收的（一至十区）2019 年补充耕地占补项目，新增耕地约 526.65 亩。

（4）2022 年验收的（一区、三区）2018 年土地整治项目，新增耕地约 790.95 亩。

第三节　土地的征收、划拨与变更

本场的土地面积与场界自 1959 年由淮安县划出后至 1960 年江苏省农林厅总体规划工作队来此勘察，认定为总面积 94084 亩（不含湖泊面积），建场以来，土地总面积变化不大，其利用与变更情况如下：

一、土地拨（占）用与调换

1961 年 10 月，由地、县委批准，农场拨给 6446、6445 和 6448 部队 3891 亩荒地。其中属于集体的 500 亩，其余属于国有土地（文件题名《关于拨用土地情况的报告》，场管发〔62〕39 号，时间：1962 年 10 月 8 日）。

1965 年 5 月 8 日，淮安县同意洪舰公社位于灌溉总渠南的 500 亩草荒地划归国营白马湖农场，并呈《淮安县人民委员会关于请求批准将洪舰公社荒地五百亩划归国营白马湖农场的报告》给江苏省民政厅。此前农场已请示江苏省农林厅，江苏省农林厅于 1 月 30 日批准接受，出资 4000 元给洪舰公社作为土地调整费，并签订了协议书（签订时间：1965 年 1 月 8 日）。

1971 年 3 月 31 日，为逐步解决淮城镇城市就业和粮食半自给或自给问题，经请示县委批准，由白马湖农场无偿划拨一块 2190 亩荒地给淮城镇建立"五七"农场，并签订了协议（协议时间：1971 年 3 月 31 日）。

1972 年 1 月 8 日，农场以场发〔72〕1 号文件称"经县委批准，同意农场接受 6452 部队土地 3200 亩，房屋 200 间……"。

1976 年 10 月 8 日，国营白马湖农场十二大队与 8322 部队签订了 120 亩菜地用地协议（签订时间：1976 年 10 月 8 日）。

1979 年 5 月 26 日，经农场研究同意淮安县人民武装部关于划给土地建弹药库的要求，划给土地 39 亩，并以场发〔79〕20 号文件《关于淮安县人民武装部要求我场划给土地建弹药仓库的请示报告》呈报江苏省农垦局，抄送地区农垦局备案，原三站地段返还农场（场发〔79〕20 号 1979 年 5 月 26 日）。

1979 年农场依据国务院〔1978〕20 号文件精神，农场以场发〔79〕39 号文件向淮阴地区农垦局呈报了《关于收回淮城镇土地及有关问题的请示报告》，后来经上级部门批准，农场于 1980 年收回（五七农场）并建立第二生产大队。

根据国务院〔1978〕20 号文件精神，1979 年 9 月 23 日，农场向淮安县革委会呈交了场发〔79〕40 号文件《关于要求归还淮安县食品公司种猪场占用的 150 多亩土地，县公安中队和县消防队占用的 30 多亩土地》，并于 1984 年收回种猪场 90 多亩土地，又于 1996 年将剩余的 40 多亩种猪场土地及附着物以 17 万元收回。

消防队占用土地原位于三站南侧，1990 年，因该地段被职工建房占用了一部分，通过农场协调又将人民武装部弹药库南侧一块地（18 亩）给其种植。2007 年 4 月 5 日农场向楚州区消防队以信函方式通知收回位于人民武装部弹药库南侧的土地。2018 年 7 月淮安区消防支队仍提出要求使用该地。

淮安县养路段白马湖三站工区，原建于新河西堤，由于新河工程需迁址，经场研究同意在三站南、公路西划给河滩 3 亩作为工区用地。

1986 年 11 月，经白马湖农场与三堡乡协商，为了发展工业生产，达到双方便利，农场将北新河堤即和三堡乡相交的结点，也就是周湾窑以北 70 米换给三堡乡，三堡乡将南新河堤即三堡轮窑厂大门以南 70 米给白马湖农场。换后的新河原有树木归各方所有，各方不得乱砍滥伐。1990 年 8 月，经农场与三堡乡两级领导协调处理，由农场林业站与三堡砖瓦厂《关于进一步明确三堡砖瓦厂土地范围界限的协议》：三堡砖瓦厂南界以三堡砖瓦厂大门南路东西路为界，北界以北边水沟（124 号电话杆）为界，在此范围内的土地属三堡砖瓦厂所有和使用。公路边树木北界以水泥预制厂为界，南边以三堡砖瓦厂南大门东西路为界，双方不得随意砍伐。

1998 年 2 月 12 日，经白马湖农场与南闸镇政府同意，农场第四分场与南闸柏庄村签订《土地调换协议》，双方协商将第四分场二十六队东三级现新开排沟以南田与柏庄村析桑园地相互兑换，并约定新界址以新开沟南堆北尖口为界，现东三级南头住户谢怀秀住房由农场负责迁出、无偿平整至现开排沟，宅基地权属归柏庄村。

2005 年，原贯穿农场的楚洪公路扩建、部分改道为 328 省道，共扩增占用农场土地 160 亩，其中路基新占用面积 78 亩（包括农田 16 亩）。

2007 年 8 月，因城镇规划建设需要，农场委托城镇建设办公室与淮安市楚州区白马湖供销社合作社签订《协议书》，经商定供销社与恒晟米业界址、南北相邻的通道以及 6 间食品门市使用权归白马湖农场，由农场补偿土地补偿费及 6 间门市房屋出售费共计 6 万元给供销社。

2008 年 4 月，运西水利管理所占用第一管理区新河西堤 6.1 亩土地建设淮安四站输水河道水土保持工程（新河管理用房）。

二、土地的征收、划拨与出让

1997年10月，市农行白马湖办事处建设营业办公楼，申请划拨农场存量建设用地1.67亩（淮政复〔97〕67号）；邮电支局建设营业办公房，申请划拨农场存量建设用地1.78亩（淮政复〔97〕77号）；种子公司建仓库，申报划拨土地1.15亩（淮政复〔97〕49号）。

1998年8月，农场建设幼儿园教学楼，申报划拨存量建设用地2.55亩（建设用地许可证〔98〕50号）。

2001年2月，农场申报划拨存量建设用地1.65亩，由区供电公司投资建设新变电所，废弃原陈堆变电所。

2002年，宿淮盐高速公路从农场第一管理区北部穿过，农场被计划征地915.635亩（淮高指〔2002〕95号），其中：主线用地85.645亩，线外工程用地8.59亩，取土坑用地821.4亩。实际被占用土地479.635亩，工程结束后，高速公路指挥部回交给农场取土坑用地436亩，大多数土地耕作层被破坏。

2005年，因国家南水北调淮安四站输水河道工程的实施，在农场境内征地拆迁占线长15.9公里（桩号为CS26-CS185＋50），共影响单位及住户259户（拆迁59户），永久征收农场土地667.08亩，其中耕地441.66亩，新征宅基地20.65亩。征迁工程于2007年底完工，2012年3月进行了征迁安置完工验收。

2010年3月，农场建设粮食烘干仓储，该项目利用2009年城乡挂钩项目置换指标40亩（苏政地〔2010〕6127号）办理征收农转用手续和天衡加油站已办农转用3亩（苏国土资地函〔2006〕167号）的出让地块，协议终止履行并注销天衡加油站的国有土地使用权出让合同，于2012年3月向该项目划拨供地42.93亩。

2010年4月，楚州区人民政府与江苏农垦集团公司签订《用地补偿协议书》（苏垦土补〔2010〕2号），征收农场耕地等农用地84.579亩，用于新建白马湖旅游公路。

2011年，农场的危房改造项目安置房新建工程规划建设安置房200套和23套门面房，该项目利用2009年城乡挂钩项目置换指标40亩办理农转用手续（苏政地〔2009〕6006号），于2012年4月向该项目划拨供地25.78亩（淮淮地呈字〔2012〕15号）。

2012年2月，淮安大华生物科技有限公司因新建生产厂区，申请农场将原第一机耕队厂区16.52亩存量建设用地上报挂牌出让，该公司同年12月摘牌获得土地出让使用权（淮楚地呈字〔2012〕3号）。9月，农场建设江苏农垦农业科学院建设工程，该项目利用2009年城乡挂钩项目置换农转用地指标10亩（苏政地〔2012〕4136号）办理农转用地手续，于 2013 年 9 月向该项目划拨供地 10 亩（淮淮地呈字〔2013〕13 号）。因施工放样变更，于 2015 年向区国土局申请补划了农转用地指标 1.5 亩，用于建筑超出用地红线部分的农用地转用。

2013 年 12 月，江苏省电力公司淮安分公司与江苏农垦集团公司签订《用地补偿协议书》（苏垦土补〔2013〕10 号），征收并划拨农场耕地等农用地 7.65 亩（淮淮地呈字〔2014〕37 号）用于新建白马湖 110 千伏升压输变电站。

2014 年 4 月，农场因文化广场建设需要，该项目利用 2009 年城乡挂钩项目苏政地〔2009〕6006 号批复置换的（40 亩）且覆盖广场范围的 5.4 亩指标和新批挂钩项目农转用指标 13 亩（苏政地〔2014〕746 号）办理农转用手续。因遇国家对淮安区土地督查审计整改，直至 2017 年 8 月向本项目划拨供地 18.4 亩（淮淮地呈字〔2017〕39 号）。

2014—2015 年，江苏农垦农业发展股份有限公司因农业资源战略重组上市需要，江苏农垦集团公司批准农场将派出所、原三分场分场部、原扎花厂部分地块、原三机耕队和原一分场分场部等共五宗地块申请挂牌出让，其中，派出所宗地由江苏农垦农业发展股份有限公司于 2015 年 6 月竞拍摘牌获得土地使用权，面积为 18.72 亩，土地出让金约 416.63 元/平方米。其余四宗地均由白马湖分公司于 2015 年 7 月竞拍摘牌获得土地使用权，面积分别为 6.55 亩、4.76 亩、8.55 亩和 7.22 亩，土地出让金约 179 元/平方米。

途经白马湖农场的 348 省道工程，于 2013 年开始选址线路，项目用地经江苏省人民政府批复（苏政地〔2017〕566 号）实施。2019 年 12 月，淮安区人民政府与江苏农垦集团公司签订协议，同意地方政府征（占）用农场土地共计 350.503 亩，土地补偿费为 6 万元/亩。其中：永久性征收主线工程土地 295.863 亩，三改移工程（改移道路、沟、渠）设计占地 54.64 亩。348 省道项目共计涉及拆除民（厂）房 109 户，建筑面积 14000 余平方米，地面附属物若干。

2019 年 12 月，淮安区人民政府与江苏农垦集团公司签订协议（苏垦土补〔2018〕18 号），同意地方政府征（占）用农场土地共计 137.343 亩，用于宁淮高铁主线工程建设，土地补偿费为 6 万元/亩。该项工程共计涉及拆除民房 42 户，建筑面积 4130 余平方米，地面附属物若干。

三、设施农业项目用地备案

（1）2012 年 10 月 27 日，共报批 4 块设施备案用地：土地整理项目（六区）晒场（西块）16.19 亩、土地整理项目（良种队）晒场（中块）18.94 亩、土地整理项目（农科所）晒场（东块）13.47 亩、土地整理项目农科所新基地晒谷场 7.5 亩。

（2）2015年3月6日，共报批7块设施备案用地：一区王庄晒场9.936亩、二区沈庄晒场9.9705亩、三区解庄晒场9.99亩、四区邵集晒场9.9735亩、五区孙庄晒场9.951亩、苏垦农发白马湖分公司9.211亩、九区中沈晒场9.9945亩。

（3）2015年4月1日，共报批2块设施备案用地：七区前韩晒场9.999亩、七区房庄晒场9.411亩。

（4）2016年9月12日，共报批3块设施备案用地：王庄居委会晒场9.996亩（淮设施农用〔2016〕9号）、于庄居委会晒场9.999亩（淮设施农用〔2016〕8号）、滕庄居委会9.999亩（淮设施农用〔2016〕7号）。

（5）2017年12月5日，共报批2块设施备案用地：一区东朱晒场9.501亩（淮设施农用〔2017〕67号）；2017年12月5日，二区周庄晒场5亩（淮设施农用〔2017〕66号）。

四、土地的租赁

1992年5月，淮安市委、市政府与白马湖农场党委协调同意农场林业站将三站桥北的土地（实占1.33亩）租赁给林集镇农机管理服务站，用于搞综合门市（加油站），期限20年。2014年12月农场与林集人民政府续签该加油站《土地租赁合同》，租期至2024年5月31日。

1997年，林集镇人民政府因发展经济建设及落实上级有关要求，经与农场达成协议，农场同意林集在三站以南（从淮安养路工区大门向南）约17米处架设临时性过路标牌1个，标牌仅做宣传，不作为处理土地纠纷的依据。

2008年7月，农场将位于三站南原运西交管所东侧的1.1亩土地租赁给淮安市楚州区交通局第六交通管理所有偿使用，租期30年（2008年8月31日—2038年7月31日）。

在农场境内建设的移动、联通、电信、铁塔等公司的信号发射塔用地自2007年起大部分签订临时有期限租赁用地协议。根据相关政策规定实施的穿境供电高压线塔、过境地埋西气东输管道、淮安市后备水源输水管道等用地均为协商补偿，未经征地。

江苏农垦集团公司筹划农业资源战略重组上市试运行前期，白马湖分公司于2011年11月上报农垦集团公司确认承包农场土地面积为49484.68亩，其中：耕地面积49387亩，晒场80.1亩，水利设施17.58亩。2014年，上述面积中包含的农业科学院试验区土地377亩被调整纳入农垦农发公司总部。其中，2022年核减348省道征用及边角地576.08亩。

截至2022年12月，全场共有61户改制企业或个体租赁土地（或房地）约400亩用于二三产业生产。

第四节　土地权属

农场是 1959 年 11 月在原"淮安县畜牧场"的基础上分别由周边公社的 9 个生产大队 9 万余亩土地扩建而成"淮安县白马湖农场"。1963 年改为省属农场。本场东界新河中心线与漕运镇（原三堡乡、林集镇、南闸镇）为界；西界（老）渔栏河中心线与淮安市苏淮高新技术产业园区（原范集镇）为界；南与南闸镇为邻，并至白马湖堤外东约 1700 米、西约 1100 米分别与原南闸镇、范集镇、洪泽县岔河镇分界使用；北抵苏北灌溉总渠中心线。权属历史依据为建场初期的相关文件、调查笔录、1975 年绘制的行政区划图纸、土地详查地籍等档案资料。

一、土地调查

农场自 1959 年建设以来，经历了以下土地调查：

（1）江苏省农林厅总体规划工作队 1960 年勘测，农场东与友邻乡（镇）界以新河为界河，土地总面积为 94084 亩（无湖泊面积叙述）。

（2）1991 年，全国第一次土地详查，明确具体行政工作界线，全场土地总面积为 98629.7 亩，比例尺为 1：10000。

（3）2005 年，江苏农垦土地详查，结合第一次详查行政工作界，全场土地总面积为 98629.7 亩，比例尺为 1：5000。

（4）2009 年，全国第二次土地详查，总面积为 98261.3 亩，比例尺为 1：5000。但因调查人员成果衔接问题，错将新河洞输水渠以东的三角形（主要为坑塘）地段和原三堡砖瓦厂至周湾大桥北侧段的地块绘入三堡乡地籍图上，导致入库数据有误，比农场第一次详查面积（98629.7 亩）少了 368.4 亩（国土规划文本中予以承认有误）。

（5）2018 年 11 月起，全国开展第三次土地详查，对全场域的土地分类现状进行卫星图片分类，第三方作业人员现场复核，年度不定期日常现场变更调查。2021 年，农场第三次全国调查地类数据为 98728.71 亩，其中：湿地 501.35 亩、耕地 55514.75 亩、种植园地 105.63 亩、林地 1718.6 亩、草地 110.86 亩、城镇村及工矿用地 7144.79 亩、交通运输用地 826.88 亩、水工建筑用地 2172.82 亩、水域及水利设施用地 28922.95 亩、其他用地 1710.08 亩。

二、权属界线调查

1. 与三堡乡的分界

由苏北灌溉总渠中心流水线与老新河中心流水线的交点为起点（拐点 1），沿老新河中心流水线向南横穿公路与新河中心流水线的交点为拐点 2，西属白马湖农场，东属三堡乡；由拐点 2 沿新河中心流水线向西南与三堡化工厂北面东西沟中心线的延长线的交点，由此沿 108°方向延伸与新河中心流水线的交点为拐点 3，西属农场，东属三堡乡；由拐点 3 沿 288°方向延伸与 328 省道的交点为拐点 4，北属白马湖农场，南属三堡乡；由拐点 4 向西沿化工厂北面东西沟中心线向西与化工厂西面南北沟中心线的交点为拐点 5，北属白马湖农场，南属三堡乡；由拐点 5 沿化工厂西面南北沟中心线向南与化工厂南面东西沟中心线的交点为拐点 6，西属白马湖农场，东属三堡乡；由拐点 6 沿化工厂南面东西沟中心线向东延伸与三堡乡的交点为拐点 7，南属白马湖农场，北属三堡乡；由拐点 7 沿 114°方向延伸与新河交点为拐点 8，南属白马湖农场，北属三堡乡。由拐点 8 沿新河中心流水线向南（偏西）与三堡乡砖瓦厂北面东西沟（拐弯沟）中心线的延长线与公路 328 省道的交点，由此沿 114°方向延伸与新河中心流水线的交点为拐点 9，西属白马湖农场，东属三堡乡；由拐点 9 沿 294°方向延伸与 328 省道的交点为拐点 10，北属白马湖农场，南属三堡乡；由拐点 10 沿南北沟的中心线向南与林集砖瓦厂南面东西沟南侧边缘线的交点为拐点 11，北属白马湖农场，南属三堡乡；由拐点 11 沿三堡砖瓦厂西南南北沟中心线与三堡砖瓦厂南面中心沟中心线的交点为拐点 12，西属白马湖农场，东属三堡乡；由拐点 12 沿三堡砖瓦厂南面东西沟中心流水线向东 160 米处为拐点 13，南属白马湖农场，北属三堡乡；由拐点 13 沿南北沟中心线向南 295 米处为拐点 14，西属白马湖农场，东属三堡乡；由拐点 14 沿东西方向田埂向东 60 米处为拐点 15，南属白马湖农场，北属三堡乡；由拐点 15 沿南北沟中心线向北 260 米处为拐点 16，东属白马湖农场，西属三堡乡；由拐点 16 沿东西沟中心流水线向东横穿 328 省道与新河中心流水线的交点为拐点 17，南属白马湖农场，北属三堡乡；由拐点 17 沿新河中心流水线向南与三堡乡、林集镇分界处东西沟延长线的交点为拐点 18，西属白马湖农场，东属三堡乡。

2. 与林集镇的分界

由新河中心流水线与林集砖瓦厂东西沟南侧边缘延长线的交点为起点（拐点 1）；由拐点 1 沿林集砖瓦厂南面东西沟之南侧边缘向西与林集农科村、白马湖小周庄之间北沟中心线北与小周庄北面东西沟（偏西）的中心线交点为拐点 2，南属白马湖农场，北属林集镇；由拐点 2 沿南北沟中心线向北与小周庄北面东西沟（有拐弯）的中心线交点为拐点

3，西属白马湖农场，东属林集镇；由拐点 3 向西、向南再向西，再向南沿沟中心线与东西方向排灌渠北侧边缘交点为拐点 4，南面、东面属白马湖农场，北面、西面属林集镇；由拐点 4 沿东西方向中心线向西 350 米与排灌渠以北、南北沟中心线交点为拐点 5，南属白马湖农场，北属林集镇；由拐点 5 沿南北沟中心线向北与东西沟中心线的交点为拐点 6，西属白马湖农场，东属林集镇；由拐点 6 沿东西沟中心线向西约 170 米处与南北沟中心线的交点为拐点 7，南属白马湖农场，北属林集镇；由拐点 7 沿南北沟中心线向北与东西方向的排灌渠南侧边缘的交点为拐点 8，西属白马湖农场，东属林集镇；由拐点 8 沿东西方向的排灌渠南侧边缘向东与新河中心流水线的交点为拐点 9，北属白马湖农场，南属林集镇；由拐点 9 沿新河中心流水线向北与林集镇、三堡乡交界处的东西沟中心延长线交点为拐点 10，西属白马湖农场，东属林集镇。

3. 与南闸镇的分界

从白马湖的北堤南闸镇水界的交点（起点）向北到拐点 1 大堤东水面 1/4 处分界线，西属白马湖农场，东属南闸镇；从拐点 1 到拐点 2 段，东沟口向西 1 米后，以渠水面处为界线，西属白马湖农场，东属南闸镇；从拐点 2 到拐点 3，以灌沟的共有夹堆的堤宽 1/3 处为界线，1/3 堤宽为白马湖农场，2/3 堤宽为南闸镇，西属白马湖农场，东属南闸镇；从拐点 3 到拐点 4 段，以沟的水面南面边缘线为界，北属白马湖农场，南属南闸镇；从拐点 4 到拐点 8 段，以排沟水面的 4～5 段东边岸线，5～6 段南边岸线，6～7 段西边岸线，7～8 段南边岸线为界线，4～5 段、5～6 段以北，6～7 段以东，7～8 段以北属白马湖农场，4～5 段以东，5～6 段以南，6～7 段以西，7～8 段以南属南闸镇；从拐点 8 到拐点 9 段，以沟的中心流水线为界，西属白马湖农场，东属南闸镇；从拐点 9 到拐点 10 段，（拐点 10 为南闸镇柏庄村与南闸镇镇湖村分界线，是农场与柏庄的交点）以排沟的南边岸线为界线，以北属白马湖农场，以南属南闸镇；以镇湖村与柏庄村的边界线与农场界线的交点为拐点 10，从拐点 10 至拐点 11 以沟中心流水线、堤的中心线为界，西属白马湖农场，东属南闸镇；从拐点 11 至拐点 12 段（拐点 12 以新河中心线交点沿上引河向西 113 米处）以上引河中心线为界，北属白马湖农场，南属南闸镇；从拐点 12 至拐点 13 段，以引河堤边缘线为界，东属白马湖农场，西属南闸镇；从拐点 13 至拐点 14 段，此段从大堤中间横穿而过，北属白马湖农场，南属南闸镇；从拐点 14 至拐点 15 段，以新河中心流水线为界，西属白马湖农场，东属南闸镇。

4. 与范集镇的分界

由苏北灌溉总渠中心流水线与永济河（老鱼澜河，又称于南河）的中心流水线的交点为起点。沿老鱼澜河的中心线一直向南至白马湖大堤中心线的交点为陆上交点，东属白马湖农场，西属范集镇。由陆上终点沿 167°方向向南在白马湖农场内延伸 1.1 公里处为水上终点，东属白马湖农场，西属范集镇。

三、土地权属协议

依据农场全国第一次土地详查成果，2002 年期间，农场与南闸镇所涉行政村签订的 3 本边界协议书，2016 年 1 月，因淮安市白马湖八方路景观绿化工程建设，需对农场与柏庄村搭界的环湖公路以南至白马湖湖堤段绿化规划整治，其中湖堤以北约 600 米整治地段须毁（填）双方原权属界址线地貌（沟渠堤等）及现状标志物（树木、房屋）等，农场与南闸柏庄村又协商以 GPS 坐标数据形式重新确认了 9 个界址坐标点。

2002—2003 年，农场与范集镇及所涉行政村共签订 5 本权属协议书，并对范集镇小林场以北被长期占用的新朱村东侧 83.6 亩土地的使用另签订了《土地使用协议书》。

农场与三堡乡双方土地权属界线划分是以第一次土地详查划定的工作界线为分界依据。在土地权属界线上，三堡乡沙口村对新河洞以东部分（三角形坑塘）土地、周湾村对新河西堆堤部分地段的土地划分界线不能认可，双方未能对第一次详查权属划分确认。

农场与林集镇的土地权属界线划分是以第一次土地详查划定的工作界线为分界依据。所涉对方行政村对二站至三站段土地权属存有异议，未能签订权属协议，该段土地权属于 1997 年 5 月 12 日经淮安市人民政府调查并以《淮安市土地管理局土地权属纠纷处理决定书》（淮土籍〔1997〕2 号）形式做了如下处理决定：三站至滕码段新河以西、淮范路以东的土地使用权属白马湖农场。为方便新河两岸群众的生产生活，在通往淮范路的通道、渡口、过河桥等处，农场应就近按直线规划，留有最低不少于 12 米宽路面的公用通道。原争议地段未经所有权部门批准，对擅自用地的单位和个人按有关法律规定处理。新河两岸堆堤，应按淮政发〔1987〕197 号《淮安市水利工程管理实施条例》明确的管理范围，即背水面左右堤脚向外 8 米，留足堆堤，保证水利设施安全，并按规定使用保护水利设施用地。此外，2006 年 6 月，农场与林集镇为了厘清土地权属关系，保证各自用地版图完整，明确该镇已在三站南侧的交管所至纪念堂段土地上建房、建厂的实际问题，双方协商签订《协议书》，进一步明确认可《淮安市土地管理局土地权属纠纷处理决定书》（淮土籍〔1997〕2 号）的处理决定，并同意林集镇使用交管所至纪念堂的土地，但土地权属白马湖农场。

2018—2019 年，为贯彻落实《中共中央 国务院关于进一步推进农垦改革发展的意见》（中发〔2015〕33 号）精神，农场积极协调周邻乡镇，在尊重历史、兼顾现实使用与无权属协议认可的情况下，对三堡沙口村、周湾村和范集永济村各占用 1 处地块（共计

512.9396 亩）采取暂时搁置争议方式，争取了四邻乡镇及村委会对《地籍调查表》中的邻宗地的界址线进行签字盖章确认。按时完成了全场 54 本农用地、15 本建设用地的确权发证任务。同时，原 2003 年确权的全场大证上缴淮安自然资源分局。

四、土地确权登记

1993 年农场对全场 3750 户居民宅基地进行初始登记造册并申报确权发证。1994 年起，农场开始实施城镇和集中居住点规划，居民点新（迁）建房经上报区政府国土部门审批后颁发宅基地用地许可证，并每年均有符合规划的居民申请区政府国土、房产等部门给予土地确权、房屋产权登记发证。2016 年起区政府部门不再办理土地确权证和房产证手续，改为不动产权证及网络信息管理登记。

1998 年 6 月，农场种子公司申请确权登记土地 60.36 亩（淮国用〔98〕1 号），用途为仓储。2011 年 11 月变更为两宗地：一宗为淮 C 国用〔2011 出〕266 号，面积为 49.16 亩，用途为仓储，使用权类型为出让（国有土地资产注入），权利人为江苏农垦集团有限公司；另一宗为淮 C 国用〔2011 出〕267 号，面积为 11.2 亩，用途为仓储，使用权类型为出让（国有土地资产注入），权利人为江苏农垦集团有限公司。其中，第 266 号土地证又于 2012 年 6 月变更为淮 C 国用〔2012 出〕99 号，用途为仓储，使用类型为出让（国有土地资产注入），权利人为江苏省大华种业集团有限公司白马湖分公司。

2002 年 11 月，经农场同意，淮安市楚州区白马湖粮油管理所将所在厂区范围内约 33.56 亩存量建设用地申请确权登记，因原国有土地使用权证书遗失，又于 2016 年 2 月申请补办，证号为：淮 C 国用〔2016〕4990 号，用途为仓储，使用权类型为划拨，权利人为淮安市淮安区白马湖粮油管理所。

2003 年 3 月，经农场同意，淮安市恒晟米业有限公司将所在厂区范围内的 61.18 亩存量建设用地申请确权登记（楚国用〔2003〕88 号），用途为工业，使用类型为划拨，权利人为淮安市恒晟米业有限公司。

根据《国务院办公厅转发国土资源部、农业部关于依法保护国有农场土地合法权益意见的通知》（国办发〔2001〕8 号）和江苏省国土资源厅关于开展苏垦国有农场土地确权登记工作的具体部署要求，在江苏省土地勘测设计院的协助下，农场于 2003 年 10 月完成，取得 1 本土地证（楚国用〔2003〕575 号），土地用途为综合，使用权类型为划拨，发证面积为 98629.70 亩，其中农用地、未利用地 87275.60 亩，建设用地 11354.10 亩。

2011 年 12 月，淮安市白马湖初级中学申请校区土地确权 78.06 亩（淮 C 国用〔2011 划〕551 号），用途为教育用地，使用权类型为划拨；淮安市白马湖农场中心幼儿园申请校区土地确权 6.02 亩（淮 C 国用〔2011 划〕552 号），用途为教育用地，使用权类型为划拨；2011 年 12 月，淮安大华生物科技有限公司申请将农场建场北路东侧生产（办公）厂区 8.96 亩土地确权登记为江苏农垦集团有限公司（淮安大华生物科技有限公司）（淮 C 国用〔2011 划〕568 号），用途为工业，使用权类型为划拨。

2012 年 3 月，农场申请对烘干仓储 42.93 亩土地确权（淮 C 国用〔2012 划〕56 号），同年 6 月权利人变更为江苏省大华种业集团有限公司白马湖分公司（淮 C 国用〔2012 出〕100 号），用途为仓储，使用权类型为作价出资。

2015 年 2 月，淮安大华生物科技有限公司申请对原第一机耕队挂牌出让 16.52 亩土地确权登记（淮 C 国用〔2015〕264 号），用途为工业，使用权类型为出让，年限为 50 年。6 月，江苏农垦农业发展股份有限公司确权登记了农场派出所土地使用权，面积为 18.72 亩，用途为科教用地，使用权类型为出让，年限均 50 年，不动产证号分别为苏〔2016〕淮安区不动产权 512 号。7 月，白马湖分公司确权登记了原三分场场部、原轧花厂部分地块、原三机耕队和原一分场场部等四宗地块，用途均为仓储，使用权类型均为出让，年限均为 50 年，面积分别为 6.55 亩、4.76 亩、8.55 亩和 7.22 亩，不动产证号分别为苏〔2016〕淮安区不动产权 510 号、509 号、508 号和 511 号。

2016 年 12 月，江苏水源有限责任公司（南水北调工程东线工程权利人）需要对包括农场在内的东线工程征用土地申请土地确权，经集团公司审核同意，对征收农场的 667.08 亩土地盖章确认。

2018—2019 年，为贯彻落实《中共中央　国务院关于进一步推进农垦改革发展的意见》（中民〔2015〕33 号）和国土资厅发〔2017〕20 号、苏国土资发〔2017〕271 号等文件精神，农场按照集团公司要求对全场农用地、未利用地、建设用地分宗登记发证（农场大证换发小证），做到国有土地"权属应确尽确、证书应发尽发"。由江苏省土地规划勘测院委托资质中介单位对全场场域、房屋面积测量技术服务，经本次调查测量数据表明，农场行政区域范围内土地总面积为 98742.1950 亩，比原（2003 年农场大证）面积多 112.5 亩。其中农用地和未利用地面积为 89746.6174 亩，建设用地面积为 7586.5849 亩，已被场外征地部分面积为 1408.9926 亩（含文化广场 13 亩）。本次农用地发证总面积为 88307.62 亩，计 54 本证；建设用地发证面积为 6825.6634 亩，计 15 本证；因权属不完善问题暂时搁置 3 块地，面积为 512.9405 亩；因水利部门已确定占用和公用河道的特殊性等原因，不能确权给农垦的共两块地，面积为 898.3682 亩。

第三章　建制与人事

第一节　建制沿革

一、建场前历史沿革

农场地处苏北灌溉总渠南岸，位于古邗沟入淮处末口，是古代与现代黄淮、江淮之间的著名要津。

春秋战国时期，本地境域先后属吴、越等诸侯国，秦代属淮阴县。西汉元狩六年（前117年）改属山阳，民国3年（1914年）山阳县改称淮安县。本地域属淮安县。

在抗日战争时期，本地域归属淮宝县盐南区，民国34年9月改属淮安县。

新中国成立后，本地属淮安县盐南区。1956年初，县域属林集区。1957年7月撤区并乡，地域属三堡、林集、张徐等乡。1959年4月撤销张徐乡，农场分别划归三堡、林集、南闸3个人民公社。1959年8月，农场现境的部分划归范集人民公社。1959年11月，建立白马湖农场，原属三堡、林集、南闸、范集四公社部分大队划归农场，属淮安县委领导，场部设在杨家荡（现老场部处）。

二、建场初期建制演变（1959年11月至1962年）

1959年11月18日，淮安县白马湖农场成立，隶属淮安县委领导，同时撤销原淮安县畜牧场。农场领导由淮安县委任命，农场下属单位领导，在原基础上由农场充实、调整、任命报县委备案。农场各项费用由县直接负责、独立核算、自负盈亏。同年淮安县委按照淮阴地委的指示精神，对原属人民公社的大队及单位的资金、固定资产、各项费用、债权债务、基本建设、文化福利、物资等项目进行了逐项造册登记，移交农场建账立册。

其机构设置如下：

科　　室：办公室、财务股、生产股、治安保卫股、文卫股。

工业单位：机耕队。

农业单位：前进大队、林西大队、三庄大队、西韩大队、邵集大队、孙谢大队、张徐大队。

1960 年 2 月 21 日新接收：滕庄大队、朱洼大队。

1961 年 3 月 27 日从滕庄大队新划出于庄大队。

1961 年 8 月新划闸东大队。

1962 年农场下设 11 个大队，并建立 1 个机务大队。

工副业单位：畜牧场、鱼种场、农具修配厂、砖瓦厂、粮食加工厂、炕坊、农机修理厂、食品收购站。

文化事业单位：农技校 1 所、中心小学 1 所、医院 1 所、医务室 5 所、供销合作商店（门市部、代销点）共 7 个。

场部机关设置为农场党委会、农场管理委员会。下设办公室、财务科、机务科、工副业科、粮食管理科，同时设立工会、共青团组织和人武部。

三、农场开始基本建设至改革开放前建制演变（1963—1978 年）

从 1963 年起，农场划属江苏省农林厅农垦局、淮阴地区农林局和农垦局管理，农场的组织机构随之有所变更和调整。

1963 年 2 月 15 日，经淮阴农垦局批复，农场机构设为财务科、机务科、农技科、水产科、畜牧科、办公室、基建科、人武部。

场直单位：粮食加工厂、鱼种养殖场、畜牧场、猪场、砖瓦厂、农具修配厂、炕坊。

1963 年 9 月农场建立良种繁育站。1963 年 10 月 29 日将原机关科室调整为农业科、财务科、基建科、人事科。

1964 年初建立苗圃，面积约 90 亩，在砖瓦一厂所在地。

1964 年 1 月 9 日江苏省农林厅批复：建立解港、杨荡两个分场。

1964 年 3 月 20 日建立国营白马湖农场畜牧副业科。

1964 年 5 月 6 日建立淮安县白马湖农场消费合作社。

1964 年 7 月 1 日将原农具修配厂改名为农具厂。

1964 年 10 月农场建立基建队。

1965 年 1 月 14 日设立陈堆大队。

1965 年 11 月 20 日经江苏省农林厅、淮阴农垦办事处、淮安县委批准，取消分场、大队，改变原有大队名称。将原孙谢大队改为一大队，原闸东大队改为二大队，原张徐大队改为三大队，原六支大队改为四大队，原林西大队改为五大队，原前进大队改为六大队，原陈堆大队改为七大队，原西韩大队改为八大队，原杨荡分场改为九大队，原三庄大队改为十大队，原邵集大队改为十一大队，原解港分场改为十二大队，原滕庄大队改为十三大队，原于庄大队改为十四大队，原朱洼大队改为十五大队。

1965 年筹办建成青年猪场、大港猪场、良种队猪场、杨家荡猪场、六支猪场。

1966 年 3 月 9 日经江苏省农垦公司政治部批准：建立中国共产党国营白马湖农场政治处。

1966 年 3 月 11 日设立白马湖营业所。

1966 年 3 月 19 日经江苏省农垦公司政治部批复，农场设立行政办公室、生产科、财务基建科、政治处；撤销农业科、机务科、畜牧科、财务科、基建科等 5 个职能部门。

1966 年 6 月 25 日设立邮电所。

1968 年 3 月 30 日经淮安县革命委员会批准成立国营白马湖农场革命委员会。

1968 年 4 月 5 日农场革命委员会下设政工组、生产组、行政组、财务基建组、文革组，原各职能机构停止运作。

1969 年 4 月 13 日农场调整原大队，将原六大队和七大队合并，原五大队和四大队合并，原十一大队和十二大队合并，使原 15 个大队合并为 12 个大队。

1970 年农场建立运输连、船队。

1970 年 11 月 25 日农场将鱼种场 14 吨 60 马力大机船改装为牵引船头，并配 5 条船，组建船队。

1970 年 11 月淮安县革命委员会同意农场恢复中共白马湖农场委员会。

1971 年 4 月 6 日经淮安县委批准，农场建立中国共产主义青年团白马湖农场委员会。

1971 年 5 月 25 日经淮安县委批准成立民兵团。

1972 年 1 月驻场部队调防，农场接受部队土地和房屋，建立机械化大队。

1972 年 4 月 19 日建立白马湖农场电影队。

1972 年 5 月机械化大队改为农场直属队。

1974 年 3 月 2 日经上级批准，农场成立"知识青年上山下乡办公室"。

1974 年初建立酒厂。

1975 年 1 月 19 日经淮安县委下文批复在原砖瓦厂的基础上建立一座 28 门轮窑，命名为"白马湖砖瓦厂"。

1975 年由原机务大队改为 3 个机务连。

1976 年建立白马湖农场针织厂。

1977 年 1 月 11 日经淮安县计划委员会生产指挥组批复：建立半导体零件厂。

1978 年 12 月 30 日经淮安县革命委员会批准农场建立"白马湖棉纺织厂"。

四、改革开放后至实行场长负责制前体制演变（1979—1986 年）

1979 年 3 月农场与地方划开，归江苏省农垦局。

1979 年 4 月 18 日农场建立"白马湖农场畜牧兽医站"。

1979 年 12 月建立林业管理站。

1980 年 2 月 6 日江苏省革命委员会农垦局批复农场设立劳动工资科。

1980 年 3 月设立"云台农工商联合公司白马湖农场供销经理部"。

1980 年 4 月 26 日设立供电站。

1981 年 5 月 14 日农场设立政工科、农业科、计划财务科、劳动工资科、物资供销科、工业科、办公室、农机科；农业上分为 4 个分场，26 个生产队，4 个机耕队；水产、多种经营改设为五分场，下辖 3 个渔场。

1981 年 1 月 1 日设立"白马湖农场工会委员会"。

1981 年 4 月农场设立教卫科。

1981 年 5 月 2 日建立二分场服装厂。

1981 年 6 月设立白马湖农场纪律检查委员会，同时设农场基建科。

1981 年 10 月农场决定停办酒厂。

1981 年 12 月 30 日经淮阴地区局批准设立多种经营科。

1982 年 10 月将原供销经理部改名为"白马湖农场农工商门市部"。

1983 年经地区局批准，建立饲料加工厂。

1984 年 2 月农场机关科室进行调整，设立组织宣传科、纪委、办公室、农机科、农业科、多种经营科、计划财务科、劳资科、教卫科、工商服务公司、建筑安装公司、物资运输公司。

1984 年 4 月 26 日建立农机配件库。

1984 年 8 月 15 日将良种队改为农科站；将综合厂改为粮棉油加工厂；将食品加工厂改为食品厂；将物资科船队改为农垦 015 船队；将农具厂改为木器加工厂；将水产养殖场改名为第一水产养殖场；将西韩鱼池改名为第二水产养殖场；将南总站鱼池、副业队合并成立第三水产养殖场；将原青年猪场改为种猪场。

1985 年 1 月 24 日设立农场派出所。

1985 年 5 月 3 日建立多种经营服务公司，撤销五分场和多种经营科；设立农业服务公司，撤销农业科、农机科、基建科；设立工商服务公司，撤销工业科。

1985 年 5 月 30 日建立砖瓦二厂。

1985 年 9 月 26 日建立二分场猪毛加工厂。

1985 年 12 月 26 日重新建立酒厂。

五、实行场长负责制后农场建制演变（1987—2009 年）

从 1987 年 1 月 1 日起农场实行场长负责制，每一任期 4 年。

1987 年 9 月 9 日农场举行场长就职仪式，市农垦公司副经理张绍君到会讲话，场长黄化祥发表就职演说，同时聘任中层干部。

1987 年 3 月 30 日农场设立计划生育办公室。

1987 年 4 月 21 日将原商业门市部改为"江苏省国营白马湖农场商业供销经理部"。

1987 年 5 月 18 日将原第一水产养殖场更名为"江苏省农垦第一水产良种场"。

1987 年 9 月 8 日组织、宣传分室办公。

1987 年 9 月 18 日建立种鸡场，同时撤销种猪场。

1987 年 9 月 25 日经淮阴市农垦公司党委同意将建筑安装公司改为 3 个工程队、1 个预制厂。

1987 年 12 月 22 日将原酒厂更名为"江苏省国营楚州酒厂"。

1988 年 4 月成立建筑安装公司木工队，建立物资运输公司煤球厂，撤销白马湖农场食品厂、针织厂、二分场十二队。

1988 年 7 月将江苏省国营白马湖农场棉纺织厂更名为"江苏省国营白马湖棉纺织厂"。

1988 年 11 月 22 日农垦总公司批复，同意农场建立种子公司。

1989 年 3 月 18 日农场建立砖瓦三厂。

1989 年 6 月 3 日经淮阴市农垦公司同意农场设立科学技术委员会。

1990 年 3 月农场建立煤炭场。

1990 年 9 月 6 日江苏省农垦总公司批复：确定农场设立监察室。同年淮安市检察院在农场设立白马湖检察室。

1990 年 12 月 3 日农垦总公司批复：农场为中型企业。

1991 年 3 月农场设立财务结算中心。

1991 年 10 月 20 日农场设立老干部科。

1992 年 5 月 11 日建立"白马湖汽车修理厂"，同时撤销运输连。

1992 年 5 月 16 日成立"水利工程机械专业队"。

1992 年 5 月 26 日农场设立审计科。

1992 年 7 月 29 日撤销工商服务公司，设立工业科。

1992 年 12 月 25 日建立地毯厂、玩具厂、饲料厂。

1993 年 2 月 23 日农场设立工业贸易公司、机械工程公司、劳动生活服务公司。

1994 年 3 月建立"江苏淮安白马湖挂面厂"，建立"江苏省国营白马湖农场第一米厂"。

1995 年 3 月经上级同意将农场职工医院和派出所由原大队级升为科级，同时新组建和撤销单位如下：

新组建单位：

江苏省国营白马湖农场棉纺织公司；

江苏省国营白马湖农场粮油食品公司；

江苏省国营白马湖农场建材公司；

江苏省国营白马湖农场畜禽水产公司；

江苏省国营白马湖农场机电公司；

江苏省国营白马湖农场物资公司；

江苏省国营白马湖农场林木公司；

江苏省国营白马湖农场庭园经济开发公司；

江苏省国营白马湖农场轧花厂（隶属棉纺织公司）；

江苏省国营白马湖农场米厂（隶属粮油食品公司）；

江苏省国营白马湖农场面粉厂（隶属粮油食品公司）；

江苏省国营白马湖农场植物油厂（隶属粮油食品公司）；

江苏省国营白马湖农场粮食仓库（隶属粮油食品公司）；

江苏省国营白马湖农场粮油食品公司经营部；

江苏省国营白马湖农场物资仓库（隶属物资公司）；

江苏省国营白马湖农场原种繁殖场（隶属种子公司）；

江苏省国营白马湖农场种子加工厂（隶属种子公司）；

江苏省国营白马湖农场农科所（隶属农业发展中心）；

江苏省国营白马湖农场农田水利管理站。

设立党委工作部、劳资科、教育科。

撤销单位：

江苏省国营白马湖农场工业贸易公司；

江苏省国营白马湖农场驻淮阴办事处；

江苏省国营白马湖农场物资运输公司；

江苏省国营白马湖农场多种经营公司；

江苏省国营白马湖农场粮棉油加工厂；

江苏省国营白马湖农场煤炭场；

江苏省国营白马湖农场第一米厂；

江苏省国营白马湖农场农科站。

设立农业科、农机科、基建科、教卫科。

1997年4月农场设立：

江苏省国营白马湖农场经营管理科；

江苏省国营白马湖农场第三产业办公室；

江苏省国营白马湖农场民营经济管理办公室；

江苏省国营白马湖农场城镇管理办公室；

江苏省国营白马湖农场劳资科，同时撤销江苏省国营白马湖农场劳动经济科。

1998年2月农场撤销下列单位：

江苏省国营白马湖农场建材公司；

江苏省国营白马湖农场机电公司；

江苏省国营白马湖农场粮油食品公司；

江苏省国营白马湖农场林木公司。

对砖瓦一厂、砖瓦二厂、砖瓦三厂、修理厂4个单位实行股份制经营。

撤销白马湖农场煤球厂。

将种鸡场和饲料厂合并后承包给个人。

合并了一分场6队、8队；二分场11队、12队；三分场18队、19队；四分场24队、25队。恢复粮油加工厂，林业管理站；设立工业管理办公室、城建办公室。

1998年6月，农场成立生活肥厂，后改名为"淮安大华生物科技有限公司"。

1998年7月6日农场执行国家棉纺压锭政策，撤销白马湖棉纺织厂。

1998年，农场检察室撤销。

2000年2月，农场成立广播电视新闻中心。

2000年2月，农场成立市场部，三产办公室并入市场部。

2000年2月，农场撤销轧花厂，合并入加工厂。

2000年2月，农场花木站划归庭园公司。

2000年4月，农场非农企业改制。

2000 年 9 月，农场机关机构及人事改革，由原 17 个科室精简为 7 个部门，人员从 91 人精简为 28 人。

2000 年 3 月，白马湖派出所由企业派出所变更为行政派出所，称为楚州区公安分局白马湖派出所。

2000 年 9 月，司法所与法律服务所分离。

2001 年，农场成立社会治安综合治理管理委员会，下设办公室。

2002 年 12 月，农场航运站改制，因无营运执照无法单独营运，将船队整体出售。

2003 年 2 月，农场物资公司改制，农场农用物资经营放开。

2003 年 4 月，农场为抗击"非典"，专门成立领导机构和组织网络。

2003 年 9 月，农场体制改革，撤销 4 个农业分场、13 个农业大队，新组建了 10 个农业管理区，全体管理人员解聘，实行竞聘上岗，农业按每 1000 亩配备 1 名管理人员，实行党政一肩挑，机关设置 5 个部门，即党委办公室、行政办公室、劳动和社会保障科、财务国资科、工会。其余部门实行市场化运作。

2003 年 9 月，农场为加强对改制企业分流人员和城镇居民的管理，成立了白马湖农场城镇居委会。

2005 年 3 月，因农场电力管理中心工作连续三年成绩突出，电管中心晋升为科级单位，任职人员同级别晋升。

2006 年 3 月，农场农业管理区党政负责人实行了单位轮岗交流。

2007 年 3 月，农场已改制的物资公司由农场控股成立股份公司。

2007 年 3 月，为落实农垦集团总公司二次创业的精神，农场成立产业发展办公室。

2007 年 3 月，农场与淮安柴米河公司合作兴办股份制华萃股份有限公司。

2007 年 7 月，农场为加强城镇建设，恢复和成立农场城镇建设管理办公室。

2007 年 3 月，农场成立党委政法委员会。

2008 年 4 月，农场各单位党政职务一肩挑的，改为党政分开，行政负责人不再兼任党务工作。

2009 年 8 月，土地管理城乡挂钩，多拆多借项目在农场实施，砖瓦一厂、砖瓦二厂因资源枯竭被拆除，两单位也相应被撤销。

六、实行场长负责制后农场建制演变（1987—2018 年）

2008 年 8 月，江苏省农垦白马湖农场社区管理委员会成立。

2010 年，农场对社区管理工作实行职能整合，集中统一办公，规范化管理。

2011年8月，因集团资源整合，成立江苏省农垦农业发展股份有限公司白马湖分公司，实行"一套班子、两块牌子、分开运作、责任共担"。分公司同时挂牌运行，下设办公室、人力资源部、资产财务部、农业中心、供应贸易部5个部门以及10个农业生产区。原农业管理区改为农业生产区。

2011年，农场成立了项目管理办公室。

2011年，农场设立裕源、健康两个居委会。

2011年11月，经淮安区人民政府批复，区民政局备案，农场共设立王庄、于庄等12个社区居民委员会。

2014年，因资源整合需要，华萃公司划入大华种业管理，生物肥厂划入物流公司管理。

2014年8月，淮安区检察院在农场设立检察室。

2015年，王庄社区卫生服务站改造升级后挂牌。

2015年，农场原敬老院改造升级更名为"白马湖社区颐养园"。

2016年，农场健全完善了社会管理网格化网络。

2017年，农场在环境整治中建立健全了"河长制"组织网络。

2018年，根据江苏农垦社会事业改革精神，原"江苏省国营白马湖农场"改制为"江苏省白马湖农场有限公司"。

2018年，农场将医疗卫生、幼儿教育、"三供一业"资源移交地方政府。

2018年4月，"畜禽水产公司"改制为"畜禽水产服务中心"。原"电力管理中心"改制为"淮安市白马湖农场电力服务有限公司"。

2018年9月，根据集团公司苏垦集党〔2018〕223号文件精神，农场加大了行政管理资源整合力度，将原有场长办公室、党委办公室、社会保障科、工会、项目办、产业办、财务国资科整合为公司（总经理）办公室（含法务部）、计划财务部、资产经营部（含投资项目部、产业发展部）、党委工作部（含人力资源部、企划宣传部）、工会办公室、审计监察部。社区管理委员会机构与职能进行重新调整与充实，将原有社会行政科、社会事业科、社会服务科重组为综合管理科、社会管理科、公共服务科。

2021年1月，"淮安市白马湖农场电力服务有限公司"改制为"凯惠电力工程有限公司白马湖分公司"。

2021年6月，农场公司撤销审计监察部，成立纪委办公室。

第二节　干部人事

一、干部来源及场级干部的任职情况

1959 年 11 月至 1964 年，农场的场级干部均由淮安县委委派任命，中层干部由原属地干部组成。建场初期，农场党委书记由淮安县农工部副部长许志友兼任，沈万立任党委第二书记兼场长，徐坤、陈凤官任副场长。后相继由石守云、何俊松等担任农场党委书记。机关各科室和大队干部由原划归地干部任职，其中包括从其他乡（镇）调入支援农场建设的地方干部和科技人员。

1965—1968 年，农场归口属江苏省农林厅和农垦局管理，场级干部也改由江苏省农垦考察任命。这时期农场党委书记由何俊松担任，张宝元任场长。

1969—1979 年，场级干部由淮阴地区和淮安县考察任命，这时期农场党委书记（革委会主任）先后由魏学田和杨在国担任。

1979 年 3 月以后，农场再次划归江苏省农垦局，场级干部主要来源于江苏省属农垦系统。中层干部由农场考察、录用，主要来源于基层干部、专业技术人员和大、中专毕业生。

表 3-1　场级干部任职情况（1960—2022 年）

姓　名	职　务		任职时间	备　注
	正　职	副　职		
许志友	党委书记		1959.11—1960.5	
沈万立	第二书记兼场长		1959.11—1963.6	
徐　坤		副场长	1959.11—1974.7	
陈凤官		副场长	1959.11—1970.2	
张士彦		党委副书记	1960.4—1970.10	
邱建成		党委副书记	1960.10—1969	
石守云	党委书记		1960.5—1965.4	
何俊松	场长 党委书记兼场长、 革委会主任		1963.6—1966.2 1966.2—1970.10	
马　楠		副场长	1965.10—1968.4	
张宝元	场长		1966.9—1970	
范殿科		革委会副主任	1968.3—1969.4	
谢怀官		革委会副主任	1968.3—1972	
王星明		革委会副主任	1970.9—1971	
柏新春		党委副书记	1971.9—1975.10	

（续）

姓 名	职 务		任职时间	备 注
	正 职	副 职		
魏学田	革委会主任、书记		1970.11—1975.12	
顾锡山		党委副书记	1974.2—1978.6	
武怀义		党委副书记	1972.12—1974.2	
钱静仁		党委副书记	1972.12—1974.11	
徐友福		党委副书记	1971.9—1974.11	
杨在国	党委书记、革委会主任 党委书记兼场长 党委书记 调研员		1975.10—1979.12 1979.12—1980.10 1980.10—1986.2 1986.2—1994.10	
宋春奎		革委会副主任、 副场长	1975.1—1982.7	
祝 胜		革委会副主任、 副场长	1975.1—1981.6	
花如华		革委会副主任、 党委副书记	1973.11—1981.1	
王秀兰		革委会副主任、 副场长	1976.10—1981.1	
谢学铨		革委会副主任、 副场长	1976.10—1993.3	
杨文秀		革委会副主任、 副场长	1978.4—1985.3	
陈柱儒		革委会副主任、 副场长	1979.1—1985.3	
谭洪志		副场长 调研员	1979.1—1987.6 1987.6—1988	
孙步云	场长	副书记	1980.10—1984.5	
黄化祥	场长 党委书记 督导员		1984.5—1994.7 1994.7—1994.12 1994.12—1995.5	
袁廷政	纪委书记	革委会副主任、 调研员	1978—1984.5 1984.5—1987.10 1990.11—1997.11	
姜福山		党委副书记兼 纪委书记	1981.2—1982.4 1983.4—1984.2	
刘巨清		副场长	1985.5—1990.10	
李 超	党委书记		1986.2—1990.10	
张荣道	纪委书记、 工会主席	副书记	1986.10—1993.12	
范孟怀		副场长 调研员	1987.7—1997.10 1997.10—1998.8	
许维超	党委书记		1990.6—1994	
许德华		副场长	1990.12—1992.9	

（续）

姓 名	职 务		任职时间	备 注
	正 职	副 职		
于加法	副书记		1993.3—2003.12	
胡兆辉		副场长	1994.5—1997.8	
	场长		1997.8—1998.5	
	场长兼党委书记		1998.5—2000.1	
	党委书记		2000—2001	
魏根顺	副书记	副场长	1993.12—1994.7	
	场长		1994.7—1994.12	
	场长兼书记		1994.12—1997.9	
胡兆辉	场长兼党委书记		1997.10—2000.2	
王玉强		副场长	1998.4—2000.2	
	场长		2000.2—2009.12	
杨正昌		副场长	1997.2—2003.12	
张长怀		副场长	2000.7—2003.12	
宗兆勤		副场长	1999.7—2003.12	
相咸俊		副场长	2003.12—2010.1	
滕金平		场长助理	2000.2—2003.11	
		副场长	2003.12—2009.11	
	场长		2009.12—2011.11	
	党委书记、分公司总经理		2011.12—2014.11	
许怀林	党委书记		2006.12—2009.11	
李乾清		副场长	2006.12—2012.4	
姚春华		党委委员、场长助理、办公室主任	2000.2—2003.12	
		副书记、纪委书记、工会主席	2003.12—2006.12	
	党委书记、纪委书记、工会主席、社管会主任		2009.12—2011.11	
	场长、党委副书记、社管会主任、纪委书记、工会主席		2011.11—2011.12	
	场长、党委副书记、社管会主任、纪委书记		2011.12—2014.12	
	党委书记、场长、纪委书记		2014.12—2015.7	
	党委书记、场长		2015.7—2016.7	
	党委书记、场长、社管会主任		2016.7—2018.1	
	党委书记、董事长、总经理、社管会主任		2018.1—2022.8	
赵广福	场长、总经理助理		2009.12—2011.12	
	副总经理		2011.12—2014.12	
	党委副书记、副场长、社管会主任		2014.12—2016.7	

（续）

姓 名	职 务		任职时间	备 注
	正 职	副 职		
韩正光		场长助理	2009.12—2011.11	
		分公司总经理助理	2011.11—2011.12	
		党委委员、分公司副总经理	2011.12—2012.5	
		党委委员、分公司副总经理、工会主席	2012.5—2014.12	
		副总经理（主持工作）、工会主席	2014.12—2016.7	
	党委副书记、分公司总经理		2016.7—2018.1	
	党委副书记、董事、分公司总经理		2018.1—2022.8	
	党委书记、董事长、分公司总经理		2022.8—2022.12	
韩跃武		场长助理	2014.12—2016.7	
		纪委书记、工会主席	2016.7—2019.10	
		纪委书记	2019.10—2021.12	
王 林		场长助理	2015.7—2017.10	
		党委委员、公司副总经理	2017—2021.1	
		社管会副主任	2018.8—2019.10	
		工会主席、社区管理委员会副主任	2019.10—2021.1	
沈会生		总经理助理	2015.1—2017.9	
		党委委员、农发公司副总经理、工会主席	2017.10—2020.11	
何善栋		总经理助理	2020.1—2021.1	
		副总经理、工会主席	2021.1—2021.12	
		纪委书记	2021.12—2023.1	
韩树明	党委委员、总经理、董事、副书记、社管会副主任		2021.1—2022.12	
邵正林		分公司总经理助理、工会副主席	2021.1—2021.10	
		分公司副总经理、工会副主席	2021.10—2021.12	
		分公司副总经理、工会主席	2021.12—2022.8	
		党委委员、分公司副总经理、工会主席	2022.8—2022.12	
冼永帅		副总经理、工会主席	2021.12—2022.8	
		党委委员、副总经理、工会主席	2022.8—2022.12	
衡爱军		总经理助理兼办公室主任、机关党支部书记	2021.10—2022.8	
		副总经理、社管会副主任	2022.8—2022.12	
张志成		总政工师、党委工作部部长	2022.8—2022.12	

二、干部管理权限

1959 年 11 月至 1964 年，农场干部属淮安县委管理。

1963 年，干部人事归口，属农林厅和农垦局管理。

1965 年，农场领导干部由江苏省农垦局管理，主要领导人由江苏省委组织部管理，中层干部由淮阴地区农垦局管理，其余干部由农场管理。

1968—1979 年，农场干部由淮阴市委和淮安县委管理。

1984 年，企业整顿后，场正职由江苏省委农工部管理，副职由江苏省农垦公司管理，中层干部由淮阴市公司管理，中层以下干部由农场管理。

1987—2022 年，实行场长负责制，农场正职由江苏省农垦总公司管理，副职先由淮阴市农垦公司管理，后又由农垦总公司管理，中层以下干部由农场管理。

三、干部人事制度改革

1980 年以前，在干部人事制度上，基本是上级任命制，干部终身制，党委一班人也是任命多，选举产生少。

党的十一届三中全会以后，随着改革的不断深化，农场在干部人事制度上进行了一系列改革，主要有以下几个方面：

（一）取消干部终身制

1980 年前，除个别干部身体不好，不能正常上班，或是因年龄太大，离职休养的以外，基本上没有执行干部离退休制度。1980 年以后农场开始执行离退休制度，为部分干部办理离退休手续。

从 1984 年起，干部离退休制度正常执行。男 60 周岁，女 55 周岁，一律办理离退休手续。并贯彻"干部能上能下"的使用原则，对不称职的干部实行免职，免职后安排力所能及的工作。

（二）实行退二线制度

从 1984 年起，对文化程度偏低、年龄偏大的干部实行退二线的办法，享受其原职级待遇，安排适当的工作，在企业整顿过程中有 70 人从干部岗位上退下来，同时选拔产生一线骨干、专业技术人员及大、中专毕业生充实干部队伍。

从 1987 年实行场长负责制后，各级干部实行聘任制，农场中层干部聘期两年，中层以下干部聘期 3 年，并办理聘任手续。

2018 年，农场有限公司及社区管理委员会工作人员，按科级（含副科）距法定退休年龄前 3 年的退出管理岗位，队级以下的，距法定退休年龄 5 年的，退出管理岗位，退出人员按相关规定享受退养政策。

（三）用送出去请进来的办法培训干部

多年来，农场一方面把有培养前途、年龄较轻的专业技术人员定向送到高等院校学习、委托代培、短期轮训、外出考察；另一方面邀请专家学者、理论工作者来场培训人员，为农场干部队伍提供充足的养分，提高干部的素质。

（四）民主评议干部制度

1997 年，为进一步加强民主管理，场工会牵头，组织部门协调，对全场干部进行民主评议。从 10 月中旬开始，对中层干部和队级干部进行全面评议。评议方法，先是"背对背"，再由职工代表、工会负责人对本单位的干部"德、能、勤、绩"予以评议，评议档次分为优秀、胜任、基本胜任、不称职 4 个档次，进行无记名投票。评议结果：优秀 11％，胜任 57.2％，基本胜任 23％，不称职 6.3％，场工会和组织部门综合评议结果对不称职的干部拟出调换岗位、免职建议，并推荐各级干部的后备人选。

（五）干部选拔任用

干部选拔任用，坚持"公开、公平、竞争、择优"原则。所选拔人员必须具备"德、能、勤、绩、廉"诸方面特别突出的综合素质。参选人员须进行公开报名或由组织推荐、群众举荐。然后由农场组织人事部门依据干部管理权限对参选人员进行任职资格审查，再由农场领导、组织人事、纪检部门负责人及群众代表组成的考评组对参选人员进行考试、答辩、民主测评等程序，最后由组织人事部门对参选人员进行"德、能、勤、绩、廉"等方面全面考察，最终择优确定拟任人员。对提拔任用人员做了相应的规定：①副队级提为队级的要有所在副队岗位上两年以上的工作经验；②队级提副科级要有在正队级岗位 3 年以上工作经验，且男性年龄一般不超过 45 周岁，女性年龄一般不超过 40 周岁。同时实行竞争上岗，采用聘任制和试用期制，试用期为半年，试用期满视考察情况决定任免。

为了加快推进现代企业制度建设，建立科学规范的选人、用人制度，2018 年，农场有限公司出台了《江苏省白马湖农场有限公司人员任用管理办法》。该办法共七章二十一条，从任职条件与职位设置、职能职务晋升、民主推荐考察与任职、新进管理人员条件与要求、退养管理等方面做了明确与严格的规范。2021 年，经党委会研究、董事会通过，印发了《江苏省白马湖农场有限公司人员任用管理办法（修订）》，对相关细则进行了修订完善。

（六）干部日常管理

竞争上岗的干部在试用期间与同职能干部享受同等待遇，一般一年内不调整或变动工作岗位，同时对全场干部坚持年度考核制度、干部交流制度。考核采用个人自评、干部互评、群众测评和领导评定相结合的方法，以定量考核为主，定性考核为辅，并将考核结果存入个人档案，作为提任、晋级的重要依据。农场干部交流制度规定，对在一个领导岗位连续工作6年的进行岗位交流，最多不得超过9年。

在干部管理上，农场还制定了干部培训、干部奖惩、干部离岗等制度。重视干部的学历、能力、技术水平的再教育，分层次、有步骤安排干部脱产、半脱产学习，定期培训或挂钩交流学习。对干部在业务经营、专业管理、企业管理等领域有突出学术或研究成果，在省以上学术或专业刊物发表文章，受省以上表彰人员，给予重奖，对连续3年综合考评前3名并获农场奖励的单位负责人，在职级上给予晋升半级奖励，同时对连续2年综合考评末位两名的单位，班子受调整，其负责人诚勉谈话或降半级使用，连续3年综合考评末位两名的单位负责人将受到免职处分。

（七）干部管理办法

2008年3月6日，农场党委下发了《白马湖农场干部管理暂行办法》（试行），共十章二十九条。对农场干部选拔、任用、日常管理、干部考核、培训、待遇、奖惩、离岗制度以及后备干部选拔、培养做出了具体明确规定。提出选拔任用干部必须坚持"党管干部；任人唯贤、德才兼备；群众公认、注重实绩；公开、平等、竞争、择优；民主集中制；依法办事"六原则。干部选拔实行竞争上岗、聘任制和试用期制，试用期为半年。竞争上岗主要程序为：公布职位；公开报名或组织推荐、群众举荐；资格审查；考试、答辩、民主测评；组织考察和提拔任用。任用时由党委集体讨论做出决定，公示5～7天。对干部的日常管理主要是建立年度考核制度；坚持动态管理和建立交流制度。在动态管理中，对民主测评不称职票超过20%或基本称职票和不称职票之和超过40%的视为不称职干部，视情节给予黄牌警告或诚勉谈话。对在一个领导岗位上连续工作6年的进行交流，重要的岗位要定期交流。干部待遇实行基本年薪和效益年薪，标准、比例按照每年的生产责任制方案执行；在职干部实行考学补贴。干部原则上到龄实行离岗制度，离职退养的年龄为科级不超过55周岁，队级不超过53周岁，女干部不超过48周岁。离岗干部按场字〔98〕38号文件执行相关待遇。文件还对后备干部的标准、条件、数量、推荐程序，培养教育及管理做出了具体规定。

2019年，为了进一步规范干部管理，农场出台了《江苏省白马湖农场有限公司工作人员薪酬管理办法》，共六章十八条，出台了《江苏省白马湖农场有限公司工作人员年度考核工作办法》，共九章三十条，从考核对象、条件、标准、程序、奖惩、薪酬等方面做了具体规定。2021年，经党委会研究、董事会通过，印发了《江苏省白马湖农场有限公司人员任用管理办法（修订）》，职位设置由 8 个等次、24 个职级变更为 8 个等次、18 个职级。

四、老干部工作

（一）离退休制度

1980 年前，农场没有建立正常的干部离退休制度。

1981 年起，农场开始执行干部离退休制度。严格按政策规定对男满 60 周岁、女满 55 周岁的干部按时办理离退休手续。实行"政治待遇不变，生活待遇从优"的原则，让老干部安度晚年。

（二）管理和服务

从 1981 年起，老干部工作由场组织科负责，农场成立老干部工作领导小组，专管离退休干部事宜。

1991 年 10 月，农场专设老干部科，配备专职人员，正常而系统地进行老干部工作。到 1998 年底，全场有离休干部 16 人，退休干部 52 人。截至 2022 年底，全场离休干部 6 人，退休干部 171 人。

1994 年，农场单独成立了老干部党支部，负责老干部工作。

1989 年，根据上级要求，农场成立"关心下一代工作委员会"（简称关工委），组织老干部报告团对全场青少年进行爱国主义、社会主义、法治等方面的教育。

（三）活动制度

多年来，农场党委十分重视老干部工作，建立多项老干部制度，每半年党委召开一次研究老干部工作会议；每月定期召集老干部进行学习。每月 6 日规定为老干部活动日；每半年召开一次座谈会，由场领导向老干部通报全场情况，并征求老干部意见；每逢重大节日，由场办或党办组织慰问，每年为老干部检查一次身体，在适当的时机，农场还组织老干部外出旅游，定期总结表彰老干部工作和老干部先进个人，在全场范围内开展"尊老、敬老"活动，从而形成"尊老、敬老、养老"的良好社会风尚。

第四章 农 业

第一节 概 况

建场初期，农场内涝严重，生产水平低，耕地面积只有 2 万多亩。1960 年粮食总产量为 267 万公斤。1962 年，粮豆面积由 27000 亩扩展到 32000 多亩，农场的任务是开荒垦田，发展生产。

1963—1965 年，农场致力于农田基本建设，努力改善农业生产条件，使农业生产水平得到明显提高。1964 年，实行沤改旱后，粮食总产量由 250 多万公斤增长到 450 多万公斤。后随着革委会的成立，农业生产秩序渐趋稳定，排灌配套设施逐步完善，排灌标准逐步提高，同时大积大造自然肥，努力改变土壤结构。推行二级核算、三级管理，以及"四定一调整"的管理新机制，使农业生产有了较大发展，产量翻了一番。粮食总产量从 1970 年的 500 万公斤上升到 750 万公斤，棉花面积由 40 多亩发展到 10000 亩，皮棉总产量过 25 万公斤，呈现产量逐年上升、亏损逐年下降的良好局面。

1976 年以后，农场加快农业内部结构调整步伐，粮食总产量由 1975 年的 710 万公斤提高到 1036 万公斤。同时以棉花为主的经济作物种植面积稳定在 8000～10000 亩。较为合理的种植结构、稳定的粮经面积使农业产值、效益呈逐年上升之势。1980 年，农业经营盈利 19.02 万元。1980 年以后，农场认真贯彻执行十一届三中全会的路线、方针、政策，进一步调整农业生产内部结构，在稳定粮食面积的同时，适当扩大以棉花为主的经济作物的种植面积。在经营管理上，全面推行家庭联产承包责任制，扩大职工生产自主权，极大地调动了职工劳动致富的积极性。粮食总产量稳步上升，由 1980 年的 1036 万公斤上升到 1985 年的 1452.18 万公斤，5 年间粮食递增率为 6.93%。棉花面积由 1980 年的 10000 亩扩大到 1985 年的 18000 万亩，亩产由 1980 年的 33.3 公斤增加到 55.1 公斤，呈现出"粮食生产稳定"和"经济效益稳定"的可喜局面。

从 1984 年开始，农场对农业实行"五统一"原则（即统一作物品种布局、统一水利排灌措施、统一供应农用物资、统一各项技术措施、统一产品上交），对发展生产、提高效益起到了积极作用。1988—1990 年，农场三麦连续 3 年亩产超 350 公斤。1991 年，在遭受百年未遇的特大洪涝灾害和多种病虫害袭击下，粮食总产量仍达 2367 万公斤。

20 世纪 90 年代，农场按照农业部关于"国营农场要成为商品种子基地"的指示精神，充分发挥国有农场"三基地一中心"的作用，大力发展商品种子，极大地提高了农场种植业的产量和效益。同时注重发挥商品种子的整体优势和龙头作用，使农场的种子发展专业化、商品化，并形成了种子科研、生产、经营一体化，真正做到了对内服务职工、对外统一经营，种子销售连续多年在江苏农垦排名第一。

自 1998 年秋播以来，农场对种植业结构进行调整，在种植结构和品种布局上，坚持以市场为导向，努力做到农业围绕市场转，品种跟着市场走，最大限度地发挥农业潜力和种植效益，最终达到农业增效、职工增收的总体目标。

1999 年 10 月农场根据总公司农机改革的要求，对全场 19 台东方红拖拉机、24 台东风 50 拖拉机实行评估拍卖，由本机耕队工人竞拍，并一次缴纳购机款。与此同时撤销原 4 个机耕队，成立南、北机耕队，负责全场 19 台大型联合收割机的管理。

2000 年，农场根据集团公司工作会议精神，结合农场自身发展的实际，调整和完善农业承包经营形式，积极推行"先交后种"和"三费自理"。通过实施"111""551"和"高效农业示范"等三项工程，运用政策激励手段，调动职工发展高效农业的积极性，实现设施和冬闲田利用并举，瓜套菜、花卉苗木、特种养殖、鱼鸭混养等多种模式的高效农业。

2001 年初，针对农业单位管理人员偏多的实际，将原来的 22 个大队撤并为 13 个大队，并撤销了南北两个机耕队，大队管理人员实行定编、费用包干。共精简各类管理人员 200 多人，其中免职、解聘干部 95 人。

2003 年，为适应农场改革和发展的需要，农场按集团公司的有关改革精神对管理体制进行改革，精简管理人员，强化岗位职能，将农业单位原来的"三级管理，两级核算"调整为"二级管理，一级核算"，撤销了 4 个分场、庭园公司等单位建制，将原来的 13 个农业大队合并为 10 个管理区，实现集团公司提出的每千亩地 1 个管理人员的目标。

2004 年，农场加大林业产权改革和品种更新步伐，对机插水稻的推广力度进一步加大，当年引进 56 台 PF-455 步进式插秧机，栽插面积 1.2 万亩，较手插稻节约成本 100 元/亩以上。当年水稻"小穗头"及"条纹叶枯病"对水稻危害较重。

2005 年，全场水稻条纹叶枯病发病率在 15%～25%，对水稻生产构成重大影响。水稻机械化水平大幅提高，机插水稻面积达到 2.7 万亩。

2006 年，产业化经营取得重大突破，职工收入显著提高。农场稻麦订单生产达 100%，向大华种业集团提供麦种 1856 万公斤，稻种 719 万公斤；向苏垦米业公司和恒晟米业公司分别销售优质稻谷 1213 万公斤和 437 万公斤，其中仅夏熟小麦收购的保护价差额部分为职工增收 300 万元。小麦单产达到 440 公斤，实现面积、单产、总产量三超历史的好成绩。

2007 年，积极推进高效农业规模化，以推进"两田制"为抓手，积极发展蔬菜产业，加强育苗和保鲜设施建设，申请了农场无公害蔬菜生产基地，全年种植蔬菜面积 1600 亩，亩增加值超过 1500 元；兴办养殖小区 92 个，其中鸡养殖区 84 个，鸭养殖区 5 个，猪养殖区 2 个，实现结构调整和职工增收的有机统一，全民创业的热潮高涨，唱响农垦"二次创业"的开篇之曲。

2008 年，农场和农垦米业合作，完成农场水稻生产的质量可追溯系统。当年秋播，农场在第六、第九管理区进行模拟股份制试点，进一步完善农场土地承包经营管理制度，充分发挥国有农场组织化、规模化生产优势，推进农业标准化生产，加快现代农业建设步伐，不断提升国有经济总量，实现职工增收和农场增效。

2009 年，农业标准化生产水平提高：无公害基地认定和农产品认证生产，形成比较规范的管理制度和技术操作规程；进行机插稻稀播壮秧育苗试验，探索提高机插稻产量的途径。

2010 年，规范农业股份制承包的管理，股份制承包面积又扩大了 10000 余亩，相继制定了经营层、协管员管理制度；新技术方面：进行机插稻稀播壮秧育苗示范，探索提高机插稻产量的途径。

2011 年，水稻高产创建万亩示范片创建工程通过江苏省评审，争取项目资金 50 万元。科技创新项目"华粳 7 号高产栽培"在相关单位通力合作下，集中力量开展稀插大壮苗与机插密度试验，高产攻关田理论单产达 837.8 公斤/亩，实收亩产 743.9 公斤。百亩方平均单产 735.0 公斤/亩，实收亩产在 690 公斤以上。12 月 16 日江苏省农垦农业发展股份有限公司白马湖分公司挂牌成立。农业资源实现整合，为农垦农业发展股份公司的上市做前期准备。

2012 年，进行钵形毯状育秧增产技术育秧试验，熟悉并掌握钵形育秧的特点、操作程序、存在问题，积极探索解决方法，为推广准备第一手资料。小麦复式播种机的示范为提升白马湖秋播水平解决秸秆还田找到了一条有效的途径。

2013 年，根据分公司发展需要，制订了"2013—2017 年标准化农田建设规划"和年度资产投资规划；完成粮食直补、"一喷三防"、农资综合补贴、良种补贴的公示和发放。对小麦新技术、新机型的应用积极性提高，对于水稻生产也认识到了硬盘育秧、基质育秧等新技术对于其生产水平的作用。

2014 年，分公司在镇江新区成立"江苏省农垦农业发展股份有限公司白马湖分公司镇江新区姚桥生产区"作为基地管理机构，根据"精简高效、科学合理"的原则，姚桥生产区按照《江苏省农垦农业发展股份有限公司种植业基地拓展及管理暂行办法》要求，执行"两级管理，一级核算"的管理体制，年终效益纳入分公司合并统计。

2015年，为保证各项生产措施的到位，出台了《白马湖分公司农业阶段性生产竞赛考核实施意见》，进一步加大对农业生产过程的阶段性任务考核力度，为贯彻落实农业土地承包管理责任制，建立起管理人员"业绩水平挂靠岗位奖惩、考核业绩挂钩薪酬分配"的激励与约束机制，充分调动管理人员"创先争优"积极性，增强农业综合生产管理能力。

2016年开始，全场加大基础设施投入，结合相关农业项目，新建水泥晒场，改造仓储，新建中干渠防渗渠及内部支渠防渗化。新增复式播种机3台，每个场头配套1~2台翻场机械。为三夏三秋收获、烘晒、仓储、插秧提供了保障。另制定规范的《白马湖安全生产管理制度（试行）》手册，以及24种台账和31种检查表，对安全生产工作进行考评。

2017年，白马湖分公司申请启动"绿色食品原料标准化生产基地"创建工作。开始实施基地的各项工作，探索全国绿色食品原料标准化基地创建，经过近一年的基地创建探索，整建制初步建成全场49274亩全国绿色食品（稻麦）标准化生产基地。基地创建包括组织管理、生产管理、投入品管理、技术服务、基础设施和环境保护、产业化经营、监管在内的七大体系。

2018年，农业责任制做出重大调整，全面实行集体种植。

2019年，农发分公司正式启动了农产品质量安全控制体系项目建设。布置了"分公司、生产区、质量管理员"3级农产品质量安全监管平台和追溯查询平台，基本实现了正向实时监管、反向溯源追责的建设目标（生产信息可查询、产品质量可追溯、主体责任可追究）。

2020年，航空植保全覆盖。经过两年的不断尝试，航空植保技术已实现全覆盖，无人机飞防作业有很多特殊的优势，高温时全部选择在傍晚到夜间喷施，能避开高温及风大时作业，显著提升了防治质量，减少了传统人工防治或自走式植保机械防治对作物的压损。

2021年，根据农发公司制定的《苏垦农发股份公司党委关于集团党委农产品质量安全专项巡察反馈意见整改工作方案》，切实加强农产品质量安全控制体系建设，专人专职负责，明确要求对没有完成目标任务的实行一票否决。党政领导实行"一岗双职"，年初与相关单位签订了《安全生产工作目标责任状》《消防工作目标责任状》，并制订年度工作方案及年终考核细则。将安全目标与经济工作挂钩，层层分解。试验示范无人机撒肥技术。

2022 年，质-财系统一体化高效运行对接工作顺利完成，深化农产品质控体系，严格按照《农产品全面质量管理办法》的要求进行农业生产，确保农事操作数据"及时、准确、规范、完整"录入质控平台，切实加强生产全程管控与监督，确保质量安全，确保种子百分百合格，确保质控体系百分百准确。全面推广小麦"浸种催芽、原墒出苗"技术，全面播后土壤封闭。无人机植保、撒肥全程覆盖。

第二节　种　植　业

一、耕作制度演变与土壤改良

（一）耕作制度演变

农场地势低洼，历史上北有"朱家洼"，中有"杨家荡"，南有"韩家洼"。传统的耕作制度其作物布局特点是以适应秋涝为主，作物种类单一，熟制简单。建场后，随着农业科学技术水平的不断提高，耕作制度和耕作方法不断改良，其演变过程大体经历以下几个阶段：

1. 旱改水阶段

20 世纪 60 年代初期，农场以一年一熟水稻为主，春耕晒垡，秋耕冻垡，以牛耕或人拉犁作业为主，伴以部分机械作业，耕作 2～3 次，耕深 20～30 厘米。60 年代中期以后，稻麦轮作田与一熟水田各占一半，为避灾保收，及早耕秒。

2. 大面积沤改旱阶段

1964 年，大马湖农场学习兴化县沤改旱的成功经验，在乔庄做稻茬田耕后放水，在垡块上戳眼带磷肥点荸子试验。1965 年，在三庄大队点荸子 40 亩，亩产量为 2500 公斤左右，之后耕翻栽秧，水稻产量显著提高。一部分麦茬田开始种植夏绿肥——田菁，秋季再耕翻种麦；另一部分种大豆，面积千亩左右。随着农田基本建设的逐步开始，播种面积逐年扩大，农业机械数量也逐年增加，耕地以机械作业为主，收割、脱粒、播种、开沟等均为机械操作，手工植保工具开始使用，耕作水平有了提高。

3. 少（免）耕阶段

农场传统的耕作方式是多耕勤耙，有"田要勤耕，儿要亲生""三耕六耙人锄田，一季庄稼抵一年"的说法。一熟沤田水稻收获后，即行抢耕，本地流传"七耕金，八耕银"，一般耕灌 3 遍方可栽秧。

20 世纪 80 年代，提倡稻茬田少（免）耕种麦，方法是采用拖拉机旋耕灭茬，改人工撒播旋耕盖籽为机播旋耕盖籽。

4. 套种麦阶段

1999 年，受国家宏观调控政策的影响，粮食价格大幅走低，种田效益下降，职工的种田积极性受到冲击，为了降低成本，套种麦在全省范围内开始推广。至 2006 年受条纹叶枯病、产量低等多方面的影响，套种麦在农场被明令禁止。

5. 旋耕机播种阶段

2002 年，农场开始推广旋田晾墒、机械播种、灌溉出苗技术。随着条纹叶枯病的发病趋重，此项技术推广的力度逐年加大，近几年，此种植方式已成为农场小麦种植的主要方式。

6. 水稻机插阶段

1999 年，农场开始进行机插稻试验，通过 3 年的试验示范，加上水稻移栽劳动力紧张、成本较高、水育秧条纹叶枯病重等多因素的影响，2004 年机插水稻的推广面积达 1.2 万亩，占全场水稻面积的 25％左右，2005 年推广面积 2.7 万亩，占全场水稻面积的 55％以上，从 2006 年开始，除个别低洼地段种植水育秧外，全面推广机插稻。

（二）土壤改良

农场土壤耕层深厚，土质黏重，主要分脱潜型水稻土和黄潮土两土属。脱潜型水稻土占耕地总面积的 98.2％，分勤泥土、腰黑勤泥土和砂礓底勤泥土。黄潮土约 782 亩，主要为沙土种。

建场初期土壤有机质含量较高，速效钾肥贫瘠，土壤 pH 在 7～7.5，孔隙度为44.8％左右，20 世纪 80 年代由于单位面积产量提高，化肥投入量增加，土壤有机质开始降低，速效磷、速效钾肥使用量逐年上升。90 年代，重视用地与养地相结合，大搞秸秆还田，加大有机肥投入，土壤有机质曾一度上升，后又迅速下降。近两年，农场土壤孔隙度已增加到 51％。通过改良，土壤质地逐步好转。

改良土壤是一项系统工程，建场后农场对土壤综合改良主要采取了下列措施：

1. 积造自然肥

20 世纪 60 年代初，农场肥源主要靠组织农船在场内外河沟罱泥、捞渣、拾散粪、沤制泥肥，搞集体积肥。每亩施肥一般达到 40 担左右。

70 年代初，推广高温堆肥、草塘泥等，提高了土杂肥的质量，平均每亩施用 550 公斤左右，使有机质含量增加到 5.5％，为提高农作物产量发挥了重大作用。70 年代中后期，兴建田头储肥塘，以记工分和给现金相结合的方法，鼓励职工家庭积肥。

80 年代，随化肥使用量的增加及农村劳动力的转移，自然肥使用数量急剧下降，但质量有所提高。

2. 广辟厩肥

厩肥是农场传统的积肥方式，也是主要的有机肥源。

建场以来，农场十分重视积造厩肥，发展养猪事业，积造有机肥。先后兴建一级猪场，如青年猪场、大港猪场、良种队猪场等。20世纪60年代各大队设立二级猪场，搞集体积肥。各小队猪场属三级猪场。随着养禽业的发展，禽肥数量也逐年增加，根据畜禽数量及劳动力情况，分别落实积肥任务，定期集中归队。

3. 大力种植绿肥

1964年，农场开始点苕子试种绿肥，面积40亩。至1966年，绿肥面积扩大到22278亩。其中冬绿肥为17535亩，占耕地面积的45%；夏绿肥为4743亩，占耕地面积的12%。

70年代，绿肥种植面积年均保持在17540亩左右，以1975年种植面积为最大，为22161亩，由一熟沤田逐步发展成水稻→绿肥→一年两熟制和麦→绿肥→豆、麦→稻→棉二年三熟制，复种指数在151%～165%。

20世纪80年代，由于化肥的大量使用及复种指数的提高，绿肥种植面积大幅度下降，到1982年绿肥种植面积仅为4243亩，占耕地面积的8%。90年代，绿肥种植面积甚微。

绿肥品种主要有：苕子、田菁、红花草、豌豆、油菜等。

4. 大搞秸秆还田

20世纪80年代初，农场开始重视秸秆还田培肥地力，面积逐年增加。进入90年代，每年秸秆还田面积均在30000亩左右，占复种面积的50%左右，每亩还草量在80公斤以上。秸秆还田方法有两种：一是秸秆直接还田，二是秸秆间接还田。秸秆直接还田渠道一方面是收割时留高茬，水稻为4～5寸*，油菜为7～8寸；另一方面是秸秆切碎后撒施旋入土。自1997年起，农场开始探索秸秆间接还田技术，主要是用作物秸秆作为原料，通过消毒发酵糖化，培养生物菌，利用生物菌分解、腐化作物秸秆，使之快速还田，增加土壤肥力。

1995年起，为改良土壤结构，农场制定了具体政策，所有的麦秸草、豆秸秆一律打碎旋耕入土还田，不准做灶房草，更不准放火烧掉，违者处以一定金额的罚款。

2000年后，随着水稻、小麦等粮食单产的提高，作物秸秆量较大；2000年农场开始实行农机体制改革，集体的大型收割机械被马力相对较小的个体机械即新疆-2号等中小型收割机械所替代，秸秆切碎难以推行；机插水稻的大面积推广，对整地要求进一步提

---

* 寸为非法定计量单位，1寸＝3.33厘米。

高，秸秆还田的难度加大，焚烧秸秆的现象有所抬头。2007年，农场出台秸秆还田每亩补贴10元、对安装切碎装置收割机械进行补贴、提高带切碎收割机械作业费等一系列政策，当年夏插实现秸秆全量还田。通过3年的推广应用，目前土壤结构、土壤的供肥、保水能力都有了较好的改善，实现了农业生产可持续发展。

5. 增加化肥投入

20世纪60年代，场内施用化肥面积甚少，1963年全场仅施化肥11万公斤。

70年代初，化肥应用开始推广。70年代后期化肥应用普及，1979年全场共施用氮肥414万公斤、磷肥218万公斤、钾肥213万公斤，平均每亩施肥55公斤。

90年代初又开始使用微肥，如硫酸锌等。

常用氮肥主要有硫酸铵、尿素、碳酸氢铵、氯化铵和氨水；磷肥主要为过磷酸钙；钾肥主要为氯化钾；复合肥主要有氮磷复合肥和氮磷钾复合肥。

6. 兴办菌肥

农场自1970年起办菌肥厂，自力更生，土法上马，生产过"920""5406""磷细菌""青虫菌""根瘤菌"等生物肥。菌肥是一种来源广、成本低、费工少、收益大、无污染、便于土法生产的微生物肥料，从肥效上来说200公斤"5406"相当于5000公斤优质猪作粪。"5406"不但有肥力作用，还有疏松土壤、减轻作物病虫害和刺激作物生长的作用。1974年全年共生产"5406"菌种4406.5万公斤，使用面积为16000亩，对农业生产显示出明显增产效果。

1998年，为加速秸秆还田速度，增加地力，培肥土壤，改善土壤理化性状，江苏农垦集团公司又在农场兴办起酵素菌生物肥厂，每年除向本场提供20万公斤菌肥外，还向外出售大量菌种。2002年企业更名为"淮安大华生物制品厂"。通过近10年的改进和技术创新，开发出"酵素菌速腐剂""水稻育苗基质"等5个产品，在基质育苗、有机废物处理、防治盐碱、水土改良、改善生态环境等方面开发应用前景广阔。

7. 合理水旱轮作

建场初期，传统的作物布局和轮作方式，只是靠冬耕、夏耕和轮作豆科作物维持地力，还没有种植绿肥的习惯。圩田多为一年一熟水稻，宜旱宜水农田为稻、麦一年一熟；稻麦田均是两年稻麦两熟，部分高地种植玉米、三麦和大豆。

20世纪80年代以后，农场每年向各分场、大队下达种植任务。各单位根据实际情况，因地制宜，对水与旱、早茬与晚茬、前茬与后茬等布局进行合理安排。

8. 建立土地耕翻制度

2000年，农场进行农业体制改革，实行"三费自理、先交后种"，为了防止对可耕地实行掠夺性生产，建立了土地耕翻制度。要求承包者交纳一定的耕翻保证金，按期落实"三年二耕"制度，改善土壤营养条件，提高土壤的肥水供应能力，保持土壤疏松，耕层深厚，建立良好土壤构造，提高作物产量。

9. 测土配方施肥

1980 年和 2000 年，农场进行两次土壤普查。2007 年，农场全面启动和持久推进测土配方施肥工作，以科学施肥、合理施肥和提高肥料利用率为主攻方向，突出主要作物和关键环节，创新江苏农垦农业科学施肥技术管理服务工作，提高科学施肥技术入户率、覆盖率、到位率，发展江苏农垦现代农业生产，实现粮食增产、农业增效、职工增收、农业生态环境保护和农业可持续发展的目标。根据农场土壤中微量元素硼、锌严重缺乏的土壤检测结果，2008 年夏插和 2009 年秋播的基肥中施用锌肥，有效地防止了水稻僵苗现象的发生。2010 年以后每 2～3 年进行一次土壤普查，并每年在水稻基肥中增加锌肥，在 2018 年基肥采购配方增效氮肥，在肥料中增加锌肥、硼肥，培肥土壤，保证农业生产的可持续发展。

二、主要作物生产情况

建场初期，由于历年洪涝频繁，灾情严重，常因湖堤溃决，作物颗粒无收，因之形成"人少地多，耕种管理粗放"的局面。大部分土地反复耕种抛荒，生产水平极其落后。农作物生产以适应地洼水大的水稻、三麦等作物为主，仅在部分高地种植少量玉米、高粱和大豆等旱谷，且产量水平低。三麦平均每亩不足 40 公斤，水稻保持在 100 公斤/亩左右，仅有部分高产田亩产达到 250 公斤以上。

建场以来，逐年兴办、增加机械设备，生产水平逐渐提高。水稻亩产已由 1961 年的 90 公斤提高到 1998 年的 700 公斤，粮食总产量由 1960 年的 242 万公斤提高到 1998 年的 3515 万公斤。

农场农作物品种大体可归纳为三大类 100 余种，粮食类以水稻、三麦为主；经济作物以棉花、甜菜为主；油料类以大豆、油菜为主。

（一）水稻

20 世纪 60 年代旱改水，采用传统方法种植水稻，播量大、烂苗多、产量低。10 年累计种植 26 万亩，总产量 3151 万公斤，年均种植 2.6 万亩，年均亩产 121 公斤，最高亩产量为 222 公斤，最低亩产量为 36 公斤。水稻品种 60 年代初以粳稻、中晚稻为主，主要品种为 399、中农 4 号、小籼、大白籼等。60 年代中后期改水育秧为半旱秧，改乱插棵为规格化栽插，水稻品种以黄壳旱、桂花球、农垦 46 等粳稻良种为主。

70 年代，为适应单改双、高秆改矮秆的种植要求，水稻品种主要以矮脚南特、珍珠矮以及南京 2 号等矮秆品种为主。到 1976 年，农垦 57 和南京 11 已成为主体品种，这两个品种是历年来种植面积最大、时间最长的常规中粳和中籼良种。1978 年起，农场开始推广种植杂交水稻，亩产在 500 公斤左右，最早种植的杂交稻品种是南优 2 号。

在栽培管理上，积极推广陈永康的"三黄三黑"施肥管理经验，改水直播育秧为湿润育秧，狠抓"一种就管，一管到底"。1970 年，农场从南京引进南京 11、南京 12、南粳 35、南京 20 各 1 公斤，在 7 大队做单株繁殖。南京 11 单株亩产超千斤，创历史最高纪录。

1970—1979 年，累计种植水稻 24.5846 万亩，年均种植 2.4585 万亩，比 60 年代下降 0.2 万亩，总产量为 5797 万公斤，比 60 年代增产 2646 万公斤，年均亩产量为 232 万公斤，最高亩产量为 405 公斤。

80 年代前期，水稻生产的主要特点：

1. 连续增产

自 1980 年起，连续 6 年稳定增产，水稻总产量为 4782 万公斤，平均每年增产稻谷 217.3 万公斤，连续 6 年年均递增超产 10%，使水稻生产由中产水平上升到高产水平。

2. 平衡增产

全场 4 个农业分场亩产全部超过 400 公斤，其中三、四分场超 500 公斤，全场 26 个生产大队，亩产超 500 公斤的有 24 个，出现了队队增产、户户超产的好形势。

据田块产量调查，单产 350～400 公斤的田块有 830 亩，占全场种植总面积的 4.4%；单产 400～450 公斤的有 2350 亩，占 12.4%；单产 450～500 公斤的有 4399 亩，占 23.1%；单产 500～550 公斤的有 4390 亩，占 23.11%；单产 600 公斤以上的有 2902 亩，占 15.3%。此外，还出现了一批高产家庭小农场。

3. 增产增收

1984 年，每亩谷草增值 23.05 元，在劳均管理面积和往年相近的情况下，每亩纯氮量由 1983 年的 19.2 公斤下降到 17.4 公斤，亩成本比 1983 年下降 4.3 元。

1980 年以来，根据不同产量水平确定相应的增产途径，水稻产量逐步提高。常规籼粳稻逐年减少，杂交稻种植面积逐年增加，增产途径从穗粒并重调整为主攻穗重，明确"在一定穗数的基础上，主攻大穗，充分发挥杂交稻大穗增产优势。"从实际出发，全面推行水稻叶龄栽培模式，走"小、壮、高"栽培途径，开始使用塑料薄膜覆盖的稀播足肥壮秧方法。按公式计算栽插基本苗，调整株行距比例，不断改善农田基本建设，推广麦秆还田和增施饼肥，合理运筹肥水。通过搞技术培训和技术承包，建立科学种稻的职工队伍，树立高产试验田、大搞千亩丰产片、培植千斤高产典型。

1960—2022 年水稻生产情况统计见表 4-1。

表 4-1 水稻生产情况统计（1960—2022 年）

年份	种植面积（亩）	总产量（万公斤）	单产（公斤/亩）	年份	种植面积（亩）	总产量（万公斤）	单产（公斤/亩）
1960	22862	226	99	1992	25400	1143	450
1961	27050	243	90	1993	27000	1465	543
1962	24654	89	37	1994	28995	1850	635
1963	22163	290	131	1995	28657	1808	629
1964	28000	410	146	1996	33000	2106	638
1965	29370	443	151	1997	35000	2250	643
1966	31633	557	176	1998	36000	2520	700
1967	25160	375	148	1999	43000	2688	625
1968	24120	536	222	2000	43200	2614	605
1969	26500	582	220	2001	42622	2920	685
1970	26866	505	188	2002	42500	2656	625
1971	25672	491	191	2003	42585	2253	529
1972	26752	558	209	2004	43910	2854	650
1973	29269	572	195	2005	43592	2642	606
1974	26623	602	228	2006	43525	2429	558
1975	23135	465	201	2007	43436	2554	588
1976	22214	609	274	2008	43770	2942	672
1977	23379	611	261	2009	43684	2839	650
1978	19961	808	405	2010	45128	2608	578
1979	21975	576	262	2011	42521	2649	623
1980	19823	769	388	2012	43765	3015	689
1981	17286	690	399	2013	42672	2560	600
1982	15000	619	413	2014	43636	2727	625
1983	18000	792	439	2015	42686	2779	651
1984	19017	918	482	2016	48623	2917	600
1985	22000	994	452	2017	46824	2880	615
1986	24000	1049	437	2018	46824	2781	594
1987	27000	1175	435	2019	48787	3337	684
1988	28300	1412	499	2020	45241	2470	546
1989	32000	1650	516	2021	45241	2755	609
1990	33817	1722	509	2022	42071	2170	516
1991	31500	1548	492				

90 年代，应用群体质量栽培技术，开展以"创建百亩方、千亩片、吨粮田、高产丰产田"为主要内容的高产竞赛。以武育粳 3 号和 4 号、镇稻 88、9516 等为当家品种，取代盐粳品系，淘汰了地方常规品种。1990—1998 年累计种植水稻 14.6709 万亩，年均种植 1.63 万亩，累计收获稻种 1.6509 万公斤，年均亩产 582 公斤。90 年代中期，还出现了亩产 800 公斤以上的高产丰产田。

1999 年受种植效益及市场风险等因素的影响，农场对种植业结构进行大的调整，不再种植大豆等经济作物，全场 4 万余亩耕地，以种植稻、麦两熟的粮食植物为主。同年，为了改变水稻人工移栽"面朝黄土背朝天"的局面，进一步解放劳动力，农场开始机插水稻的试验和示范，得到了江苏省原副省长凌启鸿教授、江苏农垦原农业处处长凌励的大力支持和指导，凌副省长在1999年、2000年多次来场指导授课，为农场机插水稻的推广做出了重大贡献。通过3年的摸索，2004年机插秧推广面积达到1.2万亩，至2006年，除个别低洼地段种植水育秧外，全面推广机插稻，每年推广的面积超过4.4万亩。粮食作物的复种指数由过去的1.8以下上升到现在的1.95左右。

2000年，4.6万亩水稻在遭受收获期遇到的30多天连续阴雨的特大涝灾的不利条件下，实现了总产量2600万公斤的较好收成。2001年，全场4.2万余亩水稻，平均单产达到685公斤，总产量达2920万公斤。2005年，受条纹叶枯病的危害，水稻减产严重；2006年和2007年，水稻栽后遇特大暴雨，受淹严重，水稻成穗不足，产量较低。2008年，农场和美国亨氏集团订单生产1.1万亩杂交水稻，单产675公斤，效益较好。针对机插水稻播期较晚、栽期偏迟、成穗不足、水稻一生生长积温不足的不利因素，农场要求机插水稻必须在6月20日前移栽结束，栽期较常年提前1周，保证水稻足穗、大穗，当年水稻单产出现较大增幅，全场实收单产再次超过650公斤，接近历史最好年份，总产量达2942万公斤的历史最高水平，比建场后前16年的总产量之和还多。

2008年，农业发展中心与淮安农业科学院合作，进行机插水稻稀落谷、长秧龄、大壮苗试验，并在2009年在6个管理区推广示范1400亩，从实际效果来看，具有生育进程早、穗型大等明显优势，得到管理人员和职工的好评，此栽培技术的推广使农场机插水稻走向高产、稳产的发展方向。

2010年，小麦收割期比常年推迟7~9天，虽然采取了推迟水稻播种、化控等措施，水稻仍普遍存在超秧龄移栽问题。超龄移栽和高温移栽带来了一系列管理问题：移栽推迟，温光资源量下降；超龄机插秧栽后缓苗期较长和秧苗的成活率下降；最终成穗减少、穗型变小、粒重下降。但当年稻谷价格大幅度上涨，每公斤价格由2009年的2.0~2.1元上升至2.7~2.8元，增长幅度远超减产幅度，亩效益仍创新高。

2011年，围绕市场动态，结合农场种子生产优势，大力发展绿色食品水稻和种子产业，实现品种种植多元化，以满足市场需求。2011年农场在大力发展种子生产的前提下，与农垦米业公司合作，订单生产优质水稻品种——武育粳3号，面积达10000亩，占种植面积的21.07%；糯稻种植面积达15000亩，占种植面积的31.6%；与湖西合作生产Ⅱ优118制种面积达1300亩，占种植面积的2.7%；搭配种植连粳系列、淮稻系列等种子市场销路较好的品种，稳定种子市场需求，增强农场的发展后劲。价格由2010年的2.74元/斤上升至2.86元/斤。

2013年，8月上旬的连续37℃以上的高温热害造成部分水稻花器发育不良，导致结实率下降50％以上，个别田块结实率仅20％，尤其连粳系列（7号、9号）、津稻263和华粳5号等早熟严重减产。

2014年，主要是光照严重不足。8月以后到10月中旬，当年日照时数只有369.6小时，2013年同期548.9小时，常年517.9小时，分别减少33％和29％，抽穗前物质积累不足，加之抽穗后光合产物少，粒重大幅度下降，实际结实率因为10月初极端低温低于7℃灌浆不足，低于灌浆期测产预测结果，稻谷粗糙和整精米率下降。

2015年，针对目前水稻整田程序多及从耕田到栽插时间长、透气性差、小麦播种难度大等问题，集成推广了水稻旱整水栽技术，简化作业程序，使整地到插秧的时间从7天左右减少到4天，小麦播种可以提前3～5天，且小麦播种质量得到了大幅提升。

2016年，钵苗摆栽技术应用与推广。该技术结合了抛秧穴盘育秧和水稻机插技术的优点，用钵穴塑料秧盘育成根部带有完整钵状营养土的钵苗进行栽插，具有秧龄适期25～35天，秧龄长、弹性大的优点，秧体干重大、充实度高的特点，钵苗栽后不伤根，无缓苗现象，水稻分蘖发生早，植株粗壮，穗型大，产量潜力大。

2017年，水稻机插秧大壮苗印刷播种技术的推广，实现精确定量均匀播种，从而提高播种效率，实现水稻机插秧的定量、高质、高效育秧，使育出的秧苗具备大秧苗素质，有助于解决机插育秧上的技术瓶颈，为大田机插秧提供了良好的技术支持和物质保障。常规粳稻亩用种量7斤，新技术较常规降3～4斤，降低农业成本；秧龄长，可达25～30天，延长水稻生育期，有利大穗高产；秧苗素质高，分蘖早，增产显著；提高播种工效，解决育秧期间劳动力紧张的矛盾。

2017年，秋播实行全部集体种植，农业生产经营管理实行责任管理承包制度，一级聘一级，指标考核到人头、到面积，层层压实责任。生产区主任代表单位班子与总经理签订目标管理经济责任状，确保完成产量和成本考核指标等。生产区其他管理人员及农业管理工人与生产区主任签订目标责任合同，保证完成指标考核与工作任务。为了进一步提高稻麦周年高产水平，第一次把早播早栽明确写进责任制，要求小麦11月10日播种和水稻6月18日前移栽面积比例要达60％以上。

2018年是白马湖分公司全面推进集体种植的第一年，生产措施到位率有所提高。尤其是育秧工作中，通过增加营养土体积20％的基质、增加酵素菌育秧基质用量、淮安农业科学院旱秧绿拌土调制剂、25厘米软硬盘（当年推广面积3.6万亩）、印刷播种（推广面积3.7万亩）、微喷灌等技术的应用，育秧工作取得了较好的成绩，全公司的秧苗素质较常年有了较大的提升，这也为当年抢栽进程快提供了有力保障，至6月18日晚本部生产区全部移栽结束，当年栽插起始期和结束期都比往年提早一个星期左右，都是历史上最早的一年。

2019 年，全面推广印刷播种，稀播长秧龄，提高播种均匀度；全面推广使用水稻新型苗床调理剂"苗壮丰"，秧苗整体素质明显提高，秧苗根系发达、茎秆粗壮，栽后秧苗返青活棵快，为早够苗、争足穗提供良好的苗情基础；全面使用 10%噻虫·咯·霜灵悬浮种衣剂拌种，解决常年 3.5%咪鲜胺·甲霜灵可湿性粉剂拌种导致印刷播种落粒的问题，同时，控制秧苗立枯病等病害；全面推行 25 厘米插秧机应用，改过去软盘育秧全部为软硬盘育秧。此外为应对秋收期间可能出现的不良天气，有效缓解场头晒粮压力，分公司今年购置场头粮囤 30 余套，在当年南粳 9108 交售困难时起到重要作用，确保产品安全。

2020 年，推广网格化整地、旱整、宽幅平衡耙，即田块按高低先筑埂后分格整地，上水验平后高低差特别大的再用大刮进行平整。

2021 年，改变过去的印刷播种为浸种后播种的总体思路，通过药剂浸种解决线虫的危害；同时对 2022 年种子公司提供的新品种全部进行线虫和再生稻的测定，并对不达标的种子及时进行调整。考虑近几年杂草稻大暴发的情况，机插稻田预防再生稻的发生仍是水稻生产节本增效的关键，因此 2022 年大面积采用大马力机械水旋田。在历年的基础上再次加大基肥投入，用足含锌、硼等微肥的 30%增效氮肥 60 斤/亩（相当于 50 斤尿素），在上水泡田前用机械撒施，确保土肥相融，提高肥料利用率。积极推广新技术应用，利用高产创建、农业科技项目的项目资金示范推广各项新技术，通过技术创新，加速成果转化。一是示范推广"截流、网捞"生态控草技术。二是示范推广无人机撒肥。缓解人工撒肥压力，保证撒肥均匀。三是继续探索提高出米率的方法。从栽插密度、肥料运筹、微肥上寻求突破。

2022 年，培育适龄壮秧，在秧苗素质上求突破。全面脱袋药剂浸种后播种，保证浸种效果，严格控制线虫危害，全面推进微喷旱育技术，基本覆盖全场秧池，坚持培育28～30 天的稀播壮秧，并大面积推广自走式一体播种机，提高播种质量。推广健身栽培，在防倒措施上求突破。加大搁田力度，分公司下发了《关于加强水稻中后期管理控制倒伏的通知》，强化了分类搁田、合理控肥、适时化控等农业管理措施并明确了优奖劣罚政策。推广两封两杀，在提高化除效果上求突破。抓飞防，保质量，下发《白马湖分公司无人机操作规程管理办法》，全面推广无人机撒肥。抓双减，降成本，围绕农发公司"药肥双减"目标，出台《农业生产责任制》与各生产区签订责任状，规定纯氮总量目标，水稻全年投纯氮量直播与机插分别控制在 21 公斤和 24 公斤以内，总用纯氮量列入考核。

（二）三麦

建场初期，三麦总面积为 1.45 万亩。其中小麦为 8700 亩，占总面积的 60%；大麦 4350 亩，占总面积的 30%；元麦为 1450 亩，占总面积的 10%。20 世纪 70 年代至 80 年代初，三麦面积年均1.5万亩左右，其中小麦面积为1.2万亩左右，占总面积的80%，大麦占总面积的15%左右，元麦逐渐淘汰。

80年代末至90年代初，三麦种植以小麦为主，面积稳定在2万亩以上。大麦面积的绝对数值下降最为明显，由1960年的35%下降到1996年的5%以下，小麦面积逐年上升的原因是产量高而稳定，且是商品种子生产，所以面积不断扩大，截至1998年，小麦播种面积已达35000亩。1999年以后，随着机插水稻推广面积的扩大，水稻秧池面积的缩小，三麦种植面积不断扩大，至2006年，机插水稻大面积推广，水稻秧池面积大幅减少，仅为水育秧池的8%左右，全场夏熟小麦种植面积达到44760亩，出现小麦面积大于水稻面积的格局。

从产量看，60年代较低，年均亩产36公斤，最高亩产54公斤，最低亩产10公斤，进入70年代，三麦单产稳定上升。1973年，亩产首次突破100公斤，以后每年亩产均在100公斤以上，1979年三麦亩产上升到217公斤。至80年代末，年均亩产已达357公斤。90年代以后，亩产稳定在350公斤以上。1995年平均亩产达到410公斤，部分高产田块创下了亩产500公斤以上的高产纪录。1999年在市场粮食价格下跌和宏观调控等大气候的影响下，职工种粮积极性及种植效益不理想，投入较低的套种麦在农场开始逐步推广，小麦的产量水平也有所下降。值得一提的是，2000年，36000万亩夏熟小麦在播种期推迟，经受冻害、后期持续干旱天气的情况下，通过全场上下立足抗灾、强化管理，夺取了保种2100万斤的好成绩，成为江苏农垦夏粮保种数量和质量最好的单位之一。至2002年，种植大麦2000亩左右，套种麦开始大面积推广，导致当地灰飞虱种群的急增，小麦、水稻条纹叶枯病大面积发生，减产幅度较大，平均减产15%～20%，水稻危害严重的田块甚至绝收，小麦单产在350公斤左右徘徊，给粮食生产造成巨大的影响。2002—2004年，农场每年种植2000亩左右的饲料大麦，2005年秋播开始，全部种植小麦，严禁套种麦，实行机械条播，灌溉出苗，小麦单产得以稳步提高。2009年夏熟，全场小麦实际单产超过475公斤，皖麦50、华麦1号等5个品种平均亩产超过500公斤，出现亩产650公斤的高产典型户，入库总产量为2170万公斤，超过了农场建场后21年内的总产量之和。

从栽培措施上看，20世纪70年代，采用了"因苗管理，分类促控"等技术措施，以后又发展成方向田、骨干田、潜力田，三麦产量稳中有升。80年代，运用"小、壮、高"理论，建立高产栽培模式，逐渐向数量化、标准化、科学化的方向发展。稻茬免（少）耕种麦的普及，为改变旧的耕作方法，建立新的高产高效、省工节本的麦作栽培体系奠定了基础。21世纪小麦独秆栽培理论及小麦群体质量栽培技术在农场推广应用，小麦生产水平不断提高，至目前已初步形成小麦机械化群体质量栽培技术，病虫草害综防技术，秸秆还田技术，种子包衣技术，深松技术，精量半精量播种技术，精准高效平衡施肥技术，化学调节优质抗逆技术，小麦无公害、绿色、标准化生产技术，浸种催芽技术，复式播种技术，深松技术等多项较为成熟的主推技术，为农场小麦生产的稳步发展提供了科学的技术支撑。

小麦 1960—2022 年种植面积和产量见表 4-2。

表 4-2 小麦种植面积和产量（1960—2022 年）

年份	种植面积（亩）	单产（公斤/亩）	总产量（万公斤）	年份	种植面积（亩）	单产（公斤/亩）	总产量（万公斤）
1960	5860	43	25	1992	25900	399	1022
1961	11722	25	29	1993	24500	393	596
1962	13921	30	42	1994	21420	373	680
1963	7500	10	8	1995	23330	410	957
1964	13752	24	32	1996	21000	419	880
1965	6716	54	36	1997	27000	272	1005
1966	5313	54	29	1998	35040	313	1097
1967	8104	47	38	1999	35800	427	1527
1968	3435	34	11	2000	37162	366	1360
1969	6550	41	26	2001	35200	386	1359
1970	5949	57	28	2002	34665	382	1324
1971	10522	71	75	2003	35200	356	1253
1972	11968	81	96	2004	37332	341	1273
1973	10941	124	135	2005	39548	408	1614
1974	12963	118	152	2006	44760	421	1884
1975	14882	136	202	2007	44259	432	1826
1976	12354	173	213	2008	45420	443	2012
1977	15540	105	163	2009	56690	478	2710
1978	14779	145	214	2010	43534	487	2120
1979	15000	217	325	2011	43524	435	1893
1980	16143	164	264	2012	45071	444	2001
1981	13032	218	690	2013	44762	448	2005
1982	15000	208	619	2014	44201	489	2161
1983	15000	164	792	2015	45067	453	2042
1984	15000	199	918	2016	41808	433	1810
1985	19278	215	994	2017	44137	395	1743
1986	19640	182	1049	2018	44707	410	1833
1987	20715	266	1175	2019	48787	520	2537
1988	20500	357	1412	2020	48787	533	2600
1989	23000	337	1650	2021	45241	476	2153
1990	21790	361	1721	2022	42677	532	2270
1991	24990	316	1548				

2017 年，小麦秋播开始采用 220 马力大型机械旋耕机深松，打破犁底层，扩大了根系吸收养分的范围，提高土壤保水保肥能力，扩大小麦抗旱防涝能力，掩埋有机肥料、粉碎的作物秸秆、杂草和病虫害。另外大面积推广施肥、播种、开沟一次性作业的复式播种，由于播种偏浅，加之当年越冬期间的严重干旱，导致死苗较重，产量不理想。但是纵观白马湖生产历史，制约小麦生产的主要因子就是播种不均、深浅不一、出苗不齐，而复式播种机械的推广应用，可以解决制约分公司小麦高产不利因素，是夺取小麦高产的基础，为此在 2018 年秋播分公司投入近 200 万元购置 10 台套 GPS 导航开沟设备，实行先开沟、后复式播种，实现播种深浅一致、落籽均匀，为一播全苗奠定基础，也是标志着分公司小麦耕作方式的改变，具有划时代的意义。

2018 年秋播，首次提出小麦秋种"九分种一分管"的观点，多次组织人员外出对秋播农机具进行考察，确定秋播以"正反旋复式播种为辅，反旋播种为主"的思路，并选定反旋播种机型，要求机手结合农场实际进行改造，全部改过去的电机传动排种为动力输出型传动排种（主动轮传动排种与镇压轮传动排种），并要求改软质排种管为钢管排种管，排种管宜达 5 厘米以上，并能进行上下调节播种深度。同时，为切实提高小麦的秋播质量，采用农机协会化运作的思路，通过鼓励有能力、有经验、懂管理的机手成立农机协会，用协会来约束机手的作业质量，同时也便于生产区对机械作业质量的把控，并成立专门的质量检查组，下大力气抓秋播作业质量，当年秋播质量有较大水平的提升，实现进度与质量双超历史。全场在 11 月 4 日全部播种结束，并且实现了 11 月下旬植苗，同时实现苗齐、苗匀、苗壮、苗足的目标，为小麦高产稳产奠定基础。

2019 年秋播，重点提出争早播，积极推广大马力机械深松与反旋转带状播种技术，两项技术的推广为当年小麦苗期多雨降渍起到了至关重要的作用，为小麦稳健生长创造了良好的基础。推广导航双圆盘开沟取得较好成效。合理追施返青肥，全面积推广无人机防治小麦赤霉病。

2020 年秋播，全面推广反旋转带状＋导航播种，同时加装红外线排种监控系统，播种匀度大大提升，漏播面积显著降低，确保播种质量。全面推广苗后封闭化除技术，有效压低杂草基数，提高杂草防除效果，减少杂草危害。继续全面推行导航双圆盘开沟，保证沟系深度，提高整体沟系标准，做到田间开沟直、深度适宜、内外三沟相通，确保灌排及时通畅的同时，提升种子农场形象。深入总结"浸种催芽、原墒出苗"技术，从播种程序、播种深度、播种量等各个方面总结成功经验，为来年生产提供新思路。发挥大田边际效应，全面推广大圩、部分机耕路、田坡等拾边席地种植，最大限度提高土地利用率，实现扩边增效。

2021年秋播，全面推广"浸种催芽、原墒出苗"技术，由往年习惯的灌溉出苗调整为浸种催芽、原墒出苗，并围绕原墒出苗而做出了一系列调整，调整播种方式、播种机型、播种深度、肥料运筹、化除方式等，坚持全面镇压及越冬期镇压，充分发挥大田边际效应。下发《白马湖分公司无人机操作规程管理办法》，从检查准备到飞行参数具体要求详细列出，指导飞防操作合规有效。

2022年秋播，全面落实"浸种催芽、原墒出苗"技术，经过2021年秋播推广的"浸种催芽、原墒出苗"比较成功后，2022年秋播时的天气及墒情又与2021年的不同，根据秋播特殊墒情及天气情况依然坚持原墒出苗，并围绕原墒出苗而做出了相关播种机、深度的调整，改装弧形播种管，播种深度调整至3~4厘米，推广浸种催芽3.3万亩。利用浸种池或水泥渠，浸种6~8小时后播种，保证出苗均匀度。播后及时镇压，越冬期再适时镇压，能有效控上促下，保墒促苗。全面推广播后土壤封闭，有效降低杂草基数，加大叶面肥喷施力度。

（三）棉花

1963年，农场引进岱字棉15，在三庄大队高地上试种40亩，以后面积逐年扩大，截至1972年已发展到3000余亩，1973年和1974年亩产超40公斤。1967年，邵集、林西两个大队和繁育站种植棉花面积达2600亩。1975年种植棉花1.0万亩，1981—1984年增到1.7万亩，其中1983年棉花亩产超百斤，为全场盈利130万元。1986年，徐棉142取代岱字棉15，成为农场棉花的主体品种。

20世纪90年代，农场又推广种植优质高产棉花品种泗棉3号，棉花产量迅速提高，亩产皮棉80公斤左右，有的高产田块还创下了亩产皮棉100公斤的历史纪录。90年代后期，由于棉花市场疲软及产量徘徊不前等原因，农场中断棉花种植。

棉花1963—1996年种植汇总见表4-3。

表4-3 棉花种植汇总（1963—1996年）

年份	种植面积（亩）	单产（公斤/亩）	总产量（万公斤）	年份	种植面积（亩）	单产（公斤/亩）	总产量（万公斤）
1963	90	17	0.15	1971	3717	17	6.32
1964	36	21	0.08	1972	2944	25	7.36
1965	40	20	0.08	1973	3300	40	13.2
1966	/	/	/	1974	3274	43	14.08
1967	2603	28	7.29	1975	10030	25	25.08
1968	2100	23	4.83	1976	8004	35	28.01
1969	333	16	0.53	1977	8060	37	29.82
1970	1100	18	1.98	1978	10000	36	36.00

(续)

年份	种植面积（亩）	单产（公斤/亩）	总产量（万公斤）	年份	种植面积（亩）	单产（公斤/亩）	总产量（万公斤）
1979	8235	35	28.82	1988	3500	49	17.15
1980	10000	33	33.00	1989	1020	49	4.99
1981	17000	49	83.3	1990	1771	28	4.96
1982	17000	49	83.3	1991	5000	41	20.5
1983	15840	60	95.04	1992	10000	43	43.00
1984	17000	45	76.5	1993	10000	50	50.00
1985	11400	37	42.18	1994	1000	40	4.00
1986	4500	44	19.8	1995	1000	60	6.00
1987	3200	43	13.76	1996	2000	50	10.00

（四） 大豆

建场初期，大豆品种有毛叶秋、紫花楼等，年均种植面积约 2000 亩，单产每亩只有 20～30 公斤，1962 年因受自然灾害袭击，亩产只有 0.4 公斤。

20 世纪 70 年代，大豆单产虽有提高，但每亩仍在 100 公斤以下。1973 年引进种植 "853" 品种 3370 亩。1974 年又引进徐州 "58-161"，该品种于 1978 年全部取代 "853"。

80 年代以夏大豆为主，改变过去播后管理粗放的做法，推广一种就管，在大豆齐苗后及时间苗、匀苗、查苗补缺，适时中耕 2～3 次，加强病虫害防治工作，同时推广化学除草。

90 年代，为稳定经济作物种子占比，巩固拳头产品甜菜种子，对秋熟作物布局做了适当调整，扩种了部分大豆，引进高产优质大豆新品种 "8722"，运用良种良法，亩产量达 130 公斤左右。1998 年，又引进种植淮豆 3 号，亩产 170 公斤左右，有的高产田块达 200 公斤。

1999 年，农场进行结构调整，由于大豆种植效益不高的原因，以后没有大面积种植。

大豆 1960—1998 年面积产量汇总见表 4-4。

表 4-4　大豆面积产量汇总（1960—1998 年）

年份	种植面积（亩）	单产（公斤/亩）	总产量（万公斤）	年份	种植面积（亩）	单产（公斤/亩）	总产量（万公斤）
1960	1560	33	5.15	1967	2592	/	/
1961	191	32	0.61	1968	2346	/	/
1962	1800	0.4	0.07	1969	667	/	/
1963	3664	0.9	0.33	1970	2400	/	/
1964	425	17	0.72	1971	784	63	4.94
1965	219	9.2	0.20	1972	1787	/	/
1966	1261	10.0	1.26	1973	3370	42	14.15

（续）

年份	种植面积（亩）	单产（公斤/亩）	总产量（万公斤）	年份	种植面积（亩）	单产（公斤/亩）	总产量（万公斤）
1974	2360	/	/	1987	1107	50	5.54
1975	1793	56	10.04	1988	690	72	4.97
1976	1922	38	7.30	1989	300	200	6.00
1977	1532	49	7.51	1990	350	105	3.68
1978	1361	40	5.44	1991	350	105	3.68
1979	1472	/	/	1992	500	100	5.00
1980	693	60	4.16	1993	861	/	/
1981	830	42	3.49	1994	/	/	/
1982	1000	57	5.70	1995	/	/	/
1983	700	50	3.50	1996	/	/	/
1984	/	/	/	1997	/	/	/
1985	224	69	1.55	1998	6000	126	75.6
1986	556	90	5.00				

（五）甜菜

农场甜菜种植始于 1985 年，初期由于栽培技术不成熟，尤其是茬口不对路，加之生产与经营多头分管，没有实行对口经营，产量低而不稳。

20 世纪 80 年代末，随着农业生产条件的改善和栽培技术水平的提高，以及产前、产中、产后服务的完善，采种甜菜单产逐年提高。

90 年代，由于受市场大潮影响，各南繁点纷纷下马，农场没有紧跟其后中断种植，而是通过调查分析市场行情，采取"保基地、攻技术、以静待动"的战略，做出 3 个改变，即一改过去稻茬移栽为棉田套栽，提早移栽期 25～30 天；二改过去生产、经营脱节，外行搞营销质量抓不住的被动局面，使试验研究、技术推广和种子服务、经营有机结合；三改为在各分场、大队配备农业技术人员，形成产、供、销一条龙全方位社会化服务体系，从而使农场甜菜生产走出低谷。1993 年，农场生产的甜菜种子首次出口哈萨克斯坦共和国，成为国内甜菜制种出口第一家。1995 年，生产的 13 万公斤甜菜种子经检测，发芽势、发芽率、种子净度等各项质量指标均达到国标一级。1996 年被江苏农垦评定为"全国采种甜菜南繁质检中心"。

1999 年，种植的 2300 亩甜菜全部采用空茬移栽，加之管理到位，取得了平均单产 185 公斤的历史最好成绩。当年年底农场进行结构调整，考虑到甜菜种植的市场风险和收获风险，中断种植。

（六）高效种植业

1. 设施栽培

1999 年以来，农场大力发展优质高效农业，将蔬菜生产作为发展高效农业的一个方向常抓不懈，在总结摸索中稳步推进。至 2022 年，实现了设施与冬闲田利用并举，蔬菜瓜果面积达到 450 亩，总产量 2150 吨，总收入 148.7 万元。大棚等设施栽培立体种植辣椒、西瓜、黄瓜、丝瓜、菜豆等，亩收入超过 1.1 万元。

2006 年，农场提出建设"一个中心园，二个带动园，一个高效园"的规划目标。省劳模解玉加兄弟 3 人积极响应号召，投资 35 万元，新建占地面积 48 亩的钢架大棚 39 个，种植金香瓜、番茄等瓜果蔬菜，亩效益 6000 元以上。第二年，三兄弟又投入 10 多万元资金，再建钢架大棚 15 亩，以种植春提早和秋延迟辣椒为主，亩效益 1 万元以上，取得了较好的经济效益和社会效益。

2. 园区蔬菜

农场于 2007 年 8 月成立华萃公司，负责农场的园区蔬菜的科研、生产、加工、销售。2012 年华萃公司划归大华种业。公司注册资本 100 万元，公司现有员工 40 人，公司下设育苗工厂、蔬菜加工厂，配有年育苗能力可达 2800 万株的自动精量播种流水线和可贮藏保鲜各类蔬菜 700 吨的 3000 立方米果蔬保鲜库。公司生产和销售的蔬菜产品主要有西蓝花、甘蓝、娃娃菜、结球莴苣、洋葱、辣椒、甜瓜等，并获得江苏出入境检验局出口食品生产企业卫生登记及质监局计量合格确认。2007 年，种植西兰花、娃娃菜等蔬菜 1600 亩，产品通过超大集团直接销往香港等地，亩增加值超过 1500 元。

2008 年，公司种植各类蔬菜 2015 亩，平均亩产值 2000 元，亩效益 600 元，育苗收入达 28 万元。为提高经济效益，充分利用自身的条件优势，2009 年公司加强现有资源整合，积极拓展育苗、冷藏、加工业务，加强与蔬菜加工企业的联姻与合作，提高蔬菜产品的增加值和经济效益。

公司经过几年的试验和发展，基本确定以生产西兰花、娃娃菜、甘蓝、结球莴苣为主要产品，通过结构调整和产业升级，不仅提高了产量和质量，而且有效保证了农场所产蔬菜的加工保鲜，至 2022 年底，华萃公司拥有标准化出口蔬菜基地备案面积 5000 亩，其中设施蔬菜面积 500 亩，公司现拥有生产车间 800 平方米，冷库 3000 立方米，生产出的蔬菜等农产品主要通过物流冷藏专用车远销上海等大中城市。自 2007 年成立以来，一直致力于无公害农产品生产，加强检测，强化生产过程监管，共有 20 个产品获得了无公害农产品认定证书。

三、主要作物栽培技术

（一）水稻

多年来，农场水稻种植面积较大，水稻栽培技术经过不断改良，到 90 年代主要围绕"两高一优"农业目标，按照"水稻叶龄模式和群体质量栽培理论"进行肥水运筹。主攻分蘖成穗，致力提高成穗率，实施栽培调控技术，增加后期穗肥用量，增粒增重防早衰。

自 1999 年开始，农场进行机插水稻的试验示范，以后面积逐年扩大，至 2006 年，除个别低洼田块种植水育秧外，90％以上的面积种植机插水稻。

水育秧水稻主要栽培技术特点：

1. 统一规划，合理布局

农场从 1992 年开始调整种植结构，淘汰早熟、低产籼型杂交稻改为高产迟熟常规粳稻。在品种选择上，确认高产潜力大、晚熟中粳类品种如武育粳 3 号、盐粳 4 号等。根据市场需求灵活安排，各品种集中连片种植，以利统一管理和防止混杂。

2. 坚持高标准育秧，培育壮秧

（1）搞好种子处理。机械精选种子，浸种前两个星期左右，晒 2～3 个晴天。分级浸种催芽，进行药剂处理，用 2 毫升浸种灵（或施保克）加 10 公斤水浸 5 公斤粳稻种。

药剂浸种后，用清水淘洗，再用清水继续浸种，日浸夜排，活水浸种。以胚成透明状为准，进行适当催芽，根芽出齐后，及时摊晾，严防"回笼热"。

（2）抓留足秧池，坚持秧畦标准。秧田要求做到"四足一达到"。即秧田面积足、肥料足、营养土足、塑料薄膜足，以达到规定的出苗率和成秧率。秧本比由前几年的 1：8～9 控制在 1：6 范围内。

推广通气秧池，增施有机肥，重视磷钾肥。秧畦规格标准要达到"四面吊空，分段隔离，横竖对齐，排灌方便"。秧板要求"平、光、匀"，保证"上虚下实"。

秧畦基面肥标准：每亩施过磷酸钙 50 公斤、碳酸氢铵 25 公斤、氯化钾 25 公斤。禁止用尿素作面肥，因地制宜，严防面肥过量，引起烂种和烧苗。

（3）控制落谷量，适期播种。秧畦净面积的落谷量由前几年的 40～50 公斤/亩，控制到现在的 30 公斤/亩左右。

水稻落谷期一般从 5 月中旬开始，落谷的顺序根据茬口及品种合理安排。小麦茬在 5 月中、下旬，甜菜茬要推迟到 6 月上旬左右。

落谷时坚持带秤、带尺到田头，定畦定量播种，确保"畦面平整无积水，泥浆落谷陷半粒，及时塌谷不见天，干浆以后要覆盖"。

（4）精细管理，培育壮秧。在苗期管理上，主要抓好以下几个方面：一是施足肥料，防冻、肥、药以及病、虫、草等危害。二是一叶一心期建立水层，调节水气矛盾，湿润灌溉，以利扎根立苗。三是早施断奶肥，结合化学除草补施平衡肥，建立浅水层，间隙灌溉。四是移栽前，施好"送嫁肥"和"出嫁药"，送嫁肥为每亩尿素 5～7 公斤，适当轻搁。出嫁药为每块净板用杀虫双 100 克，栽前 3～5 天喷雾。为争栽后活棵早发，则用 15％多效唑 100～150 克拌毒土，在移栽前 1～2 星期内撒施，用药前注意排清田水，用后一天再上水。

3. 狠抓栽插质量

在秧苗栽插时，要抓好三方面工作：一是抓缩短栽插期，中、后期综合管理争主动；二是抓合理基本苗起点努力提高成穗率；三是抓适当扩大行距，缩短株距，改善通风透光条件，行距由原来的 5 寸改为 6 寸，亩栽足 2.3 万～2.5 万穴。

4. 大田管理

（1）合理肥水运筹，协调个群矛盾。合理调整肥料运筹，是协调个体与群体矛盾的关键，水稻全部生长阶段纯氮用量为 18 公斤/亩，五氧化二磷用量为 8 公斤/亩，高产丰产田增加尿素 2.5 公斤。

①肥料运筹。基肥为碳酸氢铵 50 公斤/亩，氯化钾 25 公斤/亩；返青肥为碳酸氢铵 10 公斤/亩；分蘖肥为碳酸氢铵 20～25 公斤/亩；平衡肥为根据秧苗长势，施碳酸氢铵 15～20 公斤/亩；穗肥为保花肥于叶龄余数 3.5 叶时撒施尿素 5 公斤/亩，促花肥于叶龄余数 1.5 叶时用尿素 5～7.5 公斤/亩。施肥时掌握"看天、看地、看苗""酌情定量"的原则，保证效果。控制氮肥，掌握磷、钾肥。高产水稻中后期更应重视磷、钾作用。氮、磷、钾配比以 1∶0.45∶0.3 为宜。

②施肥方法。主要注意两个改变：一改基肥表施为深施。二改氮肥"前重后轻"为"控前增后"。

经几年实践，采用"控前增后"的肥料后移技术，后期增施磷、钾肥，单穗重明显提高。

③群体结构指标。合理的群体结构要求有效分蘖临界叶龄期够苗，使总茎蘖数达到预定穗数，高峰苗控制在预定穗数的 1.3～1.5 倍，剑叶露尖时达到封行。

④水层管理。水层管理的原则是：薄水栽秧，寸水活棵，浅水分蘖，断水扎根，适度透气增温。麦茬稻必须多次脱水透气，消除有毒物质，增强根系活力。常规稻达到预定穗数，杂交稻达到预定穗数的 80％～90％时，及时脱水搁田。搁田的方法是分次轻搁、灌搁相间、干干湿湿，不宜一次重搁。复水后以保持田间湿润的灌溉方法进行水浆管理，幼

穗分化期不能脱水，要保持浅水层。齐穗后，田间要做到清水硬板、湿润灌溉、干湿交替、前水不见后水，促进根系发育。收割前一星期左右放干田水，活熟到老。

（2）病虫防治。防病治虫结合根外喷施丰产灵、磷酸二氢钾等。

通过近10年的研究摸索，目前已形成较完善的机插水稻650公斤/亩的栽培技术规程。

①秧苗期。

a. 壮秧标准。秧龄25～30天，苗高15厘米左右，单株根条数7～8条，根系盘结力达6公斤以上，秧苗均匀、整齐、高度一致，栽插时叶挺色绿，下部无黄叶。

b. 育秧准备。塑盘准备为每亩大田备足35只塑盘，床土准备为床土以疏松的菜园土、耕作熟化的旱地土、冬翻冻融的稻田土作育秧基质。每亩秧池需备足过筛（筛网直径5毫米）细土10方；苗床准备为按秧本比1∶100留足秧池，选择地势高爽、排灌方便、田面平整、相对集中的田块；床土培肥为床土肥料采用大华生物制品厂配制提供的机插水稻育苗基质，最迟在播种前7天要培制到位；种子准备为每盘播种量控制在150克干种子为宜，5月28日至31日落谷，秧龄控制在18～22天；种子处理：用5.5%浸丰Ⅱ号2毫升加20%吡虫啉液剂7～8毫升，兑水8～10公斤，搅拌均匀后浸4～5公斤稻种50～60小时，待种子吸足水分后，免淘洗，直接上滩；拌种催芽为每5公斤稻种用35%甲霜灵拌种剂10克拌种杀菌，适度催芽达破胸露白即可，晾干播种。

c. 育秧方式与关键步骤及流程。作畦→摆盘→填入适量床土刮平→播种→覆土盖种→壅土→播后洇足底水→加盖遮阳网（或薄膜与草帘）。

d. 秧田期管理。

及时揭膜：播后3天左右（应气温高低而定）齐苗立针期及时揭膜，宜早不宜迟，遮阳网可适当推迟。

立足两次化控、培育适龄壮秧：覆膜秧苗一叶一心期及时喷施15%多效唑可湿性粉剂13克/亩，二叶一心期再用15%多效唑可湿性粉剂13克/亩喷施，控制秧苗高度，增加秧龄弹性。

水浆管理：以土壤湿润为主，控制苗体高度，增强根系盘结力，但要密切注意晴天烈日的中午要保持畦面盘土湿润，以防秧盘失水而灼伤秧苗。

病虫害控制：齐苗揭膜后，亩喷25%甲霜灵粉剂120～150克杀菌保苗，并密切注意地下害虫灰飞虱及稻瘟病等病虫的发生。

②大田期。

整地：清除田间杂物→灌水浸泡1～2天→水田耙作业→畜力或机械拉平→沉实3天

以上→机插。

栽插：根据播种期不同，合理安排栽插期，防止秧苗超龄，但最终必须保证在 6 月 20 日前结束。否则机插水稻穗形小，产量低。

水层标准：机插时田面保持花斑水，水深以 0.5～2 厘米最适宜。

栽插密度：将株距调至最小档，每亩穴数确保栽足 1.7 万株，取秧块调至中档，穴苗数 6～7 株，漏插率控制在 3% 以内，栽足基本苗 10 万～11 万株，有效基本苗保证 9 万株以上。

栽插深度：调至 2.6 厘米档，栽深 2 厘米左右，无漂秧，深秧。

及时人工补苗：漏插率较高的田块与田块四周应及时人工补苗，保证栽足基本苗。

留置丰产沟：机插时每隔 30 米留一道丰产沟，沟宽 40 厘米，沟深 15 厘米，待机插结束后人工加挖。

机插人员要经过专门培训，熟练掌握操作技能，保证机插质量。

机插应变技术：人工小苗移栽。

人工小苗移栽是目前水稻生产在机械力量不足的情况下所采取的应急措施，水稻栽插密度一直难以得到保证，严重影响水稻产量和效益的提高。小苗人工移栽密度不低于 1.7 万穴/亩，有效成活基本苗 9 万株。

（3）田间管理。

①肥料运筹。整个生长期设计总氮量 24 公斤以内，五氧化二磷 4.1 公斤，氧化钾 4.1 公斤，基追肥与穗肥比例为 6.5：3.5。

基肥：碳酸氢铵 40 公斤/亩＋硫酸锌 0.5 公斤/亩。要求耙前施肥，结合整地达到土肥相融。

分蘖肥：分两次施用。第一次在栽后 7～10 天长出第 2 张新叶片，即 5.5 叶时亩用尿素 5 公斤＋复合肥 20 公斤；第二次在 6.5 叶时（即第一次追肥后 5 天），再亩追施尿素 7.5 公斤。

穗肥：促保兼顾施好穗肥。倒 4 叶期亩用尿素 15 公斤＋复合肥 7.5 公斤。倒 2 叶期亩用尿素 5 公斤/亩。

②水浆管理。

活棵期：栽后一个叶龄保持土壤湿润活棵。返青期：于栽后 2 个叶龄必须间隙灌溉以干为主，促根发苗。分蘖期：建立浅水层促分蘖。够苗期：以田间茎蘖数达预期穗数苗时脱水搁田，并根据品种分蘖强弱，群体叶色变化掌握轻重，以分次轻搁为主，搁到"田面麻丝缝、脚塘泛白根、人踩不陷脚"为宜，杜绝一次重烤，减数分蘖期及抽穗扬花期间严禁断水，减少退化。灌浆结实期：前期坚持清水硬板，干湿交替，水层次次清，提高根系活力，养根保叶防早衰；结实后期以干为主，收获前适时排水。

③植保技术。化除应从早抓起，以土壤封闭化除为主。移栽前用10％苄磺隆20克＋50％丁草胺100毫升封闭；栽后结合返青肥用双超可湿性粉剂60克及时封闭；分蘖盛期，根据杂草实际发生情形，选择适当的控草措施。

病虫害防治：加强预测预报，视病虫发生情况采取综合防治，减轻危害。

（二）三麦

1. 合理布局

具体做好"两个选择""一个坚持"。即一是根据土壤肥力特点、品种特性和小麦生产水平合理选择好地；二是确定小麦、大麦种植比例，选择好主体品种与搭配品种。坚持集中连片种植不插花。

2. 种子处理

采用机械精选种子，于播前一星期左右晒种2～3天，搞好药剂处理。每10公斤麦种用浸种灵2毫升与水混匀后均匀喷洒，边喷边拌，然后堆闷6～8小时，晾干后播种，也可用辛硫磷或纹霉净等拌种。从1998年开始，采用种子包衣技术，由场种子公司统一处理。

3. 精细整地

为提高播种质量及土地利用率，要求机械适墒作业，到头到边，保证土壤细碎，田面平整。

4. 搞好（麦田）一套沟

沟系标准：

（1）内沟。畦沟要求凡是机械进田的排渠或灌溉一般第一条畦沟畦面宽度为2米，以便排水和机械收割。其余畦沟畦面宽度均为4米，沟深23～25厘米，腰沟50米一条，深35～40厘米，田头沟深亦为50厘米，秧池隔水沟深60厘米。

（2）外沟。条田四周开挖边墒，大田与留作秧畦的田块交界处挖隔水沟。要求经常清理一套沟，畅通无阻不积水，达到灌后不枯墒。

从2018年开始，用双圆盘开沟效果好，2020年加装导航辅助开沟，保证直度，沟系质量更高。

5. 适量适期播种

根据计划基本苗、千粒重、发芽率及田间出苗率计算播种量。大豆茬一般于10月中旬开始播种，10月25日要求全部播完。稻茬麦要求11月10日结束。

6. 提高机播质量

为确保"五苗"（全苗、早苗、齐苗、匀苗、壮苗），机械作业时要做到"五不准"，即田烂不准作业、基肥不足不准播种、种子未经包衣不准播种、播种机未调试好不准作业、田水平沟不直不准播种。

播前要认真调准播种机播种量，要求行距 20～25 厘米，播深 3 厘米左右，田头播种要起落明显，杜绝"三籽"（深籽、露籽、丛籽）努力做到不重播、不漏籽、不断垄。

稻茬田要采用短密齿旋耕加盖覆土板，确保土平垡碎，大豆茬要求机械精量播种，立足灌溉出苗。水稻茬一律采取机械条播或撒播，杜绝人工撒种。走两条路线：一是针对低洼田，立足原墒出苗争主动；二是正常天气，大部分稻茬麦灌溉出苗争主动。

2020 年秋播，全面推广反旋转带状＋导航播种，同时加装红外线排种监控系统，大大提升播种质量。

7. 合理基本苗起点

由于茬口、播期不同，基本苗亦有相应变化，农场大豆茬基本苗为 10 万～12 万/亩，稻茬麦播期在 10 月下旬的，基本苗为 25 万～27 万/亩，播期在 11 月上旬的基本苗以 28 万～30 万/亩为宜。

肥料运筹：以群体质量栽培为主线，豆茬麦走"小、壮、高"路线，稻茬麦坚持"独秆栽培"。

小麦施肥要掌握"三看"（看天、看地、看苗），遵循稳氮、增磷、补钾、配微的原则，减少前期用氮，加大氮肥后移。大豆茬整个生长周期亩施纯氮 18 公斤，五氧化二磷 9.2 公斤，氧化钾 6 公斤，氮、磷、钾配比为 1：0.51：0.33，前后期氮肥比例为 6：4；水稻茬整个生长周期亩施纯氮 16～17.5 公斤，氮、磷、钾配比为 1：0.56：0.36，前后期氮肥比例为 4：6。

施肥方法：施足基肥，酌情施用苗肥，早施返青肥，巧施倒二叶肥。

8. 病、虫、草害防治

（1）草害控制。豆茬麦立足冬前化除，稻茬麦根据苗情及冬前温度灵活应变，以春后化除为主。

（2）病虫害防治。首先做好药剂处理。从 1998 年起，全场所有麦种由场种子公司统一药剂处理，采用种包衣技术，保证防治效果，其次要切实加强中期纹枯病、白粉病的防治，后期重点防治赤霉病及蚜虫。

9. 及时收获、防止混杂

于小麦蜡熟期及时收获，具体做到"三统一"，即统一机械收割、统一晒场、统一时间入库，不误农时，颗粒归仓，防止混杂霉变，严把种子质量关，确保丰产丰收。

进入 21 世纪，农场被授予"国家级种子生产基地"，自 2002 年开始，小麦产品全部作为种子销售，小麦产量稳步提高。尤其是推广小麦机械播种以来，通过几年的生产实践，目前已形成正常年景下单产 450 公斤的栽培技术规程。

（三）棉花

育苗移栽棉育苗阶段主攻目标：培育早、大、壮苗，要求移栽时主茎叶龄 4.0 左右，株高 15～18 厘米。

关键技术措施：

1. 提高钵体质量

营养土要求肥土均匀，水分适中，松紧适度，不打生，烂泥钵，钵体落地能散体。

2. 搞好种子处理

（1）选种。剔除破籽、嫩籽，要求纯度和发芽率在 85％ 以上。

（2）晒种。播前 5～10 天，晒种 2～3 天。

（3）重视播种质量。一般于 4 月 20 日前后播种，浇足苗床水，要求每钵落种 2 粒，盖种土要潮、细、匀。

3. 抓好播后苗期管理

播种至出苗阶段以保温为主，出苗后及时揭膜，在下风处通风控温，风力掌握由小渐大，由少增多，切忌两头通风伤苗，气温稳定在 15℃ 以上时，可昼夜通风不去膜。寒潮低温天应关闭通风口并加物覆盖。苗床期禁止大肥大水，防治好地老虎、蚜虫等病虫。

4. 移栽至蕾期管理

围绕"棉花早发、稳长、快现蕾"的目标，抓好移栽质量关，促进棉株早发根，缩短缓苗期。

（1）提高移栽质量，备足太平苗。栽前开好移栽沟，施好基肥。每亩施磷酸氢二铵 13 公斤，尿素 2.5～3.5 公斤。栽前 3 天，每亩床施尿素 2.5～4 公斤，1％浓度磷酸二氢钾喷施作送嫁肥，并浇水润钵，留足太平苗。

（2）栽后管理。及时查苗补缺，培土壅根，清沟理墒，采取"深松活土层，起垄增温"的栽培技术。

（3）及时整枝。20 世纪 70 年代提出"凹顶早，冒尖迟，平顶正当时"的打顶原则。80 年代发展到"枝到不等时，时到不等枝"，90 年代，又总结出"先、后、看、限"四字法技术，即先打万株棉，后打常规棉，看长势，看株型，看施肥水平，限生长，搭成"封行不早，个头不小，伏桃满腰"的丰产架子。

（4）适时化控。20 世纪 80 年代以前，采取少施肥和深中耕等措施控制棉苗旺长，遇雨水多的年份，棉花易长成"高、大、空"株型，之后使用化控药剂矮壮素、缩节胺等。90 年代使用乙烯利，能有效促进秋桃早熟，减少霜后花，提高棉纤维品质。

5. 花铃期管理

花铃期主要抓好 6 方面管理：一是重施花铃肥；二是盛花结铃期结合治虫普遍根外喷施一次微肥；三是抓好伏旱灌溉；四是整枝打顶，摘除无效花蕾；五是搞好化学调控；六是及时清沟理墒。

6. 吐絮期管理

吐絮期管理包括 3 个方面：一是防涝抗旱摘黄桃；二是早衰田块根外喷肥，贪青田块及时喷施磷酸二氢钾；三是喷洒催熟剂，一般于初霜来临前 15～20 天，气温 20℃ 以上时喷洒 40％乙烯利。

（1）地膜直播棉。

①播前准备。

②精细整地。要求土碎畦平，上松下实，畦沟配套。

③施好基种肥。

（2）种植规格。每亩 3500 株，大小行配置。大行 90 厘米，小行 60 厘米，株距 25 厘米，地膜宽度 100 厘米。

（3）抓好播种、覆膜关。掌握先播种后覆膜，播种时间 4 月 15—25 日。立足原墒抢播，播深 3～5 厘米，争取 4 月底出苗。覆土均匀一致。

覆膜前，行面须实、平，无土块及稻茬等杂物，覆膜后膜要求平、直、紧贴地面。

（4）及时破膜放苗。棉苗出土，子叶展平显绿时破膜放苗，天气晴朗可适当提前，以上午 5～10 时放苗较适宜，放苗时封好出口，防止根系失墒及大风鼓膜。

（5）肥水运筹。

基种肥：每亩施磷酸氢二铵 10 公斤、氯化钾 10 公斤、尿素 8 公斤。

促花肥：每亩施尿素 8 公斤、氯化钾 15 公斤、磷酸氢二铵 5 公斤。于开花前 5～7 天施用。

保桃肥：每亩施尿素 12.5～15 公斤，于 8 月初施。

长桃肥：每亩施尿素 5 公斤。

其他栽培措施同常规。

（四）大豆

1. 播种出苗

（1）播期。麦收后适期抢播，适宜播期为 6 月 5—10 日，确保中旬苗。

（2）播量及基本苗。播量为每亩 6.5～7.5 公斤，基本苗为 1.8 万～2.2 万株/亩。

（3）作业方式。围绕"节本增效"，立足板茬直播。机械收割时茬口低于 15 厘米，板茬直播行距 30 厘米，开沟时要求畦沟套老沟，每 4 米一条，腰沟 50 米一道。

2. 肥水运筹

（1）肥料。基肥不施，花荚肥每亩施尿素 7.5 公斤。

（2）水分。播后灌溉视天气及田间墒情灵活掌握。初花期雨水不足应及早灌溉，鼓粒期注意排水降渍。

3. 植保措施

（1）草害控制。大豆 2～3 叶复叶期亩用 25％虎威 50 毫升＋10.8％盖草能 25～30 毫升喷雾。

（2）虫害防治。主要害虫为夜蛾及卷叶螟，用药原则为：掌握虫情进行主动防治。

（3）地下害虫。棉茬麦种大豆，每亩用呋喃丹 2 公斤，稻茬麦种植大豆不做处理。

4. 田间管理

（1）及早间、补苗。对漏播行及早补种，3～4 叶复叶期抓好间、匀苗工作，以增加分枝数，抗倒增产。

（2）适时化控。大豆初花期视雨水及大豆长势，亩用烯效唑 20 克控制旺长，保花增荚。

（3）病害防治。8 月中旬结合治虫根外喷肥，亩用钼酸铵 40 克＋磷酸二氢钾 200 克。

（4）适期收割。收获标准为：豆叶落尽，手摇豆株微微作响时及时抢收。

（五）油菜

1. 育苗技术

（1）留足苗床。

（2）播期、播量。播种期为 9 月 20—25 日，每亩大田用种量为 0.1 公斤，折合每亩苗床用种 0.6～0.8 公斤，移栽叶龄 7～8 叶。

（3）播种要求。种子须拌干细土撒播，要求落籽均匀，播后一次灌足底水，保证苗齐、苗壮。

（4）苗床肥料。底肥亩施磷酸氢二铵 10 公斤＋0.5 公斤硼砂，追肥于三叶期亩施尿素 7.5 公斤。

（5）适时定苗。三叶期一次性定苗，防止高脚苗，留苗密度为每平方尺* 18～20 株，每亩留苗 11 万株左右，并及时喷施烯效唑 20 克/亩。

（6）及时防治好病虫草害，如蚜虫、菜青虫、病毒病、霜霉病等。

2. 移栽要求

（1）密度。保证移栽密度是高产的关键，要求栽足 1.8 万～2.0 万株，株行距 5 寸×6 寸。

（2）时间。苗龄 50 天左右，叶龄 7～8 叶，一般于 11 月 10 日左右移栽。

（3）肥料。底肥亩施磷酸氢二铵 5 公斤，氯化钾 5 公斤，尿素 5 公斤。

腊肥每亩穴施碳酸氢铵 40 公斤或尿素 15 公斤。

不施返青肥、苔肥。

（六）甜菜

1. 备足备好苗床

苗床准备主要包括留足留好苗床，"足"是按照 1∶6 的苗床大田比留足苗床。"好"是指苗床地集中连片，土肥、灌排方便的熟耕地。

2. 提高沟系标准

农场经十多年甜菜种植经验得出"要想甜菜大丰收，必须要有一套沟"。具体要求是：畦宽 2 米，畦沟深 25 厘米，腰沟间隔 30 米，沟深 40 厘米，田头沟深 50 厘米，外排沟在 1.5～2.0 米，真正达到旱能灌、涝能排、渍能降的目的，有效控制苗期立枯病的发生。

3. 规范种植，严格要求父母本比例

要求父母本比例为 1∶3，最高不超过 1∶4，为确保 3 倍体率 50％以上，要做到两点：一是父母本分播育苗，二是严格按照 1∶3 比例分行移栽。

4. 确保花期灌溉，提高发芽率

农场初花期与盛花期立足两次灌溉，可以有效提高发芽率、多倍体率和种子质量。

5. 花期坚持喷施硼肥，提高种子结实率

6. 严格"残茬搁晾，机械脱粒"收割方法，适期收割

适期收割标准参照两个指标：一是开花至成熟期有效积温达 900℃；二是种球黄褐色比率达 1/4 时。残茬搁晾贵在两个坚持：一是在收获期内坚持有雨也割；二是坚持晾晒 2～3 天，及时机械脱粒。严禁堆捂，保证种子黄褐色，提高发芽率和发芽势。

四、植物保护

农场植物保护主要分病虫害防治和草害防除两大部分。

---

* 尺为非法定计量单位，1尺＝1/3米。——编者注

病虫害防治主要采取"预防为主，主动出击"的策略，以农业防治为基础，选择耐病品种，加强药剂防治，提倡短期早治。

草害防除主要实行综合防治，实施无草害工程。

（一）病虫害防治

1. 水稻病虫害防治

（1）白叶枯病。20世纪60年代中期，白叶枯病在农场一熟沤田地区零星发生。

70年代初，由于感病品种"井岗30"的引进，病害迅速蔓延。1972年和1974年，白叶枯病在农场大流行，导致稻谷四成以上的损失，后来由于大力推广抗病品种和采取综合防治，发病面积逐步缩小，病害基本得到控制。80年代，发生面积仅限于一分场4队、5队及二分场12队和14队。

1996年以来，发生的范围开始扩大，全场范围均有发生，1995年、1998年发生较重。

防治上，80年代用敌枯双防治效果较好，90年代，敌枯双禁止使用，推广的叶枯宁、叶枯净等防治效果不佳，当时该病对水稻生产构成严重威胁。

90年代末至2003年，该病仅在局部地段发生严重，未有大的扩展，但对水稻生产仍构成潜在威胁。防治上，先后推广使用中生菌素、叶枯唑，但防治效果不好。2004年以后，改变过去见病防治的策略，仍用常规药剂通过在秧池及大田的全程预防，有效地控制了此病的发生，除个别田块出现零星发病外，大面积未再产生危害。经多年治理此病销声匿迹后，2019年水稻生长后期重新发现病株，以往白叶枯病都是7月开始在病害显症前预防性喷药，从而推迟发病，缩短流行时间，达到不明显减产的目的。从2021年开始缩小了防治范围，在老病田防治一次或者发现菌脓随即用噻唑锌进行防治。

（2）纹枯病。20世纪70年代中期开始，纹枯病在农场每年均有发生，80年代呈加重趋势，进入90年代，由于中粳稻面积的不断扩大和少感病品种的引进种植，此病已成为水稻主要病害之一。重发年份发病率有时高达95%以上，一般需防治4次以上方能从根本上抑制，药剂选用井冈霉素。

进入21世纪后，该病逐年呈重发势态。大发生年，病穴率达100%，严重处形成"冒穿"枯塘，常规药剂井冈霉素已不能控制其蔓延，2007年来，推广使用苯醚甲环唑·丙环唑，水稻整个生长周期防治3~4次，可达较好效果。2010年来基本以噻呋酰胺、井冈霉素、噻呋·己唑醇等杀菌药剂在分蘖期、拔节期、破口期、扬花期各用1次，保证半个月左右施1次药。

（3）稻瘟病。1986—1992年粳稻品种7038发病较重，之后逐年加重。1992年选用抗病品种武育粳 3 号、武育粳 4 号后，病害明显减轻，1995 年后此病又开始中等以上程度流行。

1990 年前，用 40％克瘟散 75～100 毫升/亩防治，1991—1997 年用三环唑防治效果理想。

2000—2006 年，发病较轻，2007 年后，此病又有抬头趋势，以淮稻 9 号、淮稻 11 发病最重，一般病穗率在 15％左右。20 世纪 90 年代开始，相继推广使用三环唑、咪鲜胺预防，若水稻后期遇低温年份，需在破口、齐穗、灌浆初期连续做 3 次防治，才能较好地控制病情。

2009—2018 年，有 3 次发生较重年份（2011 年、2014 年、2015 年），一般 7 月底叶瘟初现，形成一定的危害，随着 8 月上中旬降雨增加，感病品种叶瘟病叶率会逐渐上升，个别长期淹水、氮肥用量偏大的形成发病中心，为穗颈瘟发生积累菌源。

另外，从 2017 年开始分公司针对个别品种试行绿色食品用药，稻瘟病用药配方改为：40％嘧菌酯 15～30 克兼治纹枯病。2018—2022 年稻瘟病基本控制较好，以预防为主，除 2021 年华萃公司有机稻附近华粳 5 号病害中等发生。药剂依然是以三环唑和吡唑醚菌酯/嘧菌酯为主。

（4）稻蓟马。该病害农场历年都有发生，近年来，随着粳稻品种的推广、播种期的推迟，病害逐年加重。

1986—1990 年用有机磷（1605、甲胺磷等）类防治，1990—1997 年用杀虫双防治，1998 年开始用吡虫啉防治。

进入 21 世纪，由于采取吡虫啉浸种，先后推广使用杀虫双、吡虫啉、吡蚜酮喷雾防治，效果较好，未再形成危害。

（5）稻曲病。该病害历年都有发生，病穗率在 1％以下，杂交粳稻六优 1 号发病较重，1998 年曾重发生。

1998 年来，该病成为水稻后期穗部重要病害，以大华香糯、扬辐粳 8 号、中粳 9516、华粳 2 号发生较重，病穗率在 15％～30％，病粒率为 0.2％～1.6％。严重者影响稻谷外观品质，2007 年来，推广使用苯醚甲环唑·丙环唑预防，效果较好，危害减轻。

2008 年后稻曲病与纹枯病用井冈霉素兼治。

（6）二化螟。20 世纪 60 年代由于旱改水及籼稻面积的扩大，二化螟成为危害水稻的主要害虫。

70 年代中后期，杂交水稻推广种植后，为二化螟提供了良好的食物来源和越冬场所，发生面积大幅度上升。秧池苗期和水稻生长中后期各发生一代，严重危害时可造成 2％～5％的枯心白穗。

防治上，60、70年代采用撒毒土的方法，90年代以后，由于发生较轻，一般不实行专门防治，而是与其他病虫害兼治。

近些年来二化螟在农场几乎不形成危害，虫量较少。

（7）三化螟。农场1962年三化螟病害大发生，平均亩白穗达10.1％，损失稻谷3成左右。采取拾稻根、点灯诱蛾、撒毒土的方法防治，均未能从根本上解决问题。

80年代中期，由于杂交水稻面积的扩大，中粳面积的缩小，避过了第3幼虫的钻蛀，加之广泛使用药效较长的沙蚕毒素类农药防治，三化螟的发生逐年减少，90年代初几乎绝迹。

90年代，随粳稻面积的扩大，三化螟有潜在加重趋势，1995年，三代三化螟突然暴发，1996年以来，一、二代轻发，三代中等发生，生产上一、二代不专门防治，三代用杀虫双防治效果较好。

2001—2003年再度暴发危害，当时选用三唑磷、高效氯氰菊酯在水稻苗期、中期、破口期前及时普查防治，效果好。2004—2009年发生逐年减轻，一般仅破口期被列入防治对象。

近些年来三化螟在农场几乎不形成危害，虫量较少。

（8）稻纵卷叶螟。建场以前很少发生，60年代末到80年代逐年加重，其中以1968—1975年发生最为严重，每年有50％～60％的水稻受害，并普遍造成白叶。1975—1978年中等程度发生。80年代中后期以及1998年发生偏重。

20世纪90年代前，防治上曾先后使用过甲胺磷、溴氰菊酯（敌杀死）、功夫、甲基硫环唑等。1990年后以杀虫双为主，结合防治二化螟。

21世纪后，此虫为威胁农场水稻生产安全的主要虫害。此虫属于外源性害虫，常随西南气流迁入，在农场共发生3个代次，90年代末以来，随农场粳稻面积扩大及播种期的推迟，以三、四代成为主害代，2001—2009年，2003年、2005年、2007年大发生，2002年、2004年、2006年、2008年中等或偏重发生，2001年、2009年轻发生。大发生年四代危害延至9月下旬仍可造成白叶，对产量影响较大。

防治上，曾先后使用杀虫单、高效氯氰菊酯、毒死蜱、氟虫腈、氟铃脲、阿维菌素防治等。大发生年份，必须普查普防。在2017年中等发生，三代蛾峰接近2000头/亩，至2022年其余年份均轻发生，2015年开始以甲维·茚虫威为主。

（9）稻飞虱、稻叶蝉。稻飞虱、稻叶蝉属迁飞性害虫，在农场范围内不能越冬，而是随南方暖湿气流迁入，于1968年暴发成灾，之后每年均有不同程度发生。

主要有白背飞虱和褐飞虱。90年代末以前灰飞虱在农场很少见，一般不造成危害，但传播条纹叶枯病；白背飞虱发生轻，一般不造成损失；褐飞虱发生较重，80年代后期及 1997 年严重发生。

防治上，1986—1989 年用混灭威、叶蝉散、敌敌畏，1990 年以后用噻嗪酮（扑虱灵）防治，1997 年曾使用过康福多。

20 世纪 90 年代中后期，随着小麦种植方式的改变，套种麦的大面积推广，灰飞虱逐年加重。1999—2000 年，灰飞虱在农场越冬代数量约 1000 头/亩以下，在本地一般繁殖 5 代。2001—2003 年，农场推行少免耕稻套麦种植方式，越冬代数量不断繁殖扩大猛增到 50 万头/亩以上，第一、第二、第三代传毒造成水稻条纹叶枯病特大发生，常年平均病株率达 20% 左右，个别农户关键时期防治不力，造成水稻大幅减产甚至绝收；越冬代灰飞虱还可在小麦上传播病毒，拔节期显症，抽穗时病穗率达 2%～9%；2004 年后，全面推广旋耕种麦，越冬代数量逐年下降到 8000 头/亩左右，稻、麦病毒病情有所减轻，但每年仍对水稻生产构成较大威胁。

褐飞虱：2001—2004 年、2009 年均发生轻；2005 年暴发，"冒穿"枯塘多；2006—2008 年重发，每年均出现零星"冒穿"枯塘。

防治上，随稻飞虱抗药性增强，2000 年以来，先后更替使用吡虫啉、混灭威、仲丁威、氟虫腈、噻嗪酮、毒死蜱、吡蚜酮控制危害。

自 2015 年始，稻飞虱虫量逐年下降，特别是灰飞虱的发生量；据 2017—2018 年调查发现已基本不构成危害。2020 年褐飞虱大发生，9 月褐飞虱在垦区全面暴发，分公司 9 月中旬以前虫口密度不大，未针对性进行防治，淮稻 5 号发生量一般高于其他品种，最后一次使用噻虫嗪防治的，褐飞虱数量较大，采用呋虫胺 30 毫升或吡蚜酮 30 毫升。成虫较多的每亩用 40% 毒死蜱 100 毫升或 10% 醚菊酯 100 毫升复配使用，局部"冒穿"同样使用复配配方，短期内将成虫杀灭，防止扩散。

2021—2022 年均轻发生，基本上以吡蚜酮、噻虫嗪、噻虫胺、呋虫胺或烯啶虫胺混用。2022 年经试验将三氟苯嘧啶或阿维·三氟苯推广到大田，打一次基本解决问题。

（10）食根金花虫。20 世纪 60 年代，食根金花虫为一熟沤田的常发害虫，为害水稻一般损失达 3～5 成，严重的造成颗粒无收。沤改旱后，基本上解决了对水稻的威胁，仅限于围垦区对慈姑、藕等的零星危害。

为害水稻的病虫害还有条纹叶枯病、稻曲病、杂交稻的叶尖枯病，个别品种的细菌性茎腐病、稻苞虫、稻黏虫及干尖线虫等，有的曾猖獗一时，有的发生相对较轻，一般在植保部门的指导下因地因时防治。

（11）细菌性基腐病。细菌性基腐病属偶发性病害，90 年代末以来，随着农场众多粳稻新品种的引进种植，此病逐渐成为常发性病害，以镇稻 99、淮稻 6 号、华粳 2 号、华粳

6号、中粳9516、中粳9520、广陵香粳偏重发生，枯死穗率一般为0.5%～2%。

防治上，采取综合防治策略。栽培上，勤搁田；化学防治上，采用中生菌素浸种、叶枯唑前期多喷雾预防。

（12）立枯病。以苗期危害为主。1999—2002年，曾在水稻旱育秧、机插盘育秧秧苗立针期发生，出现严重死苗。2003年后，通过试验推广使用甲霜灵拌种，苗后早期喷药预防，有效控制了该病害。

（13）大螟。2000年前发生轻，均未做专门防治，而是与其他病虫害兼治。2008年因种植2万亩杂交水稻，7月上旬末、8月中旬此病虫曾列入防治，2009年，该虫的发生有抬头迹象，二代虫未防治，发生中等，分蘖期每亩出现5～10个危害枯心团，三代虫被列入防治目标。

防治上主要使用杀虫单、毒死蜱等，由于其发生不整齐，防治难度较大。

2015—2023年螟虫基本随稻纵卷叶螟兼治。

（14）干尖线虫。干尖线虫寄生于稻种内，主要危害水稻中后期生长点组织。20世纪60—80年代末，采用石灰、多菌灵、402抗菌剂、百菌清、浸种灵（二硫氢基甲烷）做浸种处理，偶尔或轻发生。90年代中期后，选用咪鲜胺浸种，由于咪鲜胺对干尖线虫防效较差，导致2001年、2002年小穗头大发生，2003年、2004年局部发生。2001年华粳1号、连粳系列品种抽穗期剑叶叶尖、穗顶颖花表现失绿、干枯死亡症状，2002年粳稻品种大面积表现穗顶颖花干枯死亡或颖壳爆裂，米粒小而黑，群众俗称"小穗头"，一般亩减产1～2成。2003年后，更换药剂杀螟丹、二硫氢基甲烷浸种，危害明显减轻。

2020年开始发现线虫在农场卷土重来，危害变多，开始用戊氟丹浸种处理再用噻虫嗪·咯菌腈·精甲霜灵拌种进行种子处理以便控制苗期危害。同时也在寻找新的药剂来控制干尖线虫。

2. 三麦病、虫害及其防治

（1）大麦、小麦赤霉病。1963年，农场个别田块零星发生，1972年，局部地区较大面积发生，1983年大发生，少数品种如"淮麦11"病穗率高达90%。1986年、1987年中等程度流行。7422和徐麦21两品种发病较重。1989年、1998年大流行，小麦各品种均严重发生，其余各年均为轻发生。

防治上，初花期每亩用多菌灵25%可湿性粉剂200克兑水20公斤喷施，时隔5～7天后再行喷药。

1999—2009年期间，2003年普遍大发生，减产7%～16.1%，大麦西引2号减产13%；2006年、2007年、2008年在华麦1号、徐麦27、淮麦系列等感病品种上达偏重或特大发生程度，减产平均 2 成左右；其余年份发生轻。

防治上，一直以老品种多菌灵当家来预防，2005 年开始又增加咪鲜胺、戊唑醇、福美双交替使用，据 2003 年江苏植保部门测定，农场赤霉病菌对多菌灵已产生 16% 以上的抗性频率，大流行年份多菌灵无法控制病害蔓延。目前，筛选的新型高效药剂醚菌酯、氰烯菌酯因价格高，一时未能大面积推广应用。

因多菌灵抗性选择压力，自 2011 年开始，大面积防治赤霉病的配方改用 25% 氰烯菌酯 100～125 毫升。

小麦赤霉病多在 4 月下旬抽穗扬花期开始防治，坚持"预防为主、主动出击、见花打药、综合防治病虫害"的防治策略，根据品种特性合理选择防治药剂，立足二次保效果，三次防治看需要，2011—2018 年一直是氰烯菌酯＋戊唑醇，白麦氰烯菌酯剂量加大，2019 年改为丙硫菌唑＋戊唑醇。

（2）白粉病。20 世纪 70 年代以前，以大麦受害为主，随感病品种的引进和化肥的大量使用，病害逐年加重。80 年代，小麦白粉病危害开始加重，90 年代，白粉病已成为小麦三大主要病害之一。1997 年，除"百农 64"发病较轻外，其他品种均在 3 级以上。

防治上，1997 年以前使用三唑酮，35～50 毫升/亩，1998 年以后使用 12.5% 烯唑醇可湿性粉剂 20 克/亩，栽培上注意加强田间管理，合理施用氮肥，适当增加磷、钾肥，并注意麦田开沟排水，合理密植，降低田间温度。

1998 年后，白粉病危害更加严重，至 2009 年，除 2005 年、2009 年两年中等偏轻发生外，其余年份均偏重或大发生。2003 年、2007 年大发生，后期病菌孢子一直侵染到穗芒上，严重阻碍籽粒灌浆，两年减产率在 5%～15%。根据观察，该病的病理小种变化较快，原高抗的品种如偃展 1 号、扬麦 11 等通过几年的演变，发病也较重。常年重发病品种有郑 9023、淮麦 19、淮麦 20、淮麦 22、宁麦 13、宁麦 14、扬麦 16、扬麦 158、华麦 1号等，大麦西引 2 号 2003 年发生白粉病重。

防治上，一般在春季 3 月中下旬提早选用烯唑醇预防，可减轻病害。否则，一旦发病中心出现再用药，效果较差。

随着三唑类药剂的常年使用而产生了抗药性，自 2010 年开始大面积防治白粉病的配方改用 30% 醚菌酯 10～20 毫升/亩。

2008 年以后白粉病以预防为主，在发病始见期开始进行化学防治，一般在 3 月末拔节期使用醚菌酯，2019 年开始试验苯菌酮，预防效果较好，考虑推广。

（3）纹枯病。纹枯病 20 世纪 90 年代开始零星发生，1994 年在局部地区造成枯（孕）白穗。

同年秋播开始，在重病田推广 33％纹霉净拌种，1995 年、1996 年两年拌种面积扩大，1997 年秋，普遍推广种子处理技术，使用的农药品种有纹霉净、麦纹灵、立克秀等。1998 年秋全部用戊唑醇（立克秀）机械处理，进行种子包衣。

防治上，早春喷药防治，返青时用 5％井冈霉素 150 毫升/亩或 33％的纹霉净 50 克兑水 60 公斤喷雾。

2001—2003 年，农场每年种植近 65％面积稻套麦，纹枯病均发生严重，后期造成小麦枯白穗率一般为 2.7％～30％，其间，稻套麦的种植带来新病害茎基褐腐病（酱油秆）的发生，中后期表现青枯死穗严重，以 2003—2004 年稻套麦田表现最明显，淮麦系列品种死穗幅度为 20％～30％。2005 年后，纹枯病病情渐轻，后期枯白穗现象仅在个别品种上出现。

防治上，坚持种子药剂处理的同时，在预防白粉病时兼治。

2015—2022 年小麦纹枯病基本中等发生，控制较好，拔节期基本以噻呋酰胺、井·己、井冈霉素等杀菌剂防治或白粉病用醚菌酯兼治。

（4）大麦条纹病。品种间发生差异大，一般用大麦清、浸种灵进行种子处理。

（5）麦蚜虫。种类有麦长管蚜、禾谷缢管蚜、麦二叉蚜，以前两种虫害危害为主，1986—1993 年发生极轻，未防治。1994 年开始严重发生，便用氧化乐果、吡虫啉、抗蚜威、氰戊菊酯防治效果较好。

农场主要采取穗期治蚜，喷药期掌握在小麦扬花后麦蚜数量急剧上升期。提倡适期早治，药剂选用 40％乐果乳油 1000～1500 倍液、50％抗蚜威可湿性粉剂 4000 倍液或 20％氰戊菊酯。

2017—2019 年基本上是越冬期以氯氰·辛乳油防治 1 次，穗期再防治 1 次，2019 年麦蜘蛛危害加大后，与麦蜘蛛一起防治。以噻虫嗪为主。

（6）大麦网斑病。拔节期表现叶尖枯黄病症，病重的不抽穗。2001—2003 年西引 2 号大麦每年都发生此病，可用代森锰锌预防。

（7）小麦黄矮病。一般 10 月中下旬早播麦多发病，11 月后迟播麦发病轻，主要靠蚜虫冬前吸食小麦传毒引起，翌年，分蘖拔节期植株表现为黄化矮缩病症，严重时不抽穗。1997 年，小麦黄矮病在农业科学研究所徐麦 211 株系圃零星发生。2007 年秋至 2008 年，农场 2 万亩淮麦 19 早茬小麦发生该病，亩减产 3％左右。出苗后提早选用吡虫啉防治，有利于减轻病害发生。

小麦梭条花叶病毒病在一分场 5 队局部严重发生，农业科学研究所、二分场 10 队和 14 队、三分场 15 队都有零星发生。大小麦散黑穗病发生较常见，腥黑穗病未发生过。

防治上，大麦用大麦清进行种子处理，小麦由于发生面积较少，未进行防治。

小麦害虫还有麦蜘蛛、麦黏虫等。麦黏虫每年发生量很少，每亩 300～2000 头，一般不防治。麦蜘蛛 1998 年三分场部分田块有发生，但面积小，另外，麦豆轮作田蛴螬有一定的发生量，每亩约有 500 头，只有农业科学研究所用辛硫磷防治过，其他单位未防治。麦蜘蛛在 2020 年开始危害加重，虫量变多，危害症状多为麦子呈灰绿色，变暗。2021 年开始黄矮病黄塘查见变多。

3. 棉花病虫害

（1）枯萎病。过去因种植感病品种，棉花苗期往往产生大幅度死苗。死苗率一般在 10%～20%，有少部分田块死苗率达 40% 以上，甚至于耕翻重种。近年来，选用抗病良种泗棉 3 号、苏棉 2 号等，枯萎病发生较轻。

（2）棉铃虫。主害代为第三、第四代。二代危害极轻，三代影响产量，四代则减产降质。

1989—1990 年棉铃虫在农场几乎绝迹。1992 年突然暴发，导致棉花严重减产，损失达 4 成以上。以后，棉铃虫每年均有不同程度发生。

防治上，二代用有机磷、氨冬甲酸酯等防治，三代、四代用有机磷、菊酯混剂，但由于棉铃虫抗药性增强，基数较大，残留虫口密度高，防治仍不理想，一般结合人工捕捉，减轻危害程度。

（3）盲蝽。1986—1991 年普遍发生，尤以 1991 年最重，生产上用久效磷防治。1992 年以来发生量较少，不进行防治。

（4）棉蚜。一般年份苗期受害较重，伏蚜在 1996 年、1997 年发生较重。

防治上，1995 年用氧化乐果、久效磷喷施，1995 年以后用吡虫啉防治。

（5）棉红铃虫。20 世纪 60 年代，棉红铃虫是危害棉花的主要害虫，70 年代危害呈加重趋势，二代虫害花率一般在 20% 以上，害花率高峰常年出现在 7 月 15—25 日。由于产卵期长，第二、第三代常发生重叠现象，防治工作比较困难，三代蛀铃为害，造成品质下降。80 年代以后，除个别年份，其他很少见。

防治上除采取人工摘花铃外，同时施用农药。要求户不留花，统一种子处理，统一大田防治。

除此之外，棉花病虫还有棉田螨、玉米螟等。棉花苗期病害主要是加工成包衣种子进行防治。

90 年代，玉米螟危害呈加重趋势，二代虫钻蛀嫩茎、嫩头造成倒叶断拔，三代虫则钻蛀青铃。防治上，对棉田玉米螟实施查治、兼治。

4. 甜菜

甜菜主要有苗病和苗期害虫，大田仅 1997 年发生过地下害虫危害。

苗期病害主要为立枯病，生产上用敌克松拌种，1997年开始改用甲霜灵拌种，于苗期再喷施1次甲霜灵。

苗期虫害主要为甜菜夜蛾，该虫90年代前未发生过危害，1991年秋开始暴发，以后每年均严重发生，威胁农业生产。每年于播后1月开始防治，需防治10次以上，最多年份防治20次都难以保全苗。1996年引进酰肼防治甜菜夜蛾，使防治次数降低到2～3次。

5. 大豆

大豆病虫害种类很多，病害主要有纹枯病、白绢病。虫害有大豆毒蛾、造桥虫、大豆卷叶螟等。1998年黑条麦管叶甲发生较重，株发率达4～5头，农场大豆病害一般不防治，虫害主要用有机磷防治大豆毒蛾，对叶甲的防治，1998年农业科学研究所试用有机磷喷治，效果不佳。

6. 地下害虫

地下害虫主要有蛴螬、蝼蛄、小地老虎、金针虫等。20世纪60年代，这些害虫在农场为常发性害虫，对秋播小麦、春播玉米、棉花等旱作物幼苗造成危害，形成断苗缺垄，严重的乃至耕翻重种。实行水旱轮作后，地下害虫的发生主要是在蔬菜地上，其他旱作也有发生，但危害不大。2022年发现蝼蛄钻秧盘现象变多。

（二）草害防除

1. 农田杂草的防除

20世纪60年代，耕地多为新垦荒草地，杂草多，长势猛。群众形容草荒"上头顶阳伞，下面铺地毯"，有的田块是"赤脚下田，脚不沾泥"。尤以稻田杂草种类最多，密度最大，危害最重，其次是麦田杂草。

对草害的防除，旱地主要靠人工除草，伴有部分机械作业。水稻田全部依靠人工拔草，采用耘-耥-耘的方法。60年代末，化学除草在水稻上开始初步试验。

70年代，随耕作制度改革及施肥水平的提高，田间小气候为杂草的生长提供了有利条件，草害成了农业生产的主要障碍，草害田杂草的发生量一般要超过作物苗数的1倍至数倍。70年代初，化学除草剂——除草醚等开始在水稻上大面积示范。当时由于农民对化学除草剂认识不足，思想上存有抵抗情绪，并受"化学除草不见效，人力物力浪费掉，药剂撒下田，杂草还是朝上冒"等冷风影响，化除面积不能大面积推广。旱田以机械中耕为主，辅以人工除草。1974年推广稻田化除1万亩左右，1975年以后，2甲4氯、除草醚、扑草净等多种除草剂在三麦田和水稻田大面积使用。

进入80年代，化学防除已作为控制草害的主要手段，化学除草面积不断扩大。据1988年统计，全场化除面积已达26000亩，其中麦田20000亩、稻田2800亩、棉田3000

亩等。除草剂的品种增加到 10 余种，每年有 1～2 个除草剂品种得到推广应用。除草剂的活性逐步向高效、超高效方向发展，使用剂量越来越少，每亩有效成分由原来的 50～200 克下降到 1～10 克。

20 世纪 90 年代以后，草害的防除进入综合防治阶段，从农业生态环境出发，把农业防治与化学防治相结合，以农业防治为基础，化学防治为重点，开展综合防除，实施无草害工程。

据 1984 年普查，农场农田杂草的种类有 33 科、76 属、95 种。其中单子叶杂草 10 科、30 属、44 种；双子叶杂草 23 科、46 属、51 种。水稻田间杂草 21 科、36 属、47 种；三麦田间杂草 16 科、26 属、29 种；棉田杂草 19 科、44 属、52 种。其中分布广、数量多、危害大的强害杂草有 10 余种，稻田是稗草和荆三棱，麦田是大巢菜、猪殃殃、看麦娘，棉田是马唐、稗、鳢肠、一年蓬等。

90 年代末以后，受水稻条纹叶枯病的影响，水稻播种期推迟 10～15 天，导致下茬小麦播种期也相应推迟。农田间杂草随之也发生了变化，稻田主要以稗草、千金子、鳢肠为主，麦田主要以看麦娘、硬草、罔草、叶蓼、小藜、繁缕、猪殃殃为主。随着时间的推移，旱田杂草也有所变化，主要以马唐、狗尾草、旱稗、鸭跖草、铁苋菜、水花生为主。

2. 草害防除的主要措施

（1）积极推广化学除草。农场化学除草开始于 20 世纪 60 年代末。首先在水稻上进行小区试验，药剂为 50％杀草丹每亩 150 克和 25％除草醚每亩 0.75 公斤，防除以稗、荆三棱为主的杂草。70 年代开始大面积示范。80 年代以后化学除草剂得到大面积推广应用，化除面积达 10000 亩以上，占水稻面积的 90％。棉花从 1981 年开始推广氟乐灵，剂量由每亩 150 克减少到 100 克，用于播前土壤处理。小麦化除，近年来使用 6.9％骠马，每亩用量为 30～40 毫升，用于防治冬前以看麦娘为主的单子叶杂草，春后剂量增加到 50 毫升。20％使它隆 30 毫升/亩＋20％2 甲 4 氯 150 毫升/亩混用针对猪殃殃等阔叶杂草的防效较好，此外，75％杜邦巨星防除猪殃殃，冬前防效优于春季。1999—2005 年，水稻秧池化除采取封闭、苗后茎叶处理解决。大田一直采取栽后活棵 1 次封闭化除。2005 年后，机插水稻大面积推广，秧池苗床不化除，大田受秧苗小、田间平整度、保水等因素影响，一次封闭化除不能清除草害，采取栽前和栽后活棵两次封闭化除方法控制杂草。防除上，秧池化除药剂主要使用苄嘧磺隆、丁草胺、丙草胺、二氯喹啉酸、氰氟草酯、五氟磺草胺、灭草松；大田封闭化除药剂主要使用过苄嘧磺隆、丁草胺、苯噻酰草胺。小麦化除，1999 年后，除 2001—2003 年稻套麦田采取过冬前化除外，其余年份因小麦播种迟，一般全部实行春后化除。防除药剂主要使用骠马、异丙隆、炔草酸、噻吩磺隆、苄嘧磺隆、苯磺隆、使它隆、麦喜、好事达、2 甲 4 氯等。此外，农场每年部分旱田农作物主要为大豆、玉米，杂草一般采用乙草胺封闭化除，大豆苗后化除使用氟磺胺草醚、精喹禾灵解决，玉米苗后再出草采取人工拔除。

2015 年以后，田间的草相发生较大的变化，麦田罔草、日本看麦娘等恶性杂草增加，开始采用异丙隆进行处理，封杀兼顾。2018 年，由于异丙隆大幅涨价，开始在冬前苗后用丙草胺＋乙草胺进行封闭化除，控制麦田禾本科杂草。

2015 年，水稻杂草也开始发生变化，由过去的 1～2 个出草高峰，在 7 月中下旬又出现 1 个阔叶草出草高峰，对杂草化防除极为不利。

2016 年，农场提出稻田人工不拔草的目标要求。

2017 年，农场积极调整防治配方，立足土壤封闭，通过两次封闭最大限度减少茎叶喷雾防治的杂草基数；特别是通过栽前有效地封闭处理推迟杂草发生时间，使杂草出土时间相对集中，避免部分早发杂草草龄过大，有利于统一做好"一杀"工作。具体做法上，不改变传统的用药习惯，根据机插秧杂草发生规律，有 2～3 个发生高峰，2022 年继续采用"两封一杀"的除草技术。

具体做法：第一次封闭，移栽前 3 天，亩用 50％丙草胺 90 毫升＋10％苄嘧磺隆 40 克封闭，在土地整平后上足水，全田均匀粗喷雾，药后保水层 48 小时以上。第二次封闭，移栽后 8～10 天，亩用 53％苄嘧·苯噻苄 60 克＋10％吡嘧磺隆 20 克，与细潮土或返青肥拌匀，撒施要均匀，药后保浅水 3 天。"一杀"即茎叶处理，抓住适期，用足剂量，提高喷药质量，喷雾防治的时间选在分蘖期至拔节前。7 月 5 日前后（移栽后 15 天左右），禾本科杂草为主的田块，推荐亩用"稻杰 60 毫升＋10％氰氟草酯 250 毫升"进行喷雾或挑治，氰氟草酯用量更大些。2016 年，五氟磺草胺防效不好、怀疑产生抗性的田块，考虑二氯喹啉酸混用，用量为稻杰 60 毫升＋50％二氯喹啉酸 30～40 克，或者 50％二氯喹啉酸 30～40 克＋10％氰氟草酯 250 毫升。对难以建立有效水层、地势较高杂草先发且密度较大的地段现进行挑治。此外，视前两次封闭效果确定是否进行第三次封闭。为巩固防效，减少 7 月中旬搁田期丁香蓼等发生，在茎叶处理复水后结合颗粒钾肥的使用，拌毒土（肥）强化封闭，配方选用 10％吡嘧磺隆 20 克/亩。"一补"，7 月 20 日左右，对后发生的阔叶杂草和莎草为主的田块防治，采用 46％2 甲·灭草松 120～150 毫升，或灭草松减量与 2 甲 4 氯混用。

2018 年，麦田草相基本以看麦娘为主，密度大的田块超 200 余株/尺 *，杂草基数较大。化学防除用 50％异丙隆 WP 150 克/亩，双子叶类且杂草较多的加 10％苄嘧磺隆 WP 30 克/亩或 10％苯磺隆 WP 10～15 克/亩。2 月末春季化除，禾本科杂草亩用 50％异丙隆 WP 175～200 克＋8％炔草酯 EW 50～60 毫升。日本看麦娘较多田块亩用 7.5％啶磺草胺 12.5 克＋8％炔草酯 EW 50～60 毫升。阔叶杂草亩用 20％氯氟吡氧乙酸 30 毫升＋13％2 甲 4 氯 150 毫升＋10％苯磺隆 10 克，或 20％氯氟吡氧乙酸 40～45 毫升＋10％苯磺隆 10 克。稻田草相禾本科杂草发生继续呈加重趋势，丁香蓼、醴肠、耳叶水苋等双子叶类杂草在水稻生长中期普遍发生，立足土壤封闭，采用"三封一杀一补"的除草技术。第一次封闭在移栽前 3 天，亩用 50％丙草胺 70～80 毫升＋10％苄嘧磺隆 30 克封闭；第二次封闭在移栽后 8～10 天，亩用 53％苄嘧·苯噻苄 60～70 克＋10％吡嘧磺隆 20 克＋50％二氯喹啉酸 30 克；茎叶处理亩用稻杰 70 毫升＋10％氰氟草酯 200 毫升＋50％二氯喹啉酸 25 克＋50％丙草胺 70～80 毫升。"一补"采用 37.5％2 甲·灭草松 160～180（苏科推荐 150）毫升，或灭草松减量与 2 甲 4 氯混用。

2019 年，麦田依然是以看麦娘为主，禾本科杂草亩用 8％炔草酯 EW 60～80 毫升，个别杂草草龄和密度偏大的地段或田块可选用 50％异丙隆 WP 150 克＋8％炔草酯 EW 60 毫升。日本看麦娘较多田块亩用 7.5％啶磺草胺 12.5 克。阔叶杂草亩用 20％氯氟吡氧乙酸 30 毫升＋13％2 甲 4 氯 150 毫升，或 20％氯氟吡氧乙酸 40～45 毫升。稻田草相禾本科杂草发生继续呈加重趋势，双子叶类杂草丁香蓼和醴肠封闭效果明显好于往年，但多花水苋菜在水稻生长中期普遍发生，实际危害直逼禾本科杂草。防治与 2018 年配方无异。

2020 年，草相越发复杂，麦田禾本科杂草常年以看麦娘为主，杂草发生密度较少的田块亩用 8％炔草酯 EW 80～100 毫升，杂草草龄和密度偏大的地段或田块选用 50％异丙隆 WP（175～200）克/亩＋8％炔草酯 EW 80 毫升/亩。日本看麦娘较多田块视杂草密度亩用 7.5％啶磺草胺 15 克或 50％异丙隆 175～200 克＋7.5％啶磺草胺 12.5 克。茵草分布特别多的田块亩用 50％异丙隆 175～200 克＋5％唑啉草酯 80 毫升。阔叶杂草亩用 20％氯氟吡氧乙酸 30～40 毫升＋5％双氟磺草胺 20 毫升。稻田草相禾本科杂草发生重，且呈继续加重趋势，双子叶类草相在逐渐演替，多花水苋菜成为中后期主要害草，草相变化是由于耐五氟磺草胺、苄嘧磺隆等除草剂的杂草逐渐成为稻田优势种群。方法上立足土壤封闭，通过两次封闭最大限度减少茎叶喷雾防治的杂草基数。栽前封闭处理可推迟杂草发生，使杂草出土时间相对集中，有利于提高茎叶处理的治理效果。茎叶处理针对禾草和阔

---

* 尺为非法定计量单位，1 尺＝33.3 厘米。

叶杂草采用"一杀一补"的除草技术。第一次封闭在移栽前3天，亩用50％丙草胺80毫升＋10％吡嘧磺隆20～25克封闭。第二次封闭在移栽后5～9天，亩用50％丙草胺80毫升＋10％苄嘧磺隆20克。"一杀"7月5日前（移栽后15～20天），禾本科杂草为主的田块，推荐亩用2.5％五氟磺草胺80毫升＋20％氰氟草酯100毫升＋50％二氯喹啉酸25克进行喷雾。阔叶草用37.5％2甲·灭草松150毫升。

2021年，分公司草害较重的小麦面积中菵草危害面积约3700亩，其中菵草为主的2700亩，菵草与看麦娘混生的980亩，看麦娘为主的（含日本看麦娘，但不含混生菵草）4200亩，禾本科杂草已经严重影响小麦生产。决定开始封闭，冬前土壤封闭配方：亩施50％乙草胺EC80毫升＋50％异丙隆WP125～150克，或47％异丙隆·丙草胺·氯吡嘧磺隆WP175～200克（凯扑、灵旺），适合禾本科杂草为主的麦田，特别是夏熟麦收时菵草发生较重的，要全部封闭处理到位。苗后早期（播后15天后）或越冬期防治，根据杂草类别、过去杂草防治效果等情况选择除草剂配方。草相以看麦娘为主的，炔草酯防治效果较好的：麦苗2～4叶期，杂草1～3叶期，配方为亩施50％乙草胺EC80毫升＋8％炔草酯EW 80毫升；日本看麦娘为主，或者看麦娘混生日本看麦娘，或者炔草酯防治效果不理想的，在麦苗1叶1心期开始用5％唑啉草酯EC80毫升＋50％异丙隆125克，或者麦苗4叶期用7.5％啶磺草胺WG（咏麦）12～15克。菵草比较多的，苗后早期采用5％唑啉草酯EC80毫升＋50％异丙隆125克（一般要求距离异丙隆封闭喷药30天），越冬期示范5％唑啉草酯EC 60～80毫升＋3％甲基二磺隆20～25毫升。双子叶杂草建议根据草相在防治禾本科杂草时，亩施10％苯磺隆WP10克，或者10％苄嘧磺隆WP 15～20克，或者5％双氟磺草胺SC 6克。使用啶磺草胺、甲基二磺隆的一般不需要使用。稻田除草依然是坚持"封杀结合、治早治小"，配方没有变化。

2022年，麦田除草坚持以"土壤封闭和秋冬季早期防治为主，春季小麦返青期防治为辅"的全程防控策略。土壤封闭亩施50％乙草胺EC 80毫升＋50％异丙隆SC 80～100毫升。苗后早期或越冬期防治，菵草比较多的，小麦3叶期（2.5叶以上），亩施3％甲基二磺隆OD 20～25毫升＋50％异丙隆SC 125毫升。考虑到封闭喷药，异丙隆在麦苗体内有一定积累，不得增加异丙隆用量。草相以看麦娘、日本看麦娘为主的，小麦3叶期，亩施7.5％啶磺草胺WG（咏麦）12～15克＋50％异丙隆125克。双子叶杂草建议在防治禾本科杂草时，另加10％苯磺隆WP10克，或者10％苄嘧磺隆WP 15～20克，或者5％双氟磺草胺SC 10克。使用啶磺草胺、甲基二磺隆防治杂草的，由于对双子叶类有较好的兼治作用，一般不需要另外使用苯磺隆等阔叶杂草防治药剂。稻田除草移栽前封闭亩用50％丙草胺80毫升＋10％吡嘧磺隆20～25克，同时进行了示范移栽后封闭，整地后经短时间沉实移栽，移栽后就可以封闭，最迟第二天封闭结束。封闭配方：亩用30％丙草胺（含安全剂）125毫升＋32％苄嘧磺隆10克在水稻活棵返青后，或在茎叶处理时接力封闭，亩用50％丙草胺80毫升＋10％苄嘧磺隆20克，随后进行禾本科和阔叶草处理。

2023年，麦田除草坚持能封则封，墒情不具备的，在播后苗前喷1遍封闭药剂，墒情具备的，配方为50％乙草胺EC 80毫升＋50％异丙隆SC 80毫升（亩商品用量，下同）。干旱封闭的，配方为50％乙草胺EC 100毫升。苗后冬前小麦3叶1心期（2.5叶以上），3％甲基二磺隆OD 25毫升＋50％异丙隆SC 125毫升，看麦娘特别严重的，为提高防效和速效性，用3％甲基二磺隆OD 20毫升＋7.5％啶磺草胺6克＋50％异丙隆SC 125毫升。有双子叶杂草的，另加5％双氟磺草胺SC 10克。少数小麦品种对甲基二磺隆比较敏感的，经预试验发现有可能形成较严重药害的，改为5％唑啉草酯EC 100毫升＋50％异丙隆SC 125毫升。越冬期50％异丙隆SC 150毫升＋3％甲基二磺隆25毫升＋5％双氟磺草胺SC 10克。稻田除草封闭亩用30％丙炔噁草酮·丁草胺160毫升＋10％吡嘧磺隆15克，移栽后，使用69％苄嘧·苯噻酰50克。"一杀"配方为亩用10％噁唑酰草胺120毫升＋30％氰氟草酯120毫升＋69％苄嘧·苯噻酰50克，或者40％噁唑·氰氟草酯100毫升＋30％氰氟草酯40毫升＋69％苄嘧·苯噻酰50克。"二杀"亩用46％2甲·灭草松150毫升。

（2）合理轮作，改变杂草生态环境。合理轮作，恶化杂草生态环境，从而改变草相组成，达到抑制或消灭杂草、培肥地力的目的。

五、"吨粮田"建设与高产竞赛

根据江苏农垦"建设吨粮田，改造中低产田，开发新资源"的农业开发战略，农场从1988年开始着手"吨粮田"建设研究工作，至1997年实现"吨粮田"面积18409亩，年均亩产粮食1032公斤。实现"吨粮田"的生产队有9个，落实"吨粮田"试验、示范区3013亩。

1990年以后，农场每年成立高产竞赛领导小组，紧紧围绕"吨粮田"建设宗旨，充分发挥"吨粮杯竞赛点"的示范作用，制定了一系列奖惩制度，在场内增设"吨粮田"、粳稻良种繁育百亩方、攻坚田等竞赛项目，活动普及全场。

1991年，农场在"丰收杯"竞赛中荣获"淮南片三麦百亩丰产方"三等奖，受到江苏省农林厅的表彰。

1993年，一片位于"吨粮田"规划区内的8大队大麦-移栽棉组合，另一片是吨粮示范区内的16大队小麦-水稻组合，参赛面积分别为290亩、26亩，通过测产和过磅，年亩产均超吨粮，其中麦、棉亩产 1036 公斤，麦、稻亩产 1099.3 公斤。

1994 年，农场在"吨粮杯"竞赛中荣获水稻单季高产奖，受到江苏省农林厅的表彰。

1995 年，农场在"吨粮杯"竞赛中荣获"麦-棉"全年高产一等奖，受到江苏省农林厅的表彰。

1994—1995 年，农场在"江苏农垦成建制吨粮田工程建设研究"项目中荣获江苏农垦科学技术进步一等奖，受到江苏省农垦农工商联合总公司的表彰。

1995 年，农业技术服务中心在"吨粮杯"竞赛中荣获"麦-棉"全年高产一等奖，受到江苏省农林厅的表彰。

1996 年，农场在"江苏农垦丰收杯竞赛"中荣获"小（大）麦千亩片优胜奖""小（大）麦百亩方优胜奖"及"水稻千亩片优胜奖"，受到江苏农垦总公司的表彰。

1997 年，农场获得江苏省农业厅"江苏省农业领导工程"水稻丰产方竞赛一等奖。

1998 年，农场在农业领导工程丰产方建设竞赛中获二等奖，受到江苏省农林厅的表彰。同年农场在丰收杯竞赛中获"吨粮田百亩优胜奖"，受到江苏省农垦集团有限公司的表彰。

2005—2009 年，农场参加农业部的小麦科技入户工程，通过科技入户工程的深入实施，做到"科技人员直接到户，良种良法直接到田，技术要领直接到人"，切实提高选出的 300 户科技示范户的学习接受能力、自我发展能力和辐射带动能力，取得了每年小麦较上年增产 10% 左右的佳绩。

2005—2009 年，按农业部国家超级稻推广项目"6326"工程部署，以及江苏农垦集团公司要求，大力实施超级稻增产工程，每年在部分管理区实施超级稻示范推广项目，主要选择华粳 4 号、镇稻 99、淮稻 9 号、广陵香粳等生产上大面积应用、高产潜力大、抗病性好的品种。主推机械化插秧技术、精准量化栽培技术、配方施肥技术、好气灌溉技术、精准高效平衡施肥技术、化调化控技术、病虫草害综防技术、标准化生产技术等 8 项技术。每年经农垦集团组织的专家组验收，两个核心方的亩产量在 800 公斤左右；两个百亩方的亩产量为 750 公斤左右；两个千亩片的亩产量为 700 公斤；辐射区面积为 5000 亩，亩产量为 650 公斤以上。有效地提高了农场粮食综合生产能力，保证了粮食安全，取得较好的经济效益和社会效益。

2008 年 3 月，根据"江苏省粮食高产增效创建活动意见"的总体要求，结合江苏省农垦集团公司的有关精神，农场实施粮食高产增效创建万亩示范区推广工作。实施总面积为 11000 亩种植 2 个水稻品种（武运粳 21，3300 亩；淮稻 9 号，7700 亩）。由农业发展中心负责机插稻酵素菌培育壮秧技术，秸秆还田技术，测土配方精确定量施肥技术，群体质量栽培技术，病虫草害综合防治技术，晒田、搁田、烤田等实用高产增效技术在示范区的推广应用。同年 10 月 9—10 日，由农林厅专家验收组对农场所承担的"万亩水稻增产增效示范区"进行考察，并进行了现场测产验收。经现场理论测产结果表明：武运粳 21 亩穗数为 21.03 万/亩、穗粒数 118.09 粒、结实率 95.81%、千粒重 30 克，理论产量达 713.8 公斤/亩；淮稻 9 号亩穗数为 20.84 万/亩、穗粒数 128.58 粒、结实率 90.34%、千粒重 29.6 克，理论产量达 716.54 公斤/亩。同时，将万亩示范区划分为 10 个片，每个片确定 1 个百亩方，随机选择 3 个百亩方，在每个百亩方随机选取 3 块田进行割方计产，每块田实收 3 亩，平均实收单产达 710.8 公斤/亩。非示范区平均单产 632.7 公斤/亩，示范区比非示范区增产 78.1 公斤/亩，增幅达 12.34%。示范区比前 3 年亩平均单产 604.7 公斤（前 3 年分别为 626.53 公斤、600.32 公斤、587.25 公斤），增加 106.1 公斤/亩，增幅达 17.55%。通过粮食高产创建活动的成功实施，示范户取得显著的经济效益，实现了年初制定的产量与收入提高 10% 以上的目标，发挥了示范区大幅度提高单产、提高效益、增加职工收入的作用。此项目获得农林厅"江苏省粮食高产增效创建活动"二等奖，并被批准在 2009 年继续实施。

2011 年，苏垦农发白马湖分公司成立后，每年都作为农发公司稻麦高产创建的参加单位，切实提高水稻内在品质，在提高产量、增加效益的同时，努力推进订单生产，加强江苏农垦米业集团和江苏大华种业的合作，延伸产业链条，并带动周边水稻逐步走向绿色、有机、无公害生产。

2015 年，白马湖分公司开展水稻优质高产模式示范提升工作项目，项目资金 3 万元主要用于加大农业投入，突出关键技术推广，提高技术措施到位率。2015 年 10 月，分公司组织农业管理人员及大华种业部分技术专家按照农发公司测产验收的方法和要求，对分公司 2 万亩水稻优质高产项目片进行了测产验收，测产面积为 2 万亩，测产结果为：平均亩有效穗 21.35 万，每穗实粒数 114.5 粒，千粒重 26.8 克，平均亩产为 652.23 公斤，水稻总产量为 1304.46 万公斤。比全分公司平均亩产增加 14.63 公斤，增产幅度 2.3%。

2016 年，长江中下游麦后机插粳稻超高产栽培技术集成与推广项目，项目资金 8 万元，用于高产创建相关费用。

2017 年，白马湖分公司参与水稻绿色高效模式示范提升工作的高产创建项目，项目资金 10 万元，组织农业管理人员及大华种业部分技术专家按照农发公司测产验收的方法和要求，对分公司 2 万亩水稻绿色高效项目片进行了测产验收，测产面积为 2 万亩，测产结果为：平均亩有效穗 22.7 万穗，每穗实粒数 103 粒，千粒重 27.3 克，平均亩产为 635.5 公斤，水稻总产量为 1271 万公斤；比 2016 年平均亩产高出 45.5 公斤/亩，增幅

7.7％，比全分公司平均亩产增加 85.8 公斤，增产幅度 15.6％。

2018 年，白马湖分公司开展水稻绿色高效模式示范提升工作的高产创建项目，扩大项目创建面积至 4 万亩，项目资金 25 万元，主要用于试验示范所需种子、肥料及相关专用材料的采购、机械作业及人工劳务费用等方面。完善了苏垦农发白马湖分公司水稻优质高产技术体系，并形成了水稻高产优质栽培技术攻关模式，对水稻产量的提高必将起到促进和保障作用。产量效益：2018 年水稻项目区实现平均单产 655 公斤，比过去 3 年平均增加 19 公斤，增幅 3％。亩成本下降 20 元，下降 2.1％，亩增效益 50 元以上。

2019 年，白马湖分公司水稻绿色优质高效行动项目，项目面积为 2 万亩水稻，项目资金 30 万元。项目涉及所有生产区，平均亩产为 686 公斤，比 2018 年平均亩产高 31 公斤/亩，增幅 4.7％。亩成本与往年持平，亩增效益 20 元以上，超额完成农发公司考核目标。

2020 年，白马湖分公司水稻绿色高质高效创建项目，项目面积为 2 万亩水稻，项目资金 30 万元，项目区内全部种植优质高产品种，实行种子订单种植，搭配种植糯稻、南粳 9108 等优质商品粮。主要原因：一是建立农产品质量安全控制体系；二是围绕周年稻麦增产增效的要求，积极培育、引进、示范、推广应用抗病、耐肥、高产、优质水稻品种；三是推广全程机械化技术；四是推广生物肥和生物农药使用；五是推广稻麦生产节水技术，推广微喷、滴灌等旱育秧技术；六是推广防灾减灾应变技术。

2021 年，白马湖分公司水稻绿色高质高效创建项目，项目资金 40 万元，主要用于试验示范所需种子、肥料及相关专用材料的采购、机械作业及人工劳务费用等方面。完善了白马湖分公司水稻绿色高产技术体系，并形成了水稻高产优质栽培技术攻关模式，对水稻产量的提高必将起到促进和保障作用。产量效益：水稻绿色优质高效行动项目应用面积 2 万亩，平均亩产为 624 公斤，比 2020 年增产 3.1％。

2022 年，白马湖分公司水稻绿色高质高效创建项目，项目面积为 2 万亩水稻，项目资金 40 万元，项目区亩产 565 公斤，虽产量较 2021 年有所下降，但成本同比下降 21 元，亩效益增加 12 元，节本增效≥5％。推广应用技术模式 2 项：一是全面推广药剂浸种、微喷育秧技术，浸种后播种有效解决干尖线虫危害；实行微喷旱育，有效提高秧苗素质，延长秧龄弹性的同时减轻秧池用水对大田的影响。二是全面推广无人机撒肥。缓解人工撒肥压力，保证撒肥均匀度，提高肥料利用率。

第三节　养　殖　业

一、畜禽养殖

（一）猪

1960 年，畜牧场建立后，建造单列式猪舍 20 间，猪种为约克夏、巴克夏和杂种猪，开始发展养猪业。1962 年，由于十二号台风袭击，85% 粮食颗粒无收，牲畜饲养受到制约。除少数农户能饲养一头猪外，其余均停养。直到 1964 年全场在张徐大队试行公猪私养以后，养猪业才得以发展。

1965 年，农场筹办青年猪场，建猪舍 5 栋，共 75 间。之后相继增建了大港猪场、良种队猪场、6 支猪场和杨家荡猪场，引进练湖农场的养猪经验，用干粉料喂猪，逐渐由公猪私养向集体饲养转变。每年饲养生猪 2800 头左右。

1973 年，农场重新修建了青年猪场，引进新淮猪并建立种猪档案，进行新淮猪育种。1978 年，华东六省一市到青年猪场开现场会，全国有 28 个省、自治区、直辖市代表前来参观鉴定，青年猪场良种猪繁育荣获科技大会一等奖。青年猪场繁育的 1222 号母猪和1381 号种公猪被选为标准新淮猪，1979 年在北京农展馆展出被评为全国一类种猪。

1. 品种改良

20 世纪 60 年代以前，主要饲养当地土种老淮猪、杂种猪等，苗猪来源于市场。建场后，引进约克夏、巴克夏和新淮猪等，开始繁殖仔猪，一方面满足本场需求，另一方面则对外出售。

60 年代后期至 70 年代末，建立场、大队、生产队三级猪场，形成新淮猪育种网，新淮猪逐渐发展成为农场生猪的当家品种，场属猪场成为良种猪繁育基地。

2. 饲养管理

农场养猪经历了由集体公养→个体饲养→规模饲养的历程。

20 世纪 60 年代初期，采用放牧和圈养相结合的方式，夏秋白天放养，傍晚归栏后补喂少量米糠，冬春则以晒干的青草或粉碎后的作物秸秆掺配少量精料喂养。70 年代以后，经历了由拴养一圈一猪进而演变为一圈多猪的过程，逐步推行半敞开式猪圈，全面进行舍养。80 年代，随商品经济的发展以及"两户"的出现，农户在养猪上的投入增多，逐步采用科学养猪法。部分养肥猪、母猪户建起了半封闭式的猪圈，有的农民还建立起了双列式猪圈。

集体养猪在饲养技术上经历了 3 个改变，即一改"吊架子"养法为"一条龙"饲养法；二改稀料为干料；三改生料为发酵料。职工家庭自养在饲料品种上，80年代以前用残羹饲喂，基本上是有什么喂什么，80年代以后，大部分农民使用混合饲料，也有部分养猪户把甘薯等作物秸秆粉碎后经浸泡作为主饲料。90年代，全面推广全价颗粒饲料以及精料。在饲料调制上，60年代采用煮、浸、泡等方法，80年代后普遍采用机械粉碎并推广多种发酵饲料，如酒糟等。

从1999年到2003年由于粮食及饲料价格高，加上防疫设施不健全，职工自发养殖的积极性比较淡薄，一直没有形成规模，全场年出栏生猪在1.2万头，2004—2009年，农场出台了各种激励机制，养猪业逐步走向规模化，新建猪舍8幢约2700平方米，各养殖户从南通、山东等地购进原种长白山母猪及约克、杜洛克母猪进行自繁、自养。目前年出栏200～1000头的有8户，全年出栏生猪2.2万头。

（二）牛

1. 发展概况

农场饲养的牛主要是役牛，包括黄牛和水牛，品种有贺兰牛、秦川牛、海仔牛等。

建场前，淮安县在原张徐大队建立一个海仔牛种牛场，主要是对海仔牛进行提纯复壮、选优去劣和纯种繁殖，当时有海仔公牛2头，母牛50头。

1960年场部迁址后，种牛场更名为畜牧场，当地群众称为分场。有400平方米牛舍3幢，增加了黄牛56头，贺兰公牛1头，贺兰母牛10头。由郭向培、周学宽担任技术员，并设立一个养牛队和粉坊，养牛队队长为周学宽。1961年李海昌、刘文举从苏北农学院分配到畜牧场当技术员，1962年又从南农兽医系分来吴景昌担任兽医。同年，耕牛因营养不足大批死亡，13个大队有一半以上无耕牛，群众种田普遍用人拉犁。1963年畜牧场有耕牛106头，年产黄牛22头，成活率只有56％。由于多数母牛患贫血，每生一仔，胎衣都要人工剥离，医务工作较繁重。后经技术人员不断摸索，发现仔牛贫血，用母体输血，能使牛犊成活率提高到95％以上，并在淮阴地区首次探索出对耕牛进行剖宫产的成功经验。

1964年，由于农场机械化程度不高，加上耕牛大量死亡，农场从洪泽湖农场贺台分场借黄牛200头，又从东辛农场买进水牛50头用于春耕，宝应湖农场50多头牛在农场放牧，亦助当年春耕一臂之力。同年，农场在张徐大队试行冬季母牛集中饲养，用公牛诱情配种，扭转了张徐大队耕牛紧张的局面，耕牛由原来的53头增加到98头。至60年代末，农场耕牛已由建场初的214头发展到563头。

1978年建立耕牛配种站，养牛又有了新的发展，80年代以后，随农村经济体制改革的不断深入和机械化程度的提高，耕牛不再是农业生产中的主要动力，由原来的集体饲养折价给职工合养，后又发展为承包户一家一户饲养。至 1998 年，农场牛存栏只有 85 头，主要用于职工家前屋后零星隙地的耕整以及发展肉用牛。

2. 饲养管理

20 世纪 70 年代以前，主要实行集中饲养。役牛分给各生产大队饲养，自行调配使用，并被列为单位的固定资产。畜力的余缺问题，则由农场统一调配。

在饲养上实行"五定一奖"制，即定草、定料、定膘、定积肥、定繁殖，年底给予一定的奖励，以加强饲养管理人员的责任心，提高饲养积极性，基本做到队队有牛，耕田不愁。在使役上，实行定人、定牛、定犁耙、定定额、定交接制度、定工报酬等"十定"原则。

1982 年实行"土地承包"后，又沿袭一家一户的饲养方法。进入 21 世纪，随着农业机械化水平的不断提高，饲养耕牛逐渐走出历史的舞台，年存栏量较少，仅 40 头左右。

（三）马、驴、骡等大牲畜

农场养马主要用来拉车。60 年代初，有马 20 头，主要为伊犁马。毛驴 37 头，主要分布在于庄大队和邵集大队。70 年代以后，运输工具逐渐被拖拉机等代替，马匹、毛驴逐步淘汰。

（四）羊

山羊　农场养羊以山羊为主。60 年代初由于灾害影响，粮食大幅度减产。为迅速解决肉食品问题，发展皮肉兼用型山羊，养羊业曾一度发展较快。1964 年饲养山羊 100 只，1963 年上升到 217 只。80 年代以后，除职工个人饲养外，集体基本不养。进入 21 世纪，从事山羊养殖只有个别养殖户，零星散养。

绵羊　70 年代，由于羊毛价格的上涨，绵羊在农场占有一定比例，由建场初的几只发展到 70 年代的 50 多只。主要实行集中饲养，统一管理。80 年代以后，羊毛价格陡降，绵羊饲养量逐年减少。至 2022 年，仍以职工零星散养为主。

（五）兔

兔在农场饲养年代虽悠久，但数量较少，且为职工家庭笼养。70 年代，由于兔毛市场价格的紧俏，养兔给农民带来了效益，毛兔数量呈上升趋势。1972 年农场利用林西窑场空房子发展种兔饲养，年均饲养量为 300 多只，王祖兴任场长。淮安县曾组织人员开现场会，农场养兔业出现空前繁荣。70 年代中期，由于技术人员外调，种兔饲养逐渐停止。90 年代，农场开始出现肉兔养殖专业户，曾在前进小学办起过肉兔养殖场，年均养殖量为 500 只左右，1996 年后停止饲养。由于养殖技术及市场风险等原因，多年来均以散户养殖为主，年存栏在 1900 只左右。

（六）蜜蜂

1969 年，李金山和江西高安县华林蜂厂从内蒙古买来 15 箱意大利蜂，简称"意蜂"，开始发展养蜂业。

1970 年，农场成立养蜂队，成员有 4 人，均由退伍军人组成。行政上属农场生产科领导。曾南下浙江、安徽、福建、湖南、广东，北经山东、河南，到辽宁、吉林、黑龙江、新疆等地，一年四季逐花而行。后因管理不善，效益亏损而停养，养蜂队随之取消。

（七）貂

60 年代后期，吴景昌从灌云县貂场引进标准貂 60 只左右，在南总站建立貂场，并一度发展到 300 多只。后因貂皮市场疲软，饲料价格昂贵，以及技术力量不足、水貂死亡率较高等因素，至 1970 年停养。

二、家禽

建场初期至改革开放前，基本上属于职工自养。由于饲养管理及疫病防治等因素的制约，加上饲料短缺，畜禽的发病率、死亡率较高，成活率只有 30.2%。

80 年代中期，禽蛋销路不畅，家禽饲养量有所下降。1987 年，农场开始重视肉鸡饲养，从上海批量引进法国红菠萝及 A-A 鸡，在原青年猪场的基础上建立种、肉鸡养殖场，使禽类养殖开始上规模。

（一）肉鸡

2001 年前，农场的肉鸡养殖主要集中在原种鸡场，年出栏肉鸡 20 万只以上。

从 2002 年开始，部分农业单位及二渔场的职工开始养殖肉鸡，全年出栏肉鸡 35 万只以上。

2006 年，韩学辉又投资 120 万元新建 3 幢鸡舍批次出栏肉鸡 4 万只，全场年出栏肉鸡 40 万只。

2007 年，农垦全面推进"二次创业"，当年农场新增养鸡户 85 个，至 2009 年全场年出栏肉鸡 180 万只。

（二）蛋鸡

2001 年一渔场周兆根、张建卫各投入资金 4.5 万元，各建 1 幢 150 平方米鸡舍，配套小型粉碎机等设备，从南通等地购进德国罗拉苗鸡，后来品种改为罗曼鸡进行饲养，通过两户的典型示范，带动了全场的蛋鸡养殖，加上农场近年来优惠政策的出台，目前全场发展蛋鸡养殖的有 52 户，年存笼蛋鸡 36.3 万只，年产出禽蛋总量 7200 吨。

三、附属企业

（一）养鸡场

1987年，农场先后投资120多万元，在原青年猪场的基础上进行翻建，建成1座饲养5000套父母代种鸡，年产20万羽肉鸡的养鸡场。到1998年，该场已拥有建筑面积5000平方米，其中种鸡舍5栋计1375平方米，肉鸡舍8栋计2808平方米，育雏室2栋计520平方米。该场还配备了3台全自动孵化机、1台出雏机和一套发电机组。拥有一套配合饲料机组，年单班可产配合饲料15万公斤。主要当家品种是法国红菠萝及A-A鸡，实行平养。育雏采用笼育并实行两段饲养，高温育雏，全进全出制。全年可产肉鸡20万羽。由于管理人员太多，2002年4月改制，停养。2003年4月实行股份制经营。

（二）兽医站

农场兽医站组建于60年代中后期，建站初邵殿龙任站长，行政上归属农场畜牧生产科领导。

1978年，吴景昌同志担任兽医站副站长，为农场培训了一大批合格畜牧兽医技术人员，并建立耕牛配种站，畜牧业又有了新的发展。

90年代，农场先后从江苏农学院兽医系、句容农校等大专院校引进各类畜牧兽医人才6名，支援农场畜牧业发展。目前，农场畜牧业生产处于平衡发展状态。

2005年3月为进一步做好农场畜牧业的发展工作，场党委对兽医站进行体制改制，人员由原来的8人缩编为6人。同年6月成立防治重大动物疫病指挥部，并划分了13个防疫管理区，由兽医站5名防疫员对全场所有养殖户进行防疫监管。在重大动物疫病防控工作中对全场养殖户发放了"养殖户须知""禽流感知识问答""白马湖农场畜禽类苗种引进管理办法""白马湖农场畜禽规模养殖防疫管理办法"等，农场与各防疫管理区签订防疫责任状，同时兽医站和养殖户签订防疫责任状以及相关养殖合同，年终由农场防疫指挥部对13个防疫管理区动物防疫工作进行考核。

2006—2010年，随着江苏农垦的不断发展，农场规模畜禽养殖也不断发展壮大，共有规模养殖户112户。为更好地做好防控工作，更好地为养殖业的发展保驾护航，经农场党委同意，为兽医站投入20万元配备了先进的实验室设备：酶标仪、恒温箱、快速诊断箱、电子显微镜等。同时，通过人才引进，又招聘了两名防疫人员，这样更好地提高了工作效率，为快速诊断疫病提供了方便，更好地提高了服务质量。

2010年至今，兽医站先后开展了生猪保险和家禽保险工作，减少养殖户在养殖过程中的风险，很大程度上解决了养殖户的后顾之忧。同时，在2016年7月以来，兽医站协助场主管部门对全场所有规模化养殖场进行养殖治理，对养殖污染突出的养殖场进行治理，对整改不到位的进行关停、拆除。党的十八大以来，习近平同志就生态文明建设提出了一系列新理念、新思想、新战略，全党全国树立和践行绿水青山就是金山银山的自觉性显著增强。农场畜禽养殖治理理念思想不断提升，针对养殖污染问题采取相应的整改措施及方案，做到即知即改、立行立改，生态文明建设成效显著。为更好地开展工作，积极争取养殖治理设施设备，至 2022 年，淮安区地方政府在农场养殖治理工作上争取到干湿分离机 6 台、防渗膜 6300 平方米、资源化利用巡查车一辆，推进了养殖污染治理进度。

兽医站始终秉持提高技能、增强服务理念，为进一步增强养殖户的技术服务，在服务中做到随叫随到、百问不厌，根据不同养殖种类分别制订工作计划直接服务于养殖户，促进养殖业更快、更好地发展，以达到增产增收的目的。通过宣传、引导、培训，更新了养殖户的养殖观念，提高了养殖技术，促进了整体养殖水平的发展。

2005—2022 年，兽医站在动物防疫工作取得了骄人的成绩，其中被淮安区农业农村局评为动物防疫工作一等奖 10 次，二等奖 5 次，三等奖 2 次。

目前兽医站以形成重大动物疫病防控为中心，同时以畜禽保险、畜禽养殖治理、农技推广、畜产品质量安全及病死畜禽无害化处理等为日常工作，对全场所有的畜禽养殖场以全年防控为主体、技术指导为支撑，实行巡查、监管制度，春秋两季进行集中免疫、三灭四消以及夏季的高温消毒灭源和集中补免，建立了一整套的防控措施和防控机制。

（三）畜禽加工厂

1997 年，农场在原万头猪场建立畜禽加工厂，拥有房屋 4 幢，共计 960 平方米，职工 8 名，是农场股份制经营单位之一。

畜禽加工厂主要以生猪加工、出售为主，经营形式由以前的加工厂收购生猪、小刀手拿肉转变为现在的小刀手自己带猪到加工厂宰杀，并交纳一定的管理费。该单位自实行分片包干、责任到人的管理体制后，效益明显提高，1998 年外调生猪 850 头。目前该单位实行自负盈亏。

四、水产养殖

（一）基本概况

20 世纪 50 年代初，国家水产研究所有关技术人员来淮安县城西南方向灌溉总渠旁进行实地考察。考察后认为这里水源充足，土质肥沃，自然条件优越，决定由国家拨款、淮安县出人工于 1952 年挖了 104 个池口，面积 450 亩，从苏南调进技工 23 人，从事捕捞长江自然水花，育种供应全国，并争取向万亩鱼池发展。后来发现四大家鱼主要产卵区在长江中下游，为了科研和生产之便，中国水产研究所迁至沙市，放弃了这里的建设目标，由淮安县接管，称为淮安县鱼种场。

农场成立后，淮安又于 1960 年初将鱼种场转交给农场，并成立一个由 12 人组成的水产养殖队，隶属于农场畜牧科领导。1980 年 12 月成立五分场，专项搞渔业生产。1984 年又隶属于多种经营公司。1995 年撤销多种经营公司，组建畜禽水产公司，现有下属企业 6 个，分别为一渔场、二渔场、三渔场、鸡场、兽医站、畜禽加工厂。

2001 年，农场围绕调整养殖品种结构，增加了异育银鲫等常规优质鱼占比，大力发展特种水产养殖，积极稳步发展鳜鱼、黄颡鱼、南美白对虾、龙虾等的养殖。

2009 年，全场共有水面 6500 亩，养殖户数有 146 户。其中：精养鱼塘 1200 亩，半精养鱼塘 1100 亩，滩荡 800 亩，湖面 2300 亩，湖面养殖从 1976 年开始，养殖户一般都是从盐城、兴化等地引进过来的，一共有 23 户。内陆河沟 1100 亩，全年上市水产品 1300 吨，其中成鱼 800 吨、龙虾 200 吨、河蟹 161.5 吨、鱼种 75 吨、鲴 8 吨、鳜鱼 50 吨、泥鳅 4 吨、甲鱼 1.5 吨，另外还有河藕 1200 吨、芡实 7.5 吨，春季培育各类鱼苗夏花 2000 万尾。

2010—2022 年水面面积情况见表 4-5，2010—2022 年水产养殖情况见表 4-6。

表 4-5　2010—2022 年水面面积情况

年份	水 面 面 积					养殖户（户）
	合计（亩）	精养塘面积（亩）	半精养塘面积（亩）	滩荡面积（亩）	湖面面积（亩）	
2010	6385	454	1431		4500	118
2011	6380	454	1426		4500	119
2012	6390	454	1436		4500	120
2013	6448	454	1494		4500	124
2014	2987	454	1430		1103	118
2015	3064	454	1507		1103	119
2016	3058	442	1513		1103	141
2017	3097	430	1564		1103	140
2018	3107	420	1584		1103	141
2019	3131	410	1618		1103	140
2020	3160	410	1647		1103	142
2021	3168	402	1663		1103	140
2022	3192	402	1687		1103	140

表 4-6　2010—2022 年水产养殖情况

年份	全年营业收入（万元）	利润完成情况（万元）	水产品完成情况							
			总产值（万元）	总效益（万元）	其中					
					成鱼（吨）	鱼种（吨）	螃蟹（吨）	鲢鱼（白、花鲢）（吨）	龙虾（吨）	试养品种（吨）
2010	142	42	1235	510	560	237	35	34	30	泥鳅 1.2
2011	140	37	1230	500	550	240	39	37	33	泥鳅 1.8
2012	138	42	1236	520	540	235	35	35.5	35	鲴 1.5
2013	136	38	1235	525	550	240	37	36	38	鲴 2.1
2014	142	46.5	1330	600	575	235	52	39	39	鲈鱼 1.3
2015	139	39.5	1238	585	540	220	49.5	38.5	37	鲈鱼 2.7
2016	140	40	1240	590	570	225	50	40	35	鲈鱼 5.5
2017	142	40	1250	580	550	240	47	39	40	鳜鱼 3.1
2018	138	42	1255	600	548	239	48	45	38	鳜鱼 3.9
2019	144	44	1400	650	650	300	80	70	42	鳜鱼 3.5
2020	139	41.5	1366	642	628	286	74	58	43	中华鳖 0.3
2021	143	43	1389	645	643	298	76.5	64	43	罗氏沼虾 1.1
2022	146	45	1421	657	654	302	81	68	45	罗氏沼虾 1.3
合计	1829	540.5	16825	7604	7558	3297	704	604	498	29.3

（二）滩荡河沟养殖

建场初期，农场自然村庄零乱，加之地势较洼，滩荡河沟遍及，给农场滩荡养鱼带来便利。1959—1969 年，农场推广滩荡养鱼 1 万亩，其中一渔场 2000 亩，二渔场 3000 亩，三渔场 500 亩。后随着鱼种的改良和养鱼行情的变化，滩荡养鱼面积逐步减少，到 1998 年止，全场滩荡养鱼面积仅剩 1747 亩，其余均退渔还耕。

（三）精养

20 世纪 60 年代渔业生产在精养方面起步较慢，贡献不大，仅一渔场有精养面积 450 亩。在万亩水面中，每年只能生产鱼苗 2000 万～3000 万尾，鱼种 0.75 万～1.0 万公斤，成鱼 3 万～4 万公斤，实为面积大，资源优，效益低。

自 1974 年起，渔业生产在场党委的领导下，又提出了向万亩鱼池、万担鱼迈进的奋斗目标。1976—1978 年，连续三年农场组织几千劳力开挖、整修鱼池，挑土 40 多万立方米，为渔业生产打下坚实基础。1979—1981 年，农场又先后投资 59 万元，组织人力挑挖精养池 784 亩，改造鱼种池 69 亩，三年共挖土 90 多万立方米。在通水、通道、通电上着手配套，保证水多能排，水缺能灌。至 1998 年已有精养鱼池 1194 亩，其中专业鱼池有1044 亩（一渔场 600 亩、二渔场 358 亩、三渔场 86 亩），农业分场有 150 亩，每年精养可产成鱼 50 万公斤。

（四）鱼种

农场鱼苗主要来源于本场一渔场（原称鱼种场）。1959—1970 年每年可向本场或对外提供鱼苗 2000 万～3000 万尾，鱼种 0.75 万～1.00 万公斤。品种主要有：草鱼、鳊、鳙、鲫、本地鲤、兴国红鲤、散鳞镜鲤、白鲫、本地鲫、异育银鲫、方正鲫、日本青虾等。1970—1980 年每年可产鱼苗 2000 万～3000 万尾，一龄鱼种在 0.75 万～1.00 万公斤左右。1976—1980 年，一龄鱼种可产 1.0 万～1.25 万公斤，成鱼产量达到 7.5 万～10 万公斤。至 1998 年止每年可产鱼种 7.25 万公斤，成鱼 11.6 万公斤，为农场创造了一定的产值和利润。

1999 年从山东引进乌鱼（黑鱼）试养，养殖面积 8 亩，因该鱼类全靠活饵料（小鱼）或冻鱼投喂，导致养殖没有成功。2004 年引进黄颡鱼，2007 年引进美国斑点叉尾鮰和连云港的泥鳅，2009 年从宝应购进甲鱼苗进行试养，都获得成功。

2003 年向国家商标总局申报注册了无公害"神湖"牌商标，并建成中华绒螯蟹生产基地 2000 亩，生产无公害水产品 50 吨，注册商标已得到使用。

（五）渔场

1. 一渔场

"江苏农垦第一水产良种场"原名"白马湖农场鱼种场"简称"一渔场"。始建于1956 年，地处苏北灌溉总渠南侧，水陆交通便利，水源充足。现拥有水面 610 亩，人口139 人，职工 89 名。

白马湖农场鱼种场建场以来，主要以培育鱼种为主，除供应本场之外，还对外出售。曾以产量、产值、利税名列全省前茅而荣获江苏省人民政府颁发的嘉奖令。1987年被江苏农垦集团总公司命名为"江苏农垦第一水产良种场"。1988 年，渔场又与中国水产科学院淡水渔业研究中心合作，建立建鲤繁殖基地，并由建鲤品种育成者张建森和孙小异研究员担任建鲤人工繁育技术顾问。所产出的建鲤苗仔近亿尾，远销北京、天津、黑龙江、山东、安徽、吉林等地。1990 年，渔场撰写的《建鲤及其育种新工艺新技术》荣获中国水产科学院科学技术二等奖，并被载入《中国科学技术大全》一书中。

1991 年，农业部又对农场专项投资 40 万元，用以扩大繁殖基地规模，同年一渔场又被列为国家建鲤良种生产定点场。具有年产建鲤仔 8000 万尾、异育银鲫 1000 万尾、"四大家鱼"苗一亿尾的能力。

至 2018 年为止，一渔场已具有年产鲤、鲫鱼夏花 2000 万尾，一龄鱼种 6 万公斤，商品成鱼 4 万公斤的生产能力以及相应的配套设施。所产品种有：青、草、鲢、鳙、鳊、鲤、白鲫、异育银鲫、兴国红鲤、建鲤、彭泽鲫、兴淮鲫等 13 个。

2. 第三水产养殖场

第三水产养殖场，简称三渔场，是 1978 年在原副业大队的基础上改制而成。拥有土地面积 1000 余亩，其中精养面积 118 亩，退渔还耕面积 750 亩，特种水产养殖面积 2478 亩（含白马湖面 2300 亩）。

三渔场采取特种水产养殖，四大家鱼与种植水稻相结合，初步形成能养则养，能种则种，养、种结合的生产经营格局。

2019—2022 年，农场公司围绕实施"1111"工程（饲养好 1 个品种、打造好 1 个品牌、种好 1 片田、实施好 1 个项目），不断优化水产养殖结构、提高养殖效益和产品质量、探索产业发展新路子，通过推广"线上营销线下成交"销售模式，助力螃蟹、罗氏沼虾等特色水产品"走出去"，持续推动水产养殖绿色健康发展。经过畜水中心组织赴外地考察学习、寻求适宜自身自然条件的养殖模式，到目前已有 6 家养殖户在畜水中心的鼓励与支持下，利用 230 亩池塘套养螃蟹、鳜鱼和罗氏沼虾。为了提高效益，养殖户使用冰鲜鱼、维生素 C、高蛋白饲料等实行高质高效饲喂，力求做到绿色原生态养殖。罗氏沼虾成熟上市时，平均亩产 80 斤，亩净利润在 1300 元左右。

第三水产养殖场水域主要水产品分布情况见表 4-7。

表 4-7　第三水产养殖场水域主要水产品分布情况

名　称	水域类别	
	养殖水域	自然水域
鲢	＋	＋
草　鱼	＋	＋
青　鱼	＋	＋
鲫	＋	＋
鲤	＋	＋
鳊	＋	＋
泥　鳅	＋	＋
黄　鳝	－	＋
螃　蟹	＋	＋
鳖	＋	＋
青　虾	＋	＋
备　注	"＋"代表有此品种，"－"代表无此品种	

第四节 林 业

一、发展概况

建场前，本场树木极少。1962年，农场在原西韩大队栽培苗木20亩，后因地势低洼，苗木全部淹死。1964年，农场在原滕庄大队后的一块高滩上（今砖瓦厂所在地）建立苗圃生产基地90亩，本着"自繁、自育、自用"的原则，以采集本地树种为主，从外地购进部分种苗进行育苗生产和试验。主要培育苦楝、臭椿、紫穗槐、女贞、白杨、榆树、刺槐等本地速生树种，当年育成苗木近60万株。1963年，购进树苗6.25万株，营造防风林带28950米，面积190亩。其中在西干渠造林3000米林带，在波汪河造林3000米，在四支渠及五支渠各造林2000米，在解港河造林3650米，条沟9条等，共造林15300米。

20世纪70年代，贯彻"营造农田防护林和用材林并举"的方针，防护林继续发展。1965—1974年，农场逐年开挖了中干河、大港河、陈堆河、六支河，同时用自己培育的树苗在新开河两岸栽种共200亩刺槐林，真正开始重视林业生产。几年中，全场累计造林2800亩，林木覆盖率达8.5%，农田林网面积达70%，居民住宅区林木覆盖率达35%。

80年代末，农场注重在住宅区、办公区建造花坛、花池，栽植常绿树木和花草，美化环境。

90年代，农场采取了"五结合"方针（即防护林与用材林相结合；经济林和观赏林相结合；四季绿化与美化环境相结合；以改造为主，实现"造、管、护"相结合及"网、带、片"相结合）使农场林业得到快速发展。

进入21世纪，农场林业结合集团政策和场情需要，逐步调整和修正发展模式和经营方式，从以个人管控为主逐步向扩大集体管控面积模式转变，着重发挥集体管控的带动优势和效益提升，同时解决了300余职工的就业问题。

随着林业生态功能及经济地位的凸显，特别是2013年农场党委明确提出林业"1315"（1000亩核心苗圃、3000亩大规格绿化苗木储备、1000亩速生用材林、500万元年销售额）产业化发展目标以来，林业转型发展进入快车道，更新林地全部由集体统一规划和种植，"林业产业化"发展思路日渐清晰，形成了以"三纵六横"为点、"一区一品"为面的发展架构，凸显了林业在农场公司经济社会发展中的"主业"地位。

"十三五"期间，林业发展坚持以"1315"林业产业化推进为总目标，立足场情、围绕目标夯实基础；立足发展，外引高校参与林业规划制定；立足创新，优化苗圃结构和优势树种培育；立足生存，主动融入市场竞争。

2015—2019 年，林业着力打造以"三纵六横""一区一品"作为发展重点，环环相扣夯实林业发展根基。以南京林业大学、淮阴工学院、淮安生物工程高等专科学校为农场林业结构调整提供技术依托，以优化苗圃布局、扩大新品种杨树繁殖为方向，以六支美丽乡村、城镇环境治理等工程加强绿化施工队伍锻炼，以淮安市高速环、淮安区重点公益林、清江浦区林业群防服务等产业链延伸为动力，不断推进农场林业淮安区域服务覆盖面。农场现有沟渠路堤绿化林木面积 5308 亩，城镇绿化面积 587 亩，四旁植树 3625 亩，大规格绿化苗木及苗圃面积 1125 亩，植株总数 52 万株。

在三年新冠疫情反复、林苗市场低迷、售价崖跌等各种不利的大环境下，林苗发展空间进一步收窄。林业发展立足主职主业，主动拓宽增收渠道，在夯实林苗结构更加优化的前提下，围绕主职多头并进，形成苗木（花卉）销售、绿化工程施工、用材林销售、挖树机服务等方面多点共进的收入格局。

"十四五"期间，林业遵循主业发展有亮点、项目合作有高度、副业增收有渠道的指导思想，通过开拓销售新方式、产业新延伸、服务新突破等举措，着力实现林业发展"1511"目标再上新台阶。

2019—2022 年，林业着力于打造"林苗一体"示范展示圃地。以南京林业大学、林科院等专业学校为农场提供技术依托，以项目合作为抓手，积极引进优质高效特色树种。引进具有前瞻性战略合作伙伴安徽易木源有限公司、北京花卉公司合作种植，建立苏北最大光叶榉储备基地和延伸花卉产业链。积极拓展绿化苗木工程应用空间，以场内零星工程配套绿化工程，加强施工队伍的锻炼和提升苗木的附加值。加强林技专业机械设备和人员配备，不断推进场内和周边苗企挖树服务。

二、林管站

20 世纪 70 年代以前，林业生产没有专门的管理机构。由于体制不健全，政策措施不具体，每年植树造林，栽而不活、活而不管的现象比较普遍，农民素有"春天栽，秋天黄，冬天进灶膛"的说法。

1975 年，农场建立林业管理站，又称林管站，当时有职工 24 人。根据农场文件及通知，负责制定相应的林业发展规划，并进行技术指导。

1986 年，为贯彻国家有关绿化造林的指示，加强对林业生产的领导，在全场范围内形成一个"人人植树造林，个个自觉护林"的良好风尚，农场成立了"国营白马湖农场绿化造林领导小组"，负责对全场绿化造林工作开展行政和技术指导，制定林业生产规划和林业生产有关规定，检查、督促全场林业生产及管理情况，审批育林经费的使用，树木的砍伐更新。林业生产被列入目标管理，并作为各级干部年终考核指标之一。

1994年，农场成立林木公司，公司实有人数46人，其中职工38人，管理人员8人。分设两个单位：一个是木材加工厂，一个是林业管理站。本着"以林养林，以工养林"的宗旨，以木材加工为龙头，以场内更新树木为原料，生产、加工民用建筑板材以及货物包装箱等，产品远销武进、张家港等地，年均创工业产值近30万元。

1995年，成立林木公司（建制科级）。

1997年底，撤销林木公司，恢复林业管理站建制。

2001年，对场内林业产权制度进行了改革，对场内18条大沟及农田林网的林地（树木）进行公开拍卖。2001—2008年先后签订林地（树木）承包合同347份，共收取林地费用148万元。

2002年，林业管理集体权属部分林地，采取定额费用包干的形式，面向林业专职职工"三年周期管护"方式至今。同时对农场内部林网及部分拾边地、堆堤进行市场化产权改制，改制后的林地使用权及收益权归职工所有。

2003年，对育苗地进行改制，由集体生产经营改为职工承包经营，自负盈亏。

2007年，对砍伐更新的集体林地采用周期承包管护，林地的经营权归农场所有，林木的管护由农场按不同的承包周期划分给承包者管护，承包者的利益和报酬与管护指标完成情况挂钩，逐年兑付报酬。

目前，农场有垫高林床120条，折合700亩，其中：主林带100条，折合300亩；副林带20条，折合400亩。营造主干河道防风林带6条，总长76.2公里，折合面积1805亩，其中：中干河总长20公里，折合面积245亩；灌溉总渠总长4.7公里，折合面积384亩；淮范路总长24公里，折合面积484亩；西干渠总长18.5公里，折合面积258亩；白马湖大堤总长3.5公里，折合面积50亩；引河大堤总长5.5公里，折合面积384亩。沟、渠、路、堆总长89400米，已全部绿化，排水沟林带20条，四旁植树66.1万株，折合面积5820亩，农田林网覆盖率90%。住宅区林木覆盖率达40%，营造各类经济林530亩，建设苗圃面积50亩，品种有意杨、松柏等苗木品种9种。

从2001年林权改制后，林业的管护类型主要采取3种形式：一是大林业采用集体和个人承包相结合的管护方式；二是苗圃采用自负盈亏的承包模式；三是道路配套绿化带采用集体管理模式。

2013年，农场根据场情需要，为减少农场资金投入压力，同时解决部分职工就业增收，农场出台林权分成种植指导意见，即由农场提供土地、职工按照规划要求个人出资购买苗木并出劳务管理的模式，对林权到期更新后的林地170余亩采用杨树4∶6、绿化苗木3：7对场内职工、居民公开招标收益分成的模式。

2015年以来，针对分成林地管护及监管存在误区和盲区的情况，农场及时修正林地种植政策，所有林权到期或集体管控林地更新后一律由农场集体按照林业发展规划种植管理，并落实由林业站职工周期承包管护。

截至2018年，林业站实有人数25人，其中职工20人，管理人员5人。依据职能分工和区域范围分设6个管护组。

三、科技创新

2002年，引种80多个野生新优树种进行了适应性训化、培育，拓宽苗木发展思路，对表现优越的黄山栾树、大叶女贞、黄连木等树种做细做强，形成自身苗圃发展特色。

2004年，引进8个新优杨树品种，筛选出本地生长潜力巨大的南林95、895杨、中顺1号等品种，打出自己的杨树品牌，迅速占有地方市场份额。

2006年，引种中华红叶杨，扩大了苗圃知名度，建立并形成了淮安市最大的红叶杨基地。2007年1月5日，淮安市科技局组织有关专家对淮安市楚州区林业技术指导站、江苏省国营白马湖农场林管站、南京林业大学共同承担的江苏省农业科技成果示范推广计划项目"优质杨树新品种示范推广（项目编号BC2005308）"进行了鉴定，鉴定委员会一致认为该项目技术创新性强，应用前景广阔，达到了本市领先水平。

2013年，结合部分更新林网树种调整需要，推动和打造以黄山栾树、榉树、玉兰等树种为主的"一区一品"发展布局，扩大高效大规格绿化树种培育与储备，积极探索品种向多样性、苗木珍贵化方向发展。

2016年，引进扩繁以南林3804、南林3412等为代表的杨树雄株进行培育，为日益严重的杨絮治理打下坚实的苗木保障。

2018年，在强化林苗品种、质量竞争力提升的同时，积极与南京林业大学、省林科院、淮阴工学院等科研院校达成培训、科研合作协议和意向，为林业提供适合区域产业发展的中长期规划、树种结构调整、种植新技术推广等信息技术支撑。

2018年，加快"三化"优质苗木品种储备，争取省级森林资源培育项目，新增扩繁：杨树雄株南林3804、南林3412、南林862、泗阳Ⅰ号、美国红栎、黄山栾树等"三化"名录苗木储备苗圃面积80余亩，扩繁苗木近30万株。

2019年，与南京林业大学开展合作，引进美国红栎4000株幼苗用于景观绿化，通过5年多的精心管护，目前美国红栎平均胸径为14～15厘米，已成功达到预期生长目标，就目前情况来看，美国红栎无论作为绿化树还是材用树种都具有很大的市场前景。在南京林业大学的技术支撑下，华萃大棚开始培育美国红栎种苗，已初见成效。

2019年，与南京林业大学合作开展省级项目：2019年江苏省农业科技自主创新资金项目"不飘絮杨树人工林高产、高效、复合栽培技术研究"以及配套杨树苗培育项目。

2022年，本着"人无我有、人有我优、人优我特"的宗旨，扎实推动高校林苗扩容增量落地落实。引进具有前瞻性战略合作伙伴安徽易木源有限公司合作种植"绿色花瓶"光叶榉74.5亩，9.7万株，建成苏北最大光叶榉储备基地。同时兼顾差异化、高效化发展理念，高标准种植树状染井吉野樱花、飞寒樱樱花70.78亩，2300余株，套种大叶黄杨1.3万株，为差异化、精品化发展积累经验。

2022年，与南京林业大学合作开展的杨树雄株高效复合经营通过省级验收，并入选国家级项目库4年造林，平均胸径21.3厘米，亩均蓄材量超出省标近20个百分点；林下套种44.6万株石蒜等耐阴经济作物初见成效，成为农场树种区域推介的一张新名片；建立栎树种源储备库7个品种，9个种源，23亩，复合栽植栎树1125株，套种石楠6.7万株，成为区域试验示范重点。

四、主打品牌及销售渠道

2004年9月，江苏省林业局授予淮安市楚州区林木基地"江苏省质量信得过林木种苗基地"，形成以野生新优树种（如黄山栾树、大叶女贞、黄连木等）、新优杨树品种（如南林95、895杨、中顺1号、中华红叶杨等）为特色的苗圃发展新格局。自2001年以来，农场不断加大林业产权改革和品种更新步伐，拓宽销售渠道，积极参与政府绿化苗木招标，强化和园林工程公司业务协作，提供精品优质苗木。以质量、诚信为本，在垦区创一流品牌。目前培育的中顺1号杨树苗成功远销浙江、山东、安徽、江西等省以及镇江、南京、连云港、淮安及盐城等周边许多县市，并因在上述各栽植地区表现出良好的生长习性而成为主栽品种。

2009年以来虽然历经苗木市场的波动起伏，"白马湖"苗木通过主动对接市场需求、参与市场竞争的方式，成为淮安地区同行业造林苗木的主力军，特别是"野生新优"树种及新优杨树苗木品种的储备发挥了重要支撑作用，造林、绿化苗木销售收入递增。同时为应对"杨絮"污染逐年加重趋势，建成淮安市首家新品种"无絮杨树"示范林，扩繁推广的南林3804、南林3412、南林862、泗阳1号成为农场苗木新名片。

2013年以来，为适应林业发展新趋势，主动发挥林业造血功能，延伸农场林业产业链，农场林业实施"一体两翼、三轮驱动"发展战略，通过积极争取农场内部和周边绿化工程介入，消化内部存量苗木资源；通过对接和参与市场竞争加快农场苗木流通；通过对接和参与园林养护及林业病虫害防治市场竞争，延伸园林、林业服务覆盖面，林业造血能力逐步显现。

2017年，在苏北灌溉总渠建立淮安市第一家无飞絮杨树对比展示林51亩，栽植南林3804、南林3412、中林2025杨树苗木2100株，通过"三大一深"技术措施落实，强化管理，在克服了近80天无有效降雨的环境条件下，苗木成活率达到96％，苗木平均增粗近4厘米，展示林受到南林大杨树育种专家及淮安市、区两级林业主管部门的高度认可。

2018年，林管站通过与南京林业大学签订林业发展战略合作协议，落实美国红栎、高秆紫薇、高分枝海棠等高效示范景观带6处，林下套种油用牡丹、芍药80余亩，套种林下中药材"白术"60余亩，为农场探索林下高效复合经济发展积蓄技术支撑。同年与江苏省林业科学院合作，通过树种替换等技术处理，打造淮安区域首家"杨树提质增效"示范造林点1处，种植榔榆、落羽杉等苗木3000余株，服务覆盖面积近4000亩，为杨树产业结构调整及杨絮综合治理提供了新的破解思路。

2022年，加强与北京花卉公司战略合作，合作全流程覆盖种苗生产、花卉种植管理、花卉订单销售，全年生产各类绿化工程及家庭园艺用花30余万盆，实现收入50余万元，为农场林业产业链延伸奠定坚实基础。

第五节　农　　机

一、农机管理

（一）管理体制

1959年农场成立机务大队，设在老场部，今场工业区。1963年在原机务大队的基础上改建机务科，负责对全场农机具的管理及技术指导、人员培训等工作。1974年成立生产科，下设3个机耕队和1个农机修理厂。1975—1982年，又被称机务科，下设3个机耕队，修造厂受机务科和工业科双重领导。

1959—1998年，全场机务统管，不仅有机耕队、修造厂，同时也包括供电站、电排站属农业分场领导，总场油库属物运公司领导。

1983—1986年改设农机科。1985年，农机科与农业科合并成立农业服务公司，下设4个机耕队，修造厂属工业公司领导。1995年，农业服务公司更名为机电公司。1998年，撤销机电公司，重新改称农机科。

1999年10月，农场根据总公司农机改革的要求，对全场19台东方红拖拉机、24台东风50拖拉机实行评估拍卖，由本机耕队工人竞拍，并一次缴纳购机款。与此同时撤销原4个机耕队，成立南、北机耕队，负责全场19台大型联合收割机的管理。

2001年，撤销南、北两个机耕队，保留农机科建制。

2003年，农场将农机科改为农机监理所，负责全场农机管理、农机安全监理、农机推广、农机培训等。

农机安全监理所自建所以来，2011年，由于农垦改制将农机部门划归农发公司农业中心，具体负责全场农机安全监理，以及新机具、新机型、新技术的引进、示范、推广和应用。同时负责农发公司集体所有农机设备的保管、保养、维护工作。规范各生产区农业机械作业程序、农机作业质量的管理和指导工作，农机部门继续承担农场农机安全监理所和农发公司农机管理两项职能。

（二）主要管理办法

20世纪60年代，推行"五包一奖"制，即承包机组必须保证完成年度质量指标、年度及阶段作业计划任务、全年出勤工日、各项机耕作业、修理成本、修理质量指标，保证全年安全生产无事故。并与工资挂钩，85％的工资按月支付，承包机组所在单位全年超额完成质量指标的，除将保留的15％的工资一次发放外，还按超产奖励。

70年代，建立科学的培训制度和计划。机耕队长须达中专以上水平，技术人员及统计员要经过正规培训或进修，新学员先培训后上岗，培训时间不少于半年。机耕队人员不超编，采取"四定一包""六定三包"等包奖制。主要包括定人员、机具、任务、质量、成本、安全，包作业成本、油料消耗、修理成本等内容，提倡上车技工，下车农工，亦机亦农。

80年代，贯彻执行农垦部颁发的《国营农场机务工作规章》，全面推行标准化管理。并结合农场实际情况，制定了《农机标准化管理若干规定》《农机田作业质量标准》《农具检修标准》《标准化验收和奖惩的暂行规定》和《安全生产责任制》等一系列实施细则。对机耕队基础管理、油料库、配件库、机库和保养间、农具场档案、安全生产、农机技术状态、主要田间作业共9个方面具体制定了标准化要求，严格贯彻执行。农场成立标准化验收领导小组，各机耕队建立标准化预审小组，分别在春播、三夏、三秋之前以及年终对机车进行验收，确保机车"三率"，即出勤率、完好率和利用率，平均达到90％以上。

1990年，开始推行"六定一奖"制，根据产值、效益、农机具技术状态、服务态度、作业质量等进行百分考核。超包干利润部分按提成40％分配，奖金额的30％与分场平均奖挂钩。实行对外服务，超利部分按提成40％分配。1996年后，改革考核办法，以被服务单位粮食质量、作业质量、机车保养三方面综合考核，按30％～40％的比例提成分配，根据考核结果浮动兑现。

2003年开始，各生产区的农机作业均以租赁方式租赁个体农机，管理上采取同机手签订作业合同，保证作业面积，机手需缴纳作业保证金。同时给机手下发作业质量和安全生产告知书，明确和规避安全职责。

从 2017 年开始，各生产区为了强化对农机作业的统管力度，在农机租赁的方式上有所改变，大部分生产区采用同农机合作社签订租赁合同，作业时由合作社调度分配，作业质量由生产区负责检查，合作社负主要责任。同时农发公司还给合作社和机手下发作业质量和安全生产告知书，生产区要查验和复印参加作业机械的行驶证、作业机手的驾驶证，并将租赁合同以及驾驶证、行驶证的复印件交农机科备案。

2020 年以后，按农发公司要求各生产区农机作业必须要有《农机实施方案》，几年来分公司的农机作业管理严格按《农机实施方案》要求进行招投标，由中标农机合作社同生产区签订《农机作业承揽合同》《安全生产协议》《农机作业质量告知书》，农机合作社再同农机手签订《农机作业服务合同》《安全生产协议》《农机作业质量告知书》，协议签订后农机合作社必须向财务部门缴纳相应的作业保证金，《农机实施方案》资料必须交一份给农机部门备案。

（三）农机修理

20 世纪 60 年代推行农机预防性的按号保养与大小修制度，小修由各机耕队自行检查修理，大修由农场农机修理厂承担。

70 年代，采取总场修理厂、分场修理组与保养车间三级保养修理制，分级定期保养进行大小修。大修后的机车应恢复其完整良好的技术状态，达到"五净""四不通""一完好"的规范，并坚持修理质量承包制。

1981 年以后，机耕队机车的大修在各机队进行，各机队配备了专业修理技术人员，按照"分工定位，定期更换，双班保养"的原则，有计划地安排机车大修。机车大修费用由各机队自己承担。

2003 年以后，由于机耕队改制，个体农机蓬勃发展，农机修理由个体修理工、农机合作社承担。2015 年后又由农机销售企业和农机经销公司跟踪服务、售后三包。2003 年，对农机修理厂进行改制，修理厂的产权由个人购买、自主经营。

（四）技术培训

农机技术人员的培训分为管理人员的培训和职工的培训。

20 世纪 60 年代，主要是边理论边实践，采取机务技术人员和机车驾驶人员以师带徒的方法进行。70 年代，主要采用集中技术培训，一方面派员出去定期培训，另一方面利用办短期培训班。80 年代，采用"请进来，送出去"的方法，一方面请外籍专家来场传授维修技术，从大专院校引进人才；另一方面将具有一定农机维修经验的技术骨干送出去再深造。1975—1993 年，先后参加各类培训的职工累计有 127 人，淮海农机校培训专业技术人员 5 名。

机耕队管理人员的培训，由农场组织派往江苏省农垦东辛农机校、淮海农机校、南京农业大学农机化学院等地培训、进修。先后有 6 人取得南农大农机管理专业证书。

至 1998 年，农场有 170 名机务人员接受过技术培训。

从 2000 年开始，每年农场在夏收前组织机手进行培训，提高基层农机手技能水平，增强科技对农业机械化发展的支撑和保障能力。

2008 年以后，由于国家实行农机从业人员资格证书制度，农机培训委托楚州农机校和农场成人校培训，同时帮助办理农机从业资格证书。截至 2016 年底共办理资格证书 462 人次。

2019 年以来，农机培训工作基本都是根据农发分公司的生产需求，由农机部门牵头邀请上级部门和农机企业有针对性地组织培训；其中 2019 年春季邀请洋马公司和淮安苏欣公司针对插秧机手培训，共培训人员 76 人次。

2021 年，对生产区农机管理人员和部分农机驾驶员进行视频培训，培训内容是农机安全生产、农机机械常识，共培训 126 人次。

2022 年与 2023 年针对收割机减损问题邀请有经验的机手现场讲解，2023 年又邀请淮安农机推广站领导针对机械收割机减损视频进行培训，共培训人员 75 人次。

（五）农机安全管理

1988 年，农场成立农业机械安全监理所（以下简称农机监理所），业务上隶属江苏农垦农机监理所，行政上隶属农业服务公司。

农机监理所负责全场农业机械牌证的管理，机车驾驶人员的年度审核、发证工作，及时纠正违章现象，妥善处理《中华人民共和国道路交通管理条例》规定作业外发生的农业机械事故或人机事故。

2011 年以来，由于农垦改制成立了农发公司，原农机监理所工作人员划归农发分公司农业中心，隶属农业中心下面的农机职能部门，继续承担原农机监理所的各项职责，还负责农发分公司的农机各项管理任务，同时在农业生产中还进行新型农机具的选型、引进、示范、推广等工作，配合各生产区抓好《农机实施方案》的签订和农机作业质量跟踪、监督和管理工作，及时向农机手宣传农机安全生产工作的重要性以及安全生产注意事项。

二、农机配件库

农机配件库始建于 1962 年，隶属于机务科领导，库址在修理厂北部，有房屋 8 间，计 300 平方米。主要负责全厂所有农业机械及其配套动力的零配件供应工作，有职工 5 人，另配有 1 名采购员及 1 名保管员，负责所有零配件的调配。这一时期的农机具种类单一，数量不多，所用零配件大部分是从外地购进。60 年代后期，修造厂成立零件生产车间以后，一部分零件用以供应本场需要。配件库的销售额每年只有 3 万～8 万元，利润基本保持收支平衡。

20 世纪 80 年代，随着农业机械化水平的提高，配件库逐年扩大。由原来的纯服务型向服务经营型转变，实行独立核算、自负盈亏的经营体制。

1995 年，农机配件库增加了原隶属于农场物资公司的油料库，油料库更名为"油料配件经营部"，属机电公司管辖。有员工 16 人，注册资金 120 万元。经营内容有农机配件、农机具及配套动力机械配件、大中型自走式联合收割机主机及其零配件、农用汽（柴）油及各类润滑油等。形成以经营为主，同时服务于所有农业机械及配套农机具零配件的新格局。

从 2003 年起，由于取消机耕队建制，配件库也相应取消。

三、农机装备

1999 年 3 月，由总公司分配农场 6 台东洋 455 步进式插秧机，当年进行试验 300 亩，实收产量 960 斤/亩。

2000 年，由于农机改制，当年个人投资购买新疆-2 收割机 40 台，投资额 320 万元，投资购买江苏-50 拖拉机 12 台，投资额 160 万元。以后随着农机市场的放开，职工购机能力逐年增强。

2001 年，农场补贴每台插秧机 5000 元鼓励职工购买，当年购买 12 台。

2004 年，省级财政购买插秧机实行补贴 4000 元/台，农场配套补贴 3000 元/台，当年购买插秧机 38 台。购拖拉机 13 台，收割机 15 台。随着机插水稻的推广，农场农业机械化水平大幅提升。

2005 年，购买插秧机 58 台，拖拉机 16 台，收割机 60 台。

2006 年，全场要求机插面积加大，当年购买插秧机 90 台，拖拉机 19 台，收割机 12 台，其中大马力东方红-120 拖拉机 5 台。

2007 年，由于国家对农机实行补贴，当年购买插秧机 63 台，拖拉机 51 台，收割机 16 台。

2008 年，购买拖拉机 75 台，收割机 5 台，插秧机 26 台。

2009 年，购买拖拉机 89 台，收割机 11 台，插秧机 29 台。

至 2009 年初农业机械总功率为 30381 千瓦，农业机械总投入 27035324 元，农业机械年总收入 2600 万元，年纯收入 1505 万元，从业人员 560 人。

2008—2013 是农场农机第一次更新换代高峰期，到 2013 年底全场共更新、添置 75 马力以上拖拉机 560 台套，添置各类农机具共 900 多台，全部淘汰小 50 拖拉机。插秧机由量变到质变，2011 年以前以步进式手扶插秧机数量逐年增长，2011 年以后则以自走乘坐式插秧机一统天下。

2014 年开始为农场农机第二次更新换代高峰期，到 2018 年底共更新换代 100 马力以上的拖拉机 474 台（其中 200 马力以上的轮式拖拉机 2 台，140～150 马力的轮式拖拉机 10 台），75～90 马力段的逐步淘汰。100 马力以上联合收割机 74 台，全场拥有联合收割机 202 台，其中：轮式收割机 102 台，履带式抹穗机 52 台，履带式全喂入式收割机 48 台。植保机械 52 台，自走乘坐式插秧机年年更新，其中 2016 年添置自走式插秧机 123 台，2017 年添置自走式插秧机 141 台，2018 年添置自走式 25 厘米行距的插秧机 84 台。

截至 2017 年底，农机总动力为 71108 千瓦，农机新度系数达 97%，农机从业人员 875 人，实现农机作业总收入 5213 万元，跨区作业收入 3411 万元。

截至 2018 年底，农机总动力为 756584 千瓦，在册农机总台数 833 台。其中轮式拖拉机 626 台，联合收割机 207 台，各类农机具 1456 台套，自走乘坐式插秧机 95 台，大型植保机械 52 台。农机新度系数为 94%，农机从业人员 854 人。全年实现农机总收入 6286 万元，跨区营业收入 4278 万元。

农发公司集体农机装备情况：截至 2018 年底拥有 130 马力以上的大马力拖拉机 3 台，75～80 马力段的轮式拖拉机 14 台，GPS 自动驾驶系统 10 套（开沟机用）。复式播种机 3 台，农机具 26 台套，各种场头机具 20 台套，搅拌机 10 台，地上笼和鼓风机 10 台套。

2022 年底，全场在册大中型拖拉机 451 台，其中 200 马力以上大型拖拉机 104 台，150 马力以上的大型拖拉机 245 台。在册联合收割机 112 台，其中：全喂入方向盘收割机 40 台，半喂入履带式收割机 31 台，全喂入履带式收割机 41 台。拥有插秧机 65 台，植保机械 38 台，导航 126 台。农机总动力 69619 千瓦，农机装备的新度系数达 90% 以上，上半年共发放跨区作业证 125 张，农机从业人员 679 人，农机专业合作社 18 家。

农发公司集体农机装备情况：到 2022 年底拥有大中型拖拉机 15 台，主要负责场头晒粮。地上笼和鼓风机 10 台套，通风粮囤 22 台套。

四、农机作业标准化

2012 年，农场分公司加强农机作业标准化的管理，要求进场作业的个人机械必须签订安全协议与质量保证承诺书，实行按质量论价，至 2018 年秋播，已基本形成相对稳定的作业模式和相对稳定的农机作业流程。

2018 年以后，分公司在每年度农忙前均由农机部门结合农业、农艺要求制定阶段性作业标准及流程，并形成文件下发给各生产区，生产区在农机动员大会上再向农机合作社及全体机手广泛宣传，在作业期间要求合作社严格执行：统一作业流程，统一作业标准，统一作业质量；生产区组织作业质量检查，农机部门及时跟踪、监督检查。

第五章　二、三产业

第一节　工　　业

一、概况

农场工业的发展，经历了创始期、初步发展期、快速发展期和改革调整期4个历史阶段，工业管理体制也随着工业的发展进程而改革与变化。

（一）创始期（1989—1964年）

建场前，农场几乎没有工业，仅有1个用土法烧砖的小土窑。1959年11月建场后，创办了农具厂和修理厂，专门从事小型农机具。1962年，在农副产品仓库的基础上建立了碾米车间，同年7月定名为"综合厂"，同时增建两座土窑烧砖和烧石灰，成立了砖瓦厂。至1963年，全场共有4个工业单位，实行了"七·一·二"计时工资制，年创产值18万元，年盈利1万元。年可生产25万块砖，年加工生产500吨米，120吨面粉，场办工业开始起步。当时工业单位没有独立的管理部门。

1964年，成立了工副业科。工业单位开始实行独立核算，"定、包、奖、赔"政策，先后在综合厂内办了1个小型酱醋厂和1个小型榨油厂，并扩大了修理厂的生产规模。

（二）初步发展期（1965—1975年）

20世纪70年代起，农场工业开始走向市场，服务社会。在全国"工业学大庆"的高潮中，场办工业以艰苦创业精神办企业，先后在综合厂的基础上，建立了1个拥有6台皮辊轧花机的轧花厂，在四分场境内建立1个杞柳编织厂。1974年，在青年猪场筹建了1个年产50吨白酒的小酒厂。1975年，在原有小砖瓦厂的基础上，投资70万元，建成一个拥有28门轮窑的砖瓦厂，年产红砖一千万块。

（三）快速发展期（1976—1995年）

1976年后，农场工业进入了快速发展期，农场对综合厂的生产设备进行了改造和更新，并组织了1个肥皂制造组，使综合厂的综合生产能力得到了提高，同年在一渔场办了1个以针织手套为主的针织厂；1977年，修理厂与淮安县零件厂协作办了1个晶体管零件厂，生产半导体零件；1978年，在针织厂的基础上，利用原场部食堂为厂房建立了1个

2000 纱锭的棉纺厂，同年在基建队办了 1 个专门生产桁条、楼板的预制品厂，又在修理厂办了 1 个轴承厂；1979 年底，又将综合厂的茶徽车间分出，成立了副食品厂。

1980 年，二分场办了 1 个猪毛加工厂，并关停了编织厂和轴承厂。1981 年，农场兴办煤球厂，并关停了二分场的猪毛加工厂。1984 年，四分场办了家具厂。1985 年，农场投资 100 万元，职工集资 20 万元，建成了 1 座拥有 32 门的第二砖瓦厂；同年在老酒厂的基础上，建成 1 个年产 200 吨曲酒的楚州酒厂；又办了织席厂，并于年底关掉了副食品厂。1986 年关停了织席厂和家具厂，新办了 1 个吹塑厂，但又于年底卖给了淮阴地区农垦局。1987 年，农具厂因效益不佳被建安公司兼并，在种鸡场内兴办了 1 个饲料加工厂。1988 年，棉纺厂兼并了针织厂。1989 年，农场根据当时建材市场行情建成了 1 座有 18 门的第三砖瓦厂，工会办了地毯厂，二分场办了挂面厂，物运公司办了涂料厂，农场还成立了汽车修理厂。

20 世纪 80 年代，为理顺关系，农场成立了工业科，工业单位开始推行"五定一奖赔"责任制。1985 年，撤销了工业科，成立了二级法人的工商公司，和农场发生经济往来业务，基层单位的每年经济考核指标由工商公司下达。1987 年，农场推行场长负责制后，各工业单位也相继实行了厂长（经理）负责制，1988 年底，农场撤销了工商公司，恢复了工业科，把"立足资源优势，选择以农副产品加工业为主的资源工业为突破口，走内涵扩大再生产的发展道路"作为工业发展的基本方针。先后对粮食加工厂、棉纺织厂、轧花厂等骨干企业实施了技术改造。

1995 年，农场工业管理体制改革，成立 10 个公司，分别为：种子公司、棉纺公司、粮油公司、机电公司、建材公司、畜水公司、庭园公司、物资公司、林木公司、建安公司。工业单位划归各公司管理，轧花厂属棉纺公司管理，林木公司办了木器厂。汽车修理厂、涂料厂因效益不佳被关停，地毯厂转产。1995 年底，农场有 14 个工业企业，共有职工 2488 人，固定资产原值达到 2163.98 万元，净值达到了 1131.94 万元，年创产值 7784.61 万元，年销售产值 7389.82 万元，实现利润 109.74 万元。

20 世纪 90 年代，农场工业坚持以市场为导向，以效益为中心的原则，调整技术和产品结构，实行多种经营的形式，使农场工业得以持续发展。1995 年，为适应市场经济需要，农场撤销工业科，组建了以工业为主的建材、棉纺、粮油食品、机电四大公司，直接管理工业企业。

（四）改革调整期（1996—2020 年）

1996 年后，由于受国家宏观调控和市场疲软等因素的影响，农场工业进入了调整时期。1998 年初，根据党的十五大精神，农场果断地采取了调整、改组、改革、改制的

"三改一调整"的措施，经营政策上，采取了租赁、风险抵押承包、合伙承包经营等多种经营形式，对经营状况不好、扭亏无望的企业进行了关、停、并、转和股份制改造。共关停兼并4个工厂，即棉纺织厂因国家棉纺业压锭已被压掉，煤球厂被关停，饲料加工厂划归种鸡场管理。对修造厂、3个砖瓦厂进行了股份制改造，农场出售了部分国有资产，实行了协议出售和自然人入股相结合的改制方式，组建了4个股份合作制企业。

1998年，随着市场经济体制的逐步完善，农场为了调整工业产业结构，撤销了建材、林木、机电、粮油食品公司，成立了工业管理办公室，全面负责本场非农企业的改制工作，力求三年改制两年完成。

1999年，工业在经营体制上主要实行风险抵押承包经营和股份合作两种形式。实行风险抵押承包经营的单位有：种子公司、物资公司、畜水公司、建安公司、庭园公司、轧花厂、玩具厂、织布厂、粮食加工厂、供电站、配件库、酒厂、航运站、木器厂。实行股份合作的改制企业有：砖瓦一厂、砖瓦二厂、砖瓦三厂、农机厂、畜水公司的畜禽加工厂。学校、医院、兽医站实行费用包干，生活服务公司、文化站实行独立核算、自负盈亏，鼓励二三产业企业职工和落聘的管理人员发展民营经济。1999年是江苏农垦第一个"管理效益年"，农场工业全面推行邯钢"模拟市场核算、实行成本否决"的经验，提质增效，整个工业企业克服市场有效需求和价格下降带来的不利因素，实行成本否决。

2000年，农场成立白马湖农场改革改制领导小组，领导小组下设农业、二三产业等机构改革3个办公室，二三产业办公室设在工业管理办公室。全场15家场办企业中，除供电站和物资公司经江苏省农垦集团公司批准外，其余13户企业至2001年全部完成改制任务。改制企业资产总额为3923万元，占场办非农企业资产总量的44.5%。改制形式因企制宜，其中有限公司1户、股份合作制9户、租赁1户、关停2户。

2001年，农场以结构调整为主线，发展民营经济。出台了《关于加快发展民营（私营）经济工作的意见》，并将民营（私营）经济工作纳入二三产业企业的考核范围。

2002年，全场非农企业改制全部结束，农场工业管理办公室也随之撤销。改制后的企业运行基本正常。砖瓦厂开发空心砖生产，全年实现销售800万块砖；酒厂加大技改投入力度，添置酿造设备，开发出"楚州喜庆酒""楚州春"等近10个品种，年白酒销售近200吨，较改制前增销60吨；恒晟米业投资近百万元，添置了抛光机、色选机和面粉加工等先进大米、面粉加工设备，提高了"苏王"大米的质量和档次。

2003年，物资公司改为股份制企业，2008年又改为国有控股企业。2011年，因江苏农垦资源整合需要，物资公司撤销，原物资公司成为江苏省农垦农业股份发展有限公司白马湖分公司的供应贸易部。2007年，农场被江苏省科技局认定为江苏省龙头企业。

2008年，农场成立"管理创新年"活动领导小组，并出台了活动实施意见，走品牌＋特色的农业发展之路。扎实做好"白马湖"牌蔬菜和畜禽规模养殖、龙虾的贯标、认证和注册工作。

2009年7月，农场因淮安市城乡挂钩项目的启动，白马湖农场砖瓦厂和白马湖农场第二砖瓦厂撤销，厂房设备全部拆除，共平整出土地540亩。2010年，农场国有及国有控股企业营业收入7839万元，实现利润121万元，完成国有经济三年翻番的目标。场属二三产业企业面对市场，大华生物制品厂实现利润260万元，电力管理中心、物资公司分别实现利润100万元以上。

2011年，国有及国有控股企业营业收入9020万元，实现利润108万元。固定资产投资5143万元。大华生物制品厂实现利润330万元，电力管理中心、物资公司分别实现利润100万元以上，华萃公司实现利润22万元。同年根据国家产业政策和有关环境治理文件精神要求，农场对落后产能及违反国家产业政策的企业进行环境整治，先后配合上级部门清理了3个小钢厂。

2012年，物资公司撤销，成立为江苏省农垦农业股份有限公司白马湖分公司的物资供应贸易部，农场只对电力管理公司、华萃公司、职工医院和林业管理站实施年度考核。

2013年，将畜水公司的考核并入国有二三产业企业考核文件中。为保证场内职工居民饮用水安全，农场对南北两座个人经营水厂予以收购，实行国有经营。

2014年，华萃公司从农场剥离，国有二三产业企业的目标考核只涉及供电中心、职工医院、林业管理站和畜水公司。

2016年，执行国家有关禁止取土烧砖政策，关停第三砖瓦厂。

2018年4月，根据江苏省农垦集团有限公司与国网江苏省电力有限公司2017年12月8日签订的《"三供一业"供电分离移交框架协议》，农场公司与国网江苏省电力有限公司淮安供电分公司签订了"职工家属区供电设施资产移交协议"。

2020年，根据集团公司统一要求，对原有18个农场供电公司进行改制重新整合，整合后统一依托东辛凯惠电力工程有限公司成立江苏凯惠电力工程有限公司白马湖分公司。2021年原淮安市白马湖农场电力服务公司注销，至此，农场只对畜水中心和林业站进行考核。

经过社会事业改革和资源整合调整，截至2022年，农场原有的场办工业单位70％改制为民营企业，20％划归集团公司，场域范围内企业主要以民营企业为主，现有民营企业12家，分别是淮安市恒晟米业有限公司、淮安春天种业科技有限公司、淮安市翔宇机械制造有限公司、淮安翰隆锦纺织有限公司、淮安市鼎盛农机有限公司、淮安鸿运昌隆科技有限公司、淮安市楚州酒业有限公司、淮安市裕源木业有限公司、淮安市恒达建材有限公司、淮安市楚州区森林景观防腐木材厂、淮安市广诚塑料制品厂和淮安市锦上电子厂。

二、农副产品加工业

农场的农副产品加工业主要是粮食加工，包括粮、棉、油、饲料、食品、畜禽加工业以及酿造业。

（一）淮安市恒晟米业有限公司

淮安市恒晟米业有限公司主要经营大米和面粉的加工。60 年来随着工业的发展和农场体制的改革，经历了一系列的发展变化。

农场最早的粮食加工企业称为碾米车间，1962 年 7 月被正式命名为"白马湖农场综合加工厂"，当时有 2 台米麦加工设备、1 台柴油发电机，后来又增加了 1 台碾米机，使年生产加工能力达到了大米 500 吨、面粉 120 吨，当时有工人 37 人。

1965 年，农场投资兴建了大米加工车间，添置了 1 套大米加工流水线，使日碾米能力达到 10 吨，基本满足了职工的粮食供应。同年自办了小型酱醋厂和小型榨油厂。1972 年后，随着农业产业结构的调整，棉花种植面积日益增加，本着因陋就简的原则，购置了 6 台皮辊轧花机，建成了轧花车间。至 1973 年，综合厂设有碾米、榨油、轧花、酱醋、农药化肥仓库、原粮收购和九二〇销售处等 7 个生产组，全面推行"定、包、奖、赔"责任制。

1976 年后，综合厂进入了发展时期，新成立了肥皂制造组。1978 年，购置了 10 台皮辊轧花机，扩建了轧花车间，又对小米厂实施了技术改造，使大米日生产加工能力提高到 30 吨，1980 年，综合厂自筹资金购进 5 台 141 型剥绒机，兴建了剥绒车间。随着农场棉花种植面积进一步扩大，1982 年购置了 10 台皮辊轧花机，皮辊轧花机达到 26 台。同时扩建了厂房，并对原有轧花设备实施了技术改造，由人工喂花改为气流输送，节省了大量人力。同年将榨油车间 1 台 95 型榨油机更新为两台 200 型榨油机，提高了生产能力。1983 年，农场投资 23 万元兴建面粉加工厂，添置了日产 30 吨特制粉联合加工设备，综合厂年创产值 43 万元，利润从 1982 年的 7 万元增到 20 万元，并被淮阴农垦公司表彰为"先进单位"。

1985 年，为适应农场产品结构调整的需要，综合厂更名为"粮棉油加工厂"。随着改革开放的形势发展，农场把粮油经营权下放给粮棉油加工厂。同年主要产品获得国家三级计量合格证。

1987 年，随着厂长（经理）承包经营责任制的全面实行，在管理上实行计件工资，对产品产出实行定额定质定量，同年接收了被关停的副食品厂。1988 年被淮阴农垦公司评为"先进企业"。

20 世纪 90 年代后，粮棉油加工厂打破"大锅饭""铁饭碗"，实行自主经营、管理放开、盈亏定额包干。1990 年，通过淮阴农垦公司场办工业管理基础工作的"三级"验收。1993 年，农场投资 90 万元，为米厂兴建了 1 座三层 702 平方米的厂房，购置了 1 套日产 80 吨大米的联合加工流水线，使粮棉油加工厂首次取得年产值超千万元。1992 年，购进了两台 80 型锯齿轧花机，在 1992 年对轧花车间实行技改的基础上更新设备，将皮辊轧花机全部淘汰，提高了轧花能力，年产量、利润双超历史。基础管理工作通过了淮阴农垦公司的"二级"验收。

1995 年初，因农场体制改革，在粮棉油加工厂的基础上成立了粮油食品公司，将物资公司的收购仓库并入，又将轧花车间划出，此时粮油食品公司设置了米厂、面粉厂、植物油厂、粮食仓库、经营部、楚州酒厂 6 个队级建制单位，时有职工 370 人，拥有固定资产 450 万元。同年 3 月，农场投资 26 万元，对植物油厂的榨油设备进行了改造，并对面粉加工设备实施了技术改造。1995 年，公司年创总产值达 3372 万元，年利润超过 80 万元，年加工生产大米 9620 吨、面粉 3812 吨、植物油 33.2 吨，年酿制曲酒 255 吨，并被淮阴市工商行政管理局授予"重合同、守信用"企业。

1996 年后，由于市场竞争激烈，粮油食品公司经济效益不佳，亏损严重。为了扭转亏损局面，销售市场向全国各地扩展，建立了较稳固的销售网点，并在南京、上海、新疆等地设立了办事处，每个办事处都设了多个销售窗口。1996 年 9 月，经中国绿色食品发展中心审核，该公司生产的"苏王牌"大米和"苏王牌"精制小麦粉被认定为绿色食品。

1998 年，因农场调整工业产业结构，粮油食品公司被撤销，并将酒厂划出，单独成立了粮食加工厂。

1999 年，粮食加工厂下设大米、面粉、榨油、原粮收购 4 个车间。

2000 年 11 月，农场对粮油食品公司实行全面改制，使之成为农场参股企业之一，农场占股 30%，其他个人占股 70%。

2001 年，正式投资成立"淮安市恒晟米业有限公司"。公司成立后对原有的设备进行了改造，新增设备投资 500 万元，更新了原有设备。至 2009 年，主营产品"苏王""楚州"和"恒晟"牌大米，远销上海、浙江、云南、青岛、新疆等全国 10 多个省市，"苏王"牌精制粳米、天然香米、精制小麦粉在江苏市场公认名牌产品调查活动中，被确认为"江苏市场公认名牌产品"，并多次在省、市、县（区）优质稻米博览交易会上获得"优质产品"称号。

2011 年后，恒晟米业与中央储备粮淮安直属库合资组建新公司，命名为"江苏中储粮苏王米业有限公司"，总注册资金 1500 万元，其中：中储粮出资 1005 万元，占注册资本的 67％；恒晟米业出资 495 万元，占注册资本的 33％。

2014 年，根据垦区内部资源清理整合及农发公司首发上市需求，需剔除与拟上市公司的关联企业，经农场党委研究，聘请中介机构对淮安市恒晟米业有限公司进行审计、评估后，在淮安市公共资源交易中心挂牌转让农场在恒晟米业 30％的股权。因当时无人接牌，农场研究暂时由王家安代持。在 2018 年经集团公司资产部核准，农场将恒晟米业 30％股权以 84 万元全部卖给杨正昌个人，自此恒晟米业为纯民营股份企业。

（二）楚州酒厂

楚州酒厂于 1985 年 3 月筹建，建厂初期以 1981 年关停的老酒厂的设备为基础，投资 24.5 万元，兴建了池口房、制曲房、成品仓库等生产用房，添置了锅炉、包装机等生产设备，使年生产能力达到了 3200 吨。同年 11 月正式投产，时有职工 45 人。

1986 年，农场投资 70 万元为酒厂兴建了蒸口房、库房生产车间、半成品化验室，增建了 1 座厂房和 48 个池口，购置了 4 套吊酒设备和可储存 231 吨的酒罐，可年产 65°原酒 500 吨，初步形成了勾兑、包装一条龙的生产规模。同年酒厂对"楚州"牌商标进行了注册登记。

1987 年，淘汰了老锅炉，购置了一台价值 10 万元的新式锅炉，兴建了锅炉房、配电房。

1988 年，39°楚州特液、55°楚州大曲在酒乡淮阴市第二届白酒质量评比中被评为优质产品，其中 55°楚州大曲荣获第一名。同年酒厂将"江苏省国营白马湖酒厂"更名为"江苏省国营楚州酒厂"。

1989 年，因市场竞争激烈，酒厂效益不佳，亏损达 32.2 万元，被迫停产整顿。

1992 年，经过 3 年的调整，酒厂恢复生产。1993 年后酒厂先后添置了封口机、过滤器、发电机等生产设备，兴建了成品库房、酒库等生产用房，上了 1 条成品曲高粱粉碎线，成立了成品酒、半成品化验室，开发了 50°楚州王酒、42°楚州大曲等新产品，周边乡镇亏损依旧严重。

1994 年，酒厂获国家三级计量合格证。1995 年，划归粮油食品公司管理。

1998 年，实行独立核算，由农场直接管理。这时的酒厂占地面积 10000 平方米，建筑面积 2200 平方米，固定资产 134 万元，职工数 280 人，其中各类专业技术人员 14 人。下设 4 个职能科室，即设备科、生产科、供销科、质检技术科。主要生产 52°楚州特曲、50°楚州优曲、46°楚州特液、38°楚州玉液、42°楚州大曲、55°楚州大曲等 14 个品种。

2000年8月，楚州酒厂改为民营股份制企业，并更名为"淮安市楚州酒业有限公司"。酒厂改制后，新增了包装流水线、检验设备、锅炉等设备，并根据生产规模扩大了库房等生产用房面积。

楚州酒业有限公司自组建以来，不断开发新产品，生产的品种有"农垦人""楚州"和"娇子"3个品牌、30多个品种的系列白酒，其中"楚州"牌是主打品种，有20多个品种的系列白酒，如"楚州团圆酒""楚州春酒""楚州情酒"等。

（三）轧花厂

轧花厂位于农场场部工业区，占地面积10013平方米，建筑面积1500平方米，水泥收购场地面积7600平方米，拥有固定资产127.6万元。

轧花厂的前身是粮食加工厂的轧花车间。1971年5月筹建，时有240平方米的厂房和6台皮辊轧花机，仅有职工10余人，年产皮棉30吨。1972年建成投产。投产后，设备逐年增加，至1994年拥有固定资产102万元。

1995年1月，轧花厂从粮油加工厂划出，独立核算，受新成立的棉纺公司领导，队级建制，2000年，轧花厂因农场改制被撤销。

（四）饲料加工厂

饲料加工厂的前身是种鸡场的饲料加工车间，1987年建成投产。当时仅有1台从粮棉油加工厂划拨的饲料加工设备，1台老锅炉，有职工20人，年加工生产畜禽饲料300吨。1989年6月，为适应养殖业发展的需要，添置了1组FM-32颗粒饲料机、1套锅炉和一些相应的生产设备，兴建了饲料仓库和锅炉房，引进了先进的饲料生产配方。

1992年，饲料加工厂与种鸡场脱离，独立成为三级核算单位、队级建制。独立后，产品迅速占领了淮安市场，并远销山东、连云港、金湖、宝应、洪泽等地。1994年生产销售各种配合饲料2500吨，年实现产值210万元，年盈利30万元。

1995年后，饲料市场竞争激烈，饲料生产开始滑坡；1998年饲料加工厂划归种鸡场。

2002年，因种鸡场改制，饲料加工厂从种鸡场分离，饲料加工厂成为民营企业，并定名为"淮安市顶大饲料厂"。

三、纺织业

农场的纺织业始于针织，主要包括针织、棉纺、玩具和地毯加工。

（一）棉纺织厂

棉纺织厂占地面积36000平方米，职工492人，固定资产1100万元。

棉纺织厂始建于1978年，农场本着因陋就简的原则，利用农场原会堂作为厂房，投资 90 万元添置生产机械设备,兴建生产用房,又从上海国棉一厂、二厂、二十二厂无偿引进了 25 台套包括细纱机、并条机、粗纱机、梳棉机、清花机、摇纱机在内的纺纱机械设备和 1 台套生产化验设备。1978 年 12 月 30 日,经淮安县革命委员会批准,"淮安县白马湖农场棉纺厂"正式成立。1979 年 3 月,农场重新划归农垦系统后,改名为"江苏省国营白马湖农场棉纺厂"。1979 年 6 月开始试生产,同年 9 月正式生产,时有职工 133 人,当年生产棉纱 6.72 吨。

1980 年以后,棉纺厂先后购进梳棉机、1322M 槽筒式络筒机等纺纱机械,全厂拥有生产机械 44 台套,但由于部分机械严重老化,产出的棉纱质量不稳定,产量下降,经营亏损。推行场(厂)长负责制后,棉纺厂更新、淘汰了一些老机器,推行了联产计酬责任制,打破了"大锅饭",对各个岗位定人定编,同时又对财务、计划等方面的管理基础工作做了认真细致的落实。纱锭达到了 4800 锭,棉纱品种已发展到副 10 支、10 支、16 支、21 支纱等。产品质量稳定,1987 年,棉纺厂生产的 21 支纱质量已达到了国家部颁标准。全年生产棉纱超过 300 吨,年创产值 165 万元,实现营业收入 176 万元,获利 13 万元。

1989 年,棉纺织厂扩建。农场投资 650 万元建成 1 座单层锯齿形厂房,增添了 A 系列新设备 50 台套,同时更新了布机车间的机械设备,添置了 24 台宽幅织布机,兴建了近 1000 平方米的附属厂房、食堂、职工宿舍等生产生活用房,棉纺厂的生产能力纱锭达到 1 万锭,年生产帆布 38 万米,生产棉纱 397 吨。

1994 年 3 月,农场投资 35 万元,对 2000 纱锭实施了技术改造,使产品由单一的纯棉、中低支纱发展到纯棉和化纤系列。纯棉纱的品种有:副 10 支、10 支、16 支、21 支、32 支纱等品种;化纤产品系列主要是涤系列,有 10 支、15 支、20 支、28 支、30 支等品种,并可以根据客户要求生产各种支别的纱线,以及各种规格的篷布、鞋用帆布。同年被江苏省农垦总公司表彰为工业先进单位、淮安市"综合实力十强企业"。1995 年荣获淮安市"文明单位"。

1998 年,由于国家对棉纺织业实施全面调整,绝大部分中小型棉纺织厂被列入压锭范围。同年 7 月棉纺织厂被列入压锭范围,工人实施分流、转岗。

(二)玩具厂

始建于 1992 年 7 月,占地面积 5000 平方米,建筑面积 1250 平方米,职工 210 人,固定资产 70 万元,下设裁剪、缝纫、装订三大车间,主要生产、经营各类长毛绒玩具。

该厂成立之前,农场派出 22 名工人到东辛农场东翔玩具有限公司学习,1992 年 12 月,玩具厂正式成立。1993 年初,以农场招待所闲置房屋为厂房,购置了一些简单的生产设备,玩具厂正式投产,时有职工 98 人。1993 年以后,玩具厂招收了一批工人,从上海购置了 40 台电动缝纫机、1 台 GCI-2 中速平缝机、1 台开花机等生产设备，1997 年玩具厂从原厂房搬到已转产的原地毯厂的厂房。2000 年，玩具厂改制被撤销。

（三） 地毯厂

地毯厂占地面积 5000 平方米，建筑面积 1200 平方米，曾拥有职工 280 人，固定资产 52.85 万元。

地毯厂始建于 1992 年 10 月，创建时隶属工会。建厂时，农场工会采用了集体投资与职工集资相结合的方式，筹集资金 30 万元，从盐城亚丰针织厂请来技术人员代为培训 120 名工人，并购买了 30 台地毯织机和一系列相关生产设备，于 1993 年初正式投产。1994 年又招收了一批新工人，边学习边生产。同年，又购买了 50 台地毯织机，年织造地毯 30000 平方尺。

该厂投产以来，一直为盐城亚丰针织厂生产加工各类地毯与和服带，产品出口英国、美国、日本等国家。

1996 年底被关停，关停后的地毯厂工人全部转岗。

四、建材工业

农场的建材业始于建场前用土法烧制砖瓦的砖瓦业，主要包括砖瓦、水泥预制品生产和木材加工业。

（一） 淮安市白马湖砖瓦厂

原名"江苏省国营白马湖农场砖瓦厂"，位于第三管理区境内，占地面积 20 公顷，建筑面积 8000 平方米，时有职工 325 人，固定资产 117 万元。

1975 年 3 月，农场在原来小砖瓦厂的基础上，投资 70 万元，兴建了一座拥有 28 门轮窑的砖瓦厂，9 月正式投产，时有职工 224 人，当年产砖 150 万块。筹建时，购进了 1 台 360 型制砖机及其他生产设备。当时工人生产为两班制，除砖机制坯外，其余从供土到成品出窑都是手工操作。

1980 年，为贯彻"调整、改革、整顿、提高"的方针，砖瓦厂对车间班组以上的管理人员进行了调整，在厂内推行了"定额计分，以分计奖，按件计资"承包责任制，当年实现利润 3.81 万元。

1981 年，从河南购进了 1 台 400 型制砖机，同年，砖瓦厂还开展了"四负责"和"优质三满意"活动。红砖质量达到国家部颁标准，年生产红砖 1575 万块，年利润由 1979 年的亏损 9.68 万元变为盈利 10.86 万元。

1982 年兴建了厂房，更换了变压器，并将原有 360 型砖机改装为 400 型。1983 年，将 28 门轮窑扩建成 32 门，红砖产量由日产 10 万块增至日产 14 万块，年利润递增至 21.3 万元。

农场实行场（厂）长负责制后，砖瓦厂制定了一整套规章制度，从定额、计量等一系列基础管理工作入手，当年生产销售红砖 3994 万块，年利润超过了 40 万元，上缴税金在 15 万元，产品远销淮阴、洪泽、宝应等地。1988 年，因砖瓦厂效益突出，被农垦总公司表彰为"工业先进单位"。

1993 年，由于国家宏观调控，建筑市场疲软，红砖市场竞争尤为激烈，砖瓦厂行业效益滑坡。1994 年农场决定对其实行硬包，由承包经营者和单位其他管理人员年初交纳风险抵押金，年终按经营状况实奖实赔。1995 年，砖瓦厂进入了半停产状况。1997 年农场对砖瓦厂实行了租赁承包。

1997 年底，农场对产权制度进行改革，决定对砖瓦厂实施股份制改革，协议出售部分国有资产，并由自然人入股，组建股份合作制企业。改制后的砖瓦厂改名为"淮安市白马湖砖瓦厂"。

2009 年 7 月，白马湖农场砖瓦厂撤销。

（二）淮安市白马湖第二砖瓦厂

原名"江苏省国营白马湖农场砖瓦二厂"，位于第一管理区境内，占地面积 18.5 公顷，建筑面积 5600 平方米，1998 年有职工 325 人，拥有固定资产 137 万元。

1985 年 3 月，农场开始筹建砖瓦二厂。当时农场经济正处于内挂外欠，但为了适应城乡居民建房增多、红砖市场日益红火的形势，解决农场富余劳动力，采取农场投资与职工集资相结合的办法，利用地理条件优越、淮洪公路交通便利的条件，投资 122.95 万元，建成 1 座拥有 32 门轮窑的第二砖瓦厂。购置了两台 400 型制砖机、两台粉碎机，以及电焊机、氧焊机等生产维修设备，从砖瓦厂抽调一些技术工人充实了技术队伍。1986 年初，正式建成投产，时有职工 498 人，下设 3 个车间、1 个后勤组，拥有固定资产 96.9 万元。

砖瓦二厂正式投产后，不仅借鉴了砖瓦厂的生产经验，还推行"定、包、奖、赔"责任制，在 6、7 月遭受暴风雨袭击的情况下，年生产土坯 3800 万块，年创利润 45.38 万元，上缴税金 3.98 万元。1987—1988 年，红砖质量达到国家部颁标准，同年 3 月，在淮阴农垦公司举办的八七砖瓦行业质量评比中荣获第二名，年终被江苏省农垦总公司表彰为"工业先进单位"。

1990 年，中国南方农垦在砖瓦二厂设立了"砖瓦行业技术交流情报站"，每年南方农垦系统砖瓦行业的同行们都聚集砖瓦二厂，互通信息，交流经验。后由于国家宏观调控，建筑市场疲软，砖瓦二厂效益也时升时降。1994 年，农场为扭转砖瓦二厂的亏损局面，决定对砖瓦二厂实行硬包，由承包经营者和单位管理人员年初交纳风险抵押金，年终实行实奖实赔。并从节约成本、降低物耗入手，扩展了销售市场，一年销售红砖2700万块，甩掉了亏损帽子，盈利33万元。同年，通过了淮阴农垦公司对工业企业管理基础工作的"三级"验收。

1997年，对第二砖瓦厂实行了租赁承包。协议出售了部分国有资产，并由自然人入股，成为农场首批股份合作制企业。改制后的砖瓦二厂改名为"淮安市白马湖砖瓦二厂"。2009年7月，为进一步统筹城乡发展，有效缓解建设用地供需矛盾，农场争取到淮安市城乡挂钩项目，撤除了第一砖瓦厂和第二砖瓦厂。

（三）淮安市白马湖第三砖瓦厂

原名"江苏省国营白马湖农场砖瓦三厂"，位于第五管理区境内，占地面积7.46公顷，建筑面积4600平方米，有职工220人，拥有固定资产114万元。

1988年，农场从砖瓦厂分流部分职工，调拨了1台400型制砖机生产机械设备，投资75万元，兴建了18门轮窑、制坯房、配电房及职工宿舍等生产生活用房，购置了粉碎机等生产、维修机械设备，架设了内外高压线路，建成了砖瓦三厂，于1989年10月正式投产，时设两个车间，一个后勤组，拥有267名职工，投产两个月便生产、销售红砖582万块。

第三砖瓦厂投产后，产品在淮阴、淮安、宝应、洪泽及周边乡镇有了一定的市场。

1994年，农场决定对第三砖瓦厂实行硬包，由承包经营者和单位其他管理人员年初交纳风险抵押金，年终实奖实赔。当年生产销售红砖2158万块，年创产值309万元，盈利37.3万元，上缴税金7万元。

自1992年以来，砖瓦三厂先后兴建了职工宿舍、浴室、食堂等生产生活用房，购置了汽车，添置了电焊机等一些机械维修设备，建成水塔并完成了浴室热水管道改造工程。同时，连续5年被淮阴农垦公司评为"淮阴农垦建材行业先进集体"。

1997年底，农场对砖瓦三厂实行企业改造，协议出售了部分国有资产，并由自然人入股，组建了农场首批股份制企业，改制后的砖瓦三厂改名为"淮安市白马湖砖瓦三厂"。

2009年，砖瓦一厂和二厂被拆除，仅保留砖瓦三厂；2016年，因国家严禁取土烧砖，砖瓦三厂处于停产状态。

（四）预制厂

预制厂原是基建队的一个附属班组，最早建于1978年。1978年，预制厂的生产面积仅为400平方米，产品只有楼板和桁条。1985年，预制厂成为建筑安装公司的下属单位，队级建制。在公司内按下达的承包指标分账进行经济核算。由单一的生产楼板、桁条发展到能生产多种规格的楼板、桁条以及水泥管、电线杆、农渠渠首、水泥瓦等各种小件以及能生产根据客户需求的预制产品，面积已扩展到 1500 平方米。1990 年以来，先后添置了 Φ15 至 Φ100 水泥管快速脱模模具 8 套，投入仅是机械模具的 1/10，工效比过去提高 10 倍，日生产能力可达 120 节。1997 年添置了 1 台套先进的楼板切割机。

预制厂建厂 20 年来，产品销售市场从场内扩到场外，并打入洪泽市场，产品销售额从 1978 年的不足 9 万元发展到 1997 年的 70 万元，年年完成公司下达的利润指标，20 年来安全生产无事故。1986 年，取得了江苏省建设委员会混凝土建筑构件生产三级资格证书，1994—1997 年，连续 4 年被淮安市技术监督局评为构件质量管理工作"先进集体"。1999 年，预制厂有职工 30 人，其中女职工占多数，2000 年因农场改制，预制厂撤销。

五、机械制造业

农场的机械工业始于建场初期的农机具的修理，主要包括机械修理与机械制造业。

农机修造厂，占地面积 5000 平方米，建筑面积 120 平方米，时有职工 92 人，拥有固定资产 73 万元，下设金工、锻造、冲压、维修四大车间，拥有 23 台套修造设备。

农机修造厂建于 1962 年，前身是农场的农机修理组。1962 年后，修理厂在原有基础上增添了一些维修设备。1963 年机务科成立，修理厂由其直接管理。

1964 年，修理厂与机耕队分开，兴建了 3 幢新厂房和 1 幢办公用房，建成了金工、修理、发电车间，增加了 1 台钻床，配备了交流电焊机和发电机，并且开始用柴油机发电，时有职工 70 人，分为车工、钳工组，主要负责全场农机具维修，农场对修理厂实行的是盈利有奖金、亏损有补贴的政策。同年修理厂被江苏省农林厅定为三级大修单位，可以单独承担拖拉机的大修。

1965 年后，修理厂增至 6 个车间，坚持修理与制造相结合的方针，能修则修，能造则造，修理厂自行研制出轴流泵，成为当时苏北地区唯一生产厂家。1967 年，修理厂开始研制插秧机，先派技术人员出外考察，引进 1 台东风-2 型机械插秧机、2 台广西大苗插秧机。1968 年，试制成功 1 台机动插秧机后，便开始小批量生产。

1973 年后，修理厂由原来的服务型逐步开始向经营型转化，在完成农场下达的修理任务的前提下，利用自己的修理设备和修理技术为周边乡镇提供农机具维修服务。1974 年，修理厂研制生产出第一台水泵，产品很快占领了苏北市场，经济效益显著提高，摘掉了亏损帽子，企业略有盈余。1977 年 3 月，修理厂与淮安县零件厂协作，成立了"淮安县白马湖晶体管零件厂",生产半导体零件。

1980 年后,修理厂确定了"以修为主,修造结合,以造养修"的方针,修理项目不断增加,并根据当时技术水平和设备能力,面向市场开发半成品、零部件加工（如翻砂、车削零件）和小型机械制造等,逐步走出了一条新的发展路子。修理厂开始推行"定、包、奖、赔"生产责任制,打破了"大锅饭",生产任务落到人头,实行定额管理,到 1982 年,修理厂年利润已达 3.5 万元。同年农机修理厂改名为"江苏省国营白马湖农场农机修造厂",受机务科和工业科双重领导,即业务上受机务科领导,行政上受工业科管理。

1983 年,为改变亏损局面,修造厂调整了产品结构,积极研制新产品,寻找合作伙伴,一直为无锡动力机械厂、上海柴油机厂加工生产 761-04-055a 水套、1-562-1 螺塞等免检产品,先后制造生产了防滑轮、播种机、脱粒机、开沟机等农业机械,为社会提供拖拉机拖车、手扶拖车的改造服务,曾自行生产折叠椅向社会销售。

1997 年,农场对其实行了租赁承包。1998 年,经江苏省农垦总公司的批准,农场对修造厂实施了股份制改造,协议出售了部分国有资产,组建了股份合作制企业,成为农场第一批改制企业之一。

改制后的农机修造厂改名为"淮安市白马湖农机厂"。主要生产柴油机水套、水泵和部分手扶机械的防滑轮。由于没有主导产品,加之经营不善,严重资不抵债,企业于2002 年 4 月宣告破产。2007 年 7 月,农场将农机厂厂区内的全部房屋出售给原农机厂管理人员王仕玉,组织成立民营企业"淮安市翔宇机械制造有限公司"。

第二节　建　筑　业

一、概况

1963 年 1 月,农场成立基建科,有工程技术人员 4 人,负责场内库房、公房、桥梁、涵闸、排水工程及其配套设施勘察和设计,没有固定的建筑施工队伍。

1964 年 7 月,因农场基本建设任务的不断增大,农场为了适应当时的建设形势,决定成立基建队,当时有职工 37 人。

1968 年 2 月,基建队与农场农具厂合并,为农具厂的附属单位。1975 年 5 月,基建队与农具厂分立。

1984 年 2 月,经江苏省农垦局批准,撤销基建队,成立了国营白马湖农场建筑安装公司,职工 276 人。

1995 年 1 月,为适应市场经济发展的要求,农场撤销了基建科,成立了建设办公室,负责全场整体建设规划的制定和实施，场内基本建设项目（包括水利基本建设）的设计、招标、预决算编制，施工质量的检查、监督验收以及场内下属单位基建项目的审查与报批。

2000年，农场对场办企业实行改制，建筑安装公司被撤销。原建筑公司的管理人员又租赁原厂地，组建一个民营的股份制企业。该企业主要生产水泥楼板等预制品，并承接农场范围内的房地产开发以及场内的桥梁、涵洞等工程。

2002年，农场从事建筑业的个体数量开始增加，从业人数61人，固定资产净值44万元，全年施工单项工程数20个，施工房屋建筑面积300平方米，总产值83万元。

2004年，全年施工单项工程13000平方米，施工房屋建筑面积2100平方米，总产值170万元。

2006年，在连续几年亏损的情况下，开始扭亏为盈。

2008年，从业人数73人，总产值695万元，利润2万元。

2017年，参与场内小额工程竞标的有33人，每年从事建筑施工、水利、道路和装修等工程的人数达到312人。

二、建安公司

1964年7月，由于农场建场不久，基本建设任务特别繁重，农场决定成立基建队，受基建科直接领导，时有职工37人（其中瓦工26人、木工9人、技术人员2人），下设1个瓦工组，1个木工组。组成初期，基建队建筑设备简陋，仅能从事民用房屋、仓库及小型桥闸涵洞的施工，建筑施工无图纸，小型建筑仅凭经验施工。

1968年2月，为发展建筑事业，壮大建筑队伍，基建队与农具厂合并，时有职工61人。随着施工水平逐步提高，场内的所有水利设施及工业与民用建筑全由基建队承建。1976年，基建队被淮安县政府定名为"淮安县0号建筑工程队"。1978年，为了给农场内部建筑提供建材服务，基建队下设了1个水泥预制产品生产组，开始生产水泥预制品。

1979年以前，基建队仅添置了1台套电锯、1台东风-12型手扶拖拉机、5吨葫芦1只、搅拌机及其他一些建筑机械设备，先后完成了新河沿线的6座排水机站，白马湖北堤上20台60匹柴油机的排灌站、四分场的五分站及全场20余座大桥和10余座电灌站的施工任务，完成了跨度15米的农场会堂和综合厂的厂房改造及仓库建设，完成了砖瓦厂28门大窑的施工任务。

20世纪80年代初，基建队开始出场施工，至1983年底完成了江苏省农垦局机关1号楼、2号楼，淮阴农垦局办公楼、宿舍楼4项工程的施工任务。其中淮阴农垦局宿舍楼被淮阴建设委员会评定为"全优工程"。1980年6月，基建队被江苏省农垦局命名为"江苏农垦建安公司第三工程处第三工程队"，在淮阴建筑市场上站稳了脚跟。1982年初，基建队实行计件工资制，即实行按合格工程发放工资、全优工程奖励的"联产、联质"计酬办法。同时，又成立质检小组负责施工质量的检查、监督。

1984年2月，为了适应市场的要求，经江苏省农垦局批准，基建队撤销，成立建筑安装公司，下设3个工程队，并设材料组（含水泥预制生产组）、木工队，有职工276人，其中瓦工205人，木工41人，专业技术人员15人，拥有固定资产68万元，各类建筑机械设备20台套。

公司组建后，为培养更多的专业技术人员，1984年底与淮安市教育局协商，在白马湖中学先后办了两届建筑专业职业高中班，共培养学生65人。

1985年以后，农村建房越来越多，水泥制品需求量越来越大，场内、场外的群众纷纷求购，水泥制品供不应求，建筑公司抓住了这个良好机遇，在原来预制生产组的基础上，组建了水泥预制品厂。根据市场需求，预制产品由单品种的楼板、桁条发展到多种规模的楼板、桁条以及电线杆、农渠渠首、水泥瓦等多种水泥预制产品。

建安公司成立以后，从1984年至1997年建安公司的产值利润翻10番，年产值最大的高达1045万元，年利润最高的达18.86万元，年税金达20.7万元。固定资产达46.7万元，拥有塔吊、井架、搅拌机、吸水机、切割机、对焊机、楼板切割机、电锯、钢管脚手、钢模等20余种建筑设备55台套。公司有职工276人，其中瓦工161人，木工39人，各类专业技术人员46人，预制品生产人员30人。下设3个工程队，1个水泥预制品厂。拥有Ⅱ级资质的项目经理2人，Ⅲ级资质的项目经理4人。

1996年，经江苏省建设委员会审查批准，建安公司资质等级达三级施工企业，可承建16层以下，20米跨度以下的房屋建筑，高度50米以下的构筑物的建筑施工，也可承建20吨以下桥涵的设计与建造，并可承建管道安装，电力线路安装、装潢、装饰工程、道路工程以及土石方工程。1998年，在淮阴市建设委员会组织的建筑施工企业安全质量评比中荣获一等奖。

2000年，农场对场办企业实行改制，建筑安装公司撤销。原建筑公司的管理人员又租赁原厂地，组建一个民营的股份制企业，更名为"白马湖农场裕源建筑安装公司"，该企业主要生产水泥楼板等预制品，并承接农场范围内的房地产开发与场内的桥梁、涵洞等工程。2005年，该场地被开发成居民居住小区，企业的办公地点也迁址到建安大楼。

2016年，"白马湖农场裕源建筑安装公司"注销。

第三节 三 产

一、概况

场办非农企业改制后，农场不断加大企业内部管理力度，在提高工业经济运行质量、强化引导中不断提高三产份额。1999年，农场将民营经济发展作为农场经济发展的重要组成部分来抓，通过强化宣传引导、制定优惠政策、多渠道收集劳务信息，帮助转岗、待岗职工实现就业，进一步转变职工思想观念，使职工从根本上由等待就业转变成职工自主择业、自主创业实现质的转变。

1999年底，全场民营项目1764个，从事民营经济人数达2293人，三产增加产值2624.1万元。占农场国内生产总值的38.1%，较1998年增加2.9个百分点。一大批转岗职工和待业人员成为三产队伍中的主力军。

2000年，农场共发放小额贷款94.33万元，用于扶持困难职工自主创业，贷款惠及265户。

2002年，农场为适应形势发展，搞好内引外联，进一步增加新的经济增长点，开始将招商引资工作摆上重要议事日程。为了鼓励职工创业，兴办民营企业，农场开始每年安排20万元用于职工创业贴息奖励。

2003年，全场民营三产外出劳务人员达2064人，从事民营项目988人，三产增加产值2696.2万元。

2004年，全场从事民营经济的户数达2918户，占全场总户数的64.8%，固定资产投资总额达4000万元，占全场固定资产投资总额的60.2%，实现总产值5500万元，增加产值3435.9万元，民营经济劳动力人均收入达4042.7元，占全场劳动力人均收入的55.7%。

2005年，劳务输出2006人，从业2224人，实现总产值2273.1万元，纯收入2173.9万元。

2006年，为进一步推动民营经济发展，调动职工创业的积极性，拓宽就业渠道，提高职工收入，农场修订出台了《关于2006年发展民营经济工作意见》。

2007年是二次创业之年，农场把二次创业和全民创业作为农场经济发展的第一要务，首次提出3年实现"三个三"（民营经济总量达3亿元，高效蔬菜种植面积达3000亩，畜禽养殖总量达300万只）的宏伟目标，并将民营经济的发展转向高效种植业和畜禽养殖业。同年4月，农场应农垦二次创业的要求，成立了"白马湖农场产业发展办公室"，负责全场民营经济工作的组织、宣传、引导等，并相继出台了《白马湖农场 2007 年度发展民营经济实施细则》《白马湖农场 2007 年民营经济考核办法》《职工自主创业基金使用管理办法》《关于二次创业过程中输变线电路架设的补充规定》等文件，发放自主创业基金 150 万元。同年 7 月，农场为树立典型，促进全民创业，营造创业氛围，举办了近 600 人参加的"2007 年白马湖农场二次创业汇报演讲会"，农场民营经济蓬勃发展，当年肉鸡出栏由 2006 年的 40 万只发展到年出栏 80 万只，蛋鸡存笼量由 2006 年的不足 3 万只发展到 13.5 万只，新增各类规模养殖户 91 户，其中规模养殖小区 12 个。民营经济总产值达到 9938.9 万元。

2008 年，农场又将原工会 50 万元小额贷款和自主创业基金整合，共 200 万元，全部用于职工创业低息贷款。

2006—2008 年，累计发放职工创业固定资产奖励和养殖补贴 65.80 万元，创业贴息贷款惠及 300 多户，贷款额累计 350 万元。

2010 年，农场全民创业达到高潮，共有规模蛋鸡养殖户 87 户，年养殖量达 35.6 万只。

2011 年，农场坚持"突破重点、择优扶持、典型引路、整体推进"的原则，充分利用原有养殖小区发展空间和项目资金，对六区、五七两个养殖小区进行改造，组织 180 多人次参加了养殖、防疫等专业技术培训，提高了职工的养殖技能和管理水平。

二、商业、服务业和农资经营

建场以后很长一段时间内，农场商业发展缓慢，主要是因为当时国家实行计划经济以及受"农不经商"思想观念的影响，农场职工生产、生活日用品主要由县商业局（即现在的商务局）所属供销部负责。后该部因与林集供销社合并而缩小为白马湖供应站，为林集供销社下属单位，其供销业务远远不能满足农场生产发展及职工的消费需要。1963 年 12 月农场向淮安县委、县人委申请，再次请求在农场成立消费合作社。1965 年该供应站撤销成立了供销合作社，此后供销合作社负责供应农场职工的生活日用品等。党的十一届三中全会以后，农场的商业发展开始出现生机，许多单位和个体纷纷办商业，从事服务业，特别是个体商业、服务业发展很快。

农场的农资服务早期由财务科负责，1980 年农场成立物资供销科后，由物资供销科负责全场的农资服务工作。1984 年农场成立物运公司后，又由物运公司负责全场的农资供应工作，物运公司在做好场内农资服务的同时也开始对外经营农资。

1996 年，农场改制成立十大公司，物运公司更名为物资公司，负责全场农资供应工作。

2000年，物资公司改制成股份制企业。

2007年，农场对物资公司实行二次改制，由农场控股79％，原物资公司占股21％。

2011年，物资公司撤销，原物资公司改为白马湖分公司的物资供销部门。

（一）商业

1. 农工商门市

1980年起农场开始试办农工商。1981年，农工商门市部开始营业，配备经理会计各1人，干部职工合计6人，主要经营大小百货、日杂、五金交电及农副产品。1983年，农工商门市部已有管理人员和营业人员18人，每月营业额8000多元，全年营业额10多万元，并在农场的第五管理区及第十管理区设有农工商小店。1986年起农工商门市部隶属农场工商公司领导，配有书记、主任、总账会计、出纳员各1人。1990年6月农工商门市部撤销。

2. 农贸市场

很长一段时间内农场没有专门的农贸市场，农场职工购买蔬菜、鱼肉等需跑到林集、范集等地。为满足农场职工的日常生活需要，方便职工买菜，1989年农场投资在原老场部南、淮范公路边建农贸市场1个，占地面积约1000平方米，共有摊位40多个，主要经营蔬菜、鱼肉等，基本能够满足当时职工日常需要。为符合农场小城镇建设的总体规划，1998年7月，农贸市场被拆除。1998年8月，农场又投资在原农贸市场东200多米处淮范公路边建农贸市场1个，占地面积约1500平方米，共有摊位60多个，经营蔬菜、鱼、肉、蛋、家禽等鲜活产品，职工购买蔬菜等再也不用远跑林集、范集等地。

2001年，农场对小城镇建设做进一步规划，将农贸市场迁至医院对面，并按标准化建设，设立固定摊位100多个。

2003年，经农场党委研究决定，江苏省工商行政管理部门审批，每月农历初一、四、七定为逢节，地点设在建场路。2003年8月，正式逢集，设定固定摊点200个以上。

3. 个体商业

因受计划经济体制及"文革"的影响，农场的个体商业起步较晚，在20世纪70年代末期农场的个体商业才有所发展。1980年以后个体商业从业人员逐步增多，个体私营商店开始出现。近年来随着改革开放的深入，农场的个体商业开始发展壮大起来。至1985年农场已有个体商业网点11个，从业人员23个。至1989年全场已有个体门市网点50多个，个体经营人员113人。1994年，全场拥有私营商店及个体摊位80多个，从业人员近200人，其中仅淮范公路沿线就达50家，从业人员155人。

2002年以后，个体商业开始向建场路两侧发展。

2006年，由个人投资的泰赢商场，固定资产达200万元以上，主营大小百货，为农场的大型超市。截至2008年，批发和零售业从业人数已达908人，其中职工数319人。

2013年，全国第三次经济普查数据显示，农场有证个体户达268户，从事各类经济活动的个体多达1000户以上，民营经济产值达6000万元以上。

2018年，全国第四次经济普查清查结果统计，农场有各类个体工商户300多户，馨康花苑小区新增天猫服务站点1个。农场职工居民使用淘宝购物的人数逐年增多。

（二）服务业

1. 农场招待所

农场招待所建于1963年，隶属于农场办公室。当时仅有4个房间，4张床位，有服务员1名。1974年，农场在招待所原址将其扩建为3间大房12张床位、3间小房6张床位。1979年，农场场部机关搬迁，农场又在新场部机关大院内建招待所，共有房屋10间，42张床位，服务人员1名。1981年，农场又在场部机关大院东侧（现派出所）建造招待所，为3层楼房，至1983年建成投入使用，共有50间客房，80张床位，招待所二楼设有大小会议室各1套。招待所有服务员2名，主要是对内服务兼对外经营。1997年，农场建造裕源宾馆，建筑面积1230平方米，总投资200余万元。该宾馆为3层建筑结构，于1997年5月正式投入使用。农场原招待所于1997年5月停用。2002年农场办公室对宾馆实行整改，对宾馆实行轮流承包制。2009年1月，宾馆取消轮流承包制。

2009年8月，因裕源宾馆设备老化、陈旧，农场按三星级标准对其重新装修。

2. 机关食堂

机关食堂建于1959年，隶属场办公室，早期食堂有事务长1名，会计1名，厨师及服务员4名。主要对场机关工作人员提供服务，对外经营相对较少。

1979年，场部搬迁，又在新场部内建机关食堂，隶属于场办公室。设事务长1名，会计1名，厨师及服务员4名。食堂分2个小餐厅，1个大餐厅，1次可接待12桌，130多人就餐。

1997年底，农场成立生活服务公司，食堂又隶属生活服务公司管理。为适应当时形势发展，农场又投资50多万元，将食堂进行装潢维修扩建，修建后的食堂共有5个小餐厅，1个大餐厅。小餐厅全部配备空调、卡拉OK音响等现代化设备，厨房配有大型液化气灶、大冷冻柜、冰箱等先进设施，1次可接待14桌左右，150多人就餐。

2001年，生活服务公司被撤销，机关食堂由个人承包。

2004年，原来的老餐厅被拆除，由个人投资兴建了1栋占地面积约400平方米的3层豪华大餐厅，取名为"白马湖饮食服务中心"。该餐厅一楼可承办 20 桌宴席，并配备音响、MTV 等娱乐设施；二楼共有 10 个小包间，2 个豪华大间；三楼为休闲中心。

2004 年以后，该餐厅不仅服务机关和其他单位用餐，还对外营业、承办宴席等。

2017 年，农场收回餐厅所有权，将其租赁给个人经营。

3. 社会餐饮服务旅馆业

建场后很长一段时间内，农场的餐饮服务、旅馆服务业均由机关食堂和农场招待所承担，社会餐饮服务旅馆业基本没有。20 世纪 70 年代末，农场餐饮服务旅馆业开始逐步发展，起初是私人开设小吃店，之后发展为个人开设饭店、个体旅社等。90 年代以来随着改革开放的深入和社会经济的进一步发展，农场的社会餐饮服务旅馆业迅速发展起来。1994 年，全场从事饮食服务店铺 50 余家。1998 年，全场共有饭店 7 家，从业人员 18 人；个体旅社 5 家，从业人员 7 人，共有床位 30 张；个体熟食摊点 11 个，从业人员 16 人。

2005 年，餐饮业从业户数 15 户、从业人数 39 人、总产值 113 万元、纯收入 40.7 万元。

2007 年，餐饮业从业户数 18 户、从业人数 51 人、总产值 193 万元、纯收入 67.2 万元、增加值 115.8 万元。

2008 年，商业和服务业总个数为 429 个。旅馆和餐饮业从业人数为 116 人，其中职工数为 96 人。

2000 年以后，农场餐饮业不断萎缩，规模和人员不断减少。

2018 年，农场餐饮只有农场饮食服务中心、振华饭店、福满园饭店和昕荣饭店 4 家饭店，步兵小吃、花家小吃等 3 家小吃部。

4. 缝纫业

建场初期农场就有职工从事个体缝纫业，但从业人员较少。1980 年以后随着改革开放的深入，人们生活水平的提高，对服装的需求也趋于多样化，农场的个体缝纫户逐渐增多。至 1998 年全场共有个体缝纫户 10 家，从业人员 15 个。

近几年来，随着人们生活水平的提高，交通的便利，加上市场上服装价廉物美等因素的影响，缝纫业的市场越来越小，从事缝纫业的个体也越来越少，到 2022 年为止，小城镇范围内只有 2 家缝纫店。

2007 年开始，农场外出劳务的人员，眼界开始放宽，先后有 4 户引进外贸服装加工业和其他外贸产品加工业项目，提供就业岗位 100 余人。

2022 年，农场从事缝纫的只有 1 人，主要是以被套加工为主。

5. 理发

农场建场初期只有 1 人专业从事理发。1963 年，大批城市知识青年插场，为满足需要，农场又增配 1 人专业从事理发，理发师领取工资。1981 年，农场建集体理发店 1 个，从业人员 3 人，系承包经营，年终需上交一定的费用。1984 年，集体理发店解散，此后农场的理发业均为个体经营。

近几年来随着人们生活水平的提高，理发业已逐步从单纯的理发转变为"美容美发"。

2009 年，全场共有理发店 3 家，从业人员 4 人，均为个体经营。

2015 年以后，部分理发店主外出创业，加之场内年轻人外出打工、陪读人数增多，截至 2022 年，农场只有 6 家理发店。

6. 照相

建场初期，农场无照相服务业，农场职工照相要到几十里外的淮安县城。1985 年，农场有人开始从事个体照相服务。1998 年，全场有照相馆两家，从业人员 3 人，均为个体经营。此外，农场党委工作部还配有照相机、摄像机等先进设备，负责农场的宣传用照片和有线电视节目的制作等。

2002 年，农场原个体打印社"长城电脑打印社"开始从事电脑照相，原来的老照相馆被取代。

2007 年，农场个体打印社"白马湖打印社"应市场需求，开始从事电子照相业务。

2015 年以来，该打印社可承接打字、复印、照相等业务。

7. 浴室

建场时农场境内没有浴室，农场职工洗浴很不方便，加上 1963 年起大批城市知识青年插场及驻军的增加，"洗浴难"显得更加突出。为满足需要，1964 年，农场在原老场部后建造男女浴室 1 座，每日可供 300 多人洗浴。1981 年，农场又在酒厂西侧建男女浴室 1 座，设有铺位 120 个，每日可供 600 多人洗浴。1986 年，农场砖瓦二厂投资 3 万余元建浴室 1 座，以解决该厂职工的"洗浴难"问题。1991 年，农场砖瓦三厂又建浴室 1 座。随着人们生活水平的提高，对洗浴档次的要求也越来越高。1995 年，农场又投资 10 万余元对农场的集体大浴室进行全面改造，增设了暖气、淋浴等设施，并开设了"雅座"，以满足不同层次顾客的需求。为进一步方便广大职工洗浴，农场的个体浴室也纷纷涌现，浴室内各类服务设施齐全。至 1998 年全场共有集体浴室 3 座，个体浴室 5 座，从业人员 12 人。

2000 年，农场对非农企业实行改制，白马湖农场浴室改为私营。

2009 年 7 月，白马湖农场砖瓦二厂集体浴室因淮安市城乡挂钩项目被拆除。

2009 年，农场共有个体浴室 8 家，从业人员 15 人。

2010—2018 年，农场有云富浴室和白马湖浴室 2 家正常营业。

8. 供电

农场的供电由供电站负责，其前身为白马湖农场修理厂电工组，时有职工 7 人，拥有 35 千瓦发电机 1 台。主要负责修理厂的机床供电和电焊用电，同时负责原老场部的晚间照明用电，供电范围约 6.5 平方公里。

1974 年，淮安县委组织四社一场筹建运西变电所，运西变电所地址在农场。1976 年，运西 35 千伏线路变电所建成使用，负责运西地区的工业、农业、照明用电，变电容量为 2000 千伏安。1977 年，农场架设了第一条南总站 10 千伏线路，解决了农场南总站排涝用电问题，当时全场总动力 750 千伏安。随着农场经济的发展，1978 年，农场开始筹建供电站，并于 1980 年 4 月 24 日正式成立供电站，共有职工 11 人。1987 年 7 月，农场购买了淮安市 35 千伏专线和 35 千伏变电所。1990 年，农场的无电村全部解决。为切实做到安全用电，提供优质服务，农场供电站于 1995 年下发了《全场安全用电细则的通知》，1996 年又下发了《供电站电力管理规定》等文件，以加强电力管理，保证安全用电。1999 年，供电站在职职工 52 人，其中电工 44 人，手扶拖拉机队 10 人。3150 千伏安变电所 1 座，各种变压器 62 台，10 千伏高压线路 60.8 千米，低压线路 137.5 千米，全年用电约 600 万千瓦时，其中工业用电占 20%，农业用电占 30%，照明用电占 50%。

2002 年，江苏省电力公司投资 1240 万元分两年对农场原电网进行改造，2003 年底改造结束。根据相关文件精神，原农场电力资产无偿划拨给电力公司，农场境内的电力资产由楚州电力公司与白马湖农场签订资产托管协议，每年签订 1 次。农场供电站负责对托管资产的维护、维修和保养，相关费用由电力公司根据有关文件精神拨给相应的低压维护费，以便农场电管中心对托管电力资产的维护和保养。

2003 年，根据江苏省经济贸易委员会和江苏省农垦文件精神，按定员定编进行改制，改制后供电站更名为"白马湖供电管理服务中心"，定编人数为 24 人。

2004 年，实行定员定岗定编管理制度，下设收费班、运行维修班和计量班 3 个班组。

2005 年 1 月，电力管理中心办公地点由职工医院的北面迁址到场健康西路、楚州酒厂东侧的原国税白马湖分局大楼，总占地面积 1200 平方米，办公场所为 4 层楼，建筑面积 680 平方米。

2007 年，电管中心对电费收缴工作做了进一步改革，试运行电费实行营业大厅收费，对部分台变实行电脑开票大厅缴费。

2008 年，农场对电管中心领导班子进行调整，对原来设置的班组进行了重新组合后分工，设置了收费班、运行班、计量维修班和安全监督班。

2008 年，电管中心管理 10 千伏变电所 1 座、容量为 6730 千伏安的专变 53 台、容量为 9780 千伏安的公变 108 台、10 千伏线路 82.1 千米、50 伏线路 183.73 千米。主营业务收入为 686.95 万元，主营业务成本为 644.08 万元，利润为 1.37 万元。

2012 年，电管中心内抓管理外争政策，积极寻求经济增长点，重点在"两控"上下功夫，即控制非生产性支出和综合线损率，实现全年销售电量 1646 万千瓦时，营业收入 1089.2 万元，其中：电费收入 807 万元，施工收入 282.2 万元，列入考核的利润总额为 268.6 万元，超额完成了年初制定的责任制考核任务。

2013 年，电管中心争取了对外项目 4 个，累计对外施工收入 42.5 万元，为走出场外创收打下了基础，并向区供电公司争取王庄居委会居民小区低压线路及配变改造工程总造价 46 万元，彻底解决了该小区多年的安全隐患问题。

2014 年，电管中心不但对外创收有所突破，分别在范集、南闸和马甸参与供电公司工程创收 55 万元，还积极向区供电公司争取 51 万元材料用于裕源南路电力设施和线路改造。

2017 年，农场按照农垦社会事业改革的要求，完成了对电管中心的电力管理体制改革、电网改造"两改"任务，积极筹划"三供一业"的移交工作。

2018 年 2 月，根据农垦集团公司《关于推进全民所有制企业公司制改制工作的通知》文件，经农场党委研究报请集团公司批准，原则同意农场供电站报送的《江苏省国营白马湖农场供电站公司制改革方案》。4 月 1 日，农场将供电站改建为江苏省国营白马湖农场全资子公司，名称为"淮安市白马湖农场电力服务有限责任公司"。改制后的企业按照现代企业制度要求，建立了规范的公司结构并及时转换经营机制，同年 4 月，农场与淮安供电分公司共同规划，落实电网改造任务，资金总投入 10208 万元。

2020 年，根据集团公司统一要求，对原有 18 个农场供电公司进行改制重新整合，整合后统一依托东辛凯惠电力工程有限公司，2021 年，农场将淮安市白马湖农场电力服务公司注销，成立江苏凯惠电力工程有限公司白马湖分公司。

2009 年至 2021 年 4 月 8 日购、销电量情况统计见表 5-1。

表 5-1 2009 年至 2021 年 4 月 8 日购、销电量情况统计

单位：万千瓦时

年份	购电量	销电量				备注
		合计	居民	工业	农业	
2009	1780	1602	825	228	549	
2010	1800	1584	830	276	478	

（续）

年份	购电量	销电量				备注
		合计	居民	工业	农业	
2011	2005	1782	820	307	655	
2012	707	1511	990	228	293	
2013	1715	1519	927	229	363	
2014	1391	1236	850	219	167	
2015	1487	1315	873	228	214	
2016	1697	1478	973	265	240	
2017	1825	1584	1057	230	297	
2018	1985	1679.37	924	453.6	301.77	
2019	1915	1643.48	833.25	538.47	271.76	
2020	1755	1275.74	635	365.6	275.14	
2021	600.9	1009.42	962.61	28.47	18.34	

9. 自来水供应

农场 20 世纪 90 年代以前，居民和工业用水主要来源于水井取水。2001 年，邵太昆在原运输队队部附近建立私人水厂 1 座，以供应城镇范围内职工居民饮用水。由于农场人口众多，职工居住分布零散，农场南北距离场部中心城镇跨度大，加之农场投入资金比较困难，从历史现状和运营是否方便等方面考虑，2005 年，农场鼓励在远离场部的南部和北部两个区域地段采取以个人筹款形式投资兴办私营水厂，在一定时期缓解了农场一次性投资的资金矛盾，维系了这一时期农场的饮用水供应。至此农场共有私营水厂 3 座，水源均来自本场境内的深水井取水。

2008 年 6 月，根据《省政府办公厅关于实施农村饮水安全工程的通知》和农垦集团公司《农场饮用水安全工程"十一五"实施规划》精神，农场编制了《白马湖农场饮用水安全工程建设项目》可行性研究报告，同年 8 月，集团公司给予《关于白马湖农场饮水安全工程项目初步设计的批复》工程施工批复。本项目批准投资总额 477.32 万元，项目主要为：原 3 个水厂的改造、设备安装、106 千米管道铺设、在农场富康小区后面新建集镇水厂和配套工程，此项目将农场境内 3 个民营水厂原铺设的管道并网，并为民营水厂无偿使用，基本解决了含农场中心城镇和规划居民点居住职工的安全饮用水供应难题，于 2012 年上半年通过江苏省水利厅验收。项目完成后，农场将新建水厂承包给个人经营。

2014 年，农场响应国家对饮用水安全保障工程的实施，将农村"深水井"改为"自来水"，按照"集中经营、统一管理、科学运作"的原则，投资 200 多万元收购了私营水厂3座；收购后的水厂由电管中心负责运营。2017年农场又利用社会事业项目资金投入200多万元改造了农场小城镇范围的三级管网入户安装工作，做到了与淮安区域供水管网对接。

2018年，根据《省政府办公厅关于印发江苏省国有企业职工家属区"三供一业"分离移交工作实施方案的通知》精神，农场再次投入1472.39万元用于全场供水系统改造。改造10个居委会的二级管网，长度约23.38千米。

10. 民间经济协会组织

随着农场民营经济的快速发展，各种经济组织应运而生。2009年3月，先后注册了"淮安市楚州区华萃蔬菜专业合作社""淮安市楚州区白马湖农场水产养殖协会""淮安市楚州区白马湖农场畜禽养殖协会""淮安市楚州区白马湖农场植保协会""淮安市楚州区白马湖农场农机作业协会"5个经济组织；同年4月，又注册了个体组织"淮安市楚州区白马湖农场小林农机专业合作社"；6月，由蛋鸡养殖大户韩正阳、陈桂军等人牵头，根据全场年出栏蛋鸡16万只以上的规模，注册了"淮安市楚州区白马湖农场协和蛋鸡养殖专业合作社"。

2011年，农场的大田种植实行股份制以后，部分职工开始成立农机合作社，据2018年第四次全国经济普查清查统计，农场的各类协会总计34个，至2022年底增加到55个，具体见表5-2。

表5-2　2022年白马湖农场各类合作组织、协会一览

序号	单位详细名称	负责人姓名	主要业务活动
1	淮安市淮安区协和蛋鸡养殖专业合作社	陈桂军	畜禽养殖
2	淮安市淮安区禾乐稻麦专业合作社	吕元荣	稻麦种植
3	淮安市淮安区华丰农机专业合作社	吕爱峰	农机服务
4	淮安市淮安区草上飞家禽养殖专业合作社	洪庆生	畜禽养殖
5	淮安市淮安区满兰蛋鸡养殖专业合作社	葛满兰	畜禽养殖
6	淮安市淮安区引河家禽养殖专业合作社	郭宝东	畜禽养殖
7	淮安市淮安区裕源高效稻麦种植专业合作社	范寿兵	稻麦种植
8	淮安市淮安区红太阳农业机械专业合作社	赵云	农机服务
9	淮安市淮安区大地农机专业合作社	郭继红	农机服务
10	淮安市淮安区玮发高效蛋鸡养殖专业合作社	刘正军	畜禽养殖
11	淮安市淮安区跃军农机专业合作社	李跃军	农机服务
12	淮安市淮安区裕源花木专业合作社	吕小艳	花木种植
13	淮安市淮安区翔福农机专业合作社	解怀淼	农机服务
14	淮安市淮安区白马湖农场小林农机专业合作社	王小林	农机服务

（续）

序号	单位详细名称	负责人姓名	主要业务活动
15	淮安市淮安区桂荣农机专业合作社	陈桂荣	农机服务
16	淮安市淮安区韩正州农机专业合作社	韩正州	农机服务
17	淮安市淮安区鸿利农机专业合作社	孙超	农机服务
18	淮安市淮安区正来农机专业合作社	韩正阳	农机服务
19	淮安市淮安区建春生态农业种植养殖专业合作社	胡建春	畜禽养殖
20	淮安市淮安区刘勇农机专业合作社	刘勇	农机服务
21	淮安市淮安区朱洼水产养殖专业合作社	朱学林	水产养殖
22	淮安市淮安区绿友林业有害生物防治专业合作社	问炳涛	病虫害防治
23	淮安市淮安区顺福农机专业合作社	秦秀芹	农机服务
24	淮安市淮安区桂梅稻麦种植专业合作社	朱桂梅	稻麦种植
25	淮安市淮安区殿开农机专业合作社	董殿开	农机服务
26	淮安市淮安区步永农机专业合作社	董步永	农机服务
27	淮安市淮安区春锦稻麦种植专业合作社	胡春锦	稻麦种植
28	淮安市淮安区耕耘农机专业合作社	王振	农机服务
29	淮安市楚州区南大荒肉鸡养殖专业合作社	韩建新	畜禽养殖
30	淮安市淮安区西南荒家禽养殖专业合作社	问丽丽	畜禽养殖
31	淮安市淮安区周刚农机专业合作社	周刚	农机服务
32	淮安市淮安区兄弟农机合作社	宋步林	农机服务
33	淮安市淮安区红升蛋鸭养殖专业合作社	陆志红	畜禽养殖
34	淮安市淮安区永绿有害生物防治专业合作社	朱国辉	病虫害防治
35	淮安市淮安区爱芹家禽养殖专业合作社	周继旭	畜禽养殖
36	淮安市淮安区大路家禽养殖专业合作社	王路	畜禽养殖
37	淮安市淮安区志兴农机专业合作社	张小丹	农机服务
38	淮安市淮安区峰华病虫害防治专业合作社	陈贵华	病虫害防治
39	淮安市淮安区苏畅农机专业合作社	吕正云	农机服务
40	淮安市淮安区滕兵农机专业合作社	滕小兵	农机服务
41	淮安市淮安区王波农机专业合作社	王波	农机服务
42	淮安市淮安区绿之梦农机专业合作社	韩正阳	农机服务
43	淮安市淮安区至富农机专业合作社	刘二华	农机服务
44	淮安市淮安区邦源农机专业合作社	陈廷涛	农机服务
45	淮安市淮安区仲虎农机专业合作社	仲虎	农机服务
46	淮安市淮安区秋春农机专业合作社	杨二春	农机服务
47	淮安市淮安区绿之梦家禽养殖专业合作社	刘清华	畜禽养殖
48	淮安市淮安区壹叁五农机专业合作社	邵杰	农机服务
49	淮安市淮安区杰泽农机专业合作社	杨芳	农机服务
50	淮安市淮安区贰肆陆农机专业合作社	杨俊	农机服务

（续）

序号	单位详细名称	负责人姓名	主要业务活动
51	淮安市淮安区诗涵农机专业合作社	陈雷	农机服务
52	淮安市淮安区绿淮有害生物防治专业合作社	韩晓陆	病虫害防治
53	淮安市淮安区袁庄农机专业合作社	袁宝华	农机服务
54	淮安市淮安区金忠农机专业合作社	黄金忠	农机服务
55	淮安市淮安区群友农机专业合作社	洪建新	农机服务

11. 其他服务业

早在 20 世纪 70 年代后期，农场就有人专门从事钟表修理和自行车修理工作。80 年代以来，农场的各种服务业迅猛发展，至 1998 年农场有摩托车修理门市 7 个，钟表修理门市 1 个，家电修理门市 3 个，自行车修理摊点 10 个，羊毛衫加工门市 2 个，收旧门市 1 个，服务加工门市 12 个，油面兑换门市 9 个，从业人员 40 多人。

2005 年后，由于电动自行车较经济实用，农场又出现了电动自行车销售和维修门市。

2008 年底，农场有电动自行车修理门市 8 个、摩托车修理门市 8 个、钟表修理门市 1 个、家电修理门市 4 个、自行车修理摊点 6 个、收旧门市 5 个、服务加工门市 13 个、油面兑换门市 12 个，从业人员 50 人左右。

2011 年起，随着生活水平的提高和家庭轿车的增多，农场摩托车和自行车等修理点越来越少，据 2018 年全国第四次经济普查清查数据显示，农场有流动修补电动车、自行车点 1 个，电动车维修点 3 个，油面经营门市 6 个，其他的诸如家电修理、钟表修理等因生意不景气已无人从事该行业。

（三）农资生产与经营

1. 物资公司

农场的物资供应和运输工作自建场后一直隶属财务科管理。1979 年农场归口农垦系统后，于 1980 年 10 月从财务科分出物资系统，成立了物资科。物资科下设车队、船队、物资仓库、粮油供销处等部门，专门负责全场广大职工粮食油料收购和粮油以及农药化肥、汽柴油等农用物资的供应，为全场的农业提供服务，同时还兼管煤炭、钢（木）材、水泥等物资。随着农场经济体制改革的逐步深入，1984 年农场进行企业整顿，物资科改称为物资运输公司，下设物资仓库、运输连、船队、煤球厂 4 个单位。1995 年农场二三产业单位重新调整、组合，白马湖农场物资公司正式成立，下设物资经营科、物资仓库两个部门，职工 65 名，其中管理人员 11 人，大中专以上学历 20 人，拥有固定资产 80 万元。

1995 年，农场物资公司成立以来主要经营方法为批零兼营。特别是近年来，公司进一步加强管理，注重信誉，竭力为广大农户提供优质服务，多次被省市有关部门评为"质量过得硬单位"和"重合同，守信用"单位。物资公司在做好本场农资服务的同时，还积极对外经营农资，通过拓展外销渠道，提供优质农资及全方位的服务，在周边主要通道口建立物资供应点，物资公司的农资已外销周围 8 个乡镇，并获得了广大用户的一致好评。1998 年底物资公司综合大楼的建成，进一步提高了公司的市场竞争力。

2000 年，为了方便周围乡镇农户购置农资，抢占周边县区、乡镇市场份额，物资公司在南闸设了 4 个经营站点，在范集设了 3 个站点，加上农场周围的共 8 个站点，配备农业技术人员跟踪服务，产品覆盖了宝应、运东、岔河、洪泽等地，年销售收入达 1900 万元，销售利润近 200 万元。

2001 年，随着农资市场放开，外销农资收入在逐年减少。

2003 年，农场对物资公司进行改制，大部分职工分流下岗，公司原管理人员对物资公司进行租赁承包。受资金等因素的影响，原南闸、范集站点全部撤销，仅保留农场周边 4 个站点。

2003—2007 年，公司每年营业额均在 800 万元左右。

2007 年，农场对物资公司实行二次改制，由农场控股 79％，原物资公司占 21％股份。本年实现销售收入 1000 多万元。

2008 年，随着农资统供力度加大，实现销售收入 2000 多万元。

该公司农资销售主要辐射兴化、盐城、盱眙、金湖等地，外销量占销售额的 20％。

2011 年，因江苏农垦资源整合上市要求，农场物资公司撤销，原物资公司成为江苏农垦农业股份有限公司白马湖分公司的物资供销部。

2. 种子公司

白马湖农场种子公司创建于 1988 年，是集科研、良繁、加工、经营于一体的独立核算企业。公司成立后积极组织科技人员认真总结探索、潜心研究适合农场土壤种植的良种，取得了显著成效。1989 年，农场种子公司繁殖杂交稻种 4 万公斤，麦种 30 万公斤，为农场节约了资金，成立两年共计盈利 14 万元。种子公司在组织科技人员研究开发的同时还以科研单位为依托，分别同中国农业科学院、中国甜菜研究所、山东农业大学以及南京农业大学等 10 多家科研单位及院校攀亲结缘，先后引进、繁殖和推广稻、麦、棉及甜菜等优良品种 60 多个，推广面积 661.7 万公顷，种子远销国内外 13 个省（自治区、直辖市），良种销售量累计达 29829.6 万公斤，形成社会效益 10 多亿元。1993 年，公司经营的甜菜籽种首次出口哈萨克斯坦共和国，成为国内甜菜制种出口第一家。1993年，全年共生产和经营销售各类农作物种子325万公斤，实现销售利润130万元。1994年，公司又利用澳大利亚政府贷款，引进了丹麦产全套种子加工处理设备，投入资金1300万元。1995年种子公司销售稻、麦、棉及甜菜等优质良种1095万公斤，比1994年再增648.5万斤，种子销售量雄居垦区同行榜首，成为江苏省首家年销售突破1000万公斤的种子企业。1995年底，种子公司实现销售收入2800万元，创利310万元，公司成为中国种子集团重要成员，农场因此被农业部确定为国家级种子基地和国内最大的采种甜菜南繁基地之一。1996年种子公司销售稻、麦、棉及甜菜优质良种1350万公斤，实现销售收入4600万元，创利668万元，基本实现了从引进、示范、推广、生产、加工到经营一体化，种子销售量及利润实现"双突破"。至1998年底种子公司连续6年保持江苏省销售种子第一称号，多次被江苏省农垦总公司评为种子行业先进集体。

2000年4月，江苏农垦大华种子集团有限公司成立3家分公司，白马湖种子公司隶属大华，更名为"江苏农垦大华种业集团有限公司白马湖分公司"。

2003年，公司名称变更为"江苏省大华种业集团白马湖分公司"，5月，原公司撤总支设支部。

2008年，公司有技术人员38名，水泥晒场43000平方米，库容达6000立方米。每年可生产加工稻麦良种2500万公斤，可吸收260人就业。

2011年，白马湖农场烘干线仓储建设项目开始动工。该项目总投资929.89万元，主要建设内容为：粮食标准储存仓库3幢，每幢标准为24米×60米，设计仓储量5000吨/幢；400吨烘干线1条以及其他配套设施。

2012年，项目全部建成，为农场全面推进模拟股份制农业经营管理体制提供了硬件支持。

2021年，公司与农发公司和农场公司共同完成了制种大县项目规划设计和评审、招投标工作。

2022年，总投资3000万元的制种大县项目全部完工并通过初验。2022年制种大县续建项目，完成实施方案编制并通过省种子站评审，基地建设进入招投标阶段。

1990—2022年白马湖分公司种子销售量、产值、利润见表5-3。

表5-3　白马湖分公司种子销售量、产值、利润一览（1990—2022年）

年份	销售量（万公斤）	产值（万元）	利润（万元）
1990	42.8	67.2	3.76
1991	187.2	521.3	21.42

（续）

年份	销售量（万公斤）	产值（万元）	利润（万元）
1992	284.56	987.9	51.3
1993	410.82	1400.26	80.6
1994	760.4	2765.5	158.7
1995	1095.2	3223.6	350.6
1996	1350.7	4822.4	708.2
1997	1361	3000	406.07
1998	2082	4100	683
1999	1622	3500	364
2000	1627	2796	361
2001	1655	3019	196
2002	2118	3633	−384
2003	1699	3813	−192
2004	1631	3974	135
2005	2370	4824	1
2006	2447	5455	71
2007	2494	5180	320
2008	2493	6048	212
2009	1919.1	4722	20
2010	2233.5	6092	288
2011	2859.1	8563	422
2012	3618.5	10440	362
2013	3373.4	8044	546
2014	3435.2	11290	607
2015	4150.4	13571	725
2016	3965.7	12960	1246
2017	3627.7	11066	581
2018	3257.6	10282	653
2019	4108	12111	835
2020	4018	12087	1001
2021	3926	12855	1188
2022	4734	16635	1143

3. 白马湖农科所

白马湖农场农业科学研究所原是种子公司的下属单位，创建于 1995 年，拥有科研良繁试验基地面积 600 多亩，具有高、中、初级职称及辅助科研人员 16 名。设有农业科学研究所和良种繁育场。主要承担大华种业农作物新优品种的选育、引进、示范推广和配套栽培技术研究，与科研单位、农业院校等广泛开展科技协作，承担国家、省、市各类课题

60多项，2003年被农业部确定为水稻、小麦、油菜新品种示范、展示基地。

白马湖农业科学研究所作为全省为数不多的稻麦新品种示范、展示基地，其发展历程经历了4个阶段：第一阶段是1995—1996年，以农业科学研究所为主体，主要承担全场稻麦新品种、新技术的引进、试验、示范，属于起步阶段；第二阶段是1997—1998年，江苏农垦在新洋农场召开科技大会后，对原有的农业科学研究所进行大规模的投资，增加基础设施投入和人才的引进，是崛起阶段；第三阶段是1999—2006年，将江苏省大华种业稻麦育种研发工作引入该所，利用育种的影响，与科研单位、农业院校等广泛开展科技协作研究，承担国家、省、市各类课题60多项，2003年被农业部确定为水稻、小麦、油菜新品种示范、展示基地，是高潮阶段；第四阶段是2007—2000年，由于人才严重缺乏、研发理念滞后，设施、设备有待改进升级等原因，导致农业科学研究所工作徘徊不前，属于低迷阶段。

自2001年以来，农业科学研究所育成具有自主知识产权的农作物新品种14个，育成的新优品种累计推广面积1500万亩左右，高产、优质、抗病水稻新品种华粳6号在审定当年推广面积就达150万亩。2003年被农业部确定为小麦、油菜新品种示范、展示基地。农业科学研究所先后获部、省、市级各类奖励9项，全所科研人员先后在《中国稻米》《上海农业科技》《安徽农业科学》《中国种业》《江苏农业科学》和《江苏农垦科技》等各类报刊上发表农业科技论文100多篇。1999年、2006年先后两次荣获农业部"国家区试工作先进单位"称号，2001—2006年荣获江苏省种子站"江苏省农作物区试工作先进单位"称号。参与开展的"水稻'小穗头'成因及其控制技术的应用"研究成果分别于2006年和2007年获江苏省政府科学技术进步奖和农业部神农中华农业科学技术三等奖，主持的《华粳2号高产栽培技术及开发利用研究》和《郑麦9023引进开发和配套栽培技术研究》获江苏省农垦科学技术进步三等奖。

截至2008年，已经育成具有自主知识产权的华粳系列、华麦系列等农作物新优品种14个，其中水稻11个，小麦3个。水稻华粳4号、华粳5号、华粳6号、华恢118、天优218、华优118和小麦华麦1号等7个品种已获农业部授权保护，部分新优品种（组合）已经或正在投放市场。

2014年底，在原白马湖农业科学研究所的基础上，整合岗埠、弶港两个农场农业科学研究所，组建大华种业集团育种研究院，地址设于白马湖农场前进居委会350省道南，建立育种实验基地面积1210亩，测试基地近1000亩，科研和办公用房6000平方米，下辖3个研究所、2个南繁基地、1个分子育种中心、1个综合管理部，建有企业研究生工作站和1个省级小麦育种工程技术研究中心。研发人员共65人，其中正高技术职称5人，副高技术职称 5 人，中级技术职称 31 人。有 3 名江苏省农作物品种审定委员会专家，3 名江苏省"333 高层次人才培养工程"中青年科学技术带头人。

4. 淮安市大华生物制品厂

大华生物制品厂始建于 1998 年 6 月，由江苏农垦大华种子公司牵头，8 家农场共同投资建设，生产经营场所设在白马湖农场改制后的地毯厂和纱厂。企业最初定名为"江苏农垦酵素菌厂"，2000 年 6 月申请营业执照，注册名为"江苏省国营白马湖农场大华酵素菌厂"，注册资本 50 万元。

2002 年因淮安市改称楚州区，企业更名为"淮安市大华生物制品厂"。

企业主要生产酵素菌速腐剂。建厂初期，产品销售主要以垦区计划供应为主，随着江苏农垦农资统供格局的形成，内部市场逐渐萎缩。对此，生物肥厂根据市场需求准确定位，自行进行产品设计、工艺改进、技术创新以及试验、示范，相继开发出"酵素菌速腐剂""华丰有机液肥""发酵增产剂""菇宝乐""水稻育苗基质"等产品，并全部实现了商品化。

"酵素菌速腐剂"于 2001 年获得农业部微生物肥临时登记证；2002 年获得国家环保总局有机食品发展中心有机农业生产认证；同年 5 月，"酵素菌生物技术的应用开发"项目获农垦科学技术进步二等奖。

2003 年，产品通过农业部微生物肥料正式登记，成为为数不多的全国 60 家微生物肥料正式登记企业之一。"发酵增产剂"被全国第六届食用菌学术研讨会评为"推荐产品"。

2008 年起，正式启动有机肥项目。

2009 年 7 月，有机肥项目获得产品登记证。全年共销售产品 1146 吨，实现利润 200 万元。

2010 年，在滕庄居委会新建厂区 1 座，占地面积 45 亩，总投资 892.9 万元。大华生物新厂区建好后，旧厂区于 2018 年开始专业生产塑料农用硬盘。

2011 年，"大华"牌酵素菌速腐剂产品被淮安市名牌产品认定委员会评为淮安名牌产品，公司被淮安市楚州区人民政府评为"重合同、守信用企业"。

2012 年，开发新厂区项目，采购自动化生产线设备，总投资 2000 万元，同年"大华"牌商标被淮安市工商局认定为淮安市知名商标，并荣获"淮安市质量奖""淮安市诚信单位"等称号。

2013 年，新建 1 个生产车间 270 平方米，并利用"秸秆、畜禽粪资源生产生物有机肥"科研项目研发合作，获得江苏农垦农业科学技术进步奖。

2014 年，新建有机肥生产线 1 条。获得国家知识产权局授权"一种化肥翻堆机""一种自动包装秤"等8个实用新型专利和"小麦专用碳基缓释肥料的制备方法"1个发明专利。同年通过质量管理、环境管理与职业健康安全管理体系认证，荣获淮安市工商局授予的"淮安市AA级重合同、守信用企业"称号。

2015年，投资建设钢结构棚进料系统。

2016年，投资建设年产3万吨有机肥造粒生产线及配套设施建设项目。

2017年，投资年产400万张农用育苗容器和1万套节水灌溉管件制造项目，研发部通过多次田间对比试验，开发出园艺、西瓜、蔬菜等育苗基质。

2016—2017年，企业与淮阴工学院、扬州大学开展产学研合作，共同开发"生物纳米富硒肥的研究与开发"和"新型生物铁肥"项目。

2018年，投资建设发酵薄膜温室和原料钢结构棚，年实现销售额2800万元。2018年研发中心被评为"淮安市重点企业研发机构"。

2019—2022年，企业与江苏省农业科学院蔬菜研究院合作苏北专项"新型多功能蔬菜育苗基质的示范应用"项目，并于2022年5月顺利通过验收。

2019年，企业获得国家知识产权局授权"一种生物肥料外层加功能菌混料机""一种有机肥加工用双向旋转造粒机"等9个实用新型专利；同年获得江苏省总工会授予"江苏省工人先锋号"称号。

2020年，新建900平方米钢结构大棚及400平方米水泥地坪，投资注塑车间6套秧盘模具，年底实现销售秧盘数量365万张。研发出"磷钾1000、磷钾动能"等畅销产品，被淮安市淮安区政府评为"淮安区文明单位"称号，被江苏省现代农业科技产业研究会列为"2020年江苏省现代农业科技产业示范企业"。

2021—2023年，与农垦农业科学院合作苏垦农发科研项目"新型壮秧剂的研制与应用"；2021年被淮安市政府评为"淮安市文明单位"称号。

2022年，投资建设50～1000毫升水溶肥液体和粉剂两条生产线项目，改造掺混肥生产线项目，新建450平方米水泥地坪，年实现销售额5700万元；获得国家知识产权局授权"一种可以间歇添加菌料的有机肥料生产装置"等3个实用新型专利和"一种蔬菜育苗基质及制备方法"1个发明专利。

5. 淮安市华荟农业科技有限公司

淮安市华荟农业科技有限公司是在响应集团公司二次创业号召下，结合农场实际于2007年8月成立的股份制公司，股东为白马湖农场和淮安市柴米河科技有限公司。2010年2月淮安市柴米河科技有限公司撤资，所属股份全部转让给白马湖农场。

华荟农业科技有限公司拥有标准化出口蔬菜基地备案面积5000亩，其中设施蔬菜面积 300 亩，生产车间 800 平方米，冷库 3000 立方米，蔬菜品种主要有：西兰花、紫甘蓝、娃娃菜、结球莴苣、甘蓝、洋葱、辣椒等。种植模式是采取"农场＋公司＋基地＋种植户"形式的组织化生产。

产品西兰花 2012 年度被评为"淮安市名牌产品"，娃娃菜被评为"江苏省名牌农产品"。

2013 年 12 月，该公司被江苏省大华种业集团有限公司全资收购。

三、交通运输及电信

（一）交通运输

农场交通运输业随着场内道路建设的逐步完善发展较快。2002 年运输业从业单位个数为 282 户，从业人员 354 人，其中在岗职工 250 人，汽车驾驶员 50 人，年末固定资产净值 124.8 万元，总产值 767.87 万元，利润总额 253.89 万元。

2006 年实现总产值 985 万元，利润总额 68 万元。2007 年总产值 1250 万元，利润总额 125 万元。2008 年末运输单位个数 215 个，从业人员 228 人，总产值 1420 万元，利润总额 101 万元。

1. 场内交通运输

1964 年前，农场与外界交通均为土路。场内主要通道是西干渠东堤和波汪河东堤，其中只有西干渠东堤能供汽车通行，但仅为单行线且路面狭窄，两边皆有沟，雨天受阻，不能通车。农场职工当时外出多走水路，从场部出发乘船可以到达林集、南闸等地。1963 年，农场利用几年时间逐步在全场开挖了东西向 18 条大沟用于排涝，全长 72 公里。大沟两边的土堆经平整后通车。场内的交通状况有所好转。1966 年贯穿全场南北的中干河挖建成功，20 公里长的中干河堤从而成为场内中心路，南北人机交通大为好转。1968 年由淮安县革委会牵头，运西各场社集资，修筑了从运南闸至范集段乡级公路，全场 23 公里。由于该路东西向穿过农场中部，因而使农场得益很深。为了进一步搞好场内交通，农场又先后兴建了大港河南北桥和东西桥、孙谢东桥（闸）、引河南闸、北闸、良种队东西桥、四分场六支东西桥等一批桥梁。1971 年，农场在引河与中干河交叉处建成一处机耕桥，从此农场引河南北人机交通问题得以解决，使引河南一片的农业机械化程度明显提高。1986 年，为解决农场职工子女阴天下雨行路难，农场又修筑了白马湖中学连接淮范公路的水泥路一条，计 1300 米长。1997 年，农场又投资 100 多万元修筑了贯穿全场南北的沙石路，全场 20 多公里，并将淮范公路白马湖中心段拓宽为 14 米。1996 年又对第七管理区南北桥进行下降改造。1997 年对万头猪场大桥、大港南北桥、良种队东西桥又做了下降改造。

1999—2003 年，农场先后在全场建造了四队机桥、四分场机桥、孙谢桥、后衡桥、二渔桥等一批桥梁。2004 年建造引河大桥。2005 年农场在第七管理区中干河上建造机桥 1 座，在第八管理区建造机桥 2 座，在第十管理区前谢架设机桥 1 座，并在孙谢中干河上建桥 1 座。2006 年建造了前刘大桥、胡庄桥、洪庄大桥等。2007 年拆除危桥于庄桥，并新建于庄桥 1 座，建造中沟平板机桥 2 座。2008 年建林业站大桥 1 座，在一定程度上缓解了职工通行及农产品外运的困难。

自 2004 年起随着江苏省农村公路"通达"工程的实施，农场的道路建设得到江苏省建设厅的批准，从此农场的道路建设有了快速的发展。2004 年当年完成四级路任务 32.33 公里，投资 700 多万元，尤其是在项目资金相对困难的情况下，农场按照向上争取一部分、农场挤出一部分、职工捐出一部分的"三个一部分"资金筹集办法，确保了道路建设工程的实施，场内道路的兴建明显改变了农场交通落后的状况，职工的生产、生活更加方便自如，农场的面貌也得到了较大改观；至 2005 年农场已经建设等级路 73.83 公里，非等级便民路 13.48 公里，总通车里程近 90 公里，仅 2005 年就新建设四级路 13.34 公里，前期农场已配套路涵、桥梁 138 座，确保了两个年度的道路建设的顺利实施，本年度农场还完成便民路投资 145 万元，极大地方便了广大居民的出行。2006 年又新铺等级路（四级）13.16 公里，此后农场为方便居民出行进一步加大了便民路的修建速度，随着一条条便民路的建成，使得农场的道路四通八达，联网成片，既方便了职工出行，也为职工的农业生产提供了极大便利，带动了农场经济的快速发展。2007 年农场又购置安全桩和路牌对农场所有道路的道口都进行了安装，为行人和非车辆的通行安全提供了保障。2008 年，农场建设 3.5 米以上等级路 4.39 公里。农场 3.5 米以上等级路（四级）总里程 85 公里，低于 3.5 米的便民路 35 公里，硬质路面总计约 220 公里。

2017 年，农场完成了对育才路和健康北路的维修加宽和绿化美化工程。

2018 年，农场又对农场北部的中心路加宽 1.5 米。

2022 年，投资 160 余万元，新建、改造二渔场道路约 1500 米。

2. 对外交通运输

（1）陆路。建场后很长一段时间，农场都没有对外交通的主干道，不但农场如此，整个运西片都是如此。1968 年由淮安县革委会牵头，运西各场社集资修筑了运南闸至范集段乡级公路，结束了运西不通车辆的历史。因该公路穿过农场中部，因而农场的对外交通问题也得以解决。

2005 年，328 省道从农场穿境而过，滨海、阜宁、楚州等至南京的班车从农场经过，极大地方便了与外界的交流。

①客运。随着淮范公路的建成通车，1970 年淮安至范集的客运班车开通，途经农场，每天两班，上午一班，下午一班，为农场职工往返本场提供了方便，在一定程度上加强了农场与外界的联系。

1986 年，应农场要求淮阴至白马湖农场的直达班车于 4 月 25 日开通，全程 43 公里，进一步改善了农场的对外交通，1993 年以后，由于个体客运车辆特别是个体中巴车的剧增，该班车停运。目前，农场的客运均属个体营运。

随着社会经济的进一步发展以及正常工作需要，农场机关及部分二三产业单位开始配备小车。1976 年，农场购救护车 1 辆。1982 年，江苏省农垦局调拨农场旧吉普车 1 辆，1986 年，农场购进"桑塔纳"轿车 1 辆，是农场购置的第 1 辆小轿车。为满足工作需求，1987 年，农场又购吉普车 1 辆，至 1998 年农场共拥有小车 10 辆，农场客运全部由个体经营。

2000 年以来，随着民营经济的发展，个人购买小车数量与日俱增，农场的个体客运数量也在逐年增加。2002 年营运客车 18 辆。2008 年农场营运客车达 60 辆以上，从事客运人数 70 人以上。

2013 年起，农场私家小轿车迅速增长，至 2018 年家庭轿车已普及，客运车辆逐渐减少。

②货运。1960 年，农场购进"跃进"牌汽车 1 辆，载重 2.5 吨，农场的车辆运输从此开始。1963 年，农场又分别购"解放"牌、"跃进"牌汽车各 1 辆，共有汽车 3 辆。1970 年，农场成立运输队，有汽车 3 辆，拖拉机 10 台，主要负责全场粮油收购、供应以及农药化肥等物资的运输，但很少承接对外运输业务。1977 年，因农场原有的 3 辆汽车老化，农场向地区农业局报告请求购买汽车两辆。1978 年，农场共有货运汽车 5 辆。1981 年，农场拥有载重汽车 6 辆，510 马力，载重量为 23 吨。1987 年，农场成立专业车队，共有载重汽车 8 辆，其中 3 吨位"跃进"1 辆，8 吨位"黄河"1 辆，33 吨位"解放牌"5 辆，"东风"9 吨位 1 辆，车队定名为"江苏农垦运输公司第 43 车队"，隶属农场物运公司管理。车队成立后在做好场内农用物资及货物运输的同时，还积极对外提供货运服务。1989 年，农场车队共有载重汽车 9 辆，50 吨位计，950 马力，汽车驾驶员 20 人。

随着个体运输车辆的增多以及农场内部单位的重新组合，1994 年底，农场车队撤销。至 1998 年，全场共有手扶拖拉机 384 辆、"东风-50"89 辆、大货车 8 辆、小货车 7 辆。

2000 年以后，农场个体运输车辆在逐年增加。

2002 年，全场有载重汽车 14 辆，全年货运量达 20000 吨；2004 年，载重汽车 17 辆，年货运量 24000 吨；2006 年，又增加 1 台载重汽车，年货运总量 25400 吨。

2008 年后，随着个体货运车辆拥有量增加，民营运输业得到发展。

（2）水路运输。建场初期由于农场境内道路缺乏，旧沟河塘较多，农场职工多用农船运送农用物资。至 1961 年农场已有农船 310 只。1970 年，农场成立船队，隶属运输队管辖，仅用鱼种场 140 吨位 60 匹机木船改装成牵引船，并配备了 5 条木船做拖挂，载重量共 1250 吨，其中最大的 1 条 40 吨，最小的 10 吨。船队共有 30 人，并有专人负责。船队任务主要是配合汽车搞好场内农资供应兼运煤炭、水泥等物资。1976 年，因木船队不适应当时的航运形势而解散。

1979 年，农场通过省局调进铁制轮船头 1 艘，拖驳 10 条，成立专业船队，重新开始营运。1984 年 8 月，船队定名为"江苏省国营白马湖农场苏垦 015 船队"，隶属物运公司领导。1987 年，船队拥有拖轮 1 艘 120 马力，35 吨位；驳船 10 艘，620 吨位；机帆船 2 艘，48 马力，80 吨位。1990 年 3 月农场成立煤炭场，船队划归煤炭场，当时船队拥有拖轮 1 艘，170 马力，30 吨位；驳船 9 艘，560 吨位；机帆船 1 艘，24 马力，40 吨位。1997 年煤炭场改名为航运站。

航运站位于淮范公路与三堡乡交界处，北侧邻近苏北灌溉总渠，水陆交通十分方便，1998 年有在册职工 52 人，拖轮 1 艘，驳船 11 艘，共计 1520 吨位，拥有固定资产 202 万元，从事运输，年创产值 100 余万元。

2000 年 8 月，航运站以协议出售的方式将原苏垦 015 船队出售给个体承包，原职工按择优录用原则安置在船队就业。2002 年，因个体无营业执照无法单独营运，加之水运行情萧条，将船队整体出售。

（二）电信

农场建场后对电信工作十分重视，1959 年底，场部即开通电话，至 1961 年底农场已有电话机 22 部，电话线路长度为 20 公里。1963 年农场购买并安装了 30 门电话总机 1 部，场内各大队、牧场基本都通上电话。1966 年农场邮电所成立。1980 年场部搬迁后，电话总机也随之迁入场部机关大院内。1993 年农场邮电大楼落成，并开通了 1000 门程控电话。

随着农场经济建设的快速发展，职工个人的经济实力也进一步增强，电话用户增多，为满足需要，农场邮电部门又相继开通程控电话 2000 门，至 1998 年底共计开通程控电话 3000 门。

1998 年，由于国家邮电体制改革，原邮电局分为邮政局、电信局和中国移动 3 家，性质均为国营单位。2004 年，随着居民信息化普及程度的提高，农场 328 省道南侧又增加了1个体移动营业厅。2005年随着农场手机用户的增加，又增加了1个体联通门市。2007年白马湖邮政支局获江苏省邮政系统"百优班组"称号，2008年获市"十佳文明窗口"称号。

2008年，农场有联通门市2家，移动5家，电信2家。邮储总户数1.3余万户，发放银联绿卡6636张，特快专递办理450件。小灵通机站21个、手机站3个、百户家庭电话拥有量210部、百户家庭电脑拥有量40台。

2015年以后，农场部分电信用户开始使用互联网手机充值、使用微信和支付宝办理存付款和转账等业务，小灵通和电话用户迅速减少。

2016年开始，农场淘宝用户逐渐增多，快递业务也应运而生，先后设立了圆通、申通、韵达、顺丰等快递服务站6个。

2018年，天猫农村服务站在馨康小区门面房挂牌成立。

2022年，农场健康路菜鸟驿站开门营业，为城镇职工和居民提供了便捷的包裹代收服务。

第六章 基本建设

第一节 农业基本建设

建场前农场所在地区已建成南北走向的灌溉干渠 1 条（今西干渠），长 15.4 公里；支渠 5 条，共长 12.6 公里，以及相应的渠首控制建筑物 6 座。农场的灌溉用水主要是通过西干渠引苏北灌溉总渠之水实行自流灌溉，基本能够满足当时用水需求，但由于场内排水沟及设施十分欠缺，加之白马湖农场所在地区地势低洼，四面高水，每逢雨季内涝现象十分严重。因此加强农场水利建设，开挖排涝沟河成为当务之急。

1960 年，全场自北向南建成支渠 5 条，当年开垦荒地达 5000 亩。当时农场内部的排涝河主要有：北部东西方向的解家大港河，南部东西方向的洪埝河，中部南北方向的波汪河。上述河道均由新河入白马湖，但雨季来临时白马湖水面偏高，内水还是无法外排，易形成内涝，为改善排涝状况，农场规划在前刘（原四分场二十六队）附近开挖穿运洞引河 1 条。

至 1961 年 11 月，机械动力日益增加，已有拖拉机 10 个混合台、联合收割机 2 台、大型脱粒机 1 台、小型脱粒机 3 台、柴油机 6 台（200 马力）、"跃进"牌汽车 1 辆、农船 310 只、人力车 560 部、风车 50 部。农场所在地区由于地势低洼，历年水患较为严重，常常遭到涝灾的袭击，因此，在增加机械动力的同时，农场新建了 5 支陈堆河等灌排工程，并兴建机车路 2 条。

1962 年，农场又新开 6 支灌溉渠 1 条，组织人力将西干渠向前延伸了 3200 米，当年开垦荒地 4000 亩。

至 1963 年底，农场已开挖支渠 3 条，长 9.2 公里；中沟 6 条，长 27.7 公里；排沟 41 条，长 48.1 公里；农渠 37 条，长 43.8 公里及机站引河 4.7 公里，并建成干渠节制闸 1 座，桥涵 5 座。1963 年当年建成排涝机站 5 处，安装 60 马力柴油抽水机 31 台套，计 1860 马力，由于地势低洼，水利工程尚未配套建成，内涝威胁依然存在，农场对水利工作开始进行规划，淮阴专署水利局、淮安县水利局均派人来农场协助此项工作，对农场的地形进行勘察，绘出农场 1:1000 地形图交付农场。农场规划 1964—1967 年以解决内涝为主的水利建设，在一、二、三、四站及引河两岸建自排涵洞 6 处，其中二、三站及引河结合通航通车，并在中部地形不复杂地区规划条田，扩大耕地面积。

1964 年，农场又在四大沟尾及庙塘沟建两处机站，并完成大港、陈堆排水闸两座，石涵闸（一站）1 座，十一支进水闸 1 座，开挖 5 支及新 5 支大沟各 1 条。同年，三堡、林集、南闸、平桥、大兴等公社 4000 多民工支援农场加固了新河西堤和引河南北堤。农场又在沿新河一线上建造了 5 座 35 台套，共 2100 马力的排水机站，分设了一、二、三站，共计完成土方 38 万立方米。

1965 年冬，农场集中大部分劳动力将农场北段的波汪河和南端的庙塘沟拓宽、加深开挖连通，至 1966 年挖建成功。形成了今天南北总长达 20 多公里的中干河，完成土方 57.14 万立方米。使之成为农场内水外排的主干道，并开挖大沟 3 条，计 15 公里长。

1966 年，农场又在中干河南端白马湖边建成 20 台柴油机配套的南总站排水站，共有机房 20 间 392 平方米，装机容量为 1200 马力，其中包括穿过白马湖穿运洞上游引洞的 1 座长 76 米，直径为 2 米×2.5 米双孔地涵工程。总投资为 24 万元，并于当年建成引河地下涵洞。这样陈堆河以南的水通过中干河过引河地下涵洞入南总站排出。在淮安抽水站建成前，农场南总站排水站是当时淮安县最大的排水站。

1967 年，东西方向的 18 条大沟挖建成功，连接东界南北向的新河用于排水。1963—1972 年，农场共计完成土方 215.3 万立方米，开挖大沟一级排水河道 19 条，加固河堤 29.3 公里，兴建大小涵洞 40 余座、污水泵 13 台、轴流泵 20 台套、各种桥梁 22 座。至 1972 年，农场的排水出路是依靠白马湖上游穿运洞，但中间隔有新河闸，排水只能在不超过闸下规定水位的情况下进行，排水完全依靠机排，且遇雨必排。为此，农场规划从 3 个方面进行治理：①利用新河闸、雨前腾空，扩大沟蓄能力；②依靠引江二级站结合排涝；③加强机体设备。

至 1974 年，共计开挖中小沟 257 条，全长 265.9 公里；干支斗农渠 269 条，总长 275.4 公里。兴建大小涵闸 203 座，各种桥梁 22 座，污水泵站 13 座，轴流泵站 1 座，混流泵站 2 座，配备排涝动力机械 2004 马力。1968 年，农场又组织人力完成中干河北段尾段工程。1974 年 2 月，农场成立"农场三站船闸工程处"，开始建造三站船闸。

至 1976 年，农场先后完成大沟 19 条，长 61.7 公里；中小沟 271 条，长 179.2 公里；干支农渠 309 条，全长 277.6 公里。10 个流量以上涵闸 12 座，10 个流量以下涵闸 37 座，各种桥梁 29 座，条田化土地已占全部耕地面积的 75%。

1973—1983 年，农田水利基本建设主要是以提高排水设施标准、降低地下水位为主，先后疏浚了东西方向的大沟 7 条、南北方向的排水沟 1 条，并对一分场的土地进行大规模的平整。1979 年，农场基本建设主要任务是：①大搞深沟密网，提高工程标准；②大搞平田整地，提高灌溉效益；③大搞挖沟填塘，扩大耕地面积，并规划建设旱涝保收稳产高产农田，向"三田"进军，即"千斤田、双纲田、吨粮田"。至 1980 年，农场累计开挖土方 879 万立方米。1978—1983 年，1978 年农业机械化程度为 28%，1983 年已达 44%，其中三麦机械化程度 1978 年为 55%，1983 年为 87%，水稻机械化程度 1978 年为 24%，至 1983 年为 31%。随着农场四分场放牛庄（24 队）电力排灌站的兴建，1983 年，农场又对此前无力开垦、不得已而蓄水养鱼的韩家洼 1080 亩荒滩进行了彻底的改造，退渔还耕，并以队为单位，对田间小沟及大部分农渠进行了疏浚，每年完成的土方都在 105 万立方米左右，投入劳动力在 35 万～40 万工日。除提高排水标准、建造排水设施外，陆续完成了 20 座电灌站，装机容量达 740 千瓦，至 1983 年日降水量为 150 毫米情况下 24 小时可对外排出。

1984 年，农场下发了关于职工建房的有关规定，要求在统一规划的基础上发展居民点。

1988 年，农田水利得到整修。新建了一些配套灌排工程，当年完成土方 26.36 万立方米。并推广了鼠道犁开暗沟降渍、碳酸氢铵深施器施肥、稻（麦）茬少（免）耕等先进的农业新技术。

1990 年 7 月，经上级批准农场黄淮海开发一期工程开始建设。总体任务是四分场境内 3000 亩中低产田改造，它主要以四分场二十一队 55 千瓦灌排两用电站（为一个流量）为主体工程。一期工程项目总投资 27.5 万元，至 1991 年 6 月完工，共计完成 55 千瓦灌排两用电站 1 座，架设 10 千伏输电线路 0.7 公里，农门渠首 37 座，机械平田整地 300 亩，改建排水闸（四站）1 座，实施作业土方 8.57 万立方米，造田造地 300 亩。这些工程项目的建成使用为农场抵御 1991 年特大洪涝灾害发挥了较大作用。

1991 年 7 月，黄淮海开发二期工程项目开工建设，农场主要以中干河以东淮范穿场公路以北的万亩中低产田改造为主体，进行平田整地，加强灌溉农业，提高排涝抗旱能力，至 1993 年 12 月完工。3 年中共兴建改造灌排站 10 座，新建机桥、涵、闸、渡槽 43 座，完成小沟级建筑物 258 座，建设种子仓库 819.3 平方米，水泥晒场 3000 平方米，营造防护林 0.027 万亩，3 年中项目区共投入 8.76 万个工日，累计完成水利土方 25.34 万立方米。全场共实现吨粮田 1.8 万亩。

1991 年，农场遭遇百年不遇的特大洪涝灾害，农场确定 1991 年冬春水利工作的基本任务为土方 70 万立方米，其中人工土方 60 万立方米，机械土方 10 万立方米。

1992 年，农场着手抓科技兴农措施的落实。共举办农业技术培训班 4 期，召开各类生产现场会 5 次，组织建设千亩丰产片 10 片，百亩丰产方 80 方，推广应用新技术 5 项。

从 1994 年春天开始，农场又进行了新一轮农田规划和改造工作，于 1994 年春发动全场各单位职工对西干渠进行拓宽、疏浚改造，历时半个月，完成土方 20 万立方米，1994 年，全场新增土地 120 亩，改造中低产田 1800 亩。

1995 年，农场各分场又对淤塞较为严重的大排沟进行机械挖掘疏浚，完成土方 30.5 万立方米。

1996 年，农场改造中低产田 2600 亩，平整废沟、圩、宅基地 960 亩，新增土地面积 600 亩。

1997 年，农场先后又组织实施了迁居工程和土地复垦工程，并取得阶段性成果，累计改造中低产田 1800 亩，平整大屋基 9 个，废沟圩 15 条，搬迁居民 28 户，复垦土地 1289.4 亩。

1959—1998 年农业基本建设：完成水利土方 1899.83 万立方米；开垦荒地 19573.1 亩，开挖中干河 1 条，计 40 华里长；建造各类桥梁 53 座；建闸 19 座；开挖大沟 25 条，100 余公里；中沟 100 多条，400 多公里长；兴建电灌站 27 座，1160 千瓦；电排站 8 座，1050 千瓦；条田化土地已占全部耕地面积的 95%。

1960—1998 年完成土方数量统计见表 6-1。

表 6-1   1960—1998 年完成土方数量统计

单位：万立方米

年份	完成土方	年份	完成土方	年份	完成土方	年份	完成土方
1960	28.00	1970	9.87	1980	127.37	1990	18.31
1961	37.52	1971	23.70	1981	132.70	1991	20.53
1962	28.45	1972	28.30	1982	121.00	1992	43.14
1963	38.00	1973	28.30	1983	26.50	1993	43.96
1964	21.97	1974	22.30	1984	51.05	1994	37.80
1965	57.14	1975	87.14	1985	23.50	1995	61.28
1966	12.62	1976	109.00	1986	27.40	1996	48.55
1967	8.75	1977	114.00	1987	35.60	1997	26.40
1968	18.06	1978	134.00	1988	26.36	1998	48.96
1969	14.37	1979	131.40	1989	27.16		

注：其中 1995—1998 年土方包括清淤、挖掘机等机械土方。

1999 年，全场平整大屋基 1 个，废沟、圩 15 条，搬迁居民 34 户，机械清淤 15 万立方米，挖掘土方 10 万立方米，新修高标准防渗渠 1200 米，累计投入资金 410 万元。

2000—2002 年，随着国家农业综合开发第五期项目在农场实施，使农场的农业生产条件得到有效改善，该项目为期 3 年（2000—2002 年），内容为 1 个中低产田改造项目、1 个多种经营项目和 1 个省级重点示范项目，经过实施共计完成投资 782.58 万元，其中农场自筹资金 230.58 万元。第五期农业开发项目共新建电站 4 座，改造电站 2 座，新建机桥 3 座、路涵 8 座、闸 23 座、配套小沟级建筑物 40 座。开挖疏浚沟渠 16.3 公里，土方 44.08 万立方米；改良土壤 2000 亩，土方 25 万立方米；铺设沙石路 2 公里，营造防护林 620 亩，经济林 100 亩，架设输变电线路 5.5 公里，添置设备 23 台套，新建仓库 863 平方米。经过项目的实施，当年新增粮食 82.4 万公斤，新增农业总产值 117.1 万元。

2004 年，农场的各农业单位投入了大量人力、物力和财力用于沟渠疏浚、防洪堤的加固、农田改造、涵闸配套、电灌站建设和节制闸门的维护保养，各类沟渠土方施工量达 31.6 万立方米，改造中低产田 2000 亩，维修各类涵闸 17 处，投入资金 91 万元。

2005 年，农场在二区、三区和九区新建电灌站 3 座，同时新建节制闸 5 座，新建、改造路涵 4 座，新建机桥 6 座，既改善了农业生产条件，也方便了广大群众出行，本年度完成沟渠土方 22.1 万立方米，维修各类涵、闸 36 处。

2006 年，农场南大荒土地被列为 2006 年全省第一批土地开发及易地补充耕地单位，项目区位于农场的第八管理区丁庄、第九管理区四组和第十管理区四组、六组。项目建设总面积为 2642.5 亩，计划新增耕地 1818 亩，新增耕地比例为 68.77%。经过项目实施，共完成土方 57.51 万立方米，其中机械平整土方是 34.32 万立方米，河流疏浚 2.18 万立方米，沟渠疏浚 9.42 万立方米和防渗渠开挖、夯实土方 11.59 万立方米；与此同时，农场还在农田基础设施配套建设方面，共建设防渗渠 3 条，计 3860 米；泵站 3 座；管涵 49 座；箱涵 10 座；节制闸 2 座和跨沟交通便桥 1 座；铺设沙石路 3 条，3600 米；架设电力线路 3285 米；在防护林带建设方面，共栽植各类树木 3573 棵。项目实施结束后，经江苏省土地规划勘测设计院实地测绘，实测耕地面积 121.82 公顷，比规划另增耕地 0.63 公顷，比计划增加了 0.5%。

2007 年主要建设内容有以下 5 项。①疏浚沟渠 151.82 公里，土方 22.16 万立方米，完成平整土地 4198 亩。②新建衬砌防渗渠 1.512 公里，新建晒场 5184.4 平方米，拆建农桥 1 座，新建中沟平板机桥 2 座、斗渠平板机桥 4 座、涵洞 382 座、节制闸 9 座，维修 1 座；架设输变电线路 1.56 公里。③新建电站 1 座，改造电站 1 座，维修改造排涝站 5 座；④营造农田防护林网 286 亩；采购树苗 11040 株；⑤项目培训 1248 人次，技术援助和省内考察 4 人次。

2008 年，农业综合开发项目区安排在第四、第五管理区及农业科学研究所良繁场，农业开发项目主要内容为：①疏浚沟渠 109.44 公里，土方 14.8 万立方米；②衬砌防渗渠

4.036 公里，新建农桥 1 座，改建中沟农桥 4 座，大沟农桥 1 座，新建农渠进排水涵 156 座、新建地涵 7 座、斗渠节制闸 12 座、渡槽 10 座；③改建泵站 5 座，新建电站 2 座；④营造农田防护林网 790.6 亩，植树 4 万株，平整土地 5446.25 亩，完成土方量 11.73 万立方米，机械耕翻农田 5446.25 亩；⑤推广新技术 4 项，项目培训 1200 人次；⑥新建道路 0.701 公里。

2009 年 10 月，农业综合开发项目组织实施，总投资 520 万元，项目区域为白马湖农场第六、七、八生产区，项目包括水利方面，改造泵站 4 座，拆建电站 3 座，电路改造 2.6 千米；疏浚农渠 54.4 千米，疏浚斗渠 8.3 千米，疏浚农排沟 32 千米，疏浚土方量约 14.8 万立方米；新建防渗斗渠 4.58 千米，渠系配套建筑物 160 座。农业方面，土地平整 0.542 万亩，改良土壤 1 万亩。道路林业方面，新建 3.5 米宽水泥路 670 米，造防护林 0.072 万亩，植树 4 万株，购置植保机械 3 台。

2010 年，投资 3318 万元，实施土地整理项目，该项目覆盖第一、二、六、七、九生产区和二渔场 6 个单位。项目建设规模 965.46 公顷，主要包括土地平整工程、农田水利工程、道路工程及其他等。通过项目实施对项目境内的土工用地、村庄、沟塘等利用率低下的土地进行整理，实现新增耕地面积为 186.16 公顷（2792 亩），完成土地平整 828000 立方米，田埂修筑 57783.6 立方米，土地翻耕 185.83 公顷。新建防渗渠 17525 米、土质农渠 57317 米，河道清淤 1900 米，排水沟清淤 40050 米，农沟清淤 39265 米。新建涵洞 116 座、灌溉泵站 5 座、排涝站 3 座；维修泵站 3 座；新建水闸 10 座、渡槽 1 座，改建桥梁 44 座；新建斗门农门 87 座、格田进水口 2293 座；架设 10 千伏高压线 5.7 千米；新建晒谷场 61800 平方米。新建水泥田间道 7894 米、砂石田间道路 2250 米、土质生产路 57587 米，绿化防护林 7860 棵。

2013 年，土地整理项目为第八、第十生产区，共投资 3748 万元。包括土地平整方面，土地平整挖方量为 7.1383 万立方米，填方量为 15.6383 万立方米；复垦的水工建筑物（废弃的土筑堤防）18.1 公顷，挖方量 21.9 万立方米；河道清淤 11.08 万立方米，田埂修筑 56243 米，耕地翻耕面积 48.7071 公顷。灌溉与排水工程方面，新建防渗斗渠 13.13 千米，新建灌溉泵站 3 座，重建灌溉泵站 6 座，新建排涝站 2 座，改造电线杆线 8.4 千米，新增变压器 11 台。新建闸门 13 座、节制闸 8 座、农渠进水涵闸 163 座、农沟退水涵闸 190 座、渡槽 3 座、过路涵洞 6 座，新建农桥 7 座，重建农桥 4 座，新建平板机桥 14 座、下田板 140 处。田间道路方面，新建田间道路 4.431 千米，重建田间道路 0.616 千米，改建田间道路 4.391 千米，新建生产道路 10.763 千米、水泥晒场 5.8237 公顷。农田防护与生态保持方面，栽植树木 5123 株。

2015 年优质稻米建设项目为第一、三、五生产区，共投资 847 万元。包括：拆建渠首闸 1 座、五七节制闸 1 座、斗渠分水闸 13 座、农渠放水口 18 座、排水涵闸 20 座。新建防渗渠 6991 米，渠首闸上游护坡 40 米；过路涵 1 座；拆建机耕桥 7 座（含人行便桥 3 座）；防渗渠下河台阶 6 处；购置农业机械 8 台套。

2016 年，依据集团公司自主投资补充耕地项目，投资 878.07 万元，规模 123.7487 公顷，项目区位于农场第一生产区、第三生产区、第四生产区、第五生产区、第九生产区境内。共完成平整土方 21.5 万立方米，新建防渗渠 869 米，开挖农渠农沟 3858 米，疏浚农沟农渠土方 35977 立方米，新建泵站 1 座，新建进排水涵闸 66 座，新建水泥路 3108 米，新建桥梁 5 座，种植农田防护林计 1450 株。

2017 年，集团公司自主投资的补充耕地项目，投资 1566.74 万元，规模为 43.6829 公顷，项目主要包括土地平整、灌溉与排水工程、田间道路和其他工程。通过对其他草地、坑塘水面、沟渠、田坎、设施农用地、村庄等土地复垦，实现新增耕地 37.0654 公顷（555.98 亩），完成土方平整 30.6 万立方米，新建防渗渠 3751 米，矩形 2004 米，梯形 1747 米。开挖土质农渠农沟 11.26 公里，新建灌排两用泵站 1 座，新建进排水涵闸 105 座，新建节制闸水闸 10 座，新建改建水泥路 7500 米，新建生产路 1228 米，种植防护林 2760 棵。

2010 年以来完成土方工程量及投资金额见表 6-2。

表 6-2　2010 年以来完成土方工程量及投资金额

序号	年份	完成土方工程量（万立方米）	投资金额（万元）
1	2010	82.8	498.97
2	2013	64.74	460.01
3	2016	22.9	147.82
4	2017	30.89	316.12

2019 年，农场农田水利基础设施建设工程有：新建进水涵 159 座、排水涵 59 座、平板机桥 6 座、简易灌溉泵站 3 座及电力配套、渡槽 7 座等投资 189.3 万元。

2019 年，又新增农业机械 704 拖拉机 2 台，投资 16.4 万元；地上笼 24 套及配套设施、扬场机（输送扒谷一体）11 台套，投资 85.1 万元，开沟机采购 12 台，投资 10.2 万元。

2019 年，新建钢结构仓库，用于农资临时存放场所 648 平方米及配套设施，投资 71.2 万元。

2019 年，沟渠疏浚，完成沟渠疏浚总长度 189 公里，土方量 17.4 万立方米，投资 42 万元。

2020 年，农业基础设施建设主要有：

农田水利基础设施建设工程，共完成新建各类进水涵闸 157 座、排水涵闸 155 座、平板机桥 2 座、灌溉泵站 11 座，完成投资 266.73 万元。

农业机械工程，新增粉土机 3 台套、压实机 2 台套、摆盘机 2 台套、平板车 2 台套，完成投资 22.17 万元。

10 个生产区地上笼及配套 10 套（包括地上笼、鼓风机、钢筋网片、纱网等）、扬场机 10 台、扒粮机 10 台、播种机 1 台（8 米宽幅），实际完成金额 42.56 万元。

活动板房建设，实际完成活动板房 1365 平方米、简易钢架棚 144 平方米及配套设施，完成金额 64.3 万元。

沟渠疏浚，共疏浚农田间灌排渠 473 条，总长度 207473 米，土方量 214055 立方米，总金额 52.41 万元。

2020 年还完成了 2019 年补充耕地项目。2019 年度江苏省白马湖农场补充耕地土地整治项目计划投资 368 万元，建设规模为 37.9440 公顷，共 91 个地块，实现新增耕地 35.1118 公顷。9 月通过集团公司组织的专家组验收，确认工程最终完成投资 344.93 万元，完成新增耕地 35.1118 公顷。

2021 年农业基础设施建设内容有：

农田水利基础设施建设工程，新建各类进水涵闸 126 座、排水涵闸 259 座、平板机桥 1 座、灌溉简易泵站 1 座，共完成投资 205.5 万元。

农业机械工程，购置自走式水稻育秧播种机 7 台，投资 15.4 万元。

活动板房，九区钢结构简易仓库 600 平方米、五区活动板房 273 平方米、十区活动板房及场头看护房 300 平方米、三区简易棚 112 平方米，投资 38.89 万元。

沟渠疏浚，2021 年白马湖分公司完成土方建设投资 55 万元，疏浚整理田间各类农渠 350 条、农沟 165 条，疏浚整理总长度 223 公里，累计完成土方 23 万立方米。

2021 年，江苏省白马湖农场还实施了补充耕地土地整治项目，项目投资预算为 3508.3354 万元，该项目区主要建设内容为土地平整工程、灌溉与排水工程、农田防护与生态保持工程、其他工程。

（1）土地平整工程。土地平整土方量为 24.3285 万立方米，表土剥离土方为 4.8787 万立方米，表土回填土方为 4.8787 万立方米，新增加耕地翻耕及增施有机肥面积 20.3225 公顷。

（2）灌溉与排水工程。规划修建 B250 矩形防渗斗渠 1.419 公里、B200 矩形防渗斗渠 1.681 公里、B290 梯形土质农渠 0.546 公里，整治 B290 梯形土质农渠 4.698 公里，新建 Φ50 低压管道（PE 管）3.501 公里、B250 生态农沟（卡扣沟）63.650 公里，沟道清淤

1.675 公里，新建灌溉泵站 1 座，架设 380 伏电力线 0.09 公里，拆除重建农桥 1 座。修建斗门 2 座、斗渠退水闸 1 座、农门 25 座、渡槽 3 座、农沟退水闸 7 座、节制闸 4 座、农沟排水口 2548 座、沉沙井 16 座。

（3）农田防护与生态保持工程。主要为农田防护林建设，规划防护林 3.1 公里，种植大叶女贞 1033 株。

（4）其他工程。规划修建水泥晒场 1 处，晒场面积 0.6 公顷。

2022 年农业基础设施建设内容有：

农田水利基础设施建设工程，共新建各类进水涵闸 108 座、排水涵闸 165 座，共完成投资 157.7 万元。

制种大县项目，完成新建泵站 1 座，防渗斗渠 3.67 公里及配套渠系建筑物 61 座，完成 9.55 公里水泥道路及配套下田坡道 43 处、波纹管排水涵 13 座，共完成投资 1273.06 万元。

农业机械工程，购置自走式水稻育秧播种机 7 台，投资 15.4 万元。

活动板房，简易活动板房 300 平方米及配套地坪、电力等设施，完成投资 10.37 万元。

沟渠疏浚，2022 年，白马湖分公司完成沟渠疏浚土方工程投资 36 万元，疏浚整理田间各类农渠 204 条、农沟 123 条，疏浚整理总长度 142 公里，累计完成土方 13.2 万立方米。

2021 年 11 月，按苏垦集投〔2021〕264 号文件批准，农场正式实施 2021 年度种子基地县项目子项目。

其中，繁育基地建设工程，计划投资 1325 万元，工程下设核心种源繁育基地建设项目、繁育基地基础设施管护项目两个细项，建设内容为提升防渗渠道和田间道路等基础设施，配套疏浚沟渠、维修桥涵、购置制种专业设备等措施，同时开展土地平整、土壤改良，对已建成的高标准农田进行设施管护。工程于 2022 年 5 月按期完成，6 月初步验收，经江苏开远工程造价咨询有限公司审计，项目完成投资 1273.06 万元。工程包括灌溉与排水工程、配套建筑物工程、道路工程及其他工程。项目完成新建泵站 1 座、防渗斗渠 3.7 公里、水泥道路 9.6 公里，以及各类渡槽、节制闸、斗门、农门、退水闸、下田坡道等共计 117 处，电力配套 1 处。项目实施显著改善了项目区农业生产条件，降低了农业生产成本，提高了灌排效率，为农场的农业机械化、规模化、集约化生产奠定了基础，取得了良好的社会效益、经济效益和生态效益。

加工仓储提升工程，计划投资 1555 万元，工程下设种子烘干线改造升级项目、种子加工线改造升级项目及种子仓储能力提升项目 3 个细项，于 2022 年 6 月完成一期验收，经江苏开远工程造价咨询有限公司审计，项目完成投资 1638.99 万元。工程新建了由 8 台低温循环式烘干机串联而成的烘干线 1 条，以及提升烘干作业环保水平的脉冲除尘器 13

台，并通过改造原有的 8 台低温循环式烘干机，使新、旧两条烘干线实现了"统一能源形式，统一烘干方式，统一操作规程，统一环保水平，协同烘干作业"的目标。新建的 12 套钢板仓设备，每座储存量 800 吨，不仅提升了种子储存量，还用作两条低温循环式烘干线的外挂周转设备，不仅可以避免种子在运粮车辆中形成长时间积压、不通风的不利环境，还有效提升了种子储存水平、熏蒸作业水平、烘干协同能力。为应对近年出现的杂草稻增多的现象，种子第二加工车间新建的光选机及配套设备，主要用于杂草稻的筛选。根据目前的生产数据显示，光选机设备对杂草滋生稻的筛选率可达 90% 以上。下一期加工仓储能力提升项目中，将继续采购安装两台光选机设备，1 台用于改造种子第三加工车间，另 1 台投入即将新建的种子第一加工车间中，全面高效提升种子加工龙头企业的水稻生产加工水平，更好地提升现有及未来生产环节中合格种子的保供水平。

一、灌排水系

（一）主要灌溉河

自 1959 年农场建场至今，农场内部的灌溉水源主要来自苏北灌溉总渠。场内的主要灌溉河道为南北向的西干渠、东西向的 18 条支渠和中干渠。

1. 西干渠

在农场建场以前，国家已在农场所在地区建成西干渠 1 条，当时全场 15.4 公里，1960 年为增加农场南部的自流灌溉面积，农场组织人力将西干渠做了首次延伸，1962 年农场又将西干渠向南延伸了 3200 米，后又多次拓宽延伸，目前西干渠全长 22 公里，仍是农场的主要灌溉河流。

2. 18 条支渠

1963 年起农场逐步在全场范围内开挖东西向大沟用于排水，同时开支渠加以配套，大沟排水、支渠灌溉，达到一灌一排。至 1967 年底基本完成，共计开挖支渠 18 条。

3. 中干渠

1966 年，农场拓展连接中干河成功，相应配套开挖灌溉用于中干渠，全长 4.5 公里（一、二分场场内）。

（二）主要排水河

建场初期，农场的主要排水河有 3 条，即北部的解家大港河、南部的洪埝河、中部的陈堆河，上述河道均由新河入白马湖，建场后农场改造开挖的主要排水河有：

1. 中干河

中干河原名波汪河，位于农场北部，1965 年冬农场集中人力将北部的波汪河和南部的庙塘沟进行拓宽、加深、连通，至 1966 年底挖建成功，从而形成了今天北起苏北灌溉总渠南至白马湖北堤，总长达 20 多公里的中干河。

2. 25 条大沟

为解决农场内水外排的困难，从 1963 年起，农场逐步在全场范围内东西向开挖了大排沟 18 条，全长 72 公里，后又陆续增建，目前全场共有大排沟 25 条。

二、水系改造

建场初期，农场内部的灌排水系十分紊乱，旧沟河塘弯曲不成形，内水外排无出路，农业生产经常受到影响，农作物的产量很不稳定。为改变这一现状，农场对内部排灌水系进行了改造。

1. 西干渠改造

建场前国家已在农场所在地区建成灌溉干渠，全长 15.4 公里，农场的灌溉用水主要是通过西干渠引苏北灌溉总渠之水实行自流灌溉。为进一步扩大场内自流灌溉面积，1960 年农场首次将西干渠向南进行延伸。1962 年农场又将其向南延伸了 3200 米，之后又不断拓展延伸。1994 年，农场又组织全场各单位对西干渠进行改造，共计完成土方 20 万立方米，改善灌溉条件达 1 万多亩，2008 年农场对西干渠南首 2100 米进行了疏浚，完成土方量 7200 立方米，目前西干渠总长近 22 公里。

2. 中干河改造

中干河（原名波汪河）系古河，比较短。为解决农场的排水困难，1965 年冬，农场集中劳动力将北部的波汪河和南段的庙塘沟拓宽、加空并连接形成了南北总长达 20 多公里原中干河。1966 年，农场又在中干河南端建造了南总站排水站（共有柴油机 20 台套，机房 20 间），对农场的内外水排放起很大的作用。1981 年，农场又对南总站排水站实行机改电。1994 年农场又对中干河进行了机械清淤。1998 年再次对中干河进行清淤，2008 年农场对中干河北段进行疏浚，长度达 8.84 公里，共计完成土方 18.6 万立方米，更新改造建筑物 6 座。

3. 中沟改造

2008—2009 年农场对部分中沟（如五大沟西段、十二大沟、二支河、十五大沟东段等）进行疏浚，总长 18.6 公里，完成土方量 11.17 万立方米。

4. 白马湖上游引河疏浚工程

淮安区白马湖上游引河河道是农场主要的排水河之一，由于多年未疏浚，淤塞严重，河道断面不足，两岸堤防标准不能满足防洪要求，沿线建筑物年久失修，老化损坏严重，淮安区于 2013 年 11 月至 2014 年底，总投资约 400 万元，对白马湖上游引河进行了治理，上引河疏浚工程涉及农场境内治理长度达 5720 米，并配套建设引河堆泵站、引河地 1 号泵站和老二十六队泵站 3 座，架设线路 300 米，变压器 300 千伏安。

2010 年起农场又陆续对场内的大、中沟进行疏浚，分别是 2010 年疏浚 23.44 万立方米、2011 年疏浚 14.12 万立方米、2012 年疏浚 70 万立方米、2013 年疏浚 23 万立方米、2014 年疏浚 17.1 万立方米、2015 年疏浚 18 万立方米。

三、农田水系配套工程设施

（一）条田沟、中心沟、林带沟

1. 条田沟

条田沟主要用于灌溉条田，条田沟距离决定条田宽度。本场的条田沟标准为平田开口宽 1.5 米，底宽 0.5～0.6 米，深 0.5 米，边设垄堆，底宽 1.0～1.2 米，顶宽 0.5 米，高 0.5 米。

2. 中心沟

中心沟又称中排沟，是条田中间竖开的一条小沟，也称农渠，有利于灌溉和降渍，本场的中心沟标准为平田开口宽 2.5 米，底宽 0.8 米，深 1.5 米。

3. 林带沟

林带沟设置于林带一侧，主要作用是排水降渍，防止树木受渍死亡，隔断树木根系延伸入田间。农场的林带沟标准为平田开口宽 3 米，底宽 1 米，深 1.5～1.7 米。

（二）农门、涵、闸和渡槽

1. 农门

建场初期，农场建造农门所用的管子为 Φ30，后逐步采用 Φ50 水泥管，并一直使用至 1998 年，自 1999 年以后农场的农门建设停止。

2. 涵

至 1998 年全场共有涵 183 座，分布情况为一分场 86 座，二分场 53 座，三分场 26 座，四分场 18 座。1999 年农场在原 21 队建地涵 1 座；2000—2002 年国家农业综合开发第五期项目在农场实施时农场兴建地涵 8 座；2005 年农场对新二站路涵接长，新建北联中过水涵、解庄路涵、小王庄路涵；2006 年易地开发项目中农场在八、九、十管理区共新建管涵 49 座，箱涵 10 座；2007 年农业综合开发项目中农场又新建朱洼地涵、滕庄地涵两座，投资 5.5 万余元；2008 年农业综合开发项目中农场在第四、第五管理区新建了西干渠路涵、三庄路涵等地涵 7 座，投资 11 余万元。目前全场共有各类涵 723 座。

3. 闸

建场后，为了减少内涝对农场农业生产的影响，农场开始加大了农田水利建设的力度，闸的建造数量也日渐增多，1963年，建成干渠节制闸及镇湖闸各1座。1964年又建闸3座，即西干渠节制闸、淮范路节制闸（四孔闸）和六支节制闸。至1998年，全场共计有闸19座，其中两座已废弃。

2000年，农场建设16队节制闸，投资9.7万元。2002年，农场新建了一队节制闸并对一站闸、三站闸进行维修。2005年，随着农场道路建设的高速发展，为了与之相配套，避免今后再破路建闸，农场新建了一站北调渡河上节制闸、北联中节制闸、西干渠节制闸（4孔）、七区中干河上节制闸等5座节制闸。2006年，易地开发项目中农场在项目区新建节制闸2座，又在七区新建节制闸1座，并对西干渠节制闸进行改造（4孔改为2孔）。2008年，农业综合开发项目中农场又在第四、第五管理区新建斗渠节制闸12座。至2022年全场共有水闸121座。

4. 渡槽

至1998年全场共有渡槽8处，其中一分场1处，为大港渡槽，长15米，宽22米。二分场5处，即十队3处，中干河上1处为七支渠输水至九队电站用，长14米，宽1.2米。此外，良繁场1处长14米。三分场有渡槽两处，即淮范路侧1处，长14米，宽1.2米（现已废弃），十五队通过十六队1处，长16米，宽2.4米。自1999年以来农场对农业设施的投入较大，各灌溉区的防渗渠道、电灌站、路涵建设逐步齐备，对渡槽的需求相对较少，2008年，农业开发项目建设中农场在项目区所在的第四、五管理区新建、拆建渡槽10座，投资约18万元，提高了项目区农田的灌溉速度，水系利用率达到98%，节约了水资源，全场目前共有渡槽16座。

（三）动力排灌站

1. 柴油机、汽油机排灌动力

农场所在地区由于地势低洼，四面高水，因而涝灾十分严重，农场建场后为解除涝灾，确保农作物稳产高产，一方面不断大兴农田水利，另一方面也逐步加大了对排灌机械的投入。1961年，农场用于排灌的机械共4台，110马力（均为柴油机）。到1963年，农场已有排灌用柴油抽水机39台，共计2190马力，其中1963年当年新增排涝机站5座，安装60马力柴油机31台套，计1860马力。1964年，农场又在四大沟尾及庙塘沟建两处柴油机排涝机站，用于排涝。至1965年，农场用于排灌的动力机械有52台，计2384马力（均为柴油机动力）。1966年，贯穿全场南北的中干河挖建成功。农场又在中干河的南端、白马湖边建成南部民站排水站，共有20台套柴油机，是当时淮安县最大的排水站，为农场的内水外排发挥了积极作用。至 1970 年，农场用于排灌的机械总动力共有 2054 马力。1972 年，农场排灌用柴油机 67 台，计 2443 马力，并于当年增加汽油机 15 台，47 马力用于排灌。1974 年，农场用于排灌的动力机械 77 台，计 2512 马力。1978 年，农场排灌动力机械共 3886 马力。1980 年，农场供电站成立，电力事业迅速发展，农业开始采用电动机排灌，但柴油机动力仍发挥着重大作用。1988 年以后随着电灌排站的陆续增建，柴油机排灌动力开始大幅度减少，1988 年，用于排灌的柴油机动力仅 15 台，计 180 马力。1995 年后，全场的排灌动力均为电力排灌，柴油机、汽油机动力被逐步淘汰。

2. 电灌站

建场以后至 1973 年淮安翻水站建成前，农场引苏北灌溉总渠之水，全场大部分农田都能实行自流灌溉，加上受电力发展因素的影响，农场一直没有建电灌站。淮安翻水站建成以后，农场能够实行自流灌溉的田地面积大幅度减少，农场开始逐步增加柴油机、汽油机动力提水灌溉。1980 年以后，随着农场供电站的成立，农场的电力事业发展迅速，电灌站开始陆续增建或在原柴油机动力基础上加以改进。1980 年，农场三分场建成 22 千瓦电灌站 1 座，四分场建成装机容量为 55 千瓦的中沈电灌站。1982 年，四分场二十四队（放牛庄）建成灌排两用电站 1 座，为"韩家洼"荒滩改良奠定了基础。1984 年，一分场五队、七队，三分场十八队又分别建电灌站 1 座，每座电站装机容量为 55 千瓦。1985 年，农场又在三分场十六队、十七队各建 1 座电灌站，装机容量分别为 22 千瓦和 55 千瓦。在黄淮海农业综合开发一期工程（1990 年 7 月至 1991 年 6 月）中，农场又在四分场二十一队建造灌排两用电站 1 座，在抵御 1991 年特大江涝灾害中发挥了积极作用。此后随着农场农田用水量的进一步加大，农场逐步在各农业大队建造电灌站以解决灌溉问题。仅 1998 年全场就新建电灌站 9 座，至 1998 年，全场共计拥有电灌站 27 座，装机容量 1160 千瓦。

2001 年，农场新建改建了原 16 队墩陈、18 队、22 队、26 队 4 座电站，2002 年农场新建二渔场电灌站 1 座，2004 年农场对中沈电站进行改造，2005 年农场又新建了二区、三区及九区的 3 座电灌站，2006 年新建解庄南电站 1 座，实际灌溉面积 700 余亩，建设乔庄电站 1 座，同年易地开发项目在农场八、九、十区实施，农场在项目区新建电灌站 3 座。2007 年新（拆）建了林西电灌站 1 座、小周庄电站 1 座、放牛庄电站 1 座，3 座电站可以解决约 3000 亩农田的灌溉需求，2008 年，农业综合开发项目中农场又在项目区的第五管理区新建三庄电站 1 座，拆建大港电站 1 座，并改造电站 5 座，共计投资 77.3 万元。至 2022 年全场共计拥有电灌站 44 座（含灌排两用站），装机容量 2830 千瓦。

3. 电排站

由于白马湖农场所在地区四面高水，加上建场初期场内排涝沟及设施不配套，因此内涝现象十分严重，为确保农作物稳产高产，农场在兴修农田水利的同时又投入资金建造了一批排水站，由于受当时电力发展的影响，排水站均采用柴油机作为动力。农场最早建造的排水站有 1964 年、1965 年建成使用的一至五站排水站，1966 年，在中干河南端建成 20 台柴油机配套的南总站排水站，此后又陆续增建。1980 年以后，随着供电站的成立以及农场电力事业的迅速发展，农场又将原排水站逐步实行机改电。1981 年，农场首先将南总站进行机改电，总装机容量 550 千瓦。1982 年，农场又对一站进行改建，配备 75 千瓦、55 千瓦电动机各 1 台，并建成了放牛庄（四分场二十四队）灌排两用站 1 座，为农场对"韩家洼"1080 亩荒滩改造奠定了基础。1987 年，农场又将一分场一队桃源洞外排站进行重建，配备 75 千瓦电动机 1 台。1991 年 7 月，农场又在四分场十一队新建 55 千瓦灌排两用电站 1 座，至 1998 年全场共计拥有电排站 8 座，装机容量 1050 千瓦。

2002 年，农场投资 9.7 万元对 4 站进行改造，2006 年，对南总站西排涝站进行改造，该站始建于 1962 年设备老化，已经不能满足实际排涝需要，改造后该站实际排涝面积可达 10000 亩，同时还新建了南总站东站，实际排涝面积达 7000 亩，这两座排涝站的建设提高了农场第十管理区农作物的抗涝灾的能力，粮食产量也得到较大提高。2007 年，农业综合开发项目中，对在第一管理区的五七排涝站进行改造，该站建于 1992 年，改造后排涝面积可达 800 亩，同年还对第十管理区的西大站进行改造，改造后排涝面积达 2300 亩，至目前全场共计拥有电排站 7 座（含灌排两用站），装机容量 2000 千瓦。

2009 年，农业综合开发项目中，农场在第六、第七、第八生产区改造泵站 4 座，拆建电站 3 座。

2010 年，土地整理项目分为周庄片与渔场片 2 个片区，涉及第一、二、六、七、九生产区和二渔场 6 个单位。新建灌溉泵站 5 座、排涝站 3 座、维修泵站 3 座。

2013 年，土地整理项目为白马湖农场第八、第十生产区对灌溉与排水工程进行改造升级。其中，新建灌溉泵站 3 座，重建灌溉泵站 6 座，新建排涝站 2 座。

2016 年，补充耕地土地开发整理项目，农场新建泵站 1 座。

2017 年，补充耕地土地复垦项目，农场新建灌排两用泵站 1 座。

1961—1988 年排灌动力机械统计见表 6-3，1998 年全场电力排灌站情况统计见表 6-4，白马湖农场 2001—2006 年小型泵站基本情况汇总见表 6-5，白马湖农场 2001—2006 年小型泵站更新改造实施情况调查见表 6-6，2009 年白马湖农场小型泵站基本情况见表 6-7，2018 年全场泵站基本情况统计见表 6-8。

表 6-3　排灌动力机械统计（1961—1988 年）

年份	排灌动力机械（台/马力）	柴油机（台/马力）	电动力 [台/（千瓦·马力）]	年份	排灌动力机械（台/马力）	柴油机（台/马力）	电动力 [台/（千瓦·马力）]
1961	4/110	4/110		1980	150/3376	150/3376	
1962	7/210	7/210		1981	205/5359.4	192/4387	13/715/972.4
1963	39/2210	39/2210		1982	155/4697	123/3212	32/1092/1483
1964	38/2190	38/2190		1983	168/5983.7	123/3212	45/2038
1965	52/2384	52/2384		1984	168/5983.7	123/3212	
1966	52/2384	52/2384		1985	171/6405	123/3212	
1967	52/2384	52/2384		1986	101/3829	53/636	
1968	52/2384	52/2384		1987	100/4586	52/1393	
1969	47/2034	47/2054		1988	39/1763	15/180	
1970	47/2034	47/2054		1989	59/1763	15/180	
1971	47/2054	47/2054		1990	64/2095	12/144	
1972	67/2443	67/2443		1991	68/1999	16/48	
1973	77/2512	77/2512		1992	73/3522	16/261	
1974	77/2512	77/2512		1993	73/3552	16/261	
1975	137/3086	137/3086		1994	75/3722	16/261	
1976	64/2500	64/2500		1995	70/3332		
1977	126/3304	126/3304		1996	67/4062		
1978	131/3886	131/3886		1997	67/3902		
1979	131/3886	131/3886		1998			

表 6-4　1998 年全场电力排灌站情况统计

站名	容量（千瓦）	装机泵口径（寸）	备注	站名	容量（千瓦）	水泵规格型号（寸）	备注
桃园洞	75	38	排	十八队站	22×1	12×1	灌
二队站	55	24	排	二十队站	55×1	24×1	灌
三队站	75.55	38.2	排	二十一队站	22×1	16×1	灌
五队站	55	20×1	灌	二十一队站	55×1	20×1	排
六队站	75	38×1	灌	二十一队站	55×1	24×1	排
七队站	55	20×1	灌	二十二队站	55×1	16×1	
八队站	55	24×1	灌	二十二队站	55×1	16×1	
九队站	55×2	22×2	灌	二十二队站	55×1	90圬工泵	排
九队站	18×1	14	灌	二十三队站	55×1	38×1	排
十队站	35×1	22×1	灌	二十三队站	17×1	14×1	
十队站	18×1	14×1	灌	二十三队站	55×1	28×1	
十队站	13×1	14×1	灌	二十四、二十五队站	22×1	16×1	
十一队站	55×2	22×2	灌	二十四、二十五队站	13×1	14×1	
十一队站	22×1	16×1	灌	二十四、二十五队站	22×1	16×1	
十三队站	55×1	22×1	灌	二十四、二十五队站	22×1	16×1	
十三队站	18×1	14×1	灌	二十四、二十五队站	22×1	14×1	
十四队站	22×1	16×1	灌	二十四、二十五队站	35×1	14×1	
十四队站	13×1	13×1	灌	二十四、二十五队站	17×1	14×1	排

（续）

站名	容量 （千瓦）	装机泵口径 （寸）	备注	站名	容量 （千瓦）	水泵规格型号 （寸）	备注
十五队站	55×1	20×1	灌	二十四、二十五队站	75×1	38×1	
十六队站	55×1	20×1	灌	二十四、二十五队站	30×1	20×1	
十六队站	55×1	20×1	灌	一渔场	55×1	16×1	
十六队站	22×1	14×1	灌	二十六队站	30×2	14×2	灌排两用
十七队站	55×1	20×1	灌排两用	二十六队站	13×1	16×1	
十七队站	55×1	16×1	灌	南总站	55×10	24×10	排
十八队站	55×1	20×1	灌	良种队站	15	140	
十八队站	55×1	16×1	灌	农科所站	22×1	14×1	
十八队站	55×1	16×1	灌	二渔场站	55×1	24×1	

表6-5 白马湖农场小型泵站基本情况汇总（2009年）

乡镇别	泵站（座数）							水泵 （台套）	电机 功率 （千瓦）	设计 流量 （米³/秒）	排涝面积		灌溉面积	
	小计	运行情况			泵站类型						设计 （万亩）	实际 （万亩）	设计 （万亩）	实际 （万亩）
		完好	带病运行	报废	单灌	单排	灌排							
合计	51	9	41	1	40	7	4	64	3279	45.56	3.52	2.97	3.57	3.45
一区	3	2	1	0	0	3	0	3	205	3	0.38	0.28		
二区	2	0	2	0	2	0	0	2	62	0.5			0.1	0.1
三区	2	2	0	0	0	0	0	2	110	1.2			0.17	0.17
四区	0	0	0	0	0	0	0	0	0	0				
五区	9	1	7	1	9	0	0	9	378	4.5			0.6	0.6
六区	7	0	7	0	7	0	0	7	304	3.51			0.47	0.47
七区	5	1	4	0	5	0	0	5	275	2.9			0.42	0.42
八区	4	0	4	0	3	1	0	4	235	3.38	0.25	0.2	0.42	0.39
九区	5	1	4	0	4	1	0	5	275	3.87	0.22	0.2	0.47	0.47
十区	14	2	12	0	8	2	4	27	1435	22.7	2.67	2.29	0.92	0.83

表6-6 白马湖农场2001—2006年小型泵站更新改造实施情况调查

乡镇别	泵站名称	更新 改造 日期	泵站 类型	装机 台数 （台）	装机 容量 （千瓦）	泵站 流量 （米³/秒）	受益 面积 （亩）	项目 来源	经费来源（万元）			
									省级以上	市级	县级	县级以下
白马湖农场	解庄西站	2007	单灌	1	55	0.65	1000	农场				√
白马湖农场	五七电站	2006	单排	1	55	1	800	农场				√
白马湖农场	桃源洞电站	2006	单排	1	75	1	1200	农场				√
白马湖农场	解庄南	2007	单灌	1	55	0.55	700	农场				√
白马湖农场	后十八电站	2002	单灌	1	55	0.55	1100	农场				√
白马湖农场	中沈电站	2004	单灌	1	55	0.67	900	农场				√
白马湖农场	放牛庄电站	2007	单灌	1	45	0.8	1200	农场				√
白马湖农场	南总站东站	2006	单排	3	270	4.8	10000	农场				√
白马湖农场	小周庄	2006	单灌	1	55	0.67	900	农场				√
白马湖农场	林西泵站	2007	单灌	1	56	0.55	1100	农场				√

表 6-7 白马湖农场小型泵站基本情况（2009 年）

泵站名称	所属行政村	兴建年份	改造年份	泵站类型	泵站设计流量（米³/秒）	投运年份	电动机				变压器				备注
							型号	台数	功率（千瓦）	投运年份	型号	台数	容量（千伏安）	投运年份	
桃源洞	一区		2007	排	1	2007	J02-92-8	1	75	2007	S11-80	1	80	2007	
一站	一区	1979		排	1.2	1979	J02-92-6	1	75	1979	S7-160	1	160	1979	
五七	一区	1992	2007	排	1	1992	J02-92-8	1	55	1992	S7-100	1	100	1992	
沈庄	二区	2005		灌	0.15	2005	Y180L-4	1	22	2005	S7-80	1	80		
于庄	二区	1982		灌	0.35	1982	J02-82-4	1	40	1982	S9-100	1	100	1982	
解庄西	三区	1995		灌	0.65	1995	Y280M-6	1	55	1995	S9-80	1	80	1995	
解庄南	三区	2006		灌	0.55	2006	Y315M-10	1	55	2006	S9-80	1	80	2006	
孙庄	五区	1988		灌	0.66	1988	Y280M-6	1	55	1988	S9-80	1	80	1988	
童庄	五区	1992		灌	0.3	1992	Y180L-4	1	22	1992	S9-50	1	50	1992	
三支	五区	1996		灌	0.67	1996	Y280M-6	1	55	1996	S7-80	1	80	1996	
二分场	五区	1985		灌	0.67	1985	Y280M-6	1	55	1985	S7-80	1	80	1985	
粮繁场	五区	1985		灌	0.15	1985	Y180L-4	1	17	1985	S9-30	1	30	1985	
苗圃	五区	1982		灌	1	1982	J02-92-8	1	75	1982	S7-100	1	100	1982	
山庄后	五区	1996		灌	0.55	1996	Y250M-4	1	55	1996	S7-80	1	80	1996	
山庄前	五区	1995		灌	0.15	1995	Y180L-4	1	22	1995	S9-30	1	30	1995	
乔庄	五区	2006		灌	0.35	2006	Y180L-4	1	22	2006	S9-30/10	1	30	2006	
墩陈	六区	1999		灌	0.67	1999	Y280S-6	1	55	1999	S9-80	1	80	1999	
陈堆	六区	1997		灌	0.55	1997	Y250M-4	1	55	1997	S9-80	1	80	1997	
西韩北	六区	1996		灌	0.3	1996	Y180L-4	1	22	1996	S9-80	1	80	1996	
西干渠	六区	1999		灌	0.3	1999	Y180L-4	1	22	1999	S9-80	1	80	1999	
西韩	六区	1998		灌	0.67	1998	Y280M-6	1	55	1998	S9-80	1	80	1998	
二渔场北	六区	1996		灌	0.67	1996	Y280M-6	1	55	1996	S9-80	1	80	1996	
二渔场东	六区	2002		灌	0.35	2002	J02-82-4	1	40	2002	S9	1	80	2002	
后十八	七区	2002		灌	0.55	2002	Y250M-4	1	55	2002	S9	1	80	2002	
林西	七区	2007		灌	0.55	2007	Y250M-4	1	55	2007	S9	1	80	2007	
唐庄	七区	1987		灌	0.67	1987	Y280S-6	1	55	1987	S9-80	1	80	1987	
大昌庄	七区	2000		灌	0.35	2000	Y250M-4	1	55	2000	S9-80	1	80	2000	

（续）

泵站名称	所属行政村	兴建年份	改造年份	泵站类型	泵站设计流量（米³/秒）	投运年份	电动机				变压器				备注
							型号	台数	功率（千瓦）	投运年份	型号	台数	容量（千伏安）	投运年份	
前韩	七区	1993		灌	0.78	1993	Y280S-6	1	55	1993	S9-80	1	80	1993	
胡庄	八区	1985		排	1	1985	J02-92-8	1	75	1985	S9-160	1	160	1985	
杨庄	八区	1998		灌	0.45	1998	Y250W-8	1	30	1998	S9-80	1	80	1998	
洪庄	八区	1990		灌	0.91	1990	J02-92-8	1	55	1990	S9-80	1	80	1990	
范庄	八区	1982		灌	1.02	1982	J02-92-8	1	75	1982	S9-80	1	80	1982	
东六支	九区	1990		灌	0.35	1990	Y250M-4	1	55	1990	S9	1	80	1990	
西六支	九区	1993		灌	1	1993	Y280S-6	1	55	1993	S9	1	80	1993	
小周庄	九区	2007		灌	0.67	2007	Y280S-6	1	55	2007	S9	1	80	2007	
中沈	九区	2004		灌	0.85	2004	Y280S-6	1	55	2004	S9	1	80	2004	
引河堆	九区	1979		排	1	1979	Y280S-6	1	55	1979	S9	1	80	1979	
前谢	十区	1989		灌	0.3	1989	Y180L-4	1	22	1989	S7	1	80	1989	
韩家洼	十区	1989		灌	0.8	1985	Y280M-6	1	55	1989	S7	1	80	1989	
西大站	十区	1982	2007	灌排	0.8	2007	Y280S-6	2	90	2007	S11-80	1	100	2007	
沈谢五组	十区	1985		灌	0.15	1985		1	17	1985				1985	
沈谢	十区	1982		灌	0.15	1982		1	17	1982				1982	
前朱	十区	1987		灌	0.15	1987	Y180L-4	1	22	1987	S7	1	80	1987	
后朱	十区	1986		灌	0.2	1986	Y180L-4	1	22	1986				1986	
前东	十区	1986		灌	0.2	1986	Y280S-6	1	22	1986	S7	1	80	1986	
于东	十区	1965		灌排	0.8	1965		2	80	1965	S9	1	80	1965	
引河西 1	十区	1983		灌排	0.35	1983	Y180L-4BS	2	44	1983	S7	1	80	1983	
引河西 2	十区	1982		灌溉	1	1982	J02-92-8	1	75	1982	S7	1	80	1982	
放牛庄	十区	2007		灌	0.8	2007	Y280S-6	1	45	2007	S11-80	1	80	2007	
南总站西	十区	1962	2006	排涝	9	2006	J02-91-6	9	55	2006	S7-630	1	630	2006	
南总站东	十区	2006		排涝	4.8	2006	Y315L2-10	3	90	2006	S11-400 S11-50	2	450	2006	

表 6-8　2018 年全场泵站基本情况统计

序号	单位	电站名称	性质	泵站（小时）	电机动力（千瓦）	流量（米³/秒）	建设年份	备注
1	一区	五七	排	24	55	0.9	2007	
2	一区	桃源洞	排	38	75	1.5	2007	
3	一区	老一站	排	38	75	1.5	1979	
4	一区	新一站	排	32	90	1.3	2012	
5	一区	小河庄站	灌	16	37	0.5	2015	简易站
6	一区	二窑北小站	灌	14	22	0.3	2013	
7	一区	二窑南小站	排	12	17	0.2	2013	
8	一区	水泥场南站	灌	16	37	0.5	2017	
9	二区	二区队部	灌	20	55	0.7	2014	简易站
10	二区	小沈庄	灌	14	22	0.3	2005	
11	三区	新二站	排	38	55	1.5	1979	
12	三区	滕庄	灌	20	55	0.7	2010	
13	三区	南岗	灌	20	55	0.7	2006	
14	三区	南岗	灌	20	55	0.7	2013	简易站
15	三区	解庄	灌	20	55	0.7	1995	
16	三区	葛庄	灌	16	37	0.5	2013	简易站
17	三区	小王西小站	灌	12	17	0.2	2010	
18	三区	北二站小站	灌	16	37	0.5	2017	
19	四区	北邵集	灌	16	37	0.5	2012	
20	四区	西干渠	灌	12	18.5	0.3	2015	简易站
21	四区	前邵集	灌	20	55	0.7	2013	简易站
22	五区	沈庄	灌	20	55	0.7	2009	
23	五区	邵集	灌	20	55	0.7	1996	
24	五区	大董庄	灌	16	37	0.5	2015	简易站
25	五区	花庄	灌	16	37	0.5	2015	
26	五区	机耕队	灌	24	75	0.9	2014	
27	五区	苗圃	灌	24	75	0.9	1982	
28	五区	乔庄	灌	14	22	0.3	2005	
29	五区	三庄	灌	20	55	0.7	2010	
30	六区	渔栏河	灌	16	22	0.5	2010	
31	六区	西干渠	灌	18	40	0.6	1999	
32	六区	十五队	灌	20	55	0.7	1998	
33	六区	十五队小	灌	12	18	0.3		
34	六区	藕田	灌	16	37	0.5	2015	简易站
35	六区	十六队	灌	20	55	0.7	1997	
36	六区	鸡场	灌	14	22	0.3	2007	

（续）

序号	单位	电站名称	性质	泵站（小时）	电机动力（千瓦）	流量（米³/秒）	建设年份	备注
37	六区	小云	灌	12	18	0.3		
38	六区	陈堆	灌	20	55	0.7	1999	
39	六区	二渔场北	排	20	55	0.7	2013	
40	七区	大吕庄	灌	20	55	0.7	2011	
41	七区	队部后	灌	20	55	0.7	2014	简易站
42	七区	队部东	灌	16	22	0.5	2007	混流泵
43	七区	前韩	灌	20	55	0.7	1993	
44	七区	周庄东	灌	20	55	0.7	1987	
45	七区	周庄西	灌	20	55	0.7	2010	
46	七区	姚庄站	灌	20	55	0.7	2007	混流泵
47	七区	姚庄北小站	灌	14	22	0.3	2017	
48	七区	前韩排2	排	20	55	0.8	2017	简易站
49	八区	六支	灌	20	55	0.7	2009	
50	八区	四站	灌	20	55	0.7	2009	
51	八区	四站南	灌	16	37	0.5	2015	简易泵
52	八区	洪庄	灌	20	55	0.7	1990	
53	八区	杨庄	灌	20	55	0.7	1998	
54	八区	胡庄	排	38	75	1.5	1985	
55	八区	后刘	排	32	90	1.3	2013	
56	八区	中干河	灌	24	75	1.5	2016	新建
57	八区	胡庄后	灌	20	55	0.7	2016	新建
58	九区	六支	灌	14	60	0.8	2013	简易站两台套
59	九区	王伏义	灌	20	55	0.7	2011	
60	九区	中沈	灌	20	55	0.7	2004	
61	九区	前毕东	灌	20	55	0.7	2007	
62	九区	前毕西	灌	20	55	0.7	2012	
63	九区	周庄南堆1	排	20	55	0.7	2012	
64	九区	周庄南堆2	排	20	55	0.7	2013	简易站
65	九区	中沈南堆	排	32	75	1.3	2014	
66	九区	西北站	灌	20	55	0.8	2017	简易站
67	十区	二十六	灌排	24	110	1.8	2014	两台套
68	十区	二十五	灌排	24	75	0.9	2014	
69	十区	二十四	灌	24	75	0.9	2016	新建
70	十区	后朱	灌	14	35	0.4	2016	
71	十区	前朱	灌	14	35	0.4	2016	新建
72	十区	前谢东	灌	14	35	0.4	2016	新建

（续）

序号	单位	电站名称	性质	泵站（小时）	电机动力（千瓦）	流量（米³/秒）	建设年份	备注
73	十区	前谢西	灌	20	55	0.7	2016	新建
74	十区	老队部	灌	14	35	0.4	2016	新建
75	十区	二十四老站	灌	20	55	0.7	2007	
76	十区	西大站	排	24	90	1.6	2007	两台套
77	十区	三渔场北	排	14	22	0.3	2005	
78	十区	南总站西站	排	20	935	12	1962	17 台套
79	十区	南总站东站	排	32	270	3.9	2006	3 台套
80	华荤公司	三庄后	灌	16	37	0.5	2010	
81	种子公司	粮繁场	灌	14	22	0.3	1985	
82	种子公司	试验田	灌	20	55	0.7	2005	
83	二鱼场	二渔场东	灌	20	55	0.7	2012	
84	二鱼场	二渔场北	灌	20	55	0.7	1995	
85	二鱼场	二渔场西	灌	16	37	0.5	2014	简易泵
86	二鱼场	二渔场西北	排	14	30	0.4	2016	简易泵
87	二鱼场	二渔场南	排	16	37	0.5	2016	简易泵
88	三渔场	南湖站	灌	16	37	0.5	2016	简易泵
合计					5442.5	75.6		

四、桥梁、晒场、水塔

（一）桥梁

建场前农场境内桥梁稀少。建场后为加强农场的内水外排开挖了贯穿全场南北的中干河，从而使全场形成了干东、干西、引河南、引河北四片，给场内人、机交通带来诸多不便，在一定程度上也影响了农业生产。为改变这一现状，1964 年以后，农场开始加大了桥梁的建造力度，仅 1965 年农场就建造了场部南北桥、大港南北桥、三分场场部南北桥、四分场六支南北桥。1966 年，建造了大港东西桥。1967 年，兴建了良种队东西桥、三分场场部东西桥、四分场六支东西桥等。1957 年开挖的引河工程是当时农场范围内比较大的工程，东西长 5.5 公里，仅建有 3 座简易木桥等，至 1962 年以后已不能使用，每年汛期水面宽达 60 余米，南北群众往来仅靠 3 条小木船来回摆渡，农机具根本无法通行，群众不断要求尽快解决南北人行、机车交通问题，以改变南片的生产条件。1971 年，在省水利厅和淮阴地区水利局的支持下，农场在引河与干河交叉处兴建了 1 座机耕桥，从而解决了南北人机交通问题，也使引河南一片的机械化程度明显提高。1974 年，农场又建造了引河王庄机桥。

　　1990 年后，农场又陆续兴建了一分场王庄机桥、干河机桥、三庄机桥、九队人行桥。1994 年，农场对三分场场部东西桥进行改造。1996 年，建平板机桥两座，并对三分场场部南北桥进行了下降改造。1997 年，改造了大港南北桥、万头猪场南北桥、良种队东西桥。至 1998 年，全场共有各类桥梁 53 座。

　　1999—2003 年，农场先后在全场建造了大港机桥、四队机桥、四分场机桥、孙谢桥、后衡桥、二渔桥等一批桥梁，在一定程度上缓解了职工通行及农产品外运的困难。

　　2004 年起随着江苏省农村公路"通达"工程的实施，建造引河大桥。2005 年农场在七管理区中干河上建造机桥 1 座，在八管理区建造机桥 2 座，在十管理区前谢架设机桥 1 座，并在孙谢中干河上建桥 1 座。2006 年建造了前刘大桥、胡庄桥、洪庄大桥等。2007—2008 年农业综合开发项目在实施时，结合本场实际情况，投资 11.8 万元，拆除重建于庄桥 1 座，并建造中沟平板机桥 2 座，投资 13.9 万元，建林业站大桥 1 座。2009 年，农场计划投资 84 万元，新建农桥 5 座，改造农桥 1 座。

　　2010 年，投资 66 万元，重建沈庄机桥、大港北桥、邵集农桥、教堂桥、谢庄农桥。

　　2011 年，投资 93 万元，新建和重建桃朱桥、董庄桥、唐庄东桥、教堂桥、前谢桥、后谢桥及小韩庄桥。

　　2012 年，投资 53.5 万元，建成中沈桥、中沈涵闸 1 座、后谢桥、后谢东桥。

　　2014 年，投资金 34 万元，建成小吕庄桥、五七桥。

　　2015 年，投资 60 万元，完成了英才桥（9 米×12 米）和大昌庄农桥（6 米×12 米）的建设。

　　2017 年，投资 90 万元，完成了杨荡一桥、杨荡二桥、三支西桥农桥的建设。

　　2018 年，投资 84 万元，完成了三庄桥、三庄中心桥、苗圃桥农桥的建设。

　　2021 年，农场公司通过农桥改造项目对两座危桥拆除重建（邵集桥、三分场桥），总投资约 101.8 万元，邵集桥现状为 3.5 米×6 米，3 跨，拆建成 6 米×12 米，单跨。三分场桥现状为 4 米×8 米，单跨，拆建成 6 米×10 米，单跨。

　　2022 年，农场对 3 座危桥进行拆除重建，总投资约 150.66 万元，西韩东桥现状为全长 23 米、总长 9 米、全宽 6 米，拆建成跨 10 米、宽 14 米，单跨。西韩西桥现状为全长 20 米、总长 6 米、全宽 4 米，拆建成跨 6 米、宽 10 米，单跨。唐童庄桥现状为全长 25 米、总长 6 米、全宽 3 米，拆建成跨 8 米、宽 6 米，单跨。

　　2010—2019 年桥梁统计情况见表 6-9，建场 60 年来桥梁统计情况见表 6-10。

表 6-9　2010—2019 年桥梁统计情况

年度	序号	桥梁名称	批复投资（万元）	备注
2010	1	沈庄机桥	13.50	
	2	大港北桥	13.50	
	3	邵集农桥	13.50	
	4	教堂桥	13.50	
	5	谢庄农桥	12.00	
	6	楚白调尾河桥	56.20	公路桥
	7	引河桥	79.20	公路桥
2011	8	唐庄西桥	12.00	
	9	六支桥	12.00	
	10	前谢桥	18.00	
	11	后谢东桥	12.00	
	12	桃朱桥（新建）	15.00	
	13	董庄东桥（新建）	12.00	
	14	小韩庄桥（新建）	12.00	
2012	15	中沈桥	15.50	
	16	后谢生产桥（新建）	15.00	
	17	后谢东桥（新建）	11.50	
	18	中沈东桥（新建）	11.50	
2014	19	五七桥	17.00	
	20	小吕庄桥	17.00	
2015	21	英才桥	35.00	
	22	大吕庄农桥	25.00	
2017	23	杨荡一桥	30.00	
	24	杨荡二桥	30.00	
	25	三支西桥	30.00	
2018	26	三庄中心涵	28	
	27	苗圃中心涵	28	
	28	三庄东涵	28	
	29	小林场东桥	45	
	30	小林场西桥	55	
合计			715.9	

表 6-10　建场 60 年来桥梁统计情况

桥梁名称	路线名称	桥长（米）	桥宽（米）	按长度分类			按受力体系分类			按技术状况分类			建设年份
				大桥	中桥	小桥	梁式桥	拱式桥	钢架桥	一	二	三	
调尾河桥	211 县道	40	8			√	√				√		
人武部桥		12	6			√		√			√		1982
队部桥		22	6			√		√			√		2000
小何庄桥		18	2			√		√			√		1992

（续）

桥梁名称	路线名称	桥长（米）	桥宽（米）	按长度分类			按受力体系分类			按技术状况分类			建设年份
				大桥	中桥	小桥	梁式桥	拱式桥	钢架桥	一	二	三	
五七养殖区		6	4			✓	✓				✓		2000
朱洼学校桥		12	3			✓		✓			✓		2000
于庄桥		22	6			✓		✓			✓		
小沈庄后桥		18	2			✓		✓			✓		1982
小沈庄东桥		22	3			✓		✓			✓		1999
大港东西桥	大港线	22	6			✓	✓				✓		1997
后邵集桥	大港线	16	6			✓	✓				✓		2011
于邵路桥		12	6			✓	✓				✓		2011
小沈庄西桥		12	6			✓	✓				✓		1998
小林场桥	西干渠	20	2			✓		✓			✓		1984
渔澜河桥		22	3			✓	✓				✓		1980
小王庄西桥		12	2			✓	✓				✓		2006
滕庄桥		22	5			✓	✓				✓		2010
良繁场桥	育才线	22	6			✓	✓				✓		1993
桃朱桥		14	3			✓	✓				✓		1980
姚桥		18	2			✓	✓				✓		1988
邵集队部桥		12	6			✓	✓				✓		2011
邵集农桥		24	4			✓	✓				✓		2008
大港东西桥		20	6			✓	✓				✓		1998
大港南北桥	211县道	26	8			✓	✓				✓		1993
二站中沟		24	4			✓	✓				✓		2005
董庄中沟桥		14	5			✓	✓				✓		2008
三庄中沟桥		16	4			✓		✓			✓		2008
林业站桥		16	6			✓	✓				✓		2008
敬老院桥	211县道	16	6			✓	✓				✓		2004
裕源桥	211县道	16	10			✓	✓				✓		2008
邮局桥		16	6			✓	✓				✓		2005
粮站桥（东）		16	6			✓	✓				✓		2009
粮站桥（西）		16	4			✓	✓				✓		1996
中心河桥	211县道	26	6			✓	✓				✓		1976
十一大沟南北桥		16	6			✓	✓				✓		1989
裕源南路桥		14	8			✓	✓				✓		1998
二渔场桥	平安线	14	6			✓	✓				✓		2011
西韩桥		8	5			✓	✓				✓		1980
三分场桥		12	6			✓	✓				✓		1974
大吕庄中桥		20	3			✓	✓				✓		1973
大吕庄西桥（教会堂）	平安线	22	6			✓	✓				✓		1991
前进桥	211县道	16	7			✓	✓				✓		2004

（续）

桥梁名称	路线名称	桥长（米）	桥宽（米）	按长度分类			按受力体系分类			按技术状况分类			建设年份
				大桥	中桥	小桥	梁式桥	拱式桥	钢架桥	一	二	三	
老十八队桥		12	2			√	√				√		2005
唐童桥		16	4			√	√				√		2009
唐童西桥		14	3			√	√				√		1983
唐童东桥1号		12	3			√	√				√		1983
唐童东桥2号		18	4			√	√				√		1973
小刘家后		12	4			√	√				√		1980
小刘家后西		10	2			√	√				√		1982
房庄机桥		20	6			√	√				√		1983
西六支大桥		14	6			√	√				√		1965
四站农桥		18	4			√	√				√		
负一队农桥		10	3			√	√				√		2008
胡庄桥		16	4			√	√				√		2007
引河桥1号（胡庄闸向南）		22	4			√	√				√		1976
前刘桥		18	4			√	√				√		2007
前刘大桥		28	4			√	√				√		2008
大小范东		10	4			√	√				√		2008
大小范西（洪庄电站）		8	4			√	√				√		1980
洪庄桥		22	5			√	√				√		2004
六支桥		16	6			√	√				√		1975
毕庄桥		10	5.5			√	√				√		2005
王庄桥		10	5.5			√	√				√		2005
上引河桥		30	5			√	√				√		2006
鸡场		12	4			√	√				√		2007
中沈南北桥	211县道	14	6			√	√				√		1985
小引河桥		8	6			√	√				√		2004
引河桥（五分站）	211县道	31	10			√	√				√		1962
后谢桥（东）		15	6			√	√				√		2005
谢庄农桥		26	4			√	√				√		2007
前谢大桥		33	12			√	√				√		2010
放牛庄桥（南北桥）		7	5			√	√				√		2005
放牛庄桥（东西）		7	4			√	√				√		2004
孙庄桥		10	6			√	√				√		2011
南大荒桥		12	6			√	√				√		2009
小韩庄桥		8	8			√	√				√		2009
前谢桥		12	3			√	√				√		1987
三渔场桥	211县道	12	5.5			√		√			√		2004

（二）晒场

建场初期，农场工业单位及职工使用的基本是土晒场，水泥晒场十分缺乏。1967年，农场投资9000元在原场部东仓库建1块1080平方米的水泥晒场，是当时农场最大的水泥晒场，此后农场又陆续增建了部分水泥晒场，但面积都不大。1986年，酒厂建水泥晒场2406平方米，此后农业科及二分场建水泥晒场350平方米。进入20世纪90年代以后随着农场农业现代化的飞速发展，农场开始逐步加大晒场的建造力度。1992年，农场种子公司抓住黄淮海开发的机遇，建造水泥晒场1016平方米，1993年，种子公司又建晒场1984平方米，两年共计建水泥晒场3000平方米。1995年，农场种子公司成为中国种子集团成员后，为适应生产需要，又于1996年投资80.36万元在种子公司建造晒场8445平方米。至1998年，全场主要水泥晒场有：酒厂2406平方米、加工厂9000平方米、轧花厂8800平方米、种子公司40000平方米。

自1999年以来，随着农业机械化程度的提高及现代化烘干设备的添置和使用，同时出于对耕地的保护，农场在晒场上的资金投入相对较少，2006年，建造水泥晒场1200平方米，2007年，农业综合开发项目在农场实施时，农场为了保证第一管理区处于地势低洼区域的部分职工粮食、种子的短暂存储问题，在农场第一管理区区部前建造砼晒场1块，面积5184.2平方米，投资约34万元。

2009年，投资17万元在第八生产区四站建设水泥晒场1块，面积为2160平方米。

2010年，投资701万元在第七生产区周庄建设水泥晒场1块，面积9121平方米；建成前韩水泥晒场，面积10350平方米；建成第十生产区五分站水泥晒场1块及配套设施，面积8501平方米；建成第六生产区建造水泥晒场1块，面积40370平方米；建成第九生产区水泥晒场，面积11200平方米。

2011年，总投资173万元建成第一生产区水泥场1块，面积10904平方米；第二生产区水泥场一块，面积12040平方米。

2012年，投资32万元新建水泥晒场1块，总面积4004平方米。

2015年，投资154万元在第四生产区、第五生产区分别建设水泥晒场各1块，其中，第四生产区晒场面积为6649平方米，第五生产区晒场面积为6634平方米。

2016年，投资139万元在第三生产区和第九生产区分别建设水泥晒场各1块，其中第三生产区水泥晒场面积6660平方米，第九生产区水泥晒场面积6663平方米。

2016年，投资436万元在第八生产区和第十生产区建设水泥晒场各1块，其中，第八生产区水泥晒场面积为26811平方米，第十生产区水泥晒场面积为31424平方米。

2017年，投资270万元用于水泥晒场建设，在王庄、滕庄、于庄居委会各建水泥晒场 1 块，总面积 30 亩。

2018 年，投资 237 万元在第一生产区、第二生产区和第六生产区各建设水泥晒场 1 块，总面积 16108 平方米。

2021 年，江苏省白马湖农场补充耕地土地整治项目，修建水泥晒场 1 处，晒场面积 0.6 公顷。

（三）供水（水厂）

建场初期农场境内无水塔，1978 年，农场建安公司建造水塔 1 座，容量为 10 吨，主要为建安公司水泥预制场供水兼供建安公司职工生活用水。这座水塔是农场最早建造的水塔。1983 年，白马湖中学建水塔 1 座，主要是为中学食堂供水。1984 年，农场砖瓦厂建水塔 1 座，容量为 30 吨，此后砖瓦二厂又建水塔 1 座。1992 年，农场的粮油加工厂建水塔 1 座，容量为 60 吨，高度 30 米，是目前农场容量最大、高度最高的 1 座水塔，主要为场部周围的各单位和部分居民供水。至 1998 年全场共拥有水塔 5 座。

自 1999 年以来，农场的水塔建造基本停止，原有水塔也陆续停用，供水主要以深井水厂为主，居民饮用水从浅层地下水向深层地下水方向发展。1999 年 4 月，以原加工厂水塔为基础，改建中心水厂 1 座，供水 700 吨/小时，能够满足小城镇 2000 余人的饮水需要及城镇部分单位的用水，2005 年，又建成管理区级水厂 1 座，名为农泉水厂，供水规模 42 吨/小时，基本解决了北片管理区 4700 余人的饮水，2007 年 6 月，负责南片管理区供水的第三水厂建成，供水规模 50 吨/小时，能满足 4200 余人的饮用水需要，后又经改造使这 3 座深井水厂设计供水规模为 1620 吨/日，解决了农场 12968 人的生活用水和 15 个企业单位的用水需求，2012 年 5 月，淮安区政府召开加快推进城乡统筹区域供水规划实施工作会议，农场按照苏政办发〔2012〕93 号《省政府办公厅转发省住房城乡建设厅等部门关于加快推进城乡统筹区域供水规划实施工作意见的通知》文件精神，与地方政府做好区域供水的衔接工作。

2014 年 9 月，农场根据第三方评估单位出具的评估价值对 3 家水厂进行了回购处理。

2015 年底，农场城镇自来水管网并入淮安区农村自来水管网，并于 2016 年底开始向基层居委会延伸。

2018 年 8 月，农场公司与淮安区政府签订"三供一业"供水分离移交改造框架协议。9 月，淮安区农村供水有限公司和白马湖农场有限公司在白马湖签订供水移交改造项目委托建设合作协议。10 月，农村供水公司提前进场实施部分二级管道改造。供水改造总投资 1472 万元，改造二级管网 15 公里，三级管网 1.5 公里，总量完成 35%，并于 2018 年春节前完成二三级管网改造。

2019 年，经农场公司与淮安区政府沟通协商，社区管理委员会与区政府和淮安区农村自来水公司签订了供水移交改造协议，完成 23.38 千米二级管网、212.43 千米三级管网和 547.19 平方米（办公楼 361.9 平方米，增压泵房 167.44 平方米，厕所 17.85 平方米）的给水增压站和办公楼的建设任务，原水厂 5 名工作人员随同水厂已移交淮安区农村自来水公司统一管理。

第二节　房屋、道路和城镇建设

一、房屋建设

（一）公房建设

1959 年，农场建场后即开始着手公房建设，至 1959 年底已建成办公室 200 平方米，住宅 460 平方米。

1960 年，农场又建总场办公室 250 平方米，分场办公室（原畜牧场）190 平方米，食堂 190 平方米，机库 250 平方米，医疗机构用房 40 平方米，1960 年末，全场实有公房面积 4043 平方米。

1961 年底，农场已先后建成办公室、机具保管室、粮食加工厂、职工宿舍 93 间，畜禽舍 41 间。

1963 年底，农场已建成总场 1 处、畜牧场 1 处及下放知识青年居民点 4 处，共建各种房屋 15569.78 平方米，其中生产性用房 4550.08 平方米，非生产性用房 11019.7 平方米，宿舍 7690 平方米，在生产性用房中仓库仅 780 平方米，且为临时草竹结构，远远不能满足当时需要。

1964 年，2000 多名知识青年相继到农场插场后，为解决住房问题，农场先后在 6 个大队建房 579 间，计 10184 平方米，供来农场插场的知识青年居住，当年又竣工宿舍 3690 平方米。

1973 年，农场投资 27650 元用于建设生产用房。1976 年 9 月，经淮安县财政局批准农场开始动工筹建职工宿舍 40 间，以解决当时职工住房难问题。

至 1980 年，农场已新建各类房屋 45265 平方米，1980 年末实有房屋面积 55562 平方米，其中生产用房 16357 平方米，医院用房 1331 平方米，住房 30311 平方米。

至 1985 年，农场年末实有公房 57305.4 平方米，生产用房 16935.7 平方米，其中厂房 5493.7 平方米，粮仓 1409 平方米，非生产用房 40349.7 平方米（包括居住用房 20809.8 平方米、医院及学校用房 8392.9 平方米）。

1987 年，农场将部分公房折价售给职工居住，以缓解部分职工的住房难问题。其中：一分场出售房屋 328 间，计 5659.49 平方米；二分场出售房屋 180 间，计 3583.86 平方米；三分场出售 162 间，计 833.974 平方米；四分场出售 162 间，计 2612.616 平方米；种子队出售 39 间，计 658.67 平方米。农场总计出售房屋 871 间，共计 13348.61 平方米。

1990 年，农场已拥有公房面积为 74870 平方米，其中厂房 14545 平方米，宿舍 28094 平方米。

1992 年，农场又对住房制度进行改革，当年全场共有公房 3515 间，其中私住公房 1220 间，农场对 1220 间私住公房中的 820 间进行折价变卖，使得住房分配中的不合理现象得到有效控制。

1995 年末，农场实有公房面积 56667 平方米，其中厂房 15816 平方米，仓库 12186 平方米。

至 2001 年末，白马湖农场期末公有房屋面积 107917.87 平方米，其中厂房 15816 平方米，仓库 21535.3 平方米，办公用房 12671 平方米，商业用房 4130 平方米，集体宿舍 36224 平方米，教育用房 14637 平方米，医疗用房 2904.57 平方米。

至 2004 年末，农场期末公有房屋面积 138891.17 平方米，其中国有 45040.17 平方米，非国有 93851 平方米。

至 2005 年末，农场期末实有房屋面积 144890 平方米，其中国有 45040 平方米，非国有 99850 平方米。

2007 年，农场期末实有房屋面积 505063 平方米，其中国有及国有控股 41440 平方米，非国有 463623 平方米。

至 2008 年末，农场期末实有房屋面积 568043 平方米，其中国有 45440 平方米，非国有 522603 平方米。

（二）私房建设

建场初期，由于受经济条件的制约，农场职工居住的均为草房，房屋结构也较简单，为泥坯草本结构。直到党的十一届三中全会以后，随着家庭联产承包经营的实行，农场职工的经济实力有所增强，部分职工建起了瓦房，居住条件也大为改善。1983 年，农场已有 20% 的职工建起了新瓦房。1984 年，农场下发了《关于职工建房的有关规定》文件，要求在统一规划的基础上发展居民点。1987 年，农场将原知青居住的部分公房折价售给职工居住，解决了一部分职工的住房难问题。至 1989 年，农场职工住房中瓦房已占 70% 左右。1992 年，农场又对部分私住公房进行折价变卖，进一步缓解了部分职工的住房困难。1995 年农场小城镇建设启动后，部分职工开始自建楼房。

1999 年起，为了节约土地资源，引导职工向集中居住方向发展，农场由淮安市城市建设设计研究院有限公司规划设计，对农场的居民点进行重新规划，除了小城镇外，还规划了大王庄、大港、陈堆、六支、孙谢 5 个基层居民集中居住点，居民通过自己申请，经土管部门审批后可在居民点内自建楼房。

2015 年 8 月，农场实施 2015 年危房改造建设项目，改造危旧房屋 32 户，维修加固 1759 平方米，惠及人口 82 人，配套建设了 240 米道路及排水管道基础设施。

二、道路建设

建场前，农场所在地区多是荒滩草地，地势低洼，旧沟河塘纵横交错，弯曲不成形，可供通行的道路十分缺乏，农场人外出多走水路，当时乘船从现老场部出发可到达林集、南闸等地。建场后，西干渠东堤是农场当时唯一能通汽车的主要通道，但仅为单行线路，两边皆有沟，且路面狭窄，两车相会，必须鸣号，其中一车需要停靠在专门的会车处，否则无法避让。遇到下雨天，机车无法通行。1960 年，农场开始规划将西干渠东堤和波汪河东堤建成场内人机交通的主干道，以解决农场职工的"行路难"和场内农用物资"运输难"的实际问题。1961 年，农场在建五支、六支和干渠延伸等水利工程的同时兴建了机车路两条。1963—1967 年，农场逐步在全场范围内东西向开挖了大沟 18 条，全长 72 公里，用于场内排水，并将大沟的两边河堤加以平整结合通行，场内交通状况有所好转。1965 年起，农场组织人力将波汪河和庙塘沟加以拓宽并开挖连通，1966 年挖通建成，贯穿农场南北的中干河堤从而成为场内的中心路，总长达 20 公里。为了改变运西交通的落后状况，1968 年，由淮安县革命委员会牵头，运西片各场社集资，修筑从运南闸至范集段乡级公路，经费和劳动力都由运西各场社解决。农场当时负责工段为鸭洲至三站至西干渠，经过一个冬天的紧张施工，淮范公路建成通车，从而结束了有史以来运西不通车辆的局面。虽然是乡级公路，路面仅 3 米宽，但比西干渠土路面要方便得多，晴雨天都可以通行，且该路穿过农场中部，因而使农场得益很深。1981 年，农场新场部办公区已经形成，农场在场部大院前建 1 条 5 米宽、200 多米长的水泥路。1985 年，农场又修筑了第一渔场连接淮范公路的水泥路 1 条，宽 3.5 米，全长 1500 米。1986 年，为解决农场职工子女阴天下雨行路难的问题，农场又投资修筑了白马湖中学连接淮范公路的水泥路 1 条，宽 3.5 米，长 1300 米，面积共计 3600 平方米，该路建成后，中学、小学、幼儿园学生的雨天行路难问题全部得到解决。近年来随着农场经济的发展，对道路建设也提出了更高的要求，为改变道路落后制约地方经济发展的状况，农场进一步加大了道路建设的力度。1995 年，农场又投入资金将新老场部道路加以改造。1997 年春，农场投资 100 多万元，修筑贯穿全场南北的沙石路，宽5米，长20多公里，1997年10月全线通车，全场的南北交通大为改善。为加快农场小城建设，1997年，农场还投资100多万元将淮范公路白马湖场部段拓宽为14米，路面铺设沥青。这些道路设施的建成使农场的交通状况显著改观，进一步推动了农场的小城镇建设及居民点的合理规划。

1999—2003年，农场的道路建设相对缓慢，自2004年起随着江苏省农村公路"通达"工程的实施，农场的道路建设得到江苏省建设厅的批准，从此农场的道路建设有了快速的发展。2004年当年完成四级路任务32.33公里，投资700多万元，尤其是在项目资金相对困难的情况下，农场按照向上争取一部分、农场挤出一部分、职工捐出一部分的"三个一部分"资金筹集办法，确保了道路建设工程的实施，场内道路的兴建明显改变了农场交通落后的状况，职工的生产、生活更加方便自如，农场的面貌也得到了较大改观。至2005年农场已经建设等级路73.83公里，非等级便民路13.48公里，总通车里程近90公里，仅2005年就新建设四级路13.34公里，前期农场已配套路涵、桥梁138座，确保了两个年度的道路建设的顺利实施，本年度农场还完成便民路投资145万元，极大地方便了广大居民的出行。2006年又新铺等级路（四级）13.16公里，此后农场为方便居民出行进一步加大了便民路的修建速度，随着一条条便民路的建成，使得农场的道路四通八达，联网成片，既方便了职工出行，也为职工的农业生产提供了极大便利，带动了农场经济的快速发展。2007年，农场又购置安全桩和路牌对农场所有道路的道口都进行了安装，为行人和非车辆的通行安全提供了保障。2008年，农场建设3.5米以上等级路4.39公里。2009年，5.31公里的等级路正在建设中，其中长1.2公里、投资48万元的健康路拆建工程已基本完工。至2022年农场3.5米以上等级路（四级）总里程85公里，低于3.5米的便民路35公里，硬质路面总里程计120多公里。

2010年，投资236.5万元建成四级道路5.5千米（四区—大港，敬老院—苗圃）。

2011年，投资103.95万元建成农村公路3公里（保障房—种子公司，前韩—第二渔场）。

2014年，投资270万元对裕源南路主要从水泥路拓宽、排水沟、彩砖地坪、绿化、亮化、自来水管道及输变电线路等方面进行了升级改造。

2015年，投资230万元铺设了3.5米×3000米二渔场水泥路道路及3.5米×1300米王庄至何庄水泥路。

2016年，为改善骏逸文化广场的辐射功能及周边环境，投资80万元铺设了长420米、宽4.5米纬二路，同时配套架设路灯22盏及绿化设施。同年投资120万元对长720米、宽3.5米的英才路进行了拓宽改造升级，并同时配套了路灯、绿化及过路箱涵等基础设施。

2018年，中干河道路扩宽改造（五七—良种阶段）7850米。其中：中干河路7550米拓宽1.5米，建材路拆除重建长度300米、宽度3.5米水泥路，总投资300万元。

2018年，投资160万元分别对建场路—中学路段拆除重建7米宽水泥路250米；裕源路—畜水路段东边120米已损坏的路面再重新扩建7米道路，并配套了绿化、亮化等基础设施。

投资260万元对长600米、宽9米建场北路进行升级改造，铺设了农场有史以来第一条黑色沥青路。投资300万元对7850米的中干河道路进行了扩宽改造。其中：中干河路7550米拓宽1.5米，建材路拆除重建长度300米、宽度3.5米水泥路。

2020年，农场新建三渔场1200米长、2.5米宽生产路，总投资约70万元。

2021年，农场公司对敬老院路及英才西路拓宽改造，总投资约141.7万元，敬老院路的450米道路拓宽至5米，配套建设路灯并绿化；英才西路的420米道路拓宽至5米，配套建设路灯并绿化。

2022年，农场公司对二渔场生产路、二渔场道路进行改造，总投资约150万元，二渔场新建900米长、4米宽生产路，拆除重建600米长、3.5米宽水泥路。

三、场部变迁及小城镇建设

（一）场部变迁

1959年建场后，就开始了场部的建设。1959年底农场拥有办公用房200平方米，住宅460平方米。至1961年11月农场在几间草房基础上已先后建造职工宿舍、办公室、机具保管室等93间，计1833平方米。1963年农场场部已初步建成，建造房屋107间，计2740平方米。场部周围基础设施有职工医院、邮电代办所、营业所、供销部等，还有农具厂、修造厂等工业单位。

1978年，农场开始筹建纱厂，经淮安批准将场部房屋腾出来交纱厂作为厂房使用；农场重建场部。1979年底，农场场部开始搬迁到新址。1980年，农场新场部办公区已基本形成，原老场部成为场办工业区。当时新场部周围主要基础设施有电话总机房、邮电所、招待所、农工商门市部、机关食堂等。

2003年1月，农场的办公楼（种子检测楼）开工建设，建筑面积1997.94平方米，工程造价111.38万元，至2003年8月完工，2004年6月8日，农场场部搬迁到现址办公。

（二）小城镇建设

1995年，农场的小城镇建设开始启动，1996年，农场小城镇总体规划出台，规划确定以场部为中心，以淮范路为主要街道，发展总用地163公顷，建设总用地100公顷，保证小城镇人口1万人左右，人均占地面积达46.3平方米。并决定沿中心路、淮范路一线兴建职工居民点，通过规划，最终形成"一中心两条线"即以农场小城镇为中心形成中心路一条线、淮范公路一条线。

2003年，农场又重新对小城镇建设进行了高起点规划，聘请扬州规划设计部门结合农场实际，根据功能分区、合理布局、节约用地、保护耕地、绿色环保、体现特色和可持续发展的要求绘制了小城镇总体规划设计图。

2008年，农场又专门委托淮安市城市建设设计研究院有限公司对农场的小城镇再次进行规划设计。2008年9月该规划设计出台，拟定农场镇区范围为北到英才路、南至环场南路、东至环场东路、西至环场西路，规划范围总面积226公顷。该规划近期建设重点为：①调整工业结构，依据集中布置、规模化生产的原则，加快老镇区的二类工业向工业园区集聚。②加快农场镇区公共设施和公用设施的建设，以及裕源大道以南居住用地的开发。③加快道路建设，建立畅通便捷的道路系统；改善供水、供电系统，加快基础设施建设。④建设绿地广场、景观道路、公园，进一步改善镇区环境面貌。

1. 城镇概貌

至1998年，农场小城镇总人口约2000人，规划面积163公顷，淮范公路穿过城镇中心，交通十分便利，已初步形成淮范路商业一条街，街上各类店铺林立，服务项目齐全。城镇周围学校、医院、银行、邮电、通信、税务、商业、服务业等社会服务部门齐全，沿淮范路自建的住宅楼装潢精美，内部设施齐全。1998年，农场又投资35万元兴建了绿化风光带。

1999年以来，城镇经过建设和发展，现在的小城镇以328省道为中心点，建场南北路、裕源南北路、健康路、英才路为干道的两纵两横的小城镇格局已经形成。小城镇占地面积220公顷，目前小城镇住户1220余户，4200余人，小城镇附近学校、医院、水厂、邮电、通信、商店、健身广场等社会服务部门齐全，干道两旁路灯、绿化、亮化等公共设施齐备，至2018年，农场小城镇住户1452户，总人口5000余人。

2. 主要基础设施建设

农场的小城镇建设起步相对较晚，但发展速度较快，从1995年启动至1998年，已先后建成裕源宾馆楼、职工医院门诊楼、白马湖中学教学楼、场部灯光球场、3000门程控电话楼、电视卫星地面接收站、营业所大楼、场部门前绿化风光带、物资大楼、中心幼儿园大楼（1999 年）、地税楼、敬老院等，小城镇已初具雏形。

自 1999 年以来，随着农场经济的快速发展，农场小城镇的人口也急剧上升，人们对公共资源的需求进一步加大，1999 年新建地税楼 1 座，投资 130.4 万元，同时建成幼儿园大楼，2000 年建设建安公司居民楼 1 座，投资 83.3 万元，国税楼 1 座，投资 79.6 万元。2002 年起，农场把加快小城镇建设作为带动农场发展的重要载体狠抓不放，按照"资源置换，以地养镇，滚动发展"的原则对小城镇范围内非农用存量土地进行等价置换开发，先后完成裕源南路和建场南路 7614 平方米混凝土道路的建设，淮范路西侧 7000 平方米路岛铺设和绿化栽植。2002 年，农场还投入 14 万元对职工医院手术楼进行更新改造。2003 年，小城镇人口增至 3086 人，小城镇住房面积达 120000 平方米，经规划的小城镇占地面积 55 公顷，投资 100 多万元的场部大楼建成，职工会堂建成。2005 年，小城镇人口达到 3248 人，小城镇住房面积为 131680 平方米。2006 年，农场新开发了小城镇内商品房面积 10000 平方米，并配合搞好了 328 省道城镇段的加宽工程，农场小城镇居民人数已由 1999 年的 2000 余人猛增到 4200 余人。2007 年，农场投资 16 万元在 328 省道小城镇段设置绿化带，全长 2.8 公里，栽植各种花卉，使农场小城镇变成了"一季有果，两季有花，四季常青"的新环境；投资 130 万元对农场小城镇范围内的裕源大道两侧的路灯全部进行更新，并统一样式、统一距离、统一高度，全长 2.8 公里，布置路灯 127 盏；投资 100 余万元新建 1 幢 2 层病房住院楼和 4 间传染病房，使农场居民因病就医更方便。同时还对小城镇的菜市场和公厕进行改造，投资 18 万元新建 20 个垃圾池和 1 个垃圾场，新购置一批新式环保垃圾桶，由专人承包负责城镇垃圾的清运，目前小城镇范围内宽度 7 米以上的主干道长度约 6 公里。2009 年，农场又投资 140 多万元对裕源宾馆、医院门诊楼、职工会堂等建筑进行整修，对老场部原低矮办公室进行拆除，并新建了健身广场，同时对健康路进行拆除重建。

2013 年，投资 25.04 万元对社区大楼一楼（原配件库门市）进行改造，建成白马湖农场社会管理服务中心。设有综治司法、城管市政、卫生计生、社保民政等服务窗口，投资 92 万元对健康居委会良种队居民点排水管道、裕源居委会建安小区排水管道进行了改造。

2014 年，为丰富居民群众业余文化活动，投资 400 万元，建设 17340 平方米的骏逸文化广场，该工程至 2016 年 3 月底竣工。同年还投资 90 万元，在原来敬老院房屋和内部设施基础上改造升级为"白马湖社区颐养园"。

2016 年，投资 215 万元对城镇健康和裕源居委会二、三级自来水管网入户改造。

2017 年，投资 110 万元对 2100 米长的裕源大道绿化进行了改造升级。投资 719.74 万元对垃圾和污水进行了重点整治和处理。建设垃圾中转站 1 座，购置扫地车 1 辆、垃圾转运车 5 辆，建设 3 座地埋式污水处理厂，配套建设 6.56 公里污水管网。

2018 年，投资 240 万元对职工会堂从屋面维修、会堂门厅改造、会场改造 3 个部分进行了改造升级。

2020 年，总投资近 3000 万的十排沟中段（一期）提升改造工程、富康花苑和经三路绿化工程、西韩污水管网项目、富康花苑配套工程等，按期全部完成并通过集团公司验收，农场城镇基础设施条件得到显著改善。

2021 年，农场实施了十排沟提升改造工程（二期），投资 1710.24 万元（含追加投资 30.24 万元）对长度为 504 米的城镇段中干河进行改造，河道两岸建设直立式护坡设置栏杆，护坡内侧建设人行道，人行道和道路之间种植绿化，河道两侧各建设 2 个亲水平台。中干河上建设 1 座节制闸，敬老院处建设 1 座闸站，西干渠处建设 1 座泵站，以及 2600 米河道上建设水质净化设施等。

2021 年，农场公司新建农贸市场 1 座，投资 814.4 万元（含追加投资 14.4 万元）。农贸市场规划占地面积约 4100 平方米，建设以钢结构为主，占地面积 3000 平方米，在市场内设置固定摊位、店铺用房、配套建设管理用房、给排水等基础设施。2022 年，农贸市场二期建设完成，总投资约 264.68 万元，新建室外交易市场 1200 平方米。

2021 年，农场公司为加大城镇污水处理能力，建设了生活污水处理——西韩污水管网项目，投资 417.57 万元。

2022 年，城镇新建垃圾中转站配套设施工程，总投资约 163.9 万元：建设垃圾分类配套设施 1 套；建设垃圾周转场地和停车场，长 100 米、宽 35 米；建设钢架结构停车厂房，长 50 米、宽 10 米；建设中转站围墙 300 米，10 米电动门；从而进一步提升了城镇垃圾处理转运能力。

2022 年，农场公司实施裕源大道提升改造工程，总投资约 1008.33 万元，人行道全长 1450 米、宽 3 米，人行道沥青路重建，配套雨水管道、彩砖进行改造，彩砖宽 5 米，长 750 米。行道树树池改造，补植绿化。

3. 小区建设

农场城镇小区建设始于 2006 年，2006 年 4 月农场的建安小区一期工程开始开工建设，至 2006 年 10 月完工，小区占地 10 余亩，完工的一期楼房入住率为 100%，目前二期工程正在实施中。为了适应新形势下人们的居住需求，进一步提高城镇居民的居住条件，2007 年，农场在 328 省道北侧、毗邻职工医院西北侧建设富康花苑小区，该小区占地约 27.8 亩，以多层住宅为主，房间户型以大、中型为主；规划建设公寓楼 8 栋；超市 1 栋，临街连家店 11 间，总建筑面积约 22000 平方米，该小区由农场委托扬州市宏厦建筑设计院规划设计，在设计中突出了标准化商品房设计理念，高规格思路，小区出入口、道路、活动中心等设施齐备，是目前淮安地区农村首家标准化小区。该小区由江苏淮安农垦建设工程有限公司中标后负责施工建设，小区已完成 4 幢公寓楼和 11 间临街连家店的建设任务，已建成 4 幢公寓楼，目前入住率为 68％，11 间连家店已全部出售完毕，整个小区于 2010 年 9 月全部建成，可解决 206 户家庭的居住需求。2021 年，农场公司又投入 80 余万元，对富康花苑小区进行了环境提升改造，安装了路灯，建设了传达室和大门等，小区面貌有了显著改善。

馨康花苑小区：2011 年 9 月，江苏省农垦事业管理办公室《江苏省农垦事业管理办公室关于 2011 年危房改造建设项目初步设计的批复》（苏垦事计〔2011〕39 号）。农场获批白马湖农场保障性安居工程 2011 年危房改造建设项目，共改造危旧房 200 户，新建 23908.72 平方米，惠及人口 564 人，项目总投资 3604.28 万元。

2022 年，农场公司对馨康花苑、富康花苑屋面进行维修处理，总投资约 101.8 万元，对馨康花苑 8 栋楼、富康花苑 10 栋楼屋面进行防水处理。

第七章　经营管理

第一节　经营方针和经营成果

一、经营方针

1959年，以投资少、收效快、收益大为建场原则。执行边开荒、边生产、边建设、边积累、边扩大，定额投资，包干建场，限期完成的方针。

1960—1970年，以农业为基础，以粮为纲，农牧业多种经营并举，全面发展。

1972—1977年，实行"农业为主，多种经营"策略。

1978年，农场根据农垦部关于国营农场实行"农、工、商综合经营"的方针，改变单一经营农业的局面，实行农、工、商并举。

1979年，坚持以农业为中心，加速场办工业发展，积极发展多种经营，突出经营管理，促进农场经济协调发展。

1990—1992年，以提高经济效益为中心，稳定发展农业，协调发展工业，积极发展多种经营和第三产业的经营方针。

1993—1995年，稳定粮食，攻坚棉花，农、工、商、贸一起抓，实现农、工、贸一体化，种、养、加一条龙经营。

1996年，"一巩固、两突破、两推进、一提高"。一巩固：切实巩固农业基础地位。两突破：在逐步取消农业垫本上有所突破，在庭园经济开发方面有所突破。两推进：进一步推进规模经营，积极探索"两田制"，转换农业发展思路，进一步推进种子产业化、现代化进程，加快种子农场建设。一提高：提高现有二三产业企业效益。

1997年，以实施两个转变为动力，加大结构调整力度，主攻一产、提高二产、发展三产，加速现代化种子农场建设，走具有自己特色的发展道路。

1998年，依靠农业挖潜，改制工业增效，发展三产求活，扩大种子创利。

1999年，以推动农业现代化为目标，以企业增效、职工增收为核心，继续优化产业结构，深化内部改革，加速企业改制，全面推动农场经济发展和社会进步。

2000年，以种为本，以种带动，深化改革，加速改制，积极扶持和培育新的经济增长点，推动农场经济持续、稳定、健康发展。

2001 年，以推进农业现代化为主攻方向，以农场增效、职工增收为目标，以发展种业为战略，以加快发展三产为着力点。

2004 年，加大招商引资，大力发展民营经济，提升完善城镇功能，以建设工业化、城镇化、产业化为标志的场域经济。

2005 年，加大全民创业力度，加大发展民营经济，稳定提高农业延伸优化第三产业。

2007 年，以提高人民生活水平为根本出发点，加大二次创业力度，加快发展现代农业。

2008 年，围绕国有经济总量翻番和四年达小康的总目标，以提高国有资本掌控力为主线，以培植国有控参股企业为主要途径，加大二次创业力度，加快发展现代农业，实现农场经济又好又快发展。

2009 年，继续扎实推进二次创业，以现代农业建设为工作主线，着力构建农业产业体系，以培植国有控参股企业为重点，着力提升农场经济整体实力，以全面小康建设序时进度为工作目标，加强城镇和中心村建设，为实现国有经济总量三年翻番奠定基础。

2010 年，突出以效益为中心，坚持国有资产保值、增值的原则，继续以精品蔬菜作为发展高效农业的突破口，按照"一园三带"的发展思路，以基地建设为基础，以"优质、高效、安全"为依托，突出蔬菜核心园区的主导作用，努力推进蔬菜产业一体化经营。在养殖业发展上，坚持"突破重点、择优扶持、典型引路、整体推进"的原则，以园区为载体，继续对全场养殖业进行统一规划、分片布局，对进入小区的养殖户在用地、用电、通路、通水和资金使用上给予政策支持，推进养殖小区建设，促进规模发展。

2011 年，以发展现代农业为主线，以项目为抓手，紧紧围绕增加经济总量、增加农场收入、增加职工收入、增加发展后劲；突出抓好结构调整、制度创新和技术创新；加大创业力度，加快发展民营经济，认真落实扶持发展民营经济的各项政策，按照"放大、搞活"的原则，进一步放宽准入门槛，充分挖掘民资潜力，加快推动全民创业，不断扩大民营经济总量。努力探索民营经济帮办服务机制，对民营企业要大力鼓励和推动"二次创业"，引导小企业向规模企业发展。延伸优化第三产业，加快发展速度，加快推进以现代农业产业化为标志的新农场进程。

2012 年，以经济效益为中心，树立"经营农场"理念，创新运营机制，合理配置资源、资本、人力等要素，挖掘利用留存资源，培育新的经济增长点。具体来说，也就是"围绕一个中心、突出两大任务、坚持三个原则"。围绕一个中心，即农场要紧紧围绕"创新转型、开源节流"这个中心，做好转型发展大文章。突出两大任务，即坚持生产经营和社区管理两手抓，利用农场的现有优势，借势而为，乘势而上；要利用存续资源，寻求突破，打造新的经济增长点；要积极引导职工自主创业，提高职工收入。坚持3个原则，即坚持实事求是、坚持一切从实际出发、坚持加快发展的原则。

2013年，以提高经济效益为中心，牢牢把握"稳中求进、开拓创新"的总基调，坚持"产业为主、科技为先"，抓整合、保增长，盘活现有存量资源，提高资源利用率和产出率，调整优化产业结构，坚持产业化经营理念。

2014年，着力围绕"引进来"向"管理创新"要内生效益，"走出去"向"政策资金"要发展助力。强调3个注重：一是注重以农为本，发展现代农业；二是注重科技创新，提升现代化生产力水平；三是注重统筹兼顾，平衡产业结构调整。以加快推进转型升级为主线，坚持把资源盘活利用作为主攻方向，把科技进步和农机改革作为重要支撑；把推动项目建设和关注政策信息作为重要着力点，努力实现经济社会健康可持续发展。

2015年，围绕"做深种业、打造林业、突破渔业、服务创业"的工作思路，以转型增效为目标，以发展稳定为重点，以改善民生为根本，加快完善体制机制、加快推进结构调整、加快转变工作作风，着力在深化改革中有新突破，在重点工作落实上有新建树、在实施洼地追赶中有新作为、在作风转变上有新形象，努力打造生态更优、民生更好、活力更足、特色明显、社会和谐的新白马湖。

2016年，坚持稳中求进、进而有为的总基调，牢固树立"生态立场、种业兴场、团结稳场、实干建场"四大理念，大力落实扩量、提质、挖潜、增效各项措施，立足农场实际，抓重点、攻难点，强化企业管理，有效推进体制机制探索创新。围绕集团"十三五"规划，制定符合农场实情的"十三五"规划。

2017年，牢固树立"生态优先、错位发展"的意识，一是以"旅游＋"为思路，加快生态环境治理与保护，利用现有的生态优势积极融入白马湖旅游开发，带动养老、餐饮、娱乐等三产服务业，尽早形成农场旅游特色，力争在白马湖旅游开发对接上取得新突破。二是以"互联网＋"为思路，依托农场农、林、渔业标准化生产优势，在推动产业转型上克服阻力、在突破林渔产业上保持定力、在打造产品特色上做强实力、在创新营销方式上激发活力、在发挥生态和产业化优势上善于借力，整合二三产单位及职工手中的农副产品资源，突出品牌意识和商标意识，打造特色化商品和个性化产品，利用电商平台进行整合，形成对接旅游开发的强大合力。

2018年，突出生态保护，挖掘资源潜力，积极谋划产业绿色发展。以林苗产业规划为重点，做实规划，确保落地。加快与科研院所的合作，依托南京林业大学等专业团队的指导和帮助，推动"1315"目标和"一区一品"布局以及"三纵六横"框架落地落实。以实施"乡村振兴战略垦区行动计划"为契机，充分利用江苏省委、省政府加快建设"江淮生态经济区"涵盖农场的机遇，推进绿色农场发展，打造生态竞争力。牢固树立生态立场理念，切实加强农场生态保护和修复，突出生态经济化，做优生态＋，突出产品绿色化，做好水文章，推动农场从追赶型经济向内涵式经济转变。

2019年，紧紧围绕集团公司转型发展要求，聚焦转型发展高质量，抓机遇、挖潜力，把加快林业产业发展和推动生态养殖作为农场转型，实现高质量发展的重要抓手。充分利用和南京林业大学、江苏省林业科学研究院合作的有利条件，争取项目支持，大力推动林业生态"高效化"、苗木品种"多元化"、林业布局"景观化"规划目标落地实施，重点抓好中干河北段绿化示范带建设及325西侧景观带建设。继续推进二渔场养殖池口改造，加快转变生产方式，切实增加渔业生态特色养殖比例，加大品种结构调整力度，更好营造民营经济发展氛围。利用集团下属清洁能源公司风电项目率先在白马湖投入实施运行，配合做好风电及光伏太阳能项目落实落地工作。

2020年，疫情防控和经济社会发展"两手抓"，统筹谋划自我加压。推进完善经理层成员任期制和契约化管理改革，进一步深化农场公司经营体制机制改革，激发公司经营活力。农业要在调结构、抓质控、增效益、争贡献上有所突破。畜水中心要立足体制突破，逐步扩大国有比例，加快推动非职工养殖退出，不断优化养殖结构，调整养殖模式，提高产出效益，确保实现租金增加、亩产增收的"双增"目标。加大体制、机制管理和创新，突出对内部林木资源管护和苗木市场营销两大职能，推动延伸林苗产业育繁推、产销供一体化产业链条，提升林业整体竞争力和造血能力。

2021年，发展现代种业，增强自主创新能力，在品种研发、耕地质量提升、精准施肥、智慧农业建设上寻求突破。加大种子对外销售力度，推动现代种业提质扩面。按照"三化"要求，推动林业生态效益化、苗木品种多元化、林业布局景观化。强化与南京林业大学、林业科学院科企合作，在借力、借智上下功夫，推进"1315""三纵六横"示范点建设落地落实，发挥基地展示效应，提升林业整体形象。水产养殖适度加大集体掌控规模，探索混合经营模式，加大试养试验力度，强化科研合作，重视指导服务，在养殖结构和养殖模式上寻求新突破。探索增收新产业，充分发挥和利用白马湖景区、348省道、宁淮城际高铁等区位优势，积极争取加油站项目，主动对接光伏新能源项目，探索生态农场、观光旅游、休闲农业、健康养老等特色产业。

2022年，充分发挥国家级良种繁育基地平台，大力推进农业关键核心技术攻关，力保"种业强场"的核心地位。林业扩大规模，最大化利用场内自然资源，并通过收购、租赁等方式寻求对外扩张，增强发展后劲，本着"人无我有、人有我优、人优我特"的宗旨，走差异化道路，深化产、学、研合作，配合林业科学院、南京林业大学做好不飘絮杨树雄株林下复合栽培项目。水产养殖突破体制瓶颈，加大国有掌控规模，加快推动养殖"子孙化"问题解决，强化新技术、新设施、新模式推广应用，加强养殖尾水生态化改造，寻求效益和品质双提升。推动新兴产业拓展，协助国电投做好清洁能源项目推进，争取一、二渔场光伏项目尽快落地；积极与区商务局等部门对接，力争加油站项目有新进展，并利用三站加油站建设用地，积极寻求利好项目合作。

二、经营成果

由于受建场初期经济基础和十年文化大革命等诸多因素的影响，农场从建场到1979年连续20年经营亏损，累计亏损额达1094.98万元，是江苏农垦系统的亏损大户。

1979年党的十一届三中全会以后，随着改革开放的不断深入，农场对各项基础建设的投入加大，科学技术的普及、经营面的拓宽，使农业、工业、三产都得到了迅猛发展。1980—1998年，除1997年亏损，其他年份均有盈利，盈利总额达3704.05万元，亏损总额384.3万元，盈亏相抵，净盈利3419.75万元，年均盈利158.93万元。

1998年以后，由于国有企业的改制改革，国有经济总量在农场总体份额中大幅度减少，1999—2008年，农场经济主要以农业经济为支撑，在前5年中由于粮食价格上不去等诸多原因，除1999年外，2000—2003年农场4年亏损，10年中亏损总额达1118.66万元，盈利总额为473.89万元。

2010年，华萃公司改革了原有的生产体制，将原来的"公司＋农户"的生产经营模式调整为由公司统一组织生产经营、统一规划、集中连片、区域布局，从育苗、定植、大田管理、收获、储藏等各个环节入手，按照标准化生产要求，实行全过程无公害生产，规范操作程序，确保蔬菜生产的品质和安全。全年蔬菜种植面积为1151亩，品种6个，育苗828万株，其中对外育苗210万株，总产量1738吨，产值220万元。单季亩产值达到1700元。西兰花、娃娃菜等精品蔬菜通过大型超市集团直接销往上海和浙江等地。在养殖业发展上，2010年，全场建立规模养殖小区10个。蛋鸡养殖量达到17.3万只，肉鸡出栏200万只，养殖业当年新增固定资产达150万元。从业人数330人。组织200人次参加了养殖、防疫等专业技术培训，提高了职工的养殖技能和管理水平。为应对市场，有40多个养殖户自发、自愿成立了白马湖农场协和蛋鸡养殖专业合作社，蛋鸡养殖总量10.5万只，占全场蛋禽养殖总量的60％。自2009年6月合作社成立以来，以协会名义经营的饲料达600多万元，蛋品近800万元，鸡苗100万元。在水产养殖上，按照"有水必养，有养必混"的发展思路，实行"河蟹＋龙虾＋鳜鱼""鱼种＋龙虾"和"蟹苗＋龙虾"的混养模式达 1986 亩，亩产值达到 5000 元以上。

2011 年，农场完善了《白马湖农场职工自主创业基金管理办法》，在此基础上，坚持"突破重点、择优扶持、典型引路、整体推进"的原则，统一规划，分片布局，尤其是针对用地指标短缺的实际，充分利用原有养殖小区发展空间和项目资金，对六区、五七两个养殖小区进行扩建，使养殖规模由原来的 4 万只提高到 10 万只。组织 180 多人次参加了养殖、防疫等专业技术培训，提高了职工的养殖技能和管理水平。在水产养殖上，畜水公司按照"整体调优、区域布局、共同推进"的发展思路，一渔厂鳜鱼、蟹、龙虾套养面积达到 630 亩，二渔厂鱼蟹套养面积 440 亩，三渔厂荷藕套养龙虾、泥鳅面积达到 760 亩，各类混养面积达 3600 亩，全年水产品总量达 1500 吨，产值达 2300 万元。林业站全年实现对外杨树苗销售 28 万株，新栽植紫薇、女贞子、木槿等花卉苗木 3500 株。

2012 年，国有及国有控股企业实现营业收入 1.6 亿元，固定资产投资总额 4816.4 万元。职均收入 2.32 万元，人均收入 1.39 万元。华荟公司在设施蔬菜种植与管理上，外聘技术人员尝试引进种植草莓等新优品种，改变春季蔬菜单一种植模式，实行外购内销的运营模式，尝试在地方蔬菜批发市场设立门面，与安徽农垦潘村湖农场订单种植娃娃菜 100 亩；积极争取各项政策资金 185 万元，新增高效设施大棚 150 栋，建立新优花卉苗木基地 400 亩，实现利润 11 万元。

畜禽水产养殖业保持了平稳发展的势头。全年共养殖蛋鸡 31 万只、草鸡 7.3 万只、出栏肉鸡 78 万只、出栏生猪 5268 头。在水产养殖上，畜水公司确立了"区域布局、强化特色、整体带动"的产业结构调整思路，通过在 3 个渔场建立龙虾多品种生态混养示范区、鱼鳖生态混养示范区和大规格河蟹生态养殖示范区，使高效水产养殖面积占总面积的 40%，特种水产产值占总产值 70% 以上。通过实施"渔业科技入户工程"大力推广水产养殖新品种、新技术。采用鼓励职工自筹资金的方式，改造池口 80 亩。水产养殖组织化程度不断提高，水产养殖协会功能得到增强。

林业生产依托现有资源优势，调结构、促转型，多渠道拓展苗木品种，实行城市园林和农村造林绿化苗木并进，扩展苗木销售市场，全年累计销售杨树苗 23 万株、绿化苗木 28 万株。突出对短平快苗木的培育，加大对中等规格苗木存圃培育，引进部分附加值高的新优或乡土树种，落实育苗面积及品种布局规划，新增育苗基地 40 亩，新植绿化带通过区造林绿化示范点验收。

2013 年，农场通过对林业资源进行分类建档，积极调整发展思路，明确提出林业发展"1315"目标。尤其在现有林地资源进行清查摸底的基础上，对即将到期的 349 条林带产权逐步收归集体所有，其中当年回收到期林带 84 条 340 亩，新落实绿化苗木面积 209 亩。新种植花木苗圃面积 150 亩。争取到地方林苗一体化项目，测报站（点）建设项目顺利通过验收，争取到区级绿色示范村及苗木补贴等资金 55 余万元。

畜禽水产业以"提高池口质量，调优养殖结构，试养特色品种，拓展经营空间"为突破口，积极推进"太湖 1 号青虾""沙塘鳢"等新品种养殖试验计划，努力增加特色水产比例。同时，利用池口旱地实施畜水公司与林业站、职工三方合作种植绿化苗木并取得初步成效。电管中心以"内优服务、外拓市场"为工作中心，在供电量趋于平稳的情况下，积极争取地方项目，想方设法承接对外工程，创收增效。为挖掘潜力，农场对场域范围内现有资源情况进行了全面的摸底调查，对改制个人的所有林带按到期年限进行分类建档，对属于农场的各类闲置房屋进行登记造册，同时对到期合同和不合理的合同进行全面清理，按照"盘活资源、有偿使用"原则，将合同文本规范化、合同期限短期化、合同执行严格化。累计回收各类欠款 275 万元，其中回收个人欠款 88 万元。

2014 年，国有及国有控股企业实现营业收入 1.93 亿元，粮食总产量达 9979.4 万斤，保种量 7059.9 万斤，固定资产投资 1486 万元，其中国有投资 1236 万元，职均收入 3.3 万元，人均收入 1.8 万元。畜水公司围绕"提高池口质量，调优养殖结构，试养特色品种，拓展经营空间"的目标定位，以新品开发为重点，在巩固现有"龙虾、成鱼、河蟹"三大品种的同时，创苏北先例，引进试养加州鲈鱼，取得一定突破和进展。加大有限资源管理利用力度，推进体制变革，对水面租金实行分档调整，增加了水面资源效益。林管站以林业"1315"工程为抓手，通过完善体制，加快推进林业产业化经营，加大重点林业资源集体投入和管护力度，全年完成分成承包林带 51 宗（条）189 亩，栽植黄山栾树、大叶女贞子、垂柳等各类苗木 24000 余棵，收回职工苗地 70 亩，新增集体苗木面积 110 亩。林业站还积极争取地方政策和项目，加强对外绿化工程项目的拓展和承接，全年销售优质杨树苗近 18 万棵，大叶女贞子、黄山栾树苗等 2 万棵。同时，着力打造"白马湖放心苗圃"品牌，推进苗圃规模化发展，被淮安区评为"放心苗供应单位"和"绿化先进单位"。

2015 年，国有及国有控股企业实现营业收入 1.70 亿元，实现国有利润总额 866 万元，粮食总产量实现 1.05 亿斤，保种量达 6700 万斤，保种率提高近 30%。固定资产累计投资 1.64 亿元。职均收入 3.58 万元，人均收入 2.01 万元。产业结构调整不断优化，逐步实现传统林业向绿化苗木产业转变，传统畜禽水产养殖向集约化、高效化、规模化养殖转变。2015 年"十二五"期间，积极推进林业产业转型及林苗产业发展，加大新优"三化"苗木繁育和储备力度，结合省、市、区"林苗一体"项目支撑，打造农垦系统及区域种苗第一方阵，培育了以美国红栎、速生楸树、黄山栾树、无絮杨等大规格苗木储备及圃地、基地 1000 余亩，各类苗木储备 40 余万株。助推渔业结构调整突破，在巩固原有养殖结构的基础上，立足市场需求，引进推广新优品种，初步形成年产 530 吨成鱼、30 吨鱼种、100 吨河蟹、20 吨鳜鱼、50 吨龙虾和 4 吨台湾大泥鳅的生产能力。

2016 年，国有及国有控股企业实现营业收入 1.88 亿元，实现利润总额 607.18 万元，职均收入 3.92 万元，人均收入 2.28 万元。着力推进林业模拟公司化运作，实行集体回收、统一栽植、个人管护、三年考核管护模式，全面推进分成承包向集体经营转变。同年累计回收到期林带 29 条 420 亩，栽插黄山栾树、大叶女贞子、海棠、高秆红叶石楠等绿化苗木 1.5 万株，发展绿化苗圃面积达 650 亩，积极打造引河堤大规格苗木培育基地，增加林业产业后劲。水产养殖结构不断优化，围绕"突破渔业"的思路，立足市场需求和经济效益，积极推进水产养殖股份制试点，加大高效经济型新品种试验试养力度，推进鲈鱼等新品养殖和南美白对虾套养规模，推广放养鲈鱼苗 7.5 万尾，试验套养南美白对虾 200 亩，新增新品试验股份制养殖面积 20 亩，放养鳜鱼苗 1.1 万尾，鱼蟹套养面积近 2000 亩，全年生产成鱼 540 吨、鱼种 225 吨、河蟹 50 吨、鲢鱼 40 吨、鲈鱼 5.5 吨。

2017 年，国有及国有控股企业实现营业收入 1.68 亿元，实现利润总额 633.53 万元（其中农场 61.17 万元，分公司 572.36 万元），国有固定资产投资总额达 3367 万元。资源监管更加有效。出台了《关于加强农场国有资源管理实施意见》，全场近 2000 亩旱地及水面明确了租金标准，全年落实资源增收指标达 40 万元。水产养殖试养成效突出。以"做成"为基础、"做优"为目标，加快调整畜水产品结构和新品种试验示范，重点推进鲈鱼、南美白对虾以及沙塘鳢试验试养，放养鲈鱼苗、鲢鱼苗等近 5000 斤，引进沙塘鳢试养鱼苗 5 万尾、南美白对虾虾苗 50 万尾，新增新品试验养殖面积 72 亩。全年生产各类水产品近 900 吨。林木产业提档升级。围绕"一区一品"布局、"三纵六横"架构和"三化"目标，邀请南京林业大学、淮阴工学院、淮安生物工程学校专家教授来农场就林业规划、品种选择等进行指导，并着手制定农场林业中长期发展规划。林业站争取到周边乡镇绿化养护工程及淮安区林业"公里网点"建设，扩大"放心苗圃"品牌效应。全年回收到期林带 450 亩，新增新品种苗圃面积 45 亩、宜林资源 50 亩，种植淮安市第一家无飞絮杨树对比林 51 亩，打造"玉兰大道""栾树通道"和"绿色长廊"近 20 公里，栽插各类苗木近 5 万株，参与市区两级绿化服务竞争，全年新增对外创收效益 36.3 万元。探索对接旅游产业。2017 年，农场立足实际，结合"十三五"发展规划，邀请市发展改革委、市农委、市旅游局及白马湖规划建设管理办公室等单位专家领导为农场对接白马湖生态旅游开发、发展休闲观光农业建言献策，通过深层次的对接运作和高起点的创意策划，探索符合农场实际的旅游＋发展路径。畜禽养殖污染得到有效治理。坚持"预防为主，防治结合""谁污染、谁治理"及属地管理等原则，划分禁止养殖区、限制养殖区和适度养殖区，多次组织职能部门及养殖大户考察学习畜禽养殖污染治理办法，落实省"263"专项行动整改，加大污染治理力度，推动养殖大户对畜禽粪便处理和设备引进升级改造，出台养殖户污染治理激励政策，全年处理畜禽养殖污染事件 3 起，推进设备改造 3 户，投入畜禽粪便污染专项整改资金近 70 万元，其中农场政策资金 23 万元。

2018 年，充分利用现有的林地及闲置存量资源，打造渔场路、环湖路、328 省道陈堆段沿线高标准示范林建设，扩大无飞絮杨树雄株的种苗基地规模和示范林栽植面积，和南京林业大学合作，在充分调研论证的基础上，先后制定了《白马湖农场林业发展规划》和《白马湖农场产业发展规划》。按照超前规划、科学论证、适时对接的原则，结合白马湖旅游规划定位，主动对接白马湖旅游开发。畜禽水产业以"提高池口质量，调优养殖结构，试养特色品种，拓展经营空间"为突破口，率先在二渔场投入资金 129.78 万元，改造标准化池口 4 个，面积 65 亩。

2019 年，国有及国有控股企业实现营业收入 1.64 亿元，实现利润 996.33 万元；国有固定资产投资完成额达 2946.01 万元（其中农场公司 2573.1 万元、农发分公司 372.91 万元）；职均收入 4.96 万元，人均收入 2.85 万元。围绕"打造林业"思路，重点打造中干河高标准"三化"苗木示范带建设 5 处；栽植美国红栎、栾树等苗木近 4000 株；完成高标准杨树雄株示范点两处，数量 5000 余株；林下套种中药材"白术"近 40 亩，油用牡丹、白芍近 60 亩。完成江苏省林业科学院"杨树提质增效"项目既定苗木栽植计划，争取项目无偿资金 40 万元，种植落羽杉、重阳木等 2200 余株。推动林苗一体化建设，繁育南林杨树雄株 80 余亩，预计存量 18 万株，引进美国红栎 400 公斤，繁育栎树苗 6 万株，继续放大放心苗木基地品牌效应。水产养殖方面，大力推动养殖池口标准化改造，鼓励三渔场职工对 400 亩池口进行自我改造，努力提高养殖效益。

2020 年，国有及国有控股企业实现营业收入 1.68 亿元；国有固定资产投资完成额达 2671.8 万元（其中农场公司 2308.3 万元、农发分公司 363.5 万元）；职均收入 5.35 万元，人均收入 2.95 万元。林业方面，依靠南京林业大学和江苏省林业科学院技术支撑，推进林苗一体化建设，加快涉林苗木培植、管护和经营效益提档升级。累计栽植重阳木、速生楸树、香樟等各类三化苗木 3.3 万株；落实二渔场旱地林苗一体项目面积 100 亩、雄性杨树繁育面积 96 亩，繁育各种花卉苗木 40 余万株；加大存量苗木销售力度，全年销售各类绿化苗木 1.33 万株，实现销售收入 33.58 万元。养殖方面，持续改善养殖生态条件，对一渔场和三渔场生产条件进行升级改善，提高养殖效益，在助推"一场一品"的基础上，探索试养新型鱼虾种类；加快对非职工、退休职工、职工转包等各类承包进行改革清理，推动集体掌控目标做深压实。

2021年，国有及国有控股企业实现营业收入1.83亿元，实现利润2460.31万元；全年完成国有固定资产投资5737.61万元；职均收入5.47万元，人均收入3万元。林业围绕林苗一体化目标，千方百计激发林产业发展潜力，彰显林业发展区域优势、品牌优势和特色优势，培植新的林苗创收增长点。如期完成335亩造林计划，栽植杨树雄株、速生楸树等各类乔木8000余株，打造了以苏北灌溉总渠西段、328省道南段、十二支沟南堤为代表的"三纵六横"示范点3处；充分利用和挖掘林下资源，在适宜地段套种红叶石楠、大叶黄杨、金边黄杨等灌木球9万余株；抢抓机遇，延伸林苗产业链，利用中国共产党成立100周年的契机，拓展试验种植工厂化联栋大棚节日草花及多年生花镜材料繁育，引种及扩繁各类节日花卉30余万株，全年实现销售收入617.5万元。密切院地合作。与江苏省林业科学院、南京林业大学合作涉林项目有序推进，为"不飘絮杨树高效复合经营"项目打造国家级示范展示区奠定基础；积极拓展对外专业挖树服务，实现对外服务创收15.18万元。改善养殖环境，提高养殖效益。投入30余万元对一、二、三渔场生产条件进行升级改善；组织养殖户到周边水产养殖特色乡镇考察学习；切实加大新品试养力度，全年套养南美白对虾300亩、甲鱼30亩，主养黄颡鱼近20亩，全年共生产各类水产品1095吨。

2022年，国有及国有控股企业实现营业收入1.58亿元，实现利润2438.93万元，全年完成国有固定资产投资8693.69万元。职均收入5.75万元，增长5.12%；人均收入3.14万元，增长4.66%。林苗发展势头强劲，全年更新造林170亩，栽植杨树雄株、榉树等各类苗木5500余株，"不飘絮杨树雄株高效复合经营"项目顺利通过省级验收并入选国家级项目库，林木资源持续补充；引种6个品种、9个种源，建成区域试验示范重点栎树种源储备库；合作种植光叶榉10万株，建成苏北最大储备基地；高标准种植树状染井吉野和飞寒樱花2300余株，林苗规模持续扩大；与北京花卉公司达成战略合作，花卉市场持续拓展；强化资源综合利用，发展林下经济40余亩，套种石蒜、黄杨等花卉50余万株；拓展创收空间，完成机械服务、绿化工程施工等收入200余万元，全年完成综合营收630余万元。水产养殖方面，套养南美白对虾400亩、甲鱼30亩、主养黄颡鱼近20亩，全年生产各类水产品2000余吨，总产值1357万元，实现效益635万元；国有掌控取得突破，收回合同到期塘口95亩，示范集体规模化养殖；争取一期财政资金142.4万元，对二、三渔场近1500亩池塘养殖尾水进行改造处理，推动水产养殖绿色发展。新产业项目有序推进。与国电投签订《全域综合智慧能源战略合作协议》，主动对接区级职能部门，有序推进一、二渔场1530亩渔光互补项目；与淮安区供销合作总社积极探索农资合作模式，寻求新的经济增长点。电力工程业务积极拓展，与政府供电部门密切合作，实行"8

＋1"运行模式，承接供电公司运行维护抢修项目，实施场内泵站、十排沟闸站等工程，累计实现主营业务收入 401.24 万元，完成利润 67.2 万元。

第二节　经营管理机制

建场初期，农场实行计划管理，主要执行江苏省关于国营农场"五定、五落实"计划管理制度。"五定"即定规模、任务，定机构编制，定生产资料和物资消耗，定劳动力和劳动定额，定责任制度。"五落实"即落实隶属关系，落实基建资金，落实流动资金，落实生产和基建的原材料，落实生产财务计划。

农场的计划编制工作，主要包括阶段性计划、年度计划、中长期规划以及其他单项发展规划、建设规划等。

农场计划的编制和管理主要由计财科负责。

一、机关工作制度

1960—1962 年，农场对机关工作没有下发过规定和有关制度。1963 年 6 月，农场党委根据当时机关工作的实际情况，为了加强集体领导，发挥机关职能，维持正常机关工作秩序，提高工作效率、工作质量，密切上下联系，推动各部门工作，更好地完成各项任务，特拟定了"机关工作制度十二条"。具体内容包括：①会议制度；②请示报告制度；③办理公文制度；④工作制度；⑤干部劳动制度；⑥学习制度；⑦保卫保密制度；⑧请假制度；⑨病假制度；⑩生活卫生制度；⑪财务制度；⑫值日制度。

2000 年，机关出台了《关于加强考勤制度的规定》。

2002 年，农场为进一步适应新时期机关发展的需要，下发了《白马湖农场机关管理十项制度》即：①考勤制度；②出差制度；③信访接待制度；④招待制度；⑤通信制度；⑥会议制度；⑦办公制度；⑧学习制度；⑨公文制度；⑩末位淘汰制度。

2005 年，机关出台了《关于创建学习型机关的实施意见》，从创建目标、方法步骤、责任与奖励等方面提出了明确要求。

2006 年，农场出台了《关于切实加强档案管理工作的通知》文件。

2008 年，农场出台了《机关管理五项制度》即：①作息制度；②学习制度；③会议制度；④公物管理制度；⑤廉政和作风建设制度。

2011 年，机关出台了《考勤管理制度》和《日常工作督查制度》共四章十五条。

2014 年，机关出台了《白马湖农场公务接待管理制度》。

2015 年，农场出台了《白马湖农场相关经济业务和行政事务内控流程》文件。

2016 年，农场出台了《白马湖农场物资采购管理制度》。

2018 年，农场出台了《江苏省国营白马湖农场企业规章制度管理办法》共十二条。

2018 年，农场建立健全了制度管理体系，出台了《江苏省白马湖农场有限公司内部控制制度》。

2019 年，农场出台了《江苏省白马湖农场有限公司风险管理工作细则》和《关于加强农场公司工作人员管理的实施办法》。

2020 年，农场出台了《江苏省白马湖农场有限公司财务审批管理办法》《江苏省白马湖农场有限公司经理层任期制和契约化管理实施方案》。

2021 年，农场出台了《江苏省白马湖农场有限公司物资采购管理办法》《关于进一步做好法律审核工作的通知》。

2022 年，农场出台了《江苏省白马湖农场有限公司合规管理制度》《江苏省白马湖农场有限公司企业规章制度管理办法》《江苏省白马湖农场有限公司合同管理办法》《江苏省白马湖农场有限公司法律审核工作实施办法》《江苏省白马湖农场有限公司法制国企建设管理办法》《江苏省白马湖农场有限公司内控评价制度》《江苏省白马湖农场有限公司风险管理实施办法》。

二、财务管理

（一）概况

1959 年，农场财务管理实行农场、大队、生产队三级管理、两级核算，农场设财务股，指导各大队、生产队的财务管理与会计核算工作。

1963 年，农场设财务科。1965 年改财务科为财务基建科。1969 年重新设置财务科。1980 年农场成立分场，实行农场、分场、连队三级管理、三级核算，此时农场共有基层核算单位 50 个。其中二级核算单位 18 个，全场共有财会人员 154 人，其中有高级职称的 1 人，中级职称的 5 人，助师级职称的 21 人，员级职称 82 人。

2001 年，农场实行农场、分场、大队三级管理，农场、大队二级核算，财务管理主要机构计划财务科改为财务国资管理科。2005 年，农场财务为适应集团化财务集中管理的需要，实行了农场和管理区二级管理、一级核算的财务核算和管理体制。到 2008 年底，农场共有核算单位 16 个，包括独立核算单位 6 个，全场在编会计人员 25 人，其中具有中级职称 7 人，助师级职称 10 人，会计员职称 8 人。截至 2018 年底，农场共有核算单位 8 个，都为独立核算单位，全场在编会计人员 28 人，其中现有中级职称的 6 人，助师员级职称 22 人。

（二）各级财务管理的主要职责

农场 1999 年前的财务核算体制为三级核算。总场为一级核算单位，主要负责全场财务核算、财务管理，以及年度、月度的会计报表汇总、农场各项经费支出、资金的筹措、使用调度、年度计划的编制及农场各单位财务人员的业务考核和监督工作。

分场、公司及直属厂（场）为二级核算单位。主要有 4 个农业分场、种子公司、畜水公司、建安公司、物资公司等 18 个单位。核算的行业分为农业、工业、建筑安装、商业、服务业等。所属二级核算单位职能主要是贯彻执行农场的财务制度，负责三级核算单位的财务管理和财务核算，年度、月度的会计报表的汇总，农场各项经费的支出等一系列工作。

三级核算单位主要是农业分场下属的大队、公司下属的各单位，具体核算农业承包职工往来及其收支、各公司下属单位的盈亏情况，从而构成了农场财务核算的基本体系。

1999 年以后，随着企业体制的改革，农场二三产业各大公司相继撤销、改制。1999 年撤销的核算单位有：棉纺公司、粮油公司、林木公司、建材公司、机电公司。改制的三级核算单位有：砖瓦一厂、砖瓦二厂、砖瓦三厂、农机厂、航运站、汽车修理厂。2001 年撤销 4 个农业分场核算体制，由原 22 个三级核算单位合并为 13 个二级核算大队。

2002 年，改制了建安公司及下属的建筑工程一队、二队、三队、木工队、材料经营部。粮油公司改制为私营股份制企业，改制生活服务公司。

2004 年物资公司改制，2007 年应二次创业需要农场收回控股。

2005 年底，农场对农业单位进行了改革改制，由 13 个大队撤并为 10 个农业管理区，至此农场核算单位有：10 个农业管理区、畜水公司、供电中心、林业管理站、大华生物肥厂、华萃农业科技有限公司、医院、物资公司。

2009 年起，农场财务按集团公司要求，农场公司内部财务管理级次为：公司本部大于所属企业的"二级管理二级财务"财务管理体制。所属单位全部纳入用于 NC-ERP 企业资源计划系统核算，实行"三算合一"。

2011 年 8 月底，农场按照集团公司要求进行资源整合，农业种植业板块即 10 个管理区整合成立江苏省农垦农业发展股份有限公司白马湖分公司，下设 10 个管理区，其余单位为农场下属单位，包括社管会、供电站、畜水公司、林管站、职工医院和华萃公司。

2013 年底，华萃公司划归江苏省大华种业集团有限公司。

2018年3月31日，农场实行公司制改革，建制为江苏省白马湖农场有限公司，同时撤销畜水公司建制，成立畜禽水产服务管理中心，供电站改制为电力服务有限责任公司。

2018年9月底，农场公司实行办社会职能划分，项目办、畜水中心和林管站，核算归计划财务部（原农场财务国资管理科）、社管会、电力中心和职工医院单独核算。

2019年1月，职工医院和幼儿园移交给地方，实行属地管理。

2021年，农场将电力服务公司注销，依托东辛凯惠电力工程有限公司成立江苏凯惠电力工程有限公司白马湖分公司。江苏凯惠电力工程有限公司对各分公司实施全面预算管理，对资金进行集中管理。

农场公司计划财务部统管全场财务，安排管理各项资金，采用分别核算形式，按月审核和汇总基层核算单位的会计报表，计算全场收支情况和经营成果，负责向国家和上级缴款、接受拨款、办理银行存款和贷款、培训财会人员、每季召开经济分析会，同时对基层单位进行财务检查，发现问题及时解决处理。

白马湖农发分公司由10个农业管理区改称为10个农业生产区后，实行报账制，统一在白马湖分公司资产财务部核算，各生产区仍然设会计1人，负责所属生产区域内经济业务资料的收集、上报，如实反映生产经营成果，搞好经济活动分析。

2022年，白马湖农发分公司由10个生产区合并缩减至6个生产区，生产经营实行"三级管理、一级核算"管理体制，生产区为集体承包生产经营管理主体。

（三）财务管理内容

1. 固定资产管理

固定资产从建场开始，已形成了较为严格的管理制度，单位购建固定资产必须经过农场批准，到财务科办理增加固定资产手续。

固定资产管理包括固定资产的增、减、清理、报废、折旧的提取和在建工程等内容，企业技术改造和基本建设投资在50万元以上的项目，由农场组织编报项目、建议书或可行性研究报告，并报集团公司批准方可实施。

2015年后，农场公司范围内购建固定资产及进行重大技术改造应进行可行性研究，按照《江苏省农垦集团有限公司投资管理制度》和公司内部控制制度履行财务决策程序，落实决策和执行责任。在建工程项目完工后，应及时办理资产交付，规范资产核算，并及时办理竣工决算，最长不得超过1个年度。

固定资产的出售、盘盈、盘亏、毁损或报废，应及时填制固定资产清理报废单上报公司计划财务部，特别是对固定资产转让或出售，需国资管理部门参加，专业技术人员鉴定及企业共同定价，经批准后按规定列入固定资产清理科目做相关的账务处理。

2. 流动资金和专用基金的管理

建场初期，农场的流动资金主要来源是主管部门的拨款，计划经济体系在农场延续20多年。改革开放以后，农场通过银行贷款、借款，多渠道筹集资金，搞活了农场经济。1991年，农场成立了财务结算中心，把农场内的闲置资金有效地集中起来，有偿使用，形成了农场内部银行，实现了收支两条线管理。同时，农场按照财政主管部门的规定和要求，提取专用基金并专门核算。专用基金的管理、核算与使用由场财务科按规定核算，从而保证了专用基金的合理安排与使用。

2008年，农场规范了现金使用范围及现金支出限额，并规定下属单位的库存现金限额，各农业管理区1000元，畜水公司、林业站、大华生物肥厂2000元，医院、物资公司、供电中心3000元。凡现金未按收支两线管理或超限额的，按坐支和超限额部分金额分别处以10%罚款，具体分摊比例为：单位负责人40%，总账会计20%，出纳会计40%。

2018年，农场公司的闲置资金通过资金归集系统自动归集至集团公司总账户（向上归集），由资金中心集中统一管理和资金限额管理：畜水中心2000元、林管站2000元、社管会20万元（含银行存款）。

2021—2022年，通过一系列的欠款回收措施，从2021年初的255.82万元降到2022年底的174.12万元，回收欠款81.7万元。

3. 成本管理

农场自建场以来，对生产成本的核算，主要经过两种成本核算的方法，即：完全成本法和制造成本法，1993年6月以前农场使用的是完全成本法。1993年7月会计制度转换后，使用的是制造成本法，目前仍然使用制造成本法。为了节约使用成本，农场从1994年开始，大力推行学习邯钢目标成本的核算方法，收到良好的效果。农业生产对成本的核算主要是控制生产成本，保证农业生产过程的质量。

2008年，农场财务科在对成本费用管理上，又进一步划分生产成本和期间费用的界限，统一成本费用的开支范围、标准，对独生子女保健费、加班费及补助费、稿件费、职工医院的医疗费，在职人员各类学习费用，因公出差人员的旅差费、交通费、车票、船票、机票都一一做出明文规定。

2009年，农场、公司建立了成本控制系统，包括组织系统、信息系统、考核制度和奖励机制，强化成本参算约束，推行质量成本控制办法。同时实行费用归口、分级管理和预算定额控制。统一成本费用的开支范围、标准。

4. 利润管理

建场初期，农场连年亏损，亏损额大多由上级主管部门补贴。改革开放以后，农场实行自负盈亏，亏损上报不再弥补。主要通过农场自身政策的调节，努力增加农场积累，千方百计致富职工，从而使企业实现了较好的经济效益。

2018 年，农场公司本部及所属企业开展业务所得，包括销售收入以及对方给予的销售折扣、折让、佣金、回扣、手续费、劳务费、提成、返利、进场费、业务奖励等收入，全部属于公司所有。农场公司发生的年度经营亏损，依照税法的规定弥补。税法规定年限内的税前利润不足以弥补的，用以后年度的税后利润弥补，或者经投资者审议后用盈余公积弥补。

（四）财务制度和财经纪律

为了有效地执行财经纪律和财务制度，农场先后颁发了有关财务管理制度、会计人员考核办法、基础工作规范等一系列文件，不断规范企业的财务行为。1998 年，农场对二级核算单位委派财务总监，并出台了财务总监的考核方法，使企业的内部管理又上新台阶。2022 年完成白马湖农场有限公司内控制度的修改工作。

1960—2022 年历年收入、利润、税金统计见表 7-1。1960—2022 年历年固定资产、专用基金、流动基金统计见表 7-2。

表 7-1　历年收入、利润、税金统计（1960—2022 年）

单位：万元

年份	总收入	总支出	利润	上缴税金
1960	48.2	62.4	−12.98	4
1961	70.6	73.1	−15.5	4.4
1962	51.7	77.6	−28.3	4.5
1963	68.1	69.5	−19.9	4.5
1964	144.7	164.8	−17.6	4.7
1965	162.8	213.6	−50.6	4.8
1966	152.6	227.7	−86	6.1
1967	114.1	246.5	−132.4	5.5
1968	148.6	236.7	−95.1	5.5
1969	195.6	247.4	−58.6	5.5
1970	180.5	240.1	−55.6	5.5
1971	179.7	243.7	−71.9	5.5
1972	211.9	261.2	−53.5	5.3
1973	245.3	370.4	−124.9	5.3
1974	312.4	361.5	−55.2	5.3

（续）

年份	总收入	总支出	利润	上缴税金
1975	430.2	475.6	−55	8
1976	463.5	486.6	−33.3	8.4
1977	486	532.6	−60.6	8.5
1978	637.6	693.8	−65.8	10.5
1979	747.1	698.1	−2.2	5.5
1980	727.9	673.8	8.1	9.6
1981	989.7	752.8	84.5	12.4
1982	989	796	103.1	12.5
1983	1065.4	800.8	135.6	14.9
1984	1301.5	1160.7	78.3	9.45
1985	1579.7	1283.4	105.1	15.5
1986	2071.2	1736.9	122.8	7.1
1987	998.7	855.2	136.2	21.9
1988	1794.8	1336	150.6	51.6
1989	1569.9	1858.3	111.3	45.1
1990	1661.9	1653.4	132.9	26.5
1991	1862.8	1579.3	3.3	43.1
1992	2663.2	2354.1	32.2	42.4
1993	4760.3	4741.8	66.3	46.7
1994	9899.7	9882.7	106.1	199
1995	13018.1	13007.9	818.16	108.5
1996	13636.1	11918.8	1000.9	56.4
1997	11054.9	10283.3	−684.3	66.9
1998	10960	10371	509	79.67
1999	10578.13	10313.03	101.18	163.92
2000	4979.80	5170.04	−293.63	103.39
2001	6395.91	6757.98	−392.23	30.16
2002	7200.78	7417.16	−248.51	32.13
2003	4044.05	4196.25	−184.29	32.09
2004	1992.93	1923.21	39.32	30.4
2005	1879.21	1791.12	58.63	29.46
2006	2319.33	2214.56	85.25	19.52
2007	3812.29	3696.88	85.91	29.50
2008	4889.91	4758.08	103.57	28.26
2009	2517	2396	121	38.56
2010	2684	2632	52	42.11
2011	3939	3441	498	56

（续）

年份	总收入	总支出	利润	上缴税金
2012	7550	7857	−307	179.21
2013	8844	8806	38	180.22
2014	10277	10603	−326	186
2015	10458	9592	866	245.23
2016	11123	10536	587	265.88
2017	11959	11325	634	276
2018	12177.59	11717.57	460.02	280.66
2019	21723.04	21234.02	488.84	42.2
2020	21424.67	20917.13	507.74	41.83
2021	22479.83	22533.55	−53.72	95.33
2022	21931.04	21637.18	293.86	184.04

表 7-2　历年固定资产、专用基金、流动基金统计（1960—2022 年）

单位：万元

年份	固定资产		专用基金	流动基金
	原值	净值		
1960	82.13	80.87		
1961	82.13	80.87		
1962	114.8	108.6	6.4	48.3
1963	118.3	109.6	6.4	91.9
1964	235.1	223.1	8.4	98.9
1965	284.1	264.8	14.1	129
1966	183	139	10.1	173
1967	209.1	134.6	15.3	127.3
1968	213.9	151.79	10.8	178
1969	213.9	151.79	11	178
1970	215.5	141.4	12.3	217
1971	228.6	128.8	35.3	266.3
1972	229.9	118.2	49.1	276.5
1973	234.1	109.1	60.5	385.9
1974	243.2	103.5	75	328.4
1975	270.4	116.5	62.2	302.6
1976	339.3	166.5	58.7	208
1977	377.1	186.5	56.6	216
1978	378	169.7	97.2	210.2
1979	407.3	182.1	98.9	255
1980	459.8	214.9	165.6	270.5

（续）

年份	固定资产		专用基金	流动基金
	原值	净值		
1981	541.2	248.2	196.5	270.5
1982	642.6	360.1	208.1	260
1983	733.6	416.6	234.1	252.2
1984	289.5	446.2	203.1	252.7
1985	834.3	447.7	136.5	252.7
1986	871.1	522.1	154.1	254
1987	994.7	575.2	153.4	308.1
1988	1200.5	700	159.2	308.8
1989	1845.4	1219.6	−330.2	317
1990	1898.4	1196.8	−386	319.7
1991	1918.4	1165.6	−417.2	331.1
1992	2043.2	1167.7	−206.3	338.9
1993	2185.6	1167.7		
1994	2501.5	1466.9		
1995	4039.1	2264.7		
1996	4917.6	3063.4		
1997	5971.3	3903.1		
1998	6175	4063		
1999	5472.38	3663.49	346.45	
2000	5578.16	3955.01	251.85	
2001	5322.98	3628.84	140.55	
2002	5163.99	3373.47	125.55	
2003	4748.79	2928.19	119.89	
2004	4208.96	1651.38	114.55	
2005	6178.56	3440.78	114.55	
2006	5640.78	2739.73	483.24	
2007	5839.70	2760.16	2230.67	
2008	6257.14	3135.86	1362.95	
2009	4854.02	2510.44		
2010	5134.95	2497.78		
2011	7391.03	3528.52		
2012	9606.24	5405.29		
2013	12619.57	7545.72		
2014	12645.29	7732.09		
2015	13429.11	7566.45		
2016	15748.92	8805.59		
2017	18113.21	10043.53		

（续）

年份	固定资产		专用基金	流动基金
	原值	净值		
2018	19382.85	10149.88		
2019	21470.4	10951.46		
2020	22563.39	10685.92		
2021	24367.08	12118.64		
2022	26135.89	13159.7		

三、统计管理

（一）概况

1962年以前，农场统计工作没有一套完整的制度和方法，业务属财务股领导。1962年起开始编报部分统计报表。1962—1978年，统计工作主要由农场办公室负责汇编并上报。1979年起由场财务科负责，当年根据历史资料，系统整理、汇编建场至1978年较为齐全的统计资料，包括统计台账、报表等。1980年起统计工作分行业进行，主要分工副业、农业、综合统计以及1995年增设的三产民营统计。

2005年至今，工副业统计纳入综合统计范围填报，不再单独报送，地方工业统计填报的标准必须达到企业经营项目单列范围（年销售收入在500万元以上）由企业填报，农场不再汇总填报。

（二）统计建制

建场后至1980年，各基层单位统计一般由会计兼任，上报给办公室汇总汇编后报给上级主管部门。1980年以后行业统计设专职统计人员，基层单位一般仍由会计或其他管理人员兼任，农场在财务科设专职综合统计。在工业主管部门设专职工业统计，专门负责全场的各项统计工作的组织和协调工作。

2000年以后，工业统计人员由企管科兼职，2003年并入财务科，由综合统计兼任，2018年归口农场公司计划财务部。

（三）统计的主要指标及内容

农业、种植业统计的主要指标有：耕地面积、产品产量、农田水利建设、机械拥有量及总动力。林业统计指标有：植树造林面积以及林木维护情况。牧渔业统计指标有：畜禽养殖量、商品量、养殖面积、鱼种投放量、成鱼产量以及畜禽肉上市量。工业统计的主要生产经营经济指标有：产品产量、销售量、产值、利税、资金占用、销售收入及产品库存情况。建筑业统计指标有：建筑安装工程量、固定资产投资完成额。

三产包括商业、交通运输业以及个体民营经济，三产统计的主要指标有：总产出、中间投入、增加值、盈余、税金等。小康社会指标的监测统计：根据集团公司提出的垦区高水平全面建成小康社会的意见，以及制定的监测综合统计报表制度，对当年农场公司进程情况进行了监测，并形成评价分析报告，同时拟定了翌年分类指标的预期目标值，客观准确地反映农场公司经济和社会事业发展的状况。其他统计工作包括经济普查、农业普查、海洋普查、污染源普查和人口普查等。

2020 年，江苏省第七次全国人口普查获得省级先进集体称号。

（四）统计报表的上报形式和使用对象

各基层单位报表按期上报行业主管部门，经场计财部门汇总核实后上报上级主管部门和地方有关部门。其使用对象主要为：农场的行政领导、农场隶属的主管部门即江苏省农垦集团有限公司和地方政府及行业主管部门。

四、审计管理

农场是从 1988 年正式开展审计工作的，属内部审计性质。当初审计工作由办公室管理，确定专人负责，纪委有关部门配合进行。1989 年农场成立审计科，人员编制由当初的 2 人增至 4 人，不仅加强了审计力量，而且加大了审计监督力度。

目前，农场的审计范围已涉及财务收支审计、财经法规审计、经济效益审计、厂长（经理）离任审计、专项审计、基建预决算审计和投资效益审计等 7 个方面内容。

1995 年，农场为进一步强化对经济活动监督力度，改组审计科、增强审计力量，依据《中华人民共和国审计法》的有关规定，结合农场实际情况，先后颁布了《关于进一步加强审计工作的意见》《关于违反财政法规处罚的暂行规定》及《关于加强农场内部审计工作意见》等有关内部审计规章制度。审计工作由原来一味检查吃喝招待向检查各单位内控制度和经济效益方向延伸，为深化企业改革服务。经过几年的努力，农场已初步形成月审、季审、年审的审计工作制度。1988—1998 年，农场通过审计查出违纪金额 23.34 万元。1996 年，审计科被总公司审计处评为先进集体。

2004 年，农场下发了审计监察工作意见，其内容主要包括：①采取有效措施，强化对领导班子特别是单位主要领导的监督；②围绕农场中心工作和党风廉政建设，积极开展效能监督；③加大对单位法人代表任期经济责任审计的力度；④积极参与农场企业改革改制工作，防止国有资产流失；⑤坚持场（厂）务公开制度，实施民主管理，"阳光"行动；⑥加强监察，审计干部队伍自身建设。

2004 年，农场审计并入财务科，由财务科兼管审计，2006—2017 年，农场审计再次单列，与纪委合署办公，2018 年新设立审计监察部。同时撤销审计监察科。

五、劳动工资管理与劳动制度改革

（一）职工来源

从 1959 年建场以来，白马湖农场的职工来源主要包括下列几方面：

（1）1959 年建场时由淮安县畜牧场和林集、范集、南闸、三堡四公社划归的农民，计 9 个农业大队（97 个生产队）。

（2）1960 年从淮安县各乡调来的原县委、人委、人事部门介绍来场的支农队。

（3）1960 年由省、专区、县抽调分配来场的行政干部、技术人员和调动来场参加农业生产的职工。

（4）1963 年以后陆续来场插队的淮阴、镇江、南京、常州、扬州下放的知识青年。

（5）1963 年安置的部分大中城市精简职工。

（6）1964 年从宝应垦殖场、三河农场、东辛农场调来的干部、职工及其家属。

（7）国家分配和农场引进的大专、中专、本科毕业生和研究生。

（8）安置场内职工子女就业和迁进的农民工。

（9）安置退伍和转业军人。

（10）部队在场租地期间的生产军人。

（二）劳动管理机构

1959 年，农场组建后，劳动管理由财务股负责；1963—1966 年，劳动管理由人事科负责；1966 年改为由政治处负责；1968—1979 年由政工科负责；1980 年农场成立劳资科，但不久与政工科合并；1987 年劳资科又与办公室合署办公；1995 年劳资科与办公室分开新成立劳经科；1998 年恢复劳资科。

2000 年底，农场机关进行机构改革，科室的职能工作重新进行界定和转换，农场体制工作划归劳资科管理，成立了企业管理科，2003 年又更名为劳动和社会保障科。

2008 年以后，为配合社区工作，农场社区管理委员会设置社会事业科，与农场的劳动和社会保障科合署办公。

（三）劳动报酬

1960—1979 年，农场职工的报酬全部来自工资，没有其他收入和补贴。党的十一届三中全会以后，国家加强了劳动制度改革，农场又逐步推行了各种形式的承包经营责任制，职工的报酬范围扩大了，劳动报酬除工资外，增加了补贴、奖金等。

1. 工资及工资演变情况

1960—1962年建场初期,农场职工工资水平偏低,职工月平均工资分别为6.10元、8.18元、9.48元,少数在建场时从其他乡调来的干部及县委、人委、人事部门下放来的支农队职工,有级别的干部月平均工资最高不超过28元,无级别的月平均工资分别为12元、15元、16元、17元、18元、19元、20元不等。

1963年,根据国家规定对职工进行一次全面调资定级,职工平均增加一级工资,执行标准按1956年江苏省统一规定的工资等级线,国营机构农场执行标准:农业、畜牧工人工资为农牧工一级,月工资23元;农牧工二级月工资26.2元;农牧工三级月工资29.9元;农牧工四级月工资34元;农牧工五级月工资38.8元;农牧工六级月工资44.4元;农牧工七级月工资50.6元。本年,农场积极响应毛主席上山下乡号召,先后接收了从淮阴、南京、镇江、扬州、常州下放的2047名知青,其工资标准为:第一年发工资15元,一年后定级为正式职工,1960—1972年,下放知青定级后基本执行新农工一级月工资19元,新农工二级月工资21元,老一级农工月工资23元。

1964—1971年底,农场近10年职工工资没有调整,干部、职工常年月工资在16~24元。

1971年,农场进行一次低工资职工工资调整,工资调整对象是凡属1957年底以前参加工作的三级工、1960年底以前参加工作的二级工、1966年底以前参加工作的一级工,上述人员工资都调升一级。1957年底以前参加工作的二级工、1960年底以前参加工作的一级工升两级工资,并突出将月工资19元调整为农工二级,月工资为26.2元。

1974年,农场将工分制职工全部调整为工资制职工。

1975年,农场对全场职工(包括工分制调整为工资制人员)进行调资,条件为年满16周岁,从建场起连续参加农场生产劳动达2年,每年出勤不低于180天,可以调资。调资标准:在农场劳动达二年以上的二级农工工资增加到28元,定级一年以上的一级农工,工资增加到23元,定级不足一年的工资为15元。

1976年11月,实行固定工资转新农工,第一年15元,第二年23元,满3年后经群众评议,领导批准定为28元,凡1974年参加工资调整的都称为固定工资(包括工分制农工)。

1977年对1971年底以前参加工作的一级工和1966年以前参加工作的二级工全部增加一级工资,1971年底以前参加工作的其他级别职工实行40%升级,这次升级的工资级差小于5元的,最后按5元增资,级差大于7元的按7元增资。这次调资中增资直升人员，人均月增资 5.06 元，属 40% 调整的人均增资 6.95 元，并按规定将固定工月工资由 26.20 元增加到 28 元。

1978 年，按照劳动人事部 79 号文件规定，对工作成绩特别突出、贡献较大、表现较好且工资偏低的人员进行考核升级，升级面为职工总数的 2%，全场共计有 196 人升级，人均月增资 5.11 元。

1979 年 11 月，农场执行中共中央〔79〕70 号文件和国务院〔79〕251 号文件，按 1979 年 10 月底在册职工数中，1978 年底以前参加工作的国家职工和计划内临时工为基数进行工作考核晋级，晋级面 40%。工副业单位晋级人员人均月增资 5.33 元，工分制人员月均增资 4.13 元，并确定农场为三类工资区。

1980 年，农场职工的工资从三类工资区标准调整至四类工资区标准，每人每月增资 2 元。

1981 年，农场对文教、卫生系统职工进行调资升级，凡属 1979 年底以前参加工作的职工，现行工资为二级的增资调高一级，人均月增资 5.47 元。

1983 年，企业调整，这次调资升级，农场职工中升一级的 6983 人，升二级的 28 人，人均月增资 6.46 元。

1984 年 10 月，农场实行农牧工浮动工资，即一级工 30 元，二级工 35 元，三级工 41.60 元，四级工 48 元，五级工 56.10 元，六级工 65.70 元，七级工 76.80 元，八级工 90 元，全场浮动人员 2935 名，人均月增资 4.42 元。

1985 年，执行国务院和劳动人事部的有关文件，全面实行企业工资改革：一是改革工人和干部工资标准；二是建立职工正常升级制度。农场将农牧工级别、机务级别、炊事级别及其他工人级别一律改为企业工人工资标准。干部由原来的行政级别、卫技级别、技术级别、民警级别等一律改为企业干部级别工资标准，同年农场的工资分类则由四类调至五类。

1986 年，农场使用"八五"度 3% 晋级指标，工人晋级条件要有特殊贡献，干部晋级条件是企业全面完成年度计划任务，具有较好的经济效益。干部与职工分别计算，互不占用，也不搞半级，全场职工晋级 252 人，人均月增资 10 元，干部晋级 4 人，月增资 11 元。

1988 年，农场从五类区调整为六类区。

1990 年 4 月，全场所有职工增资一级，人均增资 11.43 元/月。

1992 年 10 月，执行苏劳薪函〔92〕91 号文件，先将农工与机工（企业）级别之间的差距调整过来，然后再调整工资起点线由原 43 元起点调整到 46 元后，再正常晋升一级工资，人均增资 21 元，升级共达 7118 人。

1993 年 10 月，执行苏劳薪〔93〕7 号文件，先将工资起点线 46 元增加到 50 元起点，然后由 50 元起点增加到 70 元起点。

1993 年底，因原物价补贴 30 元取消，改各项补贴为 66 元综合补贴，农场决定每职工增加一级浮动工资。

1994 年，按照苏劳薪函〔94〕5 号文件，工资起点线由原起点工资 70 元提高到 130 元，原工资中的企干、企工级全部取消，现行工资统称技能工资。

1995 年，执行苏劳薪〔95〕30 号文件，工资起点线由 130 元提高到 150 元，然后再进行考核增资。将 1993 年人均浮动一级转为固定标准工资。

1996 年，江苏农垦系统实行工资指导线，按照苏劳薪〔96〕15 号文件，苏垦职劳〔96〕310 号文件对农场职工进行考核增资，考核增资的主要条件：①1996 年完成农场年初下达的确保指标，比上年同期增长 15% 以上的企业，不但提高起点工资从 150 元调到 175 元，而且实行考核晋级人均增 1.5 级，具有中级以上（含中级）职称者，晋升 1.5 级标准工资；②上述条款中未列到的人员晋升一级工资；③1995 年 7 月底前毕业的五大生，同年安排就业，工龄满一年的晋升半级工资；④经场批准的二线干部，按所在单位的标准增加工资；⑤严重亏损单位的干部职工，先提高起点工资，然后人均晋升半级工资；⑥农业分场管理人员按标准调整工资，农业承包职工按一级标准工资晋升。

1997 年，贯彻苏垦集劳〔97〕83 号文件，农场对企业职工进行增资，贯彻执行"效益优先，按劳分配"的原则，并按照两低原则首先考虑物价上涨因素，同时根据农场自身经济效益的承受能力。增资标准：①1997 年能完成年初下达的确保指标，不但提高起点工资 20 元（从 175 元起点调到 195 元起点），而且实行考核晋级，人均增资一级。②1997 年不能完成农场年初下达的确保指标，但年终有所盈利，提高起点后，人均增加半级工资。③1997 年未完成农场下达的确保指标，但年终亏损 50 万元以内，提高起点工资后人均增半级工资。④年终亏损达 50 万元以上的单位，提高起点工资后，人均增加半级工资，推迟一年执行。⑤多升一级工资的对象：ⓐ农场党政主要负责人；ⓑ 1966 年底前参加工作的副场级干部，具有中级职称者达 5 年以上，任职达 8 年以上；ⓒ 1963 年底参加工作的科级干部，具有中级职称达 8 年，任职达 10 年以上；ⓓ 1968 年底参加工作的国家干部，从事技术工作 20 年以上具有助师以上职称人员。⑥多升半级对象：ⓐ现任副场级干部；ⓑ 1997 年任科分场级以工代干人员；ⓒ 1993 年底以来连续三年被农场评为先进工作者。⑦机关、医院等单位职工，提高起点工资，并晋升一级标准工资。

1998 年 11 月，根据苏垦集劳〔1998〕334 号《关于农垦企业执行 1998 年度工资指导线的实施意见》文件精神，按照江苏省农垦集团公司关于凡生产经营正常、有盈利且有工资支付能力的企业，农场在调整好执行起点由 195 元提高到 210 元后，人均再增加一级标准工资，人均调整增资达 50 元。

1999 年 11 月，根据江苏农垦集团公司《关于农垦企业执行 1999 年工资指导线的实施意见》，苏垦集劳〔1999〕254 号文件精神，结合农场具体情况规定，全场职工调资，调整系数 6～10 个百分点，执行起点工资由 210 元提高到 230 元后，人均再增加一级标准工资，人均调整增加工资达 60 元。

2003 年 8 月，根据江苏农垦集团《关于执行 2001 年度企业工资指导线的通知》，苏垦集劳〔2001〕338 号文件，农场对凡是 2001 年 12 月 31 日在册职工执行新的企业技能标准的企业起点调整工资、调整原则，调整工资的增长基准线为本企业上年度上岗职工工资的 80%，执行起点工资 230 元提高到 245 元后，人均再加增一级标准工资，人均调整增加工资额度达 80 元。

2004 年以后，农场职工的工资不按工资级别进行发放，机关人员按人员类别实行考核，实行基本薪酬和绩效薪酬两部分发放。

2. 各项补贴

从建场到 1978 年农场职工只有工资，不享受补贴。1979 年开始根据国家政策和上级有关文件结合农场实际情况，先后对职工实行副食品补贴、肉价补贴、物价补贴、离退人员生活补贴、洗理费、粮油价补贴、煤电气补贴、燃料水电补贴，执行上述各类补贴的时间及文件如下：

（1）国务院国发〔79〕24 号文件规定，发给职工 5 元副食品补贴。

（2）国务院国发〔85〕35 号文件和江苏省人民政府苏政发〔85〕76 号文件规定发给职工 2～2.5 元肉价补贴，农场执行 2.5 元标准。

（3）江苏省劳动厅苏劳计〔85〕88 号，江苏省财政厅苏财行〔85〕214 号文件规定发给职工 8 元物价补贴。

（4）国务院国发〔88〕23 号文件规定发给职工 9～10 元主要副食品价格变动补贴，农场执行 10 元标准。

（5）国家劳动部等 4 个部门联合下发劳字〔88〕142 号文件规定发给离退休人员 5 元生活补贴。

（6）国务院国发〔91〕18 号文件规定发给 6 元粮油补贴。

（7）江苏省财政厅苏财商〔92〕11 号文件，规定发给职工 2 元肉价补贴。

（8）财政部〔92〕财综字第 38 号文件江苏省财政厅苏财综〔92〕32 号文件规定发给职工 5 元粮价补贴。

（9）江苏省财政厅劳动综〔92〕108 号文件规定发给职工 10 元煤电气补贴。

（10）江苏省财政厅〔93〕苏财传 5 号文件规定发给职工 6 元粮价补贴。

（11）江苏省财政厅苏财综〔93〕81 号文件规定发给职工 28 元燃料水电补贴。

（12）1993 年，农场对职工实行 30 元物价补贴。

从 1994 年 11 月 1 日开始，农场职工工资执行技能工资制，实行综合补贴 66 元，洗理费 12 元，退休人员实行 66 元补贴。

2008 年起，农场对在岗管理人员实行年度岗位考学补贴，主要包括：①干龄补贴；②岗位补贴；③学历补贴；④职称补贴。干龄在 5～35 年补贴金额 100～700 元，岗位副队到正场级补贴金额 100～600 元，学历初中到博士补贴金额 200～2000 元，职称员级到正高补贴金额 200～1200 元。2008 年以后，农场对在岗管理人员的各项补贴基本上还是执行先前的相关政策。

2019 年起，农场给予在岗管理人员的岗位补贴主要包括：①干龄补贴；②职称补贴。干龄补贴为每年 50 元，职称补贴为每年初级 1440 元、中级 1800 元、副高 2160 元。截至 2022 年底，农场在岗管理人员的岗位补贴依旧延续此政策。

3. 奖金

1960—1979 年，农场生产经营连续亏损 20 年，农场职工没有奖金。1979 年以后，随着各业生产责任制的建立，企业激励机制的加强，企业有了盈余，农场开始有奖金，1981—1997 年农场财务账面反映共发放奖金 986.38 万元，年均发放 58.02 万元。

1960—2022 年农场工资、奖金及职均工资水平分配见表 7-3。

表 7-3　农场工资、奖金及职均工资水平分配（1960—2022 年）

年份	职工总数（人）	工资总额（元）	奖金（元）	职均工资收入（元）
1960	5389	394500		73.20
1961	4802	540502		113.81
1962	4815	471900		98.00
1963	6408	593458		92.61
1964	6551	760000		116.01
1965	6979	929300		133.15
1966	7188	1160710		161.48
1967	7307	1263600		172.93
1968	7307	1410000		192.96

（续）

年份	职工总数（人）	工资总额（元）	奖金（元）	职均工资收入（元）
1969	7307	1380000		184.95
1970	7190	1364300		189.75
1971	7418	1248371		168.28
1972	7768	1329100		171.09
1973	7801	1463100		187.55
1974	7813	1695400		216.99
1975	7916	1631400		206.08
1976	8218	1706900		207.70
1977	9945	2405800		241.90
1978	9820	2976600		303.12
1979	9437	2987200		316.54
1980	9321	3866450		414.81
1981	8636	4200365	597100	555.52
1982	8622	4184300	459300	538.57
1983	8322	3982200	717000	564.74
1984	8213	4514700	182357	571.90
1985	8739	6400700	130000	747.31
1986	8872	7326000	201500	848.45
1987	8451	7546900	124305	907.72
1988	7745	8113000	313000	1087.92
1989	7435	8559400	106200	1165.51
1990	7172	8658000	219200	1237.75
1991	6938	9092800	268000	1349.20
1992	7843	9518100	121500	1229.07
1993	7658	13552000	351000	1815.48
1994	7488	23130000	1628000	3306.35
1995	7338	24310000	1680000	3541.83
1996	7249	24790000	1625317	3641.23
1997	7132	27293200	1140000	3827
1998	6842	28274300		
1998	6842	28274300	524600	4073
1999	6625	29272300	572000	4491
2000	6489	29213960	689900	4916
2001	6180	28234590	1200009	4978
2002	5946	30052900	1071400	4958
2003	5560	26569000	747100	4946
2004	5347	28517900	766000	5234
2005	5536	31910900	764500	5994

（续）

年份	职工总数（人）	工资总额（元）	奖金（元）	职均工资收入（元）
2006	5320	33630000	1233800	6321
2007	5150	35964100	1512300	6983
2008	4881	37850800	2098800	8922
2009	4780	24472448		14496
2010	4596	26561883		21840
2011	4472	32073287		22259
2012	3041	39637299		23150
2013	2903	189000		29469
2014	2701	2205500		33318
2015	2566	2340000		35800
2016	2383	361000		39200
2017	2186	1860000		42100
2018	1991	2550000		46120
2019	1902	48553879	4345750	49600
2020	1723	51286985	3974332	53500
2021	1501	53423894	5673416	54700
2022	1378	56883670	6374097	57500

（四）劳动保护与安全生产

1. 劳动保护

从 1959 年建场开始，农场职工就享受劳保待遇，范围主要是从事机械作业和特殊工种人员，农业生产队社员不享受劳保用品，劳保用品主要由淮安县劳动主管部门按季发放，发放的劳保用品有手套、毛巾、肥皂、工作服等。

1980 年以后，农场场办工业单位职工的劳保用品改为由各单位自行按规定发放，报场劳资部门备案，对露天作业的砖瓦厂、供电站等，以及有粉尘污染的棉纺织厂、粮食加工厂、修理厂等一般按月发放劳保用品。

1999 年以后，由于大部分场办企业改制，改制后的企业不再由农场统一规定和发放劳动用品，发放权由企业自行决定。

2011 年，江苏省农垦农业发展有限公司白马湖分公司成立，其劳动保护职能由其下设的相关部门负责。

2. 安全生产

（1）安全组织。1962 年，农场成立安全生产管理机构，当时由生产股负责，主要负责宣传、传授安全操作知识，定期进行安全生产检查。

1981年，农场成立安全生产领导小组，由农场分管工业的副场长任组长，各单位也相应成立了安全管理机构，明确1名副职主抓安全生产工作。

1990年以后，农场成立安全生产委员会，下属单位都成立了安全领导小组，强化各项安全制度、措施的落实，使农场形成安全有效的安全生产管理网络。

2013年5月至今，根据淮安发〔2013〕7号文件精神要求，农场成立安全生产监督管理站。

2023年8月，白马湖农场有限公司根据淮政办函〔2023〕13号文件精神，组建白马湖农场有限公司安全生产综合监督管理局，由分管领导任监管局局长，明确1名在编人员任副职，公安派出所牵头负责消防工作的副所长或相当职级的职务民警兼任监管局副职，其他人员由农场公司根据工作需要进行明确，推动形成"一支力量管安全"的高效治理模式。

（2）安全培训。建场初期至20世纪70年代，农场对安全生产培训没有形成制度，1980年以后逐步规范化，每年对电工、司炉工、压力容器操作工、电焊工进行业务岗位培训，以及安全常识教育，有效地增强了各类人员的安全意识。

2018年5月，农场公司举办了一期8个学时的《安全生产知识和管理能力》培训班。场域内各单位、部门（驻场单位不在此列）主要负责人、安全分管人、安全员共63人参加了培训，经考核合格，分别取得安全生产知识和管理能力主要负责人、安全生产知识和管理能力安全生产管理人员资格证书。通过这次培训，极大地提升了管理人员的安全责任意识和安全生产管理水平。

2020年后，《安全生产知识和管理能力资格证书》有效期为1年，农场公司每年均组织场域内各单位、部门（驻场单位不在此列）主要负责人、安全分管人、安全员等重点人员进行复训。

（3）安全制度。建场以来，农场及下属单位主要执行《易燃易爆品领用制度》《锅炉压力容器操作规程》《安全用电规定》《高温季作业规定》《安全生产制度》等。

1990年以后，农场把每年的5月定为安全生产月，从1988年开始按安全生产列入农场各业生产责任制考核，实行一票否决权，任何单位如发生一起安全事故，年终将不得参加先进单位的评选。

2002年以后，根据国家安全生产总局的规定，把安全生产月由每年的5月调到6月，并将安全生产活动的形式和内容进行延伸。

2011年，农场实行安全生产保证金制度。

2013年，按照安全生产"党政同责、一岗双责"和"责任分工"制度的要求，层层分解责任，建立健全白马湖农场安全生产责任体系。

2014年12月，白农场〔2014〕63号关于印发《江苏省白马湖农场内控控制制度》的通知。首次以文件形式发布《江苏省白马湖农场安全生产管理办法》共九章，三十二条，附安全事故报告流程图。

（4）安全生产标准化。

2013年7月，江苏中储粮苏王米业有限公司获批准为淮安市安全生产三级标准化企业。

2014年9月，白马湖农场砖瓦三厂获批准为淮安市安全生产三级标准化企业。

2015年1月，农场境内三站加油站、林集加油站两个危化品经营单位获批准为淮安市安全生产三级标准化企业。2015年12月大华种业白马湖分公司、淮安华萃农业科技有限公司、淮安大华生物科技有限公司3家获批准为淮安市安全生产三级标准化企业。

《安全生产三级标准化证书》有效期均为3年，林集加油站、三站加油站两个危化品经营按期进行了复审，其他企业《安全生产三级标准化证书》到期后自然失效。

2022年9月，原淮安市淮安区三站加油站，统一社会信用代码：91320803684112280E，个人独资企业注销。

（5）食品安全。自2006年农场成立食品安全管理机构至今，根据上级部门关于加强农村食品安全"三网"（监管责任网、群众监督网、现代流通网）建设通知，按照楚州区食品安全生产委员会的工作部署，农场成立了由副场长挂帅，包括工商等部门参与的食品安全工作领导小组，成立了专门食品安全工作领导小组办公室，挂牌工作并向广大职工公布了食品安全卫生举报电话，同时建立了基层管理区（居委会）食品安全领导组织，落实了管理区食品安全责任人和联络员，建立了食品安全群众监督员队伍，进行农场食品经营流通网点调查，对115家食品经营店进行了登记。

（6）安全事故。建场至今，农场虽然制定了职工伤亡事故登记报告制度，但大部分登记资料由于时间长、保管条件差，安全事故记录大多遗失，多根据上访及老职工回忆记录整理。1960—2018年共发生重大安全事故16起，死亡13人，重残2人。

1961年2月，原邵集大队社员张玉井在家做饭起火，烧毁房屋两间，张玉井本人被烧死。

1963年，原闸东大队徐金荣家因点煤油灯引起火灾，共烧死4人。

1966年7月31日，扬州知青叶亚萍打猪草不幸落水牺牲。

1968 年 3 月 6 日，拖拉机手朱国祥在原七大队机耕作业时被拖拉机碾死。

1972 年 11 月 5 日，二大队民兵营长韩秀花在杨荡举行民兵实弹演习时，手榴弹片飞入头部，经抢救无效死亡。

1973 年 8 月 2 日，二大队共青团员韩永举在真空泵房值班，机房发生故障，为抢修机器，献出了年轻的生命，牺牲时仅 21 岁。

1981 年，三分场十六队四组一牛棚失火，当场烧死耕牛 7 头。

1988 年 1 月 21 日，农场船队在外运输时，擅自改变内河航道走长江，在张家港江口浅滩处撞到浮筒致使驳船船底破坏而沉没，船上共有小麦 36 万斤，总计损失 74237.8 元。

1989 年 4 月 2 日，物运公司粮食仓库因责任事故发生火灾，烧毁仓库 7 间，破损 3 间，以及烧毁稻子、麻袋、席子等物，直接经济损失计 37996 元。

1990 年 8 月 3 日，砖瓦三厂发生土源塌方事故，汪玉成当场被压死，王伏如为抢救被压职工而被第二次塌方压死。

2004 年 9 月 13 日，个体工商户王伏宝，在自家车床操作过程中，不慎被锁车部件侵入，造成死亡。

2005 年 6 月 13 日，第二管理区一组职工周风春在焚烧自家秧池周围小麦秸秆时，不慎殃及邻里两家麦田，致邻居未收割的麦子被烧约 50 亩。

2009 年 3 月 24 日，由淮安市楚州区水利建筑工程公司承建的白马湖农场第六管理区中心河农桥建设项目，在现浇梁体水泥混凝土过程中，因木支撑结构本体失稳导致坍塌事故，造成直接经济损失约 7.5 万元。

2011 年 7 月 25 日，农场境内突遭强风暴袭击，倒伏树木 5900 余棵，552 间房屋受损，停电断水近一周，造成损失近 1300 万元。

2012 年 11 月，四区 1 台全喂入稻麦收割机在收完 1 块田水稻后转田过程中自燃，导致收割机完全烧毁。

2016 年 6 月 1 日，一男子在 211 县道原农场二机队向南约 20 米处，因未戴头盔，车速较快的情况下绕行路面树枝，不慎摔倒，由 120 车送到淮安区医院，经抢救无效死亡。

2018 年 1 月 23 日凌晨，健康居委会富康小区一住户储物仓库发生火灾，未造成人员伤亡，据受灾户自己统计估算财产损失约 3000 元。

2018 年 12 月 16 日上午，畜水公司二渔场队部发生火灾，未造成人员伤亡、资产账册损毁，据受灾单位自己统计估算财产损失约 6000 元。

2021 年 8 月 16 日，裕源居委会裕源南路一居民家中液化气胶管老化皱裂漏气，遇明火发生爆燃，致过道吊顶及部分门窗损坏，财产损失约 8000 元，未造成人员伤亡。

2022 年 9 月 28 日，六区小四队一居民家中洗衣机自燃，过火面积约 40 平方米，火灾事故未造成人员伤亡，吊顶及其他家庭财产损失约 5000 元。

（五）劳动制度改革

1979 年，农场职工子女就业在场内由农场统一安排，农业生产实行大集体劳动，职工子女年龄达到 18 周岁就算劳力，参加生产队集体劳动。场办二三产业企业用工需由场统一从农业单位招收。

1980 年以后，农场开始改革劳动用工制度，特别是 1985 年以后遵照上级劳动部门文件精神，改农场包统分配为计划招工择优录取；改农场单一安排就业为农场集体、个体多种形式广开门路就业；改场办工业单位按计划招收固定工为招收劳务合同工，并实行半年试用期的办法。

2009 年后，农场职工自行外出打工，部分人员经成入校培训后，由场有关部门实行劳动力转移，向场外进行劳务输出，有的还输出到国外。

（六）职工养老保险制度

农场的职工养老保险开始于 1992 年，1995 年执行。职工基本养老保险费的提取，实行由国家、企业和个人三方共同负担，企业和职工按政府规定缴纳基本养老保险费，具体内容有 3 点：①企业应当按照政府规定的比例，以职工缴费工资总额为基数缴纳基本养老保险费，在税前列支。②职工个人按照本人缴费工资总额的 4％缴纳基本养老保险费，并每两年提高 1 个百分点直到 8％，职工个人缴费部分不计征个人所得税。③职工工资收入超过当地上年城镇职工平均工资 300％以上的部分不计入缴费工资，缴费工资最低不低于当地最低工资标准。职工工资收入无法确定的，其缴纳基本养老保险费的缴费额基数，按照当地上年城镇职工平均工资确定。

从 1999 年起，集团公司养老金收支出现差额，并随着离退休人数的增加，差额量也进一步扩大，针对以上情况，江苏省政府下达了 139 号政府令，从 2000 年起，江苏省农垦集团公司养老金纳入省级结算基金与发放差额弥补分 5 年到位。

（1）企业按照职工工资总额的一定比例缴纳基本养老保险费。1992—1995 年为 21％，1996—2003 年上半年为 20％，2003 年下半年至 2022 年为 21％，2011 年 1 月起调减至 20.5％，2012 年 1 月由 20.5％调减至 20％，2016 年 8 月由 20％调减至 19％，2019 年 5 月由 19％调减至 16％。

（2）职工个人按缴费工资基数一定比例缴纳基本养老保险费。1992—1993 年为 2％，1994—1995 年为 3％，1996—1997 年为 4％，1998 年为 5％，1999 年为 5.5％，2000 年为 6％，2000—2003 年上半年为 7％，2003 年下半年至 2022 年为 8％。

六、粮油管理

（一）概况

农场的粮油管理1960—1962年由财务股负责管理。1963—1964年财务股改为财务科后由财务科管理。1965—1968年由财务基建科管理。1969年以后又由财务科管理。1980年，农场成立物资供销科负责全场粮油管理工作。1980年以后农场粮食收购除每年按规定向粮管所上交国家定购粮外，其余家庭农场承包种植的粮食分别由物资科（1987年场长负责制后改为物运公司）下属的粮食仓库、综合厂（1990年改为粮棉油加工厂，1995年改为粮油公司，1998年又改为粮食加工厂）进行收购。1988年，农场成立种子公司，部分品种优的粮食由种子公司收购。1995年以后，种子的收购量占全场总产量的一半。1995年，物运公司改为物资公司，公司下属的粮食仓库划归为粮油公司，物资公司不再承担粮食收购保管工作，全场的粮食收购只由种子公司、粮食加工厂负责。各类粮食品种收购的价格结算一直由财务科负责。

（二）粮油供应

1960年，农场职工月口粮供应标准为14公斤，食油为0.05公斤。农业职工以原粮折算口粮，年供应原粮210公斤，小孩1～5岁每人每月供应原粮10公斤，6～10岁为12.5公斤，11岁以上为15公斤；五保户每人每月供应原粮22.5公斤。农业人员的粮油农场不予供应，但由各生产队每年种植的油菜籽送综合厂压榨后按人口数量进行供应，月供应量不超过0.05公斤，按季度领用。

1963年，职工口粮标准平均为14.5公斤，知青口粮为20公斤，食油为0.05公斤。其中：农业人员15公斤，机务人员18公斤，畜牧水产人员16.5公斤，运输人员16.5公斤，行政管理和技术人员14公斤，服务人员15公斤，临时工16.5公斤，家庭人口平均12公斤。家庭人口中，16岁以上13公斤，10～15岁11公斤，6～9岁10公斤，3～5岁7公斤，3岁以下1.5公斤。农业人员口粮标准未变。

1967年，农业人员口粮供应增加到原粮220公斤。

1969年，农业人员口粮供应标准又增加到225公斤。职工家属、工业和农业人员家属供应标准一直未变。

1971年，场属企业职工（包括机务工、驾驶员）平均口粮成品粮月供应21.5公斤，拿固定工资的农工口粮为20公斤，其中有劳动粮1公斤，大队干部月供应成品粮18公斤，机关人员、知青、医务人员、教师月供应口粮15公斤。农业人员口粮供应标准为原粮240公斤。

1978 年，农业人员口粮供应标准增加到 300 公斤原粮。

1979 年 7 月，农场对全场一、二、三产业的职工及家属子女的食油供应进行调整，农业职工及其子女供应食油开始统一标准，月供应食油 0.2 公斤。

1981 年，职工口粮供应标准为有自留地 17 公斤/月，无自留地 19 公斤/月，小孩按年龄分等级；教师、医务人员 17～19 公斤/月；农业家庭承包职工按年 400 公斤原粮折算口粮进行供应。

1982 年 9 月 1 日，粮油供应又增加到 0.25 公斤。

1987 年，农场对职工的口粮供应进行调整。1987 年以前农场供应职工口粮的统销价，从 1987 年元月起执行比例价供应职工口粮，职工所在的企业承担口粮供应比例差价。每公斤粮食补贴 0.224 元。食油补贴 1.68 元/公斤。

1988 年，粮油供应标准由 0.5 斤/人增加到 1 斤/（人·月）。

1993 年至今，由于全国粮食价格放开，农场职工对粮食供应已从场内购买转移到市场购买，随之农场对场内职工基本上不供应粮油，职工全部从市场购买。

七、物资管理

（一）管理机构与职能

农场建场以后直至 1980 年，农场的物资由财务科管理。1980 年农场成立物资科后由物资科管理。1987 年物资科改为物资运输公司，1995 年又改为物资公司。物资管理部门的主要职能是保证全场生产资料的采购、供应，所购物资要求品种全、价格低、质量好。

（二）物资计划、采购、保管与发放

从建场以来至 2003 年，物资由生产大队列出计划上报财务科，物资科按计划汇总后进行采购，物资仓库负责保管、发放，生产队根据需要由大队到财务科办理物资领用手续。其中 1960 年生产队领用的物资主要是农药及少数生产用的辅助物资。1980—1998 年，农场的物资由物资科和物运公司采购，采购计划主要由农业分场根据各承包户每年所需量进行采购分配，物资的主要品种有化肥、农药、农膜等。

2003 年以后，农场物资的采购计划由生产队和农业管理区根据各承包户所需物资量进行采购发放。

2009 年后，职工种田所需农用物资大部分由职工本人自行到市场购买，少部分物资由有关部门统一采购，职工个体购买。

（三）场内农用物资价格结算

农用物资的价格结算主要由农业基层单位与物资公司之间进行，物资公司凭农业基层单位开出有关支付凭证进行物资发放，农用物资价格按市场价确定，物资公司向场内承包户承诺，在场内销售的农用物资价格一律低于周边销售的农用物资价格。

2022年，完善了物资采购管理办法，进一步规范了物资采购管理的范围和要求。

八、房屋管理

1959年建场后，农场房屋绝大多数是私房，只有少数公房，据统计当时公房只有460平方米（其中：办公用房200平方米，住宅用房260平方米），截至1992年农场集体公房共计3515间，计76534平方米。

1992年5月，农场为了进一步深化住房制度改革，加快实现住房商品化，以场字43号文件下达了《关于进一步加强公房管理》的通知，随之农场成立房改领导小组，对农场内的所用公房逐项进行登记，对场内职工私住的公房进行折价变卖，当年一次性全部折价变卖公房820间，共计421户，折价房屋款共计639250元。折价变卖的公房，购房户在付清房款后，即取得相应产权，农场发给房屋产权凭证。

1999年，农场下发场发45号文件，关于棉纺织厂等单位房改实施意见，以确保国有资产保值、增值为原则，减少维护（维修）费用，鼓励职工建房买房，切实减轻职工负担，使职工从中得到实惠，对改制后的棉纺织厂、3个砖瓦厂、农机厂、地毯厂等6个单位未经折价处理的办公用房、公有私人住房、闲置公房以及文教系统公房均属此次房改范围，估价出售。

目前，尚有办公用房等由农场统一管理。

九、档案管理

农场档案建于1961年下半年，由当时办公室负责，根据系统整理积存文件、集中后共计61卷文书档案。1966年"文革"开始后，农场档案资料没有进行系统搜集，大部分资料已流失，整理成卷的档案基本上没有实用价值。1984年以后根据上级指示精神，农场专门组织力量，对文书行政档案进行整理，1997年下半年农场又着手开始准备综合档案室的资料工作，1997年底全场共有文书、劳资、组织档案约7500卷。

为了加强档案管理，农场于1990年下发了《档案管理制度》。

2001年，农场下发13号文件《关于加强档案管理工作的通知》。

2002年4月，农场综合档案通过了省级三级档案达标验收合格并颁发证书。

十、生产经营责任制

（一）场长任期目标责任制

1987年，根据江苏省农垦总公司的文件精神，农场开始实行场长任期目标责任制。具体为：1987—1990年，黄化祥；1991—1994年，黄化祥；1995—1997年，魏根顺；1998—2000年，胡兆辉；2000—2009年，王玉强；2010—2014年，滕金平；2015—2022年，姚春华；2022年后，韩正光。

（二）一二三产业生产经营责任制

1960年农场建场时，农业生产责任制主要实行"三包一奖"的办法，即：以生产队为承包单位，实行包产量、产值，包劳动出勤，包直接成本，定奖赔制度。具体实行固定等级工制度，按照全年计划产量、产值、总用工率等，确定工资水平。充分体现按劳分配的原则。

1962年，在"三包一奖"的基础上提出了"三包三定一奖"即：包成本利润、包产量产值、包生产用工；定生产任务，定工资总额，定劳动力出勤的生产经营责任制。

1969年采取了二、三、五的方法进行考核，即20％按人口，30％按劳动力，50％按产值、产量。规定在完成生产计划的前提下对超产值部分按二、三、五提奖，即30％交场部，20％做大队储备，50％由生产队作为增加职工收入。副业生产在盈利情况下对盈利部分实行"三、七"开，30％归个人收入，70％归生产队用于扩大再生产。

1971年，农场对农业责任制实行"四定一调整"的管理办法，即：定产量、产值、成本、分配，年终根据实绩调整分配。具体做法：①产量超"四定"，按五、一、四比例提成奖励，对超产部门50％上交农场，10％留队储备，40％增加职工口粮水平。产量未达到"四定"的按减产部分的50％下降口粮水平，产值未达到"四定"的按减少部分的10％下降工资水平。②超产粮。一次奖到户，按劳分配，最高口粮不超过折实口粮（超过留集体储备），工副业单位实行"三定一奖"，即：定产值、定成本、定利润，实行奖励。奖励办法：按"七、一、二"比例提奖，70％上交，10％留本单位扩大再生产，20％按出勤和工作量奖给职工，但最高资金不超过本人3个月工资。

1972年实行"五定一奖"生产责任制，即总场对生产队定面积、产量、产值、成本、利润。超计划利润实行提成奖励，采用办法是"五、一、四"制，50％上交农场，10％单位留存，40％职工分配。工副业实行"七、一、二"分配，具体方法：①基本工资加奖励。②保留工资、责任工资加奖励。③计件工资。这种考核分配办法一直执行到70年代末。

1980 年，农场实行"任务到组、责任到人、定额记分，以分计奖"的生产责任制。这种办法在一定程度上打破了建场 20 年形成的"大呼隆、大锅饭"的格局，使农场的生产责任制走上务实的发展轨道。

1981 年，农场按"三不变"即：全民所有制性质不变、现有管理体制不变、生产队基本标准核算单位不变的原则。在"五统一"（统一计划、统一核算、统一调动、劳力统一产品处理、统一奖惩）的原则上，试行联产计酬奖赔责任制，取消工资等级。联产计酬的形式是计划到队、任务到组、定额承包到人，超、减计划奖赔，奖赔办法按实际承包品种的盈亏比例兑现，粮食超计划利润按 40％奖励，减计划按 20％赔款，棉花、多种经营超计划按 30％奖励，减计划按 15％赔款，场办工业按 10％～20％奖赔，就是按超计划盈余提成奖的同比例赔 50％，概括说叫"奖一赔半"。

1982 年，农业生产一是重新调整为"六统一"，即：作物布局、机械作业、机械调工，定额承包到人，超计划利润分成奖，考核内容同上年一致；二是计件工资不奖不赔，单位的超计划盈余部分提 70％上交农场，30％单位留存；三是三联包干（联产、联本、联利），实行计划到单位，定额到人，包产量、产值、费用利润，产品统一处理；四是大包干，自谋职业职工与单位订立合同上缴利润，一般不发生活费和其他费用。

1986 年，农场为了进一步完善各业责任制，对农业在六统一的基础上实行逐级承包、分户经营、定额包干、自负盈亏的管理办法。

1988 年，农场实行场长、厂长（经理）、队长承包经营责任制，对各业生产经营单位采取百分考核办法。农业上对分场、大队管理人员实行定员定编，利润包干。在执行"五统一"的基础上，职工家庭农场与大队，大队与分场逐级签订承包合同，层层包干，包干项目为本年的利、税、三费、垫本和往年欠款回收。对农业垫本明文规定限额垫本，但必须保证主要技术措施的统一落实。对工业企业推行厂长（经理）承包经营责任制，承包经营内容：①利润上交基数、指标、利润计划指标、利润争取指标；②单位年底以前应收款及应收销货款的回收；③主要产品产量、产值指标；④安全生产、计划生育。

1992 年，农场规定副大队级以上干部（不含文教），从 1992 年 1 月起每人每月按 40 元扣发工资作为岗位责任及经营风险抵押，风险抵押金年底与单位经济效益挂钩。

1993 年，在对全场各业责任制执行与考核总体规定没有变化的前提下，实行奖金分档，主要负责同志按奖金基数奖励，考核办法以项目权重计分。

1994 年，农场责任制规定，农业分场、大队管理人员每月发 60％基本工资，40％工资作为风险抵押。

1995 年，农场为进一步强化企业经营管理，对各业责任制进行具体修订。农业：各承包户设有账户、核算到家庭农场，依据各分场土地面积核定利费上交标准。全场棉花250元/亩，其余面积一分场415元/亩，二、三分场400元/亩，四分场380元/亩。干部的考核和奖惩。①考核项目：主要考核经济指标，以项目权重计分：a. 主产品上交40分（粮食，棉花），粮食亩计划上交675公斤，争取750公斤；棉花亩计划上交籽棉200公斤，争取215公斤；b. 总产量20分，稻麦年亩总产量900公斤，争取950公斤，棉花同上项一致；c. 产值2分，棉花（含套种）计划亩产值1100元，争取2000元，采种甜菜计划亩产值700元，争取800元（农场实行收购保护价）；d. 资金回收20分，以上年底职工欠款余额为准；e. 职工均收入10分，职均年承包收入（不含家庭副业收入）不得低于3500元；f. 安全生产4分；g. 计划生育4分。②奖惩办法：年终综合考核得分达100分，享受职工年收入50%~60%，每增减1分，奖金增减100元，最高不超过本单位职工年收入的200%。奖励2分配系数正职为1，副职为0.85，农技员、主办会计为0.7。二三产业企业：农场规定二三产业企业是依据"四自方针"经营、具有法人资格的经济实体，各单位是在厂长（经理）负责制的基础上，实行全员风险抵押承包，企业经营管理者按规定交纳风险抵押金。农场对3个砖瓦厂试行模拟股份制，其他企业均实行独立核算、定额上交、超利分成的承包经营责任制，对超额部分20%上交农场，60%作为当年职工分配，20%作为单位留存用于扩大再生产。考核奖惩办法：考核项目及权重，利润60分，资金回收20分，职工年收入10分，安全生产5分，计划生育5分。计奖办法：单位完成确保指标后，年终按考核得分计奖。其经理（厂长）奖金为单位职工平均奖×系数×考核得分÷100。农场同时规定单位职工平均奖金不得超过1500元，单位领导正职常规奖金最高不超过职工平均奖金的4倍，单位领导班子奖金分配系数与农业一致。

1996—1997年，农业分场、大队、畜水公司3个渔场继续实行家庭农场承包。二三产业企业，农场实行指标定额上交、超利分成和见利分成的经营责任制。

1998年，农业责任制在继续执行职工家庭农场承包的前提下，对田亩进行调整。调整后的田亩费标准：一分场360元/亩，二、三分场350元/亩，四分场340元/亩，并且把种子生产纳入责任制考核，农业发展中心实行技术管理考核。二三产业企业在认真贯彻"产权清晰，权责明确，政企分开，管理科学"的现代企业制度总要求下，对3个砖瓦厂、修造厂实行资产内部转让，种鸡场与饲料加工厂合并，合并后实行租赁经营，对煤球场进行资产拍卖，畜禽加工厂实行股份制经营，其他单位实行资产风险抵押承包。

1999年继续实行"五统一"，农业大田承包人员、退休人员口粮按每人800斤/年标准调剂，分场、大队管理人员实行风险抵押金制度，分场主要负责人5000元，副职、财务总监4000元，其他管理人员2000元，大队主要负责人3000元，副职2000元，其他人员 1000 元。二三产业企业经营体制，主要实行风险抵押。

2000 年，总场、分场、大队和个人采取双层核算，四级管理，土地承包到户，自担风险，自负盈亏。各级主要负责人实行按项目百分制考核计算奖赔的办法，由总场考核到大队。二三产业以农业产业化为主攻方向，以建立现代企业制度为总目标，按国家和集团公司改制计划的要求，全年基本完成农场二三产业企业的改制工作。在经营体制上，主要实行风险抵押承包和股份合作两种形式，形成利益共享、风险共担的机制。实行风险抵押承包经营的单位有：种子公司、物资公司、建安公司、庭园公司、玩具厂、畜水公司、粮食加工厂、供电站、酒厂、航运站、林业站和配件库。实行风险抵押承包经营的单位的管理人员实行风险抵押金制度，标准为正职 6000 元，副职、财务总监各 5000 元，职工 500元。实行股份制合作的改制企业按签订协议和《中华人民共和国公司法》操作。

2001 年，农业实行"两田制"（养老保险金、医疗保险金）农田租赁承包种植。租金调整一分场 270 元/亩。二、三分场 252 元/亩，四分场 240 元/亩，享受"两保金"田必须保证先交钱，后种田。租金分两次缴纳，7 月 20 日前和 12 月 31 日前，二三产业企业提资比例在保证完成利润的前提下进行利前提资。物资公司提 20%～45%，畜水公司、供电站提 30%～50%，庭园公司、林业站提 40%～60%，机关人员享受全场管理人员平均奖，系数为部门负责人 2.5～3.5，副科级 2～2.6，队级 1.6～2.2，其他人员 1.8～2.2。

2002 年，二三产业企业基本年薪和效益年薪的分配系数，单位正职基本年薪为 1，副职、总账会计为 0.9，其他在编人员为 0.8，单位正职效益年薪为 1，副职、总账为 0.8，其他在编人员为 0.6。

2003 年，全场一二三产业人员"两保金"实行年前预缴，年底结算，农业管理区经费实行包干使用，以实际承包面积 18 元/亩为标准计算，年终有盈余，30% 比例用于领导班子年终奖励，其余 70% 转下年。机关职能部门费用包干，经费超支按 40% 进行奖赔，其系数：部门正职为 2，副职为 1.5，其他工作人员为 1。

2004 年，按照集团公司经济工作会议精神，结合农场实际，农场土地租赁经营工作实行"先交后种（养）、两费自理、产业化经营"的模式，坚持"依据单位资源质量，确定适宜土地租金"和"规模种植优先，一次性交清租金优先"的原则，公正竞价承租，确保租金按时足额上缴。鼓励全场管理人员和有管理经验的职工规模承租土地，创建家庭农场。

2005 年，农业租金，第一、第二、第三管理区 320 元/亩，第四、第五、第六、第七管理区 302 元/亩，第八、第九、第十管理区 290 元/亩，先交后种率达 100%。

2006 年，对管理区的考核分为三大方面：一是经济指标与经济任务完成业绩；二是三产、民营经济工作；三是动物防疫。全年经济指标考核内容包括5个方面：一是土地租金收缴到位率；二是职工借贷担保资金回收率；三是农产品保种（粮）指标完成率；四是民营经济与三产发展规模落实率；五是农田可持续养护措施保证率。管理区管理人员实行年薪制。年薪由基本年薪和效益年薪组成，考核奖罚到人。

2007年，土地租金，第一、第二、第三管理区为350元/亩，第四管理区为342元/亩，第五、第六、第七管理区为332元/亩，第八、第九、第十管理区为320元/亩。高效农业发展，实行"一园三带"工作，本场职工新增大棚20亩，露天蔬菜面积2000亩，其他结构调整面积100亩。

2008年在秋播时，农场率先在第六、第九管理区实行农业模拟股份制试点工作。产业办自2008年开始制定《白马湖农场发展民营经济实施细则》，分别从典型户培植、畜禽养殖规模、小区建设、创业基金回收、项目引进和民营经济总量等6个方面对10个农业生产区和畜水公司实行百分制考核。对畜水公司的经济考核下发单独的《2008年度畜水公司全年工作业绩考核实施意见》，从生产组织、社会性管理工作和经营创收三方面实行百分制考核，对公司和所属渔场在编管理人员实行年薪制，并缴纳5000以下的风险金，年终考核得分达90分（含）以上可享受基本年薪，年薪分配系数为公司正职为1，副职、总账会计、技术员为0.8。其他会计为0.7，下属渔场由公司考核奖惩。年终综合得分低于90分的，无效益年薪，每减1分，正职赔款300元，其他人员按效益年薪比例赔款，直至风险金赔完为止。

2009—2010年，农场出台《白马湖农场参控股企业目标及考核实施细则》，考核对象为物资公司、供电公司、华萃公司、大华生物制品厂、职工医院和林管站，统一实行百分制量化考核：①基本年薪：实行岗位定薪，以全场管理人员基本年薪确定标准。月薪标准：单位正职1200元，副科级1100元，副职及其他管理人员1000元。②效益年薪：提取原则，供电中心、华萃公司、大华生物制品厂、职工医院、林管站利前提取；物资公司分红前提取。奖励办法：年终考核综合得分达90分以上（不含）享受效益年薪，每超1分，按管理人员（或经营层）平均基本年薪的3%～5%提取效益年薪，按正职1.0、副职0.8、其他管理人员0.7的系数分配，效益年薪最高不得高于基本年薪的4倍，超过争取指标的经党委研究给予嘉奖。③赔款办法：综合得分低于90分的，无效益年薪，每减1分，正职赔款300元，其他管理人员按基本年薪的分配比例赔款。

2011年，大华生物制品厂从农场分离出去，农场只对其他5个国有（控股）企业实行考核。从2022年开始实行风险金抵押制度，风险金的缴纳标准参照农业管理区执行。根据综合得分高低取前1～2名进入年度综合先进单位评选。

2012年，因农业资源整合，农场不再考核物资公司。只考核供电公司、华萃公司、职工医院和林管站4个国有企业，其基本年薪实行岗位定薪，依据全场管理人员的基本年薪确定标准，月薪标准按农场统一标准执行。绩效年薪利前提取。计算办法：年终考核综合得分达90分以上（不含）享受绩效年薪，绩效年薪的基数为基本年薪的30%。综合得分超90分，每超1分，在基数绩效年薪的基础上，按基本年薪的4%～6%提取绩效年薪，分配系数为正职1.0，副职、总账会计0.9，其他管理人员0.8。年薪最高不得超过全场职均收入的4倍，超过争取指标的需经农场党委研究给予嘉奖。赔款办法不变。畜水公司的考核办法同往年，在组织销售方面，公司通过组织外销，形成利润在10（含）万元以下的、10万～20万元（含）和20万元以上的，分别按50%、40%、30%奖励经营管理层。

2013年，对民营经济的考核内容主要涉及：民营经济总量、劳动力转移、培植创业致富带头人、培植经纪人队伍、养殖业后续污染管理、创业基金回收、租金收取、档案建设与管理和平时工作8个方面。取前3名为民营经济工作先进单位。出台《白马湖农场二三产业企业2013年目标考核责任制》，对电管中心、职工医院、林业管理站、华萃公司和畜水公司实行考核。主要考核内容有：实现利润、费用指标控制、资金回收、营业收入等。薪酬标准由基本年薪和绩效年薪构成，按农场统一的月薪标准发放，其发放标准根据单位完成目标情况，年终考核结果，由党委最终研究确定。

2014年，农场取消对农业生产区的民营经济考核，因华萃公司划归农垦大华集团，不再纳入农场二三产业企业考核范围，农场2014年二三产业目标责任制只考核畜水公司、供电中心、林业站和职工医院。管理人员年薪发放标准按照农场规定的标准发放，基本年薪正职2400元/月，其他管理人员按分配比例执行。绩效年薪按"基本年薪×（年终业绩考核分－90分基础分值）×基本年薪调节系数"构成，企业当年的基本年薪调节系数由农场党委研究确定。企业年终考核综合得分超90分的，每超1分，按基本年薪的4%～7%系数计算效益年薪。对畜水公司、供电中心和林业站超额完成利润争取指标的，且对外经营创收形成的利润超规定指标的，给予20%～50%的奖励；职工医院超额的争取指标的，给予10%的奖励。企业年终考核综合得分低于90分的，无绩效年薪，每减1分，单位正职赔款500元，其他按比例赔款。对连续3年完不成年度确保利润指标的单位领导，给予降职或免职处理。

2015年，按照"有利则分、无利不分"的原则，采用"利前提取"预提发放金额，对照考核结果，发放二三产业企业考核薪酬。对考核综合得分超90分的，每超1分，按基本年薪的6%～9%系数计算效益年薪。供电中心、林业站和畜水公司完成年初下达的利润争取指标，且对外创收所形成的利润超规定指标部分的，给予50%的奖励，职工医院营业收入超争取指标以上部分的，给予 10％奖励。

2016 年，二三产业企业考核在综合得分超 90 分的情况下，每超 1 分，按基本年薪的 7％～10％系数计算效益年薪，其他不变。对照考核结果，于翌年 3 月底前兑现发放。

2017 年，二三产业考核内容包括预算执行、日常管理、对外创收和综合评价 4 个方面，考核权重依次为 40％、30％、20％和 10％。实行单项百分制考核，其单项考核得分＝单项百分制得分×该项目所占权重。企业年终考核得分为 4 项考核内容得分之和。年薪标准基本年薪单位正职 3000 元/月，其他管理人员按比例执行；绩效年薪根据考核结果确定，企业当年的基本年薪调节系数由农场党委研究确定。综合得分超 90 分的，每超 1 分，按基本年薪的 8％～12％系数计算效益年薪。

2018 年，农场重点从经济指标、安全生产、信访稳定、党群工作、法治工作和综合评价 6 个方面加强对二三产业企业实行百分制考核。电力服务公司、林业站和职工医院经济指标占权重的 65％，主要考核营业收入、利润指标和费用控制。年薪标准同上年，对单位超额完成年初下达利润争取指标的且对外经营创收所形成的利润超出上年度以上部分的，给予不超过 50％的奖励，主要用于创收费用开支和单位班子个人激励。畜水公司因职能转换，农场鼓励中心推进创新发展，完善管理机制，明确具体职能，对其实行目标考核，主要考核下属单位指标完成占用情况：动物防疫、内控制度执行、全场畜禽污染管理与整治、党群工作、信访稳定、法治工作等按照合格、基本合格、不合格 3 个等次进行量化。合格等次以上中心管理人员年薪参照农场公司机关人员发放，基本合格等次扣发效益年薪的 20％，不合格等次不予发放效益年薪。以上 4 个单位实行年度业绩与年终评选先进单位挂钩，综合得分取第一名进入年度综合先进单位评选。

2019 年，农场重点从经济指标、管理与服务、安全生产、信访稳定、党群工作、法治工作、综合评价 7 个方面对二三产业企业实行单项百分制量化考核。其中，电力服务公司、林业站的经济指标占权重的 50％，主要考核营业收入、利润指标和费用控制 3 项，畜水中心经济指标占权重的 30％，主要考核租金收取工作。根据考核结果进行综合评价，总分在 95 分以上的进入"年度综合先进单位"候选名单，低于 90 分的扣发效益年薪的 20％，低于 85 分的不予发放效益年薪。对单位超额完成农场公司年初下达利润争取指标的，且对外经营创收所形成的利润超出上一年度以上部分（除项目资金和争取的物资）给予不超过 50％的奖励，主要用于创收费用开支和单位班子个人激励（班子奖励原则不超过 20％）。

2020 年，农场对二三产业的考核内容包括经济指标、国有掌控、管理与服务、安全生产、信访稳定、党群工作、法治工作、综合评价等 8 个方面，计分方式实行单项百分制量化考核。电力服务公司、林业站的经济指标所占权重分别为 50% 和 45%，主要考核营业收入、利润指标和费用控制 3 项。畜水中心经济指标占权重为 30%，主要考核租金收取工作和费用控制。林业站与畜水中心的考核内容与 2019 年相比主要增加了国有掌控，占权重为 5%。根据考核结果进行综合评价，总分在 100 分以上的进入"年度综合先进单位"候选名单，低于 90 分的扣发效益年薪的 20%，低于 85 分的不予发放效益年薪。

2021 年，农场对林业站的考核内容包括经济指标、内控管理、管理服务、安全生产、信访稳定、党群工作、法治工作等 7 个方面，计分方式实行单项百分制量化考核。畜水中心因产业结构调整的需要，农场对其考核内容主要包括经济指标、结构调整、内控管理、管理服务、安全生产、信访稳定、党群工作、法治工作等 8 个方面，计分方式同样实行单项百分制量化考核。根据考核结果进行综合评价，总分在 100 分以上的进入"年度综合先进单位"候选名单；低于 90 分的扣发效益年薪的 20%；低于 85 分的不予发放效益年薪。2021 年，依托东辛凯惠电力工程有限公司成立江苏凯惠电力工程有限公司白马湖分公司，农场将电力服务公司注销，自此将不再将电力服务公司纳入考核范围。

2022 年，农场对林业站的考核内容包括经济指标、内控管理、管理与服务、安全生产、信访稳定、党群工作、合法合规工作等 7 个方面，计分方式实行单项百分制量化考核。畜水中心同上年一样，继续根据产业结构调整需要，农场对其考核内容主要包括经济指标、结构调整、内控管理、管理与服务、安全生产、信访稳定、党群工作、合法合规工作等 8 个方面，计分方式同样实行单项百分制量化考核。根据考核结果进行综合评价，总分在 100 分以上的进入"年度综合先进单位"候选名单，低于 90 分的扣发效益年薪的 20%，低于 85 分的不予发放效益年薪。

第八章　农场党组织

第一节　组织状况

1959 年 11 月 18 日，成立县属农场。随后建立了农场党委会，县委农工部副部长许志友兼任党委书记。1960 年 2 月 10 日，"中共淮安县白马湖农场委员会"印章启用。

1960 年 3 月 21 日，农场召开首届党代会，选举产生第一届党委会，隶属淮安县委领导，全场设 10 个党支部。

1961 年 4 月 15—18 日，召开二次党代会，选举产生新一届党委会。党委下设 11 个党支部。

1967 年初，在"文革"冲击下，党委会工作陷入瘫痪。

1969 年 1 月底，开展整党建党运动。经上级审批，农场成立党的核心领导小组，主持日常党务工作。

1970 年 9 月 26 日，召开党代会，成立新党委，下设 17 个党支部。

1972 年 3 月 26 日，召开党代会，选举产生新党委，下设 20 个党支部。

此后，随着经济社会的不断发展，党组织规模和党员人数不断壮大，同时也因不同时期实际情况而不断调整。1959—2022 年历年各级党组织状况一览见表 8-1。

表 8-1　历年各级党组织状况一览（1959—2022 年）

年份	党委数	总支数	支部数	党员			备注	年份	党委数	总支数	支部数	党员			备注
				总数	女党员	预备党员						总数	女党员	预备党员	
1959	1		7	292	23			1967—1969				1967—1969 年党组织停止活动			
1960	1		10	274	25			1969	1						
1961	1		11	311	21	22		1970	1		17	402	35	10	
1962	1		11	329	28	12		1971	1		19	424	38	2	
1963	1		12					1972	1		20	435	42	2	
1964	1		17					1973	1		21	482	45	2	
1965	1							1974	1		21	501	51		
1966	1		19	259	28	9		1975	1		21	542	57		

（续）

年份	党委数	总支数	支部数	党员			备注	年份	党委数	总支数	支部数	党员			备注
				总数	女党员	预备党员						总数	女党员	预备党员	
1976	1		25	599	72			2000	1	9	52	891	80	20	
1977	1		26	626	74	0		2001	1	9	52	907	83	20	
1978	1		26	623	66	10		2002	1	9	52	928	85	28	
1979	1		25	641	68	8		2003	1	4	40	941	89	20	
1980	1	7	50	661	66	11		2004	1	4	40	951	92	20	
1981	1	7	51	670	67	7		2005	1	4	39	957	95	20	
1982	1	7	52	673	68	8		2006	1	4	39	966	101	18	
1983	1	7	53	676	68	5		2007	1	4	41	985	103	21	
1984	1	9	57	676	68	10		2008	1	4	41	988	108	19	
1985	1	10	62	675	55	11		2009	1	4	41	1012	113	22	
1986	1	10	62	684	59	14		2010	1	5	39	1017	117	22	
1987	1	9	62	686	60	10		2011	1	5	39	1034	124	20	
1988	11	9	60	690	60			2012	1	5	41	1031	133	20	
1989	1	9	55	698	60	11		2013	1	5	41	1027	134	6	
1990	1	9	57	692	60	6		2014	1	5	41	1014	138	5	
1991	1	9						2015	1	5	41	1003	135	3	
1992	1	9	62	714	53	12		2016	1	5	38	986	145	3	
1993	1	9	58	767	63	34		2017	1	5	38	972	148	6	
1994	1	9	58	755	59	1		2018	1	5	38	952	144	0	
1995	1	10	58	778	59	31		2019	1	5	37	941	144	6	
1996	1	10	59	816	63	39		2020	1	5	35	939	144	5	
1997	1	10	60	834	69	20		2021	1	5	33	934	144	19	
1998	1	9	60	855	72	29		2022	1	5	33	957	155	14	
1999	1	8	52	873	76	20									

第二节　历届党代会

1960年3月21日，召开首届党代会。许志友做工作报告。会议选举产生了由许志友等人组成的农场第一届委员会。

1961年4月5—18日，召开二届一次党代会。沈万立做《关于农场一年来工作情况及1961年工作任务的报告》。选举产生了新一届党委会，由石守云、邱建成、徐坤等10人组成。

1963年3月6日，召开二届二次党代会。石守云做工作报告，沈万立宣读了党的八届十中全会和《关于进一步巩固人民公社集体经济发展农业生产的规定》两份文件。会上通过了农场 50 条规定。

1970 年 9 月 26 日，召开三届党代会，选举产生了由魏学田、王星明、张宝元等 7 人组成的党委会。

1972 年 3 月 16 日，召开四届党代会，成立新党委，由魏学田、柏新春等 9 人组成。

1984 年 7 月，召开五届党代会，到会代表 85 人。

1985—2015 年，农场没有召开过党代会。

2016 年 7 月 15 日，召开第八次党代表会议，选举产生出席淮安区第十二次党代会代表，汤伏领、陈永华、周明、范春冬、姚春华、姚爱芹等 6 名代表当选。

2017 年 9 月 10 日，召开中国共产党白马湖农场第六次代表大会，到会代表约 120 人。姚春华代表农场党委做《坚持方向充分发挥党组织核心优势，坚定信心奋力实现新农场建设目标》的工作报告，韩跃武做《落实全面从严治党，强化监督执纪问责，为农场经济社会健康发展提供坚强纪律保证》的纪委工作报告。大会选举产生了由姚春华、韩正光、韩跃武、王林、沈会生等 5 人组成的中共江苏省国营白马湖农场第六届委员会和由韩跃武、张志成、解玉台、陈文军、韩德忠等 5 人组成的纪律检查委员会。

2017 年 11 月 30 日，召开党代表大会，选举产生拟出席中共江苏省农垦集团有限公司第一次代表大会代表，王立新、姚春华、韩正光、姚爱芹、范春冬、董洪永等 6 名代表当选。

1959—2022 年党委成员名单见表 8-2。

表 8-2　党委成员名单（1959—2022 年）

组织名称	书记		副书记		委员
	姓名	任职时间	姓名	任职时间	
中共淮安县白马湖农场委员会	许志友	1959.12	沈万立	1959.12	徐坤、陈风官
第一届农场党委	石守云	1960.5	沈万立 张士彦	1960.5 1960.4	徐坤、陈风官、谢怀官
第二届农场党委	石守云	1961.4	沈万立 张士彦 邱建成	1960.10	徐坤、周秉衡、谢怀官 董步超、沈廷甲、唐庆国
中共淮安县白马湖农场委员会	何俊松	1966.3	沈万立 张士彦 邱建成		徐坤、陈风官、谢怀官 马楠、张宝元
第三届农场党委	魏学田	1970.11	王星明	1970.11	张宝元、谢怀官、柏新春 魏兆纯、陈怀宝
第四届农场党委	魏学田	1972.3	柏新春 徐友福	1971.9 1971.9	张宝元、王秀兰、戴怀义 魏兆纯、陈怀宝、花如华 徐友福

（续）

组织名称	书记		副书记		委员
	姓名	任职时间	姓名	任职时间	
中共淮安县白马湖农场委员会	魏学田	1972.12	柏新春 钱静人 戴怀义	1972.12 1972.12 1972.12	张宝元、王秀兰、花如华 魏兆纯、陈怀宝、徐友福
中共淮安县白马湖农场委员会	杨在国	1975.1	花如华 顾锡山	1973.11 1974.2	王秀兰、谢学铨、祝胜 宋春奎
中共江苏省国营白马湖农场委员会	杨在国	1979.12	花如华 陆柱儒	 1979.1	王秀兰、杨文秀、袁延政 宋春奎、祝胜、谭洪志
中共江苏省国营白马湖农场委员会	杨在国	1981.6	姜福山 孙步云 陆柱儒	1981.2 1980.10	谢学铨、宋春奎、杨文秀 谭洪志、袁延政
中共江苏省国营白马湖农场委员会	杨在国	1984.5	陆柱儒		黄化祥、谭洪志、谢学铨 袁廷政、王秀兰
中共江苏省国营白马湖农场委员会	李超	1986.2	张荣道	1986.10	黄化祥、谭洪志、范孟怀 谢学铨
中共江苏省国营白马湖农场委员会	李超	1988	张荣道		黄化祥、刘巨清、范孟怀 谢学铨
中共江苏省国营白马湖农场委员会	许维超	1990.10	张荣道		黄化祥、范孟怀、刘巨清 许德华
中共江苏省国营白马湖农场委员会	许维超	1991	张荣道		黄化祥、谢学铨、范孟怀 刘巨清
中共江苏省国营白马湖农场委员会	许维超	1992	张荣道		黄化祥、谢学铨、范孟怀 于加法
中共江苏省国营白马湖农场委员会	黄化祥	1994.7	于加法 魏根顺	1993.12 1993.12	谢学铨、范孟怀、胡兆辉 古继胜
中共江苏省国营白马湖农场委员会	魏根顺	1994.8	于加法		谢学铨、范孟怀、胡兆辉 古继胜
中共江苏省国营白马湖农场委员会	魏根顺	1997.7	于加法		胡兆辉、谢学铨、范孟怀 杨正昌
中共江苏省国营白马湖农场委员会	胡兆辉	1998.2	于加法		谢学铨、杨正昌
中共江苏省国营白马湖农场委员会	胡兆辉	1998.2	于加法		谢学铨、杨正昌、王玉祥
中共江苏省国营白马湖农场委员会	胡兆辉	2000.2	于加法		杨正昌、王玉强、宗兆勤、姚春华、滕金平
中共江苏省国营白马湖农场委员会	胡兆辉	2001.8	于加法		杨正昌、王玉强、宗兆勤、姚春华、 滕金平、张长怀
中共江苏省国营白马湖农场委员会			王玉强 姚春华	2003.11 2003.12	杨正昌、滕金平、相咸俊
中共江苏省国营白马湖农场委员会	许怀林	2006.12	王玉强		滕金平、相咸俊、李乾清
中共江苏省国营白马湖农场委员会	姚春华	2009.12	滕金平	2009.12	李乾清
中共江苏省国营白马湖农场委员会	滕金平	2011.12	姚春华	2011.12	李乾清、赵广福
中共江苏省国营白马湖农场委员会	姚春华	2015.1	韩正光	2016.7	
中共江苏省国营白马湖农场委员会	姚春华	2016.8	赵广福	2014.12	韩正光、韩跃武、王林
中共江苏省国营白马湖农场委员会	姚春华	2017.12	韩正光	2016.7	韩跃武、王林、沈会生

（续）

组织名称	书记		副书记		委员
	姓名	任职时间	姓名	任职时间	
中共江苏省白马湖农场 有限公司委员会	姚春华	2018.1	韩正光	2016.7	韩跃武、王林、沈会生
中共江苏省白马湖农场 有限公司委员会	姚春华	2018.1	韩正光 韩树明	2021.1	韩跃武、何善栋
中共江苏省白马湖农场 有限公司委员会	韩正光	2022.8	韩树明	2021.1	何善栋、邵正林、冼永帅

第三节　纪律检查

一、组织机构

1968 年以前，由党委书记兼管，没有专门机构和专职人员负责。

1969 年，由党的核心小组领导，革委会政工组负责具体工作。

1981 年 6 月，成立党的纪律检查委员会筹备小组，党委副书记姜福山任组长。

1983 年 4 月，农场成立纪律检查委员会，姜福山兼任纪委书记，孙德传、刘巨清、谢学富 3 人兼任纪检委员，吕玉璜任专职纪检员。

1985 年，袁廷政任纪委书记，委员会由 3 人组成。

1990 年 4 月，张荣道兼任纪委书记。同时，增设兼职副书记 1 人。

1994 年 10 月，于加法兼任纪委书记，谢学礼兼任纪委副书记。

1999 年 5 月，于加法兼任纪委书记，沈维龙兼任纪委副书记。

2003 年 12 月，姚春华兼任纪委书记，韩正彰兼任纪检员。

2006 年 12 月，许怀林兼任纪委书记。

2009 年 12 月，姚春华兼任纪委书记，张志成兼任纪检员。

2016 年 3 月，韩跃武任纪委书记，张志成兼任纪检员。

2017 年至今，韩跃武任纪委书记，张志成兼任纪委副书记。

2017 年 1 月，韩跃武任纪委书记，张志成兼任纪委副书记。

2021 年 10 月，韩跃武任纪委书记，汤伏领任纪委副书记。

2022 年 1 月至年底，何善栋任纪委书记，汤伏领任纪委副书记。

1983—2022 年农场历届党的纪律检查委员会成员见表 8-3。

表 8-3　农场历届党的纪律检查委员会成员（1983—2022 年）

时间	书记	副书记	委员
1983.4	姜福山		孙德传、谢学富、刘巨清
1985.5	袁廷政		杨秉文、李学明
1990.4	张荣道	谢学礼	于加法、李文成、朱国法、王秀兰
1994.10	于加法	谢学礼	朱国法、王秀兰、韩金柱、王洪宝、葛荣好
1999.5	于加法	沈维龙	解云、姚春华、韩正彰
2009.12	姚春华		解云、韩正彰、魏军民、谢在宝
2008.5	许怀林		解云、韩正彰、赵广福、滕云军、张志成
2011.12	姚春华		赵广福、韩跃武、韩正彰、滕云军、张志成、韩德忠
2014.12	姚春华	韩跃武	解玉台、张志成、韩德忠
2016.7	韩跃武		解玉台、张志成、韩德忠、陈文军
2017.9	韩跃武	张志成	解玉台、韩德忠、陈文军
2020.10	韩跃武	张志成	解玉台、陈文军、汤伏领
2021.11	韩跃武	汤伏领	张志成、陈文军、李军
2022.2	何善栋	汤伏领	张志成、陈文军、李军

二、党风建设

1960—1965 年，结合"整风整场""社教运动"，采用树立先进典型，逐个鉴定对少数违反党纪的党员进行组织处理等方法进行党纪党风教育。

1981 年，组织党员干部学习关于《党内政治生活若干准则》。开展学"《准则》、见行动，从我做起，从现在做起"的活动。

1982 年，在全场党员干部中开展党性、党风、党纪的教育活动。

1986 年，农场党委制定《关于建立全党抓党风责任制的规定》，在全场试行。同年，各级党组织制定规划，建立党风责任制，并纳入干部考核内容。

1987 年，旗帜鲜明地开展坚持四项基本原则，坚决反对资产阶级自由化的斗争。把党风建设同社会主义两个文明建设，同增产节约、增收节支运动紧密结合起来。

1989 年，农场印发《关于加强廉政建设的若干规定》，对农场公务活动中的吃喝招待和业务往来中的经费开支进行严格控制，对党员干部建私房进行了清理，在全场推行"两公开一监督"的民主办事原则，加强党同人民群众的联系，密切党群关系。

1990 年 11 月 17 日，农场党委召开廉政建设座谈会，各分场和公司党政负责人、场直单位负责人、机关科室负责人以及农场党委成员共 39 人出席了会议。会议就 1989 年《关于加强廉政建设的若干规定》下发后，全场党风建设所取得的成绩、综合治理工作中暴露出来的问题以及今后如何加强廉政建设，推动党建工作，促进两个文明建设进行了认真的座谈讨论。会上讨论和通过了纪委书记张荣道就综合治理过程中暴露出来的问题所提出的廉政建设整改措施。

1991年，在全场党员干部中开展以学习《党的纪律基础知识》为内容的普及教育活动。教育紧紧围绕中纪委颁发的7个党纪处分决定，结合进行了党的政治纪律、组织纪律、财经纪律等10项纪律教育，普及党的基础知识教育。

1993年，结合农场开展的主题教育活动，对党员干部进行"四有""四德"教育，号召党员带头创企业精神，树主人翁形象。对全场党员干部进行了"严明党的纪律，确保政令畅通"和"认清形势，增强信心，坚定不移地开展反腐败斗争""适应社会主义市场经济的需要，明确新形势下反腐败斗争的思路和对策"3个专题教育。纪委对照"三个有利于"和有关法纪条规，制定了《关于在生产经营中若干问题的规定》，及时提供政策服务。

1994年，印发《关于严禁向基层干部职工推销商品的通知》。

1995年1月，纪委印发《关于春节期间严禁铺张浪费的通知》。5月，成立党风廉政建设领导小组。下发《关于白马湖农场各级干部廉洁自律的实施意见》，进一步落实中共反腐败规定，《意见》明确"五查、六件、五要求、六不准"廉洁自律条例。

1996年，农场纪委在全场开展"学好理论，牢记宗旨，遵纪守法，争做贡献"的主题教育，系统地进行了宗旨教育、纪律教育、艰苦奋斗教育，播放录像片20余场，电视教育片50余场，受教育党员干部达1200人次。教育与经济工作结合，与组织建设结合，推动了农场各项工作的开展。

1997年7月，为增收节支，减轻职工群众负担，对公款购买、业务单位赠送的移动电话、BP机进行清理上交，收回17部移动电话和19部BP机。对通信设备加强管理，生产经营需配备使用的实行月租费限额管理。此外，对收缴的移动电话和BP机进行封存和拍卖。农场还印发了《关于严禁各级干部、管理人员在正常工作日喝酒的规定》，坚决制止用公款吃喝玩乐，改进工作作风。9月，开展"党性、党风、党纪"电教月活动，组织全场党员干部观看《忠诚卫士曹克明》《水冲港的崛起》《钢魂》等正反典型电教片，3600多人次参加了观看，对党员干部，特别是对各级领导干部进行了一次深刻的思想教育。

1998年，组织党员干部认真学习1997年以来党中央、国务院新颁布的《中华人民共和国监察法》《中国共产党纪律处分条例（试行）》《中国共产党领导干部廉洁从政若干准则（试行）》《关于党政机关厉行节约制止奢侈浪费行为的若干规定》《关于领导干部报告个人重大事项的规定》《中共中央纪律检查委员会关于重申和建立党风监督五项制度的实施办法》《关于对违反〈党政领导干部选拔任用工作暂行条例〉行为的处理规定》等7个重要的法律法规，增强了广大党员干部的廉洁从政意识，提高他们行政、依法监督的自觉性。

1999年，组织党员干部认真学习邓小平关于党风廉政建设的理论、党风廉政法规，进行党性、党风、党纪和廉政教育。农场制定了"党政干部廉洁自律二十条"和"严禁婚丧喜庆大操大办"等一系列规章制度，实行领导干部收入和婚丧喜庆事宜申报制度，加强廉政建设，狠刹不正之风，以往在农场盛行的"三风"得到有效遏制。

2000年，通过签订《党风廉政建设责任状》，利用成克杰、胡长青等重大反面典型案件在全场广大党员干部中开展教育和观看影片《生死抉择》等多种形式，增强广大党员干部的反腐倡廉意识，社会风气正，民心顺。

2001年，制定了《关于党风廉政建设责任制的实施办法》，修订完善了《关于严禁领导干部奢侈浪费行为的规定》等文件，广泛开展"三讲"教育活动，聘请了4名党风行风廉政监督员对"三风"进行监督，注重健全制度，规范行为，完善机制，强化监督。

2002年，组织党员干部深入学习中纪委七次全会和江泽民同志在全会上的讲话精神，大力开展理想信念和廉洁从政教育，充分利用专栏、墙报等大力宣传勤政廉政先进典型，利用重大典型案例开展警示教育，进一步规范领导干部从政行为，强化领导干部廉洁自律工作。

2003年，印发《关于干部、管理人员廉洁从政十条禁令》。组织广大党员干部认真学习党的十六大精神、中纪委二次全会精神和胡锦涛同志在二次全会上的重要讲话精神，开展以"两个务必"为主题的教育活动和党风廉政宣传教育，营造良好的舆论氛围。

2004年，印发《关于严禁党员干部参与赌博的通知》《干部作风建设意见》，组织广大党员学习"两个条例"等，始终把廉政建设作为教育党员干部的一项重要内容紧抓不放，强化检查与监督，使干群关系进一步改善。

2005年，印发《关于严禁收送礼金的规定》，组织党员干部认真学习胡锦涛总书记重要讲话、中纪委三次全会和省纪委五次全会精神，农场党委同各党总支签订了《党风廉政责任状》，对各农业单位进行经济责任制审计考核，客观公正评价各单位经营状况和经济效益。

2006年，始终把廉政建设作为教育党员干部的一项重要内容紧抓不放，通过观看反腐败题材的纪录片，对生产经营过程进行效能监察，开展治理商业贿赂，签订《党风廉政建设责任状》，使干群关系进一步改善。

2007年，制定了《关于进一步加强农场党员干部作风建设的实施意见》，在全场党员领导干部中开展"弘扬新风正气、建设廉洁农场"主题教育，组织党员干部认真学习《中共中央纪委关于严格禁止利用职务上的便利谋取不正当利益的若干规定》以及有关法律法规等，在全场开展"廉内助"评选活动，评选出 9 名第一届"廉内助"，筑牢了领导干部拒腐防变家庭防线。

2008 年，印发《白马湖农场干部管理人员廉洁从政十项规定》，组织党员干部学习党的十七大和十七届三中全会精神，开展"遵守党纪、执政为民"等主题教育，有力地提高了党员干部队伍的素质。坚持教育、制度、监督、惩处并重，抓好作风建设和廉洁自律教育，推进源头防腐制度的改革与创新，强化对基层领导人员的制约与监督。

2009 年，开展"加强党性修养，坚持廉洁从业"党性党风党纪主题教育。开展党风廉政教育和警示教育，组织党员干部学习有关法规、文件、制度等，继续组织两年一度的"廉内助"评比表彰活动。建立健全了党风廉政建设监督、检查、考核、责任追究等制度，加大"三重一大""提、审、决"等制度的监督检查力度，坚持重要物品集中采购制度，纪检和审计部门始终参与并监督比质比价采购的全过程。编发了《白马湖农场制度汇编》。

2010 年，认真学习贯彻中纪委四次、五次全会和胡锦涛总书记的重要讲话精神，学习《党员领导干部廉洁从政若干准则》，有针对性地开展廉政宣传教育。通过廉政短信、廉政明信片、廉政文化上墙、向干部家属发助廉信等形式，广泛开展廉政文化建设活动，营造以廉为荣、以贪为耻，风清气正、和谐向上的良好氛围。进一步完善了工程招投标、物资采购、经营管理等方面的规章制度，坚决执行"三重一大"等制度规定，提高反腐倡廉的制度化、规范化水平。

2011 年，认真学习《中国共产党党员领导干部廉洁从政若干准则》《国有企业领导人员廉洁从业若干规定》，组织观看反腐倡廉教育片《贪之悔》《笑脸背后的罪恶》等，召开了全场性的干部作风建设大会。全年开展反腐倡廉各种主题教育 11 场次，接受教育 1587 人次。印发了白马湖农场党员干部从政提醒 36 条。春节期间，场纪委向全场党员干部发出了廉政明信片和廉政短信。做好廉政文化上桌上墙等工作。新修订并出台下发了《日常工作督查制度》及《考勤管理制度》等 3 项制度。

2012 年，严格按照中纪委七次全会和省纪委二次全会精神，认真落实《国有企业领导人员廉洁从业若干规定》和农场党风廉政建设责任状，促进领导干部廉洁自律。通过观看廉政教育片、邮寄劝廉信等，切实加强廉政教育、培植廉政文化。

2013 年，围绕保持党的先进性和纯洁性，以"为民、务实、清廉"为主要内容，以领导班子为重点，制订了活动方案，带领党员干部本着"边学边改、边查边改、边整边改"的原则，通过开展各种警示教育活动，召开"查摆问题座谈会"和"专题民主生活会"等多种形式，广泛征求意见和建议，深入查找党员干部，尤其是领导班子成员在反对"四风"、提高群众工作能力、解决群众反映强烈的突出问题等方面存在的问题，取得了较好的成效。

2014年，学习《中国共产党第十八届中央纪律检查委员会第三次全体会议公报》和集团公司纪委《关于2014年春节期间严格执行厉行节约和廉洁自律规定的通知》精神。组织开展了以听取警示教育报告、参观警示教育展览、观看警示教育片和连线"两规"现场为内容的"三警一线"警示教育活动。举办"反腐倡廉"暨预防职务犯罪法律知识培训，不断提高管理人员廉洁自律意识和拒腐防变能力。

2015年，严格执行"中央八项规定"，认真落实党委主体责任和纪委监督责任，严格履行"一岗双责"，开展管理人员"预防职务犯罪"法律知识培训，邀请淮安区检察院监察室主任董正为全场党员干部及管理人员上警示教育课。通过召开作风建设大会，开展"作风转变年"活动，出台干部管理"十项禁令"及其处理办法以及绩效考核办法等方式，从严践行"三严三实"，从严抓好督促检查，从严抓好问题整改。在重大节日、重要节点利用短信平台向党员干部发送廉洁短信，切实筑牢拒腐防变思想防线。

2016年，开展"责任担当年"活动，坚持全面从严治党，突出党风廉政建设，严格执行"中央八项规定"，严格遵守政治纪律和政治规矩，认真落实党委主体责任和纪委监督责任，严格履行"一岗双责"责任。加强效能监察，抓好专项治理，遏制腐败行为。不定期地为党员领导干部发送廉政教育短信，促进党风廉政建设长效化、常态化。共开展反腐倡廉各种主题教育11场次，接受教育1360人次。

2017年，开展"形象提升年"活动，组织中层党员领导干部到淮安市反腐倡廉警示教育基地德园开展"不忘初心强党性 旗帜鲜明讲政治"主题教育，围绕两个方面6个主要问题23条措施，切实抓好问题整改落实。通过开展廉洁风险点排查、举办廉洁风险防控专题讲座、专题辅导、观看警示教育片以及开设"廉通你我、洁聚人和"廉洁文化漫画宣传园地等，强化从严管党治党意识，落实管党治党责任和措施，年内积极配合集团公司党委巡察组顺利完成巡察任务，与淮安区纪委共同促进廉洁共建工作。

2018年，出台了《关于管理人员操办宴席的管理规定》。2月组织全体管理人员走进淮安市"好干部教育馆""五德教育馆"接受党性和廉洁教育，召开了党风廉政建设暨党员干部警示教育大会；4月组织开展集体廉政提醒谈话和观看大型反腐专题片《永远在路上》活动；9月组织中层以上党员干部赴盐城新四军纪念馆开展党性教育；11月党委中组专题学习新的《中国共产党纪律处分条例》，并传达贯彻了集团公司风险管控培训会议精神。

2019 年，出台了《关于开展廉政风险排查防控工作的通知》《关于严明纪律要求防止两节期间"四风"问题的通知》。2 月组织召开党风廉政建设暨党员干部警示教育大会；3 月与中共淮安区纪委共同签订《淮安区纪委与白马湖农场有限公司纪委垦地廉洁共建实施方案》，加强与淮安区纪委开展廉洁共建工作，强化业务交流与合作；8 月组织到淮安市党风廉政警示教育基地德园开展警示教育，参观了淮安市警示教育展馆，观看了警示教育片《唤醒初心》和"两为"整治教育片《站位》；每逢重大节假日期间，强化纠治"四风"、严格正风肃纪、抓早抓小、防微杜渐。

2020 年，5 月组织召开党风廉政建设暨党员干部警示教育大会，党委书记姚春华在会上发表了题为《守正固魂廉洁聚力 坚持不懈推动党风廉政和干部作风建设》的讲话，以讲党课的形式，从 4 个方面强调要坚定不移地推动全面从严治党向纵深发展，坚持不懈地推动党风廉政建设和干部队伍作风建设，观看了警示教育片《初心如磐》和《牢不可破的底线》；8 月成立了江苏省白马湖农场有限公司党风廉政建设和反腐败协调小组，认真落实新形势下深化全面从严治党和加强反腐败工作要求；对疫情防控工作中失职失责和工作不力的个人进行问责并全场通报；12 月向集团公司报送了白马湖农场公司 2020 年政治生态建设情况自查报告。

2021 年，出台了《落实全面从严治党监督责任清单》《关于林管站"三单一书"监督工作方案》。2 月组织召开党风廉政建设暨党员干部警示教育大会，集体观看了淮安市纪委、监委拍摄的警示教育片《治理镜鉴》之后，党委书记姚春华做了题为《提高政治"三力"甘当发展"三牛"，以优良作风再聚新合力再创新业绩》的讲话；4 月组织开展专题情境教育活动，组织全体纪委委员和部分支部纪检委员赴淮安区集中观看大型情景话剧《杰出楷模周恩来》，以周恩来总理为楷模，自觉加强党性培养，弘扬良好作风；每逢重要时间节点，印发作风建设提醒通知纠治"四风"，锲而不舍落实中央八项规定精神，强化政治监督、落实主体责任。

2022 年，制定《严禁操办和参与违规宴席承诺书》，要求全体管理人员认真学习并签订；春节前给全体党员干部职工分发《2022 年春节党员干部廉洁自律提醒函》，要求全体党员干部时刻紧绷廉洁之弦；制定了年度落实全面从严治党主体责任清单，召开全面从严治党工作会议，签订全面从严治党工作责任状，细化分解责任，坚持把党风廉政建设和经济社会发展同谋划、同部署、同推进、同考核；2 月召开 2022 年党风廉政建设暨警示教育大会，观看警示教育片，警醒各级党员干部职工要牢记习近平总书记的教诲，防腐拒变；持续完善"三重一大"集体决策制度，紧盯"一把手"，持续强化全面从严治党、党风廉政建设和反腐败工作；加强部署廉洁风险排查工作，紧盯关键"少数"，要求各级党组织精准排查，制定严格防范措施；9 月组织开展旁听法院庭审活动，切实做到以案为鉴、警钟长鸣，筑牢拒腐防变的思想防线。

三、违纪案件的查处

1972—2022 年历年党纪处分情况见表 8-4。

表 8-4　历年党纪处分情况一览（1972—2022 年）

年份	受处分总数	其中					
		警告	严重警告	撤销职务	留党察看	开除党籍	劝退除名
1972	2					1	1
1973	3	2				1	
1974	4				3	1	
1975	8	2	3	1		2	
1976	6		4	1		1	
1977	3	1			1	1	
1978	4	1		1		2	
1979	5	4		1			
1980	2		2				
1981	5	2	2	1			
1982							
1983	2			2			
1984	1			1			
1985							
1986	4	2	2				
1987	1				1		
1988							
1989	3		1		1		1
1990							
1991							
1992							
1993	2		2				
1994							
1995	3	1			1	1	
1996							
1997	1					1	
1998	1				1		
1999	2	1	1				
2000	1				1		

（续）

年份	受处分总数	其中					
		警告	严重警告	撤销职务	留党察看	开除党籍	劝退除名
2001							
2002	4	4					
2003							
2004							
2005	1			1			
2006	1					1	
2007							
2008	8	3				5	
2009							
2010							
2011							
2012	3					3	
2013							
2014							
2015	1					1	
2016							
2017							
2018	3	1	2				
2019							
2020	4					4	
2021							
2022	2					2	

第四节　组织工作

一、整党工作

1963年，农场进行了落后党支部整顿工作，对广大党员普遍进行了一次党风教育。

1964年冬至1965年春，开展面上社教运动，运动的过程就是整党的过程。

1969年，贯彻"九大"精神，进行开门整党建党工作。经过整党，16个支部、351名党员恢复了组织生活，15名党员出党。1971年，整党建党过程中，新建两个支部，改选4个支部，充实调整5个支部，健全了基层党支部领导班子。

1977 年，根据县委统一部署。在对党委和 25 个党支部进行整党整风的过程中，学习、揭批"四人帮"，抓革命、促生产等几个方面内容贯穿始终。党委整风与支部整风紧密结合，普遍进行了一次马克思主义的思想教育运动。

1985 年 8 月，根据中共中央整党决定和中共淮阴市委、淮安县委的统一部署及省市农垦党委的具体要求，农场整党工作全面展开，至 1987 年结束。经过整党学习，对照检查，党员登记和组织处理，全场党员中共有 2 名劝退，2 名限改，7 名缓登 1 年，从而加强了革命团结，纯洁了党组织，充分发挥了党的战斗堡垒作用。

二、组织学习

1960—1962 年，主要是结合整风整场等运动，学习有关文件，整顿思想作风。

1963 年，举办培训班学习党的八届十中全会决议精神，号召全场党员干部同甘共苦，继续调整农场经济结构，取得农场经济的新发展。

1964—1972 年，采用上党课和办学习班等形式，学习以阶级斗争为纲、党的基本路线和无产阶级专政下继续革命的理论，提高党员继续革命的思想觉悟。

1973 年，各党支部认真开展了学习华西、韩城大队党支部建设的经验，建立了"三会一课"制度，积极慎重地做好新党员的发展工作，加强组织建设。

1977 年，在广大党员中反复进行"七个懂得"的教育，学习新党章，批判"四人帮"大搞"突击提干""突击入党"的错误组织路线。

1978—1980 年，结合贯彻党的十一届三中全会精神，拨乱反正，进行党的实事求是的思想路线教育。

1980 年，组织党员学习《中共章程修改草案》《关于党内政治生活若干细则》等党的基本知识。

1984 年，加强党员思想教育，组织党员教员短期培训班，共培训 117 人，有 58 名党员被淮安县委、农场党委批准为党课教员，对党员进行十二大党章、党性、党风、党纪和党的基本知识教育。

1986 年，在广大党员干部中深入开展"学全党楷模，做合格党员、合格干部"的活动。根据中央整党的决定要求和党的全国人民代表大会会议精神，结合农场实际情况，党委下发了《中共白马湖农场委员会关于建立全党抓党风责任制的规定》文件。

1988 年，根据十三大提出的"全面从严治党"的方针，加强党总支、支部组织建设，组织党员干部学习党的十三大文件。

1989—1990 年，组织党员干部学习马克思主义基本理论、党的基本路线和党的基本知识，进行党的优良传统和党性党风党纪教育。

此后，每年在春节前后都要举办一期党员干部理论学习班，由党委组织，邀请省、市党校教授讲课。时间一般为3～5天，学习的内容有：党的路线、方针、政策，党的理论知识，国内外时事政治，党的代表大会报告，邓小平理论和"三个代表"重要思想以及市场经济体制改革等。

2000年，组织党员学习党的十五大，十五届四中、五中全会精神，学习江泽民总书记的"致富思源、富而思进"讲话精神，开展"双思"教育和"五我"主题教育。

2002年，组织党员干部学习党的十六大精神、邓小平理论和江泽民"三个代表"重要思想。

2003年，积极开展党员先锋岗活动，并组织了2次专题辅导。

2004年10月，举办以党的基础知识、"两个条例"和十六届四中全会为内容的专题竞赛活动，全场18个代表队参加了角逐，激励广大党员更好地参与学习。

2005年7月，开展以实践"三个代表"重要思想为主要内容的保持共产党员先进性教育活动，通过听报告、上党课、看电影、写心得等学习教育形式，使广大党员受到了很好的教育。开展"学习恩来精神，争做优秀党员"主题教育，聘请周总理纪念馆秦九凤研究员来场为全体党员做专题辅导。

2006—2008年，在广大党员干部中深入开展争创"四好"领导班子、"五好"党支部、争当"三强"党支部书记创建活动和"遵守党章、执政为民"等主题教育，举办了"学党章、知党章"知识竞赛，有力地提高了党员干部队伍的素质。

2009年，开展学习实践科学发展观活动，组织党员认真学习《毛泽东邓小平江泽民论科学发展》和《科学发展重要论述摘编》以及上级有关推动科学发展的决策部署和重要文件精神。围绕"提高思想认识、解决突出问题、创新机制体制、促进科学发展"的目标要求，突出实践特色，认真学习调研，深入分析检查，真正做到规定动作不走样、自选动作有创新。省委第三巡视组两次来场督查并对农场党委的学习实践活动给予了充分肯定。坚持党委中心组学习制度，积极开展"弘扬新风正气，建设廉洁农场""讲党性、重品行、做表率"主题教育，有力地提高了党员干部队伍的素质。

2010年，开展了学习实践活动的"回头看"，并对照《整改落实方案》，逐条追踪落实情况。建立健全农场党委、各党总支理论学习中心组制度，不断提高党委和各党总支学习中心组正规化、制度化建设水平。全年共组织集体学习10次。在基层党组织全体党员中开展了争创"四强"党组织、争做"四优"共产党员和创建"学习型党组织"活动，并以"五比五看筑堡垒"和"五比五看作先锋"为载体，经过宣传发动、公开承诺和领导点评，目前普遍进入实践承诺阶段。完成了基层党组织换届改选和党组织调整设置工作。在各级党组织中开展了重温入党誓词等"七个一"活动，组织了"话发展、忆党恩"座谈会、基层党务干部"微型党课"评比等活动，促进了党的基层组织建设。

2011年，开展"创先争优"专题教育，开展"四好班子、五好支部、三强党支部书记"联创活动。召开庆祝建党90周年庆祝大会。

2012年，以"喜迎十八大，争创新业绩"为主题，开展"实施'七个一'，喜迎十八大"活动。开展基层党组织和党员承诺践诺、领导点评、群众评议等活动，提炼经验，培育典型。扎实开展基层组织建设年活动。各单位利用标语、横幅、橱窗等形式深入学习宣传十八大精神，坚持党委中心组学习制度，农场党委中心组被评为淮安区先进党委中心组。

2013年，按照"照镜子、正衣冠、洗洗澡、治治病"的总要求，深入开展党的群众路线教育实践活动和"以弘扬农垦精神，推动转型跨越"为主题的教育活动。深入学习贯彻党的十八大、十八届三中全会精神，认真落实党委中心组学习制度、重大事项报告制度、民主评议制度、公开述职述廉制度。坚持民主集中制，健全完善民主生活会制度，不断完善基层党组织领导机制和工作机制，不断提高领导班子集体领导水平和民主决策水平，增强班子的团结、统一和战斗力。

2014年，深化"四好班子"创建活动。认真落实党委中心组学习制度、"三重一大"制度、民主评议制度、公开述职述廉制度。重视加强各级领导班子学习能力建设，重视和加强思想政治工作研究，全力推进"强基工程"。

2015年，以集团公司党委开展学习型党组织创建活动试点为契机，开展"三严三实"专题教育，全厂63名党员干部先后撰写"三严三实"心得185篇、个人对照检查材料60篇，全年共整改各类问题6类26项，其中为职工居民解决生产生活难题12件。

2016年，召开庆祝建党95周年大会。开展"两学一做"学习教育，建立白马湖"两学一做"微课堂、学习群等，推荐身边典型26名，组织党委中心组学习或扩大学习14次，开展现场实境教育2次，撰写心得体会360余篇。在管理人员中开展"责任担当大讨论"活动，采取集中学习、深入讨论、撰写心得以及电视专访等形式，围绕思想境界、担当意识、工作作风、为民情怀、履职能力、干事创业等6个方面广泛讨论，有力促进了党员干部主动担当付出、敬业奉献，收到了较好效果。

2017年，开展"不忘初心强党性　旗帜鲜明讲政治"主题教育。将"两学一做"学习教育列入常态化教育，突出学做结合，强化督导考核，严格追责问责。强党务工作者队伍建设，分两批组织参加省属企业基层党组织书记培训班，举办党务工作培训班和专题讲座；通过开展党员承诺践诺活动，切实加强党员队伍建设，围绕三年到位的目标，切实加强基层党组织的阵地建设，首批 8 个总支、支部的党建阵地建设已经完成。

2018 年，在认真贯彻党的十九大精神和集团公司首次党代会精神的同时，全面掀起学习习近平新时代中国特色社会主义思想热潮，完成党总支及支部换届改选工作，组织开展了解放思想大讨论活动。进一步加强对意识形态工作的领导，出台了《白马湖农场有限公司 2018 年意识形态工作计划》，明确了年度目标任务和主要措施，每半年进行一次分析研判。

2019 年，把学习习近平新时代中国特色社会主义思想和党的十九大精神作为重大政治任务，认真开展"不忘初心、牢记使命"主题教育，通过发挥党委中心组学习的龙头带动作用，提升能力、促进工作。推动主题教育规范化、实效化，其做法被省国资委党委评为全省国有企业党建"强基提质"提升工程创新案例二等奖。分两批组织参加省属企业基层党组织书记培训班，邀请常州市武进区委区级机关工委主任科员吴仲华为大家解读《中国共产党支部工作条例（试行）》。

2020 年，始终把学习习近平新时代中国特色社会主义思想和党的十九大以及十九届二中、三中、四中、五中全会精神作为重大政治任务。全年共举办党员干部政治理论学习班 1 期，组织党委中心组集中学习交流 13 次，撰写学习心得 27 篇，上报思想政治工作论文 10 篇。抓主题教育长效化。巩固深化主题教育成果，把"不忘初心、牢记使命"作为加强党的建设的永恒课题和党员干部的终身课题，建立健全学习教育、调查研究、检视问题、整改落实的长效机制。着力抓好《习近平谈治国理政》第三卷的学习并注重对第一、二、三卷及《学习纲要》《学习问答》的系统学习运用。充分发挥"学习强国"等平台的作用，推动学习深入、促进工作开展。

2021 年，扎实开展党史学习教育，深入宣讲和学习习近平总书记"七一"重要讲话精神，通过开展红色实境教育，组织人员赴宁参观"百年征程 初心永恒——中国共产党在江苏历史展"、赴淮安区集中观看《杰出楷模周恩来》大型情景话剧、举办"学习百年党史 传承恩来精神 勇担时代使命"专题教育培训活动，增加党员干部思想共鸣。召开农场公司庆祝中国共产党成立 100 周年大会、举办"百年礼赞、红心向党"庆祝中国共产党成立 100 周年文艺演出、"唱党歌、颂党恩、跟党走"红歌大赛、红色经典电影"月月看"将党史学习引向深入。召开"青年学党史 奋斗正青春"青年员工代表座谈会、举办"坚定不移听党话 矢志不渝跟党走"演讲比赛、集·青春论坛等活动，加强青年员工的党史学习。各党总支、支部先后组织党员干部赴黄花塘新四军纪念馆、侵华日军南京大屠杀遇难同胞纪念馆、徐州淮海战役纪念馆等地开展形式多样的实境教育活动。开展"我为职工居民办实事"活动，列出办实事任务 26 条，解决 20 个。按时按规定完成支部换届，新完成"六有三通"规范化阵地建设 6 家。

2022 年，学深悟透习近平新时代中国特色社会主义思想和党的二十大精神，深刻领悟"两个确立"的决定性意义，增强"四个意识"、坚定"四个自信"、做到"两个维护"。持续深化党性教育，按照中央和上级部署，认真开展专题教育，严肃党内政治生活。强化管党治党责任落实。明确全面从严治党主体责任和监督责任清单，印发党委书记抓党建工作清单，压紧压实两个责任，农场公司党委与下属党总支、支部签订责任状，全面落实管党治党责任，形成一级抓一级、一级对一级负责的责任体系和上率下行的局面。将"两个责任"落实情况纳入年度考核，落实述职述廉制度，把压力传导到最末端。深化考核问效，将党建工作考核结果与党组织负责人薪酬"硬挂钩"。开展集团党委巡察督查反馈问题整改落实情况"回头看"，巩固提升已有成效，防止问题反弹，确保问题整改不留死角、全部到位。抓实基层组织建设。以实施基层党建"五聚焦五落实"深化提升行动为抓手，层层压实党建责任，多维度推进党支部标准化建设，全方位检验党组织工作成效。规范党内政治生活，提升基层党建常态化、制度化、规范化水平，推进党建阵地建设和特色党建品牌建设。深化党员突击队、责任区、示范岗等载体建设，发挥典型引领作用，进一步强化党建工作与生产经营深度融合。推动党建工作创新。顺应现代化建设新征程的要求，围绕"创典型、创品牌、创特色"要求，巩固提升"温暖党建温情治理"工作模式，加快基层治理体系和治理能力现代化建设，培树、擦亮党建品牌。

三、组织发展

1961—1965 年，共发展党员 36 名。

1967—1969 年，党的发展工作处于停滞状态。

1971 年后，坚持"积极慎重"的方针，按照新党章，必须突出思想和政治路线方面的教育，做到成熟一个，发展一个，把好质量关。

1986 年后，根据中组部"坚持标准，保证质量，改善结构，慎重发展"的十六字方针，重视在有文化的青年中发展党员，特别是非常优秀的基层干部，在场知青、企业骨干及从事教育、科技、文化、卫生、财会等工作的优秀分子。发展工作由基层党组织根据年初计划提名，组织部门考察，市委组织部把关，党委研究决定。党的发展工作趋于规范化。

1991年始，严格坚持标准，注重在生产一线知识分子、专业技术人员、女同志、教师、优秀团员中培养和发展党员。

1998年，发展党员25人，转正24人。新发展党员中大学本、专科占25%，中专占28%，企业生产一线的占52%。

2003年，发展新党员20人，25人转正。之后，采取党员和群众推荐相结合的原则，将吸收新党员评价权、选择权交给党员和群众，扩大党员群众参与度，提升新党员党内外公认度。注重把经济建设中的科技先锋，勇于创新、具有一定的行政管理能力的致富能人和非公企业中的从业人员作为重点对象进行培养，增强农村党员队伍的"双带"能力，扩大非公企业党组织覆盖面和影响力。2003年以后，农场多次组织新党员和部分老党员代表到延安、井冈山、嘉兴等地参观学习。

2005年，发展新党员16名，20名预备党员转正。

2007年，发展新党员22名，20名预备党员转正。

2008年，发展新党员20名，21名预备党员转正。

2010年，发展新党员18名，22名预备党员转正。

2011年，发展新党员20名，22名预备党员转正。

2012年，发展新党员20名，18名预备党员转正。

自2013年起，党中央对党员队伍"控量提质"，明确要求提高发展党员质量，农场发展党员人数减少许多。当年，发展新党员6名，20名预备党员转正。

2014年，发展新党员5名，6名预备党员转正。

2015年，发展新党员3名，5名预备党员转正。

2016年，发展新党员3名，3名预备党员转正。

2017年，发展新党员6名，3名预备党员转正。

2018年，发展新党员3名，3名预备党员转正。

2019年，发展新党员6名，3名预备党员转正。

2020年，发展新党员5名，6名预备党员转正。

2021年，发展新党员19名，5名预备党员转正。

2022年，发展新党员14名，19名预备党员转正。

四、创先争优

20世纪60年代，"创争"活动尚未全面开展，只是在年终总结表彰时，评比出一些先进党员给予表彰，70年代后期，"创先进党支部、争做优秀共产党员"活动全面开展。

1986年后，开展"创先进党支部（总支）、先进党小组，争做优秀共产党员"的活动，并坚持做到半年搞一次评比，开一次座谈会，年终进行一次总评，开一次表彰大会，以此激励基层党组织扎实工作，鼓励党员个个争当先进。2006年后，开展争创"五好"党支部、争当"三强"党支部书记创建活动。2010年，开展争创"四强"党组织、争做"四优"共产党员活动。2011年，开展争创"四好班子、五好支部、三强党支部书记"活动。2014年，深化"四好班子"创建活动。2016年，组织开展争创"四强"党组织、争做"四优"共产党员活动，全面推动农场基层党建工作向纵深发展。2017年，开展争创学习型党组织活动。

五、民主评议党员

为纯洁党员队伍，自1988年始，场党委根据党中央评议党员的要求和上级党委的部署，每一至两年在党员队伍中开展一次民主评议党员工作。评议中首先学习文件、统一思想、提高认识，结合自己所做的工作，对照党章和党员履行的义务、权利，开展批评和自我批评。在个人认知和群众评议的基础上，党组织定格，对基本合格和不合格党员限期整改，表现仍不好的，直到劝退除名。2022年度民主评议党员942人，合格党员占100%。

第五节 宣传工作

建场初期，宣传工作没有专门机构或专职人员负责，主要由党委有关领导和支部书记兼管。1966年，成立政治处，生产大队配有政治指导员，作业组设有政治宣传员。1968年3月，农场成立革委会，宣传工作由革委会政工组负责。1979年7月26日，设政工科，并配有专职宣传干部，建立了全场通讯报道组织。1984年2月20日，党委下设组织宣传科。1990年4月，单设宣传科，不断加强对宣传工作的领导。1995年1月，按照改革和发展的需要，宣传科归入党委工作部。2000年，宣传科改名为新闻中心，从党委工作部独立出来。2003年11月，新闻中心改名为宣传文化中心，同年走向市场。近年来，农场的宣传工作不断得到加强。

一、理论教育工作

20世纪60年代早期，围绕"三面红旗"，进行自力更生，坚定不移走社会主义道路，团结一致，艰苦奋斗，战胜三年严重困难时期等方面的宣传。学习时事政治、毛主席著作。

"文革"期间，主要是学习阶级斗争理论，无产阶级专政下继续革命的理论，开展各种宣传活动。

70年代后期，广泛开展《实践是检验真理的唯一标准》学习讨论，宣传党的实事求是的思想路线。

大力宣传党的十一届三中全会精神，坚决贯彻党的基本路线不动摇，努力为经济建设服务。举办干部培训班，学习党的十一届三中全会以来的路线、方针、政策。

1981年后，围绕党的四项基本原则和改革开放的方针，开展了整党、"创企业精神，树主人翁形象""五讲四美三热爱""党风党纪教育"等一系列活动。

90年代，农场开展理论教育的主要方法是办学习培训班和选送骨干参加进修。每年农闲时节，分期分批组织党员干部进行轮训，少则一次，多则三四次。至1998年，共举办培训班或理论学习班80多期，受训人员达千余人次。与此同时，每年还有针对性地组织骨干到干校、党校进行脱产培训。

2000年，举办学习党的十五届四中全会精神的政治理论培训班一期，"双思"教育培训班一期，共有各级党政工负责同志655人次参加，基层办班32期，共1429人次参学受训。

2004年，在全场各单位积极开展学习型企业（班）组创建活动，以创建学习型机关为起点，通过开展主题教育读书活动推动学习的深入，形成全员学习、终身学习、自觉学习的良好风尚。

2005年2月18—19日，举办党政干部理论学习班，学习了党的十六届四中全会精神、共产党员先进性教育、省委十届八次全会、集团公司工作会议、其他有关会议及农场四届五次职代会等的主要精神，为实现全面建成小康社会的宏伟目标提供强大的精神动力和智力支持。

2006年，主要学习昆山经验，十六届五中、六中全会精神，全国人大四次会议精神，省委及集团公司文件等。

2007年，坚持个人自学与集中学习辅导相结合，主要学习中央1号文件、中央经济工作会议精神、党的十七大公报和报告等，充分发挥理论学习对经济社会发展、二次创业和党建及精神、政治文明建设的促进作用。

2008年，请专家教授专题讲党的十七大精神和社会主义新农村建设，认真学习党的十七大和十七届三中全会精神，努力提高党员干部政治思想素质和理论水平。

2009年，在"解放思想，创新发展"大讨论活动的基础上，以深入学习贯彻十七届三中全会精神为重点，以配合开展深入学习实践科学发展观活动为主要内容，大力推进全党理论武装建设工作。

2010年2月23—24日，农场举办了为期两天的党政干部理论学习班，进行党的十七届四中全会精神、科学发展观、省委十一届七次全会、江苏农垦二次创业总结表彰大会暨2010年工作会议、市和区有关会议以及即将召开的农场五届四次职代会主要精神等的学习教育，并进行当前形势和任务教育，增强大家加快发展的紧迫感、责任感和使命感，增强大家创新发展、跨越发展的信心和决心。

2011年1月9—10日，农场举办了为期两天的党政干部理论学习班，主要采取专家辅导、个人自学、电视教育和讨论交流等形式，学习了党的十七届五中全会精神、中央经济工作会议精神和中央农村工作会议精神及中共江苏省委十一届九次全会精神。

2012年，以党委中心组为龙头，以领导干部为重点，带动全场党员干部学习党的十八大精神、中央1号文件、中央经济工作会议精神及江苏省、集团公司等文件及会议精神等。

2013年2月20—21日，农场举办了为期两天的党政干部理论学习班，邀请了河海大学哲学系主任、博士生导师黄明理教授和淮安市委讲师团骆四清副团长就十八大和中央1号文件的主要精神、当前农村形势和国际国内宏观经济形势为大家做了认真的解读和研判，对大家理论素养的提高以及工作能力的提升起到了一定的推动和促进作用。

2014年2月9—10日，农场举办了为期两天的全场党政干部理论学习班，邀请了江苏省经济和信息化委员会中小企业改革发展处周建林处长、淮安市委党校经济学教研部主任王建成教授分别做了党的十八届三中全会精神和2014年中央1号文件精神的专题辅导。

2015年2月28—3月1日，农场举办党政干部理论学习班，邀请省委党校、党史、党建教研部主任董连翔教授就党的十八届四中全会精神等进行学习辅导，让依法治场、依规治党理念扎根心间，努力以新作风、新形象焕发正能量、开创新局面。

2016年2月15—16日，农场举办了为期两天的党政干部理论学习班，邀请省政府研究室特聘研究员，即南京师范大学和江苏省委党校兼职教授周毅之到场做五中全会精神辅导报告。还学习了中共中央、国务院关于进一步推进农垦改革发展的意见、中央经济工作会议精神及当前国际国内形势。

2017年2月5—6日，农场举办党政干部理论学习班，省委党校党史党建教研部原主任董连翔教授应邀做了十八届六中全会精神的专题辅导，并就加强和改进国企党建工作进行了传达和讲授。还观看了由中央纪委宣传部、中央电视台联合制作的反腐电视专题片《打铁还需自身硬》的上篇《信任不能代替监督》，中篇《严防"灯下黑"》，下篇《以担当诠释忠诚》以及中央党校教授刘春所做的题为《以抓铁有痕、踏石留印的决心推进全面从严治党——习近平总书记在十八届中央纪委七次全会上重要讲话的战略意义》的视频讲座。

2018年1月9—10日，农场举办党政干部理论学习班，中共淮安市委党校副校长耿庆彪教授、经济学教研部主任王建成教授应邀在开学仪式后分别做党的十九大精神及中央经济工作与农村工作会议精神学习辅导。

2019年，为深入学习贯彻习近平新时代中国特色社会主义思想和党的十九大精神，进一步加强党员干部队伍的政治理论学习、形势任务教育和思想作风建设，引导大家不忘初心、牢记使命，勤于奋斗奋进、勇于担当作为，更加扎实地把集团公司工作会议精神和开年各项工作落到实处，农场公司举办2019年党政干部理论学习班。

本次学习班首先邀请了近年来致力于推动基层党务工作规范化、制度化建设的党务工作专家，常州市武进区委区级机关工委主任科员吴仲华为大家解读《中国共产党支部工作条例（试行）》，他在解读中围绕《条例》制定的背景、过程和意义，《条例》制定所遵循的主要原则，《条例》的主要内容，贯彻落实《条例》的要求4个方面，为大家做了生动、精彩的授课。

学习班上，大家还认真观看了由中国财政科学研究院研究员张鹏所做的题为《着力化解六大矛盾　构建四大工作布局——学习贯彻中央经济工作会议精神》的视频报告以及中国人民大学农业与农村发展学陆军、郑刚田教授对中央农村工作会议的深入解读，进一步把握了中央经济工作会议、农村工作会议的主要精神。

2020年1月14—15日，农场公司在种子大楼会议室举办党政干部理论学习暨冬训骨干培训班。淮安市委党校科学社会主义教研部主任李勇做了题为《党风廉政建设和反腐败斗争新形势、新任务、新趋势》的辅导报告。结合党的十九届四中全会的最新精神，以实证分析的方法，运用中外大量的案例，从一个重大的战略判断、一个重大的理论总结、下一步工作的要求3个方面分析了我们党对反腐败斗争取得了压倒性胜利、全面从严治党取得了更大的战略性成果这一判断背后深刻的理论支撑。淮安市委党校对外合作交流处处长杨阳做了题为《推进国家治理体系和治理能力现代化》的党的十九届四中全会精神辅导报告。从为什么是党的十九届四中全会强调制度体系建设、中国特色社会主义制度和国家治理体系的"三个是"、党的十九届四中全会《决定》重要思想解读3个方面阐述了全会及其决定的重大意义。

2021年1月8—9日，农场公司在职工会堂举办2021年党政干部理论学习暨冬训骨干培训班。中共淮安市委党校副校长、淮安市委五中全会精神宣讲团成员耿庆彪教授应邀做了题为《学习领会十九届五中全会精神》的辅导报告，从新发展成就、新发展阶段、新发展目标、新发展理念、新发展格局、新发展任务、新发展保证 7 个方面对五中全会精神进行了系统解读和深入阐释，并结合江苏及淮安等的实际，对 2035 年远景目标和"十四五"时期我国发展的指导方针、主要目标、重点任务等进行了全面宣贯和深入宣讲。淮安市委党校行政学教研部副主任张融融讲师做了题为《大力推进乡村文化建设》的实施乡村振兴战略辅导课程，围绕文化的概念展开，运用社会学、人类学、经济学等学科的理论，讨论了乡村文化建设的内容、目前乡村文化建设中存在的问题，并结合多个经典案例探讨了当前推进乡村文化建设的不同路径。淮安市委党校教务处处长钱怀如以《紧盯党风廉政建设筑牢党员干部信仰之基》为题，围绕习近平总书记提出的"要深刻把握党风廉政建设规律，一体推进不敢腐、不能腐、不想腐"的要求，从"什么是党员干部党风廉政建设的立根固本？为什么说信仰是党员干部党风廉政的根基？如何做到筑牢党员干部党风廉政之基？" 3 个方面进行授课。淮安市委党校经济学教研部主任葛涛安副教授做了题为《实施乡村振兴战略加快推进农业农村现代化》的专题辅导报告，结合大量调研事例，分别从"实施乡村振兴战略的理论逻辑与现实逻辑""按照乡村振兴战略的总要求，推动农业全面升级、农村全面进步、农民全面发展""实施乡村振兴战略的重点举措" 3 个方面系统地阐述了实施乡村振兴战略的重大意义、重点工作和注意事项。

2022 年 1 月 11—12 日，农场公司在淮安市委党校举办 2022 年党政干部理论学习班。学习班上，淮安市委宣讲团成员、市委党校副校长耿庆彪教授做了题为《总结历史经验开创美好未来》的学习十九届六中全会《决议》宣讲报告，围绕学习贯彻十九届六中全会《决议》，从党百年奋斗的重大成就、党百年奋斗的历史意义、党百年奋斗的经验启示 3 个方面深入浅出、解渴解惑地帮助大家深刻领会、准确把握十九届六中全会《决议》的精神实质和核心要义。淮安市委党校科学社会主义教研部副主任、讲师李倩做了题为《加强党风廉政建设 坚持全面从严治党》的专题辅导。淮安市委党校二级调研员石平洋做了题为《学习习近平"三农"思想 推进乡村振兴战略》的专题讲座。淮安市委党校严加维副教授做了题为《学习先锋模范 凝聚奋进力量》的专题讲座。淮安市委党校教务处处长钱怀如做了题为《弘扬伟大建党精神 当好新时代答卷人》的辅导报告。学习班期间，还组织大家到周恩来童年读书处进行周恩来精神实境教育。

（一）党委中心组学习情况

1987 年始，上级党委对理论教育工作提出新要求，要求党委把理论学习摆上重要议事日程，并要加强理论研究工作。场党委成立学习中心，各党总支、支部也相应成立了中心学习组，中心组成员由全体委员组成，组长由书记担任，副组长由副书记或宣传委员担任。每年都定期或不定期地开展学习研讨活动。

20 世纪 80 年代后期，主要学习邓小平建设有中国特色社会主义理论和党的十三大及十三届四、五中全会精神及七届人大会议有关文件，并认真贯彻落实。

90 年代初，主要学习党的十三届八中全会，十四届四中、五中全会，十四大，八届人大会议精神以及中央有关文件。

1996 年后，主要学习邓小平理论，党的十五大和十五届三中全会《决定》等有关文件，全年集中学习不少于 12 次，在形式上，将单一的理论灌输变为学习与心得交流同时并举，安排了专人结合自身工作实际，积极备课，重点辅导，党委成员及机关职能部门负责人每人一个专题撰写学习心得，加以交流。

2005 年开始，整理编印党委中心组理论学习成果汇编《学思集》，发至中心组成员和全场各总支、支部供大家学习时参考。

2010 年以后，根据不同主题，整理编印了党委中心组理论学习成果汇编《学习与思考》《亲民的力量》收集党委中心组成员及基层党员干部撰写学习心得 200 多篇。

2011 年，农场党委中心组被区委宣传部、组织部评为"先进党委中心组"。

2017 年，农场党委中心组被集团公司确定为"江苏省农垦党委中心组学习示范点"。

（二）思想政治工作研究会

1990 年，农场为了适应新时期思想政治工作的需要，成立了思想政治工作研究会，会长由党委书记或副书记担任。多年来，农场思想政治工作研究会围绕服务农场大局，深入开展调查研究和积极开展各种活动，充分发挥思想政治工作研究会作用，取得了丰硕成果。多篇论文被淮阴农垦公司和集团公司收入各年论文集，获得多项荣誉，被评为 2011—2012 年江苏农垦基层思想政治工作先进单位、2014—2015 年江苏农垦思想政治工作先进单位、2016 年江苏农垦思想政治研究工作先进单位。

思想政治工作研究文章见表 8-5。

表 8-5　思想政治工作研究文章一览

年份	文章	作者	论文集名称	备注
1993	对农场党组织现状的调查与思考			淮阴市农垦公司论文集
	浅谈企业活动与廉洁经营			
1995	关于一事一议	师国槐	中学文科教学与研究	教研论文
	论教师的职业道德	许明贵	淮阴教院学报	总第 33 期
	因地制宜，切实加强档案管理	秦斌	江苏农垦科技	
	对当前加强民主监督工作的思考	于加法	苏垦政工	
	市场经济下农场基层党支部存在的薄弱环节及对策	姚春华		

（续）

年份	文章	作者	论文集名称	备注
1998	浅谈在企业改制中如何加强思想政治工作	于加法	苏垦政工	第5期
	学总理迎百年，共创富民兴场大业	韩正彰		
2000	新形势下企业思想政治工作浅见	于加法	省高级政工师研讨班论文集	
	建好核心，围绕中心，凝聚人心		耕耘与收获	农垦政研会论文集
	按照"三个代表"的要求，充分发挥共产党员的模范作用			
	新形势下企业思想政治工作的挑战与对策			
2002	代表最广大人民根本利益必须做到胸有人民	姚春华	干部学习与培训	江苏省干部理论教育讲师团论文集
	改制企业思想政治工作误区及思考			
2005	国有农场推进强基工程的着力点	姚春华	耕耘与收获	农垦政研会论文集
	创新思路，提升农场社区党建工作水平	张志成		
	构建和谐垦区，基层支部要做到"五个坚持"	韩正彰	构建和谐农垦论坛	
2007	加强企业文化建设，促进企业持续发展	谢祥	江苏农垦企业文化大家谈	征文活动三等奖
2011	加强和改进农场两新组织思想政治工作的对策与思考	韩树明	耕耘与收获	
	加强和改进农场基层党建工作的思考	韩跃武		
	浅谈新形势下农场思想政治工作的创新	谢祥		
	立足实际，着眼创新，积极推动农场学习型党组织建设	张志成		
	浅谈社区思想政治工作中的问题及对策	杨跃东		
2012	倾注真心真意，构筑人才高地	张志成	江苏农垦思政政治创新案例	
	培育选树道德模范典型 引领职工思想道德建设	谢祥		
	铺设和谐路 架起连心桥	杨跃东		
	两位大学生"第二故乡"的归属	谢祥	江苏农垦企业文化故事	
	雨中抢修的工作观	韩晶晶		
	感受父亲的检查	董建波		
2013	农场政工干部队伍建设调查与思考	谢祥	耕耘与收获	一等奖
	加强农场社区思想政治工作调研	董建波		三等奖
	加强和改进社区思想政治工作	杨跃东		
	浅析新媒体在思想政治工作中的运用	陈玉巧		
	注重人文关怀，促进农场和谐发展	韩晶晶		
	内控制度与执行文化建设刍议	邵正林		
2014	重视做好困难企业思想政治工作	姚春华、张志成	江苏农垦党建工作创新工程案例选编	
	突出人文关怀，创新社区管理	董建波		
	关于农场非公经济组织思想政治工作及企业文化的调查	韩树明		
	浅谈社区思想政治工作	杨跃东		
	突出三心求创新，注重特色求发展	董建波		
2015	以学习为翅 聚进取之势	姚春华、张志成	耕耘与收获	二等奖

（续）

年份	文章	作者	论文集名称	备注
2016	创新路径　提升基层群众工作效能初探	董建波	耕耘与收获	一等奖
	新形势下农场职工群众思想政治工作的探索与提升	韩跃武		二等奖
	推进农垦改革发展形势下做好农场思想政治工作的探索	张志成		二等奖
	走在学习路上，汇聚前进力量	姚春华、张志成	江苏农垦党建工作创新研究成果选编	
	加强新时期农场党组织建设的实践与探索	韩跃武		
	保稳定　促发展　努力构建和谐新社区	韩振宇		
	白马湖农场学习型党组织建设的做法和体会	姚春华	江苏农垦党建工作论坛	
2017	知行并重　以学促用	姚春华、张志成	耕耘与收获	一等奖
	新形势下农场思想政治工作创新初探	韩跃武		二等奖
	不忘初心选对路，以人为本迈正步	董建波		
	对新形势下国有农场思想政治工作的研究	韩振宇		
	浅谈做好农场信访工作的体会	衡爱军		
2018	注重情感效应，做好新时代思想政治工作初探	姚春华	耕耘与收获	一等奖
	在解放思想中解决问题			
	对新时代基层思想政治工作创新的调研	韩跃武		
	以党建工作引领企业文化建设	韩跃武		三等奖
	树好榜样，汇聚力量——基层党支部培树典型工作初探	韩顶虎		
	提升社区干部素质，做好居民服务工作	李永新		
	改革转型期农场公司社区党组织作用发挥初探	韩振宇		
2022	建温暖组织　施温暖党建　开启现代化美丽农场建设新征程	张志成	耕耘与收获	

二、通讯报道工作

20世纪六七十年代，农场对外报道较少。1968年，成立革委会，以知青为主的革委会报道组根据形势需要撰写的各类稿件发表后，产生了一定的影响。1977年，对外稿件被录用50余篇。

80年代后，对外宣传报道工作得到重视，对外报道数量逐年增加，农场建立了通讯报道网络，各党总支建立报道组，基层单位都配备业余通讯员。1987—1988年，被省级报刊、电台采用稿件10余篇，填补了农场稿件在省级以上报刊发表的空白。1988年范勇拍摄的关于农场种鸡场的图片新闻《多养快长》在《农民日报》发表。

90年代后，农场经济蓬勃发展，知名度不断提高，不少记者来场采访报道。农场不断加强了对通讯报道工作的领导，通过培养、引进人才，加强报道员队伍建设。21世纪，宣传部门围绕推进二次创业和发展现代农业的工作中心，瞄准"内增凝聚力、外增知名度"的工作目标，全方位、立体式宣传农场的3个文明建设，使企业、产品和人物在报刊上有名、电台里有声、电视里有影。近年来，农场对外报道数量逐年增加，有几百篇稿件在《江苏农业科技报》《江苏工人报》《新华日报》《中国农垦》等省级以上报刊发表。2004 年，1 幅水产养殖图片被《人民日报》采用。2008 年，对外用稿 118 篇，其中省级以上 17 篇。2009 年，全年对外用稿 93 篇，其中省级以上 10 篇。2010 年，在各类报刊上发表新闻稿件 174 篇，其中省级以上 21 篇，农场夏粮丰收保种的新闻图片被《人民日报》采用。2011 年，制作电视新闻 42 期、节目 137 条。对外新闻用稿 65 件、网站信息 113 条。2012 年，共编辑播放有线电视新闻 162 条，在各级平面媒体上刊登新闻稿件 85 件，其中在《农民日报》《新华日报》和《江苏经济报》等省级以上报刊用稿 13 件，《江苏省白马湖农场全面提升职工幸福指数》一文还被中国共产党新闻网转载。2013 年，各类平面媒体新闻用稿已达 100 篇，《中国农垦》第 3 期、第 7 期分别对农场实施的民生幸福工程、加强职工思想道德建设方面的做法和成效分别以两个版面的容量进行了宣传。《看看他们的"小康梦"》在全国农垦"两上率先"看农垦好通讯征文中获三等奖（共 20 名）。2015 年，对外用稿 166 篇，有两名同志被农垦集团公司党委表彰为优秀通讯员。农场被集团公司评为新闻宣传工作先进单位，被中共淮安区委评为宣传思想文化工作先进集体。2018 年，农场获得江苏农垦新闻宣传工作先进单位光荣称号。2022 年，农场获得江苏农垦新闻宣传工作先进单位光荣称号。

三、广播电视

（一）广播

1969 年，农场成立有线广播站，当时称广播放大站。广播站有 1 台 300 瓦扩大机，1 台 195 千瓦柴油发电机，1 名机务员和 1 名线务员，主要转播中央和江苏省广播电台的节目。

20 世纪 70 年代，各生产大队都建立了放大站，达到户户都有广播喇叭，以传达上级的指示和农场决策。

80 年代初，农场广播站添置了 3 台小录音机，2 台盘式录音机。1982 年，农场自办生活节目。后期，因为年久失修等原因，广播杆大量损坏，入户喇叭急剧减少。1996 年，建成调频广播，改有线传输为无线传输。广播站更新了机器设备，改善了机房设施。

（二）电视

农场的第一台电视机是 1976 年购置的 17 英寸黑白电视机，在老场部大院内架设 1 根 11 米高的独木杆电视天线，为职工收看电视服务。毛主席逝世时，播放了中央电视台现场直播的追悼大会实况。

80 年代初，开始有单位和个人置办电视机。80 年代后期，职工家庭基本普及电视机。

初期一般购买 14 英寸黑白电视机，以后逐渐更换为 20 英寸以上的彩色电视机。

1995 年，农场投资 34 万元建成有线电视台。场部区域 2.6 平方公里近 750 户家庭接入了有线电视网，电视频道由 2 个增至 12 个，收视清晰度也大为提高，同年底，农场投资 5 万元购进一台摄像机和一套编辑机，自办农场新闻。

2000 年，农场有线电视由私人承包。有线电视覆盖范围扩大，有线电视安装户达 1080 户。2004 年，有线电视投入 19 万元，网络得到更新，节目数量得到增加，收视效果得到进一步增强。2005 年，有线电视投入近 60 万元，新架设有线电视网络 7500 米，新增用户 135 户，有线电视收视率达到居民总数的 68%。2007 年，有线电视网完成了覆盖全场的光缆与同轴混合网改造，扩展了有线电视用户，全年新增用户 300 户，普及率超过了 70%。2008 年，场内有线电视用户 2650 户，普及率达 80%。2015 年，场内数字电视覆盖率达 90% 以上。

1990—2022 年全国性报刊发表通讯报道稿件见表 8-6。

表 8-6　全国性报刊发表通讯报道稿件一览（1990—2022 年）

作者	篇名	发表时间及报刊名称	备注
陈林	淮安人武部号召全市 民兵向王伏如学习	1990 年《新华日报》	10 月 24 日第 3 版
施文汉	逃避检查，夜间行车 赴宴路上，车翻人亡	1992 年《中国农机安全报》	12 月 15 日第 3 版
姚春华	有感于"找市场，不找司长"	1993 年《中国农垦》	第 1 期
	防治三代棉铃虫（摄影）	1993 年《新华日报》	7 月 28 日第 5 版
	凭借信息闯市场，又养甲鱼又办厂	1994 年《中国农垦》	第 9 期
	吕以林致富记	1994 年《农林工人》	第 8 期
姚春华 范勇	职工售粮（摄影） 自营经济好　职工致富早 ——江苏国营白马湖农场 自营经济开新花（摄影）	1993 年《中国农垦》 1994 年《农林工人》	第 8 期 第 11 期（封底）
于加法 姚春华	注重引导　放手发动职工致富	1994 年《开拓与生活》	第 10 期
范勇	畜水公司选鱼苗（摄影）	1995 年《中国畜牧水产消息》	4 月 23 日第 1 版
	农业部专家考察白马湖（摄影）	1995 年《中国农垦》	第 8 期
	物资公司送肥（摄影）	1996 年《中国物资报》	1312.4 第 4 版
	新疆客户察看甜菜（摄影）	1997 年《新华日报》	6 月 26 日第 4 版
	农业部考察种子公司（摄影）	1997 年《中国乡镇企业报》	9 月 5 日第 2 版
	轻工总会领导考察甜菜基地（摄影）	1997 年《中国农垦》	第 11 期
	外商考察种子公司（摄影）	1998 年《中农机化报》	第 1 版
	高保莲发展大棚蔬菜（摄影）	《中国乡镇企业报》	4 月 27 日第 2 版
	物资公司装卸化肥（摄影）	1998 年《新华日报》	5 月 11 日第 6 版
	职工交麦种（摄影）	1998 年《中国农垦》	第 5 期（封三）
	姜立宽视察种子加工线（摄影）	1998 年《新华日报》 1998 年《中国农垦》	6 月 23 日第 2 版 第 7 期（封二）

（续）

作者	篇名	发表时间及报刊名称	备注
范 勇 沈怀忠	复垦土地插秧（摄影）	1996 年《中国土地报》	6 月
朱岳松	储粮仓容饱和马虎不得 省垦区做好粮食安全度夏工作	1997 年《新华日报》	7 月 17 日第 4 版
韩正彰	世行官员考察土地开发（摄影）	1997 年《中国土地报》	11 月第 2 版
范 勇	李同兴购收割机（摄影）	1998 年《中国农机化报》	6 月 20 日头版头条
周 坤 范 勇	李学贵种甜菜（摄影）	1998 年《农民日报》	7 月 6 日
范 勇	外商考察种子公司（摄影）	1998 年《江苏科技报》 1998 年《中国农机化报》	4 月 2 日第 1 版 3 月 24 日第 1 版
颜培永	发展养殖业应注意的问题（科技）	1998 年《江苏科技报》	4 月 6 日第 2 版
韩正彰	白马湖农场举办管理学习班	1999 年《江苏工人报》	3 月 5 日第 2 版
范 勇	高宝莲种大棚蔬菜	1999 年《江苏科技报》	3 月 7 日第 2 版
范 勇	气象服务农业生产	1999 年《江苏科技报》	3 月 21 日第 2 版
范 勇 张志成	卖良种传良法（摄影）	1999 年《新华日报》	4 月 3 日 A4 版
范 勇 张志成	既卖好种子又传好技术（摄影）	1999 年《中国乡镇企业报》	2935 期第 1 版
范 勇 张志成	既卖好种子又传好技术	1999 年《江苏科技报》	4 月 11 日第 1 版
范 勇 张志成	职工清沟理墒加强春季小麦田管	1999 年《江苏科技报》	4 月 25 日第 1 版
范 勇 张志成	农技人员指导清沟理墒	1999 年《江苏农业科技报》	4 月 28 日第 1 版
范 勇 张志成	美商考察农产品加工龙头企业	1999 年《经贸导报》	6 月 3 日第 2 版
范 勇 张志成	全国小麦专家考察农场种子基地	1999 年《江苏科技报》	6 月 6 日第 1 版
范 勇	李同兴购买收割机	1999 年《江苏科技报》	5 月 16 日第 2 版
范 勇	外商考察（摄影）	1999 年《中国乡镇企业报》	6 月 5 日第 3 版
范 勇 张志成	畜水公司发展特种水产养殖	1999 年《经贸导报》	9 月 14 日第 2 版
范 勇 张志成	蟹肥虾壮稻花香（摄影）	1999 年《江苏工人报》	9 月 22 日第 2 版
范 勇 张志成	农技人员探索大棚蔬菜生产技术	1999 年《江苏农业科技报》	11 月 24 日第 1 版
范 勇 张志成	探索大棚蔬菜立体种植技术	1999 年《江苏科技报》	12 月 5 日第 1 版头条
朱岳松	农户呼唤小包装化肥	1999 年《江苏科技报》	12 月 9 日第 1 版
范 勇 张志成	蟹肥虾壮稻花香（摄影）	2000 年《中国农垦经济》	第 1 期

（续）

作者	篇名	发表时间及报刊名称	备注
范 勇 张志成	畜水公司调整结构发展特种水产养殖	2000 年《中国农垦》	第 1 期封三
谢 祥	购种先看"导购图"	2000 年《江苏科技报》	3 月 15 日第 1 版
范 勇 张志成	种子公司发放科技资料为农服务	2000 年《江苏科技报》	3 月 29 日第 1 版
范 勇 张志成	良种良法一起推	2000 年《江苏农业科技报》	4 月 12 日第 1 版
董建波 张新红	白马湖农场成功试行"小额贷款"	2000 年《江苏工人报》	4 月 13 日第 3 版
谢 祥	种子公司为购种农户导购	2000 年《中国农垦》	第 4 期封三
范 勇 张志成	日本客商考察蔬菜生产	2000 年《经贸导报》	5 月 15 日第 2 版
张志成	向着现代化种子农场目标迈进 ——记前进中的白马湖农场	2000 年《经济参考报》	
范 勇 张志成	水稻育秧流水线	2000 年《新华日报》	5 月 19 日 A4 版
范 勇 张志成	水稻工厂化育秧	2000 年《江苏农业科技报》	5 月 24 日第 3 版
范 勇 张志成	机插育秧流水线	2000 年《经贸导报》	5 月 29 日第 2 版
范 勇 张志成	机械育秧	2000 年《中国农机化报》	5 月 27 日第 4 版
范 勇 张志成	推广机插秧	2000 年《新华日报》	6 月 14 日 A4 版
范 勇 张志成	推广机插秧	2000 年《江苏科技报》	6 月 14 日第 1 版
范 勇 张志成	育秧流水线育秧	2000 年《江苏科技报》	6 月 14 日第 3 版
王 林 张志成	白马湖农场 3.6 万亩种子麦安然归仓	2000 年《江苏农业科技报》	6 月 14 日
范 勇 张志成	抢收保种胜利	2000 年《经贸导报》	6 月 14 日第 2 版
范 勇 张志成	农科所晾晒小麦试验品种	2000 年《新华日报》	6 月 16 日 A4 版
范 勇 张志成	水稻工厂化育秧流水线	2000 年《中国农垦经济》	第 6 期
董建波 张新红	白马湖农场成功试行"小额贷款"	2000 年《中国农垦》	第 6 期
范 勇 张志成	日本客商来场考察蔬菜生产	2000 年《中国农垦》	第 6 期封三
张志成	农科所技术人员晾晒小区品种	2000 年《江苏科技报》	6 月 28 日第 2 版
范 勇 张志成	收割机抢收保种	2000 年《城乡机电信息报》	6 月 24 日第 6 版

（续）

作者	篇名	发表时间及报刊名称	备注
范　勇 张志成	农科所晾晒小麦试验品种	2000 年《江苏农业科技报》	7 月 8 日第 1 版
范　勇 张志成	机插秧长势喜人	2000 年《江苏农业科技报》	7 月 26 日第 1 版
张志成	凌启鸿考察机插水稻	2000 年《江苏经济报》	7 月 11 日第 7 版
范　勇 张志成	农科所晾晒麦种	2000 年《中国农垦经济》	第 8 期
范　勇 张志成	农场推广机插秧	2000 年《中国农垦经济》	第 8 期
范　勇 张志成	农场推广机插秧	2000 年《经贸导报》	6 月 23 日第 2 版
范　勇 张志成	场领导与日商洽谈蔬菜业务	2000 年《经贸导报》	9 月 15 日第 2 版
范　勇 张志成	农科所调查水稻品种	2000 年《经贸导报》	9 月 22 日第 2 版
范　勇 张志成	水稻工厂化育秧流水线	2000 年《中国农垦》	第 9 期
范　勇 张志成	土地竞拍	2000 年《中国农垦经济》	第 10 期
谢　祥	番茄塑盘育苗	2000 年《江苏农业科技报》	10 月 18 日第 1 版
朱岳松	农户盼望储粮技术下乡	2000 年《江苏科技报》	10 月 18 日第 1 版
谢　祥	大棚育番茄苗	2000 年《江苏科技报》	11 月 1 日第 3 版
范　勇 张志成	日商考察农科所优质水稻	2000 年《中国农垦经济》	第 11 期
范　勇 张志成	日商考察农科所优质水稻	2000 年《中国农垦》	第 1 期
范　勇 张志成	徐顺宝反季节辣椒反季节销售	2001 年《新华日报》	3 月 25 日 A4 版
范　勇 张志成	反季节辣椒反季节上市	2001 年《江苏农业科技报》	3 月 28 日
范　勇 张志成	大棚辣椒反季节销售	2001 年《江苏科技报》	3 月 28 日第 1 版
范　勇 张志成	种子公司向农户推广良种良法	2001 年《农民日报》	3 月 30 日第 7 版
范　勇 张志成	种子公司技术人员向购种户赠送科技资料	2001 年《江苏科技报》	4 月 4 日第 1 版
范　勇 张志成	徐顺宝家采摘反季节大棚辣椒上市	2001 年《中国农垦经济》	第 6 期
张志成	韩正松做活庭院经济	2001 年《江苏农业科技报》	6 月 27 日第 1 版
范　勇 张志成	农科所紫玉糯杂交玉米引种成功	2001 年《新华日报》	8 月 21 日 A4 版
谢　祥	庭院公司发展大棚西瓜种植	2001 年《中国农垦》	第 8 期

（续）

作者	篇名	发表时间及报刊名称	备注
谢 祥 王家安	滕开华生态养蟹	2001 年《江苏科技报》	8 月 22 日第 1 版
范 勇 张志成	农科所加大杂交引育种力度	2001 年《新华日报》	8 月 24 日 A4 版
范 勇 张志成	小龙虾也能赚大钱	2001 年《中国渔业报》	8 月 20 日第 4 版
范 勇 张志成	紫玉糯制种成功	2001 年《江苏农业科技报》	8 月 29 日第 1 版
谢 祥 王家安	一渔场发展生态养蟹	2001 年《中国渔业报》	8 月 27 日第 3 版
范 勇 张志成	低洼地养龙虾	2001 年《江苏农业科技报》	9 月 5 日第 1 版
范 勇 张志成	王纯兵混养龙虾收益高	2001 年《江苏科技报》	9 月 5 日第 3 版
范 勇 张志成	农科所杂交育种	2001 年《江苏科技报》	9 月 5 日第 1 版
谢 祥 王家安	滕开华发展生态养蟹	2001 年《江苏农业科技报》	9 月 12 日第 1 版
张志成	韩正松农家院中奏富曲	2001 年《中国农垦》	第 9 期
魏军民 王 林	白马湖创新农业综合开发投入机制	2001 年《中国农垦》	第 9 期
谢 祥 王纯忠	宣传党报党刊征订	2001 年《新华日报》	10 月 10 日 A4 版
谢 祥	土专家韩正松爱上《致富导刊》	2001 年《江苏科技报》	10 月 13 日头版头条
张志成 谢 祥	大华良种好印象	2001 年《江苏农业科技报》	10 月 20 日
谢 祥	邮政人员湖区宣传征订报刊	2001 年《中国渔业报》	10 月 15 日第 1 版
谢 祥	特种苗木双荚槐惹人喜爱	2001 年《新华日报》	10 月 27 日 A4 版
谢 祥	董建林试养鳜鱼获成功	2001 年《新华日报》	11 月 24 日 A4 版
谢 祥	董建林科学养殖鳜鱼	2001 年《江苏科技报》	12 月 5 日第 3 版
谢 祥 王家安	特种水产养殖结构调整	2001 年《中国特产报》	10 月 18 日第 2 版
谢 祥 王晓勇	王纯兵发展生态养蟹	2001 年《中国渔业报》	12 月 3 日第 3 版
谢 祥	董建林试养鳜鱼成功	2001 年《中国渔业报》	12 月 10 日第 5 版
叶思聪	工会小额贷款职工大得实惠	2001 年《江苏工人报》	12 月 18 日第 3 版
谢 祥	董建林试养鳜鱼获成功	2002 年《科技信息快报》	1 月 4 日
谢 祥	范广华夫妇生态养蟹效益高	2002 年《中国渔业报》	1 月 14 日第 5 版
叶思聪	工会小额贷款职工大得实惠	2002 年《中国工运》	第 2 期
谢 祥	滕开华下岗搞水产养殖再就业	2002 年《中国劳动保障报》	3 月 2 日
谢 祥	感受机插魅力	2002 年《江苏农业科技报》	6 月 12 日第 1 版

（续）

作者	篇名	发表时间及报刊名称	备注
范　勇 张志成	农场留种小麦丰收	2002 年《新华日报》	6 月 16 日 A3 版
谢　祥	种田大户周步章机械化种田	2002 年《江苏农业科技报》	7 月 3 日第 1 版
卢长银	白马湖农场发挥优势发展特种水产养殖	2002 年《人民日报海外版》	4 月 20 日第 2 版
孙　云	工会银行 惠泽困难职工	2002 年《江苏工人报》	7 月 16 日第 3 版
范　勇 张志成	种田大户交售麦种	2002 年《江苏农业科技报》	6 月 15 日
谢　祥	退休职工放鹅既增收又愉悦	2002 年《江苏科技报》	7 月 27 日第 3 版
谢　祥	农技人员传授水稻条纹 叶枯病防治技术	2002 年《江苏科技报》	8 月 3 日第 2 版
张志成 谢　祥	专家考察农科所水稻试验品种	2002 年《中国农垦经济》	第 8 期
谢　祥	农机帮了俺大忙（组图）	2002 年《中国农机化报》	8 月 6 日 B4 版
谢　祥	王纯兵科技种养效益高	2002 年《实用技术信息》	8 月 5 日第 4 版
叶思聪	白马湖加速在民企中建会	2002 年《江苏工人报》	7 月 25 日第 3 版
谢　祥	白马湖注重开发保护水好鱼丰	2002 年《中国渔业报》	9 月 16 日第 5 版
范　勇 张志成	采收杭白菊	2002 年《江苏农业科技报》	11 月 16 日第 1 版
张志成 谢　祥	大力引进野生新优苗木	2002 年《中国农垦》	第 11 期封三
范　勇 张志成	职工送交华粳系列良种	2002 年《江苏科技报》	11 月 30 日第 1 版
范　勇 张志成	田园公司试种杭白菊获成功	2002 年《江苏科技报》	11 月 27 日第 1 版
谢　祥 吕晓芬	白马湖农场花卉苗木新品多	2002 年《中国花卉报》	12 月 3 日第 2 版
孙　云	白马湖私企配齐工会主席	2002 年《江苏工人报》	8 月 13 日第 3 版
谢　祥 吕玉亮	加强冬季麦田管理	2002 年《江苏农业科技报》	1 月 22 日第 1 版
谢　祥	大力发展制种油菜种植	2003 年《粮油市场报》	1 月 16 日第 2 版
谢　祥 周　明	大华酵素菌速腐剂通过 国家有机生产资料认证	2003 年《江苏农业科技报》	2 月 8 日第 1 版
谢　祥	秋延迟辣椒大棚保红	2003 年《江苏农业科技报》	2 月 22 日第 1 版
谢　祥	白马湖农场购种超市受青睐	2003 年《粮油市场报》	4 月 3 日第 1 版
谢　祥	机械化育秧现田头	2003 年《新华日报》	6 月 10 日 A3 版
谢　祥	机械化一条龙育秧	2003 年《江苏农业科技报》	6 月 14 日第 1 版
谢　祥	3.5 万亩大小麦全部实现留种	2003 年《粮油市场报》	6 月 17 日第 1 版
谢　祥	白马湖农场大面积推广机插秧	2003 年《江苏科技报》	6 月 25 日第 2 版
范　勇 张志成	种子公司收购小麦	2003 年《粮油市场报》	7 月 5 日第 2 版
谢　祥	白马湖发展无公害水产养殖	2003 年《江苏科技报》	9 月 3 日第 3 版

（续）

作者	篇名	发表时间及报刊名称	备注
谢 祥	捕蟹上市	2003 年《江苏农业科技报》	9 月 6 日第 1 版
谢 祥	白马湖发展无公害水产养殖	2003 年《中国渔业报》	9 月 1 日第 4 版
谢 祥	白马湖着力发展特种水产养殖	2003 年《中国特产报》	9 月 11 日第 3 版
谢 祥	秋播麦种调运忙	2003 年《粮油市场报》	10 月 11 日第 2 版
谢 祥	白马湖农场发展良种特色生产	2003 年《中国特产报》	10 月 20 日第 3 版
谢 祥 张志成	农场大力发展种子田生产	2003 年《农民日报》	11 月 11 日第 3 版
谢 祥	白马湖农场优质水稻喜获丰收	2003 年《粮油市场报》	11 月 4 日第 1 版
叶思聪	工会援手残疾人汗水浇灌硕果甜	2003 年《中国农垦》	第 11 期
谢 祥 张志成	白马湖发展无公害水产品养殖	2003 年《中国农垦》	第 11 期
谢 祥	农业产业化带动基地建设	2003 年《粮油市场报》	11 月 22 日第 2 版
谢 祥	围网捕蟹	2003 年《中国渔业报》	11 月 3 日第 5 版
韩正彰	勇于拼搏的人生——韩桂珍下岗打工创业记	2004 年《江苏工人报》	1 月 10 日
董建波	白马湖农场为职工"保值存粮"	2004 年《粮油市场报》	1 月 10 日
谢 祥	职工购大型农机服务农业生产	2004 年《新华日报》	3 月 9 日
谢 祥	推行螃蟹和鳜鱼混养促增收	2004 年《新华日报》	3 月 12 日
谢 祥	农业科技展板受欢迎	2004 年《粮油市场报》	3 月 30 日
谢 祥	反季节大棚蔬菜"错季销售"	2004 年《新华日报》	3 月 23 日
谢 祥	贯彻中央 1 号文件精神购农机奔富路	2004 年《农民日报》	3 月 30 日
韩正彰	失业不失志 奋斗天地宽	2004 年《中国农垦》	第 3 期
谢 祥	螃蟹、鳜鱼混养促进渔业增效职工增收	2004 年《中国渔业报》	4 月 26 日
谢 祥	螃蟹、鳜鱼混养促进渔业增效职工增收	2004 年《江苏经济报》	3 月 18 日
谢 祥	购农机奔富路中央 1 号文件带来的喜人景象	2004 年《粮油市场报》	4 月 1 日
谢 祥	竞购大型农机服务农业生产	2004 年《经济日报农村版》	3 月 29 日
谢 祥	吕国权创办玩具厂自主创业	2004 年《新华日报》	5 月 30 日 A1 版
谢 祥	实行蟹鳜混养促水产养殖增效	2004 年《中国特产报》	3 月 19 日
董建波	爱心无价	2004 年《中国农垦》	第 6 期
谢 祥	购大型农机加大农业生产投入	2004 年《中国农垦》	第 6 期
谢 祥	反季节蔬菜实行"错季销售"	2004 年《中国特产报》	4 月 5 日
谢 祥	蟹鳜混养开辟增收新途径	2004 年《江苏科技报》	3 月 31 日
谢 祥	白马湖农场农机跨区作业忙	2004 年《农民日报》	6 月 2 日
谢 祥	白马湖农场力推机械化插秧	2004 年《农业机械》	第 7 期
孙 云	工会的关爱让我鼓起创业勇气	2004 年《江苏工人报》	6 月 16 日
李学新	浅谈杨树的适应性	2004 年《中国绿色时报》	8 月 5 日
谢 祥	竞购大型农增加农业生产投入	2004 年《江苏经济报》	4 月 1 日
谢 祥	夏收保种喜获全胜	2004 年《江苏经济报》	6 月 10 日

（续）

作者	篇名	发表时间及报刊名称	备注
谢　祥	农场工会免费为女工技能培训	2004 年《新华日报》	9 月 9 日
谢　祥	白马湖农场发展商品 种子生产带动职工增收	2004 年《粮油市场报》	9 月 23 日
谢　祥	谢玉贤夫妇念活小杂粮致富经	2004 年江苏人民广播电台	8 月
谢　祥	发展商品种子生产带动职工增收	2004 年《江苏经济报》	9 月 23 日
谢　祥	在田野里播种希望——白马湖农场 推广机械化插秧速记	2004 年《中国农机监理》	第 10 期
谢　祥	蟹肥鱼欢稻飘香——下岗女职工 谢明发展稻田养殖	2004 年《江苏农业科技报》	9 月 25 日
谢　祥	白马湖农场对优质商品 粮水稻实行集团化销售	2004 年《粮油市场报》	11 月 6 日
谢　祥	农场职工补购农机	2004 年《农业机械》	第 9 期
谢　祥	大华良种受青睐	2004 年《江苏农业科技报》	10 月 16 日
谢　祥	白马湖农场杂交水稻制种取得新突破	2004 年《农民日报》	10 月 20 日
谢　祥	白马湖农场杂交水稻制种取得新突破	2004 年《市场信息报》	10 月 20 日
谢　祥	白马湖水稻喜获丰收	2004 年《粮油市场报》	10 月 12 日
谢　祥	"苏王"大米严把原粮关	2004 年《粮油市场报》	11 月 9 日
谢　祥	推广种植"中杂油 2 号"油菜	2004 年《粮油市场报》	11 月 13 日
谢　祥	农场发展优质高效生态农业	2004 年《粮油市场报》	11 月 18 日
谢　祥	丰收在望	2004 年《江苏科技报》	10 月 13 日
谢　祥	鼓励职工发展种养增收	2004 年《江苏科技报》	10 月 20 日
谢　祥	农场又将迎来一个丰收季节	2004 年《江苏经济报》	10 月 14 日
谢　祥	蟹肥鱼欢稻花香	2004 年《人民日报》	10 月 14 日第 16 版
谢　祥	农场鼓励职工发展种养增加投入	2004 年《中国农垦》	第 12 期
谢　祥 吕汉生	来自外乡的"田老板"	2004 年《农业机械》	第 11 期
李学新	白马湖农场意杨苗木更新	2004 年《中国绿色时报》	11 月 11 日 B3 版
谢　祥	白马湖农场种子生产机械化	2004 年《农业机械》	第 12 期
谢　祥	水稻丰收机械化收割	2004 年《江苏农业科技报》	
谢　祥	周步章规模种植获丰收	2004 年《江苏农业科技报》	
谢　祥	农场迎来中央 1 号文件 下发后的第一个丰收季节	2004 年《农民日报》	6 月 30 日
谢　祥 张志成	白马湖农场新收麦种被抢购一空	2004 年《农民日报》	7 月 14 日
谢　祥	农场集团化销售优质水稻	2004 年《江苏经济报》	11 月 25 日
谢　祥	白马湖农场强化水产养殖业	2004 年《江苏经济报》	12 月 9 日
谢　祥	白马湖实施意杨苗木更新工程	2004 年《江苏经济报》	12 月 16 日
谢　祥	农场加大农业产业化投入	2005《粮油市场报》	1 月 10 日
谢　祥	加大农业机械化投入实现 良种生产精准化	2005 年《农业机械》	第 1 期

（续）

作者	篇名	发表时间及报刊名称	备注
谢 祥	白马湖农场做大做强水产养殖业	2005 年《江苏科技报》	
谢 祥	"神湖"螃蟹	2005 年《江苏科技报》	
谢 祥	种子烘干线一景	2005 年《江苏科技报》	
谢 祥 陶玉顺	白马湖农场 18 年间耕地 "长"了 1800 亩	2005 年《新华日报》	2 月 8 日
谢 祥	二渔场职工捕放鱼苗	2005 年《新华日报》	2 月 25 日
谢 祥	挖掘水面资源推行无公害养殖	2005 年《中国渔业报》	2 月 17 日
谢 祥 陶玉顺	渔场职工春季渔业生产忙	2005 年《新华日报》	3 月 8 日 B1 版
谢 祥	中央 1 号文件激励职工争购农机具	2005 年《农民日报》	3 月 17 日第 3 版
谢 祥	白马湖农场种子生产实现标准化加工	2005 年《经济日报农村版》	1 月 10 日
谢 祥	农场职工竞购大型农机具投身农业生产	2005 年《中国农机安全报》	3 月 7 日
谢 祥	农场种子生产全程机械化	2005 年《农民日报》	3 月 22 日
谢 祥 邵建军	工会小额贷款助购农机	2005 年《新华日报》	3 月 30 日
董建波	白马湖农场农机拉动经济	2005 年《农业机械》	第 4 期
谢 祥	白马湖良种实行订单加工销售	2005 年《粮油市场报》	4 月 14 日
谢 祥	农科所推进稻麦油新品区试	2005 年《粮油市场报》	4 月 22 日
谢 祥	渔场职工投放鱼苗为 全年渔业生产争主动	2005 年《中国特产报》	3 月
谢 祥	工会小额贷款助购农机	2005 年《中国农机化导报》	4 月 11 日第 3 版
张志成	江苏垦区科技入户助春耕	2005 年《农民日报》	4 月 5 日第 3 版
谢 祥	拿到农机作业证心情真高兴	2005 年《农民日报》	5 月 12 日
董建波	白马湖农场做大做强外埠市场	2005 年《中国农机化导报》	4 月 25 日第 2 版
谢 祥	农机职业技能培训	2005 年《中国农机化导报》	4 月 25 日第 8 版
谢 祥	江苏省小麦油菜新品种展示 示范现场会在白马湖农场举行	2005 年《粮油市场报》	5 月 19 日
董建波	政策进农场　职工购机忙	2005 年《中国农机化导报》 机手安全专刊	5 月 30 日
谢 祥	农场退休职工养老金"打卡" 社会化发放受欢迎	2005 年《新华日报》	5 月 10 日
谢 祥	知青宣传队与农场干群真情互动	2005 年《新华日报》	5 月 17 日
谢 祥	小麦田头技术指导	2005 年《江苏科技报》	4 月 1 日
谢 祥	白马湖农场大力推广机插秧	2005 年《农业机械》	第 5 期
谢 祥	白马湖农场切实保持耕地平衡	2005 年《中国农垦》	第 5 期
谢 祥	农场职工按时保质交售订单麦种	2005 年《粮油市场报》	6 月 16 日第 1 版
谢 祥	职工抢收抢晒保麦种安全入库	2005 年《粮油市场报》	
谢 祥	周凤忠为新农机年审	2005 年《中国农机监理》	第 6 期
董建波	白马湖农场靠农机拉动经济发展	2005 年《中国农机化导报》 机手安全专刊	6 月 27 日

（续）

作者	篇名	发表时间及报刊名称	备注
谢 祥	优质良种小麦丰收喜开镰	2005 年《新华日报》	6 月 7 日 A3 版
谢 祥	良种小麦机械化收割	2005 年《农业机械》	第 6 期
谢 祥	国有农场农机作用大	2005 年《农业机械》	第 7 期
谢 祥	机插秧技术得到普遍推广	2005 年《粮油市场报》	7 月 5 日
谢 祥	在丰收的田野上——三夏盘点	2005 年《粮油市场报》	7 月 12 日
谢 祥	夏熟保种严把机械清仓关	2005 年《农民日报》	6 月 14 日
谢 祥	农场职工交售订单麦种	2005 年《农民日报》	7 月 9 日
谢 祥	白马湖农场小麦生产再创佳绩	2005 年《农民日报》	7 月 12 日
谢 祥	赵玉龙赵云父子同创业	2005 年《新华日报》	7 月 9 日
张志成 罗庚申	江苏农垦明确春季小麦管理措施	2005 年《农民日报》	3 月 16 日
谢 祥	体制和政策激发职工购机热情	2005 年《中国农机化导报》	7 月 4 日
谢 祥	人机并举抢插秧	2005 年《江苏科技报》	7 月 6 日
谢 祥 吕宏飞	大华种业白马湖分公司研发水稻新品种	2005 年《农民日报》	8 月 23 日
谢 祥	农机手更新农机成时尚	2005 年《农民日报》	9 月 1 日
谢 祥	领证出征	2005 年《中国农机化导报》	5 月 16 日
谢 祥	大华种业白马湖分公司新上电子称重仪	2005 年《粮油市场报》	6 月 28 日
谢 祥	低洼田种植茭实效益好	2005 年《扬子晚报》	8 月 29 日
谢 祥	良种小麦机械化收割	2005 年《经济日报农村版》	6 月 27 日
谢 祥	农机手更新机车成时尚	2005 年《经济日报农村版》	9 月 5 日
谢 祥	扬州知青回第二故乡忆当年	2005 年《扬子晚报》	9 月 24 日 A10 版
谢 祥	大华自主知识产权新品种添发展后劲	2005 年《农民日报》	9 月 3 日
谢 祥	白马湖农场试验超级稻	2005 年《农民日报》	9 月 20 日
谢 祥	农机手更新农机成时尚	2005 年《中国农机化导报》	9 月 5 日第 2 版
谢 祥	水稻新品种展示会在农场召开	2005 年《粮油市场报》	9 月 27 日
谢 祥	优质专用小麦良种调运忙	2005 年《粮油市场报》	10 月 15 日
谢 祥	低洼地种植茭实效益高	2005 年《江苏农业科技报》	9 月 3 日第 1 版
谢 祥	秋季水稻数量品种双提高	2005 年《粮油市场报》	11 月
谢 祥	种子公司麦种销售创出新高	2005 年《粮油市场报》	12 月 8 日
谢 祥	江苏农垦对优质专用小麦实施补贴	2005 年《农民日报》	10 月 15 日第 5 版
谢 祥	机械化收割良种小麦	2005 年《江苏科技报》	11 月 23 日
谢 祥	养殖协会免费培训养殖户受好评	2006 年《中国畜牧兽医报》	3 月 13 日
董建波	八旬老人谱写《明荣知耻歌》	2006 年《中国农垦》	第 5 期
谢 祥	职工购买农机热情高涨	2006 年《中国农机化导报》	3 月 13 日
谢 祥 李学新	白马湖农场苗木生产	2006 年《中国绿色时报》	7 月 3 日
谢 祥 王家安	水产养殖户做好夏季鱼塘管理	2006 年《中国渔业报》	7 月 31 日

（续）

作者	篇名	发表时间及报刊名称	备注
谢 祥 季 文	品牌战略兴恒晟	2006 年《中国农垦》	第 8 期
谢 祥 仲 林	杂交灿稻Ⅱ-优 118 制种获丰收	2006 年《农民日报》	9 月 23 日
张志成	淡水龙虾人工养殖获成功	2006 年《中国渔业报》	9 月 25 日
董建波	宝队长的蔬菜情	2006 年《中国农垦》	第 12 期
张志成	淡水龙虾养殖获成功	2006 年《中国农垦》	第 11 期
谢 祥	白马湖农场水稻收割全程机械化	2006 年《中国农机化导报》	11 月 6 日
谢 祥	白马湖农场农机跨区作业创新高	2006 年《农业机械》	第 1 期
谢 祥	白马湖种子公司为春耕备足良种	2006 年《粮油市场报》	2 月 18 日
谢 祥	意杨苗木热销	2006 年《江苏农业科技报》	3 月 4 日
谢 祥	农技指导员讲授小麦科学施肥	2006 年《粮油市场报》	3 月 16 日
谢 祥	扩种油菜增收	2006 年《江苏农业科技报》	4 月 19 日
谢 祥 周凤明	白马湖农场水稻新品种迭出	2006 年《农民日报》	8 月 22 日
谢 祥 吕元荣	田头育秧现场会受欢迎	2006 年《新华日报》	5 月 22 日
谢 祥 陈玉巧	集中购买插秧机受欢迎	2006 年《江苏经济报》	5 月 24 日
谢 祥	集中购买插秧机受欢迎	2006 年《江苏科技报》	6 月 15 日
谢 祥	白马湖种子公司精心备战夏收	2006 年《粮油市场报》	6 月 15 日
谢 祥	白马湖农场干群奋力排涝抗灾自救	2006 年《扬子晚报》	7 月 2 日
董建波	白马湖 600 农机战三夏	2006 年《农业机械》	第 6 期
谢 祥	白马湖机插秧新突破	2006 年《农业机械》	第 7 期
韩正彰 王玉巧	一张小卡片连起干群心	2006 年《党的生活》	第 8 期
谢 祥	恒晟米业公司品牌战略凸显品牌效应	2006 年《粮油市场报》	8 月 5 日
张志成	人工养成小龙虾	2006 年《江苏农业科技报》	9 月 27 日
谢 祥	水稻新品系华粳 20316 试验示范显强势	2006 年《江苏农业科技报》	10 月 11 日
谢 祥	恒晟米业公司精心打造品牌	2006 年《粮油市场报》	10 月 1 日
谢 祥	白马湖农场订单收购效果好	2006 年《粮油市场报》	11 月 23 日
董建波 王小林	白马湖农场"铁军"跨区作业收效显著	2006 年《农业机械》	第 11 期
谢 祥	白马湖农场水稻长势喜人	2006 年《江苏农业科技报》	10 月 25 日
谢 祥	大棚辣椒"存棚保红"效益高	2006 年《江苏农业科技报》	12 月 16 日
谢 祥 王小林	白马湖农场为职工集中购置插秧机	2007 年《江苏经济报》	5 月 9 日
谢 祥 刘金标	白马湖农场人工精养龙虾获得成功	2007 年《江苏经济报》	5 月 23 日第 1 版
董建波	白马湖农场着力培植肉鸡养殖业	2007 年《江苏科技报》	4 月 23 日 A14 版

（续）

作者	篇名	发表时间及报刊名称	备注
谢 祥	白马湖农场林业职工农闲修树忙	2007 年《江苏农业科技报》	2 月 14 日第 1 版
谢 祥	白马湖农场职工见缝栽树	2007 年《江苏农业科技报》	3 月 28 日第 1 版
张志成	白马湖农场打响根除红米稻攻坚战	2007 年《江苏农业科技报》	7 月 28 日第 1 版
谢 祥	白马湖农场夏粮小麦获得大丰收	2007 年《粮油市场报》	6 月 21 日第 1 版
谢 祥	江苏省白马湖农场春耕有"六早"	2007 年《农民日报》	3 月 19 日新世纪农垦
谢 祥 王小林	白马湖农场为职工集中购置插秧机	2007 年《农民日报》	5 月 15 日第 8 版
谢 祥 刘金标	白马湖农场人工精养龙虾获得成功	2007 年《农民日报》	5 月 29 日第 5 版
谢 祥	白马湖农场良种小麦亩均突破 450 公斤	2007 年《农民日报》	6 月 11 日新世纪农垦
谢 祥	白马湖农场夏收引进秸秆打捆机作业	2007 年《农民日报》	6 月 12 日第 8 版
张志成	"大华"水稻新品通过鉴定	2007 年《农民日报》	8 月 20 日新世纪农垦
谢 祥 吕宏飞	大华种业白马湖农科所水稻新品迭出	2007 年《农民日报》	9 月 10 日第 6 版
谢 祥 王小林	白马湖农场职工购买插秧机享受优惠	2007 年《农业机械》	第 6 期
谢 祥	白马湖农场推广机插见成效	2007 年《农业机械》	第 7 期
谢 祥	白马湖农场引进秸秆打捆机	2007 年《农业机械》	第 7 期
谢 祥 王小林	白马湖农场为职工集中购置插秧机	2007 年《新华日报》	5 月 9 日 A7 版
谢 祥 刘金标	白马湖农场人工精养龙虾获得成功	2007 年《新华日报》	5 月 24 日 A5
谢 祥 王小林	惠农政策激发白马湖农场农机手购机热情	《新华日报》	9 月 19 日 B6 版
谢 祥	白马湖捕获一条大鲤鱼	《新华日报》	11 月 28 日 A7 版
谢 祥	白马湖林农冬季不闲	《中国绿色时报》	2 月 7 日 第 2 版
董建波	机械化让白马湖农场职工轻松种田	《中国农机化导报》	6 月 4 日 124 期
谢 祥 解怀山	白马湖农场杂交制种水稻效益高	《中国农垦》	第 10 期 特别策划
董建波 韩正慧	五区有个说事室	《中国农垦》	第 10 期 刊中报
谢 祥	在希望的田野上	《中国农垦》	第 10 期刊中报
董建波	风雨创业路自强不息人	《中国农垦》	第 6 期刊中报
谢 祥	综合养殖闯出新路子	《中国农垦》	第 1 期刊中报
董建波	"六网齐张"抓廉政	《中国农垦》	第 3 期刊中报
董建波	捐出一天收入，奉献一片爱心	《中国农垦》	第 3 期刊中报
董建波	能人"闪亮"白马湖	《中国农垦》	第 8 期刊中报
谢 祥	"三大行动"服务二次创业	《中国农垦》	第 9 期刊中报

（续）

作者	篇名	发表时间及报刊名称	备注
董建波	特色党建促特色产业	2007 年《中国农垦》	第 11 期刊中报
谢 祥 唐加红	白马湖农场大力发展三禽养殖业	2007 年《中国农垦》	4 月 22 日
谢 祥 韩正慧	转岗职工邵海荣规模养猪致富	2007 年《中国畜牧报》	6 月 18 日第 8 版
谢 祥	白马湖无公害水产品受市场青睐	2007 年《中国渔业报》	2 月 26 日第 6 版
谢 祥 刘金标	白马湖农场人工精养龙虾获得成功	2007 年《中国渔业报》	5 月 28 日 第 6 版
谢 祥	无怨无悔养殖情	2008 年《中国农垦》	刊中报第 1 期
董建波	百余"能人"引领职工致富	2008 年《江苏科技报》	2 月 25 日
谢 祥	白马湖农场春季育苗忙	2008 年《江苏农业科技报》	3 月 1 日第 1 版 2213 期
董建波	五大产业助民增收	2008 年《江苏科技报》	3 月 17 日 A14 版
董建波	创业标兵吕玉宝	2008 年《中国农垦》	刊中报第 3 期
董建波 吕建军	白马湖人机并举保丰收	《农业机械》	第 3 期
董建波	白马湖农场着力培植意杨产业	《中国农垦》	刊中报第 5 期
谢 祥 陈永华	白马湖农场狠抓水稻秧苗管理	2008 年《江苏农业科技报》	6 月 14 日第 1 版 2243 期
谢 祥 王家安	生态龙虾人工养殖	2008 年《江苏经济报》	7 月 4 日 A3 版
谢 祥 王家安	生态养殖龙虾成新宠	2008 年《江苏农业科技报》	7 月 9 日第 1 版 2250 期
董建波	规模养鸡显风采	《中国农垦》	刊中报第 7 期
谢 祥 王家安	白马湖农场生态养殖 小龙虾品质不一般	2008 年《中国渔业报》	7 月 14 日第 4 版
谢 祥	江苏农垦白马湖农场夏粮 丰收不忘秋季保种	2008 年《农民日报》	7 月 24 日第 5 版
谢 祥	转岗创业展风采	《中国农垦》	刊中报第 8 期
谢 祥 王家安	白马湖农场生态龙虾人工养殖	《中国农垦》	刊中报第 9 期
谢 祥	全省水稻新品种在白马湖农场展示示范	2008 年《江苏农业科技报》	9 月 27 日第 1 版 2273 期
谈 天 谢 祥	白马湖精品菜俏销	2008 年《江苏农业科技报》	12 月 13 日第 2 版 2294 期
谢 祥	备足良种保春耕	2009 年《粮油市场报》	3 月 25 日第 54 期
董建波	白马湖农场关注民生促发展	2009 年《中国农垦》消息	第 4 期
谢 祥	女职工业余健身舞蹈队表演	2009 年《江苏法制报》图片	5 月 8 日第 2 版
董建波	爱心撑起一片天	2009 年《中国农垦》消息	刊中报第 6 期
谢 祥 王家安	高效水产养殖看"白马湖模式"	2009 年《中国渔业报》图片	6 月 8 日第 3 版头条
谢 祥	农场工人起秧外销	2009 年《江苏农业科技报》图片	6 月 24 日第 1 版
谢 祥	白马湖农场夏熟小麦连续 6 年增产	2009 年《农民日报》图片	7 月 9 日第 7 版

（续）

作者	篇名	发表时间及报刊名称	备注
谢祥	精品蔬菜成白马湖农场"增长极"	2009年《农民日报》消息	1月8日第8版
谢祥	小麦种子输送入囤	2009年《农民日报》图片	
董建波 解兆海	"白马湖"蔬菜生产全部订单化	2009年《农民日报》	8月有20日
董建波	劳动竞赛创业立功	《中国农垦》消息	
杨义林 谢祥	良种小麦喜获丰收	2010年《人民日报》图片	7月11日第8版
谢祥	白马湖农场强基础创品牌	2010年《农民日报》	
谢祥	农场被认定为江苏省 第三批农业科技型企业	2010年《中国农垦》	5月刊中报
谢祥 沈怀忠	白马湖农场今年征兵工作 做到"五个到位"	2010年《江苏经济报》	10月28日B2版
董建波 谢祥	白马湖农场强化普法 宣传保稳定促发展	2010年《江苏经济报》	11月11日B2版
谢祥 王小林	农机购置补贴惠及农场职工	2010年《江苏经济报》图片	9月2日B1版
谢祥 吕宏飞	白马湖农场农科所开展水稻杂交工作	2010年《江苏经济报》图片	9月2日B2版
谢祥	蛋鸡养殖专业合作社带领农户发家致富	2010年《江苏经济报》图片	9月16日B1版
谢祥	多产"放心种"备秋播	2010年《江苏经济报》图片	9月16日B1版
谢祥	患病青年勇救落水儿童	2010年《江苏法制报》	6月有28日第2版
谢祥 韩晶晶	白马湖民警救助走人老人	2010年《江苏法制报》	7月7日B版
谢祥 沈怀忠	白马湖农场今年征兵 工作做到"五个到位"	2010年《江苏法制报》	10月28日第2版
谢祥 杨跃东	人口普查员将登记工作 延伸到田间场头	2010年《江苏法制报》图片	11月23日第2版
华中	观摩水稻新品种	2010年《江苏农业经济报》图片	9月有29日第4版
董建波	白马湖农场浅水藕俏销日本	2010年《江苏农业经济报》图片	11月17日第2版
董建波 陈桂军	科学种菜收获丰	2010年《江苏农业经济报》图片	12月15日第1版
谢祥	生态小龙虾抢手	2010年《江苏农业经济报》图片	7月7日第2版
谢祥	工厂化育苗备秋种	2010年《江苏农业经济报》图片	8月18日第1版
谢祥	抱团好致富	2010年《江苏农业经济报》图片	9月11日第2版
董建波 王小林	政策助白马湖农民购机增收	2010年9月《科学养鱼》	
谢祥 王加安	白马湖农场加强夏季鱼塘管理	2010年《中国渔业报》	7月26日第4版
谢祥 王小林	江苏农垦白马湖农场千台 农机跨区作业收入颇丰	2012年《江苏经济报》	7月18日B4版
谢祥 王小林	农机补贴惠民生	2012年《江苏经济报》 2012年《江苏农业经济报》图片	8月23日B2版 9月5日第1版

（续）

作者	篇名	发表时间及报刊名称	备注
谢 祥	农民开心购良种	2012年《江苏经济报》	10月22日B1版
谢 祥	白马湖农场精心描绘幸福民生	2012年《江苏经济报》	11月8日B4版
谢 祥 吕 妍	白马湖现代麦客增收3000万元	2012年《新华日报》	7月24日A5版
谢 祥 刘步勇	严把良种质量关（图片）	2012年《粮油市场报》 2012年《江苏经济报》 2012年《江苏农业经济报》	3月9日第2版 3月16日B1版 3月17日第1版
谢 祥 王小林	白马湖农场跨区作业 成农机手增收主渠道	2012年《农民日报》	7月31日第8版
谢 祥	江苏省白马湖农场全面 提升职工幸福指数	2012年《农民日报》	12月11日第8版
谢 祥	农机惠农政策贴民心	2012年《中国农垦》刊中报	
谢 祥 王小林	白马湖农场农机惠农政策得民心	2012年《农业机械》	
谢 祥	白马湖：高速化机插秧是这样实现的	2013年《当代农机》	第8期
解跃慧	话题征文：《听从梦的召唤》	2013年《中国农垦》	第10期
谢 祥	看看他们的"小康梦"	2013年《中国农垦》	第11期
谢 祥	实施幸福民生工程提升职工幸福指数	2013年《中国农垦》	第3期
谢 祥	选树培育道德模范典型 引领职工思想道德建设	2013年《中国农垦》	第7期
谢 祥 邵正林	机械化小麦田间植保	2013年《江苏经济报》	5月10日B3版
谢 祥 王小林	农机补贴政策激发职工 集中购买高速插秧机	2013年《江苏经济报》	6月10日B3版
谢 祥	苏垦农发白马湖分公司4.93 万亩良种小麦喜获丰收	2013年《江苏经济报》	6月24日B3版
谢 祥	开展"亲民"主题教育 活动重温入党誓词	2013年《江苏经济报》	8月22日B1版
谢 祥	白马湖农场力推苗木 产业"四化"进程	2013年《江苏经济报》	9月23日B4版
谢 祥 刘步勇	大华种业白马湖分公司 生产小麦种子保秋播供应	2013年《江苏经济报》	9月23日B4版
陈玉巧	白马湖农场加快水产养殖高效化步伐	2013年《江苏经济报》	9月30日B2版
谢 祥	白马湖农场发展高效蔬菜生产	2013年《江苏经济报》	10月19日B4版
谢 祥	优质水稻直销龙头企业促增收	2013年《江苏经济报》	10月21日B4版
谢 祥	白马湖农场引导水产 养殖户调整养殖结构	2013年《江苏经济报》	12月19日B3版
谢 祥	机械化喷药	2013年《江苏粮食研究》	第9期
谢 祥	机械化防治病虫效率高	2013年《江苏农业科技报》	5月8日第1版
谢 祥	优质水稻直销龙头企业	2013年《江苏农业科技报》	11月16日第1版
谢 祥 邵正林	机械化作业防治效果好	2013年《粮油市场报》	5月7日第1版

（续）

作者	篇名	发表时间及报刊名称	备注
谢祥	优质水稻直销龙头农企	2013年《粮油市场报》	11月13日第1版
姚春华	农场党委中心组学习的实效化探究	2013年《现代企业文化》	第10期管理方略
梅剑飞 吴琼	管好一根草，还需拓思路——夏收秸秆禁烧调查	2013年《新华日报》	6月13日A5版
谢祥	优质水稻　直销龙头企业促"三增"	2013年《中国县域经济报》	11月25日第8版
谢祥 刘步勇	稻种销售热起来（图片）	2014年《粮油市场报》	1月21日
谢祥	中国好人周兆英	2014年《中国农垦》	第2期
谢祥	先进农机展示（图片）	2014年《江苏农业科技报》	5月12日
张志成	白马湖倾力打造产业发展新平台	2015年《中国农垦》	第4期
陈玉巧	话题征文《龙缸》	2016年《中国农垦》	第10期
陈玉巧	白马湖精准扶贫显成效	2017年《中国农垦》	刊中报
陈玉巧	话题征文《母亲的眼泪》	2018年《中国农垦》	第12期
伏进	不同药剂防治小麦赤霉病药效筛选实验	2019年《江苏农垦科技》	3月
邵正林	新时代国有企业思想政治工作创新研究	2019年《基层建设》	第22期
陈素芳	不同稻作方式对华粳8号生长发育变化及其产量影响	2019年《江苏农垦科技》	11月
陈素芳	"华粳8号"适宜稻作方式筛选试验初报	2019年《上海农业科技》	12月2日
伏进	新型杀菌剂弗唑菌酰羟胺对小麦赤霉病的防治效果	2020年《江苏农业科学编辑部》	3月17日
陈素芳	不同氮肥运筹对华粳8号生长发育及产量、品质的影响	2020年《江苏农垦科技》	第3期
姚春华	新时代国企党务干部的价值认同分析	2021年《江苏农垦思想政治工作论文集》	1月28日
莫逸	导之有方、导之有力、导之有效——对做好新时代基层宗教工作的初步探索	2021年《江苏农垦思想政治工作论文集》	1月28日
张志成	学而有力、进而有道——推动新思想入脑入心落地生根的方法路径探究	2021年《江苏农垦思想文化工作论文集》	1月28日
吕元标	运用重大疫情防控成效开展思想政治教育研究	2021年《垦区思想政治工作论文集》	4月
董建波	突出人文关怀做好基层思想政治工作	2021年《垦区思想政治工作论文集》	4月
韩跃武	当前基层思想政治工作面临的问题及政策研究	2021年《江苏农垦思想政治工作论文集》	4月
王纯东	水稻栽培技术要点及农业技术推广分析	2021年《基层建设》	5月
屠灿英	江苏淮北地区2019年优质水稻品种示范试验简报	2021年《上海农业科技》	8月12日
王祝彩	国审小麦新品种华麦10号特征特性及高产栽培技术	2021年《江苏农垦科技》	9月25日

（续）

作者	篇名	发表时间及报刊名称	备注
朱永琳	农田水利工程施工中渗水原因及防渗技术	2021年《基层建设》	9月
伏 进	小麦赤霉病秆腐症状形成原因初探	2021年《江苏农垦科技》	10月15日
韩晶晶	加强企业基层党建政工工作的新思路	2022年《基层建设》	1月
唐 洋	企业政工与人力资源管理的契合发展	2022年《中国科技人才》	1月
王祝彩	国审小麦新品种华麦10号特征特性及高产栽培技术	2022年《大麦与谷类科学》	1月
伏 进	小麦赤霉病秆腐症状形成的主要途径	2022年《大麦与谷类科学》	2月
韩 芳	关于国有企业政工人才队伍建设的探索与思考	2022年《中国科技人才》	2月24日
伏 进	白马湖农场传达2022年集团公司工作会议精神	2022年《江苏农垦情况》	3月20日
陈 英	2021年淮北地区直播水稻品种比较试验简报	2022年《上海农业科技》	3月4日
朱 华	关于小麦绿色高产高效栽培技术要点	2022年《科技新时代》	6月
陈 军	加强国有企业政工干部队伍建设的实现路径	2022年《中国科技信息》	7月20日
朱永琳	农田水利工程施工技术的难点及质量控制研究	2022年《中国科技信息》	10月20日
莫 逸	省农垦集团党委举办"头雁计划"专题培训班	2022年《江苏国资党建》	8月30日
曹 政 韩晶晶	白马湖农场机械抢收夏粮	2022年《学习强国》江苏平台	6月6日
曹 政 韩晶晶	夏粮抢收	2022年《新华日报》	6月13日
张志成	林苗一体"四化"推进林业林苗产业高质量发展	2022年《江苏国资研究》	7月
张志成	省国资委领导到白马湖调研考察	2022年《江苏国资研究》	8月
卢克余 黄建芹 秦志贵	白马湖做实做细困难帮扶	2022年《江苏工人报》	9月20日
陈云祥	白马湖农场"三水"集中整治成效凸显	2022年《今日头条》	8月30日
陈云祥	淮安区交通运输局助力白马湖农场县道环境整治见实效	2022年《今日头条》	8月31日
纪星名 李佳婧	江苏淮安：水稻开镰机收忙	2022年《人民日报》客户端	11月2日
陈光晰 韩晶晶	江苏省白马湖农场"三秋"生产如火如荼	2022年《网易新闻》《搜狐新闻》	11月6日

第六节　精神文明建设

60—70年代，农场利用广播、画廊等宣传阵地，宣传党的路线、方针、政策，经常开展政治思想教育和业务文体活动。十一届三中全会以后，农场的精神文明建设不断加强。1980年，农场甩掉了亏损帽，实现了建场以来的第一次盈余。农场经济逐渐步入正轨，一步一个新台阶，精神文明建设也不断得到加强和发展。90年代，农场确立以马克思列宁主义、毛泽东思想和邓小平同志建设有中国特色社会主义理论为指导，坚持党的基本路线和基本方针，加强思想道德建设，发展科学文化，以科学的理论武装人，以正确的舆论引导人，以高尚的精神塑造人，以优秀的作品鼓舞人，培育"四有"职工，深入开展以"做文明职工，树文明新风，创文明单位，建文明农场"为主题的群众性精神文明建设活动，为加快农场经济发展提供了强有力的精神动力、智力支持和思想保证。近年来，农场精神文明建设坚持服务于经济建设大局，以人为本，大力推进了场部小城镇建设和职工安居工程建设，大大改善了农场面貌和职工居住环境，树立了农场的新形象，促进了农场经济的发展。

一、文明单位建设

1979年，第三水产养殖场被农林部表彰为先进集体，1980年又再次受到江苏省人民政府的表彰。

1981年，在全国工、青、妇等9个团体发出以开展"五讲四美"为内容的文明礼貌活动的倡议后，农场首先在青少年学生中开展这项活动，继而发展为群众性的活动。同时，将3月定为"文明礼貌月"，并积极开展一系列相关活动，丰富职工的精神文化生活，纯洁文化市场。农场为了提高职工文化素质和知识水平，成立职工教育办公室，配备了13名专职教师，开始实施扫盲、初中文化补课和高中文化补课，以及初级职业技术补课等工作。下半年，农场小城镇规划初步制定。

1983年，农场根据上级指示精神，按照"改革要坚决，经济要抓紧"的要求，抓企业整顿，改善企业素质，提高经济效益。并在全场广泛开展"五好家庭"评比活动，巩固"五讲四美"的活动成果，在两个文明建设中取得了较大的成绩，为此，农场受到江苏省农垦总公司党组的表彰。第一鱼种场获得了省级"双文明单位"称号，受到江苏省人民政府的嘉奖。

1984年，农场的两个文明建设活动不断深入和发展，农场中心小学在教学管理上成绩突出，在两个文明建设中卓有成效，受到了淮阴市人民政府的表彰。

1986年开始，根据十二届六中全会精神和上级有关部署，开展创建物质文明和精神文明建设的"双文明"活动，着眼基层，立足整体。树立典型，推广经验，从而促进了农场的两个文明建设得以迅速发展。当年，农场有12个单位和个人受到上级的表彰和嘉奖。

1989年，棉纺厂工会、加工厂第一工会小组等5个基层工会在两个文明建设中获得江苏省农垦总工会颁发的"先进工会（小组）"称号。

1990年，农场在场内广泛开展向舍己救人而英勇献身的共产党员王伏如同志学习的活动，举办以"爱农场、爱岗位"为主题的演讲比赛。中心小学等单位获得市级"德育工作先进单位"称号，农场被评为省级绿化达标单位。

1991年，农场组织"二先一优"（先进党支部、先进小组，优秀共产党员）评比活动。于"七一"前夕举办了"党在我心中"歌咏比赛，并积极组织参加垦区的"三热爱"知识竞赛；在全场女职工中开展"双学双比"活动；在农场党委的领导下，组织全场人民抗洪自救，党员干部率先垂范，干部群众团结一致，使农场受灾损失降到最低点。

1992年，农场积极组织学习"二五"普法规划，并组织参加"淮阴市农民法律知识竞赛"；各基层建立"职工之家"；农场团委和工会组织了庆"五一"迎"五四"歌咏比赛；组建联防队，以加强社会治安的综合治理工作，对推动农场"双文明"建设起到积极作用。

1993年，农场深入宣传学习"十四大"精神，加强党风廉政建设，下半年在全场广泛开展"创企业精神，树立主人翁形象"的主题教育。此项活动受到农垦总公司工会的好评，第八大队获得江苏省农垦总公司"双学双比"先进单位。

1994年，农场广泛开展"双学双比"劳动竞赛活动，并对取得优异成绩的23个单位和112名先进个人予以表彰奖励。

1995年，全场深入开展"创企业精神，树企业形象，兴农场经济"活动；农场农业发展中心党支部等5个单位获得江苏省总公司颁发的"先进基层党组织"称号，年底，农场顺利通过总公司的"双达标"验收，并被评为1995年度垦区"十佳企业"。

1996年，农场教育工作顺利通过省级"普九"验收；种子加工厂等单位获得总公司"双文明班（组）"称号；同时，农场修订《白马湖农场文明公约》，年底再次被评为江苏省农垦"十佳企业"。

1997年，农场积极开展专项治理活动，中学教学楼及医院门诊楼相继落成并交付使用，农场南北中心路砂石路面铺成通车，小城镇建设初具规模。

1998年，农场为美化环境，发展经济，丰富职工文化生活，建起了带状花园；建成物资大楼和农贸市场；敬老院、幼儿园教学楼开始动工兴建；场部建起了 1200 平方米的灯光球场；上半年，在全场开展争创"五好文明户"活动，全场共有百户获得此项殊荣。下半年，在全场全面推开了"十星级文明户"的创评工作，并予以分类挂牌，旨在推动农场两个文明建设的迅速发展。

1999 年，制作了农场场徽、场歌，出版了一本场志，组织了一次反映农场 40 年辉煌成就的画展，制作了一本展示农场人精神面貌的画册。

2003 年，职工会堂建成并投入使用，广大职工有了业余文化活动的阵地。农场被评为 2002—2003 年度楚州区文明单位。

2004 年，全场 10 个管理区，有 4 个管理区制定了区规民约。评选出场级五好文明户 39 户、文明职工 39 人，评选出了当年"十大文明新事"。申报区级五好文明家庭 12 户，市级 2 户。

2005 年，广大职工群众积极参与"文明单位""文明职工""文明班组""文明岗位"等精神文明创建活动，申报市、区两级五好文明家庭 14 户。"文明育农、科技富民"工程成效显著，500 个农业承租户成为全国首批农业科技入户工程示范户。农场被评为 2004—2005 年度淮安市文明单位。

2006 年，广泛开展"争先创优"劳动竞赛，制定了《精神文明建设工作意见》，并将精神文明建设纳入《白马湖农场"十一五"规划纲要》，精神文明创建工作和检查考核制度化，创建淮安市文明单位顺利达标。申报淮安市五好文明家庭 3 户，供电管理服务中心、第九管理区两单位被楚州区授予 2006—2007 年度楚州区文明单位称号。

2008 年，积极开展"和谐家庭"创建活动，评出"和谐家庭"90 户，有力地推动了和谐社区、和谐农场、和谐社会建设。农场被评为 2006—2007 年度"淮安市文明单位"，电力管理服务中心、第九管理区被区委和区政府授予 2006—2007 年度"楚州区文明单位"称号。参加楚州区首届道德模范申报和评选活动，职工韩金林、韩学辉分别被评为"楚州区首届道德模范"和道德模范提名奖。解玉加等 8 个职工家庭被评为市、区两级"五好文明家庭"。积极开展献爱心活动，全场上下共向四川灾区捐款 16 余万元，其中特殊党费 5.3 万元，捐款 1000 元以上的 12 人。

2009 年，围绕创建市级文明单位的目标，大力开展形式多样、内容丰富、寓教于乐的宣传教育活动，在全场形成了"主要领导亲自抓、分管领导联系抓、部门领导具体抓"的格局，从而增强了思想道德建设和群众性精神文明创建的针对性和实效性。农场被评为 2006—2008 年度"淮安市文明单位"。

2010 年，评选出"青年职工解怀淼组建农机合作社带民富"等十大文明新事，农场荣获"楚州区精神文明建设工作先进集体"称号。

2011年，"韩金林——三十年照顾岳父母""白马湖农场职工韩爱林勇救落水儿童"，两件文明新事分别被表彰为楚州区"十一五"期间十大文明新事和2010年度楚州区十大文明新事，并受到了中共淮安市楚州区委、淮安市楚州区精神文明建设指导委员会的表彰。

2012年，大华种业白马湖分公司、大华生物、白马湖中学、中心幼儿园、职工医院等5家单位被命名表彰为2010—2011年度淮安区文明单位，健康、前进两个居委会被命名表彰为淮安区文明村居，8个职工家庭被区文明委评为2011—2012年度"十星级文明户"。农场被表彰为2009—2011年度淮安市文明单位。第八管理区退休职工周兆英以孝老爱亲的感人事迹荣登2012年"中国好人榜"，并被评为"江苏农垦首届文明标兵""淮安市第二届道德模范""淮安区第二届孝老爱亲道德模范"。大华种业白马湖分公司职工韩爱林被评为淮安区第二届道德模范（见义勇为）提名奖。

2013年，周兆英被评为"江苏农垦首届文明标兵"。华萃公司董殿明获得江苏农垦首届"人才突出贡献奖"。社区评出王学东等12户农场文明和谐家庭并进行了表彰。六支居委会周兆仁母亲周花氏成为农场首位"百岁老人"。农场被评为2012—2014年度淮安市文明单位。

2014年，积极推进党员和社区志愿者服务工作，由志愿者组成的社区"爱心妈妈团"与留守儿童、孤儿结对，有4位"爱心妈妈"被淮安区妇联授予"爱心妈妈"证书，得到了社会的认可和好评。

2015年，重视文明创建工作，评选出周年丰等20户"十星级文明户"并在场职代会上进行了表彰奖励。大华种业白马湖分公司经理沈会生获区第三届道德模范提名奖。供电管理服务中心、淮安大华生物科技有限公司荣获"区级文明单位"称号，健康居委会荣获"区级文明村居"称号。开展和谐社区创建、志愿者服务、爱心妈妈等活动，巩固市级文明单位创建成果并成功通过复检验收。

2016年，在巩固市级文明单位创建成果的基础上，积极启动省级文明单位创建工作，积极组织开展无偿献血、结对帮扶、义务植树、社区关爱等志愿服务以及首届"最美农场人"评比活动，农场于庄居委会沈桂中被评为2016年淮安区一、二季度好人。

2017年，邵集居委会邵学艮荣获第三届江苏农垦"文明标兵"称号。健康居委会韩桂花、朱立荣先后被评为2017年度第二季度和第四季度淮安区好人。

2018年，农场预申报2015—2017年度淮安市文明单位和2016—2018年度江苏省文明单位，健康居委会、淮安大华生物科技有限公司申报2015—2017年度淮安市文明社区、文明单位。范春冬被评为 2018 年第四季度淮安区好人。司法所陈军被评为第七届淮安市优秀志愿者。

2019 年，范春冬同志被评为"江苏省文明职工"，大华育种研究院淮安研究所小麦育种中心被市总工会授予"淮安市五一巾帼标兵岗"称号，"志英创新工作室"被市总工会授予"淮安市劳模创新工作室"，林管站被授予江苏农垦"工人先锋号"称号，裕源居委会被授予江苏农垦"巾帼建功标兵岗"称号，分公司王长元、韩佳东两位同志获苏垦农发优秀"师带徒"表彰，魏凤玲同志获得江苏农垦"巾帼建功标兵"表彰，农场工会荣获"淮安区总工会年度先进集体"荣誉称号。

2020 年，吕治顺同志被授予"江苏省农垦系统劳动模范"称号，治顺创新工作室获农垦"劳模创新工作室"授牌，董洪永同志被评为"淮安区文明职工"，大华种业育种研究院淮安研究所被淮安市妇女联合会授予"三八红旗荣誉"称号，"志英创新工作室"被淮安市总工会授予"创新工作室"称号，农场工会获得"淮安区总工会年度先进集体"荣誉称号。

2021 年，农场公司工会荣获"江苏农垦职代会建设示范单位"称号，并获淮安区总工会年度先进单位，林管站被授予江苏农垦"工人先锋号"称号，裕源居委会被授予江苏农垦"巾帼建功标兵岗"称号，健康居委会获江苏农垦"模范职工小家"称号，吕治顺被授予"江苏省农垦系统劳动模范"称号，魏凤玲被评为江苏农垦"巾帼建功标兵"。

2022 年，农场公司成功获评"2019—2021 年度江苏省文明单位"。实施典型培育"领航"工程，选树培育了一批"巾帼先锋岗""工人先锋号"等先进个人和先进集体，农场魏凤玲荣获江苏省总工会"五一巾帼标兵"、卞孟楠获"青年大讲坛"二等奖、农业科学院荣获江苏省"双学双比"铜牌等荣誉称号。

二、企业文化

（一）企业精神

1993 年 7 月开始，农场开展"创企业精神，树主人翁形象"活动，在向全场广泛征集并认真总结建场以来 30 多年经验的基础上，结合农场实际，严格遵循江苏省总公司工会关于创建企业精神的要求，把江泽民同志倡导的"64 字创业精神"作为创建的根本原则，提出了"改革、求实、团结、奋进"的企业精神，意在改革求活力，以求实作保障，以团结为基础，以奋进作动力，争一流，求创新。

1995 年以来，继续开展"创、树、兴"活动，使原企业精神进一步升华为"负重拼搏，团结争先"，旨在动员和激励全场人民迎难而上，齐心协力，拼搏进取，勇争一流。

2008年，开展"解放思想、创新发展"大讨论活动，引领大家进一步解放思想，创新思维，增强创新创业就业意识，以思想大解放促进经济大发展、社会大进步。

2014年，大力弘扬负重拼搏、团结争先的农场精神，积极培育以包容、向上、创新为内核的企业文化。

2015年，开展新时期农场精神大讨论暨表述用语大征集、大讨论活动，经过自上而下和自下而上的几轮征集、讨论、提炼、升华，"包容求实、创新致远"的白马湖农场新企业精神新鲜出炉并得到全场职工的认同。

2016年，深入开展农场精神主题教育实践活动，积极组织开展无偿献血、结对帮扶、义务植树、社区关爱等志愿服务活动，大力推进法治农场、书香农场建设。

2017年，深入开展群众性精神文明活动，引导职工群众向上向善、孝老爱亲、重义守信、勤俭持家，坚决破除大操大办、厚葬薄养、人情攀比、赌博等陈规陋习，推动形成文明厂风、良好家风和淳朴民风。

2018年，继续开展文明单位创建，道德模范、劳动模范评选，文明标兵、和谐家庭、最美农场人评比活动，加大培植和宣教力度，增强道德感染力。

2019年，深入开展培育和践行社会主义核心价值观与文明单位创建工作，大力弘扬企业精神，深入开展评先争优等活动，培树并大力宣传先进典型事迹。

2020年，社会主义核心价值观得到大力弘扬和践行，文明创建工作取得实效，一大批先进典型不断涌现，居民文明素质和文明程度稳步提升。推进精神文明建设，重点组建百姓说唱团，扎实推进省级文明单位创建工作、加快补齐新时代文明实践建设等的短板。

2021年，坚持以文明创建为抓手，内提干部职工素质，外树文明服务形象，做到思想上重视、措施上扎实、工作上跟进，精神文明建设成效显著。创建工作得到省、市、区三级文明办的认可，农场公司成功获评2019—2021年度江苏省文明单位，大华生物和六支居委会分获2019—2021年度淮安市文明单位、文明村称号，电力公司和健康居委会分获2019—2021年度淮安区文明单位、文明村称号。

2022年，积极培育选树各类典型及身边好人，争创"好人文化"子品牌。完成新时代文明实践"一所两站"建设任务，18支志愿服务队常态化开展志愿服务活动。

（二）文化宣传

在物质文明和精神文明的建设中，农场以简报、文化长廊、黑板报等形式，宣传党中央的方针、政策和"两个文明"建设的成果。从1990年起，由农场办公室主办的《白马湖情况》，每年不定期地编印信息发至全场。另外，每年在三夏、秋播等农忙期间，还经常编发《三夏快报》《秋播简讯》等，及时向基层单位通报情况，传递科技信息，推广典型经验。80 年代以来场部一直辟有画廊、办有黑板报。各分场、公司、工厂于 80 年代中后期也都相继办了墙报、文化长廊等，及时宣传党的政策，介绍种植经验，指导职工科学种田。2009 年，建立了职工书屋、职工活动室、棋牌室、健身房。职工书屋图书达 8000本，房屋面积达 86 平方米，还编写了场志、制作了画册以及开展各项文体活动，充分展示白马湖农场建场以来所取得的丰硕成果，展现了白马湖人的精神风貌，全场上下形成了浓烈的氛围。2014 年，加大农场有线电视采编系统的投入，还投资 100 余万元在"馨康花苑"小区西侧新建了与之相配套的农场职工文化活动中心，新建了"白马湖农场历史陈列室""职工书屋"、娱乐活动室等。2015 年，骏逸文化广场（居民文化广场）基本建成并投入使用；成立白马湖农场书画摄影协会，建立了白马湖农场书画摄影群。2016 年，完善新建的"骏逸广场"配套文化设施建设，设置了法治文化宣传长廊，开设工会工作专栏，相继成立了职工书画、篮球和广场舞 3 个协会，集中开展文体活动和广场舞表演，使文化广场的人气逐渐得到集聚，每天晚上来广场活动的人员络绎不绝，公共服务惠及面得到进一步提升。2017 年，加强"职工之家"阵地建设，与农场组织部门一道协同推进"党工共建"。2018 年，投资近 300 万元对职工会堂进行改造，并于年底投入使用。2022年，投资近百万的新时代文明实践所开始建设，2023 年初投入使用，场馆的设计、布局、板块内容等受到了集团领导、兄弟单位以及广大职工居民等众多人员的赞许。

三、文体活动

（一）文化生活

建场初期农场的文娱活动多是职工自娱自乐。60 年代末，农场文艺演出活动较为频繁，各大队分别组建了文艺宣传队，队员由职工组成，利用农闲和劳动之余排练、演出，主要以"花船"为主，利用民间传统曲调重新填词，这些活动随着"文革"的开始日趋盛行。每逢重大活动和春节等节日串庄演出，曾深受干部职工的欢迎。70 年代中期农场又成立了宣传队，隶属场宣传科，主要骨干均为插场知识青年和回乡高、初中毕业生。演出地点也由场内扩大到场外，并多次参加地方文艺汇演，演出效果较好。70 年代末随着知青的大批返城，队员骨干锐减，农场又从场内高、初中毕业生中招收了部分队员，以充实宣传队伍，演出的体裁由"文革"时期的"样板戏"转为"地方戏"和"传统戏"，并在四分场和砖瓦一厂兴建了影剧院，在农闲时放电影、演出地方戏中的传统剧目，邀请其他剧团来场演出，以丰富职工的文化生活。

1981 年，随着农场工业的兴起，场部周围人口增加，农场为丰富职工的精神文化生活，在淮洪（范）路北与中干河交叉处东侧建起了一座可容纳千余人的露天电影院。场工会、宣传科于 1983—1984 年组织文化宣传队，扎花船 7 只，自编节目 51 个，演出 125 场，观众达 19500 人次。1987 年 9 月，农场工会组织参加江苏省农垦总公司举办的歌咏选拔赛获得第三名。农场自编自导自己谱曲的《我是总理故乡人》，唱出了白马湖特色，唱出了故乡人民对周总理的无限思念，内容和形式获得了较好的评价。1989 年，场工会于"七一""十一"举办了歌咏比赛。1990 年，场文艺宣传队参加江苏省农垦首届文化艺术节，获优秀节目三等奖。1992 年，举办了"党在我心中'七一'演唱会"。1994 年农场举办了"'爱我中华'卡拉 OK"歌咏比赛。1995 年，"五一"前夕组织各基层单位文艺汇演，演出剧目 26 个，有 156 名职工参加演出，"七一"前夕举办了歌咏比赛，参赛曲目 32 个，参赛人员达 322 人。1996 年，农场举办了"三爱（爱国、爱场、爱岗）卡拉 OK 歌咏比赛和演讲比赛"。1997 年，场工会举办了"场直机关庆国庆文艺汇演"，种子公司举办了"'九八'卡拉 OK 暨专业知识竞赛"。1999 年，"五一"期间，来自镇江、扬州两地的知青和农场广大干部职工共同举办了一台主题为"亲吻白马湖"的联欢晚会；同时农场还举办了"庆五一、迎场庆"书画展、"迎国庆、庆场庆"青年歌手卡拉 OK 演唱赛、"革命歌曲演唱赛"和垦区文艺汇演等。2004 年，举办青年歌手卡拉 OK 演唱赛。2007 年，老干部党支部牵头组织成立的白马湖夕阳红文艺宣传队，通过花船、对唱、两句半等形式义务宣传党的十七大精神和农场的改革发展形势，丰富了小城镇居民的文化生活。2008 年，农场部分离退休职工和中青年妇女自发组织了"健身舞蹈队"。每日傍晚，在白马湖农场裕源广场、原棉纺织厂灯光球场上，他们列队整齐，在教练的示范带领下，随着优美的音乐、欢快的节奏翩翩起舞，构成了一道亮丽风景线。在全场已形成了"我跳舞、我健康、我快乐"的良好氛围。

2009 年，精心组织和开展场庆系列活动，召开了庆祝大会，组织了文艺演出、劳模座谈会、革命历史题材电影全场巡回播放、革命歌曲大家唱和焰火晚会。

2010 年，分别于"五一""十一"举办了"大地飞歌""十月颂"文艺演出。

2011 年，在"读书月"期间开展了学习《中国共产党党史》知识竞赛活动，"红色经典影片"巡回放映活动，并借此开展"好书·好人生"主题征文活动，举办了"白马湖农场职工读书学习心得交流会"，全场有 30 多名代表参加了交流。举办了"白马湖农场纪念建党 90 周年庆祝大会"专场文艺汇演，让 700 多名干部职工享受了一次文化和精神大餐。

2012 年，成功举办第二届"职工读书月"活动，开辟读书月活动专栏 15 个，组织各种读书座谈会 12 场，职工互阅书籍近 200 册，受赠各类图书 130 本，组织举办了"颂祖国，赞农场"职工金秋演讲比赛、"喜迎十八大，展示新成就"图片展及寄语十八大祝福词征集评比活动。组队参加了集团公司组织的"学习十八大精神，认清新形势、新目标、新任务、新知识"竞赛活动。有 3 人荣获集团公司书画比赛"优秀作品奖"。农场荣获江苏省总工会"职工书屋示范点"称号。

2013 年成功举办第三届"职工读书月"活动。集中购置书籍 200 本，在干部职工中开展了"中华文明读本""王二的经济学故事"等读书学习活动，全场共计开辟读书月活动专栏 15 个，组织各种读书座谈会 12 场，职工互阅书籍近 200 册，有 19 名代表在场职工"读书明星"学习交流评审会上做了交流发言，评审产生出了 6 名农场职工"读书明星"，征集到主题征文作品 47 篇，有 6 名同志荣获优秀作品奖。举办了劳模、先进人物代表座谈会，学习党的十八大精神，认清新形势、新目标、新任务知识竞赛。参加了"中国梦·农垦梦"庆国庆书画摄影比赛活动，谢祥、范勇、顾广庆等 3 人获得优秀作品奖。参加了市总工会等单位联合组织的"如意杯"庆国庆的书法、摄影比赛，有 3 人作品得到公展。

2014 年组织开展了白马湖农场第四届"职工读书月"活动，在管理人员和广大职工中集中开展了《改革是中国最大的红利》和《失传的营养学：远离疾病》两本书的学习。创新开展"读书、品书、用书"主题教育，开办第一期"职工讲堂"。活动共征集到"读书·劳动·圆梦"征文 26 篇，评选产生出"优秀作品"5 篇，全场计有 21 名"读书明星"参加了本次活动，评审产生"读书讲书明星"6 人，"优秀组织奖"两家。举办了歌曲抢答演唱赛、职工广场舞团体表演、职工书画摄影作品活动，组队参加了在东辛农场举办的江苏农垦第三届职工广场舞比赛和地方工会组织的书画摄影比赛，谢祥的摄影作品《丰收之韵》荣获摄影组一等奖。

2015 年，开展了"中国梦·家乡美"职工书画摄影作品征集活动、模范代表人物参观学习，举办了以"学习四中全会精神、推进依法治场进程"为主题的"学党章，知党史，明国情，颂辉煌"知识竞赛活动。开展职工读书月活动，推荐阅读图书 20 本，在管理人员和广大职工中广泛开展学习《习近平谈治国理政》等活动；举办"读书、创业、追梦"读书征文比赛活动，共征集到作品 28 篇，华萃公司周晓敏等 6 名同志作品获得表彰；举办"传承传扬，悦读悦心"经典诵读比赛，全场计有 27 位选手参加角逐，裕源居委会刘红美等 8 名选手分获一、二、三等奖。牵头组织了江苏农垦职工文化协会职工读书活动，组织开展了"以读书启迪智慧，用智慧滋养人生"为主题的职工读书活动，前后共收到 11 家单位上报的读书材料 140 余篇，后经过两轮筛选，七家协会理事单位集中评审，最终产生"优秀作品"21 篇，农场韩正彰等 3 位同志荣获"优秀作品奖"。参加了农垦首届文化艺术节，送选了两个节目参加演出，贡春香被评为 2015 年度江苏农垦"文化达人"；参加了农垦职工文化协会垦歌歌词创作和评选工作，秦斌同志获得江苏农垦垦歌歌词创作"三等奖"。

2016年，特邀区书法协会主席张筱宁来场开办了"大湖春韵"书法讲座和市八二医院专家来场开办了"中老年养生保健知识讲座"，还邀请了市著名书法家王兆龙先生来场传授书法技艺；在职工读书月活动中，分别开展了"重温历史、感受经典"主题征文活动和"读书，让人生更美好"职工演讲比赛活动；举办了"两学一做"知识竞赛和"永远跟党走"及"信仰的力量"两场大型文艺演出均取得良好效果。组队参加了农垦职工演讲比赛，温晓慧同志荣获三等奖；成立了场腰鼓队，组队参加淮安区第二届全民健身联谊赛，荣获一等奖。

2017年，组织开展了以"阅读经典好书，传承工匠精神"为主题的农场第七届职工读书月活动，启动"网上电子书屋"，将"全国工会电子职工书屋"链接到农场信息网站、QQ群和农场工会"温暖人家"微信群中。成功举办了庆"五一"垦歌、场歌、红歌演唱赛。继2016年成立职工书画、篮球和广场舞3个协会后，2017年又成立了"太极拳"活动组织。

2018年，开展以围绕庆祝改革开放40周年为主题的农场第八届职工读书月活动，重点开展了主题征文和优秀职工"领读员"比赛活动，活动共征集到读书作品32篇。韩顶虎等8位同志获得"优秀作品奖"，刘红美等6位同志获得"优秀领读员"称号。刘红美同时荣获江苏农垦第九届职工读书月"优秀领读员"称号。韩顶虎、韩振宇荣获江苏农垦第九届职工读书月"优秀征文"奖。举办"学习十九大、拥抱新时代、开启新征程"知识竞赛、庆"五一"文艺演出和"感恩白马湖"知青返场文艺汇报演出。组队参加了农垦第二届艺术节，舞蹈"幸福生活万年长"荣获文艺会演"优秀表演奖"。

2019年，围绕庆祝新中国成立70周年、建场60周年活动和主题教育工作主线，组织开展农场第九届职工读书月"阅读·追梦新时代"活动，启动"网上电子书屋"；开展"我和我的农场"庆祝农场成立60周年职工读书主题征文活动，全场共征集到作品38篇，韩振宇等6名"优秀作品"获得者被奖励，并被推荐参加集团公司工会组织的"我和我的祖国"读书征文评比活动，王素玲、于加艾两位同志获得"优秀读书征文"，农场公司荣获"优秀读书组织"表彰。配合"职工会堂"投入使用及职代会召开，举办"放歌新时代、筑梦白马湖"新春文艺演出；开展"我的农场，我的家"场庆60周年职工书画摄影作品征集活动；举办"庆五一、迎场庆"文艺汇演；开展"国庆""场庆"双庆活动，举办"庆祝中华人民共和国成立70周年暨建场60周年书画摄影作品展"；场庆期间，先后举办两场专场文艺演出；举办"壮丽七十载、奋进新时代"江苏农垦迎国庆淮安片区文艺演出。李亚丽、李君助两位同志参加农发青年大学生大讲坛活动荣获"优秀选手"。

2020 年，组织开展"安全隐患随手拍"活动，韩少春同志的"会车仍需减速"荣获市一等奖，刘文国等 3 位同志分别获区"随手拍"活动二、三等奖，组队参加淮安区 2020 年"安全生产月"暨"安康杯"安全知识和劳动保护知识竞赛荣获二等奖。举办"坚定不移走中国道路，同心共筑中国梦"征文比赛活动，共征集到征文 24 篇，李君助等 12 同志分获一、二、三等奖，推选王阳、李君助两同志参加区总工会征文比赛分获三等奖和优秀作品奖；组织开展"迎中秋、庆国庆"系列活动，与漕运镇人民政府联合举办的"放歌新时代，携手新征程"迎新年文艺演出，让千名职工群众享受了节日文化大餐；组织开展白马湖农场第十届"职工读书月"活动，共收到"我是小康亲历者"基层单位推荐征文作品 23 篇，荣获集团工会"云农场"优秀短视频和"优秀职工读书组织"表彰。

2021 年，举办"唱红歌、颂党恩、跟党走"职工红歌大赛，全场各单位计有 13 支代表队 33 支参赛曲目近 400 名同志参加，15 支参赛曲目获一、二、三等奖，4 支队伍获组织奖。女声独唱《塞北的雪》在江苏农垦职工红歌大赛中获得二等奖。开展农场庆祝建党 100 周年文艺演出两场，与近千名干部职工群众分享了中国共产党百年华诞的喜悦。组织开展了白马湖农场"学党史、颂党恩、跟党走"主题征文比赛活动，共征集到作品 27 篇，吕元标、窦同春、吕元宽和刘红美 4 位同志分别荣获二、三等奖和优秀作品奖；选送代表参加了农垦"听党话 跟党走"职工演讲比赛活动，组织参加集团公司"党旗在基层一线高高飘扬"垦区职工书画摄影比赛，张金元同志荣获书法三等奖，莫逸、李君助分获绘画二、三等奖；组织"学四史"实境教育；职工读书月"红色故事"微课堂比赛活动，共计 40 多名党员干部、职工群众和团员青年参加。

2022 年，在迎接党的二十大和江苏农垦建垦 70 周年活动中，农场组织开展书法绘画作品征集、职工读书月、演讲比赛、广场舞等系列活动，征集书画作品 8 幅、读书心得 32 篇；农场张金元两幅作品荣获集团优秀书法作品奖，李佳婧荣获集团公司演讲比赛三等奖；农场公司荣获淮安区"安康杯"知识竞赛三等奖。

（二）体育活动

20 世纪 80 年代后农场每年在"五一"和"十一"都要举办职工篮球或乒乓球赛。1985 年，农场职工篮球队参加淮安县农民运动会篮球比赛，荣获第三名；1986 年获得淮安县农民篮球赛第二名；1987 年，农场业余篮球队参加淮阴市农垦公司举办的篮球比赛获得第二名。同年，在淮安县农民运动会中荣获篮球比赛第一名。1999 年，组织了 1600 人组成的 40 个方队千人长跑。2004 年，举办职工拔河比赛、乒乓球赛和篮球邀请赛。以后每年在"五一"和"十一"都要举办篮球、乒乓球、跳绳比赛。

2008 年，举办"庆五一、迎奥运"职工篮球赛和庆国庆职工男女混合拔河比赛，还组队参加了垦区的卡拉 OK 演唱赛、乒乓球赛、象棋赛和楚州区的乒乓球比赛并获得垦区的乒乓球团体赛亚军和楚州区乒乓球团体赛冠军。

2009 年，举办了"庆五一、迎场庆"职工趣味体育比赛活动、"庆国庆、迎场庆"千人长跑、篮球邀请赛、拔河比赛等文体系列活动。各基层工会也开展了扑克牌、乒乓球、篮球、象棋、猜谜等自娱自乐的文体活动 60 场，参加活动 1060 人次，为农场的全面发展营造了良好的文化氛围。

2010 年，举办了职工乒乓球团体赛、职工"掼蛋"比赛、职工篮球邀请赛、职工趣味体育比赛等 10 多场，各基层工会开展自娱自乐文体活动累计达 60 多场次，参赛职工居民累计达 520 多人，观看人数达 1200 多人。

2011 年，开展了庆"五一"职工乒乓球友谊比赛、全场职工男女混合拔河比赛、迎"五四"青年歌手演唱比赛和老年职工健身舞表演，同时还特别邀请了楚州区老年舞蹈队来场献艺指导。

2012 年，先后组织举办了职工趣味体育比赛、职工象棋比赛、职工"掼蛋"比赛及职工广场舞表演等多项活动。

2013 年，在"五一""十一"前夕组织举办了职工乒乓球比赛、职工趣味体育比赛、职工羽毛球比赛等多项活动，让数千干部职工分享节日的快乐。各基层工会开展自娱自乐文体活动累计达 60 多场次，参加职工居民累计达 520 多人。参加集团公司工会主办的职工乒乓球比赛，解军同志获得了个人三等奖。

2014 年，举办篮球友谊赛、"丑小鸭赛跑""投篮对抗赛""鲤鱼跃龙门""铁环比赛"等职工趣味体育比赛及职工扑克牌"掼蛋"比赛等系列活动，组队参加了在淮海农场举办的江苏农垦首届趣味体育运动会，农场代表队荣获团体三等奖、拔河比赛一等奖，李永新获得自行车比赛三等奖。

2015 年，举办了职工趣味体育比赛，有 20 支代表队 160 名选手参加，种子公司等 6 家单位分获一、二、三等奖。国庆期间，举办了"大华生物杯"职工羽毛球比赛，有 61 名男女选手参加了角逐，大华生物张淮宁、林管站解跃慧等 8 名选手分获男、女前 3 名。

2016 年，举办了职工篮球比赛、职工趣味体育比赛、象棋比赛和广场舞团体表演；牵头承办了农垦淮安片区"掼蛋"比赛，并组队参加集团公司职工智力运动会，荣获"掼蛋"比赛第一名、象棋比赛二等奖和优秀组织奖。组队参加集团公司职工羽毛球比赛，获得团体第三名。组队参加了淮安市白马湖"世邦杯""掼蛋"邀请赛，荣获二等奖。

2017 年，举办了"庆'五一'职工篮球、羽毛球、乒乓球"比赛等系列活动，全场有 16 个代表队 200 多名选手参赛。国庆期间，先后举办了职工趣味体育比赛、"我的农场，我的家"手机摄影比赛和"学好系列讲话，喜迎十九大"知识竞赛活动，组织参加了地方工会"安全隐患随手拍"活动，组队参加了集团公司工会在淮海农场举办的广场舞比赛和在临海举办的"书香飘溢 风采飞扬"主题诵读比赛活动，组队参加了淮安区"邮政缘"广场舞比赛活动。

2018年，成立了农场乒乓球协会。举办了庆"五一"职工乒乓球比赛、职工叉车技能比赛、篮球邀请赛和庆"国庆"职工趣味体育比赛、职工扑克牌"掼蛋"比赛，组队参加淮安区第四届象棋比赛，董宋山荣获第四名；组织参加了市总工会"寻找最美劳动者"抖音短视频大赛，组织老干部代表赴临海农场观摩学习门球比赛。

2019年，举办"庆三八、迎场庆"女职工趣味体育比赛，在"五一"国际劳动节到来之际，举办了"庆五一、迎场庆"职工乒乓球比赛，举办了"湖风水韵、逐梦白马"庆五一、迎场庆千人长跑活动。

2020年，开展"迎中秋、庆国庆"系列活动，组织职工趣味体育比赛，全场计有21支代表队150人参加了活动，裕源居委会、健康居委会等6家单位分获一、二、三等奖；组织开展扑克牌"掼蛋"比赛，计有30个代表队60人参加了活动，第六管理区韩正来、吕俊兵等4家单位8名同志分获一、二、三等奖；举办迎新年健身长跑比赛活动，全场近260名选手参加了比赛，裕源居委会张彬、育种研究院陈春等20名同志分获男、女组前10名。

2021年，举办"庆'五一'佳节 迎百年党庆"职工乒乓球、羽毛球比赛等系列活动，组队参加区职工乒乓球比赛荣获优胜奖。开展迎"国庆"系列文体活动，组队参加集团公司举办的职工羽毛球比赛活动，获得男双三等奖。组织开展2021年江苏农垦安全生产知识竞赛答题活动，共计有72名选手参加，陈建军等4位同志分获优秀奖。组织参加全省职工"安全隐患随手拍"活动，解玉俊、衡爱军、王家安、吕元标5位同志分别荣获区"安全隐患随手拍"作品三等奖和优秀奖，农场公司荣获组织奖。

2022年，五一节、国庆节等重大节日组织职工开展了乒乓球、"掼蛋"、趣味运动会等文体活动，参加职工群众563人次。王小玲荣获集团公司女子乒乓球比赛二等奖，解军荣获集团公司男子单打三等奖，农场广场舞荣获淮安区大赛一等奖。广泛开展安全生产月、安全隐患"随手拍"等群众性安全教育竞赛活动，吕元标拍摄的作品获市总工会"安全隐患随手拍"二等奖、区三等奖。

（三）电影

建场初期农场无专门放映组织，全由淮安县电影管理站定期来场放映。

1966年，农场购置了第1台16毫米"长江"牌放映机，成立了电影队，起初有工作人员 3 人，开始了电影放映工作。影片由淮安县电影管理站提供，在场内各大队流动放映。

1972 年，农场添置了 1 台 8.75 毫米放映机，放映员增加到 4 人，影片仍由淮安提供。1977 年，农场又添置了 16 毫米放映机 1 台，放映员增加到 5 人。1978 年，又添置两台 35 毫米放映机。

1979 年，农场划归江苏农垦局后，电影队改称电影组，影片改由淮阴地区农垦局电影工作站提供。1981 年，农场在场部西南角、淮洪路北侧建起了可容纳一千余人的露天电影院。1982 年，原有 16 毫米放映机报废，新购置了两台 16 毫米放映机，电影组的放映员和工作人员增加到 13 个。1985 年，添置了 1 台放映机。1989 年，原有 35 毫米的放映机报废，重新添置了 35 毫米放映机 1 台，电影组工作人员分片负责，规定放映场次，一般每月放映 20 场左右。

1990 年以后，随着电视的普及，放映场次相对减少，原有放映机除报废外，仅存两台 16 毫米放映机，除在分场、大队放映外，还定期为中、小学放映爱国主义教育影片，影片由农场出资购买。2000 年，电影组解散，以后每次放电影都是从外边请人来场放映。

第九章　社团组织

第一节　职工代表大会

1960—1964 年，每年都召开职工代表大会，但都没有列入届次，也没有形成完整的资料。

1984 年 2 月 24—25 日，召开首届职工代表大会，职工代表 837 人，列席代表 18 人，特邀代表 3 人。大会主席团成员 31 人。谭洪志致大会开幕词，杨在国任会议执行主席并致闭幕词。杨文秀做工会工作报告，孙步云做场长工作报告。大会通过了关于职工住宅、企业整顿验收、植树造林、开展精神文明建设共 4 个决议。收集整理提案 32 条。初步实现了党委集体领导、职工民主管理、场长行政指挥的三位一体领导体制。

1987 年 8 月 8 日，召开第二届职工代表大会第一次会议。职工代表 492 人，其中女代表 93 人，大会主席团成员 25 人，黄化祥做场长工作报告，张荣道做工会工作报告，会议选举产生由张荣道、于世明等 11 人组成的第二届工会委员会。

1989 年 3 月 10 日，召开二届二次职代会。职工代表 197 人，其中女代表 25 人。黄化祥做场长工作报告并传达省总公司工作会议精神，张荣道做《关于第二届第一次职代会以来工会工作情况的报告》。李超致开幕词，谢学铨致闭幕词。大会讨论通过了《1989 年经济责任制方案》，审议通过了场长任期目标。

1990 年 2 月 21 日，召开二届三次职代会。黄化祥做工作报告。李超致开幕、闭幕词。会议通过了 1990 年生产责任制、财务计划及有关决议，布置了人口普查工作。

1991 年 2 月 2 日，召开二届四次职代会。黄化祥做场长工作报告，许维超书记宣读了农场的有关表彰决定，场领导为 1990 年度各条战线上涌现出来的 35 个先进集体、182 名先进个人颁奖，并就 1991 年的各项工作同各单位签订了责任状。

1992 年 2 月 25 日，召开二届五次职代会。职工代表 214 人，大会主席团成员 27 人。大会分别由谢学铨、张荣道主持。黄化祥做场长工作报告，张荣道宣读共保合同。

1993 年 2 月 13 日，召开二届六次职代会。黄化祥做场长工作报告，于加法做工会工作报告，会议通过了《关于农场职工经济考核晋级方案的决议》。大会主席团应到 29 人，实到 22 人，缺席 7 人。

1994 年 3 月 3 日，召开二届七次职代会。黄化祥做《深化改革，加快发展，为推动农场经济的全面振兴而奋斗》的工作报告，于加法做《认真贯彻总公司工会会议精神，动员职工为农场经济腾飞而建功立业》的工作报告。魏根顺宣读了 1994 年经济责任制有关规定说明。大会分别由谢学铨和胡兆辉主持。

1995 年 2 月 18 日，召开三届一次职代会。职工代表 528 人，其中女代表 54 人，场长魏根顺做《负重拼搏，团结争先，为推动农场经济快速发展而努力奋斗》的工作报告。收集整理提案 83 条。选举产生了由于加法、王秀兰等 17 人组成的第三届工会委员会。

1996 年 1 月 28 日，召开三届二次职代会。职工代表 518 人，其中女代表 49 人，列席代表 45 人，魏根顺做了题为《抓住机遇，乘势而上，团结进取，再创辉煌》的工作报告，于加法做了题为《突出维护职能，履行工会职责，动员职工为实现"九五"目标而努力奋斗》的工作报告，收集整理提案 64 条。

1997 年 1 月 16—17 日，召开三届三次职代会。职工代表 518 人，其中女代表 49 人，列席代表 50 人。于加法做了《把握大局，扎实工作，努力开创新形势下工会工作新局面》的工作报告。魏根顺做了《以农为本，以种突破，为建设现代化种子农场而奋斗》的工作报告，收集整理提案 73 条。

1997 年 9 月 10 日，召开三届四次职代会，职工代表 135 人。

1998 年 1 月 17 日，召开三届五次职代会。胡兆辉做《从严治场，大胆改革，夯实基础，勇创一流》的工作报告，于加法做了《高举邓小平理论伟大旗帜，动员全场职工为完成富民兴场宏伟目标而奋斗》的工作报告。会议表彰了 1997 年度先进单位和先进个人以及秋播工作先进单位。

1999 年 2 月 1 日，召开三届六次职代会。胡兆辉做《肩负跨世纪发展使命，为建设富裕文明的新农场而奋斗》的工作报告，于加法做《适应新形势，围绕新目标，迎接新世纪，再做新贡献》的工作报告。会议表彰了 1998 年度 42 个先进集体和 195 名先进个人。

2000 年 3 月 13 日，召开三届七次职代会。职工代表 440 人，列席代表 48 人。王玉强做《认清形势，深化改革，调优结构，强化管理，为实现兴场富民的宏伟目标而努力奋斗》的工作报告，用加法做《振奋精神抓机遇，开拓创新迎挑战，促进 2000 年工会工作再上新台阶》的工作报告。会议表彰了 1999 年度 29 个先进单位和 240 名先进个人，收集整理提案 23 条。

2001 年 3 月 2 日，召开三届八次职代会。职工代表 440 人，其中女代表 42 人，列席代表 43 人。王玉强做《抢抓机遇，迎接挑战，全面开创新世纪农场经济和社会发展的新局面》的工作报告，于加法做《把握总体要求，明确工作重点，努力实现工会工作新突破》的工作报告，会议表彰了2000年度28个先进单位和182名先进个人。

2002年2月2日，召开四届一次职代会。职工代表312人，其中女代表44人。王玉强做《抢抓机遇，加快调整，为实现农场经济新的振兴而努力奋斗》的工作报告，于加法做《振奋精神，开拓进取，努力构筑新世纪工会工作新平台》的工作报告，会议表彰了2001年度25个先进单位和104名先进个人，收集整理提案28条。

2003年1月24日，召开四届二次职代会。职工代表314人。王玉强做《振奋精神，开拓创新，为实现农场经济扭亏增盈目标而努力奋斗》的工作报告，于加法做《以十六大精神统揽工会工作，加快全面建设小康社会进程》的工作报告，会议表彰了2002年度22个先进单位和87名先进个人，收集整理提案24条。

2004年2月22日，召开四届三次职代会。职工代表284人，列席代表8人，特邀代表36人。王玉强做《凝心聚力，开拓创新，为加快白马湖经济早日步入良性轨道而拼搏》的工作报告，姚春华做《全心全意服务大局，与时俱进推动"双维"，为全面加快富民强场进程再做新贡献》的工作报告。会议表彰了2003年度先进个人100名，对民营经济（含投资企业）和招商引资中业绩突出的人员予以奖励，收集整理提案35条。

2004年9月8日，为搞好场内道路建设，召开四届四次职代会，对场内道路建设规划和融资方案展开讨论，进行票决，并分别以230票和226票的绝大多数通过道路规划和融资方案。

2005年1月26日，召开四届五次职代会。职工代表298人，列席代表8人，特邀代表40人。王玉强做《坚持科学发展观，加快发展不动摇，为实现全面建设小康社会和富民强场宏伟目标而努力奋斗》的工作报告，姚春华做《突出维权，创新思路，在加强服务能力建设中发挥工会作用》的工作报告。会议表彰了2004年度31个先进单位、85名先进个人、7个先进党组织和38名优秀共产党员，收集整理提案144条。

2006年2月25日，召开四届六次职代会。职工代表303人，列席代表11人，特邀代表45人。王玉强做《立足富民强场，构建和谐社会，全面推进农场"产业化、城镇化、工业化"发展进程》的工作报告，姚春华做《凝心聚力，创新奋进，团结带领广大职工为构建和谐农场建功立业》的工作报告。会议表彰了2005年度25个先进单位和82名先进个人，收集整理提案127条。

2007年3月11日，召开五届一次职代会。职工代表276人，其中女代表46人，列席代表33人，特邀代表41人。王玉强做《加快二次创业步伐，推进富民强场进程，为农场经济发展实现新跨越而努力奋斗》的工作报告，许怀林做《立足创新，强化维权，在推动二次创业中积极发挥工会作用》的工作报告。会议表彰了2006年度34个先进单位和87名先进个人，收集整理提案141条。

2008年1月28日，召开五届二次职代会。职工代表268人，列席代表38人，特邀代表44人。王玉强做《凝心聚力，奋发图强，为农场经济社会又好又快发展而奋斗》的工作报告，许怀林做《用党的十七大精神统揽工会工作，为推动全面小康社会建设再做新贡献》的工作报告，会议表彰了2007年度25个先进单位和74名先进个人，收集整理提案92条。

2009年2月28日，召开五届三次职代会。职工代表278人，列席代表52人，特邀代表43人。王玉强做《发展现代农业，创新企业管理，为农场经济社会实现跨越发展而奋斗》的工作报告，许怀林做《用科学发展观统揽工会工作，团结动员广大职工为夺取全面建设小康农场新胜利而奋斗》的工作报告。会议表彰了2008年度31个先进单位和72名先进个人，收集整理提案135条。

2010年3月1日，召开五届四次职代会。职工代表278人，列席代表47人，特邀代表43人。滕金平做《发展现代农业，夯实农业基础，为农场经济社会发展实现新跨越而奋斗》的工作报告，姚春华做《服务经济发展，关注民生和谐，团结带领职工为实现新三年再翻番目标建功立业》的工作报告。会议表彰了2009年度34个先进单位和64名先进个人，收集整理提案116条。

2011年3月10日，召开五届五次职代会。职工代表278人，列席代表56人，特邀代表44人。滕金平做《夯实农业发展基础，扎实推进现代农业，全力谱写农场经济社会跨越发展新篇章》的工作报告，姚春华做《围绕主题主线，服务发展大局，团结带领职工为实现农场经济跨越发展再做新贡献》的工作报告。会议表彰了29个先进单位和39名先进个人，收集整理提案123条。

2012年3月12日，召开六届一次职代会。职工代表280人，列席代表42人，特邀代表56人。滕金平做《扎实推进现代农业发展，加快农场经济转型升级，努力开创经济社会跨越发展新局面》的工作报告。李乾清做《加强企业文化建设，服务经济转型升级，团结带领职工为推动农场更好更快发展做出积极贡献》的工作报告。会议选举产生了第六届工会委员会及经审会委员，表彰了2011年度62个先进单位和93名先进个人。

2012年5月12日，召开六届二次职代会，主要议题是贯彻集团公司《关于全面落实农垦农业企业职工社会保险和住房公积金制度的实施方案》，并对农场住房公积金缴存比例暂按5%执行和暂缓执行新职工住房补贴的方案进行审议票决，并形成了决议。职工代表161人。滕金平做《立足大局，统一思想，强化领导，全面贯彻落实农业企业职工社会保险和住房公积金制度》的总结讲话。

2012 年 5 月 15 日，江苏省农垦农业发展有限公司白马湖分公司召开第一届第一次职工代表大会，全面贯彻落实农业企业职工社会保险和住房公积金制度，分公司 99 名职工代表参加了会议。会议以职工代表无记名投票的方式对分公司工会第一届委员会和经审会等相关事项进行了选举和投票表决。

2013 年 3 月 19 日，召开六届三次暨农发白马湖分公司一届三次职工代表大会。职工代表 161 人，列席代表 46 人，特邀代表 57 人。滕金平做《发展现代农业，推进转型跨越，为建设富裕美丽和谐新农场而努力奋斗》的工作报告，韩正光做《加强民主建设，提升服务能力，为建设富裕美丽和谐新农场做出积极贡献》的工作报告。会议表彰了 40 个先进单位和 63 名先进个人，收集整理提案 103 条。

2013 年 9 月 3 日，召开六届四次职代会，职工代表 260 人，对白马湖农场殡葬改革方案和白马湖农场保障性住房销售操作办法调整方案进行审议票决，方案获得通过。

2014 年 3 月 13 日，召开六届五次职代会。职工代表 260 人，列席代表 46 人，特邀代表 58 人。滕金平做《推进现代农业，加快转型升级，努力开创农场经济社会跨越发展新局面》的工作报告，韩正光做《履行四项职能，服务广大职工，在深化改革转型升级中进一步发挥工会组织作用》的工作报告。会议表彰了 40 个先进单位和 49 名先进个人，收集整理提案 46 条。

2015 年 3 月 12 日，召开六届六次职代会。职工代表 260 人，列席代表 36 人，特邀代表 59 人。姚春华做《凝聚正能量　激发新活力　全力推进农场经济社会平稳健康发展》的工作报告，韩正光做《主动作为　真抓实干　形成合力　为推进农场经济社会平稳健康发展做出新贡献》的工作报告。会议表彰了 34 个先进单位和 41 名先进个人，收集整理提案 112 条。

2016 年 2 月 29 日，召开六届七次职代会。职工代表 260 人，列席代表 34 人，特邀代表 49 人。姚春华做《坚定信心　图强奋进　全力推动农场"十三五"经济社会良好开局》的工作报告。韩正光做《承担新使命　明确新任务　凝聚职工智慧力量为"十三五"建功立业》的工作报告。会议表彰了 35 个先进单位和 40 名先进个人，收集整理提案 56 条。

2017 年 2 月 24 日，召开七届一次职代会。职工代表 235 人，列席代表 39 人，特邀代表 48 人。姚春华做《解放思想　务实苦干　努力推动农场改革发展行稳致远》的工作报告。韩跃武做《情系职工　服务大局　为推动农场改革发展做出积极贡献》的工作报告。大会通过投票和票决，选举产生了第七届工会委员会，收集整理提案 52 条。

2018年2月9日，召开七届二次职代会，职工代表134人。姚春华做《关于江苏省国营白马湖农场公司制改革方案的说明》。大会以举手表决的形式，通过了职工董事、职工监事选举办法，并分别通过票决顺利通过了《关于江苏省国营白马湖农场公司制改革方案的决议》，秦斌当选为江苏省国营白马湖农场首届职工董事、张志成当选江苏省国营白马湖农场首届职工监事。

2018年3月9日，召开七届三次职代会。职工代表235人，列席代表32人，特邀代表48人。姚春华做《坚定信心 砥砺奋进 全面开创新时代农场改革发展新局面》的工作报告，韩跃武做《奋进新时代 激发新活力 在全面推进农场改革发展中发挥主力军作用》的工作报告。会议表彰了36个先进单位和55个先进个人或家庭。会议对《江苏省国营白马湖农场企业规章制度管理办法（草案）》进行了审议，并获得通过。

2019年2月22日，召开七届四次职代会，应到会代表177人，实到会代表163人，列席代表63人，特邀代表45人。姚春华做《抢抓机遇、攻坚克难，全力推动农场高质量发展取得新突破》的工作报告，韩跃武做《围绕中心，服务大局，凝聚职工，为实现农场公司高质量发展取得突破做出新贡献》的工会工作报告，会议表彰了37个先进单位和56个先进个人，会上共收集涉及经济发展、精神文明建设、社会管理、环境卫生与民生方面提案75条，会议审议通过了《江苏省白马湖农场有限公司章程》和《江苏省白马湖农场有限公司内控制度》。

2020年4月10日，召开七届五次职代会，应到会代表178人，实到会代表155人。姚春华做《勠力同心 担当作为 在大战大考中谋求高质量发展跨越》的工作报告，王林做《咬定新目标 谋求新突破 持续谱写农场公司高质量发展新篇章》的工会工作报告，会议表彰了48个先进单位和53个先进个人，会上共收集整理提案59条。何善栋当选工会副主席（主持工作）。

2021年3月6日，召开七届六次职代会，应到会代表178人，实到会代表157人。姚春华做《强化担当 创新作为 奋力开启农场公司高质量发展新征程》讲话，韩树明做《凝心聚力 创新创业 全面推动农场公司高质量发展迈向新征程》的工作报告，何善栋做《扬帆新征程 奋楫再出发 为推进农场公司"十四五"高质量发展贡献力量》的工会工作报告，会议表彰了33个先进单位和46个先进个人，会上共收集整理提案67条，会议审议通过了《苏省白马湖农场有限公司"十四五"规划纲要》。

2022年3月2日，召开八届一次职代会，应到会代表160人，实到会代表150人，列席代表77人，特邀代表7人。韩树明做《抢抓机遇谋发展 奋楫笃行谱新篇 全力推动农场公司高质量发展再上新台阶》，冼永帅做《奋进新征程　建功新时代　为推进农场公司高质量发展贡献力量》的工会工作报告，会议选举产生了第八届委员会委员、经审会委员、女工委委员。会议表彰了51个先进单位和56个先进个人，共收集整理提案71条，会议审议通过了《白马湖农场公司工会第八届会员代表大会选举办法（草案）》。

农场历届职代会主席团成员名单见表9-1，当选县以上人大代表、政协委员情况见表9-2。

表 9-1　农场历届职代会主席团成员一览

时间	届次	主席团成员名单						
1984年2月24—25日	第一届	杨在国	孙步云	杨文秀	王秀兰	邵恒华	刘巨清	于世明
		吴景昌	赵金龙	吕元庆	吕炳成	洪永根	于元波	张殿如
		华远龙	董金乔	张绪发	吕炳超	朱洪亮	滕满奇	张晓云
		陈正发	李学洪	郭学保	卢桂英	韩学珠	周加宽	吕二梅
		韩文义	谢怀权	解才龙				
1987年8月8日	第二届	于加法	于世明	王秀兰	古继胜	李文成	朱国法	吕炳成
		吕玉璜	吕梅英	张荣道	杨在国	花兆林	吴景昌	李　超
		李宗宝	刘巨清	范孟怀	赵金龙	洪永根	邵国玉	黄化祥
		谢学铨	谢学富	黄德和	韩金柱			
1995年2月18日	第三届	于加法	王玉强	王秀兰	王洪宝	邓夕文	古继胜	吕元庆
		吕玉璜	吕玉滨	吕炳成	朱志春	朱国法	刘正军	花兆林
		李文成	杨正昌	杨国顺	张万友	张树斌	陈　翔	邵国玉
		邵殿奎	范孟怀	赵金龙	胡兆辉	姚春凤	姚春生	姚春华
		袁玉梅	袁廷政	钱学森	黄化祥	黄德和	葛荣好	韩学成
		韩顺英	谢学礼	谢学富	谢学铨	解　云	滕金平	衡学勇
2002年2月2日	第四届	于加法	王玉强	王俊仁	王洪宝	刘正军	刘步英	刘金钊
		孙　云	朱巧华	朱国渠	阮延虎	张长怀	李学宏	杨正昌
		沈会生	沈维龙	邵恒忠	邵殿奎	陈桂军	宗兆勤	范树松
		姚春凤	姚春华	赵广福	董殿明	谢在宝	谢学铨	韩正光
		韩正彰	韩会和	韩学虎	韩树明	韩跃武	韩　斌	解　云
		滕云富	滕金平	魏军民				
2007年3月11日	第五届	王玉强	王洪宝	王顺红	许怀林	刘文光	刘正军	李长春
		李乾清	孙　云	吕以中	吕建军	朱巧华	张广海	张志成
		张学洪	杨正昌	沈维龙	陈桂军	周红军	姚春凤	相咸俊
		赵广福	唐加洪	唐建兵	董万权	谢在宝	韩正光	韩正彰
		韩会和	韩跃武	解　云	滕云富	滕金平		
2012年3月12日	第六届	王玉巧	王　林	王洪宝	王顺红	刘小俊	朱巧华	朱国良
		朱国辉	朱祥林	朱　培	李乾清	杨正昌	花国明	张广海
		张志成	张学洪	沈会生	沈场生	陈桂军	周　明	姚春华
		姚春凤	赵广福	秦　斌	唐加洪	郭建兵	谢在宝	谢　祥
		韩正光	韩正彰	韩正慧	韩跃武	韩树明	韩殿明	董殿明
		解玉台	滕金平					

（续）

时间	届次	主席团成员名单
2017 年 2 月 24 日	第七届	王玉巧　王　林　王春生　王顺红　王家安　刘小俊　朱立荣 朱国良　朱国辉　朱祥林　朱　培　杨正昌　杨跃东　花国明 张广海　张志成　沈会生　邵正林　邵海明　陈文军　陈永华 李　军　周红军　周海龙　姚春华　秦　斌　唐加红　郭建兵 谢在宝　韩正光　韩正慧　韩跃武　韩殿明　滕为建　解玉台 滕立平
2022 年 3 月 2 日	第八届	王纯东　王顺红　王家安　吕治顺　吕奎生　朱立荣　朱　培 朱　斌　刘小俊　汤伏领　花国明　李　军　李洪玉　杨正昌 何善栋　沈会生　张志成　陈文军　陈永华　陈桂军　邵正林 邵海明　范春冬　周海龙　冼永帅　姚春华　郭建兵　韩正飞 韩正光　韩正慧　韩树明　韩振宇　滕为建　衡爱军

表 9-2　当选县以上人大代表、政协委员情况一览

名称	时间	姓名	届次
人大代表	1981.5	杨在国　蒋玉琴　宋正国　韩殿生　芦桂英　洪永根	淮安县第八届人民代表大会
	1992.12	洪永根　赵金龙　杨国顺　陈　翔　戴苗祥　衡小英	淮安县第十二届人民代表大会
	1997.12	于加法　王玉强　滕金平　何在宽　衡小英	淮安县第十三届人民代表大会
	1992.12	黄化祥	淮阴市第三届人民代表大会
	1997.12	胡兆辉	淮阴市第四届人民代表大会
	2002.12	姚春华　张学洪　韩正光　衡小英　刘正军	楚州区第十四届人民代表大会
	2007.12	王玉强　王玉巧　韩正光　刘文光　邵玉花	楚州区第十五届人民代表大会
	2012.12	姚春华　王玉巧　朱祥林　秦　朋　韩殿明	淮安区第十六届人民代表大会
	2017.1	姚春华　王顺红　朱　培　沈铉智　解小平	淮安区第十七届人民代表大会
政协委员	1983.5	郑　焱	淮阴市第一届政协会议
	1988	戴苗祥	淮安市第八、九届政协会议
	1993	胡登璜	淮阴市第九届政协会议
	1997.12	许明国	淮安市第十届政协会议
	2002.11	陈　军	楚州区第十一届政协会议
	2007.11	韩正彰	楚州区第十二届政协会议
	2012	赵广福	淮安区第十三届政协会议
	2017	韩正光	淮安区第十四届政协会议

第二节　工　会

一、工会组织

1962 年底，成立工会组织。农场的大部分职工来源于公社，会员人数很少。

1964 年 9 月，农场成立工会筹备委员会，先后建立了场部、修理厂两个分会。1965

年 1 月，建立工会组织，属淮安县总工会领导。

1982 年 3 月 22 日，召开工会会员代表大会，选举产生了工会工作委员会（简称工委会）。工会各项工作逐步走上正轨。场工会下设 39 个工会分会。

工委会成立后，工会组织不断健全和完善。1990 年 10 月，场工会设立女工委员会，有女工委员 7 人。1997 年，工会委员会由 17 人组成，下设 17 个基层工会，60 个基层分会，239 个工会小组，会员 7523 人，其中女会员 4585 人。

2001 年，建立了 13 个工作委员会和 26 个工会分会，其中改制企业 9 家，有会员 6050 人。

2002 年，建成 14 个基层工会工作委员会，30 个工会分会，124 个工会小组。

2003 年，建成了 30 个基层工会，124 个工会小组，会员 5684 人。

2004 年，建成了 27 个基层工会，124 个工会小组。

2005 年，建成了 30 个基层工会。有会员 5275 人，其中女会员 2460 人。

2006 年，有 30 个基层工会，会员 5095 人，其中女会员 2280 人。

2007 年，有 30 个基层工会，会员 5174 人，其中女会员 2579 人。

2008 年，工委会下设 30 个基层工会，会员 5073 人，其中女会员 2592 人。

2010 年，工委会下设 27 个基层工会，会员 6368 人，其中女会员 2891 人。

2011 年，工委会下设 27 个基层工会，会员 4378 人，其中女会员 2330 人。

2012 年，工委会下设 16 个基层工会，会员 3181 人，其中女会员 1492 人

2014 年，工委会下设 14 个基层工会，会员 2887 人，其中女会员 1526 人

2015 年，工委会下设 14 个基层工会，会员 2724 人，其中女会员 1446 人

2016 年，工委会下设 14 个基层工会，会员 2544 人，其中女会员 1346 人

2017 年，工委会下设 14 个基层工会，会员 2326 人，其中女会员 1196 人

2018 年，工委会下设 14 个基层工会，会员 2054 人，其中女会员 678 人。

2019 年，工委会下设 14 个基层工会，会员 1907 人，其中女会员 491 人。

2020 年，工委会下设 14 个基层工会，会员 1760 人，其中女会员 425 人。

2021 年，工委会下设 14 个基层工会，会员 1651 人，其中女会员 336 人。

2022 年，工委会下设 14 个基层工会，会员 1504 人，其中女会员 284 人。

二、工会工作

1963—1965 年，工会组织主要是搞福利、劳动竞赛和发放困难补助费等工作。

1982 年 4 月，文化站、电影队划归工会管理。

1983年，工会的4个职能逐步得到发展。工会积极牵头组织文艺宣传队到各分场、连队巡回演出，宣传全场的新人新事。同年11月，参加江苏省农垦系统举办的文艺汇演，场职工文艺宣传队荣获第三名。

1984—1986年，场工会配合有关部门开展以制定场规民约，创建"五好家庭"为中心内容的精神文明建设活动；利用广播、电影、墙报、画廊等活动阵地进行坚持四项基本原则及法治宣传，增强广大职工的法治观念；经常举办康乐棋、乒乓球、篮球、歌咏等比赛。1985年参加县农民运动会的篮球比赛荣获第三名，1986年再次荣获第二名。1985年底，农场"职工之家"经省总工会检查验收达标。

1987年，场工会围绕实现场长任期目标，采取多种形式、多种渠道创造条件，组织引导职工参与单位的经营决策、企业管理和干部监督。工会设立了意见箱，收集广大职工意见和建议。场职工业余篮球队参加淮阴市农垦公司举办的篮球比赛获得第二名。参加淮安县农民运动会获男子篮球赛第一名，并获"淮安县体育先进单位"称号。同年9月，参加江苏省农垦局举办的歌咏选拔赛，农场自编自谱曲《我是总理故乡人》获得较高评价。

1988年，整顿电影队，使放映质量、财务管理等方面基本走上了正轨。电影队受到淮阴市农垦公司表彰。

1989年，积极配合党政部门大力宣传党的各项方针政策、十三届四中全会和五中全会精神；配合农场公安、司法、宣传等部门，对全场范围内的书刊市场、职工俱乐部进行检查整顿，对涉及宣传资产阶级自由化、淫秽色情、低级庸俗、封建迷信、凶杀方面的出版物一律收缴，共收缴了不健康书刊200余本，音像出版物10余盒，取消了个体康乐球台10多个。

1990年，场文艺宣传队参加农垦首届文化艺术节选拔赛，获优秀节目三等奖。

1990年后，"双学双比"活动始终贯穿于农场工会重点工作之中，工会经常组织职工开展育秧、插秧、夏管、收割质量等多种劳动竞赛，推动了农场经济的发展。

1992年，工会与场长就双文明建设签订了共保合同。广泛动员和组织职工开展以质量、品种、效益为主要内容的"八五奉献杯"立功竞赛活动，要求每个职工做到"三个一"，即为企业提高产品质量、增加产品品种提一条合理化建议；为企业提高经济效益增资100元；加强岗位练兵，把本职工作的技术水平提高一个等级。广泛开展以"爱党、爱国、爱社会主义、爱农场、爱岗位"的五爱教育活动，积极组织职工参加淮阴市举办的科技兴农知识竞赛、农民法律知识竞赛及农场举办的各种活动。自筹资金36万元办起了地毯厂，为农场解决121人的就业问题。

1993 年，根据江苏省总公司工会部署，结合农场实际情况，广泛开展"创企业精神，树主人翁形象"的主题教育活动，进一步加强了工会自身建设，健全了农场、分场、大队三级工会组织。农场被评为"创树"先进单位，"职工之家"被总公司评为"先进职工之家"。

1994 年，开展"十佳主人翁"和"十佳文明户"双十佳评选活动，有力地推动了农场的两个文明建设。同时，深入开展"四德教育"活动，把"创、树、兴"活动引向深入。

1995 年，贯彻《劳动法》，积极维护职工的合法权益。在全厂上下广泛开展以职工评党员、评干部，党员、干部带职工的"两评一带"活动，对加强民主管理，激发职工参政议政意识，以及工会工作起到了促进作用。

1996 年，下发了《关于集体协商签订集体合同的工作意见》。与党委工作部组成 4 个评议小组，对全场 65 名中层干部、108 名基层一把手就"德、能、勤、绩、廉"5 个方面进行民主评议。

1997 年，制定了"工会工作，阵地建设，台账管理"三大类百分考核细则，一年两次，考核与年终奖惩挂钩；把扶贫解困工作作为主要工作来抓，起草出台了《白马湖农场扶贫解困工作实施意见》，层层成立了领导小组，健全扶贫解贫责任状，层层签订了承包责任状，健全了扶贫解困档案，实行扶贫对象和责任人对号入座。

1999 年，在全场范围内广泛开展"五我"主题教育、"迎、树、献""创工会六强场"和评星级文明户等活动，全面推行平等协商和签订集体合同制度，实行领导干部联系困难职工制度，开展"一帮一""三帮一"活动，逐级建立送温暖工程基金组织。积极开展小额贷款扶贫解困试点工作，帮助贫困职工发展养殖、加工、编织、经营服务等。10 月，工会牵头组织了来自不同岗位上的 8 名先进人物在全场巡回报告"五我"主题教育事迹，报告 6 场次，近 4000 名干部职工受到了生动的教育。场工会获垦区"工会工作六强场"称号。

2000 年，利用"三八"契机，带领职工医院医务人员为全场 2845 名女工普查身体，开展乒乓球赛 32 场，篮球赛 15 场，扑克赛 60 场，象棋赛 23 场，拔河赛 10 场，演唱赛 15 场，工会演出队巡回演出 5 场，有 3156 名职工群众观看了文艺节目。

2001 年，认真开展《工会法》宣传，广泛开展"双学双比"劳动竞赛，深化"五我"教育，积极组织好"扶贫帮困"募捐和送温暖活动。

2002 年，积极搞好以"小额贷款"为主的扶贫帮困和促进再就业工作，深入开展《工会法》和十六大精神的学习教育。工会领导行程 2000 多公里，走访 8 个就业点，看望

500名外出打工人员。制作了一部约40分钟的工会工作专题电视片，组织"庆五一"职工篮球友谊赛15场，向日本输送研修生3人。

2003年，把"两争一树"活动与开展"文明职工""文明岗位""文明班组""十星级文明户"四位一体的创建活动结合起来，广泛开展"争先创优"劳动竞赛和"四比四赛"活动。工会牵头在职工医院举办了有50人参加的《女职工权益保护条例》、十六大精神的知识抢答竞赛和护理技能操作竞赛活动，向日本输送研修生7人。

2004年，争取培训资金6万余元，添置电动缝纫机38台，开办2期缝纫机培训班，培训学员126人，培训合格率达100%。当年实现劳动力转移466人，其中场内36人，场外430人，向常家纺输出32人，向海林集团输出11人，向扬州输出24人，向张家港输出16人。以"创、树"为载体，在全场开展了工会阵地和职工之家创建活动；以生产经营活动为载体，广泛开展插秧、秋超等各种劳动竞赛活动。广泛开展文明新事评选活动，"慈善一日捐"活动，全场累计捐款达11740元。

2005年，在五家私营新建企业中组建工会组织4家，率先实行工会主席公推直选。在基层工会开展创建标准化职代会活动。

2006年，注重"职工之家"阵地建设的投入，不断扩大"职工之家"阵地的功能作用，全年投入阵地建设的资金达74950元。认真组织开展工会工作创新活动，五区的《创立社区书屋》、九区的《建立一事一议民主决策机制》获得场工会工作创新成果奖，全场工会工作整体活力明显增强。

2007年，深入开展以服务二次创业为主题的多种形式的劳动竞赛和"双争"活动并在全场推行"一事一议"的民主决策方法，取得了很好的效果。8月，成功举办二次创业先进事迹报告会，有13名典型人物参加演讲，600多名职工到场收听。由"真情一日捐"建立起"爱心救助基金"，全场结对帮扶14户。

2008年，广泛开展"当好主力军，建功'十一五'，和谐奔小康"立功竞赛活动，职工在二次创业、小康社会建设中的敬业精神得到增强。同时加大了二次创业的培训力度，提高职工二次创业技能，通过开展"走、看、比"活动，用典型案例、样板项目引领职工创业。全面开展"和谐家庭"创建活动，首次评出"和谐家庭"90户。举办了技能培训班10期，培训职工543人。工会小额贷款发放37万元，扶持职工自主创业75户，实现当年农业劳动力转移180人，涌现"小康之家"576户。继续开展"真情一日捐"活动，共计捐款56839元。周凤明荣获"江苏农垦第一届劳动模范"光荣称号。淮安市工会授予农场"模范基层工会"称号。

2009年，认真组织职工全员参与了"和谐劳动关系企业""和谐家庭""小康之家"

"农垦职工先锋号""争创学习型组织、争做知识型职工""先进职代会"等群众性建功立业活动，广泛开展合理化建议活动，全场共征集合理化建议 159 条。举办职工职业技能培训班 12 期，培训职工 789 人，实现农业劳动力转移 358 人，小康之家 1000 户。11 月底挂牌成立白马湖农场困难职工帮扶中心。帮助成立农机、蛋鸡、肉鸡专业合作社 3 家。场工会被集团公司工会授予"工会服务二次创业先进集体"称号。

2010 年，工会开展了"工人先锋号"创建活动，成立"丰民创新工作室"，"小康之家"再增 1047 户，举办创业技能培训。对全场 322 名困难职工建立了完整档案，将 30 户特困职工纳入楚州区救助序列，将 71 户特困职工纳入淮安市救助序列，农场被评为"江苏农垦扶贫帮困工作先进单位"。开展"和谐劳动关系星级企业（单位）"创建活动，农场被淮安市总工会授予"和谐劳动关系、履行社会责任三星级企业"称号。周明荣获"江苏农垦第二届劳动模范"光荣称号。场工会被楚州区总工会评为"楚州区先进基层工会"，被江苏省总工会授予"模范基层职工之家"，工会创建的"职工书屋"被授予"江苏农垦优秀职工书屋"，获得江苏农垦"先进职代会"称号。

2011 年，工会开展"建功'十二五'，创新促发展"主题活动。组建了"周明创新工作室"，并得到了淮安市总工会的授牌。农场"职工书屋"被区总工会推荐为"淮安市'职工书屋'示范点建设单位"。姚春华同志荣获"全国农林水利系统优秀工会工作者"称号。

2012 年，工会与 9 家企业签订了劳动安全卫生专项集体合同。利用场"爱心救助基金"救助大病职工 71 户，救助一般困难职工 62 人，种子公司、苏王米业等单位及朱文先、解才江、王汉龙等个人也纷纷伸出援助之手，踊跃帮扶困难职工。场困难职工帮扶中心被区总工会推荐参加了淮安市总工会职工服务体系建设经验交流，被授予"先进单位"。场工会在 2012 年全区工会工作目标考评中荣获一等奖。农场电管中心被淮安市人民政府授予"和谐劳动关系、履行社会责任"三星级企业。

2013 年，工会积极开展"职代会制度规范化建设"示范单位创建活动，组建劳动法律监督委员会 11 家，落实监督员 56 人。累计落实厂（企）务公开 258 条，民主理财 63 项，化解劳动争议纠纷 62 起，出台了《白马湖农场爱心救助基金管理办法》。积极组织开展加入淮安市职工特殊疾病互济会活动，对列入低保户和市区两级特困户的职工给予 40 元/人的入会补助，入会职工 551 人。场工会在 2013 年度全区工会工作目标考评中，荣获一等奖。

2014 年，工会下发了《关于开展"中国梦·劳动美——我们与农场发展同行"主题教育活动的意见》文件，开展了"建功'十二五'，创新促发展"劳动竞赛活动。工会帮助淮安华萃农业科技有限公司、淮安市大华生物科技有限公司成立新的工会组织，实现了农场区域内应建会企业 100% 建会的目标。建立来访困难职工信息登记和统计制度，成立白马湖农场职工、居民互济会，入会会员达 7000 余人，筹措资金近 23 万元。对加入淮安市职工特殊疾病互济会职工 675 人开展技能培训，有 52 人通过了"淡水水生动物养殖工技能鉴定"，并取得了职业资格证书。

2015 年，开展了"学习四中全会精神，推进依法治场进程"和"中国梦·劳动美"职工学法用法知识竞赛活动。"五一"组织农场劳动模范和先进人物赴"刘老庄"82 烈士纪念馆参观学习；深入开展建家活动，农场工会被授予"江苏省农垦模范职工之家"，电管中心和大华种业白马湖分公司被授予"江苏省农垦模范职工小家"。组建了农场及各基层工会劳动法律监督委员会 11 家，落实监督员 56 人，有 5 人取得了淮安市总工会颁发的"劳动保护监督员证"，积极开展"技能培训促就业行动"，组织开展"订单式"职业技能培训，共有 86 人取得了农产品经纪人职业资格证书，有 280 人取得了拖拉机手职业资格证书，有 76 人取得了插秧机手职业资格证书，有 3 人走上了月嫂家政队伍。挂牌成立了"江苏省白马湖农场职工服务中心"，深入开展互济互助、送温暖活动，深入开展"结对帮扶"工作，推进"党员干部联系户"制度落地生根，实施困难职工结对帮扶 76 人。

2016 年，开展争创模范职工之家升级竞赛活动，积极培育和挖掘身边的"劳动模范"。第八生产区周兆英荣获区"好媳妇"称号，农场电管中心运行班范春冬荣获区"五一劳动奖章"，9 月 23 日区电视台就农场的"职工之家"建设进行了专题报道。开展了"情系灾区群众，关爱困难职工"捐款活动，募集资金 5.5 万元。组织开展"建功'十三五'、争当排头兵"劳动竞赛活动。

2017 年，进行了职代会换届选举，选举产生了新一届工会领导班子。加强场务公开制度化、程序化管理，农场荣获"江苏省厂务公开民主管理先进单位"，组织了各级劳模和各类先进人物 20 余人赴岗埠、云台农场学习考察；积极培育和挖掘身边的"先进模范"，农场电管中心运行班班长范春冬 8 月荣获了江苏农垦第四届劳动模范。实行"二帮一""三帮一"结对帮扶政策，130 名各级管理人员与 41 户困难家庭实行有效对接，对"互济会"章程进行修订，按步骤完成了"互济会"第二轮会费筹收工作。

2018 年，开展以"当好主人翁，建功新时代"为主题的劳动竞赛活动，组织场各类劳模先进人物 20 余人赴黄海、临海农场学习考察。加强工会组织建设，进行新"会员证"登记发放。开展"四送"传统帮扶和党政干部结对帮扶，实行"三帮一""四帮一"和

"班子帮一"结对帮扶政策，由 129 人结对帮扶困难对象 26 人（户）。

2019 年 2 月 22 日，举办一场"放歌新时代　筑梦白马湖"新春文艺演出，利用"迎三八，庆场庆"之机，举办趣味文体系列活动。

2020 年 6 月 22 日，开展"端午佳节粽是情"志愿服务活动、"迎中秋　庆国庆"趣味体育比赛、迎新年健身长跑比赛；分公司举行以"新老员工结对助成长"为主要内容的"青蓝工程"启动仪式；荣获淮安区"安康怀"安全生产和劳动保护知识竞赛二等奖；开展送清凉活动，切实做好一线工作人员的防暑降温和劳动保护工作。

2021 年 6 月 29 日，举办"百年礼赞、红心向党"庆祝中国共产党成立 100 周年文艺演出，以各大节日为契机，先后开展了"巾帼心向党，奋斗新征程""中国梦·劳动美·幸福路"等主题教育，举办职工乒乓球、羽毛球比赛等系列活动。

2022 年，开展以"奋进新征程　建功新时代"为主题的系列庆祝活动，举办"建垦七十载　奋进新征程"职工演讲比赛，"迎国庆"职工趣味体育比赛等。

1984—2022 年工会组织状况见表 9-3。

表 9-3　工会组织状况一览（1984—2022 年）

年份	场工会	基层工会（个）	工会小组（个）	会员		时间	届次	主席	副主席	委员
				总数（人）	女会员（人）					
1984	1	50	162	2608						宋振国　徐敏捷　吕元庆
1985	1	50	162	5798	2965	1984.2	第一届	杨文秀	王秀兰	窦同富　王秀兰　邵衡华
1986	1			5798	2965					陈庭贵　李锦山　杨文秀
1987	1	69	190	7980	4100					
1988	1	69	190							
1989	1	68	190	7222	4016					王秀兰　于加法　花兆林
1990	1	69	193	7100	4011	1987.8	第二届	张荣道	于世明	孙志江　范广群　邵恒华
1991	1	68	169	6180	3800					邵殿奎　姚春生　韩士务
1992	1	70	108	6172	3800					
1993	1	70	109	6410						
1994	1	12	162	6400	4105					
1995	1	17	84	7372	4373					
1996	1	17	239	7523	4585					王玉强　王洪宝　邓夕文
1997	1	17	239	7043	3450					许明宝　张万友　韩士务
1998	1	17		6901	2972	1995.2	第三届	于加法	王秀兰	韩学成　赵金龙　陈翔
1999	1									姚春华　姚春生　钱学森
2000	1									葛荣好　解云　衡学勇
2001	1	13								

（续）

年份	场工会	基层工会（个）	工会小组（个）	会员		时间	届次	主席	副主席	委员
				总数（人）	女会员（人）					
2002	1	15	128	6050	2564	2002.2	第四届	于加法 姚春华 许怀林	孙云	于佑亮 王洪宝 刘步英 刘金钊 沈会生 沈场生 沈维龙 邵恒忠 陈桂军 范树松 姚春华 唐加洪 董殿明 谢 龙 谢在宝 韩正光 韩正彰 韩会和 韩学虎 韩树明 韩跃武 解 云 滕金平 魏军民 阮延虎 张志成 李学宏
2003	1	30	124	5684	2235					
2004	1	27	124							
2005	1	30		5275	2460					
2006	1	30		5095	2280					
2007	1	30		5174	2579	2007.3	第五届	许怀林 姚春华	孙云 秦斌	解 云 赵广福 谢在宝 韩跃武 韩正彰 韩正光 张志成 韩学虎 杨跃东 沈会生 董万才 韩正慧 魏凤玲
2008	1	30		5073	2592					
2009	1									
2010	1	27		6368	2891					
2011	1	27		4378	2330					
2012	1	16		3181	1492	2012.3	第六届	李乾清 韩正光	秦斌	李乾清 赵广福 秦 斌 韩跃武 王 林 张志成 花国明 谢 祥 解玉台 董建波 邵正林 韩顶虎 陈文军 陈桂军 陈永华
2013										
2014	1	14		2887	1526					
2015	1	14		2724	1446					
2016	1	14		2544	1346					
2017	1	14		2326	1196	2017.2	第七届	韩跃武 何善栋	秦斌	汤伏领 吕志顺 花国明 张志成 张恒标 陈 丹 陈 军 陈桂军 秦 斌 韩顶虎 韩振宇 韩跃武 董建波 解玉台 魏凤玲 何善栋
2018	1	14		2054	678					
2019	1	14		1907	491					
2020	1	14		1760	425					
2021	1	14		1651	336					
2022	1	14		1504	284		第八届	冼永帅	朱立荣	冼永帅 朱立荣 汤伏领 张志成 陈 军 黄建芹 韩振宇 吕志顺 李 军 唐 洋 朱 斌 邵 平 吕元标 沈铉智 窦同春 陈玉巧 陈建军

第三节　共　青　团

一、团组织建立与发展

1961年4月18日，成立白马湖农场团委，隶属淮安县委，唐庆国任团委书记，下辖11个团支部。

1962年，全场共有团支部12个，团小组82个，团员315人。同年建立少先队组织。

1963 年，接收南京、镇江、扬州等地下放知青后，增强了团组织的力量，插场知识青年为农场建设做出了重大贡献。1964 年，农场共有团支部 24 个，团员 513 人。1965 年 12 月"中国共产主义青年团淮安县白马湖农场委员会"印章启用。

1966 年 2 月 3—5 日，召开第三届团代会，到会代表 117 人，其中女代表 48 人，列席代表 15 人。会上钱必义做了《总结上届团的工作和 66 年团的任务》的报告，何俊松做了重要指示，场党委、各科室负责同志出席了会议开幕式，场妇联、贫协、筹委会致了贺词。会上，出席北京高产经验交流会的代表张勤耘做会议情况的报告，选举产生第三届团委会。

1970 年至 1971 年春，整团建团。1971 年 4 月，经县委批准，农场团委会由王星明、万笃和、徐友福、陈怀宝、焦桂琴、李学明、屠灿明、谢学富 9 人组成。王星明兼任团委书记，万笃和、徐友福任团委副书记。

1971 年 7 月 26 日，召开第四届团代会，到会代表 313 人。万笃和做工作报告，张宝元代表场党委对大会表示祝贺并做了批示。会议选举产生由王星明等 10 人组成的团委会。会上，王星明做了《沿着毛主席革命路线胜利前进——在新团委成立大会上的讲话》的形势报告。

1972 年 12 月，召开第五届团代会，会议选举产生了 9 人组成的新一届团委，徐友福任团委书记。

1982 年 7 月 19 日，召开第六届团代会，应到代表 81 人，实到代表 78 人。团委候选人 9 人，最后选举产生 7 人组成的新一届团委。王秀兰任团委书记。

1990 年 11 月，召开共青团白马湖农场第三届第一次代表大会，出席会议代表 98 人，其中女代表 37 人。选举产生新团委，葛荣好任团委副书记，主持工作。

1991 年 10 月，姚春华任团委书记，主持工作。

1977 年，全场有 5 个团总支，24 个团支部，656 名团员，其中女团员 401 人。

2003 年 4 月 26 日，召开共青团白马湖农场第四届代表大会，出席会议代表 85 人，特邀代表 80 人，列席代表 15 人。选举产生了新一届团委，张志成任团委副书记，主持工作。

2020 年 5 月，唐洋同志任团委副书记，负责共青团日常工作。

2021 年 12 月，为健全团组织，做好共青团工作，充分发挥团员青年生力军作用，提高团组织战斗力、凝聚力，根据农场公司实际情况，完善了团组织架构。

二、团的主要工作

1965 年前，团委经常组织团员青年配合党的中心工作，开展生产突击活动。同时，组织文艺宣传队，开展各种文体活动，丰富职工的业余生活。

1966 年 7 月 31 日，扬州知青叶亚萍打猪草不幸落水牺牲，团委追认她为共青团员，并号召全场青年团员向她学习。

1967—1973 年，主要在团员青年中深入开展学雷锋的活动，同时吸收优秀青年入团，充实团组织力量。

1973 年 8 月 2 日，二大队共青团员韩永兴在真空泵房值班，机器发生故障，为抢修机器献出了年轻的生命，牺牲时年仅二十一岁。淮安团县委追授他为"模范共青团员"的光荣称号。场团委号召青年团员向韩永举学习，积极为农场建设做贡献。

1974 年后，主要抓团员青年的政治思想工作，组织团员青年学习马列主义和毛主席著作，带领广大团员战斗在生产第一线。

1982 年后，对全场团员进行"五讲四美三热爱"教育，组织学习张海迪的活动。

1983 年，组织团员青年义务植树 7 万余株，修桥 10 座，铺路 4 条，修涵洞 14 个，修理收音机 40 台，自行车 150 辆，青年路 7 条。

1984 年，在全场开展"大念四本经，改革当尖兵"活动，即念科技经，传播先进技术；念创业经，广开生产门路；念生意经，加快信息交流；念管理经，抓好人才培养。

1986 年，认真贯彻全国团代会精神，开展"青春献'七五'，立志建功业"的主题教育。组织团员青年收看曲啸同志的报告电视录像和"两山英模"报告团的电视录像，开展学楷模、学新旅和学英模的"三学"活动，帮助青年树立理想，陶冶情操。棉纺厂有 5 名青年团员被评为优秀挡车能手。

1987—1989 年，倡导文明新风，开展"哪里有共青团员，哪里就有新风尚"活动。制止赌博、封建迷信和红白喜事大操大办"三大公害"的潜滋暗长，团委号召全场团员青年"除公害，做表率"。这一活动，净化了社会风气，提高了广大青年的思想素质。

1990 年后，在团员青年中开展争当"开发能手""科学种田能手""管理能手""革新能手""养殖能手"等社会主义劳动竞赛，号召广大团员青年勇于承担农场两个建设中"急难险重"的任务，积极参与各项基本建设。

1996 年，香港回归，开展"庆五一，迎五四"庆祝活动和"全国国防知识竞赛"等活动。

多年来，团委利用节假日开展了丰富多彩的文体活动，如组织开展"学雷锋"宣传月活动、举办篮球赛、跳绳比赛、拔河比赛等体育活动，极大地丰富了团员青年的文化生活。

2004 年 5 月，组织团员青年参加江苏省造血干细胞捐献，张志成、谢祥、陈玉巧、汤伏领、李学新成为捐献志愿者。

2007 年 8 月，谢祥、吕宏飞、范中华、于吉、洪豆参加了共青团淮安市楚州区第十四次代表大会。8 月，谢祥参加共青团淮安市第六次代表大会。

2020 年 5 月，网上共青团·江苏智慧团建项目上线，团组织关系的转入转出进入互联网大数据时代。

2021 年，中国共产党成立一百周年，开展"青年学党史　奋斗真正青春"青年员工代表座谈会、马克思主义青年说"百年奋斗路　红心永向党"为主题的论坛沙龙等活动。

2022 年，中国共青团建团一百周年、江苏农垦建垦 70 周年，开展"青春礼赞"五四青年节优秀员工座谈会等一系列活动。

三、少先队工作

建场初期，农场开始在学校中建立少年先锋队，属青年团组织领导。1978 年，根据团中央的指示精神，恢复少先队组织。全场成立少先总队 1 个，各学校成立少先大队，班级成立少先中队，中心小学设一名总辅导员。历任少先队总辅导员：谢玉钊、张淑芳、朱国柱、屠灿文、许明国、韩春芹、吕加国、于吉。1979 年，有少先队 14 个，队员 1671 人，校内辅导员（兼）14 人。1982 年，有少先队 16 个，队员 2405 人，辅导员 87 人，其中大队辅导员 16 人。1985 年，有少先队 15 个，队员 2135 人，辅导员 13 人。多年来，少先队员在团的领导下开展了"爱我中华，爱我故乡""学雷锋做好事""民族精神代代传"等活动，对提高少年儿童的政治素质和文化素质起到了良好的作用。近年来，充分利用重要时间节点，少先队还组织开展了"我的梦　中国梦""网上祭英烈""童心向党""向国旗敬礼""八礼四仪"以及争当美德少年等活动，努力培养学生良好的道德品质和文明行为。

第四节　妇女工作

一、组织机构

1960 年，农场建立妇女联合会，大队建立妇女代表会。

1961 年 4 月 18 日，召开党代会，选举产生了由王秀英、周桂英、董桂英、贾志年、毕爱兰、李秀英、吕玉芳、吕秀英、温桂英、梅秀英、郑秀英、刘风英、孙秀英 13 人组成的妇女联合会，王秀英任妇联主任。11 个生产大队都配备了妇女干部，妇女工作主要是宣传保护妇女儿童的合法权益，号召妇女积极参加生产建设，宣传男女同工同酬，宣传婚姻法，组织妇科病检查，建立托儿所、托儿组，开展社会主义劳动竞赛。1966 年 2 月，焦桂琴任妇联副主任。

1973 年 9 月 28 日，召开妇女代表大会。焦桂琴、王秀兰、苏秀梅、衡秀英、马玉华、王国珍、童本和 7 人组成妇女联合会，焦桂琴、王秀兰、苏秀梅 3 人任妇联副主任。中共十一届三中全会以后，场妇女工作进入一个新的历史时期。场妇联组织妇女开展"银花赛""三八红旗赛"和"创四好妇代会""创五好"家庭等活动，同时还配合改善女职工的生活条件，抓紧抓好妇女病防治和计划生育工作，维护妇女儿童合法权益，发展幼托事业。

1990 年 10 月，成立由王秀兰、张新红、卢文英、张巧云、秦香梅、杨怀英、于梅珍、韩桂珍 8 人组成的女工委员会，王秀兰任女工委员会主任。随后分场、公司相应成立了女工委员会。

1991 年，农场 17 个科、分场单位全部建立了妇联组织。

1997 年，农场共有女工委员会 17 个。

2002 年，召开四届一次职代会，选举产生了场工会第四届女职工委员会，刘步英任女工委员会主任，成员有王小红、于秀梅、王梅春、邓红、朱巧华、张新红、邱素玲、葛爱梅、秦玲、董凤兰、魏凤玲、于梅珍。

2007 年，成立由魏凤玲、张新红、陈丹、于秀梅、朱巧华、秦玲、秦仲兰、于小红 8 人组成的第五届女工委员会。

2012 年，成立由魏凤玲、张新红、陈丹、于秀梅、朱巧华、秦玲、秦仲兰、于小红 8 人组成的第六届女工委员会。

2017 年，成立由陈丹、于小红、邓英、肖静、魏凤玲 5 人组成的第七届女工委员会。

2022 年至今，成立由黄建芹、刘红美、吴迪、肖静、谢芳 5 人组成的第八届女工委员会。

二、女工委工作

女工委员会成立后，全场女工工作蓬勃发展。1990 年，女工委开展了以"学文化、学技术、比成绩、比贡献"为主要内容的双学双比活动，按行业开展对口竞赛。在农业生产方面，主要开展建设百亩丰产方和千亩丰产片为主要内容的粮棉高产竞赛，参加"双学双比"竞赛的人数不断扩大，设百亩丰产方和千亩丰产片为主要内容的粮棉高产竞赛，参加"双学双比"竞赛的人数不断扩大，女工已成为农业战线上的主力军；在二三产业女工中，开展"巾帼建功"竞赛活动，1994 年农场出现了以姚春风、王梅方、韩顺英等为代表的一批女能手。几年来，农场先后有 6 人受到总公司表彰，何海兰、吕秀英、姚春风被评为"三八"红旗手，向素平和韩顺英分别被评为"最佳主人翁"和"最佳文明户"。同时，在女工中开展技术比赛及多种形式的文体活动，丰富女职工的业余生活。

2000 年，农场女工委被总公司授予"先进女职工集体"。近年来，还加大了女职工权益保护法的学习宣传力度，加强了对女职工的技能培训，积极开展"争创五一巾帼标兵岗、争当五一巾帼标兵"活动，努力提高女职工的自我保护和自主创业能力。在"三八"期间，组织基层女干部和女职工代表到南京、北京等地观光学习，使她们解放了思想，开阔了视野；组织医院专科医生免费为全场女工进行全面体检和生殖道检查；重阳节时，购买滋补品和生活用品走访慰问农场敬老院的孤寡老人，联系医院的医生为他们进行身体检查。

2007—2012 年，有 4 名女同志获得集团公司工会"巾帼建功标兵"的表彰。

2009 年，积极组织女职工开展各项活动，为职工二次创业搞好服务。一区女职工姚春兰被淮安市委、市政府表彰为"巾帼致富能手"；居委会女职工张万梅被总公司工会表彰为"江苏农垦二次创业巾帼建功先进个人"；职工医院护理组被楚州区委、区政府表彰为"三八红旗集体"。

2012 年，积极开展农场女职工"双争"及"双学双比"竞赛活动，以"三八"妇女节为契机，组织女职工代表外出学习观摩。有 7 位母亲参加了淮安区举办的爱心妈妈结对贫困孤儿大型公益活动，受到区文明办表彰。有 8 名同志参加了淮安区妇女联合会举办的"农村妇女实用技能培训班"。"三八"期间，组织 32 名女工代表瞻仰了黄花塘新四军军部旧址，畅游了铁山寺等名胜景点，在三河农场生态园进行了观摩实践，参加了淮安区举办的爱心妈妈结对贫困孤儿大型公益活动，有 7 位母亲参与了爱心结对，3 月，魏凤玲同志在"爱心妈妈与孤困儿童"结对帮扶活动中，被区文明办、区妇联联合评为优秀"爱心妈妈"；6 月，廉素珍被农垦集团授予"2011 年度巾帼建功先进个人"称号。

2013 年，张万梅同志被区妇联评为"爱心妈妈"，陈兆梅、朱宝凤家庭被区文明办评为"绿色文明家庭"，并顺利通过了市"妇儿之家"验收。积极培植志愿者队伍，以"三八"妇女节为契机，组织开展了关爱敬老院老人和清除"牛皮癣"等系列活动，在母亲节到来之际，走进六区"四胞胎"家庭，为他们送去了组织关爱。充分发挥留守儿童校外辅导站作用，免费为留守儿童提供教育辅导。

2014 年，"三八"期间，以"绽放芬芳、呵护健康"为主题，组织开展了跳绳、踢毽子、呼啦圈女职工趣味体育比赛，并邀请了淮安市妇幼保健院妇产科主任医师袁智民来场为广大女职工进行健康知识传授。开展女职工健康普查活动，共检查 800 人次，发放妇科病防治知识宣传单 1000 多份。社区、机关组织的 12 名志愿者"爱心妈妈"与留守儿童、孤儿结对，不但在经济上还在平时生活上帮助他们，让他们在思想上走出困境。为 13 位单亲母亲争取帮扶资金 13000 元，慰问贫困儿童 10 人。举办了 3 期女职工实用技能培训，参训人数达 350 人，开设的课程有农业生产技术、蛋鸡和肉鸡养殖及电动缝纫等培训。

2015 年，深入开展"巾帼建功"活动，激发女职工参与农场经济社会建设，第七生产区荣获江苏农垦巾帼建功标兵岗称号，第六生产区刘清华荣获农垦巾帼建功标兵。"三八"期间，邀请了淮安国家二级婚姻家庭咨询师徐培红老师来场做了关于《内外兼修，身心俱美》的专题讲授，进行了《女职工权益保护法》学习，举办女职工扑克牌"掼蛋"比赛，全场计有 18 支代表队 36 名队员参加了比赛，健康居委会等 4 家单位分获前三名。

2016 年，开展了"迎春暖 庆三八"主题教育，组织近 40 名女职工赴周恩来纪念馆和市规划馆参观学习，组织了 20 多名"志愿者"在安置小区和文化广场开展义务活动。

2017 年，举办了"庆三八、展风采"主题文艺演出活动，完成区妇联"安康保险缴纳"计划 917 人，落实区妇联单亲母亲帮扶 8 人，落实区工会特困女职工免费"妇女病"体检 5 人、单亲女职工"爱心助学"2 人。积极培育和挖掘身边的"先进模范"，3 月锦上电子厂企业主吕元华荣获淮安区"三八红旗手"称号，江苏省大华种业集团有限公司育种研究院淮安研究所荣获了淮安区"三八红旗集体"称号。

2018 年，加强对女职工的特别关爱，落实区妇联单亲母亲帮扶 8 人，落实区工会特困女职工免费"妇女病"体检 5 人、单亲女职工"爱心助学"1 人。

2019 年，举办"庆三八、迎场庆"女性健康知识讲座、趣味体育比赛；不断引领和激励广大女职工饱满的热情、昂扬的斗志，积极树立先进典型，江苏省大华种业育种研究院淮安研究所荣获"淮安市五一巾帼标兵"荣誉称号；为不断提高女性的自身素养和就业技能，农场公司工会与社区成人教育中心联合举办了为期 8 天的育婴师培训班。

2020 年，在"三八"劳动妇女节到来之际，慰问奋战在抗疫一线上的 61 名女同胞，为她们送去节日的祝福，感谢她们忠诚履职、忠于职守的奉献精神；为提高女职工保健意识，树立科学预防疾病的理念，举办女职工劳动安全健康权益微讲堂活动。

2021 年，组织全场女职工代表赴邓颖超纪念园和博里农民画基地，开展了"巾帼心向党，奋斗新征程"为主题的学习考察活动；对女职工予以特别"职场关爱"和"健康关爱"，按期完成了全场 330 名在册女职工的"两癌"筛查工作，实现了女职工"两癌"筛查全覆盖；对全场符合条件的近 390 名女性居民进行了同期筛查，完成全场 13 名"安康保险"单亲贫困母亲帮扶资金申报，为 52 名在职女职工发放了年度卫生洗护用品。

2022 年，对女工委进行了换届改选，产生 5 名委员和 1 名主任；关爱女性儿童健康，落实区妇联单亲母亲帮扶 9 人；开展"两癌"筛查，全场依次有序地完成了 812 名妇女"两癌"免费筛查；开展"汇聚她能量·奋斗谱新篇"庆三八主题宣传暨维权行动月活动，邀请淮安区妇幼保健院骆小英和江苏益新律师事务所律师刘玉蕊到场给大家讲授女性健康维权法律知识，不仅增强女性职工的健康和法律意识，也提高了女性自我健康保护意识，养成良好的生活习惯；开展以"奋进新征程　建功新时代"为主题的系列庆祝活动，组织女职工代表赴盱眙三河农场农业科技示范区学习其产业发展新思路，对红色教育基地"黄花塘新四军军部纪念馆"进行参观学习，激发女职工建功立业热情；在农场中心小学开展了以"爱心书包　快乐前行"为主题的庆"六一"关爱活动，努力营造全社会关注、关爱少年儿童健康成长的良好氛围。

三、幼托工作

1959 年 12 月建场时，正逢大力发展幼托事业时期。据 1961 年统计，农场有托儿所 9 个，入所儿童数 225 人，工作人员 16 人。1970—1974 年，农场有 31 个常年托儿所幼儿班，201 个农忙托儿所。后来实行计划生育，提倡一对夫妇只生一个孩子，加上退休职工增多，在家照顾孩子，托儿所逐渐减少，农业上只在农忙时成立临时托儿所。1980 年后，随着临时托儿所入托儿童的减少而逐渐取消。1999 年，幼儿园进行改革，由私人承包幼儿园。2003 年 2 月，中止承包合同，幼儿教师全员下岗，实行公开竞聘上岗，2018 年移交地方。

第十章　人武、政法

第一节　人武工作与驻军

一、人武机构

建场初期，农场成立人民武装部（简称人武部），当时仅有 1 名人武干事负责日常工作。1960 年 4 月，由副场长兼任人武部第一部长。人武部主管民兵组建、训练和征兵工作。

人武部坚持劳武结合的方针，组织民兵从事社会主义建设，使民兵成为建设农场的主力军。1967 年初，农场党政组织瘫痪，在驻军的支持下，成立生产委员会，由人武部主持农场日常工作，人武部长由谢怀官担任，直至场革命委员会成立。

场革命委员会成立后至 1998 年，人武部长先后由花如华、谢学礼同志担任。

1990 年 9 月，成立由黄化祥等 10 人组成的农场人民武装委员会。1995 年 3 月，人武部归入党委工作部。1998 年后，沈怀忠任人武部副部长，主持日常工作。2021 年 8 月，李永新任人武部副部长，主持日常工作。

二、民兵

（一）民兵组织

建场初期，各生产大队相继成立民兵营，并分为普通民兵、基干民兵，民兵编制跟部队编制相同。队长兼任民兵连长，党支部书记兼任政治指导员。1962 年，共有民兵 4400 人。

1966 年，民兵组织得到加强。机关单独成立民兵营，每天早上操练。驻军协助农场加强民兵组织建设，积极开展军民联防。

1969 年，民兵整组。全场共 14 个营，34 个连，71 个排，448 个班，其中基干班 256 人，民兵 5874 人，其中：男基干兵 3160 人，女基干兵 1410 人。同年，在第二季征集工作的基础上，又组建了武装基干民兵连，基干民兵 150 人。

1970 年，在"大办民兵师"的号召下，组建"白马湖农场民兵团"，谢怀官任民兵团团长，魏学田任民兵团政委。

1971 年，全场共有 15 个民兵营，106 个民兵连，532 个民兵班，民兵 5002 人，其中基干民兵 3857 人。当时设有 1 个独立连，辖 6 个排，共 211 人，其中女 60 人。营设有教导员，连设有指导员或政治干事，班设有宣传员。

1972 年，全场民兵营 16 个，民兵连 110 个，民兵 5851 人，其中基干民兵 3445 人，女基干民兵 1450 人。独立连 1 个，辖 6 个排，23 班，分布在 6 个生产队，有民兵 210 人，其中女民兵 64 人。

1976 年，各大队建立 1 个民兵连，1 个基干班。1980 年，分场以下单位不设立专职民兵营长，由部门负责人兼职。1982 年，根据中央文件和上级指示精神，全场民兵组织进行调整，设 6 个民兵营，35 个民兵排。1986 年，全场有基干民兵 330 人，普通民兵 1790 人，每个分场相继建立 1 个民兵营和 1 个基干连。此外，为应对突发事件，还组建了民兵应急分队。

1997 年，农场有 10 个普通民兵营，1342 名普通民兵；1 个基干民兵营，5 个基干民兵排，18 个基干民兵班，143 名基干民兵。

1998 年，农场有 9 个普通民兵营，1196 名普通民兵；1 个基干民兵营，4 个基干民兵排，20 个基干民兵班，136 名基干民兵。

1999 年，农场有 5 个普通民兵营，1184 名普通民兵；20 个基干民兵班，136 名基干民兵。

2001 年，农场有 5 个普通民兵营，936 名普通民兵；18 个基干民兵班，130 名基干民兵。

2003 年，农场有 5 个普通民兵营，862 名普通民兵；17 个基干民兵班，132 名基干民兵。

2004 年，农场有 12 个普通民兵连，846 名普通民兵；17 个基干民兵班，132 名基干民兵。

2006 年，农场有 12 个普通民兵连，727 名普通民兵；14 个基干民兵班，119 名基干民兵。

2007 年，农场有 11 个普通民兵连，709 名普通民兵；17 个基干民兵班，141 名基干民兵。

2008 年，农场有 11 个普通民兵连，725 名普通民兵；20 个基干民兵班，130 名基干民兵。

2009 年，农场有 11 个普通民兵连，520 名普通民兵；4 个基干民兵排，15 个基干民兵班，140 名基干民兵。

2010 年，农场有 12 个普通民兵连，520 名普通民兵；4 个基干民兵排，15 个基干民兵班，140 名基干民兵。

2013 年，农场有 12 个普通民兵连，400 名普通民兵；4 个基干民兵排，12 个基干民兵班，120 名基干民兵。

2014 年，农场有 12 个普通民兵连，400 名普通民兵；3 个基干民兵排，10 个基干民兵班，120 名基干民兵。

2015 年，农场有 12 个普通民兵连，600 名普通民兵；3 个基干民兵排，12 个基干民兵班，105 名基干民兵。

2018 年，农场组建 12 个民兵连，共有普通民兵 1057 人；1 个基干民兵应急排，3 个基干民兵班，32 名基干民兵。

2021 年、2022 年，农场组建 12 个普通民兵连，共有普通民兵 440 人；2 个基干民兵应急排，共有 60 名基干民兵。

（二）民兵工作

1. 民兵训练

民兵工作本着劳武结合的原则，做到组织、军事、政治"三落实"。民兵训练一般由人武部统一制订计划，各营连组织实施，分散训练。每年农闲时间，组织武装基干民兵和基干民兵训练队列、射击等项目。时间 1 个月左右。20 世纪 60 年代，驻军经常帮助农场民兵训练军事技术和指挥战略才能。1972 年，根据"小型、就地、分散"的原则，经常开展小型民兵训练。1983 年，在淮安县基干民兵大比武中，农场基干民兵获总分第三名的好成绩。年终评比时，基干营被评为民兵工作"三落实"先进单位。至 1986 年，历年民兵军事训练总数为 1988 人，成绩均在良好以上。

从 1986 年起，基干民兵集训，由淮安县人武部统一组织。

2. 武器装备

1966 年前，民兵的武器装备一般是"五四"式步枪和冲锋枪，由武装基干民兵保管。

1979 年后，加强了民兵武器装备管理，武器由民兵个人保管，弹药由场集中保管，枪弹分开，实弹射击时由县人武部派人带去，用后剩余弹药及时收回县仓库。个人保管的武器实行"三定"，即定人、定枪、定责任，明确责任，经常检查。

20 世纪 70 年代，民兵配备的武器有半自动步枪、自动步枪、冲锋枪、轻机枪等。

1985 年后，根据中央军委有关指示精神，武器移交淮安县人武部集中保管。

三、征兵

从 1960 年开始，征兵由县人武部下达指标，农场选送适龄青年参加体检。征兵一般在每年冬季进行，1989 年改在春季征兵，1990 年征过两次兵。定兵后，农场都召开欢送会，赠送纪念品，近年来新兵入伍后，凡立功受奖的军人除淮安区给予奖励外，农场都给予相应奖励。

2013 年起，由冬季征兵改为夏秋季征兵，即由冬季的 11 月 1 日开始征兵、12 月 1 日批准入伍、12 月 12 日起运新兵、12 月 31 日征兵结束，调整为秋季的 8 月 1 日开始征兵、9 月 1 日批准入伍、9 月 5 日起运新兵、9 月 30 日征兵结束。征兵时间由冬季调整为夏秋季，有利于征集更多高素质青年参军入伍，有利于新兵训练缩短战斗力生成周期。2020 年后，为保证部队战斗力持续有力，中央军委实行"两征两退"征兵改革，即：一年分上半年（3 月）和下半年（9 月）两次征兵、两次退役。

近年来，农场把征召高素质大学生入伍当成头等大事来抓，支持国防建设，打好强军根基。2011 年 12 月入伍的孙鹏（高校新生），2013 年 6 月在军队院校对部队战士的招生考试中成绩优异，被解放军军械工程学院录取。2015 年 9 月入伍的吕炎（江苏建筑职业技术学院，大二），2017 年 6 月在军队院校对部队战士的招生考试中成绩优异，被解放军信息工程大学录取。军官解林冬荣获一等功一次，士官何继轩荣获二等功两次。

四、拥军优属

农场积极开展双拥活动，按照新兵入伍"四尊崇"、退役返乡"五关爱"、日常工作"六必访"等制度。每年新兵入伍前，农场召开欢送会，赠送纪念品。平时能及时帮助军烈属和退伍军人解决困难。"八一"和春节期间，组织人员到驻场部队慰问，军民联欢。自 1985 年起，农场每月发给现役军人 21 元的补贴费，并对其家属、子女工作给予照顾。1999 年，农场提高现役军人优待金标准，现役军人优待金标准由原来的 600 元提高到 800 元。2011 年起，义务兵家属优待金按照不低于当地上年城镇居民人均可支配收入的 45% 纳入地方政府统一发放。现役军人在部队立功受奖的，其立功受奖荣誉金统一纳入地方政府发放。对荣立一等功、二等功、三等功、"四有"优秀现役军人的，分别按当年优待金的 50%、40%、20%、5% 发放立功受奖荣誉金。义务兵家属优待金标准为：2011 年 4215 元，2012 年 7385 元，2013 年 8341 元，2014 年 9225 元，2015 年 9944 元，2016 年 10850 元，2017—2020 年 11765 元。2021 年 17200 元，2022 年 17200 元（大专再增加 40%、本科再增加 50%）。

五、总体防卫

1964 年，为维护白马湖地区的社会治安，及时消灭偷渡潜入之敌特及当地反革命集团的武装活动，淮阴军分区组织建立白马湖地区联防委员会，下辖两个联防分会。白马湖农场属第一联防分会，农场党委副书记邱建成和其他单位的有关负责人任副主任委员，本场人武部长谢怀官和公安特派员张步兴是分会委员中的成员。分会民兵组成中，农场民兵 300 人，武干民兵 30 人，步枪 10 支，轻机枪 1 挺。其平时任务主要是搞好生产，协助治安；战时任务主要是歼灭偷渡内窜和潜藏的敌特，扑灭本地反革命集团的暴乱等活动。1966 年，6424、6442、6436 部队与农场各大队挂钩，帮助训练民兵开展军民联防，搞好战务四定（即定任务、定力量、定措施、定指挥联络）落实工作。1967 年 4 月，第一联防分会召开第五次联防会议，确定以白马湖农场驻军 6437 部队为主，将原来的民兵联防改成军民联防，6437 部队参谋长程善德任分指挥。分会的任务是配合 6437 部队，协同友邻，围歼空降和登陆内窜之敌；配合公安部门，扑灭反革命分子的骚乱暴动；监视四类分子，维护社会治安；保护仓库、桥梁、闸坝等重要设施确保人民生命财产的安全。

六、驻军

1961 年春，淮阴地区驻军部队借用农场土地 3891 亩进行农业生产，分布在农场中、南、东三大片（即东荡、大范、六支）。淮阴军分区将地分配给陆军第十二军后勤部下属部队 6445、6446、6448 生产。1963 年，又将土地调换给 6424、6436、6442 三个部队的部分连队生产。1962 年 9 月 18 日，6436 部队战士章樟元为救 4 个落水女社员而壮烈牺牲，党委书记石守云参加了追悼大会。1967 年，6437 部队参谋长任白马湖地区联防委员地第一分会总指挥。1971 年 5 月，6425 部队同农场协商将农场原东荡居民点 82 间房屋和部队原在农场六支 69 间房屋互相无价调换。同年 12 月，农场接收 6425 部队土地 3200 亩，房子 200 间左右。自此，驻军撤离农场。

1990—2022 年民兵组织情况统计见表 10-1，1990—2022 年征兵情况统计见表 10-2。

表 10-1　民兵组织情况统计（1990—2022 年）

年份	基干民兵					普通民兵				
	排	班	总数	女基干民兵	复退军人	营	连	班	总数	复退军人
1990	7	28	278	18	53	7			1744	42
1991	7	31	278	22	58	7			1526	54

（续）

年份	基干民兵					普通民兵				
	排	班	总数	女基干民兵	复退军人	营	连	班	总数	复退军人
1992	7	27	283	23	59	7				
1993	7	25	293	29	65	7	46	177	1556	62
1994	7	25	209	23	67	7	46	177	1567	58
1995	7	20	162	22	51	7			1537	72
1996	5	18	143	20	48	10			1324	52
1997	5	18	143	20	48	10			1324	52
1998	4	20	136	9	36	9			1196	37
1999		20	136	9	41	5			1184	41
2000		20	130	9	46	5			1024	48
2001		18	130	9	49	5			936	53
2002		18	130	9	53	5			880	51
2003		17	132	9	51	5			862	50
2004		17	132	9	59		12		846	52
2005		17	118	11	62		12		569	61
2006		14	119	11	66		12		727	56
2007		17	141	11	65		11		709	56
2008		20	130	11	61		11		725	56
2009	4	15	140		58		11		520	
2010	4	15	140		49		12		520	
2011	4	15	140		53		12		500	
2012	4	14	141		47		12		500	
2013	4	12	120		36		12		400	
2014	3	10	120		38		12		400	
2015	3	12	105		25		12		600	
2016	3	12	105		27		12		600	
2017	3	12	105		30		12		600	
2018	1	3	32		11		12		1057	
2019	1	3	30		12		12		440	
2020	1	3	30		14		12		440	2
2021	2	6	60		12		12		440	3
2022	1	4	32		9		12		440	

表 10-2　征兵情况统计表（1990—2022 年）

年份	征集人数	高中以上人数	大专以上人数	年份	征集人数	高中以上人数	大专以上人数
1990	10			2007	6	5	
1991	7			2008	6	4	1
1992	8			2009	5	3	1
1993	11			2010	5	1	
1994	10			2011	6	6	3
1995	9			2012	5	3	1
1996	13			2013	7	5	2
1997	10			2014	5	3	1
1998	8			2015	5	3	1
1999	11			2016	4	4	2
2000	9			2017	4	3	2
2001	12			2018	5	5	
2002	12			2019	4	4	2
2003	8			2020	1	1	1
2004	6			2021	3	3	2
2005	5	2		2022	2	2	1
2006	7	3					

第二节　政　　法

一、概况

农场政法部门一直属地方派出机构，行政属农场管理。政法部门主要执行国家的法令法规，保护农场集体和个人的合法权益，依法处理各种违法事件。1960 年，淮安县公安局在农场设公安特派员，当时农场设有治安保卫股。1966 年政治处设治安干事。1969 年，成立治安保卫委员会。1985 年 1 月，经江苏省公安厅批准，成立淮安县公安局白马湖派出所。1990 年，农场成立社会治安综合治理办公室。1991 年 9 月，农场设检察室。同年11 月，派出所下设治安联防大队，1997 年，原联防大队解散，十月重新组建。1988 年 4月，成立司法办公室，1998 年改为司法所。1999 年，农场检察室撤销。2001 年 3 月，成立社会治安综合治理委员会，下设办公室。2002 年 5 月，成立法律服务所。2007 年 4 月，成立政法委员会，与社会治安综合治理办公室合署办公。

二、政法工作

（一）公安

1. 机构建立与发展

1960 年 4 月，设治安保卫股，属淮安县公安局和场党委双重领导。县公安局派 1 名特派员负责全场治安保卫工作，维护正常的社会秩序。

1963 年，农场治安保卫股配备两人。至 1966 年，各大队都配有 1 名治安主任。

1971 年，成立由党委副书记张宝元亲自负责，7 人组成的治保委员会，接着各单位都相继建立健全治保组织。

1980 年，分场以下不设立专职治安主任，由部门负责人兼职。1981 年，建立治安责任制、岗位责任制等一流的工作措施，分场建立治保会，生产队建立治保组。1985 年 9 月，成立派出所，编制 7 人。所长由县公安局派任，指导员及民警由农场配备，经费由农场承担。

1988 年，派出所下设办理居民身份证办公室。

1990 年，成立社会治安综合治理办公室，设在派出所，进一步加强了社会治安力量。

1991 年，遵照江泽民关于社会治安综合治理的有关指示和省市政法会议、公安基础工作会议精神，结合农场治安形势的状况，成立社会治安综合治理领导小组，组长张荣道，下设办公室。4 个农业分场及各公司等 13 个单位成立治安调解委员会，各治调会下设治调小组。同年 11 月，派出所下设治安联防大队。

1992 年 11 月，派出所通过淮阴市公安局验收，定为达标单位。

1996 年，派出所建立党小组，定为科级单位。

1997 年 5 月，原联防大队解散，同年 10 月重新组建联防队。

2000 年，白马湖派出所由企业派出所变更为行政派出所，为淮安市公安局（县级）派出机构。白马湖派出所有 5 名干警、9 名治安联防队员。

目前，白马湖派出所有 4 名干警、12 名治安联防队员。

2. 主要工作

20 世纪 60 年代，主要是维护社会治安、报案协查，对四类分子进行监管改造。

1971 年，在工作中做到"坚、宣、改、培、防"，全场盗窃、刑事案件的破案率达到 98%。

1977 年，开始对户籍进行管理。

1979 年，为 100 余名已改造好的"四类分子"摘掉帽子，为 175 名地主、富农子女改正成分。

1983年，根据全国第六届人大常委会第二次会议通过的《严惩严重危害社会治安的犯罪分子的决定》，依法严惩了一批刑事犯罪分子，全场共依法逮捕7人，行政拘留1人，判处死刑立即执行1人，帮教6人，调解民事纠纷64件。

1985年，派出所成立后，对全场的社会治安进行了综合性治理，督促各单位制定了场规、队规民约，用以约束不安定分子的行为。8月，对全场电视机、录音机实行了普查登记。

1986年，农场针对盗窃案件发案率增加的情况，发出了《反盗窃斗争通知》，制定《开展反盗斗争宣传提纲》，并向全场职工发布了《告全场人民书》。当年侦破了四分场木器厂会计被盗的700元人民币盗窃案件。

1987年，继续开展社会治安综合治理。全场形成了以防为主、群众自发巡逻的局面。县政法委组织各乡、镇领导及派出所到农场参观学习。

1988年，连续侦破四起凶杀案件，挖出3个盗窃团伙，成员16人。

1989年，成立"打流"小组，从各单位抽调300人，采用设卡、巡逻等形式，打击流窜犯罪活动，共抓获作案分子10名。

1990年，县法院同派出所联合在全场范围内开展了更大规模的综合治理。挖出盗窃团伙1个，成员13人，逮捕9人，抓获诈骗犯2人。全场5台电视机被盗案全部侦破。年底，在场内召开了第一次规模较大的公判大会。

1991年春，派出所开展了第一个"爱民月活动"，密切警民关系。6月，该所干警合力参与抗洪抢险斗争，与农场干群一道排除了白马湖堆堤的险情。年底，派出所被淮阴市公安局评为"颁发居民身份证先进单位"。

1992年，联防大队现场抓获犯罪分子27名，预防制止违法犯罪12起。4月，开展以盗窃自行车为突破口的专项斗争，仅1个星期就扣押嫌疑自行车40辆，机动车2辆。

1993年，在内部开展"纠风整纪"工作，以确保队伍的纯洁。4月，仅用6小时就破获一分场五队地段发生的两起强奸案。11月，为全场换发新户口簿。

1994年，破获以淮阴市张某为首的12名成员拦路抢劫团伙在农场境内公路沿线的4起抢劫案件。挖出白马湖农场鸡厂与外界勾结盗窃种鸡案件，共捕15人，追回赃物折合人民币4.5万元。同年12月，召开第二次公判大会。

1995年，开展"禁黄、赌毒"专项斗争，收缴赌具68副，铲除罂粟210棵，果壳300多粒。12月，派出所被评为"四好派出所"。

1996年，依据国家户口管理条例，办理了外乡镇农民与农场职工结婚的婚姻人员及其子女长期未落户的户口问题。

1997年，破获建场以来第一起持枪、持刀、蒙面入室抢劫案件。12月，实行农村户口城市化管理，全场装订了门牌。

2000年，开展"辑枪治爆"和"扫黑除恶"专项斗争。

2001年，组织实施联防队向保安队过渡，深化"扫黑除恶"专项斗争。

2002年，深化严打整治斗争，开展"春雷行动""打盗抢、抓防范"专项斗争。

2003年，推进服务型公安机关建设，落实公安部30项便民利民措施，积极参与非典防治工作。

2004年，建立交通警务室，开展"两查禁一整顿"活动，多次获得公安局"打防竞赛"流动红旗。

2005年，扎实开展"双百会战"，加大对"五小"车辆集中整治，获分局岗位目标考核先进单位。

2006年，集中换发第二代居民身份证，进行派出所勤务制度改革。

2007年，建成社会面监控系统，破获变压器偷盗系列案件，获分局岗位目标考核先进单位。

2008年，做好奥运会安保各项工作，加强重点警务室建设，分局获岗位目标考核先进单位。

2009年，开展社会治安整治，开展禁赌专项行动。提升公安工作信息的建设水平，强化了新中国成立60周年与建场50周年的安全保卫工作。

2011年，楚州分局开展冬季百日专项行动社会面防控会战，抓获逃犯1人，破获案件2起。

2012年，楚州分局开展打防盗窃车内财物犯罪专项行动，破获案件1起，抓获2人。开展全区中小学幼儿园安防检查专项活动，检查学校5家。

2013年，分局开展侦破盗窃自行车案件专项行动，破获案件4起，抓获4人。全力推进"除火患、保平安"冬春专项行动，开展出租房屋专项整治工作和打击网上淫秽色情专项行动。

2014年，开展烟花爆竹专项检查整治工作、"除恶净风"专项行动、快递业专项检查工作、"为警乱为、为警不为"专项整治活动，打击治理"两盗一骗"犯罪专项行动。

2015年，开展立案突出问题专项检查、安全生产隐患大排查大整改专项活动、全区缉枪治爆专项行动、户口登记管理工作专项检查，完善小金库专项治理工作。

2016 年，开展打击整治假币违法犯罪专项行动、洗衣浴与按摩场所专项整治、"五整一打"百日专项行动，集中整治棋牌室突出治安问题专项行动。

2017 年，开展防盗窃家禽家畜违法犯罪专项行动、"学习条例条令、严肃警纪警风"专项行动、"扫黄打非"专项行动、禁毒严打专项整治行动，做好涉嫌非法集资风险专项排查工作。

2018 年，开展扫黑除恶专项斗争，加大对黑恶势力及黄赌等社会丑恶现象的打击力度，全年共立刑事案件 47 起，破案 18 起，查行政案件 90 起，抓获各类刑事作案成员 14人，公诉犯罪嫌疑人 11 人。开展矛盾纠纷化解工作，继续强化治安整治和消防安全防范工作，全年处置各类群体性事件 11 起，治安拘留邪教成员 1 名。

2019 年，继续开展扫黑除恶专项斗争工作攻坚行动，加大对黑恶势力的打击惩处力度，积极开展打击盗窃电动车行动。全年共发生刑事案件 36 起，立案 36 起，破案 10 起；共发生治安案件 75 起，处理 75 起。

2020 年，开展扫黑除恶专项斗争巩固年行动，全面决胜专项斗争。全场共发生刑事案件 25 起，立案 25 起，破案 11 起；共发生治安案件 51 起，处理 51 起。

2021 年，积极开展反电信诈骗行动，组织辖区民警辅警积极深入村居开展反诈宣传。

2022 年，全年农场共发生刑事案件 26 起，立案 26 起，破案 10 起；共发生治安案件 101 起，处理 40 起，着力提升居民群众安全感和满意度。

农场公安派出所历任负责人一览见表 10-3。

表 10-3 农场公安派出所历任负责人一览

姓名	职务	任职期限	备注
张步兴	特派员	1960.4—1970.7	
胡崇山	特派员	1970.7—1985.3	
袁家龙	所长	1985.6—1988.11	主持工作
李敬安	所长	1988.11—1990.10	主持工作
陶光照	所长	1990.10—1997.9	主持工作
刘晓峰	副所长	1997.9—1998.9	主持工作
张小平	副所长	1998—2000.2	主持工作
张红兵	所长	2000.3—2002.8	主持工作
王少山	副所长	2002.12—2004.10	主持工作

（续）

姓名	职务	任职期限	备注
施淮中	所长	2004.10—2009.8	主持工作
倪海军	所长	2009.9—2015.11	主持工作
王锦叶	副所长	2015.11—2016.6	主持工作
曹开顺	所长	2016.6—2019.2	主持工作
周伟伟	副所长	2019.2—2021.2	主持工作
骆长帅	副所长	2021.2—2022.12	主持工作

（二）司法

1. 机构建立与发展

司法办公室成立之前，司法行政工作主要由公安兼管，各基层单位治调主任处理各类简单的民事纠纷，重大的民事纠纷案件移交地方政法机关处理。

1988年4月20日，成立司法办公室，全称为"江苏省国营白马湖农场司法办公室"。业务上属淮安县司法局领导，人员配备、经费落实由农场自行解决。

1998年2月26日，为更好地发挥司法行政部门的职能作用，司法办公室改建为司法所，全称为"淮安市司法局白马湖司法所"。

司法办公室成立时只有1人独立办公，1990年增加到2人，1993年，司法所有3名工作人员。2000年，农场实行机构人事改革，所长职位空缺。至2003年11月，所长一职正式得到任命。此后，司法所和法律服务所分离，司法所实行独立办公。

2017年11月17日，为提升依法治场能力，司法所与"法律事务办公室"合署办公，办公面积由26平方米扩大到201平方米，工作人员为2人。

2. 司法工作

司法办公室成立后，为了加强司法行政工作，组织农场各基层单位的治调主任进行多次业务培训，相互交流工作经验，建立健全了各基层单位的治调组织。先后协同宣传教育等有关部门组织广大职工居民学习《中华人民共和国宪法》《中华人民共和国民法典》《中华人民共和国婚姻法》等40余种法律法规，参加省、市、区组织的各类法律知识竞赛。并利用多种法治宣传媒介，广泛做好法治宣传教育工作。农场近几年的各类民事纠纷发生率大幅度下降，调处率和成功率呈全面上升趋势，均达到98%以上。30多年来，为农场挽回经济损失600余万元。司法所成立后，人员由农场配备，工资及各项待遇和同级管理人员相同，业务指导服从于上级司法行政机关。建所伊始，司法所履行的职能除司法行政职能外，还包括法律服务工作的全部内容。

2004—2008年，司法所连续5年被楚州区司法局表彰为先进司法所、优秀司法所。

2007 年被江苏省司法厅授予"规范化司法所"荣誉称号。

2013 年，在基层居委会中开展了"民主法治示范社区"创建活动，创建了 1 个市级法治示范社区和 1 个省级民主法治示范社区。

2014 年，共受理各类民间纠纷 98 件，涉及当事人 202 人，协议金额近 400 万元，调解结案 97 件，调解率 100%，调解成功率 98%；创建了王庄居委会为省级民主法治示范社区。利用社会力量制作了 200 多块法治以及公益标牌，悬挂在城镇两个居委会所有马路两边的路灯杆线、电力杆线上。

2015 年，开展"12348 法润千万家"主题宣传活动，向全场居民宣传"12348"公共服务平台。10 月底安装了人民调解内网平台。全年共受理各类民间纠纷 43 件，涉及当事人 92 人，协议金额近 170 万元；创建了滕庄居委会为市级民主法治示范社区，六支居委会为省级民主法治示范社区；继续利用社会力量共计制作近 300 块法治以及公益标牌。

2016 年，制定了"七五"普法规划，4 月在白马湖中心校启动"关爱明天、普法先行"青少年普法教育活动；6 月底初步建成了法治文化长廊，法治宣传标牌、法治宣传栏安装到位；为张徐居委会申报了"市级民主法法治示范社区"；受理各类民间纠纷 54 件，涉及当事人 112 人，协议金额近 340 万元。健全了农场社区矫正工作网络，推进社区矫正工作队伍建设，社区矫正工作受到区司法局表彰。江苏岸庆律师事务所、司法所分别同 12 个居委会签订顾问合同，更新了"一村（居）一顾问"制度建设的标牌，实行一村一顾问送法下乡制度。司法所已全面完成了农场公共法律服务中心以及 12 个居委会司法惠民服务工作站建设，普遍建立淮安普法微人群。12 月，农场被淮安区授予"六五普法先进单位"，1 人被授予"六五普法先进个人"。

2017 年，举办了"认真学习党的十九大精神，贯彻实施法律惠民工程法治讲座"，在 12 个居委会中建立了法律顾问（法润民生）群，为裕源居委会申报了"省级民主法治示范社区"；受理各类民间纠纷 256 件，涉及当事人 620 人，协议金额近 360 万元。10 月，农场骏逸广场被淮安市授予"市级法治文化示范点"，12 月申报"省级法治文化示范点"。司法所被淮安区司法局表彰为"优秀司法所、综合目标考评先进集体"。进一步健全农场社区矫正工作网络，建立健全社区矫正工作队伍。

2018 年，开展两次网上学法活动暨学法竞赛活动，发放法律知识宣传资料 1000 余份，受理各类民间纠纷 632 件，其中调解简单民事纠纷 467 件，涉及当事人 1540 人，协议金额近 400 万元。全面健全农场社区矫正组织网络，建立健全社区矫正工作队伍，社区矫正管理工作受到淮安区表彰。4 月，江苏省法治宣传教育工作领导小组办公室对骏逸广场的法治文化示范点现场督查，9 月 29 日省"七五"普法考核组组长、省高院副巡视员赵利国一行，在淮安市、区领导的陪同下对白马湖"七五"普法实施情况及宪法学习宣传教育活动开展专项督查。截至 2022 年，全场已创建（包括正在创建）省级"民主法治示范社区"6 家，创建率达 50%；市级民主法治示范社区建设 12 家，创建率达 100%。

2019 年 1 月，为贯彻落实"枫桥"经验，提高调解知识水平，撰写的"赡养纠纷调解案"被淮安市司法局表彰为淮安市十大优秀人民调解案例提名奖。2 月底农场的社区服刑人员全部转至漕运司法所社区服刑。12 月健全安置帮教组织网络，建立健全帮教队伍，全面收集安置帮教工作对象信息，整理安置帮教工作对象台账。做好 1 名后续照管对象的信息收集、实地走访谈话、每月汇报、档案整理等日常管理工作。3 月初制定了年度《法治宣传教育要点与计划》，调整法治宣传教育和依法治场领导小组，落实普法经费、建立健全法治教育宣传队伍。开展 2 次网上学法活动暨学法竞赛活动，发放法律知识宣传资料 2000 余份，组织 5 场以"宪法""扫黑除恶""非法金融专项治理""国家安全法""防治污染攻坚战"等法律知识法治宣传教育活动。11 月 21 日农场组织一场"德法涵养文明，建设绿色村居"淮安区"百场法治文艺进基层"的演出活动，推进法治宣传惠民生。农场骏逸广场被江苏省法治宣传教育工作领导小组办公室评为省级民族法治文化示范点。

2020 年，全面推广调解小助手的应用，各级调解组织共受理各类民间纠纷 596 件，其中调解小助手登录调解简单民事纠纷 374 件，涉及当事人 1272 人，协议金额近 100 万元，调解结案 590 件，调解率 100%，调解成功率 99%。继续健全安置帮教组织网络建设，适时完成安置帮教对象入教、解除手续，及时完善安置帮教对象工作台账。做好 1 名后续照管对象的信息收集、实地走访谈话、每月汇报、档案整理等日常管理工作。继续推进"七五"普法工作的实施，做好普法工作总结。全年积极开展预防新冠疫情、宣传宪法、民法典、扫黑除恶法律知识宣传工作，组织开展民法典、预防职务犯罪等法治宣传专题教育，组织 600 名管理人员、职工居民参加江苏省"第三届党员学宪法、学党章、考法律活动"暨全民法律知识竞赛活动，张贴宪法、民法典、扫黑除恶、人口普查等各类法治宣传画 2000 余张，举办领导干部法治讲座 10 余次、法律风险防控座谈会 1 场次，发放新冠疫情法律知识书籍 80 本，民法典 300 本，宣传折页等宣传资料 1 万余份。

2021 年，继续全面推广调解小助手的应用，各级调解组织共受理各类民间纠纷 496 件，其中调解小助手登录调解简单民事纠纷 396 件，调解平台登录 100 件，涉及当事人 1068 人，协议金额近 120 万元，调解结案 490 件，调解率 100%，调解成功率 99%。继续依规做好安置帮教对象日常管理，及时完善安置帮教对象工作台账。认真做好 1 名后续照管对象转为后续照管"典型培育"对象的日常管理。2 月制定了《年度普法依法治理工作要点》，及时调整法治宣传教育和依法治场领导小组，11 月出台法治宣传教育的"八五"

普法规划，组织 1200 名管理人员、职工居民参加江苏省"第四届党员学宪法学党章考法律活动"暨全民法律知识竞赛、《保密法》知识竞赛。开展了"纪法宣讲百千万"专题法纪教育、民法典知识等专题法治讲座，发放民法典 100 本、宣传折页等宣传资料 8000 余份。1 人被授予"七五普法先进个人"。

2022 年推广苏解纷平台的注册应用，各级调解组织共受理各类民间纠纷 252 件，协议金额近 900 万元，调解结案 250 件，调解率 100％，调解成功率 99％。司法所单独调解纠纷 13 件，其中协助淮安中院、淮安区法院调处纠纷 4 件。继续认真做好安置帮教对象日常管理，及时完善安置帮教对象工作台账，做好 1 名后续照管对象转为后续照管"典型培育"对象的日常管理。3 月制定了《年度普法依法治理工作要点》，2 次调整法治宣传教育和依法治场领导小组，建立健全 34 户"学法用法示范户"、34 名"法律明白人"队伍建设，法律明白专题培训 4 次。切实加强农场公司法治宣传教育工作，增强各级管理人员和广大职工的法治意识，营造持续健康发展的法治环境，组织开展了习近平法治思想、宪法、民法典、安全生产法、保密法、妇女权益保护法与扫黑除恶以及反老年人诈骗等 3 项专项行动的宣传教育工作。组织 1300 名管理人员、职工居民参加江苏省"第五届党员学宪法、学党章、考法律活动"暨全民法律知识竞赛。开展"法律进校园"法治警示教育活动、民法典知识等专题法治讲座，张贴法治宣传画 1000 余张，LED 屏播放法治宣传教育标语 1000 多条次，发放法治宣传折页等资料 6000 余份。

（三）检察

1990 年 9 月 12 日，淮阴农垦局批准农场成立检察室。同年 12 月 13 日，农场检察室成立，全称为"淮安市人民检察院派驻白马湖农场检察室"，负责人由市检察院派任，经费由农场负担。

成立初期，业务管辖区是本农场。1996 年 12 月，业务管理范围扩大为淮安市运西片即南闸乡、林集镇、范集乡、三堡乡、白马湖农场五乡（镇、场）。成立以来，共查处各类经济案件十余件，立案 2 件，为国家集体挽回经济损失 60 余万元，有力地维护了经济建设的健康发展。1999 年，检察室撤销。2014 年 7 月 31 日，淮安区人民检察院在白马湖农场举行派驻白马湖检察室揭牌仪式。

（四）政法与社会治安综合治理工作

1. 社会治安综合治理工作

机构建立：根据上级文件精神，农场于 2001 年 3 月成立社会综合治理委员会，下设办公室，实行独立办公。

职能：在各级党委、政府的统一领导下，各部门协调一致，齐抓共管，依靠广大人民群众，运用政治、经济、行政、法律、文化、教育等多种手段，整治社会治安，打击和预防犯罪，保障社会稳定，为加快社会主义现代化与和谐社会建设创建良好的社会环境。2002—2008 年，农场连续 7 年被楚州区评为政法综治工作、平安创建工作和依法治场工作先进单位。2005 年，被淮安市政府授予"五好综治办"荣誉称号。

2. 政法委员会工作

机构建立：2007 年 4 月，根据上级文件精神，成立中共白马湖农场党委政法委员会，与社会治安综合治理办公室合署办公。职责：在党委领导下，对公安派出所、检察室、司法所、法律服务所、保安联防大队工作实施"组织、协调、指导与督查"。

（五）法律服务所

2002 年 5 月 15 日，成立"楚州区白马湖法律服务所"，是经淮安市司法局批准设立的基层法律服务机构，属合伙制社会中介组织，2013 年 5 月更名为"淮安市淮安区白马湖法律服务所"。法律服务所现担任多家企事业单位和个体户的法律顾问，年平均解答法律咨询 300 余人次，代写法律事务文书 200 余份，协助办理公证事项 10 余件，办理见证事项 80 余件，代理诉讼与非诉讼案件 80 余件，主持调解各类纠纷 30 件，为农场的经济起保驾护航的作用，目前已为农场挽回经济损失 4000 余万元。自建所以来，已连续多次受到上级司法行政机关表彰，并受到农场和职工居民的一致好评。

司法所社区矫正情况一览见表 10-4。

表 10-4　司法所社区矫正情况一览

年份	接收社区服刑人数			解除社区矫正人数	审前评估	备注
	男	女	总数			
2005	11	1	12	2		1 名假释的社区服刑人员剥夺政治权利 4 年
2006	8		8	6		
2007	3		3			
2008	4		4	8		
2009	3		3			
2010	1		1	1		
2011	11		11	8		
2012	16	1	17	13		
2013	7		7	8		
2014	2	2	4	9	2	
2015	4		4	5	3	
2016	2	1	3	6	2	2016 年 9 月 2 名社区服刑人员适用禁止令
2017	4		4	5	3	2017 年 5 月 1 名社区服刑人员居住地变更
2018	2		2	1	1	
2019						社区矫正工作交由淮安区司法局管理

第十一章　教育卫生

第一节　教育管理

一、管理机构

建场初期，农场教育由党委办公室管理，设文教助理 1 人。1960 年元月，唐玉梅为农场第一任文教助理，后相继由张凤山、颜茂敬、丁雪奎、韩金柱、刘俊、毕岩峰、贺立龙、杨国东等同志担任文教（教育）助理，后改为总校校长具体负责农场小学、中心幼儿园教育教学工作。1961 年，成立中心教研组，金天林任组长，成员有：郝飞、吕太明、刘文墀、赵文莱、柏传宝等，负责全场各学校教研工作。1968 年 3 月，场革命委员会成立后，教育便由政工组主管，并委派 1 名革委会委员花建国具体分管。1968 年 12 月，农场成立教育革命委员会，公办小学下放到大队，同时成立了 12 个教育革命领导小组，成员由各大队领导干部、贫下中农、民兵代表和师生代表共同组成，撤销原有的教育管理部门，实行党委一元化领导。同时，成立贫下中农讲师团、工人宣传队，到各校讲课，选派贫下中农代表进驻学校，参与管理。

1970 年，农场教育由县文化教育局委派丁雪奎同志为文教干事，仍属政工组管理。1971 年 3 月，场成立教育卫生管理委员会，教育卫生管理合并，由党委副书记王星明等 7 人组成，各大队也相应成立教育卫生管理小组，负责农场、大队的教育卫生管理工作。1974 年，农场成立中心幼儿园，设园长 1 人，各小学设幼儿园。1975 年 4 月，农场进行体制改革，设立六科一室，教育由政工科负责，教卫干事具体负责日常工作。

1980 年，农场成立教卫科，下设教卫办公室。1981 年，建立了以中心小学为主的教学研究网，负责全场小学的业务指导、教学教研工作。当年，又成立职工教育委员会，由党委副书记兼任主任，下设职教办公室，由场妇联主任王秀兰管理教卫工作，教卫助理丁雪奎任场教卫副科长。1982 年，配备 13 名专职职工教师，负责全场职工教育工作。

1987 年，农场成立"成人教育中心校"。

1991 年，农场将卫生工作从教卫科划出，单独成立教育科，设科长、干事共 3 人，下设教育办公室。韩金柱任教育科长，谢玉钊任科长助理，于 1994—1995 年主持工作，教育办公室设在白马湖中心小学，直到 1998 年。

1999 年后，农场干部、职工的培训、技术教育主要由成人教育学校负责至今。

1999 年后，淮安市（现淮安区）教育局先后委派刘俊、毕岩峰同志为农场教育助理。2006 年，楚州区（现淮安区）实施教育改革，撤销乡镇教育办公室，设立乡镇教育总校，农场教育总校先后由毕岩峰、贺立龙、杨国东等同志为总校校长，下设总校办公室，总校负责全场中小学、幼儿园的教学管理工作。

二、内容和方法

本场教育管理机构随着农场体制的变化而改变。2000 年前，行政和业务受淮安县（现淮安区）教育部门及江苏省农垦总公司科教处双重领导，以科教处为主。教育管理机构的职能，在 80 年代前以行政管理为主，主要管理经费、人事等。1978 年后，其职能转为以业务管理为主。教卫科下设文教办公室，并设文教调研员，负责单项调查研究，摸索教学规律，总结推广教学经验，促进教学工作。中学各科成立教研组，定期组织教师进行公开教学，举行说课、听课、评课等一系列教研活动，同时还经常请县教研室同志来场讲课，不断提高教师教学理论水平和业务素质。1990 年后，成立德育工作领导小组，中学于 1995 年设立政教处，负责学校德育工作。

为加强教师队伍建设，提高学历达标率，农场采用在职函授为主、脱产进修为辅的方式，加强校长培训，提高管理水平，于 1995 年"普九"验收时，全场中小学校长已全部培训一至两次。90 年代后期，全场实行校长负责制、教师聘任制、岗位责任制、目标管理奖惩制，从而使学校教学逐步走上正轨。

2006 年后，农场教育事业（普教）主要由淮安区白马湖总校管理。除抓教师学历教育、教育理论、业务能力的继续教育外，着重抓教师队伍建设，抓教育素质的提高。

2012 年、2013 年，总校开展"践行师德创先争优，做人民满意教师"活动，开展"我怎样做教师"为主题的师德师风活动和开展"我的中国梦——做一名幸福教师"为主题的征文活动。

2016 年，总校组织教师开展"以人为本——抓师魂，促师能"主题活动，树师表形象。围绕这一活动，主要开展教师职业道德、行为规范教育，组织"金牌教师"评选、"讲正气、树形象、讲奉献、比实绩"等活动。

2017—2018 年，继续抓好教师素质的提高。通过教师"阅读悦心"工程、"青蓝工程"等，加强"校本培训"、采取"请进来，走出去"等多种活动形式，组织教师参加各级各类继续教育学习。

三、教育经费

农场教育经费主要来源于淮安市（县）教育部门和农场财政双方面拨款。1980年以前，经费以淮安县文教局拨款为主，主要用于县局教师工资发放及学校校舍建筑、房屋维修、教具添置等，农场主要发放场内教师的工资及其他经费支出。1980年后，农场逐年加大对教育的投入，教育经费以农场拨款为主。近几年，农场多渠道增加教育经费，投资兴建了中心幼儿园教学大楼、中学礼堂、食堂、中学实验楼、中学教学楼等多项硬件设施。2004年后，农场加大对中心小学的经费投入，先后建成了小学教学楼、水冲式厕所、学生宿舍楼、学生食堂等，并添置大量教学设备、体育设施等，提高了办学条件。2001年，农场"九年义务教育"移交地方管理，农场中、小学教师实行教育剥离，当年有67名教师移交给地方管理，自此，教育经费主要由淮安市（区）局全额拨款。白马湖中学仅2008年区教育局就拨款175.2万元。

2008年，农场投入120万元，建成老年活动中心。

2009年后，农场普教系统的教育经费主要由淮安县（区）教育局拨款。中心幼儿园及职教系统经费由农场财政拨款。投入近20万元，在中心幼儿园三楼建成社区教育中心园、图书室、阅览室、棋牌室、健身室等。

2011年，为社区教育中心又新建一间计算机教室，新增34台电脑，添置了活动健康器材20多件，总投资20余万元。农场投资130多万元，建成居民文化活动中心。配置了职工书屋、道德讲堂、远程教育室、场史展览室、文明创建室等。

2013年，区教育局拨款为白马湖中、小学建成300平方米塑胶运动场，投入资金改造中学学生餐厅，加固实验楼，中小学11个教室全部装备一体机，更新了500张教室桌凳。学校生均各类面积、图书拥有量、计算机师机比、生机比等现代化教学设备均达到或超过省级标准，办学条件明显改善。

2015年，投入400多万元，建成社区文化广场"骏逸广场"，各居民点也都建成了文化广场、百米法制长廊，区教育局投入2万多元为中学教师办公室新安装了4台空调。

2017年，中小学在实施装备提升工程上，区教育局投入6万元，建成"大湖娃"少年宫，拆除D级危房800平方米，加固维修校舍1500平方米，铺设硬化路面400平方米，全场各学校"校安"工程累计投入100余万元。

中心幼儿园，2010年以来，在硬件设施上总投资60万元。为幼儿园重建500平方米塑胶活动场地，铺设200平方米草坪，新建了宣传橱窗，改建了排水设施等。对于职教系统，农场投入力度更大，资金更多。

第二节 普通教育

一、建制演变

1959 年建场时，原南闸、林集、范集、三堡 4 个公社在本场区域内所属的 3 所完小（孙谢、大吕、邵集小学）、3 所双小及 7 所单小划归农场。当时有公办班 20 个，民办班 5 个，在校生 740 人，教师 31 人，其中公办教师 24 人，民办教师 7 人。两年后，农场教育事业有了较快发展。1961 年，除县文教局公办完小 5 所、初小 12 所外，场自办小学 8 所，计 25 所小学，班级 34 个，其中公办班 26 个，民办班 8 个，在校生 1070 人，入学率为54%，教师 44 人，其中公办 36 人，民办 8 人。1962 年后，农场进行教育整顿，保留 5 所完小，即中心小学及谢庄、张徐、滕庄、邵集小学。班级也相应减少，同时先后下放近20 名教师支援农业生产。1964 年后，农场贯彻执行中央关于"两种教育制度并存""两条腿走路"的方针，为解决离校较远的低龄儿童入学的困难，相继办起了 16 所耕读小学，由各大队自配耕读教师，巡回教学，送教上门。到 1966 年 5 月，全场小学有 48 个班级，62 名教师，在校生 1210 人，入学率为 60.5%。1969 年，农场提倡"村村有完小，队队办学校"，公办小学下放到大队办，此时耕读小学递减停办，有的耕读点并入全日制小学，大队选派贫下中农代表管理学校。为适应教育发展的需要，针对初中学生人数的激增情况，先后在张徐、滕庄、前进、朱洼、育才等小学增设初中班。

1968 年，农场创办第一所中学——淮安县白马湖中学。1969 年元旦开始招收新生。1972 年元月设高中部，招收高一新生。直到 1981 年高中停办。中学创办前，农场小学毕业生升初中便到周边的范集、三堡、林集、南闸及淮中（县中）等中学就读。

1971 年 9 月，全场有中学一所，帽中两所，完小 6 所，单小 17 所，双小 5 所，在校生 2102 人，其中中学生 238 人，小学生 1864 人，全场 7~12 岁学龄儿童入学率为 75%。70 年代中后期，全场中小学教育事业迅速发展，为适应教学工作，1976 年在四分场新办了"五分站"联中，1982 年又在一分场办了滕庄联中，到 1984 年帽中全部撤销，并入两所联中。1978 年是农场学校、班级、学生最多的一年，全场中学生 884 人，小学 15 所，95 个班级，在校生 2639 人，中小学生总计 3525 人。

1988 年，农场有小学 14 所，共 69 个班级，在校生 1525 人。1989 年，农场有小学 11所，59 个班级，在校生 1405 人，共有教师 92 人，学历达标率为 70.6%，全场适龄儿童入学率为 99.9%，在校生巩固率为 100%，毕业率为 100%。少儿普及率为 100%，双科及格率为 81.7%。1989 年 11 月，经有关部门验收，农场开始实施五年义务教育。

90 年代中后期，由于生源不足，两所联中分别于 1995 年后相继撤销，并入白马湖中学。白马湖中学由三轨改为四轨，全场有 12 个班级，学生 697 名，全场有小学 10 所，其中完小 6 所，初小 4 所，在校生 1182 人。1998 年后，农场小学实行"五改六"，撤销了谢庄完小，还有小学 9 所，在校生为 1502 人。至 1998 年底，全场共有教职工 215 人，其中公办 114 人，场民办 36 人，场公办 65 人，中小学教师中本科学历 6 人，大专学历 40 人，中师（高中）139 人，全场教师中具有中级职称的 60 人，初级职称的 115 人，未评定职称的 10 人。

2006 年以后，由于计划生育工作的有力开展，人口出生率的急剧下降，每年基本保持在 8% 左右，到 2008 年只有 4%，新生儿很少，加之不少职工将子女送到外地就读，导致农场小学生源严重不足，因而农场中小学的办学规模越来越小，班级、在校生逐年减少。2004 年，中学有 13 个班级，760 名学生，到 2008 年底，还有 7 个班级，350 名学生。2009 年仅有 6 个班级，280 名学生。中心小学 2008 年底有 13 个班级，523 名学生，撤销了朱洼教学点，而滕庄、前进、五分站教学点学生数也是越来越少。至 2009 年 9 月，农场中小学教师共有 130 人，其中高级职称 3 人，中级职称 105 人，初级职称 22 人，本科学历的 34 人，大专学历的 38 人，中师（中专）学历的 58 人。

2009 年后，农场教育事业由于受到大气候的影响以及民办学校的兴起，农场办学规模越来越小，生源严重不足。全场中小学、幼儿教师 81 名（含借调、支教人员）。其中高级职称的 11 人，中级职称的 55 人，全体教师学历完全达标。其中具有本科学历的 58 人，大专学历的 11 人，中师（中专）学历的 12 人。

二、教育改革

（一）学制改革

农场自建场始，小学实行"四、二"分段制，即高小二年，初小四年。1968 年，遵照毛主席"教育要革命，学制要缩短"的精神，小学学制由 6 年制改为 5 年制，学年的起始时间也由秋季开学改为春季开学。1973 年，又恢复秋季开学。中学自创办后，初、高中学制均为"二、二制"。1980 年后，初中改为 3 年制，中学农职（高）中仍为 2 年制。1998 年之后，小学恢复 6 年制，实行"5 改 6"过渡。

在实行学制改革的同时，对升学制度也做了相应的改革。1968 年，升学不再进行文化考试，而是采取由贫下中农推荐、领导选拔相结合的升学方法。66 届、67 届农场在范中、林中等的初中毕业生经推荐和选拔有少数人到范中、林中等学校读高中，129 名小学毕业生，有部分学生推荐到林中、三堡等学校读书。

1998 年，小学实行"5 改 6"后，直到 2022 年，小学仍然为 6 年制，初中为 3 年制。

（二）教学内容和方式改革

1966 年，根据"五·七"指示精神，教学内容做了相应调整，学生不但要学文，还要学工、学农、学军，以学为主，兼学别样。课程除文化课外，增设了学工、学农和军事训练课。办学形式也做了改革，打破传统的单一课堂教学模式，采取多种办学形式，文化课配有专职教师，学工、学农等课程由工宣队、贫下中农讲师团带学生到工厂车间、农村田头实地学习工农业生产知识和劳动技能，从而拓宽学生学习知识面，增长学生的劳动技能和才干，逐步培养学生爱劳动的良好习惯，加深了热爱劳动人民的感情。1976 年，全场有两个工宣队，计 10 人，同时成立贫下中农管理学校教育委员会。工农兵兼职教师 54 人，农场还专门划给学校勤工俭学生产田、试验田。当时，全场学农基地 73.3 亩，除此，农场还组织校队挂钩，全场有挂钩队 33 个，根据农业生产特点，农忙时，学生一律放假（1 个星期左右），组织学生支援挂钩队参加农业生产。

20 世纪 70 年代后期，农场撤销了工宣队，撤回了管理学校的贫下中农代表。学生仍然以学为主，以课堂教学为主，每学期组织学生适时到工厂、农村实习。

2000 年后，小学 3 年级以上班级增设英语课，配备专职英语老师授课。中学开办微机室，开设了"微机课"。

2009 年后，中、小学装备了多媒体探究室、数字化探究室。实现千兆光纤连通和"班班通"。利用现代化教学手段进行教学，打破了传统的教学模式。

（三）人事制度改革

1984 年前，农场中学校长、副校长由县文教局在民主测评、综合考核的基础上任命，其他中层干部由农场党委和主管文教的部门配备。实行场长负责制后，中学校长、副校长及中心小学校长由场党委和县文教局共同考核、聘用。完小校长、副校长、教导主任等由场教育部门和组织部门共同考核，经场党委研究审核，由场长聘任。教师实行聘任制，废除教师终身制，打破"铁饭碗"。对落聘人员一年后经考核仍不合格的，取消教师资格，予以辞退。与此同时，对上岗人员实行岗位责任制、工资与奖金挂钩，并从教师工资中提取 10％作为浮动工资，根据德、能、勤、绩综合考核，做到奖勤罚懒，从而极大地调动了教师的积极性和创造性，促进了教育教学工作。

2000 年开始，全场教师实行"双聘制"双向选择，学校选聘教师，教师选择学校。学校实行定员、定岗、定编，以及高职低聘、低职高聘的灵活方法，2000 年当年有不少中学老师由于中学编制超编而落聘，大多数被小学聘用，还有少数老师到范集小学任教。几年后，这些教师大部分陆续回场，有的教师至今还留在范集小学。

2009 年后，农场中小学体量规模越来越小，教师队伍基本趋于稳定，不再实行"双聘制"，对于超编人员，由教育局抽调少量教师到外校支教，也有少数教师借调到民办学校。

三、师资队伍建设

农场教师构成较为复杂，总的可分为两大块：一部分由淮安县文教系统主管，包括县（市）公办教师和场报县局审批的民办教师（含试用民办教师）；另一部分由江苏省农垦系统和场教育部门管理的场办教师，包括场公办和民办教师。1966 年"文革"前，农场教师绝大多数属于县局教师，场办教师只占 20％左右。1968 年后，公办小学下放到大队办，学生数迅速增加。原有教师远远不足，农场从插场知青和回场高、初中毕业生中选拔一部分充实教师队伍，教师结构变化较大。1971 年，农场共有中小学专任教师 82 人，其中：县公办教师 22 人，占 26.8％；知青担任的教师 26 人，占 31.7％；县局民办教师和场耕小教师 34 人，占 41.5％。20 世纪 70 年代后期，知青大批回城，知青教师也陆续回城，造成农场教师严重缺乏。为解决这一问题，农场又配备了一批民办教师和以工代教人员。1984 年，根据江苏省农垦局有关规定精神，农垦系统内进行首批"民转公"。1997 年，又进行第二批"民转公"，除少数不符合条件者，其余都转为场公办教师。同时，淮安县文教局也从 1985 年开始，逐年对民办教师进行"民转公"，至 1997 年底，农场地方民办教师全部转为县公办教师。随着农场教育事业的发展，农场教师队伍逐步扩大，至 1998 年，全场共有中小学专任教师 185 人，其中：公办 116 人，占 63％；场公办 61 人，占 33％；场办教师 8 人，占 4％。

为加强师资队伍建设，提高师资质量，农场多年来，采取多种形式、多渠道鼓励教师参加自学考试、函授、脱产培训、进修等学习，绝大部分教师都取得教师合格学历，学历达标率达 95％以上。

2001 年 10 月，根据江苏省农垦意见，农场实行教育剥离，农场教育转归地方管理，场公办、民办教师 67 人移交给市（区）教育局管理，成为市（区）公办教师。至此，农场教师全部属市（区）局公办教师，工资由市（区）财政拨款，除 5 个聘干外，其余都属国家干部编制。截至 2009 年 9 月，农场除离退休教师外，现有在职教师，中学教师为 40 人，其中高级职称 2 人，中级职称 26 人，初级职称 12 人；具有本科学历的 18 人，大专学历的 17 人，中师（含高中）学历的 5 人。小学现有在职教师 95 人，其中副高 1 人，中级职称的 76 人，初级职称的 18 人；具有本科学历的 16 人，大专学历的 26 人，中专（含高中）学历的 53 人。

2009 年后，农场教育总校继续狠抓教师综合素质的提高。近几年来，学校开展"青蓝工程""阅读悦心""校本培训"等活动，加强教师师德、师风建设。至 2018 年，农场现有在岗在职教师（含借调、支教教师）共 81 人，所有教师通过函授、成人高考，学历完全达标。

四、学校简介

（一）中学

1968 年，创办淮安县白马湖中学（原名：防修中学），后相继在张徐、滕庄、前进、朱洼、育才、于庄、中心小学等校附设初中班。1979 年，调整初中布局，将原有的附设初中班撤销，在五分站联中增加初中班。1983 年，又创办滕庄联中（又称北联中），至此，农场普通教育形成一所完中、两所联中的格局，到 1993 年，3 所中学共有 15 个班级，在校生 599 人，初中教师 54 人，其中专任教师 45 人，学历达标 30 人，达标率为 66.7%，1995 年后，两所联中先后撤销，合并到白马湖中学。

1981 年，农场根据实际情况，办起了职业高中班，以农学、水产专业为主，生源来自农场和范集、建淮、林集、南闸、三堡、黄码等周围乡镇。随着职教事业的发展，到 1985 年，职高由单轨发展为双轨。1984 年，中学与场建筑安装公司联办了建筑班，文化课由白马湖中学承教，专业课由建安公司抽调具有一定专业知识的人任教。先后办了 3 届建筑班，为农场建筑业培养了 100 多名技术人员和施工人员。后来，不少毕业生获得了相应的技术职称。1990 年还为南京农业大学等校输送了两名学生。1998 年，农场中学又与农垦职大联合办起了现代农业专业职业中专班，为农场培养一批农业科技人才。

白马湖中学属于县级中学，占地 34 亩。地处白马湖农场场部西北侧，历史悠久、交通便利、环境优美、成绩辉煌，拥有一批德才兼备的优秀骨干教师。白马湖中学建校以来，为高一级学校：淮阴中学、淮安县中学等名校及淮安县（区）其他高中学校输送了较多合格的毕业生。为农场的繁荣发展培养了大批的领导干部及建设人才。白马湖中学不愧为运西片的"龙头"初中，白马湖的高等学府。

白马湖中学建校以后，淮安县（区）局及农场党委逐年加大对学校软硬件，尤其是硬件设施的资金投入。1990 年建成 827 平方米的实验楼，1993 年建成 302 平方米的学生礼堂（兼食堂），1995 年又拆掉原有的教室，投入资金 200 多万元建成可容纳 20 个班级、占地面积达 2220 平方米的 4 层教学大楼。为适应现代化教育，学校还建立一个拥有 50 台电脑的微机室。同时还增加新建了一些现代化的教学设施，喷泉、花园、雕塑草坪等。白马湖中学已成为四季绿树常青、绿草如茵、环境幽雅宁静的花园式学校，已成为白马湖学生求学的理想地方。

2002 年，白马湖中学在市局主管部门的指导下，试行"九年一贯制义务教育"，将白马湖中心小学教学楼建在白中校园内，实行两校合一，称为淮安市白马湖学校，后由于种种原因"九年一贯制"没有试行成功，现仍分为两校管理，白马湖中学也改名为"淮安市白马湖初级中学"。

白马湖初级中学拥有一支强有力的师资队伍，到 2009 年 9 月，现有教师 40 人，其中本科学历 18 人，大专学历 17 人，高级职称 2 人，中级职称 26 人，初级职称 12 人。现有班级 6 个，312 名学生。其中团员 168 人，占学生总数的 53.8%。有"一切以学生发展为本，以关爱之心滋润学生，以敬业之情铸造师魂"的明确的办学宗旨，有良好的校风：团结勤奋、求实创新。有严格的学风：尊师守纪，奋发进取。有严谨的教风：严谨治学，敬业奉献。白马湖初级中学多年来，严格履行明确的办学宗旨，认真施行良好的"三风"教育，顽强拼搏，勇于进取，为高一级学校输送大批合格的毕业生。为国家、社会、农场培养了大批建设人才，据不完全统计，建校以来，为淮阴中学输送了 10 名学生，为淮安县中学输送 200 名学生。有的毕业生经过再深造，出国留学；有的大学毕业后，担任国家有关部门的重要领导职务；有的成为重要的科技人才；有很大一部分成为农场的领导干部和科技人才，是农场发展的中坚力量和骨干力量。2005 年，白马湖全体教师被区教育局授予"优秀教师群体"的光荣称号。2006 年中学获区初中教育教学质量奖和中学生广播操比赛冠军杯；2008 年获楚州区初中教育教学质量奖。近年来中学张秀珍、吕建林、于加露、帅国怀、解玉兵等同志先后获区优秀教育工作者等光荣称号。

白马湖初级中学 2009 年来，尽管学校班级、学生较少，但全体教职工仍然在总校的直接领导下，勤勤恳恳、乐于奉献、坚守岗位，全身心地投入教育事业。

近几年来，中学进一步提升办学条件，创建美好校园。已拆除 D 级危房，加固维护校舍，装备现代化多媒体科学探究室、动植物标本室、数字化探究室、图书室、实验室等功能室。新建了 300 平方米塑胶运动场，实现千兆光纤连通，实现"班班通"等，办学条件已达到省级标准，中学获得区"绿色学校""平安学校"的美誉。同时涌现了许多优秀教师、优秀班主任、先进个人。朱国奇、解玉兵、王辉、董殿杰、陈海、范中华等同志先后被淮安区人民政府、教育局、教育工会等单位授予优秀教师、优秀班主任、优秀党员、先进个人等光荣称号，其中朱国奇老师 2017 年被淮安市教育局授予"优秀班主任"称号，2016 年，白马湖中学校园足球队获片足球比赛第一名，区二等奖。2017 年，在淮安区第三十九届中小学生运动会上，白马湖中学组获总分第六的好成绩。

2017 年，初二数学学科在片优课竞赛中获一等奖，初三化学在历次区检测中都名列前茅。解玉兵 2017 年被区教育局授予"师德标兵"称号。2018 年 3 月，请派出所曹所长到中学做法治教育讲座。开展以"传承经典，润泽生命"为主题的经典诵读活动，同年在区中小学经典诵读比赛中白马湖中学获得一等奖，总校获"优秀组织奖"。同年被评为区"现代化创建先进学校"。

白马湖中学自 1968 年建校以来，先后由陶冶、王成科、唐有才、赵怀宝、李长华、刘飞、戴苗祥、花金楼、韩金柱、许明贵、谢德仪、郭长生、何泾、杨指挥、咸玉喜、杨国东（兼）等同志任校长。

2018 年，根据国务院《关于进一步推进农垦改革发展的意见》文件精神，切实推进农场办社会职能改革，白马湖学校移交淮安区教育部门管理。

（二）中心小学

建场时，原属范集乡的邵集小学（校址在邵集大队）划归农场，成为白马湖农场中心小学。1960 年，邵集小学迁址到原老场部路东（现修理厂前边），同时改名为"淮安县白马湖中心小学"。1961 年校址又迁到老场部路西原场部浴室（农场唯一的一家浴室）东边。当时全校只有 13 间校舍，4 个班级（含复式班），110 名学生，6 名教师。1968 年底公办小学下放到大队办，中心小学也由当时的七大队管理，同时贫下中农代表进驻学校，参与管理。中心小学校长李克华兼管农场小教工作。到 1971 年 2 月，中心小学仍是 4 个班（1～5 年级），在校生 138 人，教师 4 个，其中耕小教师 1 人。1973 年，中心小学三易其址，搬迁到白马湖中学东边，与白马湖中学隔河相望、紧密为邻。当时有两幢教室，12 间房子，5 个班级，9 名教师。

20 世纪 80 年代后，农场教育事业有了飞速发展，中心小学初具规模，并成为淮阴市首批合格小学之一。学校班级、学生人数逐步增加，到 1998 年，学校已拥有 12 个班级，在校生 530 名，教职工 27 人，其中专任教师 25 人，具有本科学历 2 人，大专学历 4 人，中师学历 19 人，学历达标率为 100%。小学高级教师 6 人，初级职称 17 人，校园占地面积为 21920 平方米，拥有校舍 81 间，建筑面积 1824 平方米。拥有 1 间专用的图书室，有图书 6501 册、生平 12.3 册，教学设施有所增加，有数学等教学仪器 630 件、电教设备 20 件套、音乐器件 24 件套。

严格的管理促进了学校教育教学质量的稳步提高，白马湖中心小学历年来多次被评为场先进单位。1994 年被淮安市政府授予"文明单位"。1996 年被淮安市教育局评为"德育先进学校"。1997 年被市教委评为"常规管理先进学校"。在众多的荣誉面前，白马湖小学全体教师并没有陶醉其中，故步自封，而是戒骄戒躁、继续拼搏，为白马湖小学的发展继续做贡献。

2000 年后，淮安市教育局和农场共同加大对中心小学的投入，添置大量的教学设备及设施，新添置体育设施 60 多件套，音乐、美术设备 40 多件套，其他教学设备 50 多件套。2002 年，投入 17 万元实施"三新一亮"工程。2004 年 4 月，市局投资 140 万元，新建中心小学学校（4494 平方米），水冲式厕所 196 平方米，新建食堂 260 平方米。2005 年投资 32 万元新建学生宿舍楼 495 平方米。2006 年，"校校通工程"中添置电脑 52 台，彩电 1 台，视频展示台 1 台。2007 年，白马湖中心小学四易其址，迁到白马湖中学校园内，与白马湖中学合称为"淮安市白马湖学校"。进行"四配套"工程，购买图书 2 万多册。2009 年，装配多功能教室，用于改造危房、添置教学设备等，10 年来投入近 120 万元。2013 年，新建 300 米塑胶运动场。2016 年，中心小学实施了装备提升工程，装备了多媒体科学探究室、动植物标本室、数字化探究室、图书室、实验室等功能室。白马湖中心小学的校园设施、校园环境，可以说在运西片所有小学中首屈一指。

白马湖中心小学近 10 年来通过开展"金牌教师"评选和"青蓝工程"等活动，提高了教师专业能力，开展习惯养成教育，请抗美援朝战士管乐同志为学生进行钓鱼岛"风波"报告，利用清明节组织学生祭扫烈士墓等活动，激发学生爱国热情，请派出所曹所长到学校做法律教育报告，加强学生的法治观念，利用"大湖洼"少年宫组织乒乓球、唱歌、舞蹈、书法等学生社团，提高学生的综合素质。涌现了许多先进教师，受到市、区、农场等单位表彰。

2012 年，学校合唱团在连续三届淮安区中小学"人防杯"艺术节上获得一等奖。

2013 年、2014 年，小学毕业生推荐到文通、外国语、周恩来红军中学等名校读初中的概率较高，2013 年为 32%，2014 年为 36.5%，共有 20 多名学生。

2014 年，白马湖小学五年级语文在运西片教学质量检测中获第 3 名（共 7 个同类班级），五年级数学、四年级语文、三年级数学在区小学质量检测中，分别获得第 6 名、第 10 名、第 11 名（共 26 个镇中心小学）的优秀成绩。

2016 年学校的三数获区第 3 名，五数获区第 2 名，四英列为第 36 名，几门学科跃居全区中上游。罗俊梅、许镜等老师在区赛中分别获奖。

2017 年期末区统测中，于吉所教的四年级语文取得全区第 1 名，邵晓芳任教的四年级数学取得第 11 名的好成绩。

近几年来，罗俊梅、许镜、王艳丽、张小飞、吕琴等近 20 人次在区级赛课中获奖。于吉老师 2016 年获淮安区"四有"征文演讲比赛一等奖。

白马湖中心小学至 2018 年，现有专任教师 28 名，其中本科学历 11 人，大专学历 10

人，中师 7 人，具有小学中级职称的 24 人，初级职称的 4 人。

2018 年 8 月，白马湖中心小学和新安小学采取联合办学模式，白马湖中心小学改为淮安区新安小学白马湖分校。8 月 18 日举行隆重揭牌仪式正式挂牌并招收小学一年级新生。同年白马湖中心小学移交地方，由淮安区教育部门管理。

白马湖中心小学自 1964 年建至 2018 年，先后由张风山、李克华、沈兰仙、邵树椿、韩金柱、周锡山、屠灿文、张文海、严宝银、何洪亮、咸玉喜、张树利任校长。

（三）中心幼儿园

农场幼儿园创办于 1974 年，校址几经变迁。初建时，设在白马湖中心小学，当时只有 1 个班，30 多名幼儿，由两名知青任教师。1974 年后，增加 1 个班级，在校幼儿 52 人，教师 3 人。1983 年，中心幼儿园与中心小学分开，单独设园。校址迁到农场西厂附近，1985 年又迁到淮范路南西韩大队部。1986 年，随着入学幼儿的增加，中心幼儿园又迁到淮范路北老场部（现成人校）。当时新建教室 10 间，设大、中、小 3 个班，118 名幼儿，7 名教师。1989 年增设 1 个学前班，共 4 个班级，123 名幼儿。1996 年，中心幼儿园受到淮安市教育局表彰，被评为二类园。当时，幼儿园占地面积 1600 平方米，校舍建筑面积 350 平方米，并拥有幼儿教具、大型玩具 18 件。1998 年，农场投资 100 多万元，在淮洪路南新建一幢中心幼儿园教学大楼，1999 年上半年建成，秋季开学正式使用，中心幼儿正式迁到新校址，直至现在。

农场幼儿教育发展很快。全场除中心幼儿园外，各小学自 1978 年来，相继附设幼儿学前班。至 1985 年，全场幼儿班 23 个，入园儿童 541 人，幼儿教师 24 人，幼儿入园率达 95％以上，配备专职幼教辅导员，教卫科科员刘长月同志兼任园主任，中心小学副校长潘爱林兼任幼儿辅导员，负责全场幼儿教育的管理与辅导工作。

2002 年，中心幼儿园实行个人竞标，负责人竞争上岗。幼儿教师董玉红竞标成功，承包幼儿园。2004 年后，幼儿园又收归场教育办管理，委派专人担任园长，管理幼儿教育工作。中心幼儿园自 1978 年以来，每年都举行一次"小小运动会"，同时邀请学生家长参加，充分发挥幼儿的聪明才智，深受家长和社会人士的欢迎。每年"六一"儿童节都举行歌舞表演，并参加农场举办的元旦、国庆等重大节日的文艺汇演。

2005 年，中心幼儿园通过楚州区教育局验收，已成为合格幼儿园。2007 年又通过淮安市优质园验收，中心幼儿园各项工作均处于淮安市（区）各乡镇幼儿园的前列。

2008 年，中心幼儿园有幼儿班 5 个，170 名幼儿，同时下边小学还有 2 个附设幼儿班，38 名幼儿。全场现有幼儿教师 14 人，其中中级职称 3 人，市级职称的 11 人。

2009 年以来，农场加大投入，在园内硬件设施上总投入资金累计 60 万元。新建

500 平方米的塑胶活动场地，铺设 200 平方米的人造草坪，新建了宣传橱窗，改造原有食堂，改建了排水设施，安装了全园区监控设备，添置了平板液晶电视、大量儿童玩具等设施设备，从而使园地面积、建筑面积、户外活动面积、绿化面积均达到省优质幼儿园标准。

2010 年 10 月，在农村率先通过了幼儿教育中"江苏省优质幼儿园"的评估验收。2012 年获区级"文明单位""淮安区管理示范园"称号，2015 年被评为"淮安区绿色学校"，2017 年 10 月顺利通过江苏省优质幼儿园复检。

2012 年，中心幼儿园和淮安区勺湖幼儿园结对，称为"两湖结对"，邀请勺湖中心幼儿园蒋素华、都市花园幼儿园徐月芳等来园授课、指导，与周围乡镇（南闸、范集、林集等幼儿园及场内金苹果幼儿园）经常举行协作片活动。同时，还安排本园老师到勺湖、都市花园等幼儿园蹲点学习，对此"江苏教育报"曾专题报道。

2013 年，中心幼儿园被淮安区教委授予"巾帼示范岗""五一巾帼标兵岗"等光荣称号。

白马湖中心幼儿园针对农村实际，开展特色教育活动，在保育保参的同时，开展多项幼儿活动，组织幼儿唱歌、跳舞，组织学生参加农场在重大节日举办的文艺汇演，利用农场资源丰富的优势，开展江苏省农村特色的区域活动，为社会活动区"设计"农贸市场，种植区设"农业蔬菜基地"，认知区有种子粘贴、蔬菜、水果的分类，美劳区有树叶制作、土布绣花等。

2018 年，白马湖幼儿园有 3 个班级，在校幼儿 72 人，现有教职工 12 人，其中专任教师 10 人，具有本科学历 7 人，大专学历 2 人，中专学历 1 人，具有中级职称的 6 人，4 人未评定职称。中心幼儿园 2018 年移交地方。

中心幼儿园从 1985 年后，先后由刘长月、季白平、董玉红、吕元花、谢凤兰、季白平、滕雪敏等同志任园长。

第三节　职工教育

农场职工教育始于 1960 年创办农业中学时。20 世纪 80 年代发展较快，职工教育主要包括：职工文化补课、技术培训和学历提高。1980 年前，职工教育以文化教育为主，重点抓职工扫盲和对"文革"期间初、高中毕业生文化补课、考试、发证工作。1979 年、1980 年职工教育基本流于形式，真正兴起于 1981 年。1981 年农场专门成立职工教育委员会，由党委副书记姜福山兼任主任。1982 年又成立第二届职工教育委员会，由 9 人组成，党委副书记陆柱儒兼任主任。1985 年成立职工教育领导小组，由副场长袁廷政任组长，设业余教育辅导员 1 人，由中心小学副校长刘学德兼任。1992 年又成立扫除剩余文盲工作领导小组，共 6 人，党委副书记于加法兼任组长。同年，农场从高中毕业生中选拔 13 人担任专职教师，组织实施职工教育工作。农场职工教育从 1982 年后有了专门的领导机构，为农场教育事业的发展提供了有力的组织措施和保障。农场党委把职工教育放到重要的议事日程上，除组织保障外，还投入大量的经费，用于职教事业。1981—1991 年，职工教育总投资近 80 万元。由于领导重视、措施得力、方法得当，农场出现一片欣欣向荣的职工教育可喜形势，职工文化素质、技术能力、业务水平得到普遍提高。

2000 年至今，农场职工教育工作主要由成人教育学校负责，重点抓干部、职工学历教育、业务教育和技术培训。

2009 年后，职工教育仍由社区教育中心（成人中心校）重点抓劳动力转移培训、职工劳动技能培训，以及再就业等培训工作，组织广大干部、职工参加成人考试，取得相应学历和获得相应的专业技术职称。

一、文化补课

（一）扫盲

1959 年，农场建场时，由于历史原因，农场职工（包括中、青年）文化素质很低，许多职工认字不多，有不少职工几乎是文盲。为提高职工的文化素质，促进农场经济发展，农场党委高度重视职工扫盲工作。60 年代初，农场成立了扫除文盲工作领导小组，同时，配备两名（陈兆贤、刘学德）兼职耕读业余扫盲辅导员。采取集中办班和分散包教包学相结合的方式，坚持农闲多学、农忙少学、闲时晚间学、忙时隔日学、雨天白天学的原则。运用校扫盲班与耕读小学、送教上门相结合。同时在主要交通要道口设识字卡等形式。农场扫盲工作扎扎实实地开展起来，呈现一片可喜的扫盲局面。扫盲工作的对象主要是农场 15～40 周岁的青壮年文盲。自此农场自开展扫盲工作以来，涌现了许多关心、热心扫盲工作的先进人物。民办教师董秀珍同志，扫盲工作出色，被评为县扫盲工作先进工作者，曾出席淮安县扫盲工作和先进代表会议，受到表彰。

1963 年，农场组织青壮年文盲、半文盲参加扫盲学习。

1964 年，办扫盲班 21 个，由生产队会计担任教师。

1965 年，办耕读小学，使不能入全日制小学的学龄儿童就近入学，耕小教师还兼任扫盲教师，巡回教学。全场办 32 个扫盲班，800 多人参加学习，还办 3 个干部"红专班"，150 余人参加，以学习文化知识为主。

1966 年后，处于"文革"时期，扫盲工作基本停顿。

1975 年，农场进行普扫调查，全场文盲 3627 人，其中青少年文盲占 40%，当年脱盲 192 人。

1981 年，全场办了 39 个扫盲班，830 人参加。

1982 年，全场办扫盲班 63 个，参加学习人数达 1980 人，占扫盲对象的 60%，同时做到定教材、定时间、定教师、定教室。学员人人备齐笔、书、簿本等学习用具。

1983 年，全场 12～40 岁文盲 1634 人，当年经过扫盲验收，已脱盲 760 人，1984 年又脱盲 1018 人，非盲率达 89.8%，淮安县发给农场"基本扫除文盲验收合格证书"，并受到表彰。

1988 年 6 月，通过对 15～40 岁"文盲状况"调查，有文盲 196 人，非盲率为 97.1%，其中 15～25 岁文盲经验收，当年有 27 人脱盲，并取得脱盲证书。全场尚有文盲 61 人，打算 3 年扫清。

1992 年，农场扫盲工作成绩显著，经市验收 15～43 周岁人口中非盲率达 96%。1993 年是全市扫除文盲的最后 1 年。

1995 年，经淮安市政府验收，全场青壮年文盲，除去弱智失能的 13 人外，已全部脱盲，脱盲率达 100%。经市政府验收合格，自此，农场已成为无文盲单位，扫盲工作宣告结束。

（二）小学、初中、高中毕业生文化补课

农场文化补课的重点对象为 1968—1980 年"文革"期间的初、高中毕业生。

1982 年下半年，农场组织开展文化补课活动，开设语文、数学两门主要学科。开办了 13 个文化补课班，1295 人参加，办学面为 96%，占应补对象的 94%，其中补双科的 713 人，补单科的 664 人，到 1984 年底，经过省、地、市、场四级考试，双科已合格 695 人，合格率为 97.4%，农场又派两名职工教师到淮阴工地对施工人员进行补课，67 人参加，59 人双科合格。1983 年元月，农场组织人员参加地区文化课考试，双科合格 41 人，单科合格 127 人，168 人取得文化补课合格证书。1983 年元月，农垦局在东辛农场召开职工教育会议，农场受到淮阴地区局的表彰，并在大会上做了《总结经验，加强领导，再鼓干劲，狠抓教育》的专题发言。1984 年又办 5 个高小班，137 名职工参加，4 个业余初中班，205 人参加学习，经考试验收，全部合格。1985 年，又办了两个高小班，一个业余初中班，全设在全日制帽中和完小。另外，在纱厂、综合厂等单位办了 4 个业余初中班，175 人参加，文化与技术同步。此外，还办了 4 个行业青年班，248 人参加学习，经过几年努力，完成了 1300 多人的文化补课工作，并通过省、地区农垦有关部门检查验收。

二、职工技术教育

（一）白马湖农业技术学校

1960 年 9 月，农场在原畜牧场（原张除大队境内）创办一所农业技术学校（简称白马湖农中），在校生 36 人，教工 5 人，由钱必义任校长。1961 年春，农校迁到三庄（农场原砖瓦一厂附近），当时有校舍 8 间，24 名学生，教职工 5 人，农中属半日制学校，后根据农场需要，针对农业生产的特点，采用农忙放假、农闲集中学习的方式，开设政治、语文、数学、农知、珠算、簿记、统计等课程。为适应教学的需要，农场提供 4 亩校产田，种植水稻、慈姑等作物。同时，还附设 3 个辅导点，即孙谢点（含孙谢、闸东两个大队）、张徐点、前进点（含前进、西韩、邵集等大队），并派专人定期到点上辅导。1962年，农校推荐 5 名学生学习拖拉机驾驶，成为农场合格的拖拉机驾驶员。由于生数较少，加之其他原因，农校于 1962 年 9 月停办。

（二）"五七"农校

1971 年下半年，根据"五七"指示精神，农场在原粮种队办一所"五七"农校，学制一年。当时有 14 名学员，均为各大队农业技术员，主要学习农业生产技术和农业生产技能。毕业后仍回原生产大队，为本单位农业生产服务。

（三）江苏函授大学辅导站

1964 年春天，江苏农学院开办函授大学，在农场设立辅导站，开设农学和兽医两个专业。共有学员 50 人，主要是插场知青。中心小学校长李克华兼任教务科长，徐春荣任辅导站秘书，函大淮阴分校教师定期来场辅导。农场配备有徐志源、彭张等 4 名农业技术员任兼职教师。学制原定 5 年，后因"文革"影响，于 1966 年 6 月停办。

其间，农场还派部分人员到江苏省东方红农业大学（校址在东辛农场）学习。

（四）白马湖职业中学

1981 年，农场普高班撤销，根据农场经济建设需要，办了职业高中（农高中），以农业、水产养殖业为主要课程。生源来自农场及范集、建淮、林集、南闸、三堡、黄码等周围乡镇。随着教育的发展，到 1985 年，职高由单轨发展为双轨，有 4 个职高班，近 200名学生。1980—1986 年，中学与建筑安装公司联办了建筑班，文化课由白马湖中学承教，建筑专业课由建筑安装公司抽调具有一定专业知识的技术人员任教。几年来为农场建筑的发展培养输送了 100 多名专业技术人员和施工人员，大多数学生已获得相应的技术职称，成为农场建筑的中坚和骨干力量。1990 年，还为南京农业大学输送了两名大学生。1998年，农场中学又与农垦职大联合办了现代农业专业职业中专班，为农场培养了一批科技人才。

白马湖职中自创办以来，先后办了 15 届，为农场培养了 500 多名职高毕业生，其中为淮阴农垦职大输送一批学生，他们毕业后，分布在农场各条战线，有的成为公司、农场等单位主要领导，绝大多数担任农场机关、基层领导以及成为农业、工程、建筑等方面的技术人才。

（五）农业文化技术学校

1980 年后，农场各分场在所在完小办农民文化技术学校，根据农时农活需要，定期、不定期地举办农业干部、技术员及专业户、承包户农业知识讲座，开办防病、治虫等学习班，参加学习人数达 800 多人次。通过学习，参加学习的人员掌握了一定的农业生产知识和技能，尝到了科学种田的甜头，促进了白马湖农业的迅速发展。三分场职工吕梅英，爱科学、学科学、用科学，购买大量农技等科技书籍，积极发展副业，1987 年 9 亩承包地，三麦单产 458.54 公斤，水稻亩产达千斤，实现亩产吨粮，成为全场农业战线上的"女能人"。

（六）成人教育中心校

农场成人教育中心校建于 1997 年，校址在原中心幼儿园，先后由场党委于加法、许怀林兼任"校务委员会"校长，谢学仁任专职副校长，主持日常工作，成员由党办、场办及各机关单位中、小学负责人组成。时有专职教师 5 名，兼职教师 10 名，成人中心校有明确的教学任务和长远、切实可行的职工教育目标，以及"勤学创新求实创业、博学师表技精奉献、勤学求精守德创优"的良好校风。开设农学、文科、理科、英语、计算机等多门课程，同时负责全场干部、职工的函授、培训（短期、长期）脱产进修、自学考试等工作。

2003 年、2004 年先后获得楚州区职工成人教育工作先进单位、淮安市招考工作先进单位称号。2004 年，被确定为淮安市市级示范成人校。并在 2006 年、2007 年、2009 年全省职业教育工作会议上，成人校做了典型经验介绍。

2007 年，农场在垦区率先成立社区教育委员会，由党委书记任主任，相关职能部门及区（公司、居）的主要负责人为成员，各基层单位相应成立了社区教育领导小组，同时成立社区教育管理办公室和社区教育中心，配备专兼职管理人员。自此，农场社区教育形成"场有社区教育中心、生产区（公司、居）有教育阵地"的社区教育格局。

2007 年农场已建成"省级农科教结合示范基地"，2008 年成为省级"富民信息服务网站"，2009 年创建省市级社区教育中心，2010 年通过有关部门验收，已成为合格的省、市级社区教育中心。

2014 年，白马湖农场成人中心校已成为全国成教协会会员、江苏省成教协会常务理事。

　　白马湖农场依托白马湖农场成人教育中心校创建的社区教育中心，占地 12000 多平方米，校舍建筑面积 2980 平方米，图书室、培训室、活动室等基础设施配套齐全。2018 年校园教育教学用房 30 间，面积 2300 平方米，图书室 4 间，面积 120 平方米，学员活动用房 4 间，面积 120 平方米，专用计算机培训教室 1 间，网络计算机 33 台，可供阅读图书 12000 余册。省级农科教示范基地 1 个，社区教育信息服务网站 1 个，劳动力转移培训实习基地 6 处，可供实习、实验的设备有：30 台电动缝纫机、40 台电脑、3 台多媒体投影仪、2 台农机和 2 台数控车床。

　　近 10 年来，累计投入资金近 800 万元。其中 2008 年投入 120 万元建立老年活动中心；2009 年投入近 20 万元，在中心幼儿园 3 楼建成社区教育中心图书室、阅览室、健身室等；2010 年投入 20 万元，新建一间计算机教室，新安装 34 台电脑等；2012 年投入 90 多万元建成社区教育管理中心；2013 年投入 130 多万元建成居民文化活动中心，相继配置了职工书屋、道德讲堂、远程教育室、场史展览室等；2015 年投入 400 万元建成"骏逸社区文化广场"：从而社区教育阵地达到了规范化、标准化的要求。2008 年，创建了市级社区教育中心，被评为"淮安市职业教育先进单位"；2010 年创建成省级社区教育中心；2012 年被淮安市人民政府授予"社区教育工作先进集体"；2013 年又通过省级"高水平农科教结合富民示范基地"验收。

　　白马湖农场社区教育中心专职教师 8 名，兼职教师 18 名，同时，联合淮阴工学院、淮安生物工程高等职业技术学校、淮安区电视大学等市区两级有关教育院校建立长期合作关系，形成较为稳固的社区教育师资库。

　　2018 年 10 月，白马湖农场社区教育中心被江苏省成人教育协会表彰为江苏省成人教育改革发展 40 周年"40 佳社教单位"。

　　2021 年，白马湖农场社区教育中心举办"高级农艺工"和"农业技术员"培训，共培训 400 余人次，有 382 人考取合格证书。

　　2022 年，白马湖农场社区教育中心举办"面点师""花木管理""淡水养殖"技术培训，共有 402 人参加培训，389 人考取合格证书，为提升农场职工居民就业、创业能力打下良好基础。

三、技术培训

　　20 世纪 60 年代，农场着重对初级技术人员进行技术培训。

　　1964 年元月，从场知识青年中选派 40 人参加拖拉机业务培训，30 人参加会计业务培训。同年 5 月，农场开办会计、统计人员培训班，有 36 人参加学习，结业后，分别担任大队、生产队会计。1964 年 11 月，江苏省农林厅、淮阴农垦局开办了洪泽湖机训班，农场有 10 人参加培训。

1969 年，举办教师、赤脚医生学习班，培训赤脚医生 22 名，生产队卫生员 85 人，接生员 7 人，还培训了 29 名民办教师，充实了教师队伍。

20 世纪 70 年代，由于受到"文革"影响，技术培训工作基本处于停滞状态。

80 年代，农场党委高度重视职工教育，成立职工教育委员会，下设职教办公室。从 1981 年起，职工教育内容由单纯文化补课转为以技术培训为主，文化与技术教育同步，抓岗位和实用技术短期培训，由初级技术培训转为中、高级技术培训。形式上采用长、短班结合的方式，长班在白马湖职中进行，短班由教卫科会同场各科室、公司、分场根据各自需要、专业特点举办短期培训班。1984 年，农业单位办 5 个班，121 人参加学习，生产队干部轮训 38 人，外出进修 35 人。1990 年，农场办各类短训班 12 期，900 多人次参加；实用技术培训 9 期，744 人次参加；讲座两期，94 人次参加；机务培训 2 期，90 人次参加。还办了养鸡培训班，450 人次参加，开办总账、现金会计培训班，党员整党培训班，学校举办校长、教导主任教学管理培训班。还开办实用培训、机务培训等培训班，经江苏省农垦系统统一考试，80% 以上学员成绩优秀，获结业证书。

90 年代，农场着重抓稻、麦、棉、甜菜等栽培技术培训及岗位培训。1990 年，机务科开办岗位培训班，4 个机耕队 130 多人参加培训，同年机务科组织 48 人机工到东辛农场农技校培训。农场医院对 45 名医生进行业务培训，兽医站组织兽医培训。经过培训，普遍提高他们的理论水平和业务能力。1991 年，全场初级、青工已全部培训一次，经过培训，全场已有 51 人取得专业合格证书。1985—1991 年，送外培训人员毕业 230 人，其中本科 4 人，大专 97 人。这些毕业生分别来自淮安电大、农垦职大、淮阴教育学院及其他学校。

1997 年，农场成立成人教育中心校。成人校着重开展农业现代化技术培训、岗位转移培训、就业创业培训、"两后"毕业生培训、乡人才培训等培训工作，同时加强对专业技术人员和管理人员的继续教育。青少年科学技术培训、信息技术培训为农场经济的腾飞培养了大批的人才。

到 1997 年底，农场办各类培训班 62 期，培训人员 5103 人次，送外代培 161 人次，其中本科 7 人，大专 89 人，中专 61 人。已毕业 96 人，其中本科 7 人，大专 55 人，中专 34 人。

2003 年 10 月，农场管理体制进行改革，精简队级以上人员 100 多人，成人校免费为他们辅导计算机知识，进行操作技能培训，使不少同志成为创业能手和行业标兵。2004年12月，农场劳动力转移，培训和下岗再就业培训工作分别受到中国农林部水利工会、农业部农垦局和江苏省总工会的表彰。2004—2008年，成人校免费举办劳动力转移培训班18期，受训人员1308人，2004年、2005年发布各类劳务输出信息100多条，有组织地外输劳动力420人。2006年，举办各类培训班14期，受训达2568人次，占全场劳动力总数的28.56％，场级干部、基层干部、专业技术人员培训率为100％。管理区级举办各类短期培训50期，受训达5416人次，还对场内100个发展种植和养殖的大户进行技术培训。先后举办8期龙虾养殖技术、蛋鸡养殖技术、高效蔬菜种植技术和水产养殖技术培训班，受训人数达800多人次。2005年5月，建成白马湖农场成人教育中心校农业、科技、教育信息服务网站，设立教育培训，信息发布、技术推广、就业指导等10个子栏目，并从2008年7月开始，面向全场管理人员和40周岁以下青年农民开展计算机应用培训。当年已有40多名管理人员通过培训和考试，顺利通过江苏省专业技术人员信息化素质考试。2006年以后，由于受全球金融危机的影响，农场外出打工者多数被迫失业离岗返乡，成人校重点围绕高效种植业和养殖业开展培训，扎实做好返乡农民的培训和就业工作。从2007年7月以后，举办各类培训班37期，累计培训农民工2680人次，其中632名返乡农民工通过培训，全部实现再就业。此外，成人校还和楚州电大、淮安生物工程高等职业学校建立稳定合作关系，通过本校"永信人力资源有限公司"与苏州、淮安、扬州等地多家人才市场建立了返乡农民工输出关系，为返乡农民工提供信息、劳务输出的平台。

1994—2008年农场办学情况统计见表11-1，1999—2008年农场培训情况统计见表11-2。

表 11-1　农场办学情况统计（1994—2008 年）

入学时间	专业	学制（年）	招生数（人）	毕业数（人）	就业率（％）	备注
1994.9	建筑	2	36	36	100	高中
1995	企业管理	2	62	62	100	大专
1998	现代农业	2	76	76	100	大专
1999.9	现代农业	2	15	15	100	中专
1999.9	教育管理	2	53	53	100	大专
1999.11	财会	2	30	30	100	大专
2001.9	植栽	2	38	38	100	大专
2001.9	成人高中	2	20	20	100	高中

（续）

入学时间	专业	学制（年）	招生数（人）	毕业数（人）	就业率（%）	备注
2002.9	成人高中	2	13	13	100	高中
2003.9	教育管理	2	23	23	100	本科
2003.9	成人高中	2	16	16	100	高中
2004.9	成人高中	2	24	24	100	高中
2005.9	成人高中	2	26	26	100	高中
2006.9	成人高中	2	30	30	100	高中
2007.9	成人高中	2	34	34	100	高中
2007.9	医士	2	36			中专
2007.8	管理	3	30	30	100	本科（党校）
2008.9	成人高中	2	32			

表 11-2　农场培训情况统计（1999—2008 年）

年份	小计		两专一基		创业培训		农业类		工副类		林场培训	
	班级	人数（人）	班级	人数（人）	班级	人数（人）	班级	人数（人）	班级	人数（人）	班级	人数（人）
1999	32	4615	1	119		151	7	1781	7	924	10	298
2000	49	5803	1	200	1	150	12	1233	2	109	33	415
2001	62	8362	2	360	1	94	8	1087	1	120	50	670
2002	46	5620	2	220	1	78	10	1459	2	200	16	3138
2003	33	6420	2	260	1	134	12	2698	2	200	31	3742
2004	62	8063	2	280	1	92	7	1738	2	354	50	5599
2005	62	7930	2	300	1	112	7	1815	2	362	50	5341
2006	41	4966	2	162	1	162	6	1248	2	326	30	3068
2007	38	4536	2	180	1	154	7	1835	2	316	25	2850
2008	39	4632	2	178	1	146	6	1732	2	320	30	3120

　　2009 年后，白马湖农场社区教育中心通过成人中心校加强对职工、居民的劳动力转移培训、农业创业技术培训。对返乡农民工再就业进行技术培训，提高职工的技术专业水平和能力。其中，劳动力转移培训有建筑安装、居室装潢、服装缝纫、机械维修加工、水电、计算机、农机驾驶等七大实习基地。近 3 年，先后办了 18 期培训班，受训人数达 1308 人次，农民创业技术培训有蛋鸡养殖、农产品经纪人、农机驾驶、电子商务等培训班，培养了 100 名学员，办起了蛋鸡养殖场，培养了 800 多名致富能人和个体老板。200 多名职工成为周边乡镇"农业专家"。近几年，通过评选，农场产生学习型单位 10 个，学习型家庭 32 户，学习型个人 80 名，优秀社区教育工作者 20 名，有 10 名职工被江苏农垦

评为"知识型职工"。

　　白马湖农场社区教育中心发挥江苏省农科教结合示范基地的作用，开展科技制种培训，全场培植 480 个科技制种示范户。2013 年，举办各类技能培训班 45 期，受训人数达 5568 人次；2014 年举办 48 期，受训人数达 5691 人次；2015 年举办 52 期，受训人数达 5906 人次；场级干部、基层干部、专业技术人员培训率达 100％。

　　2017 年，全年共举办各类培训班 28 期，累计培训 4678 人，完成劳动力转移培训 280 人，输出 210 人，青年农民双提升培训 20 人。通过培训考核，全场农产品经纪人 40 余人、农机工 200 余人取得职业资格证书。

　　2009—2018 年农场居民培训情况见表 11-3，2009—2018 年农场职工实用技术培训情况见表 11-4。

表 11-3　农场居民培训情况（2009—2018 年）

年份	小计		老年教育		全年健身		法治教育		家政服务		健康教育		计算机培训		职工读书月
	班	人数	班	人数	班	人数	班	人数	班	人数	班	人数	班	人数	人数
2009	14	1150	5	286	2	362	2	169	1	32	2	105	1	50	196
2010	11	1146	4	252	2	403	1	83	1	25	2	126	1	52	205
2011	12	1137	4	232	2	421	1	78	1	30	2	107	1	45	224
2012	14	1209	6	278	2	420	1	85	1	24	2	141	1	45	216
2013	13	1229	5	270	2	418	1	80	1	35	2	152	1	44	230
2014	12	1228	4	272	2	403	1	81	1	28	2	150	1	50	244
2015	12	1147	4	256	2	398	1	70	1	22	2	142	1	56	203
2016	13	1267	7	362	2	400	1	89	1	36	2	160	1	50	251
2017	14	1254	6	302	2	413	1	75	1	33	2	162	1	48	221
2018	12	1191	4	245	2	364	1	92	1	66	2	175	1	51	198

表 11-4　农场职工实用技术培训情况（2009—2018 年）

年份	小计		两专一基		创业培训		种植类		养殖类		农机类		林业类	
	班	人数	班	人数	班	人数	班	人数	班	人数	班	人数	班	人数
2009	30	3994	2	166	1	132	15	2250	5	560	4	662	3	224
2010	28	4918	1	76	1	88	16	3714	5	270	3	648	2	122
2011	27	5222	1	82	1	79	15	3969	5	300	3	699	2	93
2012	29	5609	1	78	1	69	17	4263	5	294	2	502	3	403
2013	27	4153	1	92	1	83	17	3142	4	268	2	415	2	135
2014	28	5622	1	69	1	102	16	4350	5	277	3	712	2	112
2015	26	4899	1	78	1	98	16	3939	4	203	2	570	2	119
2016	29	4910	1	68	1	89	17	3751	5	285	3	612	2	105
2017	27	4746	1	90	1	82	16	3694	4	190	3	587	2	103
2018	28	4805	1	86	1	75	17	3773	4	205	3	568	2	98

四、学历教育

农场在重视职工文化补课和技术培训的同时，还切实做好职工的学历教育，提高干部、职工的学历层次。

1979 年，本场 208 名中小学教师，有 81％没有经过专业训练，文化水平、业务能力都较低。针对这一实际情况，农场党委和教卫科采用多种形式，鼓励支持教师学习，提高业务水平和学历层次。

1980 年，组织 41 人参加中师、高师和本科函授，脱产学习。场开办教材教法进修班，请进修学校的教师来场授课，118 人参加学习、考试，大部分学员获得教材教法合格证书。

1981 年，参加高师数学函授 2 人，中师语文、数学分科函授 56 人，初师数学函授 70 人，共 128 人，并在本场中心小学办了初师、中师函授班，由本场具有一定知识水平和富有教学经验的教师负责面授，同时，还与淮安县进修学校联系，代培中函生 17 名。

1984 年 7 月，场教卫科组织近 20 名中、小学教师及职工教师到涟水县中学参加成人高考（大专），当年有 7 人参加脱产进修，6 人参加语文、数学高师函授，分别于 1986 年、1987 年毕业。

1985 年后，每年都有部分教师参加函授学习，1986 年 2 月场办中师函授预备班，有 35 人参加学习，为报考电大、职大的考生办了大、中专考前补习班，有 50 人参加全国成人考试，其中当年有 31 人分别被电大、职大录取。到 1987 年，全场送外培训一年或二年以上的有 100 多人，其中高师函授 23 人，中师函授 53 人，电大 6 人，职大 31 人，中专 13 人。

1997 年，农场制定了鼓励学习的新政策，采取了新的奖励措施；自学获大专学历的奖励 2000 元，获本科学历的奖励 3000 元，获得中专（中师）学历的奖励 1000 元，1994 年部分中小学教师参加全国成人自学考试，至 1997 年，已有至少 15 名获得大专学历。

1997 年 4 月，成人校开办"农业管理专业证书学习班"，参加学习人员为农场农业干部，一年半后，都获得专业合格证书。

1998 年，全场中小学教师共有 185 人，都具有相应的学历，其中本科 6 人，大专 87 人，中师（高中）92 人，中学教师学历达标率为 93％，小学教师学历达标率为 100％。

2000 年后，农场学历教育主要通过成人教育中心校来实施。2001 年 9 月至 2008 年底，共办了 38 期成人高中班，学制 2 年，为农场 199 名未进入高中读书的学生取得高中毕业证书，同时还大量鼓励教师系列人员参加全国成人考试。10 年来，通过自学考试有

25 人获得本科学历，43 人获得大专学历，还有 40 多人参加脱产进修、短期长期培训，通过学习，这些同志也都获得相应的学历。另有 85 人参加各种函授学习，通过考试，已全部结业。

2009—2018 年，农场职工、机关及各类技术人员的学历教育，除 2016 年成人校和淮安区农业广播学校联合举办免费农业中专班，招收 56 名学员，通过两年学习，取得中专学历外，其余人员的学历层次的提高，主要是通过成人高考获得大专、本科学历。10 年来，农场每年都有 10 多名干部、职工参加成人高考。周雪峰、刘龙等 120 余名同志通过参加自考获得大专、本科学历。

2018 年，经过农场成人教育中心学历提升教育，全场中、小学幼儿园教师学历达标率为 100％，机关农业生产区、医院其他技术人员大专以上学历达标率为 80％以上。

第四节　医疗卫生

农场的医疗卫生工作自 1960 年 4 月成立农场卫生所开始，当时仅房屋两间，条件十分简陋。1964 年，卫生所房屋扩建到 20 间，医务室又分来中医师 3 人，成立医院。1965 年，农场在全场 13 个大队设立了卫生室，每个卫生室配备 1～2 名赤脚医生，农场的医疗卫生事业从而得到进一步发展。“文革”期间，80％的医务人员被分散到各个医疗点，“文革”结束后，农场一方面选送医务人员外出进修，另一方面注重先进医疗设备及器械的购置，农场的医疗卫生工作又开始走上了正轨。

1960—1980 年，农场职工医院实行的是统筹合作医疗。1980 年以后农场按照有关规定实行劳保医疗制度。1998 年，农场又下发了《白马湖农场医疗管理办法》，进一步完善了劳保医疗制度。2008 年为规范管理，强化领导，成立了白马湖农场新型农村合作医疗管理委员会。

一、职工医院

白马湖农场职工医院始建于 1960 年，为一级甲等非营利性医院，占地面积 13340 平方米。1960 年 4 月，农场成立卫生所，时有医生、职工 14 人，房屋两间。1962 年，从淮安县卫校分配了 5 名中级医师到农场医院工作，医院下设畜牧场、北渔场、前进、滕庄 4 个医疗点，各点派 1 名医生负责医疗、卫生防疫工作。1964 年，医院用房增至 20 间，又分来中医师 3 人，农场医院正式成立。1965 年，农场投资 7000 元购 30 毫安 X 射线机 1 台。1968 年，农场成立“合作医疗管理委员会”，各大队成立“合作医疗管理小组”，大力推行合作医疗制度。1971年，农场成立教育卫生管理委员会，同时成立"毛泽东思想医疗卫生小分队"。主要任务是协助各大队重点开展合作医疗和计划生育的整顿巩固工作，同时开展以"除害灭病"为中心的爱国卫生运动，并培训卫生骨干。当年医院还增设了A型超声波和建造了X射线室和内外科两套手术室。至1980年农场职工医院实有房屋面积1331平方米，医务人员17人，病房床位40张，职工医院所属卫生室16个。1986年，农场购进200毫安X射线机1台，并出台了"医院责任制"和"医疗经费管理办法"，即总场对医院实行人员定编，明确责任，享受奖赔。1995年4月，农场印发《白马湖农场初级卫生保健规划实施意见》，农场成立初级卫生保健委员会和爱国卫生委员会，当年农场职工医院顺利通过了江苏省农垦总公司举办的医疗卫生保健"双达标"验收工作。1996年，又创建了"爱婴医院"并荣获国家、江苏省颁发的证书和牌照。1997年，农场医院又建成一座建筑面积为1500平方米的门诊楼。2002年新建手术楼1栋。2008年新建1000平方米的标准化病房楼1栋。2017年，医院为拓展服务空间和提高服务，在病房投入了供氧和呼叫设备，并对全院供水系统进行了改造。

2018年，医院有职工40人，其中社区村医5人。医生8名（全科5人，防疫2人，影像1人），护士16名，检验3人，药剂2人。普外科副高级职称2人，中级职称10人（中西医结合1人，内科1人，护理5人，检验1人，会计2人），初级职称20人。

二、卫生所（室）

1965年，农场先后对56名知识青年进行短期的卫生培训充实到基层，并于1966年在农场13个大队设立了卫生室，每个卫生室配1~2名卫生员，配备一般的医疗用品和常规药品，负责基本的防疫治病和卫生宣传工作。1969年，农场又培训赤脚卫生员22人，进一步加强了基层防治疾病的能力。

1981年，随着农场体制变化，成立了农业分场，设立26个连队，每个连队仍然设立卫生室，加上工副业单位，卫生室由原来的13个增加到32个，每个卫生室配备1~2名卫生员负责各单位的卫生保健工作。

1996年，农场在原一分场和四分场设立了中心卫生所，实现了农村初级卫生保健，并通过了上级部门的验收。

2014年，农场投入13万元，对王庄社区卫生服务站（原一区队部）按照区卫生局的标准建设到位；同时完成了新型农村合作医疗信息系统建设，提高了网络化服务能力。

2017年，结合六支社区居委会美丽乡村建设，农场又加大对六支社区卫生服务站的软硬件建设。

三、医疗队伍、技术与设备

（一）医疗队伍

农场职工医院组建于 1960 年，起初设备简陋，条件较差，技术力量也比较薄弱。1962 年，淮安县卫生院分配 5 名中级医师到农场医院工作。1964 年又分来中医师 3 名，农场的医疗队伍逐渐发展起来。为加强基层医疗工作的开展，农场又对各医疗点的医生、卫生员进行培训。之后又先后有大专以上学历的医技人员 5 人、专业护理人员 1 人分配到农场医院工作。1969 年，农场又培训赤脚医生 22 人，接生员 7 人，卫生员 85 人，农场的医疗队伍不断发展壮大起来。"文革"结束后，随着国家有关政策的落实，医院的一部分医疗骨干相继调离本场，为了保证医疗质量，适应医疗技术的快速发展，满足广大职工的医疗需求，在农场党委的关怀支持下，农场医院积极采取措施：一方面与大专院校取得联系，不断引进人才；另一方面从卫生室抽调一批经过培训且有一定工作能力的乡村医生充实和扩大医院医疗队伍。此外，每年还选派中青年技术人员去淮阴、淮安等大医院进修培训。2009 年，农场职工医院已拥有各类技术人员 43 名，其中主治医师 4 人，临床医师和护师 15 名。

（二）技术与设备

建场初期，由于医技人员缺乏，设备简单，因而只能进行简单的防病、治病工作。之后随着医疗人员的增加，医疗技术也逐步得到提高。1969 年，在江苏省中医学院的帮助下，农场开设了中医门诊，并代培了两名中药药剂人员。1970 年，农场医院选送 4 名医生去淮安县人民医院进修外科、麻醉等。当时，农场医院可进行胃切除、阑尾炎、剖宫产等手术。当时的妇产工作仅能处理一般性的助产工作，后来由于县计划生育办公室支援产床和一套手术器械，使妇产工作能进行人流、结扎、上环、引产四项手术。1971 年农场又建内外科两套手术室。1975 年以后，农场多次选送人员外出进修，专业有内科、外科、小儿科、五官科、麻醉科、妇产科等，不断提高医务人员的医疗技术。近年来随着社会科学的进步和医疗卫生事业的发展，农场职工医院逐步采用现代化仪器诊断和检测。1999 年，农场职工医院主要医疗检查设备有：30 毫安 X 射线机 1 台，心电图机 1 台、200 毫安 X 射线机 1 台、新型 B 超诊断仪 1 台及 721 分光光度计、新型激光治疗仪 1 台、A 型超声波、电冰箱、显微镜等。至 2009 年农场又增加了 500MAX 射线机 1 台、进口万东 B 超机 1 台、全自动生化分析仪 1 台、手术床及器具 1 台、血球计数仪 1 台。

近几年来，农场不断加大对医院硬件设备的投入，截至 2018 年，医院现有床位 34 张、BS-200 生化全自动分析仪 1 台、BC-1800 全自动血液细胞分析仪 1 台、血流变仪 1

台、三锐数字心电图机 1 台、心电工作站 1 台、ALOKA 彩色超声波诊断仪（PROSOUND SSD-3500）1 台、北京万东 500 毫安 X 射线机 1 台、AMT 型微波手术治疗机 1 台、HVJ-880 呼吸机 1 台、CWM-201 多功能麻醉机 1 台。

四、卫生防疫

建场后农场的卫生防疫和保健工作从无到有，经过 60 年的发展，已逐步建成了系统化、规范化的卫生防保体系。

1961—1963 年，农场钩虫病危害严重，水肿病人也相应增多，农场医院几次组织巡回医疗队进行肠道寄生虫病普治，并免费送药上门，用"灭旱宁"驱除钩虫，亚铁丸、保健粉治疗水肿病患者，至 1963 年大部分患者均治愈。

1964 年，农场在县卫生防疫站的帮助下，对血吸虫病进行了大规模的查治，查出了多种不同类型的血吸虫病，并进行了彻底的治疗。同年农场对二号病进行了连续几年的免疫治疗，使农场已无一例二号病患者。

从 1966 年开始，农场开展了大规模的疟疾病防治工作，当时农场疟疾病发病率高达 40％以上，农场医院采取 4—10 月全民服用防治药物，冬天开展复查根治，并大搞爱国卫生运动，使得疟疾病发病率下降到 1％。

1970 年秋，医院又在白马湖边建起麻风病村，收容 20 多名麻风病患者进行治疗。经过 3 年的认真观察治疗，并由上级医院复查，麻风病患者均得到根治。

1971 年，医院在全场范围内开展了地方病普查普治工作，取得了较好效果。主要防治病种为：丝虫病、钩虫病、疟疾病、血吸虫、妇女病。

1975 年，农场医院在全场普种"牛痘"以控制和消灭天花。

1982 年起，随着国家对防保工作的重视，农场党委决定，医院对防保工作者进行系统管理，增加防保工作人员，配备相应的设施和房屋，计划免疫制度得到落实，各种防疫项目迅速得以实施。至 1992 年，农场职工医院的防保工作已初具规模，流脑、乙脑、白喉、破伤风等传染病无一例发生，麻疹、脊髓灰质炎也由原来的 2.5％、0.5％下降到 0.3％、0.1％。

1993 年，农场医院对卫生防疫、妇幼保健进行一体化管理，从传染病防治到计划免疫接种，从婚前检查到孕产妇的保健及管理，从新生儿的基础免疫到定期的健康检查等一系列工作都做得有条不紊。1996 年 7 月，农场职工医院一次性通过江苏省"爱婴医院"验收。1996 年底，农场医院被区卫生局授予"爱婴医院"称号，负责妇幼保健、助产及计划生育指导工作；2003 年被区物价局授予价格诚信单位；1999—2009 年每年都成为区计量合格单位。

2003 年，职工医院按政府与卫生部门要求，积极开展防控"非典"工作。

2007 年，医院根据区疾控中心部署，将 2005 年 1 月 1 日以后出生的儿童全部纳入计划免疫信息系统，实行网络化管理，极大地方便了儿童计划免疫的地区性障碍。

职工医院的疾病防控工作是基本公共卫生服务中的一项工作，主要是基础防控工作，2007 年以来，重点突出以计划免疫、卫生监督、儿保、传染病报告管理、出生医学证明管理工作、死因监测报告工作为中心展开。

2008 年 4 月起，每年完成对 0～6 岁儿童进行扩大计划免疫，针对 0～6 岁儿童进行从 8 苗提升到 11 苗免费接种、免费建卡工作；同年 6 月起，开始进行乙肝筛查，随机抽取农场 1 周岁以内儿童 30 名进行乙肝疫苗接种前和接种后效果监测工作。

2009 年 10 月对白马湖中学 94.01.01—95.12.31 出生的 81 名学生进行乙肝监测工作，针对 42 名同学为乙肝免疫空白的情况，及时免费为 42 名同学进行全程乙肝免疫接种工作；同年 11 月为防止甲型流感流行，在全场进行了甲型流感疫苗免费接种；同时每年及时为 0～6 岁儿童免费接种各类疫苗，平均每年接种 4800 人次。

2010 年 7 月起，开始开展对外出劳务人员疟疾病进行防治监测。9 月吴承恩中学发生霍乱样病例，涉及农场学生 9 人，医院相关科室连夜做出应对措施，并对 9 名学生及其家庭成员进行服药、跟踪与观察，杜绝了二代病人的发生。

2012 年开始对 0～6 岁儿童保健免费建卡纳入地方网络管理。

2014 年起，每季度对农场生活饮用水进行检测。

2016 年，在人禽流感流行中，医院积极做好防控工作，使农场无一人患禽流感病。

2018 年，职工医院服务总人口约 15000 人，其中职工医保 8100 人，城乡居民基本医疗保险 6970 人，城镇职工基本医疗保险、城乡居民基本医疗保险皆由区人社局医保中心管理。其中居民医保资金总额约 393 万元，职工医保专项资金总额约 1300 万元，每年职工体检 4050 人次。

2019 年，经农场公司与淮安区政府协商一致，按照"资产无偿划转，人员择优录用"的原则，农场职工医院作为林集中心卫生院（后更名为漕运镇中心卫生院）白马湖分院移交淮安区统一管理，原 33 名医院职工（含 8 名乡村医生）随同医院一并移交。

第十二章 科 技

第一节 科技机构与队伍

农场是一个以农业为主的中型企业,因而建场 50 年来,农场的科技工作主要以发展农业科技为主。20 世纪 60 年代初期,主要进行农作物品比试验,引进、推广新品种,积造自然肥,广种田菁、笤子、红花草等绿肥。培养肥力,改良土壤,防治病虫害等。60 年代后期,修理厂建立后,着力在农机方面革新改造、研制农机新产品。70 年代,农场科技工作扩展到林、牧、渔等方面,成立了相应的专门科技机构,针对各业实际情况开展科研活动,并取得可喜成绩。

80 年代后,农场党委高度重视科技工作,提出"科技兴农、科技兴场"的战略方针。种子公司成立后,农场形成了一个"尊重知识,重视科学、科技兴场"的新局面。90 年代,农场科技工作方兴未艾,新的科技成果不断出现,各业的科技含量逐年提高,科学技术在农场经济发展中发挥了巨大作用。

2000 年后,农场科技工作进入一个新的历史阶段。加大对科技工作的投入,进一步加强科技队伍的建设,调整、充实科技队伍,使农场科技工作达到新的水平。

一、机构建设

建场初期,农场没有专职的科技机构。1962 年 2 月正式成立白马湖农场科学技术协会(简称科协),由党委副书记邱建成担任主任,工程师范模正任副主任,由 11 人组成。1962 年,农场给各大队配备 1 名专职农业技术员,场内初步形成农技网络。1963 年 5 月,建立良种繁育站,屠云杰任站长。1968 年,良种繁育站改为农科站。1975 年,又更名为科技站,下设科技组、良种繁育队、菌肥厂 3 个组。进行种子品比试验、引进、繁殖、推广良种。1970 年成立菌肥厂,专门生产"920"等菌肥,用于三麦基肥、水稻喷肥等,为农业增长起到一定作用。专职农业技术员陆续抽到场农业科后,各大队又自配一批农业技术员,生产队配备 1 名治虫员。医疗卫生方面,除场部医院外,1968 年各大队成立合作医疗管理小组,设立"一点八站"形成卫生网。建场初期,农场小学系统建立三级教研网，成立以中心小学为主体的中心教研组，中学成立分科教研组，进行单科教研活动，从而促进文教事业的发展。1979年12月农场又成立"科学技术领导小组"，由场党委副书记杨文秀任组长，共6人组成。

80年代，农场科技事业有了较快发展。1984年，成立技术职称评定评选委员会，同时各单位也成立相应评选小组。1989年6月成立了科学技术委员会（简称科委），场长黄化祥兼任主任。1997年，良种繁育站改为良种繁育场，科技组改为农业技术研究所（简称农科所），农场成立农业发展中心。科委下设办公室，主要引进场外科技成果和先进技术，制定本场科研项目，指导种子公司、农科所、良种繁育场的业务工作，同时负责全场科技项目、科研成果的申报与评审工作，申报、评审专业人员的技术职务，考核、聘任专业技术人员等。各分场、工厂也建立相应的科技小组，形成健全的科技网络，从而推动农场科技工作的正常运转。

2000年后，农场在科技工作方面成立农业发展中心、农科所，以种子公司为"龙头"企业，大量引进、培育、推广新品种，推动农场经济的发展。

二、队伍建设

"科技是第一生产力"。为促进农场经济社会快速发展，农场历届党委充分认识到科学技术的重要性，从而采取通过多渠道、多方面培训科技人才，加强科技队伍的建设。60年来，科技队伍由零开始队伍逐年扩大，素质逐步提升，至2019年农场已形成一支强有力的科技队伍。

60年代初，农场技术力量相当薄弱。1960年，原畜牧场（农场的前身）仅有两名技术人员从事畜牧生产的技术指导。1961年，从苏北农学院分配兽医来场，1962年，又从南京农学院分来一名兽医，1963年，农场又陆续调进一批畜牧、林业、水利、农业等技术人员。1964年，淮安县在农场的一批储备生被调走，至1970年，全场各类人员（不含社会科学）已有42人，其中兽医5人，医生11人，农业技术员16人，水利技术员4人，渔业技术员1人，机务技术员3人，林业技术人员2人。各大队自己又培养了一批不脱产的农业技术人员、赤脚医生等充实加强了科技队伍。

1986年，根据中央《关于职称改革的通知》精神，对专业技术人员实行聘任制。同年2月成立职称评定领导小组，下设办公室，并成立考核领导小组，由场长黄化祥任组长，党委副书记张荣道任副组长，同时成立农业、会计、工程、经济、卫生、教育、畜牧等专业考核组和农业初级技术职务评审委员会。

1990年后，评定领导组织各考核小组对符合晋升职称条件的专业技术人员进行考核，评定申报，聘任工作，对聘任人员签发资格证书和聘任书。

1991 年后，对不具备规定学历的会计、统计、经济系列和农业技术人员，不再进行初、中级专业技术职务资格评审工作，而是采用一律参加全国统一考试，实行以考代评。

2009—2018 年，技术人员的职称晋级工作主要由成人中心校组织干部、职工、技术人员参加全国成人考试，取得相应学历及相应专业技术职称。

2019 年，《职称评审管理暂行规定》出台，明确职称评审是按照评审标准和程序对专业技术人才品德、能力、业绩的评议和认定。

2021 年，农场大量引进青年人才，青年员工参评职称的积极性明显增强。

农场 60 余年来，共有各类专业技术人员 370 人（不含 80 年代前曾在农场工作过，后调离农场的部分专业技术人员），其中高级职称的技术人员 41 人，中级职称的 329 人（表 12-1）。

表 12-1　建场 60 年来技术人员结构情况统计

类别 合计	农业系列		畜牧系列		工程系列		卫生系列		经济系列		会计系列		教育系列		政工系列		其他系列	
	高级	中级	高级	中级	高级	中级	高级	中级	高级	中级	高级	中级	高级	中级	高级	中级	高级	中级
370	11	75	1	6	0	29	3	21	0	7	2	24	18	136	5	28	1	3

建场 60 余年来高级技术人员一览见表 12-2。

表 12-2　高级技术人员一览

姓名	性别	出生时间	参加工作时间	何校毕业	专业职务	获得时间
黄化祥	男	1935.01	1960.10	浙江农业大学	高级农艺师	1989.09
杨在国	男	1933.09	1951.12	范集中学	高级政工师	1991.12
古继胜	男	1941.08	1968.07	安徽财贸学院	高级会计师	1993.10
吴景昌	男	1931.11	1961.09	南京农学院	高级畜牧师	1988.09
孙保全	男	1936.11	1964.08	徐州医学院	副主任医师	1988.12
张荣道	男	1942.09	1966.10	江苏省委党校	高级政工师	1992.12
于加法	男	1949.12	1967.09	中央党校	高级政工师	1998.08
姚春华	男	1964.05	1980.06	淮阴教院	高级政工师	2008.09
韩正彰	男	1959.01	1979.08	淮阴教院	高级政工师	2002.03
韩正光	男	1966.12	1984.07	南京农业大学	农业技术推广研究员	2016.09
朱祥林	男	1964.01	1986.09	江苏农学院	高级农艺师	1998.09
陈凤华	男	1966.01	1985.08	农垦职大	高级农艺师	2006.11
周凤鸣	男	1972.12	1990.07	农垦职大	高级农艺师	2008.10
沈会生	男	1963.10	1982.07	农垦职大	高级农艺师	2012.09
吕玉亮	男	1971.09	1982.07	南京农业大学	高级农艺师	2012.09
张安存	男	1973.09	1998.07	扬州农学院	高级农艺师	2014.09

（续）

姓名	性别	出生时间	参加工作时间	何校毕业	专业职务	获得时间
陈春	女	1971.04	1995.07	南京农业大学	高级农艺师	2015.09
滕志英	女	1977.06	1997.07	南京农业大学	正高级农艺师	2022.09
吕宏飞	男	1979.09	1997.08	扬州农学院	高级农艺师	2014.09
帅国槐	男	1968.08	1972.08	盐城师专	中学高级	2010.08
杨国东	男	1970.02	1988.02		小教高级	2006.08
徐顺琴	女	1964.05	1982.09	淮阴教院	中学高级	2010.08
韩汝兰	女	1962.08	1979.10	淮阴教院	中学高级	2011.12
于金梅	女	1963.12	1985.02	淮阴教院	中学高级	2011.12
张秀珍	女	1964.11	1982.09	淮阴教院	中学高级	2009.11
陈江梅	女	1968.02	1990.08		中学高级	2010.08
李春雷	男	1963.11	1984.08		中学高级	2011.12
王永祥	男	1974.01	1995.08		中学高级	2010.08
徐志刚	男	1960.10	1978.07		中学高级	2010.08
王玉华	男	1964.03	1982.09	淮阴教院	中学高级	2011.12
孙新安	男	1965.05	1983.08	徐州医学院	副高执师	2017.08
周雪峰	男	1966.03	1984.07	徐州医学院	副高执师	2016.08
朱怀标	男	1948.12	1974.08	南京师院	中教高级	2006.11
花金楼	男	1952.10	1972.10	中央电大	中教高级	2007.11
何泾	男	1964.11	1986.08	淮阴师院	中教高级	2007.12
贺立龙	男	1969.10	1987.08	淮阴师院	中教高级	2002.12
许明贵	男	1953.09	1974.07	西南大学	中教高级	2010.08
谢学仁	男	1956.12	1976.01	白马湖中学	中教高级	2014.08
张树利	男	1977.02	1995.08	南师大	小教高级	2006.11
奚兴林	男	1973.02	1995.09	扬州大学	高级会计师	2018.08

建场60余年来中级技术人员一览见表12-3至表12-11。

表12-3 中级技术人员一览（农业系列）

姓名	性别	出生时间	参加工作时间	何校毕业	专业职务	获得时间
徐敏捷	男	1935.02	1956.06	江苏函大	农艺师	1988.10
于世民	男	1936.01	1956.06	江苏函大	农艺师	1988.10
戴和庚	男	1944.02	1963.09	江苏函大	农艺师	1988.10
冯其美	男	1943.08	1963.09	淮阴农校	农艺师	1994.10
汪其香	男	1936.07	1955.12	淮阴农校	农艺师	1988.12
沈欣欣	男	1942.09	1963.12	句容农校	农艺师	1990.07
戴如元	男	1940.04	1963.09	江苏函大	农艺师	1992.12
谢学铨	男	1943.10	1961.07	范集中校	农艺师	1993.10

（续）

姓名	性别	出生时间	参加工作时间	何校毕业	专业职务	获得时间
秦香弟	男	1951.03	1967.07	中农广播大学	农艺师	1994.09
王玉强	男	1967.04	1988.08	江苏农学院	农艺师	1994.09
王俊仁	男	1966.03	1982.09	江苏农学院	农艺师	1994.09
胡兆辉	男	1964.04	1982.09	农垦职大	农艺师	1994.09
滕金平	男	1964.11	1982.09	农垦职大	农艺师	1994.09
许明宝	男	1964.03	1982.09	农垦职大	农艺师	1994.09
刘鸿闻	男	1940.02	1962.02	盐城农校	农艺师	1988.02
许德华	男	1952.12	1982.03	南京农学院	农艺师	1988.10
吕炳成	男	1949.07	1968	中央农业广播大学	农艺师	1992.12
陈培昶	男	1966.03	1989.08	江苏农学院	农艺师	1994.09
池杏珍	男	1966.02	1989.08	江苏农学院	农艺师	1995.09
滕 彦	男	1966.09	1985.05	农垦职大	农艺师	1998.09
刘正军	女	1959.09	1983.11	白马湖中学	农艺师	
张树兵	男	1959.09	1988.08		农艺师	
王 林	男	1971.12	1990.06	农垦职大	农艺师	2004.09
韩正建	男	1965.04	1985.02	农垦职大	农艺师	1998.09
张广海	男	1966.02	1982.09	农垦职大	农艺师	1998.09
董万权	男	1962.12	1990.03	农垦职大	农艺师	1998.09
韩汝青	男	1965.06	1984.09	农垦职大	农艺师	1989.09
韩殿高	男	1957.06	1973.01	江苏党校	农艺师	1998.09
韩国华	男	1964.03	1985.01	农垦职大	农艺师	1999.08
滕洪学	男	1966.07	1986.01	农垦职大	农艺师	1999.08
杨国顺	男	1952.05	1971.07	江苏党校	农艺师	1999.08
胡春光	男	1956.08	1976.07	淮阴工学院	农艺师	1999.08
朱国徐	男	1954.09	1971.07	农垦职大	农艺师	2001.08
周 明	男	1972.01	1995.01	农垦职大	农艺师	2003.09
周凤明	男	1972.01	1995.11	农垦职大	农艺师	2003.09
吕元荣	男	1968.03	1994.09	农垦职大	农艺师	2004.09
于秀梅	女	1969.03	1994.06	农垦职大	农艺师	2004.09
王春红	女	1969.03	1988.01	农垦职大	农艺师	2004.09
解晓林	男	1969.07	1994.09	农垦职大	农艺师	2004.09
周殿成	男	1969.01	1994.01	农垦职大	农艺师	2004.09
吕以忠	男	1968.02	1994.07	农垦职大	农艺师	2004.09
陈永华	男	1968.08	1990.11	中国人民解放军南京政治学院	农艺师	2004.09
解玉标	男	1968.08	1989.01	农垦职大	农艺师	2004.09
张 青	男	1971.03	1995.11	农垦职大	农艺师	2004.09
陈 丹	女	1971.11	1995.11	农垦职大	农艺师	2004.09

（续）

姓名	性别	出生时间	参加工作时间	何校毕业	专业职务	获得时间
韩永政	男	1964.12	1994.04	农垦职大	农艺师	2004.09
张学洪	男	1966.03	1984.03	农垦职大	农艺师	2004.09
乔红梅	女	1971.11	1995.07	句容农校	农艺师	2004.09
陈　春	男	1971.04	1997.01	农垦职大	农艺师	2004.09
丁　波	男	1976.10	1998.01	农垦职大	农艺师	2004.09
秦雪荣	女	1977.01	1997.01	农垦职大	农艺师	2004.09
赵广福	男	1965.07	1984.09	淮阴工学院	农艺师	2007.10
李建勤	女	1973.07	1997.09	扬州农学院	农艺师	2006.09
周　娟	女	1981.04	2008.08	扬州农学院	农艺师	2014.10
伏　进	男	1988.04	2012.01	扬州大学	农艺师	2017.11
吕奎生	男	1973.08	1991.12	中共江苏省委党校	农艺师	2009.09
沈　礼	男	1969.10	1990.01	淮阴工学院	农艺师	2012.12
周红军	男	1967.07	1989.05	省委党校	农艺师	2015.10
王玉巧	男	1965.04	1986.01	淮阴工学院	农艺师	2012.12
王顺红	男	1971.01	1992.07	中共中央党校函授学院	农艺师	2017.09
吕元宽	男	1966.09	1985.05	农垦职大	农艺师	2017.11
王祝彩	女	1980.03	1998.08	南农大	农艺师	2010.09
解兆海	男	1966.01	1986.03	淮阴工学院	农艺师	2011.09
李　军	男	1968.01	1986.12	江苏广播电视大学	农艺师	2018.09
邵海明	男	1976.03	1994.12	中共江苏省委党校	农艺师	2019.11
韩正魏	男	1975.11	2009.07	南京农业大学	农艺师	2019.11
胡婷婷	女	1990.05	2012.10	天津农学院	农艺师	2020.10
章银珊	女	1987.09	2011.07	南京农业大学	农艺师	2022.12
周晓敏	女	1985.06	2010.01	扬州大学	农艺师	2022.12
吕元标	男	1971.01	1990.12	淮阴工学院	农艺师	2022.12
沈铉智	男	1990.08	2013.10	扬州大学	农艺师	2022.12
王纯东	男	1976.04	1998.01	中共江苏省委党校	农艺师	2021.11
滕　彦	男	1966.08	1984.07	江苏农垦职大	农艺师	1998.09
韩永正	男	1963.12	1981.03	淮阴工学院	农艺师	
吕思宇	男	1993.05	2018.09	扬州大学广陵学院	花卉园艺师	2015.06

表 12-4　中级技术人员一览（畜牧系列）

姓名	性别	出生时间	参加工作时间	何校毕业	专业职务	获得时间
解军	男	1979.01	1999.01	中共江苏省委党校	中级	2018.11
骆奎建	男	1979.11	2006.01	江苏农牧职业技术学院	中级	2006.12
滕辉	男	1979.10	1998.10	徐州农校	中级	2005.06
乔红明	男	1974.02	1996.10	句容农校	中级	2007.10

（续）

姓名	性别	出生时间	参加工作时间	何校毕业	专业职务	获得时间
朱杰	男	1985.07	2009.05	淮阴农校	中级	2014.08
周超	男	1979.12	1994.06	淮安农业广播学校	中级	2016.08

表 12-5　中级技术人员一览（工程系列）

姓名	性别	出生时间	参加工作时间	何校毕业	专业职务	获得时间
李宪法	男	1936.08	1960.08	江苏水利学校	工程师	1988.09
孙云	男	1955.04	1974.07	淮阴农校	工程师	1992.12
汤爱成	男	1953.03	1973.01	淮阴农校	工程师	1992.12
韩金海	男	1962.11	1981.04	江苏电大	工程师	1993.07
董殿明	男	1962.08	1980.04	江苏电大	工程师	1993.11
李长林	男	1966.05	1985.01	南通纺校	工程师	1999.08
唐建兵	男	1956.07	1974.07	江苏党校干部函授	工程师	1999.08
杨国宽	男	1962.12	1981.01	淮阴建筑学校	工程师	1999.08
韩殿国	男	1964.12	1982.01	南通纺校	工程师	1999.08
吕卫国	男	1964.07	1983.01	南通纺校	工程师	1999.08
滕金峰	男	1968.02	1984.01	淮阴电大	工程师	1999.08
于梅珍	男	1968.12	1985.01	江苏电大	工程师	2002.08
孙新洋	男	1966.03	1984.01	农垦职大	工程师	2002.08
范广柱	男	1966.03	1984.09	淮阴电大	工程师	2002.08
余学海	男	1976.12	1998.09	扬州大学农学院	工程师	2004.09
张秀红	男	1966.11	1985.03	白马湖中学	工程师	2004.09
解才江	男	1964.08	1981.09	滕庄中学	工程师	2004.09
朱广友	男	1966.07	1984.08	农垦职大	工程师	2004.09
韩德和	男	1966.03	1986.04	白马湖中学	工程师	2004.09
韩少春	男	1967.05	1985.08	淮阴工专	工程师	2014.09
朱斌	男	1980.01	2003.07	南京农业大学	工程师	2016.09
韩学艳	男	1969.11	1992.01	中共中央党校函授学院	工程师	2017.09
吕建国	男	1964.07	1983.01	南通纺校	工程师	1999.08
解玉俊	男	1981.11	2011.01	扬州大学	工程师	2022.11
解春云	女	1978.05	1998.08	淮阴工学院	国家二级建造师	2014.05
肖静	女	1979.10	1999.08	中共江苏省委党校	工程师	2018.10
刘龙	男	1967.08	1985.06	南京农业大学	工程师	2019.11
黄建芹	女	1978.11	1998.01	中共江苏省委党校	工程师	2021.12
陈亮	男	1989.06	2012.10	解放军信息理工大学	工程师	2018.10

表 12-6　中级技术人员一览（卫生系列）

姓名	性别	出生时间	参加工作时间	何校毕业	专业职务	获得时间
胡登璜	男	1940.11	1962.09	淮安卫校	主治医师	1988.09

（续）

姓名	性别	出生时间	参加工作时间	何校毕业	专业职务	获得时间
丁玉祥	男	1933.03	1962.08	淮阴医专	主治医师	1988.09
刘正书	男	1941.02	1968.08	徐州医学院	主治医师	1988.09
陈翔	男	1956.12	1982.07	徐州医学院	主治医师	1988.09
滕立平	男	1967.08	1987.01	南京中医药大学	内科中级	2003.09
于晓红	女	1971.05	1990.08	淮阴卫校	护理学中级	2004.06
李素萍	女	1967.05	1987.07	淮阴卫校	护理中级	2001.12
于卫生	女	1974.11	1997.11		中级执师	2009.12
韩 光	男	1958.11	1978.02		中级执师	2010.05
王小玲	女	1972.06	1997.11		中级执护	2017.10
范 秦	女	1980.09	2000.01		中级执护	2016.10
李俊霞	女	1981.03	2005.11		中级执护	2010.10
杨 萍	女	1982.12	2003.01		中级执护	2009.05
韩 娟	女	1982.12	2003.09		中级执护	1995.09
花红梅	女	1964.04	1981.03		中级执护	1995.09
唐建明	男	1960.09	1979.06		中级检验	1995.09
洪顺生	男	1961.09	1979.06		中级药剂	1995.09
王晓琴	女	1972.07	1990.08		中级执护	1998.09
刘秀珍	女		1990.08		中级执护	1995.09
李 标	男	1967.07	1985.09		中级检验师	2007.05
孙学军	男	1964.03	1982.01	淮阴市泗阳卫校	中级医师	1998.09

表 12-7　中级技术人员一览（经济系列）

姓名	性别	出生时间	参加工作时间	何校毕业	专业职务	获得时间
钱学森	男	1937.11	1961.09	扬州农校	经济师	1988.10
郑如芳	女	1940.06	1961.09	涟水农校	经济师	1988.10
范孟怀	男	1941.02	1961.07	淮阴中学	经济师	1993.07
张宗起	男	1938.03	1964.09	南京农学院	经济师	1988.10
解玉飞	男	1971.09	1995.01	江苏广播电视大学	经济师	2012.04
时奎敬	男	1975.01	2000.07	南京大学	经济师	2005.09
徐 海	男	1988.12	2011.03	广西大学	经济师	2021.10

表 12-8　中级技术人员一览（会计系列）

姓名	性别	出生时间	参加工作时间	何校毕业	专业职务	获得时间
郭正伟	男	1920.03	1949.09	上海法学院	会计师	1988.09
黄飞	男	1931.10	1949.06	海门中学	会计师	1988.09
李文成	男	1941.11	1967.03	林集中学	会计师	1988.09
张万友	男	1963.02	1979.07	白马湖中学	会计师	1994.10

（续）

姓名	性别	出生时间	参加工作时间	何校毕业	专业职务	获得时间
施定元	男	1943.08	1960.04	金坛中学	会计师	1994.10
韩汝云	男	1951.08	1976.06	范集中学	会计师	1994.10
刘巨清	男	1937.11	1961.09	涟水农校	会计师	1988.09
滕云军	男	1967.05	1986.11	江苏广播电大	会计师	2000.11
沈永忠	男	1967.04	1982.03	农垦职大	会计师	2001.08
张丽	女	1974.01	2001.01	南京审计大学	会计中级	2005.05
洪春生	男	1970.08	1992.07	南京经济学院	会计师	2000.11
赵广兰	女	1970.07	1994.01	农垦职大	会计师	2005.05
韩正飞	男	1966.1	1984.07	中共中央党校函授学院	会计中级	2001.05
谢安	男	1979.09	1999.10		会计师	2016.10
邵平	女	1977.01	1996.01	淮阴工学院	会计师 审计师	2011.05
李学新	男	1986.12	中共江苏省委党校	农垦职大	审计师	2009.05
张金梅	女	1971.06	1992.01	江苏广播电视大学	会计中级	2015.12
吕建军	男	1971.08	1991.12	中共江苏省委党校	会计中级	2021.11
朱洁琦	女	1989.08	2013.04	扬州大学	会计中级	2020.09
于刚	男	1974.03	1997.11	中国广播电视大学	会计中级	2019.09
胡春霞	女	1975.09	1998.06	农垦职大	会计中级	2016.09
汤伏领	男	1973.02	1997.01	中共江苏省委党校	会计专业技术资格	2019.09
韩士萍	女	1980.09	1999.07	江苏开放大学	会计专业技术资格	2021.11
吴迪	女	1991.08	2018.07	上海师范大学天华学院	会计专业技术资格	2022.09

表 12-9　中级技术人员一览（教育系列）

姓名	性别	出生时间	参加工作时间	何校毕业	专业职务	获得时间
李开和	男	1934.08	1951.09	涟水石师范	中教一级	1988.09
刘飞	男	1942.10	1967.08	江苏师院	中教一级	1988.09
邵元中	男	1934.08	1950.03	南京师院	中教一级	1988.09
范洪春	男	1945.09	1966.09	淮阴教院	中教一级	1992.12
于加露	男	1957.09	1978.08	淮阴教院	中教一级	1992.12
解树宝	男	1963.01	1985.08	淮阴师专	中教一级	1992.12
解荣山	男	1957.02	1977.08	淮阴教院	中教一级	1992.12
陈海	男	1963.02	1981.09	淮阴教院	中教一级	1993.06
朱宝东	男	1962.09	1979.10	淮阴教院	中教一级	1991.06
赵锦生	男	1957.06	1975.09	江苏教院（自）	中教一级	1997.11
韩金树	男	1966.05	1986.08	南京师院	中教一级	1997.11
刘明光	男	1964.10	1984.08	淮阴教院	中教一级	1997.11
刘长月	女	1937.01	1955.08		小教一级	1988.09
陶金成	男	1947.11	1968.12	淮阴师范	小教一级	1992.12

（续）

姓名	性别	出生时间	参加工作时间	何校毕业	专业职务	获得时间
张淑芳	女	1961.05	1978.12	淮阴师范	小教一级	1993.06
韩德生	男	1945.02	1962.07	淮阴师范	小教一级	1993.06
张祥州	女	1944.11	1962.08	淮阴师范	小教一级	1993.06
韩汝国	男	1950.02	1968.12	淮阴师范	小教一级	1993.06
董秀珍	女	1945.12	1965.12	淮阴师范	小教一级	1993.06
吕炳忠	男	1944.01	1962.07	淮阴师范	小教一级	1994.09
姚春红	女	1955.12	1974.07	淮阴师范	小教一级	1995.01
杨怀英	女	1952.06	1968.12	淮阴师范	小教一级	1995.01
于建国	男	1959.10	1976.04	泗洪师范	小教一级	1995.09
潘　荣	女	1959.08	1979.09	淮阴师范	小教一级	1998.05
左康尧	男	1958.02	1979.04	江苏教院	小教一级	1998.09
解玉兵	男	1962.06	1979.08	江苏教院（自）	小教一级	1998.09
范巨焱	男	1947.04	1969.01	淮阴教院	小教一级	1994.02
解广富	男	1945.06	1969.01	淮阴教院	小教一级	1999.01
周永胜	男	1945.09	1968.07	淮安师范	小教一级	1990.10
朱国柱	男	1958.01	1997.01	淮安师范	小教一级	1995.05
丁乃祥	男	1955.02	1975.12	淮安师范	小教一级	1995.05
周兆洪	男	1957.09	1976.01	淮安师范	小教一级	1996.07
范广德	男	1958.10	1979.01	淮阴教院	中教一级	1997.11
杨翠兰	女	1956.09	1976.01	淮安进修学校	小教一级	1996.05
李长友	男	1957.07	1976.01	淮安师范	小教一级	1998.09
杨宁君	男	1960.04	1978.01	中央矿大（函）	小教一级	1998.09
周锡山	男	1950.02	1969.09	淮安师范	小教一级	1988.04
何巨万	男	1946.08	1968.09	淮安师范	小教一级	1990.10
邵凤伦	男	1956.06	1976.01	淮阴师范	小教一级	1997.11
陆玉亮	男	1954.08	1979.01	淮阴师范	小教一级	1998.09
杨树艮	男	1970.03	1991.08	淮阴师专	中教一级	1998.08
赵万泉	男	1964.08	1986	海州师范	中教一级	1998.08
董殿杰	男	1966.09	1986.09	中央电大	中教一级	2003.01
吕建林	男	1966.09	1983	中央电大	中教一级	2003.01
周步新	男	1964.02	1982.09	中央电大	中教一级	2003.01
刘大华	男	1965.06	1983.07	江苏教院	中教一级	2003.01
孙亚国	男	1951.05	1972.09	苏州教院	中教一级	2003.01
王　辉	男	1979.05	2000.08	淮安电大	中教一级	2003.01
刘正洲	男	1954.06	1973.01	中央电大	中教一级	2006.11
周春兰	女	1966.06	1988.09	中央电大	中教一级	2002.12
张文海	男	1963.07	1980.12	中央电大	中教一级	1996.11

（续）

姓名	性别	出生时间	参加工作时间	何校毕业	专业职务	获得时间
徐保国	男	1953.08	1974.01	淮阴师范	中教一级	1997.11
刘金虎	男	1960.06	1979.03	淮阴师范	小教一级	1999.09
韩树洪	男	1964.07	1988.08	中央电大	小教一级	1999.08
邵凤萍	女	1959.12	1978.01	江苏教院	小教一级	1997.11
韩殿淮	男	1958.09	1977.01	淮安师范	小教一级	1997.07
韩淑华	女	1959.09	1979.02	中央电大	小教一级	1999.12
韩学虎	男	1962.09	1981.03	中央电大	小教一级	1999.07
朱文早	男	1959.10	1978.01	中央电大	小教一级	1999.06
朱晓艳	女	1959.09	1979.01	淮阴师范	小教一级	1999.11
张树林	男	1956.07	1976.01	淮阴师范	小教一级	1999.12
吕国银	男	1954.04	1973.03	淮阴师范	小教一级	1999.07
董殿来	男	1956.04	1978.07	淮阴师范	小教一级	1999.07
邵凤才	男	1955.05	1976.01	淮阴师范	小教一级	1999.12
邵凤贵	男	1952.12	1973.01	淮阴师范	小教一级	1999.12
周桂林	男	1956.07	1977.01	淮阴师范	小教一级	2001.02
朱安丛	男	1957.03	1978.01	中央电大	小教一级	2001.07
朱文兰	女	1960.12	1980.04	淮阴师范	小教一级	2000.08
周永才	男	1959.07	1979.03	淮阴师范	小教一级	2001.03
于登渠	男	1959.07	1978.07	中央电大	小教一级	2000.08
张海余	男	1955.04	1976.01	中央电大	小教一级	2001.03
朱翠兰	女	1957.05	1977.01	淮阴师范	小教一级	2002.12
韩学标	男	1955.10	1976.01	进修学校	小教一级	2001.12
韩永坤	男	1962.12	1978.01	中央电大	小教一级	2002.12
李秀芳	女	1963.12	1981.03	淮阴师范	小教一级	2002.10
吕加国	男	1969.11	1990.08	中央电大	小教一级	2003.10
吕俊华	男	1956.09	1977.01	中央电大	小教一级	2003.01
韩春芹	女	1974.07	1992.08	中央电大	小教一级	2003.10
吕元成	男	1972.09	1992.08	淮安师范	小教一级	2003.12
管菊华	男	1959.10	1980.09	淮阴教院	小教一级	2000.08
金小平	女	1960.10	1982.03	中央电大	小教一级	2000.09
董建勇	男	1954.02	1976.07	白马湖中学	小教一级	2001.11
董殿文	男	1957.02	1978.07	淮安师范	小教一级	2002.12
韩春成	男	1957.11	1977.11	淮安师范	小教一级	2004.10
韩春兰	女	1956.06	1977.01	淮安师范	小教一级	2004.10
吕元林	男	1956.07	1976.01	中央电大	小教一级	2003.01
邵芳梅	女	1966.10	1984.07	江苏教院	小教一级	2004.10

（续）

姓名	性别	出生时间	参加工作时间	何校毕业	专业职务	获得时间
滕洪喜	男	1956.01	1976.11	淮安师范	小教一级	2003.01
王玉光	男	1955.12	1975.01	淮安师范	小教一级	2000.08
谢学开	男	1961.02	1980.04	中央电大	小教一级	2003.12
张寿国	男	1959.10	1978.01	中央电大	小教一级	2003.10
周玉兰	女	1954.11	1976.01	淮安师范	小教一级	2004.10
朱万前	男	1948.04	1966.06	淮安师范	小教一级	2001.08
魏金春	男	1961.05	1979.03	进修学校	小教一级	2004.05
武学州	男	1951.07	1976.01	淮安师范	小教一级	2004.05
孙新淮	男	1957.11	1978.07	淮安师范	小教一级	2006.11
杨　春	女	1976.09	1994.08	华中师大	小教一级	2006.10
周士林	男	1965.01	1988.08	中央电大	小教一级	2003.12
朱晓明	男	1967.09	1987.08	中央电大	小教一级	2003.12
周兆君	男	1961.08	1979.02	淮安师范	小教一级	2007.08
朱爱梅	女	1959.06	1980.03	白马湖中学	小教一级	2007.08
帅苏兰	女	1959.07	1980.04	淮安师范	小教一级	2007.08
滕宝海	男	1958.06	1979.02	淮安师范	小教一级	2007.08
韩金峰	男	1957.12	1979.01	淮安师范	小教一级	2005.12
韩少楠	男	1958.06	1978.07	淮安师范	小教一级	2005.12
韩元周	男	1956.11	1978.07	淮安师范	小教一级	2007.08
黄金凤	男	1956.04	1979.02	淮安师范	小教一级	2007.08
刘其红	男	1960.11	1979.02	淮安师范	小教一级	2007.08
吕　琴	女	1979.01	1999.02	淮安师范	小教一级	2006.10
季白平	女	1960.07	1977.10	淮安师范	小教一级	1999.09
杨玉芹	女	1963.09	1980.04	淮安师范	小教一级	2001.08
张　琴	女	1959.08	1978.10	淮安师范	小教一级	2004.09
陈　飞	男	1980.07	1999.08	华中师范大学	小教一级	2009.12
陈　荣	女	1982.05	1999.08	中央电大	小教一级	2010.12
韩　艳	女	1982.08	2000.08	中央电大	小教一级	2010.12
罗俊梅	女	1978.06	1998.08	中央电大	小教一级	2009.12
邵小芳	女	1980.11	1999.08	中央电大	小教一级	2010.12
邵　岩	女	1981.02	2000.08	中央电大	小教一级	2010.12
王艳丽	女	1982.07	2000.08	扬州师范大学	小教一级	2010.12
于　吉	女	1982.09	2000.08	华中师范大学	小教一级	2010.12
张晓飞	男	1977.12	1997.12	中央电大	小教一级	2009.12
赵成靖	女	1968.07	1968.01	中央电大	小教一级	2006.12
赵春萌	男	1979.10	1999.08	华中师范大学	小教一级	2009.12

（续）

姓名	性别	出生时间	参加工作时间	何校毕业	专业职务	获得时间
滕雪敏	女	1983.10	2002.09	淮阴师范学院	小教一级	2010.05
周 艳	女	1983.02	2002.10	淮阴师范学院	小教一级	2010.05
郭翠红	女	1980.08	2000.09	淮阴师范学院	小教一级	2010.05
朱海燕	女	1971.04	2001.09	淮阴师范学院	小教一级	2010.05
韩美华	女	1964.09	1980.02	中央电大	小教一级	1996.07
范中华	男	1980.10	1998.08	华中师范大学	中教一级	2009.12
陶 群	女	1980.08	1999.08	淮阴师范学院	中教一级	2012.12
王建平	女	1976.05	1996.08	淮阴师范学院	中教一级	2007.11
赵晓燕	女	1979.06	2000.08	南通师范	中教一级	2008.11
朱国奇	男	1978.02	2000.08	淮阴师范学院	中教一级	2010.12
韩金柱	男	1950.08	1971.08	淮阴教院	中教一级	1989.12
谢玉钊	男	1957.02	1975.10	中央广播电大	中教一级	1989.12
刘学德	男	1944.01	1961.09	林集中学	小教一级	1996.09

表 12-10　中级技术人员一览（政工系列）

姓名	性别	出生时间	参加工作时间	何校毕业	专业职务	获得时间
洪永根	男	1933.06	1951.08		政工师	1992.11
韩殿生	男	1933.12	1954.09		政工师	1992.11
李学明	男	1941.09	1962.08	淮阴农校	政工师	1992.11
秦 斌	男	1964.11	1982.06	江苏电大	政工师	1995.09
吕友生	男	1949.02	1966.10	范集中学	政工师	1996.09
张志成	男	1967.12	1991.08	淮海工学院	政工师	1993.10
葛荣好	男	1957.10	1996.03	省委党校	政工师	1995.01
刘文军	男	1967.10	1990.01	淮阴电大	政工师	1999.08
董建林	男	1957.05	1976.07	省委党校	政工师	1998.08
沈怀忠	男	1964.07	1981.01	中国矿大	政工师	2001.08
张新红	女	1967.07	1984.08	中国矿大	政工师	2006.09
谢 祥	男	1975.07	1997.06	农垦职大	政工师	2007.10
解 云	男	1964.07	1981.01	中央党校函授学院	政工师	1998.09
王洪宝	男	1956.01	1976.07	省委党校	政工师	1998.09
叶思聪	男	1956.04	1974.01	省委党校	政工师	1998.09
花兆林	男	1951.12	1974.07	白中	政工师	1998.09
邵殿奎	男	1953.01	1972.12	白中	政工师	1988.09
陈玉巧	女	1975.07	1997.06	南师大新闻学院	政工师	2014.09
董建波	男	1963.10	1981.04	省委党校	政工师	2016.09
邵正林	男	1981.09	2010.01	南京农业大学	政工师	2017.12

（续）

姓名	性别	出生时间	参加工作时间	何校毕业	专业职务	获得时间
刘正刚	男	1968.06	1986.11	淮阴工学院	政工师	2002.03
陈文军	男	1968.10	1990.01	省委党校	助理研究员	2018.12
韩跃武	男	1967.09	1989.05	中央党校	助理研究员	2018.12
衡爱军	男	1973.03	1991.12	中共江苏省委党校	助理研究员	2018.12
李永新	男	1973.03	1991.12	中国人民解放军炮兵学院南京分院	助理研究员	2019.11
冼永帅	男	1986.09	2008.03	中南财经政法大学	助理研究员	2022.11
韩晶晶	女	1987.09	2010.01	中央广播电视大学	助理研究员	2022.11
唐　洋	男	1984.06	2009.09	南京理工大学紫金学院	助理研究员	2022.11

表 12-11　中级技术人员一览（其他系列）

姓名	性别	出生时间	参加工作时间	何校毕业	专业职务	获得时间
韩振宇	男	1971.01	1991.12	中共江苏省委党校	社会工作师	2016.09
谢在宝	男	1963.03	1980.07	中央广播电视大学	物流师	2009.12
谢婧	女	1987.06	2009.11	吉首大学	物流师	2012.07

三、考核与管理

为了贯彻落实中央《关于职称改革的通知》文件精神，农场对专业技术人员建立考核制度。制定《关于专业技术人员考核试行意见》，着重从德、能、勤、绩四方面进行定期不定期考核。在场科委统一领导下，全场成立 6 个系列考核小组，各分场也成立考核领导小组，制定考核指标，对在职技术人员每年考核一次，采取专业人员个人述职与小组评议相结合，考核结果与本人见面，并存入个人档案，作为今后续聘、解聘、晋升、晋级和奖惩的主要依据，对考核不合格的人员予以辞退。1990 年，经过考核，教育系列有 11 名小学、幼儿教师不合格被辞退，重新安排工作。2000 年后，农场教育系统实行教师"双聘制"和"末位待岗制"，有一名教师因考核不合格末位待岗，有极少数教师落聘待岗。

第二节　科普宣传和科技保障措施

一、科学宣传

为了推动农场科技事业的发展，增强广大干部职工"科技兴农""科技兴场"的意识，农场加大科技宣传力度，利用各种会议、广播、电视、宣传栏等，采取多种形式深入持久开展科普宣传工作，大体做法如下：

80 年代，科普宣传主要通过召开广播大会、出墙报、出黑板报、利用影前幻灯、利用图片展览和文艺宣传队进行科普宣传。1991 年 5 月，农场按照江苏省科委的统一部署，场科委开展以"科技兴场"为主题、科技成果和科技法规为主要内容的科普宣传周活动。80 年代后期，职工家庭基本普及电视机。1995 年，农场投资 34 万元建成有线电视网，场部区域 2.6 平方公里近 450 户家庭进入有线电视网。农场在农业生产的栽插、病虫害防治、管理、收割等重要环节利用有线电视进行有关知识现场直播，增强宣传效果。农场还经常进行技术讲座、技术培训，提高干群对科技的重要认识。通过"三田"建设，激发科学种田的兴趣，使科技真正成为农场的第一生产力。组织科技人员学习《技术合同法》《专利法》等科技法规，鼓励科技人员学科学、讲科学、用科学，大力开展科学研究及发明创造，为振兴农场做出应有贡献。

2000 年以后，农场专门成立"新闻中心"，利用农场有线电视台每周定期直播农场新闻，传递科技信息；结合农时季节适时向广大干部宣传科技动态，讲解科技知识，报道农场及场外有关各业的科技成果。

二、科技保障措施

20 世纪 80 年代后，为增强干群的科技兴场意识，加强科技队伍建设，调动科技人员的积极性，促进科技事业的发展，农场采取了一系列保障措施。

（一）组织保障

1962 年 2 月，农场成立了科学技术协会。1989 年 6 月又成立了科学技术委员会，下设科技办公室，各分场、各工副业单位也相应成立科技小组，生产队建立科学实验组，从上到下形成一支以农场为主导、分场为主体、大队为骨干的三级科技网络。

2000 年以后，农场加强种子公司的建设，引进、研制、推广优良品种，同时成立农业发展中心，全面指导农场农业生产，结合农场生产的实际，开展多方位、多层次的科研活动，农业发展中心成为农业生产的有力顾问，大大促进了农业生产的发展。

（二）建立试验田，充分发挥科技效能

1964 年，农场成立良种繁育站（后改良种繁育场）、农科队，建立 200 多亩试验基地。1971 年各大队也建立科学实验队，小队建立科学实验小组。普遍建立三田：试验田、种子田、高产田。1970 年，建立菌肥厂，土法生产磷细菌，以增加肥力，改良土壤。80 年代后期，农场开辟了万亩丰产方、千亩丰产片、百亩丰产田。1976 年又成立林业站，建立果苗、桑苗等品种的苗圃。1973 年，青年猪场引进练湖农场先进经验，建成良种猪

繁育基地。1987 年建立种鸡场。1990 年农场江苏农垦第一水产良种场成立"建鲤"良种繁育场。1998 年成立江苏省白马湖农场大华生物肥厂。通过一系列科技实验基地的建立，为科技人员提供了用武之地，让他们的科技才华得到充分显露，从而在白马湖这个科技的百花园里，开出灿烂的科技之花，结出丰硕的科技之果，让白马湖人民真正尝到"科技是第一生产力"的甜头。

（三）建立行之有效的科技措施，充分调动科技人员的积极性和创造性

1990 年，农场制定了《科技工作的若干意见》，确立以"短、平、快"开发为主，推广新品种、新技术为主，引进、消化、吸收、创新为主的"三为主"方针。为科技人员指出了新路子。同时，还制定了一系列奖惩制度，设立科技进步奖。农场决定，凡获得省级以上科技奖者，农场按其奖金再增发 50％。场内立项研究课题，经场科委鉴定、验收，据该项目所产生的经济效益，给以精神奖和物资奖。在同等条件下，技术人员、知识分子住房、配偶安排、子女就业等方面给予优先考虑解决。

从 1986 年起，农场实行浮动工资制度，经过目标考核，凡做出一定贡献、成绩优秀、效益好的单位个人实行工资上浮一级或半级，连续 3 年成绩优异由上浮一级改为晋升一级。至 1998 年底每年都有一批人上浮工资，累计有 234 人次。

1987 年 8 月，农场制定了《农场成人教育的规定》，鼓励人员参加职大、电大及脱产进修函授自学考试。有的培训费、学杂费由农场负担，有的三摊费由农场负责，同时每人每月发 30～40 元生活补助，往返路费均由农场报销，凡取得大专文凭的自考人员，一律给予 2000 元奖励。1997 年，农场进一步规定，对参加对口专业学习人员，除学杂费等报销外，每天发生活补助费 4 元，通过自学考试，获中专、大专、本科毕业的人员实行一次性奖励，奖金分别为 1000 元、2000 元、3000 元。

1993 年 5 月，农场下发了《关于实行专业技术职务补贴的通知》，对取得专业技术职务的在职在岗人员受聘在专业技术岗位的享受企业工资和生活补贴，标准为：高级职务每人每月补助 50 元，中级职务每人每月补助 30 元，助级职务每人每月补助 20 元，员级的每人每月补助 10 元。

近年来，农场继续实行这些具体的奖励制度和办法，极大地调动了广大科技人员的积极性和创造性，充分发挥他们的技术特长，有力地促进了农场经济的发展。

第三节　科技活动与成果

本场科技工作主要以应用技术为主，以种植业、养殖业和农业机械化技术为基础。近年来，随着农场经济的发展，生产领域的不断扩大，产业结构的调整，农场相应引入发展其他应用技术，逐步由单一的农业科学试验发展到多学科相配合的综合性研究，取得可喜的成果。

一、种植业科技

农业的发展，一靠政策，二靠科技，三靠投入，最终还是要靠科技解决问题。白马湖农场是一个以农业为主的中型企业，农业经济的发展及农场的振兴，应以农业为根本。为此，建场以来，农场各届领导干部都十分重视对农业的投入，重视农业科技的发展，组织科技人员开展以农业科技为主的科研活动。

（一）良种引进、培育、推广

建场初期，本场以当地种小西香小麦为主，单产较低，亩产在 80 公斤左右，水稻以当地种大白籼、小籼为主，部分种植三十籽，单产一般在 200～300 公斤。从 1963 年起，农场重视良种的引进、培育、推广，为农场粮食产量的提高做出努力。

20 世纪 60 年代，小麦主要引进石家庄 407、南大 2419，水稻提出籼改粳，先后引进农垦 57、农垦 58、农垦 46、农林 29、农林 44 等粳稻品种及早熟早籼品种矮脚南特号，1966 年，棉花引进岱字棉 15。

70 年代，小麦先后引进徐州 8 号、徐州 14、吉利、济南 2 号、华东 6 号、济南 4 号、济南 5 号、万年 2 号、阿夫、杨麦 1 号、丹农、东方红、徐州 14、矮秆早熟安徽 11、长征 1 号、利乡、杨麦 2 号、杨麦 3 号、武麦 1 号、宁麦 2 号等新品种，以扬麦 1 号、徐州 14 为主；水稻引进中籼南京 11、广场矮、金刚 30、迟熟中籼 691 和扬糯、红旗 10 号、八矮三、广二矮、日本晴、杂交水稻南优 2 号和 6 号，本场以农垦 57、籼稻以南京 11 为主体品种。

80 年代，三麦主要引进三分系小麦、白粒高三八及八大麦宁麦号，以及棉茬稻种 975、幅大三小麦、冬性徐州 13、半冬性种 7423、杨麦 4 号、3039 等优质品种；大麦引进啤酒大麦 7521 及矮早三。水稻引进 77032（晚熟中粳）、幅红糯（杂交糯）、盐粳 2 号、晚熟中粳 10175、7038 等，棉花引进徐州 142、徐州 7626、鄂沙 28、优质棉 835、优质棉 553、优质棉 297 及抗病棉种 5122 等。水稻以中籼汕优 3 号为主，粳稻以盐粳 2 号、7038 为主体品种。

90 年代，小麦引进扬麦 158、徐麦 21、博爱 7422、豫麦 21、淮阴 9412、淮阴 9467 等，水稻引进武育粳 3 号、镇稻 88、9516 等。

1976 年，农场曾组织杂交水稻繁殖制种队去海南岛学习繁育技术。1977 年，农场良种繁育站进行杂交水稻制种，获得成功，1977—1983年，全场每年制种800余亩，其间，大面积种植杂交水稻。

由于不断引进、试种、推广新品种，实行优胜劣汰，单产逐年上升。60年代三麦单产只有50~100公斤，水稻仅有200~250公斤。

80年代，三麦单产提高到300公斤左右，水稻都在500公斤左右，粮食总产量逐年上升，1960年粮食总产量只有265.25万公斤，到1969年已上升至450多万公斤，1978年上升至1420万公斤，1985年为1452万公斤，2008年全场粮食达4954万公斤，较1960年翻了近19倍。

1988年，农场种子公司成立后，大规模引进、培育、推广良种。到1996年底，先后引进稻、麦、棉新品种，新品系近200个。农场以农科所为核心，以农业分场（管理区）为基地，在良种生产过程中，切实加强种子的产前、产中、产后技术服务与指导。定区到队、定点到人、包干到片、落实到队、指导到班、检查到户，完善种子加工、销售机制。1995年，农场被中国种子集团首批确立为国家级种子基地。同时，还被定为全国采种甜菜南繁质检中心。1996年，农场已有3.8万亩农田实现吨粮标准化，农场参加的万亩水稻领导工程通过省农林厅验收，并被江苏省农林厅评为一等奖。所承担的"江苏省大麦区试""江苏省农垦小麦品种试验""淮阴市小麦试验"等研究课题均被评为一等奖。

1991年，农场开始"三圃田"生产原种工作，累计生产稻麦原种50万公斤。1995年小麦三圃田有5个品种，面积达939.77亩，全年收获原种超过35万公斤。农场良种远销省内外，不仅产量高，而且质量好，生产加工的大米、面粉均被国家定为绿色食品，农场生产的各类良种均达国标二级以上，其中有98%达国标一级。

1989—1999年，农场引进种植"亚优2号"，种植面积达1050亩，单产、纯度分别达到76.5公斤和75%以上，初步获得成功。

（二）　种用结合，合理轮作，培养地力

建场以来，农场在培育、推广良种的同时，采取一系列措施培养土壤肥力。

1964年，农场组织人员对全场土地进行土壤取样化验，发现土壤严重缺磷。于是1965年开始全面开展补磷工作，增加土壤含磷量，效果明显，每亩增产50公斤左右。同时，还推耙耕耖，提高泥田水稻根系透气性。

1982年，进行土壤普查，测定农场土壤养分含量较低，土壤中氮、磷、钾比例严重失调。针对这一情况，农场采取补救措施，提高化肥用量。1981年开始，稻、麦、棉由原来每亩施20公斤标准氮增加到50公斤以上，普钙磷肥25公斤以上，从而有效提高肥力。

1970 年，农场建立菌肥生产小组（后改为菌肥厂），生产磷细菌肥及根瘤菌 5406、920 等多种菌肥。1972 年秋，从山东农学院引入菌种，大规模生产，使用磷细菌肥。到 1975 年，从山东农学院引入菌种，大规模生产、使用磷细菌肥。到 1975 年 3 年共生产菌肥 25.5 万公斤，使用面积达 2.1 万亩，效果显著，详见表 12-12。

表 12-12　1973—1975 年白马湖农场菌肥使用情况及增产效果

年份	平均株高（厘米）		每株粒数		千粒重（克）		产量（斤）		增产（%）
	处理	对照	处理	对照	处理	对照	处理	对照	
1973	96.66	85.23	21.21	18.15	37.18	33.55	351.4	283.9	25.11
1974	105	100.9	27.42	21.42	29.52	31.75	357.1	392	21.84
1975	77.7	73.7	27.72	23.86	32	29.7	354.1	300	18.03
平均	97.7	88.6	24.4	20.53	33.63	32.65	388	290	21.66

1971 年后，农场实行以养为主，扩种绿肥，实行水稻、绿肥轮作，养地和用地相结合，以养为主的一年一熟、两年三熟耕作制度。发动群众，广辟肥源，组织人力到白马湖捞水草、扒草渣，在内河罱河泥、清塘淤，大积大造自然肥，拾野粪，以及籽饼还田。同时，还扩大田菁、苕子、红花草、豌豆等种植面积，提高肥力。80 年代末，全面推广秸秆还田技术，增加土壤有机质。

1998 年 5 月，根据江苏省农垦总公司意见，推出一项高新技术生物工程——酵素菌技术推广与应用，农场成立江苏省国营白马湖农场大华生物肥厂，到 2008 年底，该厂生产大量酵素菌肥，扩大使用面积，以增加土壤肥力。

2002 年以来，淮安市大华生物制品厂自行进行产品设计、工艺改造、技术创新以及试验、示范，相继开发出"酵素菌速腐剂""华丰有机液肥""发酵增产剂""菇宝乐""水稻育苗基质"等产品，并全部实现商品化。

2008 年起，该厂正式启动有机肥项目，2009 年 7 月获产品登记证。

自 2001 年以来，农场农科所在农作物育种、区试、良繁等研究领域创立了自身的优势和特色。截至 2008 年，育成具有自主知识产权的华粳、华麦等系列，农作物新品种 14 个，其中水稻 11 个，小麦 3 个，育成的新优品种累计推广面积 1500 万亩左右，增产粮食 4.5 亿公斤，增效 6.5 亿元。2003 年，被农业部确定为小麦、油菜新品种示范及展示基地。在良种繁育上，先后引进稻麦新品种达 200 多个，引进和开发了武运粳 8 号、武运粳 21、早丰 9 号、淮麦、宁麦、扬麦等系列新品种。在常规稻麦品种良繁工作方面，积极使用"株系循环法"良繁新技术。多年来，累计繁育的稻麦基础种子达 500 万公斤，为 100 万亩稻麦原种生产田提供了优良种子，为 1.1 亿亩大田生产提供了优良种源。

（三）栽培措施改革

1. **新法育秧**

建场初期，育秧不做畦，水整田，水落谷烂秧严重。1964 年，推广合式秧池，搞半旱秧干耕干整，提高秧苗素质，减少烂秧。1965—1980 年推广塑料薄膜覆盖育秧方法，保证水稻早栽，又解决农活集中、劳动紧张的矛盾。1970—1980 年部分生产队还推广铲秧，1980 年后，实行湿润育秧，使秧苗达到全苗、壮苗。1997 年开展旱育秧试点。

近年来，随着插秧机的广泛使用，农场又采取新的育秧方法。

2. **推广栽秧规格化，三麦条播**

1964 年前，农场栽秧是乱插棵，秧苗分布不匀，透光通风度低，不利水稻生长。1964 年起，栽秧规格化。根据不同品种、不同规格做到合理密植，既增强透光通风度，又便于管理，有利于水稻生长。据小区测试，每亩可增产 25～55 公斤。1968 年，大搞大垄栽插，亩产增收 15％～21％。

1999 年，农场组织机插水稻的试验示范，得到江苏省原副省长凌启鸿教授、江苏省农垦原农业处处长凌励的大力支持和指导，1999 年、2000 年凌副省长两次来场指导授课，为农场机插水稻的推广做出了重大贡献。通过 3 年的摸索，至 2004 年，机插秧面积已达到 1.2 万亩，至 2006 年，除个别低洼地段种植水育秧外，已全面推广、使用机插稻，面积已超过 4.4 万亩。

（四）耕作制度的改革

1. **全面实行沤改旱**

农场北有"朱家洼"，南有"韩家洼"，中有"杨家荡"，地势低洼。内部虽有沟河纵横，但无排涝系统，夏秋两季易涝成灾。历史上形成了一年一熟的耕作制度。1966 年以前，农场大部分农田属一熟水稻田。农田终年淹没在水中，形成沤田，靠人拉牛耕的传统耕作方法。1964 年，农场派技术员陈仪生和大队干部董步超、温士善等人前去兴化县参观学习，取沤改旱之经。当年在乔庄进行稻茬田耕作后放水，在垡块上用棍棒戳眼，带磷肥点苗子的试验，取得成功。1965 年，在三庄试种 40 亩苕子，产量均在 2500 公斤左右。随后耕翻栽秧，水稻产量显著提高。麦茬田也开始种夏绿肥——田菁，秋季耕翻种麦，产量也有所提高。随着机械条件、水利设施的改善，1966 年，农场大面积推广沤改旱，到 1969 年底沤田全部改成旱田，稻、麦生产全部实行连作，改一年一熟田为一年两熟田，同时增加夏种指数，粮食产量从建场初期的 250 多万公斤提高到 1985 年的 1452 万公斤。

2. **棉田深耕，麦田少（免）耕**

1989 年，棉田实行带底肥深松，深度在 30cm 左右，这样有利于棉苗扎根。麦田旋耕，不用深耕，试行免耕法。

3. 三沟配套，沟沟相通，提高排灌能力

1979 年，机械耕作能力显著提高，棉田、麦田全部利用机器开沟，大面积开挖周沟、穿心沟，做到三沟配套，沟沟相通，雨住田干，灌排自如，既减轻职工的体力负担，又提高了排灌抗灾能力。

2019 年，农业基础设施不断改善。全年通过招标共疏浚农田间灌排渠 565 条，维护保养各类灌排站 55 座、涵管配套 2800 节，平整土地 4600 亩，维护进水涵闸 148 座、排水涵闸 64 座，维修防渗渠、节制闸等各类小型水利日常项目 124 处，年度完成投资 211 万元。

2020 年，全年共疏浚农田间灌排渠 473 条，平整土地 5700 余亩，新建各类进水涵闸 157 座、排水涵闸 155 座、平板机桥 2 座、灌溉泵站 11 座，维护保养各类灌排站 56 座、节制闸等各类小型水利项目 41 处，全年累计投资 412 万元。

2022 年，新建农桥 31 座、涵闸 3116 座，修道路 36.34 千米、防渗渠 25.31 千米、生态卡扣沟 68.65 千米，疏浚沟渠 27.25 千米，建泵站 11 座、晒场 6000 平方米，进行土方平整 5.9 万立方米，农业生产条件和抗灾应变能力不断提升。

4. 实行考田制度

1985 年后，农场普遍实行烤田制度。通过适时适期烤田，有效抑制无效分蘗，培育大穗，改善土壤环境，增强根系活力，有利于矿物元素的吸收，防止倒伏，是水稻高产的重要措施。

（五）开辟丰产方、丰产片，大田展开竞赛，推动大面积丰产丰收

早在 1971 年，农场就开始建立三田（种子田、试验田、高产田）。经过试验，取得经验，到大田推广。1981 年，农场副场长兼三分场党总支书记谢学铨在林西大队主持的千亩千斤水稻丰产片取得单产 548 公斤的突破，获江苏省农林厅举办的"丰收杯"竞赛一等奖。1986 年，农业科于世民会同二分场共建水稻千亩千斤丰产片，他们的水稻大面积机械化高产栽培技术及其理论研究课题，获江苏省人民政府科学技术进步三等奖，于世民同志也获得江苏省农工商联合总公司发放的荣誉证书及奖金。

1991 年，农场继续加强丰产片、丰产方、大田建设，以科技为依托，以"吨粮田"建设为示范，做到场有万亩丰产线、分场有千亩丰产片、大队有百亩丰产方、组有成片高产田。1991 年，农场获江苏省"农业综合开发创业杯"竞赛三等奖。1992 年，全场组织建设千亩丰产片 10 个，百亩丰产方 80 个。1996 年，农场受江苏省农垦农工商联合总公司表彰，获"江苏省农垦丰收杯"高产竞赛小（大）麦千亩片优胜奖、百亩方优胜奖、水

稻千亩片优胜奖。农场参加的万亩水稻领导工程经江苏省农林厅验收通过,获江苏省农业领导工程丰产方竞赛水稻高产一等奖。农场以改造中低产田为主要目标的黄淮海工程,1991 年开始,到 1996 年全场已建成 3.8 万亩高产田,实现吨粮标准。目前国家多项农业综合开发项目正在农场实施。

(六) 推广、应用化学除草技术

20 世纪 70 年代前,农田杂草较多,严重影响农业生产。除草主要靠人工,用手拔、用锄头锄、用耙打,较为顽固的扁秆草、稗草可以拔掉,但其他杂草很难除掉,这样既费力,又花工,效果却不好。70 年代初期,试用化学除草技术。80 年代后,普遍推广、应用化学除草技术,效果非常好。1993 年,韩殿高主持的机械化栽培麦田恶生杂草的发生规律与化除配套技术的研究课题,获江苏省农垦总公司科学技术进步一等奖。1997 年,农场"水稻推广群体质量栽培"论文获江苏省农垦总公司三等奖。

21 世纪以来,经过农场人的不懈努力,农业生产得到前所未有的大发展,水稻、三麦年产量取得重大突破。

(七) 农业机械技术革新和创造

农业的根本出路在于机械化。1962 年,农场成立白马湖农场农机修理厂,1984 年改为"农机修造厂"。修理厂自建立以来,就组织机务技术人员和工人进行耕地、整地、播种、收割等一系列机械技术革新创造。

20 世纪 60 年代中期,农场研制并生产轴流泵 500 余台,研制木制滚筒打谷机、稻麦两用脱粒机,研制并生产棉田中耕机,1968 年试制成功东方红-2 型机动插秧机。70 年代后,制造生产了开沟犁、深松犁。

90 年代后,农场农业机械主要来自个体购买,研制的新产品较少。

近年来,农机作业方式不断改进,从 24 行播种至反旋复式播种,再到目前的反旋带状播种,播种方式更科学、规范。推进协会运作,完善农机操作规程,强化机手作业质量考核奖惩,全面提升服务水平。全面推广 GPS 双圆盘开沟技术,实现了沟系质量历史性的突破。

2019 年,农业新技术得到推广应用。加大印刷播种、一次性施肥、旱整水栽、水稻田机开丰产沟、通风囤储粮等新技术的推广。

2020 年,全面推广小麦反旋带状加北斗导航播种、GPS 双圆盘开沟、网格化整地等技术,为稻麦增产增添动能。把推进农业科技创新作为农业转型升级的着力点,通过新科技、新装备的集成应用,提高农业生产力、资源利用率、土地产出率,确保农产品质量以及农业的可持续发展。紧紧围绕智慧农业和种子产业化目标,利用物联网、云计算大数据技术与传统农业生产技术相结合、相融合,建设新型智慧农业体系,在种植生产作业环节摆脱人力依赖，为共同推动农产品差异化生产及构建农产品溯源系统装上智慧大脑，推动农业发展转型升级和高质量发展，更好地发挥引领示范带动作用，保障国家粮食安全。充分发挥农机协会的优势，同步引进场外团队参与竞争，增强机手作业责任心和服务水平，提高农机作业质量，提升农机发展层次。

2021年，全面推广微喷旱育秧技术、药剂浸种处理技术、自走式秧盘育秧播种技术、反旋带状导航播种、加装红外线排种监控系统等一系列先进技术，对提高农业生产水平和效益起到了积极作用。病虫草防治全部使用无人机飞防，有效降低药害风险，提高施药均匀度；尝试无人机撒肥近12万亩次，有效缓解用工压力，生产管理措施更加快捷高效。进一步调整种植结构，优化品种布局，全年共种植高产稳产小麦品种30个，水稻品种23个，向大华种业提供优质种子9362.28万斤，种子转化率高达88%，种子保有量继续领先垦区；推广种植旱直播水稻9000余亩，引进高效农业种植，布局设施西瓜2300余亩。农业技术创新有突破。

2022年，全面推广水稻微喷育秧技术，培育适龄壮秧，提高秧苗素质；推广健身栽培，加大防倒力度；积极示范水稻栽后封闭化除技术，提高除草效果；严格落实农发公司"药肥双减"政策，实施配方施肥，并全面推广无人机撒肥，提高撒肥均匀度，降本保质，促进农业生产提质增效。全面推广"浸种催芽、原墒出苗"，配套反旋带状＋导航播种技术，提高播种质量，加快出苗速度，争齐苗早苗；推行导航双圆盘开沟，加快灌排速度，提升种子农场形象。筛选种植高产稳产小麦品种23个，水稻品种20个，全年共向大华种业提供优质种子8840万斤，种子转化率超90%以上，继续位列垦区高位；引种8300余亩抗除品种，有效压降除草成本；引进高效农业种植，布局设施西瓜2300余亩，进一步调优种植茬口，提高土地产出。农机服务更加专业。狠抓内部农机协会与农机组合运营管理，实行农机竞价准入机制，促进农机作业按质论价。注重全过程质量检查，对收割、旋耕、播种、栽插等各项机械作业质量进行随机抽查，进一步提升农机作业质量，保障农机作业安全。

二、林业科技

1964年，农场在滕庄建立一个林苗园，有50余亩，自育本场榆树、刺槐、苦楝、紫穗槐、白杨、白榆等树种。每年为农场提供30万～40万株树苗。1965年利用自育树苗在苏北灌溉总渠南堤栽了200多亩刺槐林。1965—1975年，重点营造防护林。1975年，农场又注重果林种植，到1978年，全场共栽苹果、梨、桃等果树373亩。1986年，对农场乡土树种进行更新，至1996年，农场引河、中干河、西干渠、淮洪路等主要老林带已全部更新一次，引进、自培速生丰产优质意杨、泡桐等树种栽植。

2001年，农场对场内林业产权制度进行了改革，对场内18条大沟及农田林网的林地（树木）进行公开拍卖。2001—2008年先后签订林地（树木）承包合同347份，尽管林业产权归个人所有，但农场还是加大林业科技创新的力度，不断引进新品种，发展林业生产。

2002年，引进80多个野生新优树种进行适应性训化、培育。对表现优越的黄山栾树、大叶女贞、黄连木等树种做细做强，形成自身苗圃发展特色。

2004年，引进8个新优杨树品种，筛选出本地生长具有巨大潜力的南林95、895杨、中顺1号等品种。

2006年，引进中华红叶杨，扩大了苗圃知名度，建立并形成了淮安市最大的红叶杨基地。

2007年1月5日，淮安市科技局组织专家对淮安市楚州区林业技术指导站、江苏省国营白马湖农场林管站、南京林业大学共同承担的江苏省农业科技成果示范推广计划项目"优质杨树新品种示范推广项目（编号2005308）"进行了鉴定，鉴定委员会一致认定该项目技术创新性强，应用前景广阔，达到本市领先水平。

2013年，结合部分更新林网树种调整需要，推动和打造以黄山栾树、榉树、玉兰等树种为主的"一区一品"发展布局，扩大高效大规格绿化树种培育与储备，积极探索向品种多样性、苗木珍贵化方向发展。

2016年，引进扩繁对以南林3804、南林3412等为代表的杨树雄株进行培育，为日益严重的杨絮治理打下坚实的苗木保障。

2018年，在强化林苗品种、质量竞争力提升的同时，积极与南京林业大学、江苏省林业科学院（简称林科院）、淮阴工学院等科研院校达成培训、科研合作协议和意向，为林业提供适合区域产业发展的中长期规划、树种结构调整、种植新技术推广等信息技术支撑，进一步加大农场林业区域杨絮治理示范展示及带动作用。

2019年，紧盯苗木行业"三化"发展趋势，改变传统苗木培育方式，在实施苗木培育、容器苗木培育及苗木微喷繁育技术应用推广上初见成效。

2019年，围绕"打造林业"思路，重点抓好中干河路高标准"三化"苗木示范景观带建设5处；栽植高标准美国红栎、栾树、速生紫薇、樱花等苗木近4000株；完成高标准杨树雄株示范点两处，数量5000余株；林下套种中药材"白术"近40亩、油用牡丹、白芍近60亩。做好"三化"苗木储备，放大苗木基地品牌效应。加大以南林3804、南林3412、泗阳1号等杨树雄株和美国红栎两个品种种苗扩繁力度，繁育杨树雄株面积80余亩，预计存量18万株；引种美国红栎400公斤，繁育栎树种苗6万株。同时种植速生楸树幼苗 2.6 万株。完成江苏省林业科学院"杨树提质增效"项目既定苗木栽植计划，争取项目无偿资金 40 万元，种植榔榆、落羽杉、重阳木 2200 余株，年内顺利通过林业科学院项目初验。

2020 年，强化林地更新及庄台管理，强化属地责任，形成工作合力。加大体制、机制管理和创新，突出对内部林木资源管护和苗木市场营销两大职能，推动延伸林苗产业育繁推、产供销一体化产业链条，重点打造二渔场 100 亩新优苗木展示、华萃公司设施大棚苗圃工厂化栽培，同时继续巩固打造杨树雄株种苗基地 200 亩。重点围绕产业发展，本着差异化、短平快的原则抓好林苗一体化推进，在提升造林效果的同时，兼顾"造林、造景、造钱"目标，提升林业整体竞争力和造血能力；推动"三化苗木"繁育和储备，做强品种质量、做优苗木品牌。积极参与市场竞争，加快涉林苗木、服务、效益提档升级。通过转变林业生产管护模式，落实职工林苗三年周期管护向工厂化管理模式转变，保证了阶段工作任务落实时效性和林苗的成活率，管护费用支出较 2019 年同期减少 14.7 万元。依靠南京林业大学和江苏省林业科学院技术支撑，推进林苗一体化建设，加快涉林苗木培植、管护和经营效益提档升级。累计栽植重阳木、速生楸树、香樟等各类三化苗木 3.3 万株；落实二渔场旱地林苗一体项目面积 100 亩、雄性杨树繁育面积 96 亩，繁育各种苗木花卉 40 余万株；加大存量苗木销售力度，全年销售各类绿化苗木 1.33 万株，实现销售收入 33.58 万元。

2021 年，围绕林苗一体化目标，激发林产业发展潜力，彰显林业发展区域优势、品牌优势和特色优势，培植新的林苗创收增长点。如期完成 335 亩造林计划，栽植杨树雄株、速生楸树等各类乔木 8000 余株，打造了以苏北灌溉总渠西段、328 省道南段、十二支沟南堤为代表的"三纵六横"示范点 3 处；充分利用和挖掘林下资源，套种红叶石楠、大叶黄杨、金边黄杨等灌木球 9 万余株；抢抓机遇，延伸林苗产业链，拓展试验种植工厂化联栋大棚节日草花及多年生花镜材料繁育，引种及扩繁各类节日花卉 30 余万株，全年实现销售收入 617.5 万元。密切校企合作，与江苏省林科院、南京林业大学合作涉林项目有序推进，为"不飘絮杨树高效复合经营"项目打造国家级示范展示区奠定基础；积极拓展对外专业挖树服务，实现对外服务创收 15.18 万元。

2022 年，坚持以市场化为导向、以产业化为目标，创新经营管理机制，补齐林苗一体化产业链条，全年更新造林 170 亩，栽植杨树雄株、榉树等各类苗木 5500 余株，"不飘絮杨树雄株高效复合经营"项目顺利通过省级验收并入选国家级项目库，林木资源持续补充；引种 6 个品种、9 个种源，建成区域试验示范重点栎树种源储备库；合作种植光叶榉 10 万株，建成苏北最大储备基地；高标准种植树状染井吉野和飞寒樱 2300 余株，林苗规模持续扩大；与北京花卉公司达成战略合作，全年生产各类绿化工程及家庭园艺用花 30 余万盆，创收 40 余万元，花卉市场持续拓展；强化资源综合利用，发展林下经济 40 余亩，套种石蒜、黄杨等花卉 50 余万株；拓展创收空间，完成机械对外作业服务、绿化工程施工等收入 200 余万元，全年累计完成综合营收 630 余万元。

三、养殖科技

（一）畜禽生产

20 世纪 60 年代，农场小牛犊出生后，成活率较低，许多小牛犊易患贫血病，兽医吴景昌使用母体血给小牛输血的方法提高了牛犊成活率，成活率由 70% 提高到 95%，并实行耕牛剖宫产试验，在淮阴地区第一次摸索出耕牛剖宫产的成功经验。1964，在张徐大队试验，冬季母牛集中饲养，用公牛诱情配种的办法提高耕牛的繁殖率。

1974 年，农场接受地区繁殖新淮猪和扩群任务。当年引进新淮猪种，建立种猪档案，进行新淮猪育种工作，繁殖了新淮猪 150 头。当年，青年猪场成为淮阴市模范猪场。1978 年，青年猪场良种猪繁育荣获淮阴地区、淮安县科技大会一等奖，其中 1487、1222 两头猪作为标准新淮猪，于 1977 年 12 月被江苏省农科院拍成照片，发给参加新猪种鉴定的各单位，1979 年在北京农业展览馆展出。在防治猪乙型肝炎方面，农场也有一定研究，吴景昌同志还为东辛农场、云台农场、淮安县等种猪场培训了数批牲畜人工授精兽医防疫技术人员，并编写了数万字的教材，他本人曾荣获淮阴地区局首次科技大会个人一等奖，青年猪场自此被确立为新淮猪繁育基地。

1987 年，青年猪场改建为"江苏省国营白马湖农场种鸡场"。生产种鸡、肉鸡，并创建了饲料加工厂。1996 年主要引进红宝、AA 两个肉鸡新品种，1996 年后淘汰了红宝品种，饲养世界公认的美国 AA 品种。1994 年后，添置了电子工业部 41 研究所生产的现代化炕孵机 3 台，炕孵全部自动化，提高了出雏率，使健雏率达 98%，年孵苗鸡 70 万只。1996 年，鸡场体制改革后，进行科学管理，采用科学的饲料配方，采取限饲方法，根据生长不同时期，采用不同饲料、不同用量，育成期采用"五二"制，即 5 天喂料，2 天停喂。产蛋高峰期测定量喂养，运用"遮黑式"方法，提高受精率、产蛋率。定期对鸡舍消毒，种、肉鸡定期注射疫苗，提高了成活率，降低了死淘率。1996—1998 年，料肉比逐年下降，分别为 2.4∶1、2.24∶1、2.18∶1，从而节约了成本，提高了经济效益。

2001 年，原种鸡场由个人承包，年出栏肉鸡 20 万只。

2001 年，一渔场周兆根、张建卫各投入资金 4.5 万元，各建鸡舍 1 幢，150 平方米，饲养蛋鸡，他们引进德国蛋鸡良种罗拉苗鸡，后来又改为罗曼鸡饲养，取得了较好的经济效益。

2002 年 4 月，种鸡场改制、停养。

2003 年 4 月，种鸡场实行股份经营，由韩建新、韩汝怀、韩建兵 3 户联合经营。

2006 年，韩学辉又投资 120 万元，新建 3 幢鸡舍，成批出栏肉鸡 4 万只，全场年出笼肉鸡 60 万只。

2009 年，全场年出栏肉鸡 83 万只，目前，全场发展蛋鸡养殖户 52 户，年存笼蛋鸡 15.3 万只。2010—2022 年畜禽养殖详情见表 12-13。

表 12-13　2010—2022 年畜禽养殖详细情况统计

年份	合　计			其　中					
				猪			鸡（蛋、肉、草鸡）		
	养殖量（只）	养殖户（户）	养殖效益（元）	养殖量（头）	养殖户（户）	养殖效益（万元）	养殖量（万只）	养殖户（户）	养殖效益（万元）
2010	1353128	228	11170000	2965	126	625630	130	85	950
2011	1292658	200	9548695	2658	112	538695	126	83	836
2012	1181268	185	8125126	3268	103	751265	115	78	753
2013	1246959	153	8893680	1959	68	493680	121	81	769
2014	1224896	167	9382375	2896	85	682375	118	76	784
2015	1191001	163	8141671	1865	72	390986	116	80	712
2016	1009044	142	9828118	2058	61	464468	96	63	835
2017	960303	127	8037727	1658	58	269864	92	51	689
2018	903207	137	8973800	1869	76	153675	86	49	785
2019	860162	101	8755552	1136	42	365689	83	48	768
2020	681268	96	6953685	1268	53	378653	68	29	569
2021	523689	93	5568749	1233	50	367526	62	28	483
2022	456587	86	4756933	1198	46	345689	58	26	435

（二）渔业科技

农场渔业生产源于滩荡放养，自 1976 年起，农场组织人力开挖整修鱼池，改滩荡放养为鱼池精养，充分利用资源，发展渔业生产。至 1986 年，全场有精养鱼池 1194 亩。1988 年，农场"江苏农垦第一水产良种场"与中国水产科学院淡水渔业研究中心合作，建立"建鲤繁殖基地"，引进"建鲤"饲养、繁殖、推广，并由建鲤品种育成者张建林和孙小异研究员担任建鲤人工繁育技术顾问。1990 年，建鲤放养水面 3000 亩，繁殖、推广夏花 1300 万尾，产出的建鲤苗仔远销北京、天津、山东、安徽、吉林等地，并空运到黑龙江垦区佳木斯 420 万尾，成活率达 95％以上。1990 年，渔场撰写的《建鲤及其育种新工艺新技术》论文获中国水产科学院科学技术二等奖。1991 年，渔场"建鲤"繁育及养殖技术获江苏省农垦总公司科学技术进步二等奖。

目前，全场共有水面6500亩，3个渔场养殖户有146户，其中精养鱼塘1200亩，半精养鱼塘1100亩，滩荡800亩，湖面700亩，1999年从山东引进乌鱼（黑鱼）试养，养殖面积8亩，因该鱼类全靠活饵料（小鱼）或冻鱼投喂，导致养殖没有成功。2004年引进黄颡鱼、2007年又引进美国斑点叉尾鮰和连云港的泥鳅鱼、2009年从宝应购进甲鱼苗试养都获得成功。2003年，农场又向国家商标总局申报注册了无公害"神湖"牌中华绒螯蟹生产基地2000亩，无公害水产品50吨，注册商标现已使用。

为了使水产养殖更高效发展，2005年，农场参加了楚州区渔业科技入户工程，参加科技入户的示范户共有60户，每年调整18户，到2022年底为止，科技入户工程一直在进行着，通过渔业新型农民科技培训的典型示范户带动渔业科技养殖，从2006年起，连续3年被楚州区多种经营管理局评为先进单位。详情见表12-14。

表12-14　科技入户培训详情统计

年份	科技入户培训情况			发放科技资料、科学知识、养殖技术等（册）	养殖效益比未参加培训提高百分比（%）
	培训次数（期）	年度参加培训人数（人）	占养殖户比例（%）		
2010	3	120	60	150	10
2011	3	120	60	150	10
2012	3	120	60	150	13
2013	3	150	65	180	15
2014	4	200	65	180	15
2015	4	200	65	180	18
2016	4	200	70	200	18
2017	4	220	70	200	18
2018	4	220	70	200	20
2019	4	220	70	200	20
2020	4	230	75	220	20
2021	4	230	75	220	20
2022	4	260	75	220	25

2019年，畜水中心立足体制突破，逐步扩大国有比例，加快推动非职工养殖退出，不断优化养殖结构，调整养殖模式，提高产出效益。推动养殖池口标准化改造，投入664万元对二渔场的14个池口共240亩进行标准化改造，鼓励三渔场职工对400亩池口进行自我改造，提高养殖效益。

2020年，对一渔场和三渔场生产条件进行升级改善，持续改善养殖生态条件；在主推"一场一品"的基础上，探索试养鱼种套太湖1号青虾、成鱼套养甲鱼和主养黄颡鱼；加快对非职工、退休职工、职工转包等各类承包进行改革清理，推动集体掌控目标做深压实。进一步改善养殖结构、转变养殖方式、创新养殖思路、提高养殖效益、增加职工收入，努力在"调结构、增效益、治污染、优生态"上动脑筋、想办法、做文章，使全场养殖业向绿色、健康发展。

2021年，投入30余万元对一、二、三渔场生产条件进行升级改善；组织养殖户到周边水产养殖特色乡镇考察学习；切实加大新品试养力度，全年套养南美白对虾300亩、甲鱼30亩，主养黄颡鱼近20亩，全年共生产各类水产品1095吨。

2022年，水产养殖转型升级。投资160余万元，新建、改造二渔场道路约1500米，疏浚清理二、三渔场中心沟5条，养殖条件持续改善；积极优化调整养殖结构，套养南美白对虾400亩、甲鱼30亩、主养黄颡鱼近20亩，全年生产各类水产品2000余吨，总产值1357万元，实现效益635万元；国有掌控取得突破，收回合同到期塘口95亩，示范集体规模化养殖，对历史以来一直由个人承包的1018.2亩大田进行了股份制改革，形成集体股589.6亩、个人股428.6亩，改制成果显著；争取一期财政资金142.4万元，对二、三渔场近1500亩池塘养殖尾水进行改造处理，推动水产养殖向绿色发展。

四、工业科技

农场工业科技主要表现在开展新产品和技术改造上。

（一）研制新产品，开发新项目

1967年，农机修理厂派出技术人员外出考察，引进1台东风-2型机动插秧机、2台广西65型大苗插秧机。1968年修理厂试制成功第一台插秧机，并开始小批量生产、应用。1973年又开始制造插秧机，但因不适应农场土壤特点，难以推广应用，年底停止生产。

1966年，修理厂自行研究轴流泵。

1974年，研制生产第一台水泵，产品很快占领苏北市场。

近年来，修理厂进行改制，不少工人下岗，现修理厂由个人买回，成为民营企业，不再研制新产品。2000年后，农场大型农机具主要靠个人购买。

（二）技术改造、新项目实施

1978年，农场投入资金对粮食加工厂加工生产线进行技术改造，使大米日生产能力由日产10吨提高到日产30吨。

1983年，砖瓦一厂将28门轮窑扩建成30门，提高了产量，红砖日产由原来的10万块增加到14万块。

1987年，砖瓦一厂对原来的360型砖机实行技术改造，将制砖机的整个配套安装成楼梯形，将第一道搅拌机安装在取土位置的最底层处，这样使上、中、下三层搅拌机混合使用，保证原料上的合理配方，并将原来的一道夹辊、两道搅拌改装成两道夹辊、三道搅拌，调整夹辊间隙，延长绞刀使用寿命，提高砖坯产量。

1989 年 6 月，饲料加工厂添置 1 组 FM-32 颗粒饲料机及配套设备，引进先进的饲料配方，生产能力和产品质量迅速提高，产品供不应求。同年棉纺厂建成一座单层锯齿形厂房，增添 A 系列新设施 50 台套，更新布机车间的机械设备，添置 74 台宽幅的织布机，扩大了生产能力，提高了产品质量，年产帆布 38 万米，棉纱 397 吨。1992 年，农场投资 20 万元，对轧花厂厂房、设备及生产工艺进行了技术改造，采用先进的二级除尘技术，取得了良好的经济效益和社会效益。

1994 年，轧花厂进行设备更新，淘汰原有皮辊轧花机，购进 80 型锯齿轧花机两台，提高轧花能力。棉纺厂也于当年进行设备更新、技术改造。增加了花色品种，由单一的纯棉中低档次发展到化纤高档次。

1995 年 3 月，农场对面粉厂加工设备进行技术改造，从而提高综合生产能力。

2000 年，楚州酒业有限公司自组建以来，不断开发新品种，生产了"农垦人""楚州"和"矫子"3 个品牌，30 多个品种的系列白酒。基保"楚州"牌是主打品种。

2002 年，砖瓦厂开发空心砖生产，全年实现销售 800 万块砖。

2007 年 4 月，恒晟米业对原设备进行改造，投资 500 万元更新了设备。添置了抛光机、色选机和面粉加工等先进大米面粉加工设备，生产绿色食品小包装营养米，提高了"苏王"大米的质量和档次。

2006 年，恒成米业有限公司在洪泽购买 30 亩地，投资成立了洪泽绿缘米业分公司，新增大米生产线一条，主营"苏王""楚州"和"恒晟"牌大米。

2008 年，农场领导研究决定成立"管理创新年"活动领导小组，并出台了活动实施意见，加强品牌建设和商标管理，扎实做好"白马湖"牌蔬菜和畜禽规模养殖、龙虾的商标认证和注册工作。

2011 年，稻麦种植业从农场分离出去后，存续农场围绕林业变产业、畜水担主业的转型发展思路，在水产养殖技术改造方面：一是通过科技入户这个技术平台，每年邀请专家授课，发放技术资料，通过学习成鱼养殖技术，提高养殖户的养殖水平。二渔场采用了无公害草鱼健康高产养殖技术，能很好地控制池塘水质，减少养殖用水量和污水排放量，降低了生产成本，提高了养殖效益。在河蟹养殖上，三渔场运用优质大规模河蟹模式化生态养殖技术，主要是合理搭配放养品种与密度，模拟自然生态条件，应用复合型水草栽培技术、滤食性底栖生物移植技术、有益微生物使用技术、配套微孔增氧技术，达到大规模生态优质高产、高效的有机统一。二是在龙虾养殖上，组织广大养殖户外出考察观摩，通过外出参观学习临海农场以及其他水产养殖有亮点的先进单位，结合本场实际，探索出适合农场特色的养殖技术，即养殖户先用一个较小的池口栽荷藕，到秋后再放虾苗，其他池口到年底或第二年春天清塘栽草，待水草长成后，水温达到8℃以上时，从纯养池捕虾苗移植到长满水草的池塘内，经过30天左右的饲养，到3月中旬就可陆续上市，使龙虾提前进入市场。三是引进投入先进机械设备。从2010年开始，二渔场开始引进饲料投饵机和增氧机，截至2018年，全场共增设42台增氧机和28台投饵机，降低了池塘缺氧风险，提高了养殖效率。

农场的畜禽养殖主要是蛋鸡养殖，2008年达到高峰，有157户从事蛋鸡养殖，养殖量为36.7万只。从环境保护和利用资源的角度，2012年，农场开始组织相关部门和人员外出考察蛋鸡养殖技术改造项目和有机肥生产技术。2013年，农场主要领导和分管领导带领产业办、养殖大户分别到盐城、南通和浙江等地参观学习鸡粪处理技术，经过考察和论证，从海门引进一台6万多元的鸡粪分离机。2014—2017年，农场不断探索有机肥生产和鸡粪收集新技术，经过多方考察、对比和反复调研，于2017年出台了《白马湖农场畜禽养殖污染整治实施方案》。2017年7月至2018年底完成干粪收集系统技术改造。2018年全场养殖大户新上了自动捡蛋设备。

2019年，积极配合区供电、供水公司做好电网改造、水网改造，继续加快推进"三供一业"职工家属区供电供水改造项目进度，全场10千伏改造全部完成、400伏电缆线路改造正在加快推进。对城镇范围内道路沿线弱电杆线进行入地改造，累计投入改造资金620.5万元，改造线路总长50.6公里，小城镇从此告别空中"蜘蛛网"，形象面貌得到有力提升。争取淮安新奥公司投入资金600万元，铺设天然气管网约14公里。

2022年，与国电投签订全域综合智慧能源战略合作协议，主动对接区级职能部门，有序推进一、二渔场1530亩渔光互补项目；与淮安区供销合作总社积极探索农资合作模式，寻求新的经济增长点。与政府供电部门密切合作，实行"8+1"运行模式，承接供电公司运行维护抢修项目，实施场内泵站、十排沟闸站等工程，累计实现主营业务收入401.24万元，完成利润67.2万元。2021年总投资3000万元的制种大县项目已全部完工并通过初验，2022年制种大县续建项目，已完成实施方案编制并通过省种子站评审，基地建设已进入招投标阶段；垦区首次获批的省级现代农业产业高质量发展示范园项目成功落户白马湖，总投资2.15亿元，已完成建设方案编制；十排沟提升改造工程（二期）、农贸市场、农桥改造、林苗基地设施装备、接待中心进排水改造工程、联栋大棚升级改造等8个社会事业和4个固定资产投资项目总投资2473万元，已全部完成。

纵观农场发展史，科学技术在农场各业发展中发挥了巨大的作用，特别是进入21世纪后，农场科技工作进入一个新的历史阶段，各行各业加大对科技投入力度，提高科学技术的含量，科技工作取得丰硕成果，涌现了一批先进的科技工作单位和先进个人，详情见表 12-15、表 12-16。

表 12-15　建场以来农场科技成果单位获奖一览

获奖时间	获奖单位	获奖称号	授奖单位
1995—1996 年	白马湖农场	大小麦百亩优胜奖	农垦总公司
	白马湖农场	水稻千亩优胜奖	农垦总公司
1997 年	农业发展公司	优秀论文奖	淮阴市委
1989 年	场农科所	江苏省农作物品种区域试验先进单位	江苏种子站
1999 年	白马湖林管站	农林造林绿化工程三等奖	楚州区人民政府
2000 年	种子公司	农垦科学技术进步奖	集团公司
2005 年	种子公司	农垦科学技术进步三等奖	集团公司
2005 年	场农科所	农垦科学技术进步三等奖	集团公司
2008 年	场林管站	农村造林绿化工程优秀项目奖	楚州区人民政府
2010 年	江苏省国营白马湖农场	江苏省科学技术厅	江苏省农业科技型企业
2011 年	江苏省国营白马湖农场	淮安市总工会	职工科技创新工作室
2011 年	江苏省国营白马湖农场	江苏省科学技术厅	江苏省现代农业科技园
2013 年	场林管站	2012 年度造林绿化工作二等奖	淮安区人民政府
2015 年	场林管站	2014 年度造林绿化工作优秀奖	淮安区人民政府
2017 年	淮安研究院	种子科技创新与服务中心	中国农垦种业联盟
2021 年	白马湖农场	全国农技中心	国家农作物品种展示评价基地

表 12-16　建场以来农场科技成果个人获奖一览

获奖时间	姓名	获奖称号	授奖单位
1987 年	于世民	科学技术进步三等奖	总公司
1987 年	刘鸿闻	肉禽生产竞赛三等奖	总公司
1992 年	陈培昶	科学技术进步奖	总公司
1992 年	朱祥林	科学技术进步奖	总公司
1996 年	朱祥林	丰产方竞赛一等奖	总公司
2002 年	朱祥林	优秀论文奖	集团公司
1995 年	陈丹	植物化调栽培技术优秀论文一等奖	总公司
2006 年	陈丹	科学技术进步奖	江苏省农科院
1993 年	韩殿高	化除配套技术研究先进个人	总公司
1998 年	王玉强	农业牧渔业丰收奖	总公司
1996 年	韩正光	丰产方竞赛一等奖	总公司
2000 年	韩正光	农业论文一等奖、科学技术进步奖	集团公司

（续）

获奖时间	姓名	获奖称号	授奖单位
2001 年	韩正光	科学技术进步奖	南京农业大学
2002 年	韩正光	科学技术进步二等奖	集团公司
2006 年	韩正光	重大贡献三等奖	江苏省农科院
2010 年	韩正光	农业科学技术进步二等奖	江苏省农业委员会
2013 年	韩正光	农业丰收奖二等奖	江苏省农业委员会
2013 年	韩正光	农业科学技术进步二等奖	集团公司
2015 年	韩正光	第七届省农业技术推广二等奖	江苏省人民政府
2001 年	韩正光、吕元荣	优秀论文三等奖	集团公司
2001 年	韩正光、陈永华	优秀论文二等奖	集团公司
2001 年	韩正光、解兆海	优秀论文二等奖	集团公司
2001 年	韩正光、韩国华	优秀论文三等奖	集团公司
2002 年	韩正光、王春红、吕元荣	优秀论文奖	集团公司
2000 年	周凤明	良种繁育第五名	集团公司
2005 年	周凤明	科学技术进步三等奖	集团公司
2006 年	周凤明	"金善宝"农业科技奖	南京农业大学
2009 年	周凤明	科学技术进步三等奖	农业部
2012 年	周凤明	江苏省科学技术进步三等奖	江苏省人民政府
2017 年	周凤明	全国农业先进工作者	农业部、人社部
2001 年	周凤明、丁波	优秀论文三等奖	集团公司
2002 年	周凤明、陈素芳、滕志英	优秀论文奖	集团公司
2004 年	赵广福	"金善宝"农业科技奖	南京农业大学
2005 年	解小林	科学技术进步三等奖	集团公司
2016 年	解小林	全国农业丰收奖三等奖	农业部
2005 年	吕玉亮	科学技术进步三等奖	集团公司
2005 年	乔红梅	科学技术进步三等奖	集团公司
2005 年	陈春	科学技术进步三等奖	集团公司
2015 年	陈春	江苏省农业丰收奖二等奖	江苏省农业委员会
2016 年	陈春	全国农业丰收奖三等奖	农业部
2006 年	胡春光	"金善宝"农业科学技术奖	南京农业大学
2005 年	吕宏飞	科学技术进步三等奖	集团公司
2011 年	周明	水稻育秧基质及配套育种技术推广二等奖	江苏省农业委员会
2012 年	滕志英	江苏省科学技术三等奖	江苏省人民政府
2015 年	滕志英	江苏省农业技术推广一等奖	江苏省人民政府

（续）

获奖时间	姓名	获奖称号	授奖单位
2015 年	滕志英	江苏省农业丰收奖二等奖	江苏省农业委员会
2018 年	滕志英	江苏省农业科学技术 推广工作二等奖	江苏省人民政府
2019 年	滕志英	2016—2018 年全国 农牧渔业丰收奖二等奖	农业农村部
2023 年	滕志英	全国五一巾帼标兵	中华全国总工会
2023 年	滕志英	农业农村部劳动模范	农业农村部
2016 年	王祝彩	全国农业丰收奖三等奖	农业部
2015 年	屠灿英	农业丰收奖二等奖	江苏省农业委员会
2015 年	陈素芳	农业丰收奖二等奖	江苏省农业委员会
2015 年	张小慧	全国农业丰收奖三等奖	农业部
2022 年	伏进	全国农牧渔业丰收奖三等奖	农业农村部

第十三章 社　　会

第一节　社会工作

一、社会管理

2008 年 8 月，经江苏农垦集团公司批准，农场成立社区管理委员会。其职能为社会行政、社会事业与社区居民自治工作，下设 3 个职能科室：①社会行政科。具体职能包括城镇规划与居民点建设及管理、房屋及房地产管理、土地管理、农田水利与基础设施、公共安全监管、动物疫情防治；社会管理综合治理、林业管理、渔政管理、司法行政、社区劳动事务代理。②社会事业科。具体职能包括职工与居民社会保险、社区文化宣传、劳动力转移就业培训、人武民政、离退休人员管理、市政与市场管理、环境卫生、道路及桥梁管理、社区物业管理与服务、居民自治。③社会服务科。具体职能包括场域企业生产和居民生活水电的管理与服务、医疗卫生与服务、财务预决算、社区统计与资产管理等。社管会核定编制为 33 人。

2018 年 9 月，根据集团公司苏垦集党〔2018〕223 号文件精神，经农场公司党委研究，制订了白马湖农场有限公司（社区管理委员会）机构设置、人员编制及部门职能方案。其中农场社区管理委员会设置 3 个职能科室，人员编制 33 人。

（1）综合管理科。编制 10 人，设科长 1 人、副科长 2 人、其他 7 人。主要职能：负责社区日常综合协调、政策研究、党建、人事、宣传、纪检、监察、人武、工会、工青妇工作，负责社区财务预算编制、核算、资产、财政资金管理及其他日常事务管理工作。

（2）社会管理科。编制 18 人，设科长 1 人、副科长 2 人、其他 15 人。主要职能：负责辖区内的土地管理、小城镇建设与管理、居民自治、社区矫正、民调、卫生、计生健康服务、综合治理、安全生产、市场监督、道路桥梁、农田水利、林业渔政、农机管理、水资源和动物防疫等社会事务管理工作。

（3）公共服务科。编制 5 人，设科长 1 人、副科长 2 人、其他 2 人。主要职能：负责养老、医疗、工伤、生育保险，公积金缴存，离退休人员管理，敬老、助残、济困、居民最低生活保障服务及其他公共社会事务管理工作。

2020 年，由社区牵头高质量完成第七次全国人口普查工作。通过加强组织领导，强化业务培训，严把逻辑关、质量关，确保普查数据精确无误，在全区率先完成各阶段工作任务，实现普查信息核查纠错最少，得到区人口普查领导小组办公室充分认可。经普查统计，2020 年全场总户数 6243 户，其中普通住户 3290 户，全户外出 1044 户，全户死亡 9 户，空房户 1900 户，登记总人口 15660 人，其中常住人口 7635 人，户籍人口 15107 人，出生人口 87 人，死亡人口 134 人。

1. 土地管理

依据土地管理资源内控制度，围绕"一户一宅"的原则，先后批准各项非农建设用地 196 宗，查处违法乱建 61 起，调解用地矛盾 67 起，发放停建通知书 15 份，现场制止 25 起，强制拆除 8 起，2009 年砖瓦一厂和砖瓦二厂列入市区城乡挂钩项目，拆迁补偿资金 2192 万元，整理土地 578 亩，置换建设用地指标 178 亩，拆除旧房 1.1 万平方米。投资 318 万元的省级土地整理项目；2010 年完成了二次土地利用总体规划的编修工作，并对基本农田做了重新划定和调整；协调好白马湖环湖大道的征地拆迁工作，2015 年，全场共清查出超编宅基地、零散用地、水面等存量资源 3298 亩；2016 年，按照"整体规划、分片打造，一区一品、分步完成"的思路和"资源应管尽管，产权应明尽明，租金尽收尽收"的原则，实现资源管理收益 35.6 万元。

2019 年，经社区主管部门积极与区国土等部门协调，全力争取土地权属，顺利完成 15 宗建设用地的确权发证工作任务，确权面积为 6825.6634 亩。

2020 年，推进场域国土空间规划，融合原主体功能区规划、土地利用总体规划、城乡规划等，按照"一本规划、一张蓝图"的要求完善了农场国土空间规划，为农场近 15 年的项目建设用地提供保障。

2022 年，社区主管部门强化规划编制，完成三区三线空间规划编制，争取指标近 690 亩，利用征地拆迁后形成的零星地块，挖掘后备土地资源 210 亩。完成第三方专业机构对疑似隐患的 128 户房屋的鉴定，对其中 5 户 D 级危房已做喷漆警示标识。

2. 城镇建设

农场在城镇建设中，坚持规划先行。在具体实施上，坚持"产业支撑，整体推进；因地制宜，体现特色；量力而行，稳步推进"的原则，按照"一镇五点"的总体布局规划，先后推进了富康花苑小区、建安小区、保障性安居工程（馨康小区）、大港小区、六支小区等建设。2009 年改造、新建了一批水、电、路、通信、文化等基础设施。全年投资城镇基础设施 680 万元。2010 年，制定了《白马湖农场 2010—2012 年城镇建设总体规划》，全年新建富康小区、建安小区商品房 128 套，建筑总面积 3.26 万平方米。2011 年，农场实施保障性安居工程，项目总投资 3200 万元，建筑面积 2.48 万平方米，惠及人口 600 多人，配套设施齐全，极大地改善了弱势群众的居住环境。2012 年，农场成立了城镇综合执法队伍。2014 年，农场建成一站式服务大厅，集"城管市政、卫生计生、社保民政、土管房管、综治司法、综合服务"等多项便民服务于一体，农场完成集团公司年度社会事业补贴建设项目 6 个，先后对大港小区进行环境整治、中干河南段疏浚、建安小区亮化、裕源南路升级改造、下水道改造、公益性墓地以及社区养老服务中心改造。2016 年，农场坚持"拆违、修坡、增绿"思路，全年拆除违建 20 处，恢复绿化 50 余处，清理河道污染 46 处，新建三站、六支居民区排污管网 2150 米。争取美丽乡村项目资金 400 万元。对六支小区进行环境改造，安装路灯 65 盏，新铺排污管道 1920 米，自来水管道 1300 米，新建农机停放场地 1560 平方米，栽植绿化苗木 3700 件。2017 年，按照"生态立场"和"绿色宜居"发展理念，结合省"263"专项行动、市"五项行动"和"河长制"等环境整治要求，农场投入整治费用 144.8 万元，对 350 省道（原 328）沿线环境、中干河沿线环境、老纱厂生活区以及畜禽养殖场等区域进行了重点整治，迁移中干河沿线坟墓 523 座，拆除影响环境房屋 261 平方米。

3. 道路管护

加强道路、桥梁等公共设施的维护与检修。2011 年，修复人行道绿化带 100 余平方米，投资 18 万元完善了全场 78 座桥梁限载和城镇主干道的标志牌配备。针对农忙期间农业机械导致的路面泥泞湿滑、易发交通事故的情况，及时进行清理；对高温期间的道路破损，在做好道路两侧的警示标志的同时，每年均投入 20 余万元进行修复。严肃查处道路违章、车辆乱停乱放、占道经营等违规行为；在城镇范围及 211 县道交通安全隐患部位安装警示标志 168 套、警示桩 50 根以及爆闪灯 5 个，安装减速垄 11 条，印发交通宣传资料 2000 份，2014 年，农场农路管理被淮安区评为"先进工作单位"。

4. 环境整治

2011 年出台《白马湖农场小城镇"门前三包"管理规定》《白马湖农场环境卫生整治办法》，开展系列场容镇貌整治活动。对乱堆放、乱牵挂以及城区主干道"牛皮癣"进行集中整治清理，对集贸市场进行了规范管理；对店招、店牌和户外广告、过街横幅进行审核、清理。2012 年，社管会与城镇范围内 1000 住户及单位签订《"门前三包"责任状》，开展"星级卫生户"评比活动，对四星级以上卫生户进行挂牌管理。2014 年，农场投资 90 多万元对大港小区进行集中整治。2015 年，投入 64 万元对邮局东侧中干河进行清淤治理，并对河道两侧及健康路进行绿化苗木栽植和环境美化。2016 年，对全场的蛋鸡养殖场排污进行了整治；更换 328 沿线垃圾桶 45 个；3 次对王庄居委会垃圾场进行填埋；投入 12 万元新建三站排污管网。全场 63 名环卫工人承担着 110 公里道路、86 公里河道和小城镇的卫生保洁工作，每年清理垃圾达 4000 余吨，发放保洁费用 47.5 万元，垃圾清运费 13.6 万元。小城镇垃圾日产日清。

2019 年，农场公司开展"环境大整治、形象大提升"行动，全年累计投入资金 167.11 万元：一是重点解决群众反映强烈的"主河道、主干道、主村庄"环境脏乱差问题。坚持高起点推进，高标准实施，做到河道整治到位、干道整修到位、村庄保洁到位。其中，重点对中干河、十八条大沟等河道的恶性水生植物、网簖、岸坡杂树，河道与河岸垃圾杂物进行清理，利用人工和机械相结合，持续改善水环境，共完成 19 条主河道 62.32 公里的水域治理工作，已基本实现河清、岸绿、景美，全场水环境大有改观。二是重点整治 33 条 72.9 公里主干道沿线的种植物、违法建筑等。

2019 年，根据集团公司农场城镇弱电入地改造要求，结合农场实际，经过多次与电信、移动、联通、广电等公司的积极沟通，科学制订改造方案，四大通信运营商累计投入资金 620.5 万元对农场城镇范围内道路沿线弱电杆线进行入地改造，改造线路总长 50.6 公里，拔除电线杆 280 根，清理私建监控 30 多个，农场顺利告别多年的空中"蜘蛛网"，形象面貌得到有力提升，赢得职工群众一片赞誉。

2019 年，城镇环境综合整治项目，总投资约 390 万元，主要内容为：一是小城镇环境综合整治：约 6800 平方米墙面粉刷；职工会堂周边环境整治包括厕所改造、绿化、道路修建等；老场部内部环境整治；文化广场前修建一纬二路 L 形道路。二是建场南、北路人行道及绿化工程：建场南路 80 米人行道及 600 米绿化，建场北路 660 米道路两侧人行道及绿化，英才路 240 米绿化。三是修建小林场两座桥梁即小林场东桥、小林场西桥，城镇面貌焕然一新。

2020 年，农场加大主干道沿线环境治理，对场域 83.18 公里的乡道县道、16.1 公里的省道沿线环境实施了常态化管理，沿线的"五乱"现象得到有效控制，环境有了较大改观，其中 350 省道通过了国务院组织的国省道验收，328 省道沿线通过淮安市组织的"五项行动"验收。另外根据淮安区植保站要求对 328 省道沿线恶性植物加拿大一枝黄花进行集中整治。2020 年还深入推进散埋乱葬治理。根据淮安区散埋乱葬整治工作部署，自 4 月起，对全场 328 省道、211 县道以及场域主干道沿线的散埋乱葬进行了集中治理，共整治干道沿线散埋乱葬坟墓 1186 座，其中平整 1119 座，迁坟入园 67 座，累计整治费用 42.1 万元，高质量完成淮安区下达的整治目标任务。另外根据整治需要，推进了二渔场公墓园二期工程 500 穴建设项目，五七墓园进行了选址规划并得到了淮安区国土资源局和民政局等相关部门的批准。

2021年，根据区民政局要求对主干道散埋乱葬坟墓及坟头塑料花进行整治，整治坟墓1400余座，制作卧碑826块，新建二渔场墓园墓穴533座、五七墓园墓穴852座，并投入使用。

2022年，农场公司新建垃圾中转站配套设施工程，批复投资101.8万元（含追加投资1.8万元）。

2022年，农场公司对城镇环境进行综合治理，总投资约305.4万元，拆除裕源南路沿线和老旧居民小区破旧房屋，良种队、十五小区、建场北路等集中居住点环境整治改造，商店门头店改造，小城镇范围粮站河、富康花苑西排水沟等水体治理、健康路局部维修等。

2016—2022年，对全场的畜禽养殖场粪污进行了专项治理，拆除18个养殖场，关停35个养殖场，整改完成22个养殖场，2022年，在地方政府争取到项目（畜禽资源化利用巡查车一辆，价值6.3万元），同时加大畜禽粪污无害化处理力度，因地制宜推广"养殖-种植"农牧结合生态模式、生物发酵床处理等多种生态环保养殖模式，进一步提高畜禽粪污资源化综合利用率，共处理15起畜禽粪便污染问题。

5. 计划生育

建场后，"养儿防老""多子多福""不孝有三，无后为大"等封建落后的传统生育观念，长期束缚着农场人民的思想，严重影响计划生育工作的开展，农场生育工作基本处于自流状态。

1961年，农场开始宣传计划生育，主要针对干部和青年。

1964年5月，农场成立计划生育领导小组，组长石守云书记，成员由青年、妇女、卫生、人武等部门负责人组成。同时确定邵集大队为计划生育的试点单位。

1973年，农场计划生育工作步入轨道。共青团、妇联、工会组织相互配合，进行晚婚晚育和计划生育的宣传教育，医院负责技术指导及药物、药具的供应。严格控制结婚年龄，有两个小孩以上的育龄妇女要长期节育，一至两个小孩的也要计划生育。

1971年，国家广泛提倡计划生育，为了刹住人口盲目增长势头，农场狠抓节育措施的落实，严格控制多胎生育，但控制人口增长，还没有纳入正轨。

1975年3月，农场为了贯彻中共中央〔1974〕32号文件精神，大力开展节育宣传活动，举办党员、团员、妇女干部学习班，掀起了建场以来第一次节育高潮，节育率达76.4%。

十一届三中全会后，农场计划生育工作进入新的历史阶段。

1979年，农场将人口控制纳入社会和经济发展的规划。

1980年，农场成立计划生育管理办公室。各分场、工厂也指派专人负责此项工作。

动员青年夫妇领取《独立子女光荣证》。

1981年，农场制定了《关于全场计划生育管理工作的规定》。

1985年，农场将江苏省人民政府办公厅的14条规定印制下发，进行普及宣传，符合规定者允许再生一个孩子，不符合者坚决杜绝。

1986年7月，农场根据省有关文件精神，制定了《白马湖农场计划生育工作实施细则》，从此农场计划生育工作走上依法管理的轨道。

1986年，新婚夫妇的晚婚率达70%，人口出生率从1976年的19.04%下降到11.5%，计划生育率达95.4%，节育措施落实率达90.4%。

从1991年开始，农场和各单位签订计划生育责任状，从而形成了领导重视、一把手负责、上下一心、齐抓共管的新局面。自1993年始，农场连续6年无计划外生育，计划生育率达100%，多次受到淮安市政府、市计生委的表彰。1997年被评为淮阴市计划生育先进单位。

1998年，农场人口出生率仅为7.1%，连续十年被授予淮安市计划生育先进单位。

1999—2008年，农场计划生育工作常抓不懈。场部成立计划生育领导小组，下设办公室，各分场、各单位配备1名计生专干。十年来，农场计划生育工作一直列为淮安市（现楚州区）前列，取得显著成绩。人口出生率一直控制在8%以下，2008年人口出生率仅为4%。同时计划生育工作实行微机管理，农场计生办将全场育龄妇女生育动态、避孕等节育动态账、簿、卡登记动态情况全部输入微机，由市（区）实行统一管理，从此，计划生育管理工作达到新水平，多次受到市（区）政府表彰。

2015年12月27日，全国人大常委会表决通过人口与计划生育修正案，2016年1月1日"全面二孩"正式实施。

2016年，随着二孩政策的放开，计划生育工作由注重管理转为以服务为主，抓好四项经常性工作；及时宣传现行计划生育政策，接受职工群众生育咨询；为育龄妇女办理一孩生育服务证、二孩生育服务证；做好避孕节育和优生优育健康服务；坚持计生政策奖扶激励和救助机制，做好持独生子女证退休人员一次性奖励金、独生子女父母保健费、非职工独生子女家庭奖励金的发放以及为独生子女家庭投放保险等工作。

2019年，全年共发放各类计划生育惠民政策资金38.84万元，其中：非职工一次性奖励资金36万元，四项手术经费0.8万元，失独家庭救助资金0.4万元，545户独生子女家庭团体保险1.64万元。另外，农场发放计划生育惠民资金42.95万元，其中：发放持独生子女证退休奖励175人，41.76万元，独生子女父母奖励金累计1.19万元。

2020年，全年共发放各类计划生育惠民政策资金196.81万元，其中发放独生子女父母奖励金累计 0.35 万元；持独生子女证退休奖励 150 人，36 万元；持独生子女证非职工奖励 2111 人，159.26 万元；区级慰问失独家庭资金 12 户，1.2 万元。全年收缴老年安康保险 592 人，3.82 万元，为 545 户独生子女家庭办理了团体保险 1.64 万元。

2021 年 9 月 29 日，江苏省第十三届人民代表大会常务委员会第二十五次会议《关于修改〈江苏省人口与计划生育条例〉的决定》第四次修正，第三章生育调节第二十条，提倡适龄婚育，优生优育，一对夫妻可以生育 3 个子女。现在计划生育工作以服务为主，主要内容为：生育政策（5 月 31 日前为"全面二孩"政策，之后为三孩政策）宣传；生育登记服务工作开展；人口信息准确率统计；落实计生特殊家庭联系人、家庭医生签约、就医绿色通道制度三个全覆盖情况及开展计生特殊家庭救助关怀和心理健康服务；积极落实独生子女户职工退休一次性奖励金发放、独生子女户非职工奖励扶助及特别扶助开展。

2021 年，农场独生子女非职工家庭符合省市奖扶共 45 人，其中省奖扶 7 人，共计争取省奖扶资金 0.67 万元。市奖扶 38 人，共计争取市奖扶资金 2.28 万元。

2022 年，农场独生子女非职工家庭符合省市奖扶共 35 人，其中省奖扶 16 人，共计争取省奖扶资金 1.54 万元；市奖扶 16 人，共计争取市奖扶资金 0.96 万元；省特扶 3 人，共争取省特扶资金 2.4 万元。

1981—2018 年施行计划生育情况见表 13-1。

表 13-1　计划生育情况一览（1981—2018 年）

年份	已婚育龄妇女数	出生率（‰）	自然增长率（‰）	节育措施落实率（‰）	晚婚晚育率（‰）	计划生育率（‰）	独生子女领证情况	
							领证数	领证率（%）
1981	2467	10.9	6.2	82.0	49.2	64	285	19.1
1982	2488	8.2	4.4	81.6	60.3	67.9	545	27.74
1983	2496	11.3	7.1	83.4	44.1	81.3	687	31.4
1984	2583	8.1	2.3	87.4	53.0	92.19	790	34.9
1985	2673	10.1	6.9	88.6	42.37	91.78	895	32.0
1986	2828	10	3.6	90.4	69.74	95.14	926	36.1
1987	2871	14.5	7.3	86.1	67.36	96.4	1048	37.08
1988	3000	14.65	6.2	92.6	77.7	95.96	1024	34.13
1989	3031	15.93	9.81	84.9	64.2	90.76	1174	38.73
1990	3189	16.3	9.2	93.57	83.8	95.4	1365	42.8
1991	3467	15.2	8.64	73.65	75.18	98.82	1554	44.9
1992	3570	12.0	6.0	98	91.33	99.0	1729	48
1993	3619	12.2	6.82	96.98	94.56	100	1838	50.78
1994	3782	9.9	7.73	94.06	61.84	100	1931	50.92

（续）

年份	已婚育龄妇女数	出生率（‰）	自然增长率（‰）	节育措施落实率（‰）	晚婚晚育率（‰）	计划生育率（‰）	独生子女领证情况	
							领证数	领证率（%）
1995	3792	11.4	4.22	94.06	80.0	100	2206	87.53
1996	3906	9.10	3.79	95.98	72.81	100	2187	87.3
1997	3931	8.34	1.73	94.88	58.01	100	2144	82.24
1998	3803	7.1	3.1	100	63.09	100	2234	83.52
1999	3300	7.6	5	98	65	100	2213	83.4
2000	3330	7.4	2	98	70	100	2320	84.5
2001	3350	8	2	98	68	100	2234	83.2
2002	3401	6.5	−5.2	97	65	100	2316	82.5
2003	3350	6	−4	98	50	100	2226	81.8
2004	3345	6	3	98	75	100	2334	83.5
2005	3360	5.5	1.8	98	70	100	2338	83.6
2006	3361	5	3	98	69	100	2341	84.3
2007	3369	4.8	3.5	98	65	100	2352	84.5
2008	3367	4	−3	98	68	100	2361	85.2
2009	3365	7.1	3	98	65	100	2316	82.5
2010	3366	7.6	1.8	98	50	100	2226	81.8
2011	3368	7.4	3	98	75	100	2341	84.3
2012	3370	8	3.5	98	69	100	2352	84.5
2013	3027	8.34	7.63	95.47	80	100	2222	78.50
2014	2967	7.08	−2.14	96.23	60	100	2001	77.15
2015	2882	5.86	−1.67	95.94	49	100	1999	75.95
2016	2767	6.93	−0.42	96.82	50	100	1805	73.91
2017	2674	8.16	1.68	96.37	68	100	1762	71.05
2018	2807	8.8	1.69	99	60	100	1606	60.00

6. 物业管理

2015 年，社区明确了专人从事物业管理工作，界定了公共主体、附属设施维修、环境卫生、绿化亮化和安全保卫等职责，规范了业主、环卫、信访、基础设施维护等管理制度，签订了用工合同。2016 年，接待业主来访 109 件，处理到位 108 件，矛盾化解率 99%；清理下水管道堵塞 9 处；维修照明电路 85 处；收取物业管理费 3.1 万元。2017 年投资 81 万元对富康花苑小区进行了环境提升改造。

7. 敬老养老

2014 年，农场投资 80 余万元将"敬老院"升级改造为"颐养园"。2015 年投入 7 万余元对颐养园室内空调、电视机、大功率太阳能热水器等硬件设施进行购置与安装。2016

年，社区出台了《白马湖颐养园管理办法》，并试行社会化市场化运作，80 岁以上老人尊老金得到落实，每年发放尊老金 160 多人，30 余万元，给予百岁老人家庭奖励 2000 元。2020 年 7 月集团公司下发文件发放敬老金，参照地方标准发放，同时给予赡养百岁老人子女一次性奖励金 20000 元。2022 年，社区又投入 5 万元对社区颐养园的围墙等进行了加固维修。

8. 社企分开

2015 年 11 月 27 日，中共中央、国务院印发了《关于进一步推进农垦改革发展的意见》，2016 年 7 月 7 日中共江苏省委、省政府下发了《关于进一步推进农垦改革发展的实施意见》。并适时地召开工作推进会后，农场按照集团公司的要求，迅速成立了由党委书记兼场长姚春华为组长、班子其他成员为副组长的推进农场改革发展领导小组及由相关部门主要负责人组成的改革办公室，领导小组及改革办在充分调研的基础上，重点是在农场应享受已享受、应享受未享受的政策等方面，对淮安区民政、城管、残联、住建、交通、计生、卫生等重点职能部门进行走访和交流，并根据推进情况，本着"实事求是，协调磋商，统筹推进"的原则，先后召开了 3 次分析会，谋划改革对接方案，制定工作路线图与时间表。通过两个月的努力，农场与淮安区建立了改革对接工作机制。从 8 月下旬起，区政府根据农场递交的《关于落实推进农垦改革发展相关精神的情况汇报》（白农场〔2016〕35 号）以及所提供的"政策调研汇总清单"（共 10 大类、65 项），组织各职能部门，对照标准，结合实际，逐一审核，提出具体方案，供区政府决策。9 月 28 日，区政府办公室印发了《关于白马湖农场改革提请淮安区支持帮助有关事项对接情况汇报》，对农场提交的 10 大类 65 项内容形成初步意见，明确区政府成立关于白马湖农场社会事业改革工作领导小组，下设办公室，分别与白马湖农场进行全方位对接。双方形成定期会办机制，坚持"内部分开、管办分离、授权委托、购买服务"16 字改革方针，从"分类推进、统筹协调、先易后难"角度出发，2018 年 8 月 22 日中共淮安区委、区政府印发了《关于进一步推进白马湖农场改革发展的实施意见》，将安全饮水工程、城管综合执法、公共卫生经费、民政惠民政策等 10 件实事作为 2017 年政策对接重点内容加以推进落实，截至 2018 年 12 月，农场"三供一业"、职工医院、幼儿教育移交地方。

二、社区自治

（一）居民自治

社管会成立后，按照《居民自治章程》要求，2011 年，按照《中华人民共和国居民委员会申报管理条例》及淮安区民政局社会事业科相关规定，农场在充分调研论证、广泛吸纳民意的基础上，将王庄等 12 个农业管理区社区居民委员会按地域进行重新命名，于同年 11 月 18 日获淮安区人民政府批准，民政局备案。从此，全场 12 个居民委员会、60 个居民小组健全与完善了《居民自治章程》及《居民公约》，民主选举、民主决策、民主管理、民主监督等工作得到落实。316 名居民代表在实施民主自治的进程中，较好地发挥了基层群众的"自我管理、自我教育、自我服务"的居民自治作用。

2014 年 5 月 28 日，农场召开二届一次居民代表大会，12 个代表团、350 名居民代表和 85 名特邀、列席代表参会。社区常务副主任唐加红代表社区管理委员会做了《凝心聚力、创新管理，努力开创社区管理工作新局面》的工作报告。大会表决通过了《白马湖农场居民自治章程》《居民公约》《一事一议制度》3 个决议，对 3 年来在 3 个文明建设中涌现出来的 33 个文明和谐家庭和先进个人进行了表彰奖励。会上，农场场长、社区管理委员会主任姚春华发表了总结讲话，强调要发挥居民代表作用；强化社区工作者的责任担当，切实将社会管理创新与居民自治工作抓紧抓细，抓实抓好。

2016 年 12 月 16 日，农场召开三届一次居民代表大会，共有 258 名居民代表和 64 名特邀、列席代表参加会议。社区常务副主任朱立荣做了《聚焦民生谋发展，强化担当抓落实，为全面建成小康社会而努力奋斗》的工作报告。会议表决通过了《白马湖农场城镇管理办法》《白马湖农场社区居民自治工作规范》和《白马湖农场志愿服务管理办法》3 个决议，对 54 位文明居民、5 位优秀志愿者、5 位环卫之星、10 位十佳孝星和 10 位优秀社区工作者进行了表彰奖励。会议上，农场党委书记姚春华发表总结讲话，强调要提高思想认识，增强创新社区管理责任感；转变工作理念，增强社区管理的使命感；突出依法治场，进一步完善居民自治机制。2016 年农场荣获集团公司授予的"社区管理先进单位"称号。

2018 年 4 月 10 日，农场召开三届二次居民代表大会，254 名居民代表和 57 名特邀、列席代表参加了会议。社管会常务副主任朱立荣做了题为《担当实干，攻坚克难，全力推进农场社区建设取得新突破》的工作报告。会上，各居委会以及相关单位递交了社区管理目标责任状或共建共驻协议，对 2017 年度防违治违工作先进单位、环卫工作先进单位以及孝老爱亲先进个人、志愿服务先进个人、文明居民、环卫之星和社区工作先进个人等进行了表彰。社会事业科、健康居委会、六支居委会等单位进行了交流发言。党委书记、社管会主任姚春华在会上发表总结讲话，强调要适应新形势，充分认识社会管理新特点，融入新格局，依法落实社区治理新要求；落实新举措，开创社会事业改革新局面。

2019 年 4 月 18 日，农场召开三届三次居民代表大会，245 名居民代表和 63 名特邀、列席代表参加了会议。社管会副主任王林同志做《坚定信心，攻坚克难，全力推动农场社区管理工作再上新台阶》的工作报告。会上对裕源居委会等 8 个先进单位和许明贵等 30 个先进个人进行了表彰，党委书记、社管会主任姚春华同志在会上发表重要讲话，强调要认清形势，提高站位，坚定做好社区工作的信心；对标先进，看到差距，正视社区工作存在的问题；瞄准目标，统筹推进，全力抓好社区年度工作；加强领导，创新方法，不断激发社区工作合力。

2021 年，根据城市居民委员会组织法规定，农场于 4 月 16 日启动五年一次居委会换届选举工作，组织召开了工作布置会，印发了工作手册等一系列文件材料，选举工作的各个流程严格按照法定程序完成，最终通过选举产生居民代表 212 名，居委会主任 12 名，副主任 2 名，委员 54 名。

2021 年 6 月 2 日，农场召开第四届第一次居民代表大会，189 名居民代表和 34 名特邀、列席代表参加了会议。会上农场公司总经理、社区管委会副主任韩树明同志做了《锐意进取，争先实干，全力服务农场公司高质量发展》的工作报告。党委书记、社管会主任姚春华同志在会上发表重要讲话，从继往开来、顺应大势；聚焦重点、靶向发力；服务大局、当好桥梁；党建引领、打造品牌 4 个方面对社区下一步工作做了强调。会上还对健康居委会等 14 个先进单位、何小露等 35 名先进个人进行了表彰。

2022 年 5 月 18 日，农场召开了第四届第二次居民代表大会，179 名居民代表和 25 名特邀、列席代表参加了会议。会上农场公司总经理、社区管委会副主任韩树明同志做了《务实苦干，担当作为，奋力推动农场社区建设再上新台阶》的工作报告。党委书记、社管会主任姚春华同志以《勇于担当，踔厉奋发，为推动社区管理规范化制度化不懈努力》为主题，围绕强化社区管理、优化社区服务、注重破解难题和聚焦作风转变 4 个方面对社区工作做了进一步强调。会上还对健康居委会等 20 个先进单位、沈燕等 30 名先进个人进行了表彰。

2022 年，社区紧紧围绕农场公司发展大局，高站位谋划、高效能协作、高质量落实，惠民生、保稳定，被集团公司评为"农场社区工作先进单位"。

（二）社区文化

突出"倡导家庭美德，弘扬社会公德"的社区文化建设主题教育，搭建灵活多样的文化载体，增强居民"社区是我家，建设靠大家"的思想意识，节假日举办篮球、乒乓球、唱红歌、趣味体育、健身舞、劳动竞赛等文体活动，每年达 60 场次，参赛人数达 8000 人次。开展"和谐家庭"与"小康之家"创建活动，评出"和谐家庭"119 户，"小康之家"1036 户。社区形成"上有中心校，中有教育站，下有辅导站"的社区文化教育网络，坚持"一业一训""一岗一训"的原则，每年举办各类培训班 10 期左右，参训达 1200 人次；

参加培训的人员分别获得"农产品经纪人职业""花木苗木""家政服务""拖拉机手职业""插秧机手职业""淡水水生动物养殖工技能鉴定"以及"电脑信息技术"等资格证书。2014年，农场投入80余万元，建成社区文化活动中心与场史陈列室；2015年，农场投资470余万元兴建居民文化广场，为社区居民提供阅读、棋牌、视频会议、健身、演艺排练等多方面的文化娱乐服务。2016年"五一"期间，社区成立了篮球协会、广场舞协会和裕源社区文艺宣传队，创办了《白马湖农场社区工作简报》。2021年农场公司在农贸市场楼（现社区大楼）三楼建成新时代文明实践所和"农场书房"，实践所分为新时代文明实践体系、习语近人、领导关怀、荣誉展示、职工教育培训、好人展区、志愿者工作体系、未来展望、农场书房等几大板块，旨在展示新时代文明实践工作的整体风貌，提升新时代文明实践精神内涵。"农场书房"总建筑面积近90平方米，现有藏书10000册，上架图书400种，可同时容纳近40人的沉浸式阅读。书房整体分为两部分，北侧为图书阅读区，设置了图书阅读、自助借还、喜马拉雅听书、电子报刊阅读等功能区域，满足了职工居民的多样阅读需求；南侧为多功能活动区，是开展宣传讲座及文化活动的主要阵地，设置观众座席40个，配置专业音响、电子屏幕设备，可以满足日常开展活动或排练演出需求。

三、职工生活和福利

（一）职工生活

1959年建场时，农场人民生活相当艰苦。住的是茅草屋，吃的是"瓜菜代"；夏天蚊蝇成群，冬天虱蚤肆虐。经过50年的艰苦创业，目前，农场职工生活水平普遍得到提高，衣、食、住、行均有很大幅度改善，不少职工家庭已达到小康水平。

20世纪60年代，男性衣着款式简单、朴素，一般是中山装、人民装、青年装、学生装；女性爱穿列宁装、春秋衫、对襟衫。原料多为土布、棉布，颜色为黑、白、灰、蓝。70年代，"文革"中流行黄色军装和灰色中山装。80年代，随着改革开放形势的发展，职工的服装也有较大变化，花色品种较多，有夹克衫、牛仔服、猎装、运动服和风衣等，质地主要为棉织、丝织、毛织、麻织、化纤、人造革等，开始讲究款式，色彩搭配。不少人讲究发型、佩戴首饰。90年代后，服装注重上档次、赶潮流。首饰在妇女中开始流行，高档化妆品也开始流行，年轻人对发型更为讲究，高档化妆品也开始进入普通职工家庭。2000年后，随着经济条件的好转，广大职工，不论男女老少都十分讲究衣着。现在满眼见不到一件带"补丁"的衣服，那种"里三年、外三年，缝缝补补又三年""大穿新，二穿旧，三穿破烂货"的年代早已一去不复返了。

建场初期，职工生活十分困苦。60年代，尤其是三年困难时期，人们经常以山芋渣、芙秧根、野草、榆树皮等充饥，大米、面粉很少。80年代改革开放后，生活水平有所提高。基本饮用手压井水和深井自来水。2000年后，农场建有4个深井自来水厂，目前，全场已有80%以上人家用上了自来水，彻底与河水告别。2016年，农场积极推进居民饮水安全工程，投入230万元对城镇二三级管网进行升级改造，与淮安区域供水管网并网对接，居民的饮水安全得到有效保障。饮食逐步讲究色、香、味，讲究营养品种搭配，鸡鱼肉蛋等副食品已成为家常菜。请客设宴也多讲究档次。

农场住房变化较大，大约经过4个阶段：①60—70年代基本上是土墙草顶或砖墙草顶的旧平房；②80年代后期大部分职工住上砖瓦房；③90年代开始部分职工已兴建楼房，且室内装潢档次越来越高；④进入21世纪后，尤其是近几年，农场楼房随处可见，楼层也越来越高，三层以上的楼房比比皆是，有的居民已住上小别墅，人均住房面积也大大提高。2010年以后，许多职工为子女读书创造条件，到淮安区、淮安市城里购房，融入城市生活。

建场前，农场道路泥泞，交通闭塞，外出主要靠船、靠两条腿，全场唯一的陆路交通是不足3米宽的西干渠东堤。建场后，农场党委为了工作需要，添置了10辆自行车。1968年，农场境内才有1条23公里长的淮洪砂石路。1970年开始，每天有两班公共汽车从农场通过。"要得富、先铺路"。2000年以来，农场重视道路建设，先后建成了中心路，还有多条东西南北方向的水泥路，现在是省道横穿农场东西、县道纵贯全场南北，形成纵横交错，路路相通、村村相连的交通网。交通工具也不断更新，摩托车、电动车成为农场职工的主要交通工具，不少人家还购买了面包车、小轿车、中巴车等。2010年以来，30%的家庭拥有了小轿车。

1980年前，农场职工大多数人家家具很少，哪家能有一个站橱、五斗橱就觉得了不起。2000年后，随着住房条件的改变，人们对室内家具的要求也越来越高，组合家具、彩电、冰箱、洗衣机、电风扇等现代化电气设备进入了职工家庭，不少人家还装上了空调，用上了电脑。通信设备十年来也发生很大变化，由60—70年代的手摇电话机到90年代后的按键电话机，2010年后，农场职工大部分已使用联通电话、移动电话。现在人手一部手机。

（二）职工福利

1. 公费医疗

职工看病，一律实行公费医疗。1980年农场实行劳保医疗制度，未参加工作的职工子女实行统筹医疗合作制度，离、退休干部和独生子女全部实行公费医疗。1997年对公费医疗制度进行改革，场内就医，职工自负30%，职工独生子女自负50%，其他人员自负 70%，在场外就医按规定统筹报销。从 2001 年 1 月开始，农场实施内部医疗统筹制度。个人按地方医保规定基数和比例缴纳个人部分医保金，农场配套相应资金，就医实行门诊按比例缴费、外诊按比例报销制度。2008 年 1 月，全场 7120 名非职工纳入淮安区新型农村合作医疗，以后人数逐年增加，参合率达 98%。2009 年 1 月，在省政府的关心下，农场在职职工和退休人员 8071 人，按规定纳入地方城镇职工基本医疗保险范围，健全和完善了大病统筹制度。每年为大病、重病患者办理特定病种手续，累计达 900 多人，解决了患病职工就医难和因病致困等问题。2014 年农场完成了在职职工、退休职工共 7069 人免费体检工作，并按照江苏省农垦集团公司的要求，每两年进行一次体检，为职工健康服务。

2. 丧葬补助和遗属补助

职工死亡，原按死亡职工的两个月工资给予补助，从 1996 年开始，职工死亡给予 1000 元的一次性补助。死亡职工如有未成年子女的，给予一个未成年子女家属补助 800 元，有两个的补助费为 1200 元，同时对因公死亡职工的未成年子女，每月发给 80 元生活费，直发到其成年为止。

随着农场经济的发展，农场的丧葬补助费标准也在不断提高。按江苏省总公司有关政策，逐年调整丧葬补助费。由 2000 年前的 1000 元，增加到 2001 年的 2400 元，2003 年的 3000 元，2004 年的 3600 元，2006 年的 4400 元，直到 2008 年的 7200 元，2009 年 7 月始，丧葬补助费增至 9200 元，遗属补助也由原来（2000 年）的每人每月 30 元增加到 2022 年的每人每月 240 元。2012 年，供养直系亲属生活费 340 元/月；丧葬费 600 元，抚恤金 14000 元。2012 年 5 月，死亡职工丧葬费 20000 元。2021 年 8 月，根据国家人力资源社会保障部、财政部关于《企业职工基本养老保险遗属待遇暂行办法》的通知，从 2021 年 9 月后执行国家统一的遗属待遇政策。政策规定，丧葬补助标准和抚恤金标准将按照本省上一年度城镇居民月人均可支配收入和规定的计算方法进行结算遗属待遇。

3. 困难补助

职工困难补助由各级工会组织负责，其经费按国家规定从职工的福利费、工会会费中划出使用。工会福利费的支出，主要用于职工死亡的丧葬费、抚恤金、遗属补助及每年春节对困难职工的一次性救济以及职工干部、老干部平时住院需要支出的探视、慰问等费用的开支。

2002 年 1 月，农场按照江苏省民政厅、财政厅和江苏省农垦事业管理办公室联合下发的《关于将农垦企业职工纳入地方城市居民最低生活保障范围的通知》要求，经过协调和努力，我场职工纳入地方城市低保范围。此后，又根据农业部、公安部、农垦发〔2003〕2号文件精神，将农场困难职工及家属全部纳入当地城市低保范围。年发放低保金由最初的8000多元，增加到近80万元。使困难职工生活有了最低保障。

2009年底，全场享受低保的家庭有306户，648人，全年发放最低生活保障金96万元。2013年，农场加大低保政策争取力度，向地方政府争取了低保户以及残疾人生活保障，非职工居民养老保险和80岁以上老人尊老金等政策，惠及低保户485户，1004人，全年发放低保金210余万元，残疾人救助及保障金13.9万元，尊老金21.7万元，最低生活保障、重残补助、慈善救助、非职工居民养老保险金以及尊老金达524.54万元。

2019年，全年享受低保418户，880人，低保金345.25万元。80周岁以上老人尊老金576人，39.57万元。全年共有113人享受残疾人两项补贴，享受金额38.76万元，辅助器具总价6万元。

2020年10月，积极向地方民政争取救助政策，从10月起困境儿童纳入地方属地救助。

2020年，社区充分发挥低保扶贫兜底效应，加强动态管理，全力做到应保尽保，当年共有低保户391户，760人，全年发放低保金340.5万元；社区"五险一金"累计参保人数已达1752人，7181.13万元，其中正常参保缴费职工1661人、中断缴费职工91人，上缴住房公积金1625人，709.42万元；现有离退休人员5181人，发放养老金19148.81万元；缴纳城镇居民医疗保险5259人，152.51万元，参保率达95%以上；全场共享受残疾人两项补贴41.01万元，80岁以上老人尊老金569人，39.59万元，基本实现社会全覆盖。

2021年，社区通过基本生活保障、义务教育保障、基本医疗保障、住房安全保障、就业创业和社保扶持、群团和社会帮扶、水电气优惠减免等政策入手，解决"两不愁三保障"，稳定收入，做好"精准帮扶"排查摸底、申报，对符合条件的群众发放补贴。春节送温暖，慰问困难职工、重大疾病困难家庭280户，发放现金5.58万元；周宪超来场慰问，发放现金1.74万元，并发放大米、食用油等，折合人民币共计4.14万元；对于实际有困难的家庭给予临时救助，共计6.9万元。在建党百年到来之际，慰问因病致困党员，慰问金7300元，把党委的温暖传递到困难群众心中。

2022年底，全场享受低保的家庭有204户，391人，全年发放最低生活保障金203.6万元，全年残疾人两项补贴资金64万元，困境儿童16.33万元。近3年来，积极争取公益项目，争取到捐赠的小家电折合资金10多万元。

4. 离、退休养老金

1981年，农场按国务院文件的规定，办理了建场以来第一批职工的退休手续，

1981—1994 年，先后为 19 名抗日战争时期和解放战争时期参加工作的老干部办理了离休手续。1981 年后正常办理干部职工的离退休手续，凡属具有 15 年以上工龄，男年满 60周岁，女年满 50 周岁符合退休条件的职工，经本人申请、组织审批，准予退休。1994年，农场为退休金偏低的职工大幅度增加退休金，凡符合年龄的干部到时均办理离退休手续，其待遇一般高于职工，截至 1997 年底全场共有 3027 名干部职工退休，19 名干部离休。

江苏农垦从 2000 年起，养老保险纳入省级统筹，分 3 年到位，从此，农场职工的退休金逐年提高。2003 年底前，农场退休人员养老金未按规定标准发放，调整政策也是农场自主确定。从 2004 年开始，所有退休人员养老金全部按上级劳动部门批准的标准发放。人均月养老金标准由 1999 年的 180 多元增加到 2008 年的 1092 元。以后年发放数逐年增加。2021 年江苏省社保一体化平台上线，离退休人员的退休待遇进入平台进行社会化发放。

1981—2022 年干部职工离退休情况一览见表 13-2。

表 13-2　干部职工离退休情况一览（1981—2022 年）

年份	离休人员	退休人员	小计	年末离退休人员累计总数
1981	1	945	946	923
1982		882	882	1430
1983		587	587	1547
1984	6	282	288	1470
1985	1	157	158	1588
1986	2	155	157	1628
1987	1	184	185	1729
1988		268	268	1901
1989	3	221	224	2205
1990		207	207	2449
1991	1	233	234	2608
1992	3	128	131	2722
1993		170	170	2780
1994	1	156	157	2893
1995		175	175	2958
1996		186	186	2970
1997		150	150	3027
1998	12	159	171	3086
1999		150	150	3120
2000		182	182	3238

（续）

年份	离休人员	退休人员	小计	年末离退休人员累计总数
2001		188	188	3355
2002		211	211	3466
2003		176	176	3639
2004		215	215	3782
2005		182	182	3868
2006		210	210	3965
2007		186	186	4026
2008		161	161	4111
2009		139	139	4166
2010		108	108	4192
2011		126	126	4128
2012		239	239	4343
2013		194	194	4430
2014		243	243	4567
2015		191	191	4636
2016		285	285	4760
2017		236	236	4909
2018		255	255	5044
2019		205	205	5135
2020		176	176	5181
2021		129	129	5198
2022		210	210	5275

5. "五险一金"

从 2016 年开始，农场退休人员养老金发放和在职职工养老保险金征缴全部纳入江苏省社会保险基金管理中心管理，实行农垦一个头结算。农场征缴基金由农垦集团公司养老保险处根据结算全额缴纳省地税厅，退休人员养老金发放由江苏省社会保险基金管理中心根据结算发放全额下拨农垦集团开设的养老保险发放金融账户，全部实行社会化管理与发放。

2009 年 1 月，农场在职职工和退休人员按照江苏省人力资源保障厅、财政厅、苏劳社医〔2008〕5 号和苏财社〔2008〕132 号文件要求全部纳入属地城镇职工医疗保险。农场分 3 年向地方医保部门交纳职均 1564 元的一次性医疗保险接续费 1262 万元。全场在职职工 3977 人和退休职工 4094 人进入属地淮安区医疗保险。

2012 年 4 月，根据江苏省农垦集团苏垦集社〔2012〕86 号文件《关于全面落实垦区农业企业职工社会保险和住房公积金制度方案的通知》，从 2012 年 6 月起，农场在职职工属地参加生育保险、工伤保险、失业保险和住房公积金缴存，企业按照文件规定为农场职工缴纳生育保险、工伤保险、失业保险和住房公积金。与此同时，全场参保职工开始享受相应的生育保险、工伤保险和失业保险待遇，在福利购房待遇上得到了制度保障。

四、场乡共建

农场由淮安范集、南闸、林集和三堡 4 个公社的 9 个大队合并而成，本来就是一家。农场创建以来，一直重视与周边乡镇搞好睦邻友好关系。经常与周边乡镇互通情况，交流信息，协调解决一些实际问题，通力合作，共同抓好农场乡镇的两个文明建设。

1960 年初，从淮安各乡镇抽调近千人到农场工作，支援农场各项事业的建设，帮助扭转农场生产劣势。1964 年，为支援农场水利建设，周围八乡镇的四千名农民，帮助农场进一步开挖引河，加固河堤。1971 年 3 月，农场无偿划拨 2190 亩荒地给淮城镇兴建"五七"农场。

与此同时，农场也利用比较优越的生产基础条件，积极帮助周围乡镇发展农业生产。修理厂帮助他们修理农机具，机耕队帮助他们耕田收割，供电站帮助他们架线通电，物资公司向他们提供价廉质优的化肥、农药，种子公司为他们提供大量优良的稻麦种子。农场始终坚持互利互惠、共建共荣的原则，搞好睦邻友好关系，不断发展共建成果。近年来，农场在周围乡、镇设立化肥销售点，并负责技术指导，帮助他们提高粮食产量。

第二节　知识青年

1963 年，广大城市青年响应毛主席"知识青年要到农村去，接受贫下中农再教育"的伟大号召，满怀激情，来到农场，成为特殊时期的特殊力量，为农场建设奉献了知识和青春，贡献了才智，做出了不可磨灭的贡献。

1963 年 6 月至 1965 年 10 月，农场先后接收了镇江、扬州、淮阴、南京、常州 5 个城市的知识青年、社会青年以及带薪职工 2047 人，其中男性 1183 人，女性 864 人。当时农场刚成立 3 年多时间，生产力低下，职工群众生活贫困、文化匮乏、经济落后，为了安置好知青，农场党委分工由徐坤副场长负责知青工作，建立了以农场为中心的南北知青点，即：安置镇江知青的杨荡分场、安置南京知青的解大港分场、安置常州知青的陈堆中队和安置扬州知青的六支中队。各分场、中队配备了当地干部兼分场场长、中队长职务，管理知青日常生活，管理带领知青从事生产劳动。

知青插场后，在领导的带领和当地群众的帮助下，自建住房、自建食堂、自建公厕；

自挖水井、自挖水沟、自挖养鱼塘；自建猪场，自己养鸡、养鸭；自铺篮球场、自制简陋的运动器材，为自己创造最简单、最基本的生存和生活条件。在生产劳动中，知青们手挖肩挑、清除杂草、开挖沟渠、构筑田埂和堤坝，把荒地改造为整齐划一的条田。繁重的基建劳动和农活，思家的愁绪和心理承受，饱了月头饿了月底，破了衣服坏了袜子，知青们经历了劳动关、思想关和生活关，严峻的考验，使他们增强了独立生活的能力，掌握了劳动的技能，思想感情也发生了根本的变化。

知青从事生产劳动的同时，积极开展业余文化生活和体育锻炼，学文化、学技术。为了提高科学种田水平，100 多名知青积极参加江苏函授大学的学习，将学到的知识与生产实践相结合，引进良种，推进各种先进的农业生产技术，成为农场科学种田的先行者。由杨荡分场一中队组建的良种站，在历任站长毛宗健、童本立、冯顺义、王武扬、魏佩煌的带领下，成功地繁育和纯化水稻新的优良品种。1965 年三中队种植的"农垦 58"水稻，单季亩产 814.8 斤，超《农业发展纲要》苏南的指标，获"江苏省农业先进单位"称号，省长惠浴宇颁奖。四中队水稻试验田亩产超千斤，团支部书记张勤耘 1965 年出席了全国水稻高产经验交流会，受到了周恩来总理等党和国家领导人的接见并合影留念。

农闲季节，知青同农场的干部职工一起参加冬春水利会战。1965 年，农场决定从南到北开凿中干河，当时正值数九寒冬零下十多度，知青同农场干部职工一道顶风冒雪，不怕苦和累，按时完成农场下达的土方任务。在农场的日子里，知青们不但参加了农场中干河、西干渠和十八条大沟的开挖工程，一部分知青还参加了淮河入江水道、淮沭河等省大型水利工程的会战，冒着天寒地冻，吃住在水利工棚，同工地上老河工、农民壮汉一样完成土方任务。知青非但有文化、有知识，体力劳动也毫不逊色，有 100 多人次被评为"五好水利战士"。

知青在农场经过几年的艰苦磨炼，长高了、壮实了、晒黑了；胳膊粗了、肩膀圆了、后肩也隆起了。他们会挑担子、挖大锹、使镰刀、撑船儿、罱河泥；选种、催芽、落谷、育苗、插秧、田管、收割、脱粒、打场、进仓，一整套种粮的活儿都会做了。他们从思想上、体力上都得到了前所未有的历练，知青群体成为农场一支特别能吃苦、特别能战斗的生力军。

在农场期间，知青们从各个途径、用不同的方法传播着文化，传承着文明，架设了城市和农村的文化、艺术桥梁，现代文明和传统文明的桥梁。1965 年底，按照江苏省农垦局成立春节慰问团的统一布置，农场为第五分团，场长何俊松同志任命徐坤为副场长、任命祝胜科长为正副团长，率领以汤广林为领队的 20 名镇江、常州、南京的知青组成慰问团演出队，赴扬州琼花、广陵两区慰问。12 月 28 日，演出队员在场部集中，经过 20 天的创作、排演，赶出一台节目。1966年1月15日，慰问团一行乘上农场"小跃进"汽车，夜行淮扬公路，三更天抵达绿扬旅社。16—17日完成了琼花、广陵两区的慰问演出。慰问结束后，演出队在各大队和周边公社巡回演出。1969年6月，演出队正式更名为白马湖农场毛泽东思想文艺宣传队，开始了半农半艺的宣传生涯。知青宣传队是一支乌兰牧骑式的文艺轻骑兵，是农场的文化工作队，忙时生产、闲时宣传，不仅在农场巡演，慰问驻地部队，还涉足淮安许多公社和大型水利工地。特别是从1973年开始，年年参加省、地群众文艺调演，名扬淮安一方，成为群众文艺的典型。

1968年12月22日，农场1159名知青响应毛主席"到农村去，接受贫下中农再教育"的号召，分散居住到农场的各个生产队，他们的聪明和才智得到了又一次释放和发挥。在农场的工业战线上，知青中有数十人先后成为农业机械化机务人员。机务二连的镇江知青徐志平任组长的"东方红"9号机组全部由知青组成，被命名为知青车组。有知识、有文化的知青为全面推进农场的机械化增添了勃勃生机。在农场的教育事业上，先后有近百名知青投身其中，将文化知识传授给职工子女。知青中还有近百人在农场的会计、农技、医务、兽医、气象、通信等方面从事工作，他们在各自的岗位上经过千锤百炼，其中有14人入党，196人入团，4人加入农场领导班子，21人充实大队领导班子，83人充实生产队领导班子，在场部和基层单位工作的有197人，他们在各自的岗位上艰苦奋斗，为农场的经济发展做出了贡献。

知青在农场的骄人业绩得到了全场职工群众的认可和赞誉，不少知青出席过县以上积极分子代表大会，有的获得了国家、省、地、县、场级的表彰。先后涌现出许多先进人物：1964年朱高俊出席"江苏省知识青年参加农业劳动积极分子大会"。1965年张勤耘出席"全国水稻高产经验交流会"，康广生、张生源参加了省贫下中农代表大会，1969年朱勤参加全国农民积极分子代表大会和国庆观礼，陈蓓蕾被评为省农民积极分子，1974年余传丽、王武扬参加了省知青代表大会，1975年《新华日报》大篇幅专题报道了余传丽女管天的先进事迹，1976年江苏省电视台来农场摄制新闻纪录片《白马湖畔的女管天》，1978年贾沛红当选为江苏省妇女代表大会代表。知青中有冯顺义等近30人被推荐上了大学、大专、中师和参军。

1974年3月20日，农场成立了"知识青年上山下乡办公室"，专门负责知青工作。到1974年底，因招工、招生、参军、病退等原因有近千名知青先后返城，农场还有知青1334名，其中有949人在农场成家。

1978年10月至1979年底，大批知青以不同形式先后回城，有不少家属随之回城。至1982年底，仍有139名知青留场工作，1989年底还有29名知青留场。截至2018年仍有 22 名知青最终选择了把根扎在了农场。镇江知青于德江、扬州知青叶亚萍把生命永远定格在风华正茂的青春，长眠在白马湖大地上。

知青回城后，开始忙于新的工作，重新创业，安置家庭，增补学历文凭，平静而顽强地生活着、工作着。随着时间的推移，他们对农场的眷恋之情越加浓烈，时刻不忘让他们饱受精神洗礼和生活磨砺、关心培养他们成长的第二故乡——白马湖农场。十多年来，南京、镇江、扬州、常州知青，先后十多次组团来农场参观访问。2005 年"五一"期间，为了纪念知青文艺宣传队成立 40 周年，镇江、扬州两地的知青和农场广大干部职工真情互动，举办了一台主题为《亲吻白马湖》的联欢晚会；2018 年 5 月，知青文艺宣传队部分成员回农场观光白马湖湿地公园时，受农场宣传队小学员之邀，师生同台做了一场以"感恩白马湖"为主题的文艺演出。2009 年 11 月，四城市的知青参加了农场建场 50 周年庆典，2013—2015 年，镇江、常州、扬州、南京市知识青年分别举行纪念插场 40 周年活动，镇江知青研究会还发行了《岁月白马湖》一书。回顾农场的发展历程，歌颂农场的巨大变化，展望农场的未来，表示永远关注农场的未来和发展。

第三节　驻场单位

一、淮安市白马湖粮油管理所

粮油管理所始建于 1952 年，前身是范集粮管所鸭州粮站，1969 年撤站建所，时占地 25 亩，建筑面积 3500 平方米，仓储能力为 75 万公斤，干部职工 12 人，拥有固定资产 50 万元。1998 年粮管所经过扩建，占地面积达 37.4 亩，建筑面积达 24900 平方米。可完成 1000 万公斤仓储任务，具有较为先进的粮油检验设备，固定资产达 301 万元。

2002 年 2 月，粮管所进行改制，有 36 人买断工龄，实行一次性补偿，后来又返聘 13 人，目前粮管所干部、职工尚有 11 人。此后，粮管所又新建仓库 1000 多平方米。2017 年，粮管所新建 3 幢高大平房仓 4800 平方米。2019 年，根据淮安区粮食购销公司安排，范集粮管所并入白马湖粮管所。2022 年，范集永济洞粮管所并入白马湖，目前白马湖人数为 8 人，范集人数为 5 人，永济洞人数为 3 人，总人数为 16 人。单位名称已改为淮安区白马湖粮油购销有限公司，曹爱忠任主任。粮管所先后由薛风焘、邵殿龙、张志东、沈兆桂、谢朝元、滕海、曹爱忠等任主任。

二、淮安市农村商业银行白马湖支行

1960 年 1 月，"中国人民银行淮安县白马湖营业所"成立。1980 年改名为"淮安县农

业银行白马湖营业所"。1993 年 5 月更名为"淮安市农业银行白马湖办事处"。其职能主要承担农场信贷、储蓄等业务。储蓄存款余额由成立之初的 3.4 万元发展到 1996 年的 1387 万元。1997 年的信贷资产总额达 3897 万元。办事处先后由陈文高、孙文景、朱学顺、范玉成等任主任。

2000 年，"淮安市农业银行白马湖办事处"撤销。2004 年建立"淮安市楚州区农村信用合作联社白马湖信用社"，编制 8 人。信用社从成立之日起，就热心服务于农场经济建设，开办存储、信贷业务。2008 年终贷款额 3200 多万元，存款余额 5100 万元。信用社先后由杨大伟、邵小刚任主任。

2011 年 12 月 15 日，淮安农村商业银行白马湖支行成立。前身为"楚州区农村信用合作联社白马湖信用社"。支行成立以来，坚持"立足地方、服务'三农'、支持中小"的市场定位，秉承"心服务，新未来"的服务理念，为辖区内企事业单位、个体工商户提供资金的支付结算，为农场职工提供包括劳动工资在内的资金存取，支行现由许永生担任行长。

从 2011 年成立淮安农村商业银行白马湖支行至今，一直坚持"服务'三农'、支农、支小、支实"的市场定位。以打造"周到金融""家乡银行"品牌，将文化理念融入服务当中，以周到七字诀"专快细简灵暖全"的精神内涵对待客户。支行贯彻执行总行围绕落实支持乡村振兴、服务实体经济的部署，为辖区农户、企事业单位、个体经营者等提供多种信贷产品来满足各行业的信贷需求和各类金融服务。2022 年终各项贷款余额 6393.15 万元，各类存款额 48713.16 万元。

三、淮安市白马湖供销社

白马湖供销社前身为白马湖购销站，隶属林集供销社领导。1965 年 1 月，成立白马湖供销社。建社之初有职工 13 人，营业草房 6 间，固定资产仅为 0.29 万元。经过逐年发展，先后在孙谢、张徐、闸东、前进、三庄、滕庄、于庄、朱洼等地设立商业供应点，共有职工 41 人。2000 年后，农场供销社实行改制，有的职工买断工龄，有的自行下岗，共有职工 12 人。至 2022 年底白马湖供销社仍有在职职工 4 人，其中主任 1 人。供销社先后由吕殿来、沈万立、王怀兴、谢朝德、许久林、候成才、毛美荣、杨长富、汤文祥、陈寿宝、刘洪云、刘祥光、陈寿宝、于建亚、朱晓阳任主任。

四、淮安市白马湖邮电支局

1960—1966 年，农场自办邮电代办所，业务上受林集邮电所领导。1966 年 6 月，设立邮电所。1992 年 9 月，邮电所交由淮安邮电局管理。1993 年，邮电所升格为邮电支局，1998 年，邮电支局分为邮政支局和电信支局。

邮政支局，目前设支局长 1 名，营业员 3 名，投递员 2 名，邮政支局主营邮政基础业务、邮政增值业务、邮政储蓄业务、邮政附属业务、邮政业务及国家邮政局批准开办的其他邮政业务。2007 年白马湖邮政支局获江苏省邮政系统"百优班组"。2008 年获淮安市"十佳文明窗口""区邮政局先进单位"称号，刘兆梅同志荣获省邮政系统优秀营销员、江苏邮政"社会主义新农村建设践行者"称号。1998 年支局成立后，邮政支局分别由于素蓉、高其华、范定俊、徐弘、花红军等任支局长。

五、淮安市白马湖税务所

白马湖税务所建于 1967 年，1994 年税务所在原来的基础上分解为国税所和地税所，并分别在健康西路新建办公楼，后因政策原因，国税、地税两所撤销。

六、淮安市人武部武器装备弹药仓库

人武部武器装备弹药仓库位于原一分场境内，占地 50 亩，于 1979 年 5 月兴建。现已撤销。

淮安区公安分局白马湖派出所（原淮安县公安局白马湖派出所、楚州区公安分局白马湖派出所）1985 年 9 月成立，编制 7 人，所长由县公安局派任，指导员及民警由农场配备，经费由农场承担。

1988 年，派出所下设办理居民身份证和户籍关系两个办公室。

1992 年 11 月，派出所通过淮阴市公安局验收，为达标单位。

1996 年，派出所建立党小组，定为科级单位。1997 年 5 月原联防大队解散，同年 10 月重新组建联防队。

2000 年，农场派出所由企业派出所纳入地方公安系统，目前编制有 5 名民警，9 名治安联防队员。

农场派出所自成立后，先后由袁家龙、李敬安、陶光照、刘晓峰（副）、张小平（副）、张红兵、王少山（副）、施淮中、倪海军、王锦业、曹开顺、周伟伟（副）、骆长帅同志任所长。

七、白马湖检察室

1990 年，淮安区检察院（原淮安市检察院）在农场设立白马湖检察室，后因政策原

因于 1998 年撤销。2014 年淮安区检察院重新在农场设立白马湖检察室。

八、淮安市白马湖电信支局

1998 年邮电支局划出电信业务，单独成立电信支局，主要承接电信业务，在本市范围内经营第二代、第三代数字蜂窝移动通信业务。同时，经营本地固定网电话业务、固定国际国内长途电话业务等。1998 年支局成立后，电信支局分别由王晓娟、陈曦、贺晶、张仲亚、谢跃、杨玉海、滕林菲等担任支局长。至 2022 年底，全场电信固定电话用户 260 户，电信宽带用户 1600 户。

第四节　居民、习俗与民俗

一、居民

（一）民族

本场居民以汉族人为主，1964 年知识青年来场后，农场有 73 名回族人、41 名蒙古族人和 3 名满族人。少数民族人员与本场汉族人员以平等地位参与企业管理。他们的风俗习惯普遍受到尊重。1982 年由于大批知青回城，农场仅有 8 名回族人。近年来，农场不少男青年与云、贵、川等地女青年通婚，因而农场现有 15 名布依族和 2 名苗族人散住全场。

（二）人口

本场常住人口，1959 年底为 7279 人，2008 年底，全场人口为 16036 人，其中男性 8074 人，女性 7962，住户 6324 户，全场人口高峰期是 1977 年，为 17957 人。

农场于 1959 年 11 月由淮安县三堡、林集、南闸、范集四个公社的 9 个大队合并而成，主要是本地居民。以江苏省内为主，籍贯涉及苏、鲁、沪、皖等 30 个县（市）。

1964 年 7 月 1 日第二次全国人口普查时，全场总人口为 12803 人，其中男性为 6691 人，女性为 6112 人；1982 年 7 月 1 日，第三次全国人口普查时总人口为 16663 人，其中男性为 8411 人，女性为 8252 人。1990 年 7 月 1 日，第四次全国人口普查，总人口为 16396 人，其中男性为 8325 人，女性为 8071 人。2000 年 1 月第五次全国人口普查，全场共组织 23 名普查员，6 名普查指导员，全场应登记为 4352 户，总人口为 16243 人。其中男性为 8181 人，女性为 8062 人。2010 年 7 月 1 日，第六次全国人口普查，全场总户数 4388 户，总人口 16045 人，其中男性 8066 人，女性 7979 人，

1975—2018 年全场人口变动情况统计见表 13-3。

表 13-3　全场人口变动情况统计表（1975—2018 年）

年份	总户数	总人口			出生	死亡	迁入	迁出
		男	女	合计				
1975	4175	8783	8289	17072	351	121	163	328
1976	4514	8861	8465	17326	330	128	238	198
1977	4643	9086	8765	17851	307	117	463	123
1978	4879	8787	8491	17278	322	138	71	840
1979	4875	8351	8287	16638	321	113	387	1240
1980	5402	8422	8320	16742	240	88	70	118
1981	4917	8399	8298	16697	217	192	69	139
1982	4578	8407	8311	16718	204	97	74	162
1983	4420	8411	8313	16724	196	137	31	171
1984	3445	8105	8163	16268	130	125	27	92
1985	4827	8233	8349	16582	135	128	95	357
1986	4463	8251	8354	16605	168	108	167	204
1987	4425	8283	8203	16486	217	130	72	378
1988	4747	8331	8020	16351	203	130	40	248
1989	4919	8435	7833	16268	231	722	56	162
1990	1698	8341	8111	16452	487	126	70	133
1991	4646	8463	8110	16573	224	109	72	77
1992	5252	8456	8065	16521	160	111	109	117
1993	5515	8433	8095	16528	201	80	72	154
1994	5951	8528	8254	16782	158	126	59	202
1995	7443	8057	7828	15885	54	137	23	195
1996	7545	8052	7822	15874	210	86	32	120
1997	7637	8202	8233	16435	124	110	19	127
1998	7549	8180	7988	16168	124	105	46	70
1999	6244	8460	7528	15988	98	115	95	158
2000	6319	8612	7631	16243	119	124	245	85
2001	6324	8546	7373	15919	101	198	32	259
2002	6312	8133	7467	15600	108	234	23	216
2003	6289	7967	7436	15403	106	178	57	182
2004	6297	8014	7485	15499	121	156	83	108
2005	6315	8076	7572	15648	149	114	156	42
2006	6310	8178	7613	15791	143	128	212	84
2007	6274	8124	7787	15911	120	133	239	106
2008	6324	8074	7962	16036	139	142	199	71
2009	6030	8358	8148	16506				
2010	6019	8340	8140	16480				
2011	6009	8325	8134	16459	147	118	50	40

（续）

年份	总户数	总人口			出生	死亡	迁入	迁出
		男	女	合计				
2012	5949	8344	8106	16450	195	134	60	41
2013	5891	8360	8123	16483	191	116	54	31
2014	5834	8281	8117	16398	133	121	51	54
2015	7527	11946	11904	23850	220	188	53	36
2016	7481	11878	11899	23777	239	199	114	36
2017	5634	7824	7765	15589	137	185	26	102
2018	5572	8509	7536	16045	119	138	36	53

注：2015 年、2016 年，腾飞办事处 1726 户，8520 人划归白马湖派出所户籍管理，计入统计表中。

（三）姓氏

2018 年农场共有姓氏 188 个，均为单姓。职工子女一般随父姓，也有极少数子女从母姓。

全场姓氏如下：

卜　丁　刁　干　万　于　卞　方　毛　王　邓　孔　韦　尹　尤

支　古　代　冯　乐　卢　宁　申　石　史　师　田　叶　左　龙　毕

成　池　伏　关　华　江　吉　纪　刘　吕　年　乔　曲　任　阮　孙

汤　问　向　仲　朱　庄　齐　阳　许　邢　祁　陈　杜　贡　谷　何

花　李　连　芦　陆　邱　沙　邵　沈　宋　苏　汪　吴　肖　严　宗

杨　张　邹　佐　芮　邵　单　范　房　季　金　林　罗　孟　欧　侍

武　郁　岳　郑　周　明　柏　费　郝　洪　姚　候　胡　姜　柳　骆

施　咸　项　赵　钟　祝　俞　高　贺　耿　顾　桂　郭　贾　禹　莫

倪　聂　钱　秦　谈　唐　陶　夏　徐　袁　奚　晁　翁　曹　常　崔

盖　龚　黄　寇　康　梅　盛　屠　阎　章　董　葛　韩　彭　童　温

谢　曾　褚　傅　程　蒋　鲍　楚　解　蓝　廉　甄　窦　蒙　翟　管

廖　裴　谭　缪　潘　阚　蔡　颜　滕　衡　薛　戴　魏

二、习俗与民俗

农场的习俗，与苏北江淮地区的风俗差不多，少数客籍居民也是入乡随俗。随着社会的进步和改革形势的需要，风俗习惯也在不断演变，具有农垦特色的一代新风正在形成。

（一）传统习俗

（1）春节。农历正月初一为春节，俗称过年，是我国人民的传统佳节。每到腊月下旬，家家户户忙过年。"扫尘""送灶""办年货""清理债务"年前四件大事。大年三十（除夕）守岁，通宵不眠，黎明前须接天地，爆竹声由除夕晚至初一晨此起彼伏连续不断。初一早晨，人们穿新衣，吃汤圆，晚辈给长辈拜年，见面互道祝福吉祥语，贺客上门，主人以糖果、花生、瓜子、糕饼及烟茶等待客。客人要吃些云片糕、糖果等以示步步登高，甜甜蜜蜜。有些人家还办"年酒"，亲朋相聚，欢庆节日。春节期间，走亲访友，同时还开展多种文娱活动，活跃节日气氛。

（2）正月初五。正月初五又称"过小年"，全家早晨吃汤圆，以示团团圆圆。

（3）元宵节。正月十五"元宵节"，又称"灯节"，也称"正月半"。早餐吃汤圆，七八十年代前，晚间有"照虫"习俗，祝愿一年中农作物不生害虫。

（4）二月二。二月二又称"龙头节"。民谚云"二月二，龙抬头，家家带活猴"。这天为祭龙之日，人们盼望风调雨顺、五谷丰登，家家忙着带姑娘。

（5）三月三。三月三相传为荠菜花生日，也是女儿节，农村妇女多摘荠菜花，插于鬓边，以祈清目，俗称眼亮花。此俗现已消失。

（6）清明。清明前数日修祖坟，俗称"圆坟"，清明节学校等单位组织学生祭扫烈士墓，亲人骨灰存放公墓、纪念堂的人家也前去该处焚烧纸钱，予以悼念。清明前后还有踏青放风筝的习俗。

（7）端午节。五月初五又称五月节或端阳节。亲朋好友互送节礼，家家包粽子。从五月初一起，就在住宅门前和窗户上插菖蒲和艾枝，称为"避邪"。在小孩的颈、腕上系彩色绒线，谓为"扣手"。

（8）六月六。六月六相传为皇帝晒龙袍之日。主要是晒书籍、图画或过冬的寒衣棉被等物，可避虫蛀，还有人家炒面粉，用糖拌食，谓之"炒面"。

（9）七月七。七月初七相传是牛郎织女相会之日。旧时也有将端午节为小孩扣的绒线剪去，扔在屋上，让喜鹊衔去给牛郎织女搭鹊桥。

（10）立秋。立秋时节吃西瓜，俗称"熬瓜"。立秋后，还有 18 天的火。立秋后不能再在地上睡觉，也不能随便生吃瓜果，俗云"秋瓜秋水，多吃活见鬼"。

（11）七月半。农历七月半为中元节，又称"鬼节"，家家祭祀祖先。

（12）中秋节。八月十五是中秋节，又称八月节或团圆节。晚上家家门外摆张桌子，摆上月饼、菱角、藕、花生、苹果等物，待月亮升起后鸣放鞭炮。谓之"敬月"，一家人共进晚餐，共同赏月。

（13）重阳节。农历九月初九为重阳节，也是江苏省"敬老日"。

（14）冬至。冬至又称"过小年"，俗称"新冬大似年"。焚烧纸钱祭祀祖先，古人有"冬至一阳生"之说，把冬至视为一年节气的起点，冬至后，白昼渐长，有"过了冬，长一葱"的谚语。冬至后，便交冬数九，至九九而寒尽。

（15）除夕。除夕，也称"大年三十""三十晚上"。即除去旧夕迎来新年之意。中午祭祖，下午张贴对联、年画，晚上迎接灶神爷。除夕之年，阖家团聚，长辈给晚辈压岁钱，家人欢聚，不睡觉，谓之"守岁"。现在一般都是阖家看春节联欢晚会或集体娱乐，待午夜 12 点，家家燃放鞭炮焰火，以示迎春。

（二）婚嫁习俗

（1）议婚。旧时提亲说媒，讲究门当户对，有"板门对板门，笆门对笆门"之说。男女双方认为合适时，由媒人将女方的生辰八字（即年庚）传给男方，由男方将男女双方年庚交给算命先生"合婚"。现在，男女合婚的渐少。

（2）相亲。在男方为"看媳妇"。在女家称"相女婿"。过去由媒人陪同双方家长，子女在约定的场所相看，现在由介绍人将双方情况通报，如双方家长及男女双方认为可谈，即相约男女直接见面和交谈。

（3）订婚。男女双方恋爱关系确定后，即拍订婚照，男女双方家庭设宴招待亲友。男方给女方手表、戒指、衣物等定亲信物，女方家长也象征性给男方买一些礼物。订婚后，双方进一步来往，加深了解，现在订婚并不具有法律约束力，并非结婚必要程序。

（4）通喜信。又称"看日子"。订婚后，男方有意迎娶，便择定成婚吉日，请媒人通知女家。喜信通报后，不久就要过"大礼"，男方聘礼由媒人送到女家，同时带上大红喜帖，女方送红纸帖回复男方。如有争议，全凭媒人从中周旋，有"媒人跑断腿，油香抹遍嘴""媒人十八撮"之说。现在婚期多选在劳动节、国庆节、元旦等重大节日。

（5）结婚。男女双方按法定手续领取结婚证后，即可结婚。男方在结婚前一天，需挑选一个男孩陪新郎"压床"，邀请至亲吃"暖房酒"。吉日上午，男方请媒人带领仪仗执事前往女方迎娶，一般在太阳落山前把新娘迎到家。现在自由恋爱较多，不少都由新郎亲自迎娶新娘，女方派人送亲，陪送新娘嫁妆。晚上举行婚礼、拜堂、闹新房、入洞房等。翌日清晨，新娘要早起扫地煮饭，拜会亲友中的长辈，同时长辈亲友要给新娘"见面礼钱"。新郎、新娘散喜烟、喜糖。第二天上午新郎、新娘要"回门"，新娘的舅舅、叔伯父、兄弟等要去新郎家"会亲"，"回门"之时，男家女眷将新娘陪嫁的衣箱打开，俗称"倒箱子"。第三天，女方家派人请新郎、新娘回娘家，俗称"双请双带"。

近年来，随着精神文明建设不断加强，婚嫁仪式大为简化，逐渐实行旅行结婚的新婚仪式。

（三）生日满月

小孩出生后，年年过生日，每逢十年过"整生日"，生儿育女寿诞之期，亲朋好友祝贺，主人设宴热情招待。

（1）妇女生小孩，谓"坐月子"。生男孩用红蛋报喜，生女孩一般送糖果，随着时代变化，现在不少人家生女孩也用红蛋报喜。孩子出生一月内，亲友要买"月子礼"，以示庆贺。婴儿出生一个月，称为"满月"，满一百天，称为"百露"，一般亲友要备礼或红包送给婴儿。

（2）女儿出嫁第一年，父母要在女儿生日那天到婆家送礼，把女儿生日告诉婆家，谓之"交生日"。据传，如不交，女儿在婆家一辈子不过整生日。

（3）小孩出生满一周年，即"周岁"，又称"头生日"。古时有"抓周"习俗。亲朋好友要备礼庆贺小孩生日。农场素有"姑母鞋，姨娘袜，一直过到八十八"之说。农场人尤为重视小孩的"周岁"生日。

（4）淮安习俗百岁为上寿，80岁为中寿，60岁为下寿，60岁以下不言寿。庆贺寿诞，沿袭"做九不做十"。寿辰前天晚上，晚辈均去祝寿，燃放鞭炮、焰火，谓之"暖寿"。寿辰当日，早晨吃寿面，点燃寿烛，喜乐齐奏。80岁以上做寿，则普散"寿碗"，名为"讨寿"。

（四）建房乔迁

建房造屋为大喜事之一。上梁竖柱时，亲友前往祝贺，多挑礼盒一担，为屋主送"挂梁礼"。新屋竖柱时，两头排山顶部各以红布条系竹筛面，中央贴圆形红纸，筛面附《万年历》一本。竹筛俗称"罗筛"以代表天罗地网，防邪魔侵扰。上梁时，中梁贴有红纸写的"福、禄、寿、喜、财"方斗字，山柱上贴有"太公在此，百无禁忌"之类的红对联，屋中置放万年青，吉祥草各一盆。上梁时，匠人将中梁放正位置，唱喜歌"鞭炮震天响，斧头响叮当，中梁上得好，手捧大元宝。中梁圆又长，你家生个状元郎，中梁长又圆，我向主人讨喜钱"。

新屋落成后，择日举行"安宅"仪式。日出前，主人将便桶、床、米等物先搬进新屋，房外放小鞭，房内燃爆竹，等亲朋好友携礼祝贺乔迁之喜。80年代后，不少人家安宅时，亲朋好友购买电视机、冰箱等大件相赠，掺进互助成分。

（五）丧葬礼仪

（1）举丧报丧。病人在弥留之际，家人为其擦身，剪指甲，男修胡须，女梳头，换上寿衣。临终时，将病人停放在堂屋门板上，头朝门口，待气绝时，家人即号哭举丧，晚辈磕头送终，脚下放一盏素油灯，俗称"领路灯"，头前供着一碗白饭，俗称"倒头饭"。灵前放一只灰盆，俗称"烧纸盆"。孝子孝孙等披麻戴孝，执"护丧棒"（又称哭丧棒）到族长至亲门口报丧，并请"抬众人"把信，还要到土地庙送饭，烧纸钱，请土地神照顾死者。儿孙辈日夜守灵致哀。

（2）小殓。小殓即将死者入棺而不封盖。

（3）大殓与出殡。习俗葬前开吊。通常死后三日（或五日）大殓出殡，出殡前，最后送一次饭，并将纸轿、纸马、花圈到土地庙烧掉，子女亲属绕棺一周，最后见一眼遗容。孝子磕四方头，跪请族长或丧主，请示出殡、执掌斧柄，连敲三下，谓"封棺"。父丧由族长执斧，母丧由娘舅执斧，妻丧则请岳父。出殡后，抬棺人向死者晚辈（多为死者女儿、侄女等）索要烟、酒等，名曰"吊杠"。达到墓地时，由阴阳先生摆好方位，落葬，由孝子兜上头锹土，坑内撒上硬币，俗称"分金"，并用纸钱烧一遍，名曰"暖炕"，然后掩土成坟。孝子孝孙将护丧棒放于坟前，同时在坟的四周由女儿焚烧纸钱给野鬼，名为"和邻钱"，亲属手执野草，不从原道回家，俗称不走"回头路"，回家之前，须跨火堆，俗称"跨火"，吃点心，喝糖水，然后吃"回丧饭"。

（4）"守七"。人死后，每七日为祭日，从头七到六七为止，每七都要"守七"。"头七"第六日，俗称死者上"望乡台"；"六七"是重要悼念之日，由女儿、侄女置办酒席供奉，谓之"换饭"；"尾七"又称"断七"丧事至此，告一段落。

（5）"回煞"。"回煞"据星系推算，亡灵于某月某日某时回家探视，丧家按推算日期"迎煞"或"躲煞"。

（6）"忌日"。死者去世一百天，称为"百日"。仍由已嫁女备饭菜祭奠。死后一年，叫"头周年"，以后每逢"周年"都要祭祀，称"周祭"。

（7）现代丧礼。"文革"中破四旧，立四新，不少旧式礼节已被革除。1986年淮安实行火化以来，农场的丧事较为简单。近十年来，随着人们经济水平的提高，丧事大操大办，恢复了不少旧时的迷信习俗，火化后，又采用棺木土葬，同时又请吹鼓手、乐队，甚至有的人家还请"号丧"的，经济上花费很多，有些人家还做道场，请和尚念经。

（六）各类名考

"五七"农场：1971年3月3日，淮安县淮城镇从白马湖农场无偿划拨2190亩荒地，兴建"五七"农场而得名。1984年，农场接受后，建立了一分场二队，名称自然废止。

朱洼：历史上因地势低洼，村中朱姓居多而得名，又称"朱家洼"。

鸭洲：历史上因地势低洼，大多是芦苇荡，养鸭、放鸭较多，村中周姓又较多，"洲"与"周"谐音而得名。

畜牧场：1959 年 6 月，淮安县成立了"淮安县畜牧场"，场址在张徐大队小吕庄，后成为当时农场的办公场所，一直沿用此名，现位于第八管理区。

岔湾口：因地处农场与范集乡的分界河——永济河（渔拦河）一个岔弯而得名。

青年猪场：1965 年兴建，因地处下放农场的知识青年居住因而得名。

大港猪场：1965 年兴建，因地处当时的解港分场而得名。

万头猪场：1972 年淮安食品公司借用农场 150 亩土地兴建万头养猪场而得名。

核桃朱：因村中以前有棵古老的核桃树，加之村中朱姓较多而得名。

良种队：又称农科队、良繁场。1968 年由下放知识青年组成，因繁育良种而得名。

张徐：过去有张徐乡、张徐大队之称。为纪念 1946 年 12 月在解放战争时期的新河战役中牺牲的张鹏兴、徐明两位烈士而取名。

放牛庄：又称"生牛庄"。因地势低洼，水草较多，附近村庄都在此放牛而得名，现处农场第十管理区境内。

南总站：因 1966 年在白马湖北堤兴建了一座 20 台套 60 匹柴油机灌排站而得名。

五分站：因 1971 年在引河与中干河的交叉口兴建了引河南闸、北闸等一系列的水利设施而得名。

团结桥：建于 1968 年，位于淮洪公路上，东西横跨永济河（渔拦河），西与淮安市范集乡相接，以"相互团结"之意而得名。

西干渠：1956 年开挖，位于农场西部，西与界河永济河（鱼拦河）相邻，且是农场重要灌溉渠而得名。

中干渠：中干渠是贯穿农场南北的主河道，纵穿农场中部，于 1965 年将北段的波汪河，南段庙塘沟经过人工拓宽、加深，互相连通后而得名。

中心路：中心路是沿着中干河贯穿农场南北的交通干线，习惯上称为中心路，2001年建成水泥路，由灌溉总渠直至南总站，总长约 15 公里。

杨荡：历史上地势低洼，芦荡遍布，处于农场中部，杨姓居民较多，古名"杨家荡"，古谚有"十里杨家荡，长草不出粮，野鸡兔子草里藏"。

墩陈：地处场中部，因地势较高，称为"墩"，陈姓居民较多，故称为"墩陈"。

第五节　方言土语

一、方言俗语

流于农场境内的方言大多沿袭苏北江淮地区的土语、俚语、俗语。下面收录的是农场群众常用的，属于普通话读法称呼的方言俗语。

（一）天文时令

亮月：月亮

星：星星

天狗吃太阳：日食

天狗吃月亮：月食

扫帚星：彗星

没风了：风息了

响雷：炸雷

毛毛雨：牛毛雨

今个：今天

明个：明天

后个：后天

大后儿个：大后天

昨个：昨天

前个：前天

吃早饷：早中餐之间加餐

小雨点子：小雨星子

冰雹：雹子

冻铃当：冰锥儿

上冻：结冰

化冻：冰化了

这刻儿：这时候

多晚了：什么时候

星期日：星期天

吃午饷：中晚餐之间加餐

晴天白日的：大白天

一天到晚：整天

一天忙到晚：整天忙

十几年了：十来年

头十年：将近十年

这晚子：现在

（二）农事动植物

撒种：播种

场：谷场

芦黍：高粱

掼稻：掼把

打机：脱粒

芦黍秸子：高粱秆子

小车子：独轮车

水泵：抽水机

红小豆：赤豆

下（小猪草）：动物生育

地蛋：土豆马铃薯

火亮船儿：萤火虫

糠了：萝卜空心了

锥锥：马蜂

长鱼：黄鳝

草脑：樟脑丸

甜楷：甘蔗

马蟥节子：马蟥

生姜：姜

叽溜：知了，蝉

蛛蛛：蜘蛛

骒猪：母猪

脚踏车：自行车

芦柴：芦苇

麻虎子：想象中的可怕动物

麦茬子：麦收后留下的根

檐虎子：蝙蝠

老鸹子：乌鸦

锯屑：木屑

放树：倒树

桑树枣子：桑葚

药葵：向日葵

拾麦：拣拾田间麦穗

旮后：屋后

化肥：有时单指氮肥

叫鸡：叫油子蝈蝈也称"叫驴子"

（三）**亲属称谓**

老太爷：曾祖父

爹：祖父

大大：父亲，年轻人称"爸爸"

重孙子：曾孙

大娘：旧指大儿媳

外孙子：又称"外孙"

外爹：外祖父，又称"婆大爹""外爹爹"

闺女：女儿，又称"闺娘"

孙女子：孙女

孙女婿：又称"孙子女婿"

外甥子：外甥

外甥女子：外甥女

姑爷：女婿

丈夫：指称"男的"，有孩子也称"他大"

团圆媳妇：童养媳，又称"小媳妇"

老太太：曾祖母

媳妇：又称"女人""老婆"，有孩的称"他妈"

灰孙子：玄孙

大爷：大伯

外孙女：又称"外孙女子"

晚爹：后爹，又称"晚爹爹"或"晚老子"

儿子：依年龄为序，大儿子称"老大"或"小大子"，次子称"老二"或"小二子"，最小的称"老巴子"

姑大：姑父

姨娘：姨

大伯子：丈夫的哥

舅老爷：内兄弟，又称"舅子"

晚娘：后妈，又称"晚妈妈"

拖油瓶儿：带犊儿，女子改嫁时带去的前夫的孩子

奶奶：祖母

婶：叔母

爷：叔叔，也有人称父亲"爷"

姑奶：祖父的姐妹

大妈：伯母

小伢子：孩子

婆奶：外祖母，又称"外奶""外婆奶"

丈母娘：岳母，又称"丈母"

丈人：岳父，又称"老丈人""丈母爹"

二房：小老婆

姨子：孩子的姨娘

小叔子：丈夫的弟弟

连襟：又称"襟兄"

（四）人品婚丧

年纪大的：对老人的一般性称呼，含尊敬意

老头儿：对男性老人的泛称

老先生：对有文化老人的尊称

老奶奶：对老年女子的泛称

老太太：对老妇的尊称

伲侬格：您，您老

小姑娘：未婚青年女子

老姑娘：年纪大的未婚女子，也指排行最小的女子

小年轻：男青年

农村人：农民

剃头匠：理发的人

种田人：农民

开汽车的：驾驶员

送信的：邮递员

蛮子：泛指南方口音的人

侉子：泛指北方口音的人

本家：同宗或同姓

外人：自己人以外的人

媒人：婚姻介绍人

带女人：男子娶媳妇

出门：女子出嫁、离家外出

新姑老爷：新郎

做相傧：伴郎

回门：新婚夫妻婚后第一次回女方家

先生：医生或教师

呆子：傻子

痴子：疯子

三脚猫：技多而艺不精的人

对头：有矛盾或有怨仇的双方

肉头：不通人情世故的人

小气鬼：吝啬鬼

玩马戏：杂技艺人

拐子：拐卖小孩或拐卖人口的贩子

叫化子：乞丐

有喜：怀孕

认生：小孩在陌生人面前显得害怕、拘束

乖：小孩安静或乖巧，讨人喜爱

复三：旧时埋葬死人 3 天后在坟上添土

（五）其他词语

寄钱：汇款

信壳子：信封

袖头子：袖口

锅屋：厨房

屋基地：宅基地、房基地

关门：停业、倒闭

秤花子：秤星儿

躲蒙蒙：捉迷藏

哪个：谁

哪摊：哪里

拉肚子：腹泻

淌鼻子：流鼻涕

木头废子：刨花儿

针金菜：黄花菜

二百五、十三点：指呆、傻之人或做蠢事的人

刚伤：吵架

绝八代：骂人话，指八辈子都绝后

装饭：盛饭

非子：发票

铅壳子：硬币

岔嘴：插嘴

这滩：这里

的光：溜光，非常光滑

鼻子：鼻、鼻涕

勒嗓子：大声嚷

水饽饽：饺子

拿乔：故意留一手

没俏：不值一谈，没意思

二、歇后语和谚语

（一）歇后语

流传农场境内的歇后语，大多是沿袭苏北江淮地区的，也有极少数独创的，下面记载着本场职工群众在生活、农事中常用的歇后语。

猴子的屁股——坐不住　　　　　　　　　乌龟吃大麦——糟蹋粮食

蚊子打呵欠——好大的口气

秃子打伞——无发（法）无天

孙悟空坐天下——毛手毛脚

癞蛤蟆垫桌腿——死撑活挨

秃子头上的虱子——明摆着

卖汤圆的跌跟头——滚蛋

梦中娶媳妇——想得美

歪嘴公鸡——斜叫

高射炮打蚊子——大材小用

猴子照镜子——得意忘形

王八吃秤砣——铁了心

两个哑巴睡一头——没话

茅房里打架——作屎（死）

瓦匠吃晚饭——往下爬

孙女子穿奶奶裤子——充老相

老鼠进风箱——两头受气

老鼠尾巴熬汤——油水不大

驼腰跌跟头——两头不落实

狗咬刺猬——无处下口

瞎子看戏——人笑他也笑

门缝里看人——把人看扁了

大姑娘坐轿子——头一回

孔夫子搬家——尽是书（输）

擀面杖吹火——一窍不通

吊死鬼擦粉——死要脸

肉包子打狗——有去无回

锅台上油渣子——老练（炼）

狗逮耗子——多管闲事

凉帽没边子——顶好

黄鼠狼给鸡拜年——没安好心

老鼠过街——人人喊打

老虎不吃人——样子难看

聋子的耳朵——摆设

天妃宫的蒲菜——嫩笋

猪八戒照镜子——里外不是人

心口挂钥匙——开心

猪鼻子里插葱——装象（相）

茅坑边睡觉——离屎（死）不远

二两棉花——不弹（谈）

小葱拌豆腐——一清二白

咸菜烧豆腐——有盐（言）在先

三十晚上看皇历——没日子

满脸的麻子——坑人

尿壶摔碎了——只剩一张嘴

茅房里打灯笼——找屎（死）

属掺鱼的——吃浮食

属鸡子的——吃一爪，搂一爪

韩信点兵——多多益善

戴草帽亲嘴——够不上

老头子摸胡子过河——牵须（谦虚）

哑巴吃黄连——有苦难言

进门叫大嫂——没话找话说

外甥打灯笼——照舅（旧）

萝卜干下酒——干儿脆

哑巴看见妈妈——没话说

王小二过年——一年不如一年

手掌心长毛——老毛

麻雀拉屎——白恭（功）

棺材里伸手——死要缠（钱）

花椒水擦桌子——麻木

老奶奶吃花生——一口闷

心口挂铃铛——响（想）到哪说到哪

潘金莲的竹竿子——惹祸的蒲棒子　　　　　挑粪水的跌跟头——两头都是屎（死）

（二）谚语

流传在农场境内的谚语一般有农事、生活、气象等。

1. 农事谚语

一粒好种，千粒好粮。　　　　　　　　　　草无泥不烂，泥无草不肥。

大暑不热，五谷不结。　　　　　　　　　　过了惊蛰节，春耕不停歇。

春比粪堆，秋比谷堆。　　　　　　　　　　春雨贵如油，莫让水白流。

肥土育壮秧。　　　　　　　　　　　　　　要想麦子好，冬灌不能少。

过了芒种，莫要强种。　　　　　　　　　　一天两遍水，瓜菜吃上嘴。

芒种芒种，样样要种。　　　　　　　　　　积肥要积粮，肥多粮满仓。

植树造林，莫过清明。　　　　　　　　　　春暖起身，一刻值千金。

立春三月，百草发芽。　　　　　　　　　　清水下种，浑水栽秧。

清明前后，种瓜点豆。　　　　　　　　　　处暑萝卜，白露菜。

桃树开花，地里种瓜。　　　　　　　　　　麦种肥壮，子孙兴旺。

稻要养，麦要抢。　　　　　　　　　　　　干旱锄一锄，胜如浇雨露。

立夏三朝遍地锄。　　　　　　　　　　　　水是稻的命，多了要害病。

布谷布谷，赶快种谷。　　　　　　　　　　重阳两边麦，端午前后秧。

大雁来，种小麦。　　　　　　　　　　　　人误地一时，地误人一年。

宽秧田，窄菜园。　　　　　　　　　　　　腊雪麦盖被，头枕馒头睡。

霜降无霜，米谷满仓。　　　　　　　　　　棉花一条根，全凭犁得深。

土肥要晒，大粪要盖。　　　　　　　　　　小麦年年收，就怕不开沟。

种田无巧，粪水灌饱。　　　　　　　　　　白露天气晴，谷米如白银。

粪沤好，庄稼饱。　　　　　　　　　　　　栽秧不用忙，拉好退步行。

秧壮一分，禾壮十分。　　　　　　　　　　要想稻子熟，底肥要上足。

庄稼百样巧，地是无价宝。　　　　　　　　养猪多作肥，田里多收成。

庄稼一枝花，全靠肥当家。　　　　　　　　淋不死的南瓜，晒不死的棉花。

人勤地不懒，人懒地减产。　　　　　　　　要想小麦种得好，麦田犁地先抓早。

旱田改水田，一年顶三年。　　　　　　　　要想庄稼长得好，一年四季适时早。

土壤要变好，底肥要上饱。　　　　　　　　有收无收在于水，收多收少在于肥。

生土拌熟土，好处没法估。　　　　　　　　大雪冬至雪花飞，搞好副业多积肥。

小暑一滴雨，遍地是黄金。　　　　　　　　小满三天遍天黄，再过三天麦上场。

大沟通小沟，旱涝保丰收。

养猪不赚钱，回头望望田。

冬怕苗弱春怕黄，拔节以后怕缺墒。

雨水有雨庄稼好，大春小春一片宝。

2. 生活谚语

上回当，学回乖。

一着不慎，全盘皆输。

人心隔肚皮，人嘴两张皮。

千金难买回头看。

树老根多，人老话多。

三句不开口，神仙难下手。

儿女亲，代代亲。

三拳打不出个响屁。

一泡鸡屎坏一缸酱。

刀子嘴，豆腐心。

亲望亲好，邻望邻好。

千里送鹅毛，礼轻情意重。

大树下面好乘凉。

人倒霉吃豆腐也塞牙。

不是一家人，不进一家门。

干打雷，不下雨。

不干不净，吃了没病。

躲过初一，躲不过十五。

主不吃，客不饮。

虱多不痒，债多不愁。

人少好过年，人多好种田。

吃人饭，讲鬼话。

大路通天，各走一边。

打人不打脸，骂人不揭短。

各师傅，各传授。

不当家，不知柴米贵。

宁吃过头饭，不说过头话。

小鬼斗不过阎王。

骑驴的不知赶脚苦。

师傅领进门，修行在个人。

无债一身轻。

不怕一万，就怕万一。

好话不背人，背人没好话。

今日不知明日事。

失势凤凰不如鸡。

没吃过猪肉，也见过猪跑。

好心当作驴肝肺。

不可不信，不可全信。

不听老人言，吃亏在眼前。

夫妻无隔夜之仇。

跑了和尚，跑不了庙。

要想人不知，除非己莫为。

有上身，没下身。

不吃馒头蒸（争）口气。

好事不瞒人，瞒人没好事。

肥水不流外人田。

堂中训人，房中教妻。

好话不出门，坏话行千里。

指着和尚骂秃头。

宁做鸡头，不做凤尾。

眼过千遍，不如手过一遍。

人过留名，雁过留声。

有嘴说人，无嘴说己。

买不尽便宜，吃不尽亏。

二八月，乱穿衣。

杀鸡给猴看。

人逢喜事精神爽，恼闷惆怅瞌睡多。

当面是人，背后是鬼。

远亲不如近邻。

为人不做亏心事，半夜不怕鬼敲门。

好借好还，再借不难。

不怕慢，就怕站。

当家才知柴米贵，两口子打架不记仇。

吃着碗里，看着锅里。

身正不怕影子歪。

三句话能把人说笑起来，一句话就把人说跳起来。

腊月里债还得快。

出家容易，归家难。

秋瓜秋水吃多了活见鬼。

成也萧何，败也萧何。

害人之心不可有，防人之心不可无。

老将出马，一个抵俩。

家不和被邻欺。

人是铁，饭是钢，三天不吃成稀糠。

水涨船高，人抬人高。

恶人先告状。

龙生龙，凤生凤，老鼠的儿子会打洞。

狗肚里盛不了三两油。

人人要脸，树树要皮。

病从口入，祸从口出。

人是衣服，马是鞍。

3. 气象谚语

清明下雨少黄梅。

九月十四望天晴，来年总是丰收年。

八月乌龙现，三麦种二遍。

立冬有雨一冬干。

九月十三大下大淹，小下小淹。

冬前一场霜，来年水漫秧。

腊雨寒，雨成潭。

八月十五云遮月，正月十五雪打火灯。

八月青蛙叫，干得犁头跳。

东虹日头，西虹雨。

立夏东南风，打雷下雨五谷丰。

蚯蚓滚塘灰，行人把家归。

月亮长毛，雨下成潮。

二月清明莫作慌，风调雨顺谷满仓。

早春雷轰轰，大伏晒老翁。

早晨雷，饭后雨。

四九西南风，六月雷轰轰。

夏至无雨好年成。

十月初一一滴流，春时无水饮老牛。

八九树叶完，来年好收粮。

晴冬烂年。

八月十二雨沙沙，来年旱田养鱼虾。

月落胭脂红，无雨便是风。

云交云，雨淋淋。

清明雨，谷雨雨，六七月份有大水。

猪在圈里跑，无风有雨到。

雨打小署头，四十五天不用牛（多雨）。

久雨不晴，雷响雨停。

河水腥味大，今天不下明天下。

日落乌云长，半夜听雨响。

霜前冷，雪后寒。

旱刮东风不下雨，涝刮西风不晴天。

有钱难买五月旱，六月连阴吃饱饭。

鸡儿上窝早，来日晒干草。

日落及黄，来日风狂。

五月南风无大水，六月东风干松松。

早晨浮云走，中午晒死狗。

久雨云提高，明日天转好。

清明要明，谷雨要雨。

乌云在头顶，有雨不可惊。

有麦没麦，看四月十六，四月十六下雨水赶麦。

冬前打一棒，冬后没指望。

蛇过道，大雨到。

五月金，六月银，错过农时无法寻。

大雾不过三，小雾当日还。

乌云掩日头，半夜雨稠稠。

春雾暖、夏雾热、秋雾凉风、冬雾雪。

七阴八不晴，逢九放光明。

鸭子呱得凶，定要刮狂风。

第十四章　荣誉、人物

第一节　荣　　誉

建场以来，在广大干部职工的奋发努力下，全场各项工作都取得了显著成绩，涌现了大批先进单位和先进个人，许多单位和个人受到了上级表彰。

本章主要记载获得县、处级以上表彰的先进单位和市（局）级以上表彰的先进个人、科研课题及成果以及授予企业或产品的荣誉称号（受到农场的奖励，因篇幅限制，从略）。

农场获奖情况见表 14-1 至表 14-3。

表 14-1　获省、部级表彰情况

获奖时间	获奖单位	荣誉称号	授奖单位
1980 年	江苏省国营白马湖农场	粮棉增产、经济盈余单位	农垦局
1990 年	江苏省国营白马湖农场	绿化达标单位	江苏省人民政府
1990 年	江苏省国营白马湖农场	第四次全国人口普查工作先进单位	江苏省人民政府
2000 年	江苏省国营白马湖农场	第五次全国人口普查工作先进单位	江苏省人民政府
2004 年	江苏省国营白马湖农场	全国农垦系统再就业工作先进集体	中国农林水利工会、农业部农垦局
2008 年	江苏省国营白马湖农场	无公害农产品示范基地农场（2004 年 11 月至 2007 年 11 月）	中华人民共和国农业部
2011 年	江苏省国营白马湖农场	农业部水产健康养殖示范场	中华人民共和国农业部
2016 年	江苏省国营白马湖农场	2015 年度全国社区教育示范街道（乡镇）	中国成人教育协会社区教育专业委员会
2017 年	江苏省国营白马湖农场	全国农作物良种展示示范基地	农业部办公厅
2019 年	江苏省白马湖农场有限公司	2019 年度老区宣传工作优秀奖	中国老区建设促进会
2021 年	江苏省白马湖农场有限公司	国家农作物品种展示评价基地	全国农技中心
2022 年	江苏省白马湖农场有限公司	2019—2021 年度江苏省文明单位	江苏省精神文明建设指导委员会

表 14-2　获厅、局级表彰情况

获奖时间	获奖单位	荣誉称号	授奖单位
1981—1982 年	江苏省国营白马湖农场	先进单位	江苏省农垦局
1984 年	江苏省国营白马湖农场	文明单位	江苏省农垦局

（续）

获奖时间	获奖单位	荣誉称号	授奖单位
1991 年	江苏省国营白马湖农场	江苏省农业综合开发"创业杯"竞赛三等奖	江苏省农业资源综合开发领导小组
1991 年	江苏省国营白马湖农场	安全生产先进单位	农垦总公司
1993 年	江苏省国营白马湖农场	棉花调拨奖	农垦总公司
1994 年	江苏省国营白马湖农场	创企业精神文明单位	农垦总公司
1995—1996 年	江苏省国营白马湖农场	大小麦百亩优胜奖、水稻千亩优胜奖	农垦总公司
1995—1996 年	江苏省国营白马湖农场	十佳企业	农垦总公司
1995—1996 年	江苏省国营白马湖农场	种子先进单位	农垦总公司
1995—1996 年	江苏省国营白马湖农场	二级农机标准化	农垦总公司
1995—1996 年	江苏省国营白马湖农场	安全生产三无企业	农垦总公司
1997 年	江苏省国营白马湖农场	工业普查先进集体	淮阴市政府
1997 年	江苏省国营白马湖农场	计划生育先进集体	淮阴市政府
1997 年	江苏省国营白马湖农场	第三次工业普查先进单位	淮阴市政府
1998 年	江苏省国营白马湖农场	先进企业	农垦总公司淮阴市
1998 年	江苏省国营白马湖农场	安全生产先进集体	农垦总公司淮阴市
2010 年	江苏省国营白马湖农场	江苏省模范职工之家	江苏省总工会
2010 年	江苏省国营白马湖农场	江苏省农业科技型企业	江苏省科学技术厅
2010 年	江苏省国营白马湖农场	江苏省农业产业化龙头企业协会团体成员	江苏省农业产业化龙头企业协会
2010 年	江苏省国营白马湖农场	农作物品种试验区工作先进单位	江苏省农业委员会
2012 年	江苏省国营白马湖农场	2012 年度农产品质量安全控制示范基地	江苏省农业委员会
2012 年	江苏省国营白马湖农场	全省厂务公开民主管理先进单位	江苏省厂务公开协调小组办公室
2011 年	江苏省国营白马湖农场	"和谐劳动关系，履行社会责任"三星级企业	淮安市人民政府
2011 年	江苏省国营白马湖农场	江苏省现代农业科技园	江苏省科学技术厅
2012 年	江苏省国营白马湖农场	职工书屋示范点	江苏省总工会
2012 年	江苏省国营白马湖农场	社会教育工作先进集体	淮安市人民政府
2012 年	江苏省国营白马湖农场	淮安市文明单位	中共淮安市委、淮安市人民政府
2013 年	江苏省国营白马湖农场	2011—2012 年度江苏农垦基层思想政治工作先进单位	中共江苏省农垦集团有限公司委员会
2014 年	江苏省国营白马湖农场	淮安市文明单位	中共淮安市委、淮安市人民政府
2014 年	江苏省国营白马湖农场	江苏省民主法治示范社区	江苏省依法治省领导小组
2016 年	江苏省国营白马湖农场	2014—2015 年度江苏农垦思想政治工作先进单位	中共江苏省农垦集团有限公司委员会
2016 年	江苏省国营白马湖农场	2016 年度江苏农垦思想政治研究工作先进单位	中共江苏省农垦集团有限公司委员会
2017 年	江苏省国营白马湖农场	全国农作物良种展示示范基地	农业部办公厅

（续）

获奖时间	获奖单位	荣誉称号	授奖单位
2017 年	江苏省国营白马湖农场	2016 年度农场社区工作先进单位	江苏省农垦事业管理办公室
2017 年	江苏省国营白马湖农场	全省厂务公开民主管理先进单位	江苏省厂务公开协调小组办公室
2018 年	江苏省白马湖农场有限公司	第三次全国农业普查先进集体	江苏省统计局
2018 年	江苏省白马湖农场有限公司	财务管理工作先进单位	江苏省农垦集团有限公司
2018 年	江苏省白马湖农场有限公司	2018 年度江苏农垦新闻宣传工作先进单位	中共江苏省农垦集团有限公司委员会
2018 年	江苏省白马湖农场有限公司	全省国有企业党建强基提质提升工程三等奖	江苏省国资委党委
2018 年	江苏省白马湖农场有限公司	2015—2017 年度淮安市文明单位	中共淮安市委、淮安市人民政府
2018 年	江苏省白马湖农场有限公司	江苏省成人教育改革发展 40 周年 40 佳社教单位	江苏省成人教育协会
2018 年	江苏省白马湖农场有限公司	江苏农垦企业文化阵地建设合格单位	中共江苏省农垦集团有限公司委员会
2019 年	江苏省白马湖农场有限公司	全省国有企业党建强基提质提升工程优秀创新案例二等奖	江苏省国资委党委
2021 年	江苏省白马湖农场有限公司	江苏农垦财务管理工作先进单位	江苏省农垦集团有限公司
2021 年	江苏省白马湖农场有限公司	2018—2020 年度淮安市文明单位	中共淮安市委、淮安市人民政府
2021 年	江苏省白马湖农场有限公司	江苏省第七次全国人口普查工作成绩显著集体名单	江苏省统计局、江苏省第七次人口普查领导小组办公室
2022 年	江苏省白马湖农场有限公司	江苏农垦财务管理工作先进单位	江苏省农垦集团有限公司

表 14-3　获县、处级及以下表彰情况

获奖时间	获奖单位	荣誉称号	授奖单位
2008 年	江苏省国营白马湖农场	土地信访稳定工作先进单位	淮安区人民政府
2008 年	江苏省国营白马湖农场	农村道路养护先进单位	淮安区人民政府
2008 年	江苏省国营白马湖农场	计划生育先进集体	淮安市计划生育委员会
2008 年	江苏省国营白马湖农场	政法综治工作先进单位	淮安市政法委员会
2008 年	江苏省国营白马湖农场	2007 年度"十件大事"评选优秀组织奖	集团公司组宣部
2008 年	江苏省国营白马湖农场	江苏农垦企业工会建设年活动先进单位	集团公司工会
2010 年	江苏省国营白马湖农场	综合与平安建设工作先进单位	中共淮安区委、淮安区人民政府
2010 年	江苏省国营白马湖农场	苗木基地建设工程优秀奖	淮安区人民政府
2011 年	江苏省国营白马湖农场	2010 年度法治建设先进单位	中共淮安区委、淮安区人民政府
2011 年	江苏省国营白马湖农场	江苏农垦优秀职工书屋	江苏省农垦工会
2011 年	江苏省国营白马湖农场	江苏农垦职工先锋号	江苏省农垦工会
2011 年	江苏省国营白马湖农场	职工科技创新工作室	淮安市总工会

（续）

获奖时间	获奖单位	荣誉称号	授奖单位
2011 年	江苏省国营白马湖农场	2010 年度法治建设先进集体	中共淮安区委、淮安区人民政府
2011 年	江苏省国营白马湖农场	综治与平安建设工作先进单位	淮安市社会管理综合治理委员会
2011 年	江苏省国营白马湖农场	淮安市特色农机示范基地	淮安市财政局、淮安市农机局
2012 年	江苏省国营白马湖农场	综治与平安建设工作先进单位	淮安市社会管理综合治理委员会
2012 年	江苏省国营白马湖农场	江苏农垦扶贫帮困工作先进单位	江苏省农垦工会
2013 年	江苏省国营白马湖农场	淮安市工会职工服务体系建设工作先进单位	淮安市总工会
2013 年	江苏省国营白马湖农场	2012 年度综治与平安建设工作先进单位	淮安市社会管理综合治理委员会
2014 年	江苏省国营白马湖农场	2013 年度平安建设工作先进集体	中国淮安区委、淮安区人民政府
2016 年	江苏省国营白马湖农场	2015 年度造林绿化工作"二等奖"	淮安区人民政府
2017 年	江苏省国营白马湖农场	学习型党组织建设示范点	中共江苏农垦党委组织部、党委宣传部
2018 年	江苏省白马湖农场有限公司	2017 年度国土绿化工作先进集体	淮安区人民政府
2018 年	江苏省白马湖农场有限公司	无偿献血突出贡献奖	淮安市无偿献血工作领导小组
2019 年	江苏省白马湖农场有限公司	淮安区年度工会工作先进集体	淮安区总工会
2019 年	江苏省白马湖农场有限公司	淮安区职工歌咏比赛优胜奖	淮安区总工会
2019 年	江苏省白马湖农场有限公司	江苏农垦"优秀读书组织"	江苏省农垦工会
2020 年	江苏省白马湖农场有限公司	江苏农垦企业文化阵地建设优秀单位	中共江苏省农垦集团有限公司党委宣传部
2020 年	江苏省白马湖农场有限公司	淮安区年度工会工作先进集体	淮安区总工会
2020 年	江苏省白马湖农场有限公司	淮安区 2020 年"安全生产月"暨"安康杯"安全知识和 劳动保护知识竞赛二等奖	淮安区安委会、总工会

下属单位获奖情况见表 14-4 至表 14-6。

表 14-4　获省、部级表彰情况

获奖时间	获奖单位	荣誉称号	授奖单位
1979 年	三渔场	先进集体	农业部
1980 年	三渔场	嘉奖令	江苏省政府
1983 年	一渔场	两个文明建设先进单位	江苏省政府
2011 年	二渔场	农业部水产健康养殖示范场	农业部

表 14-5　获厅、局级表彰情况

获奖时间	获奖单位	荣誉称号	授奖单位
1984 年	中心小学	文明单位	淮阴市政府

（续）

获奖时间	获奖单位	荣誉称号	授奖单位
1985 年	中心小学	先进集体	农垦局
1988 年	砖瓦一、二厂	工业先进单位	农垦局
1990 年	中心小学	德育工作先进单位	总公司
1990 年	第十六大队	丰产杯	总公司
1991 年	中学团支部	先进团组织	总公司
1993 年	第八大队	双学双比先进单位	总公司
1994 年	农业科	节电先进单位	总公司
1995 年	种子加工厂	文明班组	总公司
1995 年	农业发展中心党支部	先进基层党组织	总公司
1995 年	第四机耕队	安全生产先进企业	总公司
1996 年	种子加工厂	双文明班组	总公司
1997 年	供电站	安全生产连续十年"三无"	总公司
1997 年	种子加工厂	青年文明号	淮阴市委
1997 年	农业发展中心	优秀论文三等奖	淮阴市委
1999 年	白马湖农场农科所	江苏省农作物品种区域试验先进单位	江苏省种子站
1999 年	白马湖农场司法所	规范化司法所	江苏省司法厅
1999 年	第九管理区	和谐劳动关系企业	集团公司
2000 年	种子公司	1999 年度先进单位	集团公司
2000 年	场女工委	先进女职工集体	集团公司
2000 年	种子公司	农垦科学技术进步奖	集团公司
2001 年	种子公司	文明单位	淮安市人民政府
2001 年	农场工会	先进集体	农业部农垦局
2001 年	种子公司	重合同、守信用企业	淮安市人民政府
2004 年	农场林管站	江苏省质量信得过林木种苗基地	江苏省林业局
2004 年	成人校	农科教结合示范基地	淮安市人民政府
2004 年	农场工会	先进集体	农垦局
2004 年	劳资科	安全生产先进企业	集团公司
2005 年	种子公司	江苏省农垦科学技术进步三等奖	集团公司
2005 年	农科所	江苏省农垦科学技术进步三等奖	集团公司
2005 年	综治办	五好综治办	淮安市人民政府
2006 年	白马湖农场综治办	五好综治办	淮安市委、市政府
2006 年	白马湖农场	依法治场先进单位	淮安市委、市政府
2007 年	白马湖成人校	农科教结合示范基地	江苏省教育厅
2008 年	白马湖第五管理区	模范职工之家	江苏省总工会
2008 年	第六管理区	法制示范社区	江苏省依法治省领导小组
2008 年	第十管理区	学习型班子	集团公司
2010 年	社区管理委员会	2014—2015 年度农垦基层 思想政治工作先进单位	中共江苏农垦集团 有限公司委员会

（续）

获奖时间	获奖单位	荣誉称号	授奖单位
2014 年	健康居委会	民主法治示范社区	江苏省依法治省领导小组
2015 年	王庄居委会	民主法治示范社区	江苏省依法治省领导小组
2015 年	淮安大华生物科技有限公司	江苏省工人先锋号	江苏省总工会
2015 年	淮安大华生物科技有限公司	无土生产培养基础植物肥料获江苏省著名商标	江苏省工商行政管理局
2015 年	淮安大华生物科技有限公司	江苏省工人运行号	江苏省总工会
2016 年	六支居委会	民主法治示范社区	江苏省依法治省领导小组
2016 年	电管中心	2016 年先进基层党组织	中共江苏省农垦集团有限公司委员会
2017 年	淮安研究院	种业科技创新服务中心	中国农垦种业联盟
2018 年	江苏省国营白马湖农场供电站运行班	江苏省工人先锋号	江苏省总工会
2018 年	裕源居委会	民主法治示范社区	江苏省依法治省领导小组
2020 年	白马湖农场公司党委	江苏农垦党建工作"创典型、创品牌、创特色"案例二等奖	中共江苏省农垦集团有限公司委员会
2020 年	社区管理委员会	江苏农垦社区管理先进单位	江苏省农垦集团有限公司
2021 年	王庄居委会党支部	先进基层党组织	中共江苏省农垦集团有限公司委员会
2021 年	白马湖农场公司党委	江苏农垦党建工作"创典型、创品牌、创特色"案例三等奖	中共江苏省农垦集团有限公司委员会
2022 年	江苏省农垦农业发展股份有限公司白马湖分公司第六生产区	江苏省属企业优秀班组	江苏省国资委、省总工会
2022 年	江苏省大华种业集团有限公司白马湖分公司加工二车间二组	江苏省属企业优秀班组	江苏省国资委、省总工会
2022 年	白马湖农场农科院	江苏省巾帼新业态助农创新基地	江苏省妇女联合会、江苏省妇女"双学双比"竞赛活动领导小组

表 14-6　获县、处级及以下表彰情况

获奖时间	获奖单位	荣誉称号	授奖单位
1989 年	加工厂第一工会小组	先进小组	总公司工会
1989 年	二分场工会	先进工会	总公司工会
1989 年	二机队佳木斯 1 号车组	先进车组	总公司工会
1989 年	一分场三队、第三工会小组	先进小组	总公司工会
1989 年	棉纺织厂工会	先进工会	总公司工会
1998 年	建安公司	安全质量一等奖	淮阴建安总公司
1999 年	白马湖农场	计划生育先进单位	楚州区委、区政府
1999 年	白马湖农场工会	工会工作"六强"单位	集团公司工会
1999 年	农业发展中心	学习型班集体	集团公司工会
1999 年	白马湖林业管理站	农村造林绿化工程三等奖	楚州区人民政府
1999 年	第五管理区	和谐劳动关系企业	集团公司工会

（续）

获奖时间	获奖单位	荣誉称号	授奖单位
1999 年	白马湖农场劳资科	先进集体	楚州区人民政府
2000 年	白马湖农场	计划生育先进单位	楚州区委、区政府
2000 年	农场女工委	江苏农垦先进女职工集体	总公司工会
2000 年	农场种子公司	先进党支部	原淮安市委
2000 年	农场成人校	自学考试优秀服务站	原淮安市政府
2001 年	农场工会	工会促进农业结构调整工作先进集体	总公司工会
2001 年	种子公司	先进党支部	楚州区委
2001 年	劳资科	先进集体	楚州区人民政府
2001 年	白马湖农场	计划生育先进单位	楚州区委、区政府
2002 年	白马湖农场	计划生育先进单位	楚州区委、区政府
2002 年	白马湖农场	"平安创建"先进单位	楚州区委、区政府
2002 年	种子公司	先进党总支	楚州区委
2002 年	劳资科	先进集体	楚州区人民政府
2002 年	职工医院	文明单位	楚州区委、区政府
2002 年	物资公司	文明单位	楚州区委、区政府
2002 年	白马湖农场	"电视好新闻"三等奖	集团公司党委组宣部
2003 年	白马湖农场	计划生育先进单位	楚州区委、区政府
2003 年	白马湖农场	政法综治工作先进单位	楚州区委、区政府
2003 年	农场工会	工会促进农业产业结构调整先进单位	总公司工会
2003 年	农场女工委	江苏农垦工会女职工工作先进集体	总公司工会
2003 年	成人校	关心下一代先进集体	楚州区人民政府
2003 年	劳资科	先进集体	楚州区人民政府
2004 年	供电管理中心	先进党支部	楚州区委
2004 年	白马湖农场	计划生育先进单位	楚州区委、区政府
2004 年	白马湖农场	平安创建工作先进单位	楚州区委、区政府
2004 年	农场工会	"万千百"活动优秀组织奖	总公司工会
2004 年	第五管理区	先进党支部	楚州区委
2004 年	劳资科	先进集体	楚州区人民政府
2004 年	白马湖农场	安全文明创建先进单位	楚州区委、区政府
2005 年	白马湖农场	计划生育先进单位	楚州区委、区政府
2005 年	农场工会	江苏农垦工会工作创新先进单位	总公司工会
2005 年	农场工会	江苏农垦优秀职代会单位	总公司工会
2005 年	成人校	示范成人校	淮安市教育局
2005 年	第五管理区	先进党支部	楚州区委
2005 年	第五管理区	先进集体	楚州区人民政府
2005 年	劳动与社会保障科	先进集体	楚州区人民政府
2005 年	白马湖农场	平安创建工作先进单位	楚州区委、区政府
2006 年	第五管理区	学习型班组	总公司工会

（续）

获奖时间	获奖单位	荣誉称号	授奖单位
2006 年	农场工会	江苏农垦优秀职代会	总公司工会
2006 年	劳动与社会保障科	先进集体	楚州区人民政府
2006 年	农场工会	三星级职工之家	淮安市总工会
2006 年	第九管理区	文明单位	楚州区人民政府
2006 年	白马湖农场	计划生育先进单位	楚州区委、区政府
2006 年	白马湖农场	政法综治与平安创建工作先进单位	楚州区委、区政府
2007 年	白马湖农场	计划生育先进单位	楚州区委、区政府
2007 年	白马湖农场	平安创建工作先进单位	楚州区委、区政府
2007 年	白马湖农场	新闻宣传工作先进单位	集团公司组宣部
2007 年	白马湖农场	农垦广播好新闻二等奖	集团公司组宣部
2007 年	供电管理中心	创新红旗班组	集团公司工会
2007 年	农场工会	江苏农垦工会工作创新先进单位	总公司工会
2008 年	白马湖农场工会	淮安市模范基层工会	淮安市总工会
2008 年	农业发展中心	先进党支部	楚州区委
2008 年	白马湖农场林业管理站	农村造林绿化工程优秀项目奖	楚州区人民政府
2008 年	第九管理区	先进党支部	楚州区委
2008 年	供电管理中心	文明单位	楚州区委、区政府
2008 年	第九管理区	文明单位	楚州区委、区政府
2008 年	白马湖农场	农垦 2008 年"十件大事"评选活动组织奖	农垦集团公司组宣部
2008 年	白马湖农场党委	2008 年度宣传思想工作先进党委	楚州区委
2008 年	农场工会	江苏省农垦工会服务二次创业先进集体	总公司工会
2008 年	第九管理区	江苏农垦职工先锋号	总公司工会
2008 年	医院护理组	"三八"红旗集体	楚州区政府
2010 年	电管中心	江苏农垦职工先锋号	江苏省农垦工会
2010 年	江苏省大华种业白马湖分公司	淮安市消费者协会诚信单位	淮安市消费者协会
2011 年	江苏农垦大华种业白马湖分公司	江苏农垦职工先锋号	江苏省农垦工会
2012 年	电管中心	江苏农垦职工先锋号	江苏省农垦工会
2013 年	畜牧兽医站	2012 年度动物防疫工作"一等奖"	淮安区农业委员会
2013 年	电管中心	江苏农垦模范职工之家	江苏省农垦工会
2013 年	林管站	获 2012 年度造林绿化工作"二等奖"	淮安区人民政府
2015 年	林管站	2014 年度造林绿化工作"优秀奖"	淮安区人民政府
2016 年	电管中心	江苏农垦巾帼国建功标兵岗	江苏省农垦工会
2016 年	淮安大华生物科技有限公司	江苏省模范职工之家	江苏省农垦工会
2016 年	社区管理委员会党总支	先进基层党组织	中共淮安区委员会
2017 年	淮安研究院	"三八"红旗集体	淮安区人民政府
2018 年	畜水服务中心	模范职工小家	江苏农垦工会

（续）

获奖时间	获奖单位	荣誉称号	授奖单位
2018 年	林管站	模范职工小家	江苏农垦工会
2018 年	第五生产区	模范职工小家	江苏农垦工会
2018 年	王庄居委会	先进单位	淮安区第三次全国农业普查领导小组
2018 年	三庄居委会	先进单位	淮安区第三次全国农业普查领导小组
2019 年	江苏省白马湖农场有限公司政研分会	2018 年度江苏农垦优秀思想政治工作研究分会	江苏省农垦思想政治工作研究会
2019 年	大华育种研究院淮安研究所小麦育种中心	大华育种研究院淮安研究所小麦育种中心	淮安市总工会
2019 年	志英创新工作室	淮安市劳模创新工作室	淮安市总工会
2020 年	大华种业育种研究院淮安研究所	"三八"红旗集体	淮安市妇女联合会
2020 年	社区管理委员会	江苏农垦社区工作先进单位	江苏农垦事业管理办公室
2021 年	社区管理委员会党总支	淮安区先进基层党组织	中共淮安市淮安区委
2021 年	六支居委会党支部	淮安区先进基层党组织	中共淮安市淮安区委
2021 年	三庄居委会工会	优秀工会小家	苏垦农发工会
2022 年	社区管理委员会	2022 年度江苏农垦农场社区工作先进单位	江苏省农垦事业管理办公室
2022 年	江苏省白马湖农场有限公司林业管理站	江苏农垦工人先锋号	江苏省农垦集团有限公司工会委员会
2022 年	苏垦农发白马湖分公司第五生产区	优秀工会小家	江苏省农垦集团有限公司工会委员会

第二节　人　　物

一、获省、部级以上奖励先进个人

获省、部级以上奖励的先进个人有韩正光、沈维龙、杨跃东、滕金平、吕奎生、周凤明、滕志英、周兆英、陈春、解小林、王祝彩、张小慧、伏进，见表 14-7。

二、省、部级以上劳动模范

获省、部级以上奖励的劳动模范为解玉加、滕志英。

三、淮阴市劳动模范

获淮阴市奖励的劳动模范是于风举。

表 14-7　获省、部级表彰奖励的先进个人

获奖时间	获奖人	荣誉称号	授奖单位
1999 年	韩正光	丰收奖、三等奖	农业部
2000 年	沈维龙	第五次全国人口普查先进个人	江苏省人民政府
2000 年	杨跃东	第五次全国人口普查先进个人	江苏省人民政府
2001 年	韩正光	丰收奖、三等奖	农业部
2003 年	韩正光	丰收奖、三等奖	农业部
2003 年	滕金平	生产技术三等奖	农业部
2005 年	吕奎生	农业科技入户先进技术指导员	农业部
2007 年	周凤明	科技进步三等奖	农业部
2012 年	周凤明	江苏省科学技术三等奖	江苏省人民政府
2012 年	滕志英	江苏省科学技术三等奖	江苏省人民政府
2012 年	周兆英	中国好人、全国孝老爱老敬老之星	全国孝老爱老助老主题教育组委会
2015 年	韩正光	第七届江苏省农业技术推广二等奖	江苏省人民政府
2015 年	滕志英	江苏省农业技术推广一等奖	江苏省人民政府
2016 年	陈春	全国农业丰收三等奖	农业部
2016 年	解小林	全国农业丰收三等奖	农业部
2016 年	王祝彩	全国农业丰收三等奖	农业部
2016 年	张小慧	全国农业丰收三等奖	农业部
2017 年	周凤明	全国农业先进工作者	农业部、人社部
2018 年	滕志英	江苏省农业科技推广工作二等奖	江苏省人民政府
2019 年	滕志英	2016—2018 年度全国农牧渔业丰收二等奖	农业农村部
2022 年	伏进	全国农牧渔业丰收三等奖	农业农村部

四、先进个人获奖情况

获厅、局级表彰奖励的先进个人见表 14-8，获县、处级表彰奖励的先进个人见表 14-9，获县、处级以下表彰奖励的先进个人见表 14-10。

表 14-8　获厅、局级表彰奖励的先进个人

获奖时间	获奖人	荣誉称号	授奖单位
1984 年	刘鸿闻	先进工作者	盐城市政府
1987 年	邵凤伦	先进工作者	总公司
1987 年	于世民	科学技术进步三等奖	总公司
1987 年	刘鸿闻	肉禽生产竞赛三等奖	总公司

（续）

获奖时间	获奖人	荣誉称号	授奖单位
1988 年	周兆洪	先进工作者	总公司
1989 年	刘学德	工会积极分子	总公司
1989 年	范广群	工会积极分子	总公司
1989－1995 年	韩树明	统计先进工作者	总公司
1989 年	韩汝国	先进工作者	总公司
1990 年	于 兵	先进德育工作者	总公司
1990 年	杨跃东	第四次人口普查先进个人	淮阴市
1990 年	沈维龙	普查先进个人	江苏省人口普查领导小组
1991 年	周夕山	先进工作者	总公司
1991 年	陈文军	颁发居民身份证先进个人	江苏省公安厅
1991 年	吕秀花	先进个人	总公司
1991 年	何海兰	先进个人	总公司
1991 年	吴荣山	优秀团员	总公司
1991 年	朱巧华	优秀团员	总公司
1991 年	韩正飞	珠算比赛优胜奖	中国珠算协会
1992 年	陈培昶	科学技术进步奖	总公司
1992 年	朱祥林	科学技术进步奖	总公司
1992 年	李学洪	先进个人	总公司
1993 年	韩殿高	化除配套技术研究先进个人	总公司
1993 年	陈 翔	卫生先进个人	总公司
1993 年	周殿友	卫生先进个人	总公司
1994 年	谢学仁	先进工作者	总公司
1994 年	朱玉花	先进工作者	总公司
1994 年	季白平	先进工作者	总公司
1994 年	金小平	先进工作者	总公司
1994 年	韩春芹	先进工作者	总公司
1994 年	吕以权	先进工作者	淮阴市政府
1994 年	向素平	最佳主人翁	总公司
1994 年	于加法	优秀工会干部	总公司
1994 年	戴和庚	第二期综合开发先进个人	总公司
1995 年	秦 斌	安全生产先进个人	总公司
1995 年	刘正军	优秀共产党	总公司
1995 年	谢在宝	先进个人	江苏省清产核资工作领导小组

（续）

获奖时间	获奖人	荣誉称号	授奖单位
1995 年	赵建新	优秀共产党	总公司
1995 年	谢学礼	优秀共产党	总公司
1995 年	沈维龙	优秀共产党	总公司
1995 年	韩会和	优秀共产党	总公司
1995 年	杨忠和	优秀共产党	总公司
1995 年	葛荣林	优秀共产党	总公司
1995 年	韩桂珍	优秀共产党	总公司
1995 年	刘步英	优秀共产党	总公司
1995 年	姚春华	优秀共产党	总公司
1995 年	邵恒忠	安全生产先进个人	总公司
1995 年	张树兵	优秀共产党	总公司
1995 年	唐建兵	优秀共产党	总公司
1995 年	董殿明	优秀共产党	总公司
1995 年	滕金平	优秀共产党	总公司
1995 年	衡学永	优秀共产党	总公司
1995 年	邓夕文	优秀工会工作者	总公司
1995 年	陈 丹	植物化调栽培技术优秀论文一等奖	总公司
1995 年	谢在宝	财务工作先进个人	总公司
1996 年	许明国	先进工作者	总公司
1996 年	赵锦生	先进工作者	总公司
1996 年	刘步勇	节约能手	总公司
1996 年	于风举	最佳主人翁	总公司
1996 年	朱祥林	丰产方竞赛一等奖	总公司
1996 年	韩正光	丰产方竞赛一等奖	总公司
1996 年	谢在宝	财务工作先进个人	总公司
1997 年	邵恒忠	安全生产先进个人	总公司
1997 年	王 林	第三期农业综合开发先进个人	总公司
1997 年	杨国宝	节约能手	总公司
1997 年	谢在荣	先进工作者	总公司
1998 年	王玉强	农牧渔业丰收奖	江苏省农垦总公司
1998 年	谢在宝	财务工作先进个人	江苏省农垦总公司
1999 年	韩德忠	先进个人	集团公司
1999 年	胡兆辉	文明家庭	中国农民协会
1999 年	秦 斌	先进工作者	集团公司
2000 年	韩德忠	先进个人	集团公司
2000 年	韩正光	科学技术进步奖	集团公司
2000 年	周凤明	良种繁育第五名	集团公司

（续）

获奖时间	获奖人	荣誉称号	授奖单位
2001 年	韩正光	科技奖	南京农业大学
2001 年	花国明	先进个人	淮安市人民政府
2001 年	秦 斌	先进工作者	集团公司
2001 年	孙学军	先进工作者	淮安市人民政府
2002 年	沈怀忠	优秀专武干部	淮安军分区
2002 年	韩正光	科学技术进步二等奖	集团公司
2002 年	花国明	先进个人	集团公司
2002 年	秦 斌	先进工作者	集团公司
2003 年	于秀梅	先进工作者	江苏省"双学双比"领导小组
2003 年	周凤明	先进个人	集团公司
2003 年	秦 斌	先进工作者	集团公司
2004 年	谢在宝	先进个人	集团公司
2004 年	滕金平	先进个人	江苏省农机局
2004 年	秦 斌	先进工作者	集团公司
2004 年	杨正昌	全国优秀民营企业家	中国新闻发展研究中心
2004 年	赵广福	"金善宝"农业科技奖	南京农业大学
2005 年	姚春华	先进个人	江苏省总工会
2005 年	周凤明	科学技术进步三等奖	集团公司
2005 年	解小林	科学技术进步三等奖	集团公司
2005 年	吕玉亮	科学技术进步三等奖	集团公司
2005 年	乔红梅	科学技术进步三等奖	集团公司
2005 年	陈 春	科学技术进步三等奖	集团公司
2005 年	吕宏飞	科学技术进步三等奖	集团公司
2005 年	解 云	先进个人	集团公司
2005 年	杨正昌	全国百家改革模范新闻人物	中国改革人物论证委员会
2005 年	谢在宝	淮安市第一次全国经济普查先进个人	淮安市第一次经济普查领导小组
2006 年	韩德忠	先进个人	集团公司
2006 年	吕玉亮	重大贡献三等奖	集团公司
2006 年	韩正光	重大贡献三等奖	江苏省农业科学院
2006 年	周凤明	"金善宝"农业科学技术奖	南京农业大学
2006 年	胡春光	"金善宝"农业科学技术奖	南京农业大学
2006 年	陈 丹	科学技术进步奖	江苏省农科院
2006 年	谢在宝	财会报表工作先进个人	集团公司
2007 年	韩德忠	先进个人	集团公司
2007 年	周凤明	先进工作者	江苏省种子站
2007 年	滕金平	重大贡献三等奖	江苏省农科院
2008 年	解 云	先进个人	集团公司

（续）

获奖时间	获奖人	荣誉称号	授奖单位
2008 年	周凤明	江苏农垦系统劳动模范	集团公司
2008 年	谢学仁	职业教育个人"三等功"	淮安市人民政府
2008 年	韩正彰	优秀工会积极分子	江苏省总工会
2008 年	周凤明	优秀共产党员	江苏省国资委党委
2009 年	刘小俊	优秀学员	集团公司
2010 年	韩正光	农业科学技术进步二等奖	江苏省农业委员会
2010 年	解晓林	全省农作物品种区试工作先进单位	江苏省农业委员会
2010 年	周 明	江苏农垦二次创业先进个人	江苏省农垦集团有限公司
2010 年	陈文军	第六次全国人口普查先进个人	江苏省第六次全国人口普查领导小组
2011 年	韩正飞	第六次全国人口普查先进个人	江苏省人口普查领导小组
2011 年	姚春华	全国农林水利系统优秀工会工作者	中国农林水利工会全国委员会
2011 年	周 明	第二届农垦系统劳动模范	中共江苏省农垦集团公司委员会
2011 年	董殿明	优秀共产党员	中共江苏省农垦集团有限公司委员会
2011 年	姚春华	2009—2010 年度优秀思想政治工作者	中共江苏省农垦集团公司委员会
2011 年	周 明	水利育秧基质及配套育种技术推广二等奖	江苏省农业委员会
2012 年	陈 丹	第六次全国人口普查先进个人	淮安市人口普查领导小组
2012 年	董殿明	人才突出贡献奖	江苏省农垦集团有限公司
2012 年	韩振宇	第六次全国人口普查先进个人	淮安市人民政府
2013 年	韩正光	江苏省农业丰收二等奖	江苏省农业委员会
2013 年	韩正光	农业科学技术进步二等奖	江苏农垦集团有限公司
2013 年	周兆英	江苏农垦首届"文明标兵"	中共江苏省农垦集团有限公司委员会
2013 年	周兆英	淮安市孝老爱亲道德模范	淮安市精神文明建设指导委员会
2014 年	王春生	江苏农垦系统第三届劳动模范	江苏省农垦集团有限公司
2014 年	姚春华	优秀党务工作者	江苏省国资委党委
2014 年	陈丹	先进个人	江苏省第三次全国经济普查领导小组
2015 年	姚春华	2014—2015 年度江苏省思想政治工作先进个人	江苏省思想政治工作研究会
2015 年	滕志英	江苏省农业丰收二等奖、全国农业丰收三等奖	江苏省农业委员会
2015 年	屠灿英	江苏省农业丰收二等奖	江苏省农业委员会
2015 年	陈 春	江苏省农业丰收二等奖	江苏省农业委员会
2015 年	陈素芳	江苏省农业丰收二等奖	江苏省农业委员会
2015 年	张志成	2015 年度江苏农垦"优秀通讯员"	中共江苏省农垦集团有限公司委员会
2015 年	张志成	"十二五"江苏农垦企业文化建设先进个人	中共江苏省农垦集团有限公司委员会
2016 年	张志成	2014—2015 年度江苏农垦"优秀思想政治工作者"	中共江苏省农垦集团有限公司委员会
2017 年	范春冬	江苏农垦系统第四届劳动模范	江苏农垦集团有限公司委员会
2018 年	王家安	先进个人	淮安市第三次全国农业普查领导小组
2018 年	陈 丹	先进个人	淮安市第三次全国农业普查领导小组
2018 年	孙红军	先进个人	淮安市第三次全国农业普查领导小组

（续）

获奖时间	获奖人	荣誉称号	授奖单位
2019 年	范春冬	江苏省文明职工	中共江苏省委宣传部
2019 年	衡爱军	江苏省属企业信访维稳工作先进个人	江苏省省国资委党委
2020 年	周宪超	入选 2020 年 6 月"江苏好人"	江苏省文明办
2020 年	张志成	江苏省属企业优秀党务工作者	江苏省省国资委党委
2020 年	张志成	优秀党务工作者	中共江苏省农垦集团有限公司委员会
2021 年	吕元标	论文三等奖	江苏省农垦集团有限公司
2021 年	衡爱军	淮安市抗击新冠疫情先进个人	中共淮安市委、淮安市人民政府
2021 年	衡爱军	省属企业优秀共产党员	江苏省国资委党委
2021 年	沈铉智	淮安市优秀共产党员	中共淮安市委
2021 年	朱国兴	江苏十大见义勇为好司机	省公安厅、省见义勇为基金会、江苏交通控股有限公司
2021 年	朱立荣	江苏省第七次全国人口普查工作成绩显著个人	江苏省统计局、江苏省第七次人口普查领导小组办公室
2021 年	刘红美	江苏省第七次全国人口普查工作成绩显著个人	江苏省统计局、江苏省第七次人口普查领导小组办公室
2021 年	吕建祥	江苏省第七次全国人口普查工作成绩显著个人	江苏省统计局、江苏省第七次人口普查领导小组办公室
2021 年	何小露	江苏省第七次全国人口普查工作成绩显著个人	江苏省统计局、江苏省第七次人口普查领导小组办公室
2022 年	吕俊兵	江苏省最美民间河长	江苏省河长办
2022 年	魏凤玲	江苏省五一巾帼标兵	江苏省总工会
2022 年	韩振宇	优秀党务工作者	中共江苏省农垦集团有限公司委员会
2022 年	刘 镇	优秀共产党员	中共江苏省农垦集团有限公司委员会
2022 年	刘 镇	江苏农垦最美人物	中共江苏省农垦集团有限公司委员会
2022 年	吕元标	论文二等奖	江苏省农垦集团有限公司
2022 年	张金元	优秀书法作品奖	江苏省农垦集团有限公司
2022 年	李佳婧	演讲比赛三等奖	江苏省农垦集团有限公司
2022 年	滕志英	江苏省巾帼新业态助农创新基地	江苏省妇女联合会、江苏省妇女"双学双比"竞赛活动领导小组

表 14-9　获县、处级表彰奖励的先进个人

获奖时间	获奖人	荣誉称号	授奖单位
1993 年	刘正军	工会积极分子	总公司工会
2011 年	周 明	"五一劳动奖章"	淮安区人民政府
2012 年	董殿明	"五一劳动奖章"	楚州区人民政府
2012 年	魏凤玲	第六次全国人口普查先进个人	淮安市统计局
2013 年	魏凤玲	优秀辅导员	淮安市校外教育辅导站
2016 年	张志成	江苏农垦 2016 年度优秀通讯员	中共江苏省农垦集团有限公司委员会宣传部

（续）

获奖时间	获奖人	荣誉称号	授奖单位
2017 年	张志成	江苏农垦 2017 年度优秀通讯员	中共江苏省农垦集团有限公司委员会宣传部
2018 年	张志成	江苏农垦 2018 年度优秀通讯员	中共江苏省农垦集团有限公司委员会宣传部
2019 年	陈 军	第七届淮安市优秀志愿者	淮安市精神文明建设指导委员会办公室
2019 年	魏凤玲	江苏农垦"巾帼建功标兵"	江苏省农垦集团有限公司工会委员会
2020 年	吕治顺	江苏省农垦系统第五届劳动模范	江苏省农垦系统劳动模范评选委员会
2021 年	吕元标	"学党史 颂党恩 跟党走"主题征文荣获二等奖	淮安市总工会
2021 年	吕元标	"安全生产随手拍"荣获一等奖	淮安市总工会
2021 年	刘 镇	2021 年第五批"新时代淮安好人"	淮安市委宣传部、市文明办
2022 年	滕志英	第二届创业创新模范	江苏省农垦集团有限公司工会委员会
2022 年	董 标	淮安市第七次全国人口普查工作成绩显著个人	淮安市第七次全国人口普查领导小组办公室、淮安市统计局
2022 年	陈 蓉	淮安市第七次全国人口普查工作成绩显著个人	淮安市第七次全国人口普查领导小组办公室、淮安市统计局
2022 年	王翠萍	淮安市第七次全国人口普查工作成绩显著个人	淮安市第七次全国人口普查领导小组办公室、淮安市统计局
2022 年	滕志英	淮安区先进（生产）工作者	中共淮安市淮安区委员会、淮安市淮安区人民政府
2022 年	吕元标	"安全生产随手拍"二等奖	淮安市总工会
2022 年	吕元标	优秀师傅	江苏省农垦集团有限公司工会委员会
2022 年	卞孟楠	"青年大讲坛"二等奖	苏垦农发工会委员会
2022 年	王小玲	女子乒乓球比赛二等奖	江苏省农垦集团有限公司工会委员会
2022 年	解 军	男子单打三等奖	江苏省农垦集团有限公司工会委员会
2022 年	吕治顺	2021 年度全区国土绿化工作先进个人	淮安市淮安区人民政府
2022 年	王建兵	2021 年度淮安区打击电捕鱼工作先进个人	淮安市淮安区人民政府

表 14-10　获县、处级以下表彰奖励的先进个人

获奖时间	获奖人	荣誉称号	授奖单位
2012 年	周 超	2011 年度淮安区十大文明新事	淮安区精神文明建设指导委员会
2014 年	张志成	2014 年江苏农垦思想政治工作课题研究及征文活动获优秀成果二等奖	江苏省农垦职工思想政治工作研究会
2015 年	姚春华、张志成	2015 年度江苏农垦思想政治工作优秀论文二等奖	江苏省农垦职工思想政治工作研究会
2018 年	魏凤玲	关心下一代"先进个人"	淮安区委员会、淮安区人民政府
2019 年	李永新	2019 年第三季度"淮安区好人"	淮安区文明办
2019 年	周宪超	2019 年第四季度"淮安区好人"	淮安区文明办
2020 年	董洪永	淮安区文明职工	淮安区文明办、淮安区总工会
2020 年	邵明海、朱国兴	2020 年第四季度"淮安区好人"	淮安区文明办

（续）

获奖时间	获奖人	荣誉称号	授奖单位
2021 年	刘　镇	2021 年第三季度"淮安区好人"	淮安区文明办
2021 年	沈铉智	淮安区优秀共产党员	中共淮安市淮安区委组织部
2021 年	窦同春	淮安区优秀党务工作者	中共淮安市淮安区委组织部
2021 年	韩振宇	淮安区优秀党务工作者	中共淮安市淮安区委组织部
2021 年	解玉俊	2021 年上半年淮安区职工"安全隐患随手拍"二等奖	淮安区总工会
2021 年	王家安	2021 年上半年淮安区职工"安全隐患随手拍"优秀奖	淮安区总工会
2021 年	吕元标	2021 年上半年淮安区职工"安全隐患随手拍"优秀奖	淮安区总工会
2022 年	魏凤玲	2021 年度淮安区"三八"红旗手	淮安区妇女联合会
2022 年	谢在东	2022 年第三季度"淮安区好人"	淮安区文明办
2022 年	周　超	2022 年上半年淮安区职工"安全隐患随手拍"二等奖	淮安区总工会

场　歌

白马湖农场之歌

1 = 6E　4／4　2／4　　　　　　加法　农青词

♩ = 116　热情豪迈地　　　　　　崔新　曲

‖: (i · i i 6 | 7 · 7 6 5 3 2 3 | 5 · 5 5 3 5 6 | 7 · 7 5 i 0) |

5 · 5 6 5 | 4 3 2 1 5 | 0 6 6 5 1 · 1 1 2 | 3 2 · 1 2 - |
多　少春秋　拓荒耕耘　　我们　周总理　故乡的人
春　风催我　接力传承　　我们　新时代　创业的人

5 5 · 5 6 5 | 4 3 2 3 6 | 0 5 5 6 1 1 2 | 3 · 3 2 5 1 0 |
是　湖水哺育　我成长　　这热土炼就　志坚如钢
让　绿波溢出　五彩景　　用智慧换来　五业兴旺

3 · 3 6 3 | 2 1 2 6 - | 1 6 5 6 1 | 2 2 2 3 1 2 - |
穿　着草鞋　踏出路　　耕锄了贫穷　耘出了希望
搏　击商潮　展宏图　　告别了依赖　创自己风采

3 - 5 · 3 | 6 · 6 5 6 2 1 2 | 3 3 3 5 6 7 · 6 | 6 - - - |
都　说是　民以食为天我们　就是那擎天的人
都　想是　种子变成金我们　就是那变金的人

i · i i 6 | 7 · 7 5 6 0 | 2 2 · 1 2 6 | 5 · 6 4 3 2 0 |
自力更生　艰苦创业　像芝麻开花　生活变了样
负重拼搏　团结争先　有头雁领航　众雁齐飞翔

i · i i 6 | 7 · 7 6 5 3 2 3 | 5 · 5 5 3 5 6 | ┌ I ┐ 1 · 3 | 2 5 6 1 0 :‖
自力更生　艰苦创业像　芝麻开花生　活　变了样

┌ II ┐
5 · 5 5 3 5 6 | 7 - - - | 6 - - - | 7 - 5 - | i - - - | i - - - | i 0 0 0 ‖
头雁领航众　雁　齐　飞　翔

江苏白马湖农场志
JIANGSU BAIMAHU NONGCHANG ZHI

后记

　　《江苏白马湖农场志》在社会各界人士的关心和支持下，经过场志编写办公室全体同志的共同努力，终于付梓面世了。

　　《江苏白马湖农场志》的编纂工作始于1986年，1987年曾编写出农场第一部场志（草稿），由于种种原因，未能正式付印。1998年随着改革开放的不断深入，为弘扬白马湖人民艰苦创业的精神，记录建场40年来各行各业的发展历程，迎接场庆四十周年，农场党委决定再次编写《江苏白马湖农场志》，并于1998年7月成立了场志编纂委员会，抽调8名同志，成立场志编写办公室，农场第二部场志面世。2009年、2019年，为迎接建场50周年、60周年，农场党委又抽调部分同志分别编写白马湖农场50周年场志（第三部）、60周年场志（第四部）。

　　此次场志的编写，面广量大，时间仓促，人员较少。从接手编写那天起，我们深感肩上担子的分量，参编人员都不敢有丝毫懈怠。编写人员在认真学习有关志、表、理论和纂写知识的基础上，参阅农场六十年场志，收集整理相关资料，按照志书的有关要求，结合农场实际制定篇目、拟定提纲、明确分工、责任到人，从而使场志编写工作得以顺利开展。在编写过程中，我们遵循详今略古、实事求是、纠错补遗的原则，对历史不做任何评论和裁定，力求保持历史的真实面目，确保客观、公正。

本场志的记述范围，上自建场开始，下至 2022 年 12 月。记述形式上采用序、记、表、图等多种体裁，记述层次分章、节、子目，全书约 60 万字。所述资料多取之于现存档案，部分来自基层单位和个人。

编修《江苏白马湖农场志》是一项规模较大的工程，它是各有关部门、单位通力合作、密切配合的结晶。编写工作得到了农场历任领导、离退休老同志及全场广大职工群众的大力支持和热情鼓励。尤其是现任场领导对场志的编写十分重视，在百忙之中抽出时间多次指导场志的编写工作，提出了许多宝贵意见。在此，我们谨向关心、支持场志编写的所有领导及参加志书资料搜集、编纂、评审的单位和同志致以衷心的感谢！

志书修撰工程浩繁，虽经各方共同努力、精雕细琢，但由于我们专业知识缺乏，加之资料欠缺，尤其是时间紧迫，难免存在缺失、错误和遗漏之处，希望各位读者不吝赐教，以便今后再次修志时纠谬补遗。

编　者

2023 年 6 月